LEADING FROM THE FUTURE AS IT EMERGES
THE SOCIAL TECHNOLOGY OF PRESENCING

THEORY U

U理論

過去や偏見にとらわれず、本当に必要な「変化」を生み出す技術

C・オットー・シャーマー
C. OTTO SCHARMER

プレゼンシングインスティテュートコミュニティジャパン
中土井 僚　由佐 美加子［訳］

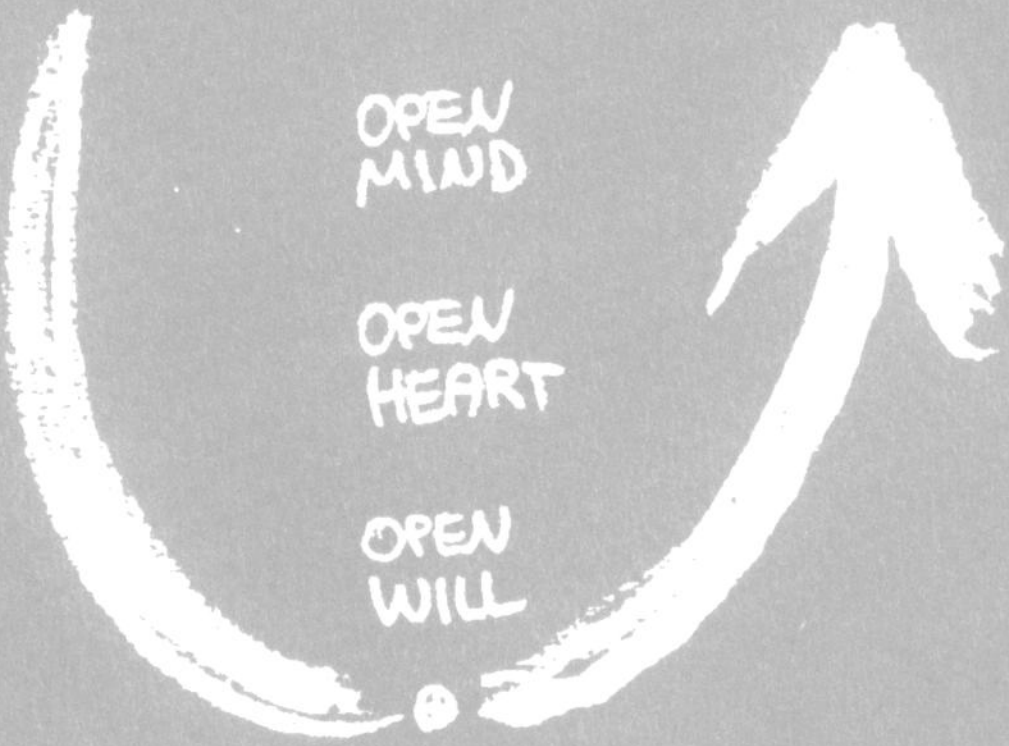

英治出版

U理論

過去や偏見にとらわれず、本当に必要な「変化」を生み出す技術

THEORY U

Leading from the Future as it Emerges

by

C. Otto Scharmer

カトリン・コイファーに捧ぐ

人は自分が知っている世界の範囲内での自分自身しか知らない。
人はその世界の内側だけで自分自身を認識し、自分自身の内側だけで世界を認識する。
すべての対象物は、熟慮されたなら私たちの中に新しい認知器官を開く。

――ヨハン・ヴォルフガング・ゲーテ

日本語版　訳者まえがき

二一世紀を生きる未来の人たちが、二一世紀を生きた私たちの記録に触れたとき、どんな想いを抱くでしょうか。二一世紀とはどんな時代であったと語られるのでしょうか。

産業革命以降、留まることなく発展してきたテクノロジーは、先進国を中心に物質的な豊かさをもたらしてくれたと言えるでしょう。そして、そのテクノロジーの進化は、二〇世紀を生きた人たちに、自動車が空を飛び、宇宙空間を自由に旅できるのが二一世紀なのだという大きな夢を与えてくれました。

実際、一九〇〇年代初頭には、大きく空を羽ばたく飛行機に多くの人が胸を踊らされたでしょうし、インターネットが普及し始めた、二一世紀を目前に控えた一九九〇年代半ばにおいては、「これからは、余計な雑務から解放されるので、その余暇をいかに過ごすかを考える時代だ」とさえ言われていました。そして、実際に二一世紀を体験し始めてから、早くもその一〇分の一が過ぎ去ろうとしています。

「世界がフラット化したと言われるように、瞬時に世界中の人々とつながることができるようになり、世界中のあらゆるものは、デジタル化・データ化することで、管理し、解析し、予測しうるものとして扱えるようになった」と言う人もいるかもしれません。

それは人類の智慧の勝利である、と。

勝利に酔いしれる一方で、グローバルに目を向けると、エネルギー問題、食糧問題、環境問題、大規模な自然災害、増大し続ける種の絶滅や国境を越えたテロリズムといった、人類が一度も遭遇したことのない地球規模の問題を私たちは抱えるようになりました。日本国内を見ても、人口減少、雇用不安、国際競争力の低下、メンタルヘルス問題の増加、財政危機などの解決困難な問題に直面しています。

そして、皮肉なことに、「管理し、解析し、予測する」精度を高めているデータが、起こりうる未来の厳しさを映し出し、警告を鳴らし続けています。

しかしながら、私たちは有効な打ち手を見出していないばかりか、有効な打ち手を生み出すための十分な行動すらも生み出せていないのではないでしょうか。

これまで約二〇年に渡り、ビジネスパーソンを中心に多種多様な方々と対話を重ねてきましたが、これらの問題に関心はあっても、それが「他人事ではなく、自分の問題だ」というスタンスに立っている方に出会う機会は、残念ながら多くはありません。優れたビジネスパーソンや著名な経営者の方でさえ、こうした問題については「いつか、誰かが、何かが」見事に解決してくれるだろうという淡い期待を抱いて生きている姿を幾度となく目にしてきました。

この〝Someday, Someone, Something〟という私たち一人ひとりのスタンスは、数多くのニーズという種を蒔き、テクノロジーの発展に一役を買ってきたのは間違いないでしょう。しかしながら、私たちがこれまで遭遇したことのない数々の問題は、地球規模での複雑な因果関係の中で生じている現象であるようです。だとすれば、これまでのように「誰か」というスーパーヒーローや、「何か」という特定のテクノロジーが解決してくれるほど、容易な状況ではないはずです。

オットー・シャーマー氏の提唱する『U理論』では、「コレクティブ・リーダーシップ（集合的なリーダーシップ）」という概念が紹介されています。これは「特定の誰かがリーダーシップを発揮する」という一般的なリーダーシップのイメージからはかけ離れたものです。

この概念においては、多様なステークホルダーが、現状をただひたすら共に観察し、内省し、盲点となっている領域に注意を向け、「出現する未来」から学び、共に即興的に行動する――という一連の集合的なプロセスが描かれます。

それは歴史小説などで示される経験的な知恵や、ＭＢＡをはじめとする経営工学に基づいた考え方に慣れ親しんだ私たちにとって、あまりにも馴染みのない、「机上の空論」とさえ思ってしまいそうな概念です。その上、Ｕ理論は多くのビジネス書で語られる使い勝手の良いノウハウやテクニックではないため、見方によっては、混乱やもどかしさを感じてしまうかもしれません。

しかし、東洋思想にも通じるこの理論は、私たち日本人にとって、どこか懐かしく、かつ「本当に大切な何か」が語られているようにも感じられるはずです。

この『Ｕ理論』は、二〇世紀から持ちこされている大きな「宿題」に向き合い二一世紀へと橋渡しをする役を担っている、二一世紀を生きる私たちへの大きな問いかけです。そして同時にそれは、東洋の文化に生きる私たち日本人への限りない期待と、責任の大きさを伝えようとしているように私は思っています。

オットー・シャーマー氏が自身の人生を賭けて練り上げたこの理論が二一世紀への大きな贈り物となることを心から願うとともに、この理論に触れた私たち一人ひとりの主体的な関わりこそがそれを実現に導くことを深く確信しています。

最後に、日本語版の出版にあたってご推薦文をいただいた一橋大学の野中郁次郎先生、翻訳に多大なご尽力をいただいた野村総合研究所の永井恒男さんとＩＤＥＬＥＡ

チームの皆様、シスコシステムズの土屋恵子さん、ダイアログアーツの渋谷聡子さん、Be@workの近藤直樹さん、土井英明さん、秋山奈緒子さん、田畑吉規さん、出版に至るまで数々のご支援をいただいたＳｏＬジャパンの小田理一郎さんとメンバーの皆様、限りない声援と応援を尽くしてくださったクオンタムチェンジワークショップ卒業生の皆様、そして、長きに渡って辛抱強くサポートし続けてくださった英治出版の原田英治社長と高野達成さんに心からのお礼を申し上げます。

二〇一〇年一〇月

社団法人プレゼンシングインスティチュートコミュニティジャパン
代表　中土井僚　由佐美加子

U理論◈目次

序文

MITスローンスクール上級講師　ピーター・センゲ

私の長年の師はかつてこう言った。「人類のもっとも偉大な発明は創造のプロセス、新しいものを創り出す方法そのものだ」。どの分野であれ、創造のプロセスを知って初めて本物の技を身につけたといえる。芸術の分野では、このプロセスは表現そのものと表裏一体であるため、プロセスについて議論されることはあまりない。だが、芝居や音楽、ダンスやスポーツで「いま奇跡が起きた」と思わせる瞬間――ミケランジェロの言葉を借りれば彫刻が「大理石の呪縛から解放された」瞬間であり、ピカソによれば「精神が夢を結晶化《クリスタライズ》する道筋を見出した」不思議な解放の瞬間は、創造のプロセスについての深い知識から生まれる。

「科学においてもその重要性は変わらない」と経済学者W・ブライアン・アーサーは言う。「偉大な発明は例外なく深い内省の旅から生まれる」。多くの人が密かにこの知を信じているが、深い理解が広まっているとはいえない。本書の著者オットー・シャーマーは、現代社会が抱える複雑に入り組んだ問題を解決する鍵は――そしてこれからの人類の繁栄を支えるものは――集団としてこの創造の**源**《ソース》にたどり着く方法を学ぶことだと提唱している。

「その場しのぎで難関を切り抜ける」か「現状への抵抗」か。現代社会の抱える諸問題――気候変動、政治制度の行き詰まりと汚職、蔓延する貧困など深刻化する環境問題や社会問題、教育、医療、政府、ビジネスの各制度が機能しなくなったこと――に対する今の対処方法といえば、この二つの戦略にほぼ限られている。

「その場しのぎ」は我々豊かな北半球の国々の大半でとられている戦略だ。現状維持を強く望む気持ちと、「驚異的な新技術が問題を解決してくれる」という、ほとんど盲信に近い感情から成り立っている。一方、「現状への抵抗」は昔の社会や道徳を懐かしむ気持ちと、自分たちの未来を自ら制御する力を奪われたことに対する怒りから生まれている。「ワシントン・コンセンサス」が推進するグローバリゼーションに反対する何百万という人々がとっている戦略だ。

これら二つの戦略とそれを支持する人々はうわべほど違うわけではない。多くの――おそらくはほとんどの――「その場しのぎ派」にも不安感が広がっている。未来に対して不安を抱き、あらゆる社会組織に不満と不信を募らせ、公の発言を避け、市民活動から逃避する。こうしたことについてあまり発言しない人も、地球全体の産業化のプロセスによって深い歪みが生じておりそれがますます悪化していくと感じている。しかし打てる手はほとんどない。だからこそ「とにかく前に進むしかない」と考える。熱烈なるテクノロジー信奉者も、技術の発達は必然的に進んでいくもので我々の関与する余地はほとんどないと心の奥底で感じている。なんという皮肉だろうか。

同じように「抵抗派」もまた、止められないものを止めようとしているという運命論的な感覚を持っている。だからこそ彼らは怒りや暴力をあらわにするのだ。環境運動の有名なリーダーである親しい友人は最近こう打ち明けてくれた。「環境運動の先鋭的なリーダーの多くは、人類の欠陥はあまりにも深刻で、生き残る価値がないと考えているに違いない。そう思うようになった」

また、どちらも過去に深くとらわれている。現状維持型の未来を信じる者は現状を過去から続く望ましい流れとして肯定し、一方現状否定派はその流れにあらがい続ける。

今、世界には第三の見方が育ちつつあると私は見ている。シャーマーのU理論はこの第三の見方を具現するものである。

U理論では、未来は過去とまったく違うものにならざるを得ないと主張する。

その第一の理由は、地球を覆い尽くしてきた産業化の潮流はどう考えても持ちこたえられないからだ。相互依存が深まる現代においてアンバランスな富の集中を続けることはできない。廃棄物や有毒物を棄てる「どこかよその場所」が無くなりつつある世界において、「採取し、製造し、廃棄する。取り、作り、捨てる」という産業モデルが成長を続けることは不可能だ。大気中の二酸化炭素の濃度が産業革命以後約三〇％も高くなり、過去四五億万年間で最高値を示し、自然に吸収されるレベルの三〜五倍の量が排出されているとき、そのまま排出を続けることはできない。

第二の理由は、シャーマーのU理論では、我々には産業化時代の大きな流れを変える力があると考えるからである。この流れは物理学の法則にもとづくものではなく、いかに大規模とはいえ人類間の行動パターン、それも大規模な行動習慣によって形成されたものだ。産業化を進めた考え方や行動パターンは、我々自身が作り上げてきた社会構造の中に長年の間に組み込まれたものだ。我々には違った社会構造を作り出す能力が備わっている。必要な変化を起こすことは「まったく新しい世界を作り出すこと」にほかならない。そのときに土台となるのは、我々にはマルティン・ブーバーのいう「世界の自然の理に耳を傾け……それが望む通りに実現する」集団としての能力が備わっているという、従来とはまったく異なる見方である。

一〇年来の友人として、そして仕事のパートナーとして、私も多くの仲間もオットー・シャーマーのこの本の出版を心待ちにしていた。オットーは文句なく「U理論」の最も重要な理論家だ。しかも、彼は長期的な組織変容のプロジェクトを中心に多くの実践を経験しており、そのためこの理論を実践する際の難しさ、可能性を非常によく理解している。

私も含めこの理論に関わった者は、U理論を理解し実践の場でも成果をあげられるほど習熟するには時間がかかることも認識している。この学びの途につくには最初にいくつかの基本的な考え方を十分に理解する必要があるが、それには本書がおおいに助けとなるだろう。

U理論に取り組むうえで最初に理解しなければならないのは、チームでも組織でも、より大規模な社会システムでも、目に見えることよりはるかに多くのことが起きているということだ。仕事に強い一体感を持ち深く没入している、この理論が深く浸透したチームでは、高揚感とエネルギーが生まれ、人々が信頼しあい、心を開き、可能性を信じるようになる。これは多くの人が身をもって経験していることだ。しかし、逆の状況も現実にはよく見られる。恐れと不信感が蔓延し、人々の発言は自分の身を守り他者を攻撃する政治的な色合いを強く帯びるようになるのだ。シャーマーはこうした状況を生み出す社会的な（物理的な場所ではなく）領域を「社会的な場《ソーシャルフィールド》」と呼び、それがどのように生成するのか、どのように変容させることができるのかについて彼独自の洞察を加えている。

残念なことだが、社会的な場《ソーシャルフィールド》はめったなことでは進化しない。家族にしろ、チームにしろ、あるいは組織、社会といった集団にしろ、我々の通常の意識《アテンション》では社会的な場《ソーシャルフィールド》の存在に気がつかないからだ。変化への可能性を秘めた力が存在したとしても、それに反応するのに精いっぱいで、真剣に取り組もうとしない。何か問題があれば、お定まりのメンタルモデルを「ダウンロード（棚卸し）」して問題を解釈し解決法を探す。たとえば何かを聞いたときも、以前聞いたことしかあまり耳に入らない。「ほら彼女はまたあんなことを言っている」、と頭の中の声が断定する。そこから先は、自分が認識できることだけを聞き、過去の見解や感情をもとに解釈し、以前と同じような結論を導き出す。こうしたレベルの聞き方にとどまっている限り、本気で変わりたいと意図していたとしても、行動は変わらない。このレベルの「変わりたい」意識では、自分たちではない「彼らを」変える、「仕組みや制度」を変える、出来合いの「変革プロセス」を「導入する」、あるいは自分たちの外にある何かを修正することに力を注ぐことになる。——そこでは、より大きなシステムを変えるには「私が」あるいは「私たちが」どう変わらなければならないか、という認識が持たれることはめったにない。

「意識の構造《アテンション》」が深まれば深まるほど、大きな変化のプロセスが生じる。シャーマーはこの点について三段階の「気づきのレベル《アウェアネス》」と、そのレベルで働く変化のダイナミクスを明らかにしている。「自分たちがどのようにものを見ているかを観る」には、**開かれた思考《マインド》**、**開かれた心《ハート》**、**開かれた意志《ウィル》**が必要だ。

最初の**開かれた思考《マインド》**はそれまで当たり前のように信じていた仮定を捨て去り、これまではっきり認識してこなかったものに耳を傾け、見ることから始まる。それがあらゆる学びの始まりであり、たとえばビジネスでは、重要な環境変化を読み取る鍵となる。

しかし新たな発見が必ずしも行動の変化に結びつくわけではない。新たな行動にはさらに深い気づきが、それまでの経験の枠から踏み出し、知的な思考を超越したところで心から「**感じる**」こと、**開かれた心《ハート》**が必要となる。たとえば、数え切れないほどの企業が、環境の変化に気づき、自ら変わらなければならないと頭では分かっていながら、そうできなかったことがよい例だろう。どうしてそうなるのだろうか。このことを、シェルのプランニング・コーディネーターを務め現在は作家であるアリ・デ・グースは次のように語っている。「新しい現実の兆しは企業の免疫システムにはじかれてしまう」

逆に変わりつつある現実の中にある人々がこれまでは見えなかったものを「見始め」、自分たちが古い体制を維持し新しいものを禁じ否定するのに**手を貸している**と気づいたとき、雪崩を打つように変化が生じる。これは会社単位でも国単位でも起こりえることだ。

私の経験では南アフリカで一九八〇年代後半に大きな波となったのがこの深く「観る」という現象であり、今日の世界中で起こりつつある。このためには社会のあらゆる階層の人々、特に権力の中枢にある人々が、未来が過去の延長であることによってどれほどの脅威にさらされることとなるか、その事実に「覚醒」しなければならない。南アフリカでは変化を起こすに十分な数の人々が、もしアパルトヘイトが存続するとすれば、この国に将来はないこと、そして自分たちがこの体制の一端を担っていることに気づいたのだ。

こうした覚醒が始まったとき、新しい気づきに途方に暮れたり、旧体制の考えを残したりしないためにも、人々が「未来は変えることができる」ということを「見る」必要がある。「未来から見出す」ということは未来の変化を頭で理解することではない。我々はよく分かったと言いながらこれまでの方法を繰り返す人々をどれだけ見てきたことだろうか。一方、第三のレベルで「観る」ことにより、我々の心の一番深いところにある願い（コミットメント、すなわち何を大切に思い、何に全力を尽くそうとするのか）が明らかになる。この**開かれた意志**《ウィル》は三つの変化の中で抽象的な言葉で表現することがもっとも難しいのだが、しかし具体的な状況を見ればその意味するところは自明であり、強い説得力をもって迫ってくる。

二〇年前の南アフリカで起きたのは、白人も黒人も自分たちが「祖国を愛している」ということに気づいたことだった。政府でも、権力構造でもない、自分たちの国そのものへの愛である。私は多くの白人と会話を交わし、彼らが自分たちを「アフリカ人」と呼ぶのに驚き、初めてそのことに気がついた。彼らは南アフリカの大地に、土地に、そしてそこに生きる人々に深く結びついていた。黒人にしても、その多くは、迫害を受けているにもかかわらず同じような感情を抱いていた。新生南アフリカが誕生したのは、両者がこうした深い結びつきの感覚を持ち、将来存続し繁栄する国家を創り上げていくことは神聖なる義務であり、両者の協力なしには成し遂げられないという自覚に立ったためであると、私は信じて疑わない。

開かれた意志《ウィル》は「どうやっていいのか分からないが、これは私が（私たちが）やらなければならないことだ」という感覚として表れることが多い。同僚のジョセフ・ジャウォースキーの言葉を借りれば、しばしば私が耳にする「とてもできそうにない」取り組みに「身を委ねる」心境だ。「自らの使命を知る」という表現をする人もいるが、この言葉は、開かれた思考と開かれた心を理解せずに使われることが多い。開かれた思考や開かれた心を伴わずに「呼び声《コーリング》」に応えるとき、人は狂信的な思い込みにとらわれがちとなり、創造するプロセスは意志の力を誤って使うだけのものになってしまう。

U理論の重要な特徴は、開かれた思考《マインド》、開かれた心《ハート》、そして開かれた意志《ウィル》がすべて一つとなって分離できない全体としてつながっている点にある。三つのレベルがすべて開くとき、学びの質に深いシフトが起きる。有名な学習理論のほとんどは過去から学ぶことに主眼を置いている。つまり、すでに起こってしまったことからどう学べるかに注目するのだ。

こうした学び方はつねに重要だが、現代のように大きな変化が生まれつつある時代では、到底それだけでは十分とはいえない。そこで、まだよく知られていないが新しい学習方法が求められる。シャーマーはこれを「出現する未来から学ぶ」と表現する。出現する未来から学ぶことはイノベーションには不可欠だ。出現する未来から学ぶには直感が必要だ。非常にあいまいかつ不確実な状況を許容し、失敗を恐れないことが求められる。想像もつかないようなことに直面し、不可能なことを試みることを覚悟しなければならない。我々は恐怖と危険を感じつつも、これから出現しようとするきわめて重要な何かに貢献しているのだという気持ちによって、前進を続けることができる。

最後に、U理論とその方法論は、大きな根本的な変化を迎えつつあるこの時代にあっては特に、リーダーシップの本質に深く関わっていることに触れておこう。このリーダーシップを発揮するのは「上層部」にとどまらず、あらゆる人々である。なぜなら真のイノベーションは新しい考えをただ語ることではなく、これまでとは違った方法で行動することから生まれるからだ。従来の考え方、習慣、そしてアイデンティティさえも手放すことのできる人々が、リーダーとなることができる。このリーダーシップが生まれるのは、人々が本来の自分を見出し深く結びつき、自分たちが最も大切に思うものを実現する未来を生み出そうとする変革に、自分が果たす役割を自覚したときであることを、強調しておきたい。

これまで述べてきた考え方はU理論の中核を成す重要なものだが、特に大切なことは、こうした考え方が単なる理論として生まれてきたのではないことだ。これらの考え方はU理論の幅広い実践の中から生まれてきた。この本は、ビジネス、医療、教育の各界で試みられた長期的な変革イニシアティブの実例とその内省を随所に織り込みながら語られる。たとえば、私が関与した最も大きなシステム変革は、「サステナブル・フード・ラボ★」に関わるものだが、これには今日五〇以上の企業、政府、NPOが参加し、世界の食糧システムを「底辺への競争」に引きずりこんでいる構造の理解と、持続可能な食糧システムのプロトタイプづくりに共同で取り組んでいる。これ以外にも本書には医療、教育、ビジネスにおけるイノベーションの例が豊富に盛り込まれている。U理論の実践的なノウハウづくりは着手されたばかりだが、これらの事例からは、U理論が実行可能なこと、U理論の

★　2004年に発足したセクター横断で世界の食糧システムを持続可能な形に変革するためのグローバルな取り組み

そしていったん実行されれば、とても変えることはできないと思われていた社会システムを変革する、とてつもない影響力を持つことを実感してもらえるだろう。

今日、世界中で、組織を変革しようとする取り組みが起こっている。しかしそこに欠落しているのは、さまざまな組織や集団の知恵を生み出す能力の開発方法ではないか。このことはさまざまなセクターや利害関係者《ステークホルダー》が関わる問題に取り組むうえでは特に重要だ。そのような問題に直面したら、あなたならどうするだろうか。U理論では、社会的な場《ソーシャルフィールド》に変化を起こすための基本的な手順は、チームであれ、組織であれ、あるいは大規模な社会システムや、さらには地球全体のシステムであっても同じだと考える。そしてその方法論は本書の最終章に二四の原則および実践として要約されている。私はこれらをU理論実践の決定版というよりむしろ、真のリーダーシップのための社会テクノロジーの構築を目指す人々が真剣に読み込み試してみるべき、たぐいまれなプロトコルと考えている。

最後にこの本の読者に。この本は理論と実践に同等の重みを持たせている点で、希有な著作である。理論を語る学術書は数多くあるが、通常その内容は著者の考えであり、実際の体験ではない。また経営書の多くにはいわゆる実践的なアイデアが満載されているが、そうしたアイデアがどこから導かれたのかについては語られていない。おそらくは、実際にビジネスに携わる人々は目の前の問題を処理するのに忙しく、アイデアを生み出した深い思考などには関心がないと考えられているのだろう。本書でオットー・シャーマーは自らの半生を語っている。そして彼の「盲点《ブラインドスポット》」についても。彼は、我々が直面する問題をよく観察すれば、それが我々の思考や行動に組み込まれた「盲点《ブラインドスポット》」から生じていることが分かるという。そうであれば、いくら新しい手法や方法論を用いても、それが問題を引き起こしているのと同じメンタルモデルから生み出されたものなら、変革は起こせそうにない。彼が説明するように、先に進むにはこれに代わる方法が必要であり、まさしくそれに相当するのがU理論だ。

本書では理論と方法論が統合されているため、読者は重い課題を突き付けられる。こうした本がめったに書かれないのは、それが理由である。こうした本を書くには厳しい知性の旅を続け、しかもアイデアを実践で試すことによりその要《かなめ》となる考え方をまとめ上げることが求められる。しかし世にあふれているのは、新しい考え方を示して我々の知性を試してはいても、検証されていない前提や信念をただ「ダウンローディング（棚卸し）」しているような本だ。大切なのは実践するかどうか――考えるだけでなく行動に移せるかどうかだろう。だから、読者にも覚悟が必要だ。この本のU理論から何かを学びたいと真剣に考えるのなら、読者自身が感じ取り、プレゼンシングし、実行に移す決意が必要だ。

そういう意味で本書を読んでいただきたいのは、MITの同僚であるドナルド・ショーンが言うところの「内省する実践者」だ。現実により良い結果を生み出そうと精一杯の努力を重ねるがゆえに、自分の能力に満足せず、過去の慣例にも安住しない、経営者、校長、チームリーダー、政府関係者、地域社会のリーダーたち、実践的で高い目的意識を持ち、それまでの前提を疑い内面の最も深いところから発せられる声に耳を傾けることができる人々である。この内面の声を聞き取ることによって、初めて我々は新たな世界を創り出す集団の力を呼び覚ますことができるからだ。

はじめに

私たちは激しい闘争の時代に生きている。多くの組織が失敗に終わろうとしている。断末魔の苦しみと希望の夜明けとを感じる時代だ。現代は、劇作家でありチェコの大統領であったヴァーツラフ・ハヴェルの言葉を借りれば、何か深遠なものが移ろい死んでいく一方で何か別のものが生まれつつある時代だ。「私は近代社会が終焉を迎えつつあると考えるに適切な理由がいくつか思い当たる。今日、我々が過渡期にあると信じるに十分な事象が数多く存在する。何かが姿を消しつつあり、何か別のものが生みの苦しみを経て生まれつつある。何かが引き裂かれ、衰退し、消滅しつつある一方で、いまだ正体不明の何か別のものが荒削りの岩の中から生まれつつあるかのようだ」[1]

直面する危機と時代が求めるもの

薄っぺらな秩序も安定も吹けば飛ぶような今こそ、立ち止まって原石から何が生まれようとしているのかを意識すべきだろう。

今我々が直面している危機は、一人のリーダーが、一つの組織や国が、一つの戦争が生み出す危機とは次元が違う。従来の社会構造、考え方、制度を生み出す方法や集団の社会体制を具現化する方法が、もはや機能しなくなっているという危機だからだ。

現場の第一線で活動する人々――マネジャー、教師、看護士、外科医、労働者、地方自治体の長、起業家、農家の人々、そして企業や政府のリーダーたちは皆、今の現実に何が起こっているかを実感している。彼らが感じているのはこれまでにないほど仕事の量が増えたことであり、それが今後も増え続けるだろうというプレッシャーだ。まるでハツカネズミが回転車を踏み続けているようだと。

私は最近、フォーチュン五〇〇に入るある有名企業のリーダー養成講座に参加したが、私の前のスピーカーは一〇〇人の参加者を前に素晴らしい開会の辞を述べた。わずか二〇年前我々は通信技術の発達によってじきに生まれるであろう「余分な自由時間」をどう使うべきか、真剣に議論していたではないか、と。部屋中で笑い声が起きたが、それは苦い笑いだった。訪れた現実はまったく違ったものだったからだ。

我々はプレッシャーが増えて自由が失われていくと感じている。しかし通りをまたいで、同じシステムの反対側に行ってみるとよいだろう。そこには不公平にも、我々が築き上げた地球規模の社会経済システムの恩恵に決してあずかれない何十億という人々がいる。重要な問題の一つは、現在のグローバルシステムは我々のような一握りの少数派のエリートにだけ機能していて、ほとんどの地域の圧倒的多数の人々にはなんら機能していないということだ。それを知る事実も数字もよく知られている。

◆我々は地球規模で繁栄する経済システムを創り上げたが、八億五〇〇〇万人の人々が依然として飢えに苦しみ三〇億人は貧困の中に暮らしている（一日に二ドル以下の生活）。世界の貧困層は――全人口の八〇％に相当するが――世界のＧＤＰの一五％で生活している。[2]

◆我々は農業や食糧制度に多大な投資を行ったが、その結果、健康と環境の両方に悪影響を及ぼすジャンクフード★を大量に生み出す、持続不可能な大量生産方式が生まれた。その結果インド大陸の面積に等しい広さの農耕地が荒廃している（全世界の耕地の二一％に相当する）。[3]

◆我々の社会では巨額の費用を今の医療制度に投じながら、対症療法に終始し、疾病の原因を根治するまでに至っていない。医療にかける金額がずっと少ない国の人々と我々の健康状態を比べてみても、大きな差は感じられない。

◆我々はまた巨額の資金を教育制度に投じているが、初等教育にせよ高等教育にせよ、人間が生まれながらに持っている、未来を予感し創造する力を育む教育はなされていない。この力こそ今世紀に共創造の経済《コークリエーションエコノミー》を生きるものにとって最も必要とされる知なのだが。

◆科学的データや実験結果からも気候変動の深刻化は明らかだが、我々のグローバル社会はあたかも何も起きていないかのように旧態依然としたやり方を続けている。

◆世界中の子どもの半分が貧困、戦争、ＨＩＶ／ＡＩＤＳ[4]などに苦しんでいる。その結果、毎日四万人の子どもたちが予防可能な病気で死んでいる。

あらゆる場面で、我々は誰も望んでいないものを（そしてその副産物までをも）作り続けている。

★　高カロリー、低栄養の食品

しかし意思決定者はなんら進むべき道の視座を転換することもできずにいる。彼らもまた我々と同じように「最後の一滴まで奪い合う」戦いにはまってしまったと感じている。同じ問題が多くの組織の破綻を招いている。何世紀も前に作られた集団として思考する方法、対話する方法、組織を形成する方法について、私たちはそれらを今日の現実に適合させるにはどうすればよいのか、改革するにはどうすればよいのか、まったく学ばずにきてしまった。

今、町や村で、地域で、そして全世界で腐り崩れ落ちようとしている社会構造は、もともと二つの異なる源の上に成り立っている。一つは前近代的で伝統的な思考・行動様式、そしてもう一つは近代産業社会の思考・行動様式だ。どちらもかつては成功を収めたモデルだが、現代では破綻している。

西欧諸国、非西欧諸国のどちらでも見られる原理主義運動の高まりは、上述した社会構造の破綻と深いレベルでの転換が進行していることを象徴している。原理主義者は主張する。「西洋文明の物質主義は行き詰まっている。我々は人間としての尊厳も生活の糧も、魂さえも奪われているではないか。今こそ過去の秩序を取り戻すときだ」と。

彼らの主張は平和研究者であるヨハンガルタングが言うところの、秩序と価値の喪失を意味するアノミエ〔anomie〕と社会構造の破綻を指すアトミエ〔atomie〕という、今日の社会が抱える二つの鍵となる衰退現象を言い当てている[5]。社会の文化と構造が失われた結果、北半球でも南半球でも、暴力、憎しみ、テロ、内戦が噴出し、半ば人災ともいえる異常が自然界にも起こっている。前述のヴァーツラフ・ハヴェルが語ったように、何かが衰退し、消滅しつつあるかのように。

それではいったい何が荒削りな岩の中から「現れよう」としているのだろうか。この変容にどう対処したらよいのだろうか。私には小規模なグループやネットワークから新しい形態のプロセスや力が沸き起こるのが見える。それはこれまでと違った性質のつながりであり、違った形で互いに結び付き、これから出現しようとするものに対処しようとするものだ。真の未来の可能性から行動しようとするとき、グループは通常経験するものとはかけ離れた質の社会的な場《ソーシャルフィールド》に入っていく。考え方や対話の仕方や集合的行動が明らかに変容していく。こうした変容が起きたときに人々は深い創造力や知恵の源《ソース》に結びつき、過去の行動パターンの限界を超え、ほんとうの力すなわち真正の自己《オーセンティック・セルフ》の力を発揮できるようになる。私はこれを社会的な場《ソーシャルフィールド》の変容と呼んでいる。なぜなら、社会的な場《ソーシャルフィールド》とはあるシステムに属する人々が互いに関係し、対話し、考え、行動するつながり全体を総称したものだからだ。

あるグループが一度こうした状態になれると、次は簡単にそうなることができる。それはあたかも、目に見えないが、永続する共有のつながりや絆が創り上げられたかのようだ。新しいメンバーが加わったとしても、この状態が継続しうる。本書ではこうした変容が起きたときに何が起こるか、またそのもたらす変化がいかに大きいかについて語っている。

社会的な場《ソーシャルフィールド》の変容は単に感動的な瞬間にとどまるものではない。それが起こったとき、往々にして、個人のエネルギーや意識は最高レベルにまで高められ、その人の真性《オーセンティシティ》さや存在《プレゼンス》が持続的に深味を帯びる様になり、方向性が明らかになることから、仕事でもプライベートでも大きな成果を挙げることができるからだ。

現代社会の危機と要請についての議論が明らかになるにつれ、これに対して三つの反応が見られるようになった。

1◆懐古主義者　「昔の秩序を取り戻そう」懐古主義者の中には原理主義者も含まれるが、すべてがそうだというわけでもない。この態度はしばしば昔ながらの宗教観や信仰にもとづく精神主義を伴う。

2◆現状肯定主義者　「今のままやっていけばいい。今の方法を続けて何とかしよう。今のまま、今のまま」この態度は近代科学物質主義に拠っている。

3◆個人と集団の大きな変化を支持する人々　「過去のパターンを超えて未来の最良の可能性を追求する方法があるのでは――そしてそこから行動を始められるのでは？」

私個人は現代の地球社会が切望しているのは三番目の変容であり、すでにさまざまな形で現実化していると信じている。私たちは古い制度によって塗り固められた行動パターンを手放し、未来の最も高次なる可能性につながっていくことが求められている。

本書と本書が生まれるまでの研究や実践のすべては、個々人の生活を含めた社会のあらゆる分野のリーダーが直面する問題を解決する手段となる、社会テクノロジーの詳細を明らかにするためのものだ。現状に対処するためにリーダーに求められるのは過去の行動パターンにはまりこむことではなく、未来の最も高次なる可能性をもとに行動する方法を身につけることだ。ちなみに、ここでいう「リーダー」とは、組織化された構造内での肩書きにかかわらず、変化を起こし未来を創り出そうとするすべての人々を指している。

本書は企業、政府、ＮＰＯ、地域社会のリーダー、変化を起こそうする活動家のために書かれている。私は創造的な仕事をする人や第一級の専門家がいかに深いプロセスを経て仕事をしているかにしばしば感動し、このプロセスを「Ｕプロセス」と名づけた。このプロセスによって、私たちは出現しようとする可能性の中へと引き込まれていき、その状態から行動することが可能となる。それは単に過去の経験に反応したり、振りかえったりすることとはまったく異なっている。しかしこのプロセスを体現するためには、私たちは、リーダーシップや日常生活に潜む「盲点《ブラインドスポット》」に気づく必要がある。

盲点

盲点《ブラインドスポット》とは私たちの内面、あるいは周辺にあって、私たちの意識や意図が生まれている場所である。何か行動を起こすときの起点といえよう。なぜ「盲点」かといえば、それは私たちの社会的な場《ソーシャルフィールド》、日常的に行われている社会的な相互作用の目には見えない側面を指しているからだ。

この社会的な場《ソーシャルフィールド》の見えない側面は、社会的な場《ソーシャルフィールド》が成立しはっきりと表れてくる場所である源《ソース》に関わっている。この有様は画家の活動になぞらえてみることができるだろう。画家の行動には少なくとも三つの視点に立つことが可能だ。

◆創造プロセスの結果として生まれた「モノ」、すなわち絵画に注視する観点
◆絵を描くという「プロセス」に注視する観点
◆空白のキャンバスの前に立っている画家を観察する観点

言い換えれば、私たちは創造された「後」の作品（モノ）を見ることもできれば、創造の「最中」（プロセス）を見ることもでき、あるいは創造の「前」（空白のキャンバスあるいは源《ソース》）の側面に注目することもできる。

同様にリーダーシップについても同じような三つの観点が可能だろう。まず、リーダーが何をしたか。これに関してはすでに数多くの著作の中に記されている。次にどのように行ったか。すなわち、リーダーが実施している過程についてであるが、これについても過去一五〜二〇年の経営、リーダーシップに関する研究はこの観点からなされている。

　これまでにプロセスという観点から、マネジャーやリーダーの仕事のあらゆる側面と機能が洗い出され分析されてきた。この研究からは有益な洞察が数多く得られている。しかし、第三の観点、空白のキャンバスの観点からリーダーの仕事が体系的に研究されたことはない。「実質的にリーダーたちの行動の源《ソース》となっているものは何か?」は問われたことがなかった。

　私が「盲点《ブラインドスポット》」を初めて意識したのは、ハノーバー保険の元CEOであるビル・オブライアンの言葉を聞いたときだった。彼は何年ものあいだ組織学習のプロジェクトを経験し企業の変革を促進してきた人物だが、彼は組織に対する介入が成功するかどうかは介入者の「内面の状況《インテリアコンディション》」にかかっているという非常に優れた洞察を語ってくれた。

　この彼の観察が私にひらめきを与えてくれた。リーダーが何をどのように行うのかだけでなく、「内面の状況《インテリアコンディション》」と表現されている彼らの行動の起点となっているもの、すなわちあらゆる行動が生まれ出る源《ソース》が重要であることを理解させてくれたのだった。

　ここで問題となっている盲点はリーダーシップや社会科学を語るにあたって重要な要因だが、私たちの日常生活にも影響を与えている。ふだんの仕事や社会生活のプロセスにおいて、私たちは何をしているか、どうやっているかについては普通、よく分かっている。しかしその行動が「どういう源《ソース》から生じているか」については、ほとんどの人が答えられないのではないだろうか。私たちは行為の源《ソース》となるもの、意識や意図が生じるところがどこなのか気がついていな

図 1-1　リーダーシップの 3 つの観点

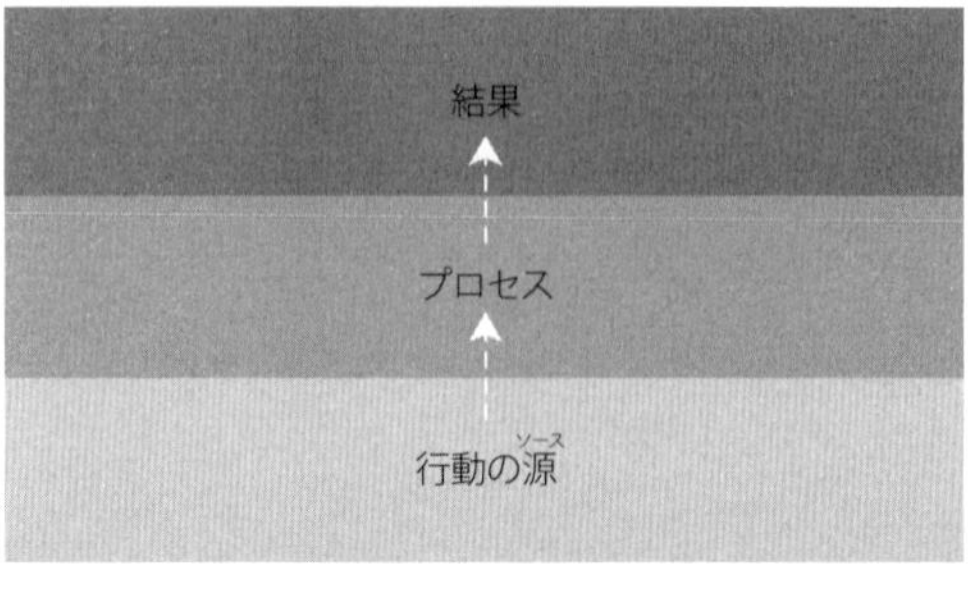

い。

私は組織学習の分野でキャリアを積み重ねてきたが、そのキャリアを通じて得られたもっとも重要な洞察は、人には二つの異なる源《ソース》による学習があるということだ。それは「過去」の経験からの学習と、出現する「未来」からの学習だ。過去からの学習はよく知られ開発されてきており、ほとんどの学習方法の基礎となっている。ベストプラクティスや組織学習のアプローチもそうだ。[6]しかし、出現する未来からの学習についてはまだ知られていない部分が大きい。

私が二番目の源の考え方を提唱すると多くの人がそれは間違っていると言った。こうした人々にとっては過去が唯一学びを得る場だ。「オットー、未来から学習するのは不可能だ。時間を浪費してはいけない！」しかし私はさまざまな分野の、さまざまな業界のリーダーシップ・チームと仕事をするうちに、リーダーは過去の経験だけでは現在の問題に対処できないということに気がついたのだった。それにはいろいろな理由がある。過去の経験が現在の問題に役立たないということもある。過去の経験が最大の足かせとなって、目の前の難題に対して創造的な解決方法を思いつけないというチームもあった。

もっとも優れたリーダーや巨匠が他とは異なる核となるプロセスをたどっていること、未来の可能性に向けて行動していることに気がついたとき、私は自問した。「より感覚を研ぎ澄まし、まさに出現しようとしている未来の可能性と結びつくことは、どうすれば実現できるのだろうか？」[7]

私はこの出現する未来から行動することを「プレゼンシング〔presencing〕」[8]と名づけた[9]。プレゼンシングとは「プレゼンス〔presence：存在〕」と「感じ取る〔sence：感知する〕」から成る造語だ。プレゼンシングの意味は、未来の最高の可能性を感じ、同調し、そこを起点に行動するということだ。

本書には、ユニークでインスピレーションに富んだ同僚や友人に支えられた一〇年間の旅のプロセスとその結果を記した[10]。この旅において一貫して抱き続けている問いは「どうすればまさに出現しようとしている未来から行動することができるか」であり、「いかにして社会的な場《ソーシャルフィールド》の深層に達し、それを活性化し、規則化することができるか」だ。

畑《フィールド》に入る

畑《フィールド》は、農家の人々ならみな知っているように、複雑な生体《リビング・システム》だ――地球がまさに生きた有機体であるように。

私はドイツのハンブルグに近い農家に生まれ育った。父はヨーロッパのバイオダイナミック農法の草分けの一人だったが、彼が私に最初に教えてくれたことの一つは、有機農法でもっとも大切なのは土壌だということだった。どの畑も二つの顔を持っている。目に見える地上の部分と、目に見えない地下の部分と。目に見える結果である収穫は、畑でもほとんど目に見えないものである土壌の質によって決まる。

私の考える社会的な場《ソーシャルフィールド》の原点はまさしくここにある。社会的な場《ソーシャルフィールド》は基本条件であり、生きている土壌であり、ここからあとで目に見える結果が生まれてくる。優れた農業家がより豊かで持続する土壌作りに重視するように、優れた組織のリーダーは社会的な場《ソーシャルフィールド》、つまり責任のあるリーダーが日々働く「農場」をより豊かで持続可能なものにするよう努力している。

毎週日曜日になると両親は私や兄弟を連れて、農場にあるすべての畑を巡り歩いた。ときおり父は立ち止まって、畦から土の塊を取り上げ、私たちが中身を見て地質の違いや構成を調べられるようにしてくれた。父によれば土壌の質は、一平方センチメートルの土壌に生息する何百万という有機体、そこに含まれる数多くの生物の集合で決まる。これらの生物が存在しているおかげで大地が呼吸し生《リビング》体《・システム》として進化することができる。

本書は読者を、現代グローバル社会の風景の中、畑《フィールド》の散歩へと誘うものだ。そこではちょうど私たち兄弟が農園での散策を行ったように、ときおり立ち止まって、わずかなデータを調べて社会的な場《ソーシャルフィールド》の微細な違いをより深く理解できるようにしよう。マッキンゼー&カンパニーのジョナサン・デイがグローバル企業に革新的な変化のプロセスを起こそうとした経験から、こう語っている。「ほんとうに大切なことは目に見えないんだ」[11]

しかし、もしこの隠された領域をもっと意識的に明確化したいと思ったら、どうしたらよいのだろうか?

アルキメデスのてこの支点

意図的に社会的な場《ソーシャルフィールド》を変容させたいと思うとしたらどこに戦略上のレバレッジ・ポイント(てこの支点)があるのだろうか? 何がアルキメデスの支点として機能し、グローバル社会の場《フィールド》を進化、変容させることができるのか?

父に言わせれば単純明快だ。「てこ」をどこに置くか? もちろん土だ。毎日、表土の質を高めようと努力しているのだから。地上の見える部分と地下の見えない部分という二つの世界が互いに混ざり合い、一つの生命体として進化している。表土とはその生命体の表層にある薄い膜だ。この営みの中から「文化」や「農耕」という概念が生まれた。農家の人々は大地をすきやくわで耕し、地上と地下という二つの異質な世界を深く結びつけることによって豊かな表土をつくりだしている。

それでは「社会的な場《ソーシャルフィールド》」の場合はどこがレバレッジ・ポイントなのだろうか。まったく同じ場所、見えるものと見えないものの接点に置けばよい。組織の肥沃な「表土」は二つの世界が出会い、つながり、混ざり合う中から生まれる。

それでは社会的な場《ソーシャルフィールド》の見える世界とは何か。それは私たちの行動、発言の内容と観察の対象に他ならない。カメラの映像に収めることのできる社会行動と言い換えてよいだろう。では目に見えない領域とは？　当事者の行動を生み出す「内面の状況《インテリアコンディション》」であり、私たちの行動、発言、観察のすべてを生み出している源《ソース》に他ならない。それこそビル・オブライエンによれば、優れたリーダーの資質であり、過去とは違う未来の創造に不可欠なものだ。それは盲点《ブラインドスポット》であり、私たちの意識や意図が生まれ出る場所でもある。

本書の第一部「盲点に突き当たる」では、あらゆるレベル、あらゆるシステム、あらゆる領域で私たちが根本的に同じ問題に直面していることを論じる。その難問を解決するためには私たちの行動のもとになっている内面世界を認識し変化させなければならない。つまり私たちに求められているのは、二つの次元に同時に注意を向けることだ。それは私たちが言っていること、見ているもの、行っていること（見える世界）と私たちの行動の源泉となっている「内面世界」（見えない世界）であり、意識や意図の源《ソース》であり、そこから行動が生み出される。そしてこの二つの次元を結びつけている媒体を「意識の領域構造《アテンションフィールド》」と呼びたい。農業で言えば、畑の二つの次元を結びつけている表土にあたる。

「集団として意識の領域構造《アテンションフィールド》を観る」――すなわち集団としてリアルタイムに変化する内面世界を意識することは、現代の社会的な場《ソーシャルフィールド》を変容させるもっとも有効な手段だろう。というのも、そこに私たちが完全にコントロール可能な共通意識が表出するからだ。私たち一人ひとりは独自の意識構造を構築しており、他人に同じものを期待することはできない。だから共通の領域が見えたときこそ、実際の変化を呼び起こすことが可能になり、行動変容が起こる。私たちが自らの意識とその源に目を向ければ向けるほどシステムの変革はたやすくなる。しかしそのためには、行動の基盤となる内面世界の変容が求められる。

意識の領域《フィールド》構造を変容させる

リーダーシップの原点は個人、集団双方の内面世界を変容させることだ。

父の畑の土壌は厚いものも薄いものもあった。社会的な場《ソーシャルフィールド》にも、さまざまな厚みの、まったく違った意識の層（領域《フィールド》構造）が存在している。意識の領域《フィールド》構造は観察するものと観察されるもののあいだに成り立つ関係性を表している。世界への注意の向け方を示しているともいえる。そしてその違いは観察する側と観察される側の関係をどのような立ち位置やスタンスでとらえているかによって、変わってくる。これまでの研究からすれば、性質の違い、すなわち意識《アテンション》の領域《フィールド》構造の違いを生み出すスタンスや立ち位置は四つに分類できる。

その四つとは、（一）**私の中の私**——習慣的なものの見方、考え方でものごとを認識する。（二）**それの中の私**——感覚や思考が大きく開かれた状況でものごとを認識する。（三）**あなたの中の私**——開かれた心《ハート》で同調し感じる。（四）**今の中の私**——私という存在の源《ソース》から理解する、すなわち、開かれた意志《ウィル》で注意を向ける。この四つの領域《フィールド》構造では意識と意図が生まれてくる場所が異なる。（一）から（四）はそれぞれ、習慣、開かれた思考《マインド》、開かれた心《ハート》、開かれた意志《ウィル》から生まれている。個人、リーダー、グループ、組織、地域社会の行動のすべてはこの四つのどれかに規定できる。

その違いを見るために、「聞く」という行為を例にとってみよう。長年グループや組織と関わった経験からすれば、聞き方にも四つタイプがある。

「ああ、そのことならもうわかっているさ」

俗にダウンローディングする聞き方と呼ばれる。習慣的な判断が正しいことを確認する聞き方だ。自分が知っていることを再確認するような状況では、ダウンローディング型の聞き方になる。

「あっ、あれを見て！」

このタイプの聞き方は対象や事実に着目した聞き方だ。事実や、今までの知識と合致しない新しい情報に注意を向ける。習慣的な判断を命じる「評価・判断の声」から離れ、目の前のデータに注意を向けて判断する。すでに知っている知識とは違うその事実に関心が向いている。対象や事実に注目した聞き方は優れた科学の基本でもある。自らが投げかけた質問の答えを、自然（データ）の中でじっくり探そうとする姿勢だ。

「うん、そうだね。きみの気持ち、すごくよくわかるよ！」

三番目の聞き方は、より深い、共感的傾聴だ。ほんとうに対話しているとき、気をつけていると、心のどの部分で聞いているのかが大きく変化していることに気がつくだろう。最初の二つの聞き方は自分自身の精神・認知構造の中で聞いているが、共感する聞き方では、認識方法がシフトする。モノや数字、事実といった対象を客観視する見方から、一つの生命体、生体、自己の物語として聞くようになる。そしてそのためには、特別な能力を使いこなさなければならない。その能力とは、開かれた心、他者や他の生体と直接つながるための共感する力だ。この力を持つと、私たちの見方は大きく変化する。自分の損得は忘れ、他の人の視点から世界がどう見えるかを感じることができるようになる。そうなるとその人が言わんとすることが聞かなくても分かる。その人が言いたいことを表現するのに適切な言葉を使っているかどうかまで分かる。なぜなら、実際に発せられた言葉を「分析」する前に、その人の気持ちを「肌で感じる」からだ。共感的傾聴は他の人間関係スキルと同じように開発し伸ばすことができる。このスキルは違った源《ソース》の「知能指数」を必要とする。それは心の知能指数だ。

「今経験していることをなんと言っていいのか分からない。私の存在そのものがスローモーションのようだ。静かで確かなほんとうの自己になった気分だ。自分を超える大きな存在とつながっている感じがする」

こんな言葉で表現されるのが第四の聞き方だ。このタイプの聞き方によって、現在の領域《フィールド》を超えて、何かが出現しようとしているより深いレベルの領域《フィールド》につながっていく。私はこのレベルの聞き方を「生成的《ジェネラティブ》な聞き方」と呼ぶ。未来が出現している領域《フィールド》から聴くからだ。ここでは開かれた心《ハート》と、開かれた意志《ウィル》にアクセスすることが必要だ。そうして出現しようとする未来の最も高次なる可能性につながっていく。このレベルでは、新しく生まれ出ようとするものの違いが明らかになるように古い自己を捨て去り、道を空けてあげなければならない。もはや外側にある何かを探しはしない。もう目の前の誰かに共感するわけでもない。私たちはすっかり別の状態になっている。表面的な言葉では伝えきれないこの経験の感覚を、あえて言葉にしようとするならば、「聖餐《せいさん》」あるいは「恩寵《おんちょう》」という言葉がふさわしいだろう。

第四の聞き方は他の三つの聞き方と感じ方も生み出すものも違う。第四の聞き方で会話したあと、会話を始めたときの自分とはまったく別の人間になってしまったような気がする。とらえがたい、しかし深い変化を経験したのだ。聴き手は、真の自己《オーセンティックセルフ》とその存在理由という深い源《ソース》につながっている。そして現実化しようとしている深い領域《フィールド》や、生まれ出ようとする真正の自己《オーセンティック・セルフ》につながっている。

U理論——未来の最も高次な可能性からのリーダーシップ

私たちの行動は、これら四つの意識レベルのうち必ずどれか一つにもとづいている。ひとりであっても、大規模な集団の中であっても、いずれかの意識レベルにもとづいて行動している。これら行動に影響を与える異なる意識レベルを「意識《アテンション》の領域《フィールド》構造」と呼ぶことにしよう。同じような行動であってもまったく違った結果を生み出すことがあるが、これは「その行動がどのレベルの意識の領域《フィールド》構造にもとづいているか」によるのである。言いかえれば、「（このような意識で）臨んだために、（こうした結果が）生じた」ということだ。これは私たちの社会プロセスすべてにあてはまる知られざる側面であり、非常に理解することが難しく、変化する現代社会において十分に活用されているとは言いがたい。それゆえに、私はU理論を開発し、社会行動の源となっているこれらのレベルについてより深く理解できるようにした。

U理論はこの本の問題意識そのものを表している。すなわち、「出現する未来から学び行動するには何が必要か」ということだ。第2章では、私たちのリーダーシップ、学習、そして行動のレベルが、レベル1とレベル2（刺激に反応して応急処置を施す）の段階からレベル3とレベル4（深いレベルでの革新と変化）の段階へ達するにはどうしたらよいのか、この問題意識に沿って話を進めていこう。

激動する現代社会を生き抜くには、どのような組織も地域社会も自己刷新し、生まれ変わらざるをえない。そのためには、「私たちは誰なのか」「私たちはなぜここにいるのか」「ともに何を創りだそうとしているのか」という問いに答えることが必要だ。しかしこれらの問いに対する答えもまた、私たちがどのレベルの興味・関心（意識）で答えるかによって、違いが生じてくる。純粋に即物的で決定論的なアプローチで答えることもできれば（レベル1、レベル2での対応）、社会現象を創りあげている源として、より繊細で心理的なもの、より意図的で精神的なものを含め、統合的な視点から答えることもできる（レベル3、レベル4の対応）。

新しい科学

この本はただリーダーシップの盲点《ブラインドスポット》に光を当てようとだけするものではない。むしろ、私たちが日々の生活の中でつねに遭遇している社会プロセスの隠された一面を明らかにすることに主眼を置いている。そのためには、現代の科学を進化させることが必要だ。カリフォルニア大学バークレー校の心理学者エレノア・ロッシュが好んで使う言葉どおり、「科学は賢明な使い手を必要とする」。今日私たちの知る科学はまだ非常に幼稚な段階にあるからだ。

一六〇九年、ガリレオ・ガリレイは望遠鏡を発明し、木星の月を観察することに成功した。彼の観察は、異端とされたコペルニクスの地動説を裏付ける強力な証拠となった。それより六六年前、ニコラス・コペルニクスは太陽こそ宇宙の中心であり、プトレマイオスが主張するように地球が中心ではない、とする論文を発表していた。しかし、彼の論文は、発表後半世紀ものあいだ受け入れられず、特にカトリック教会の猛反発を買っていた。ガリレイは望遠鏡で観察した結果、コペルニクスが正しいことを悟った。そこで、最初は口頭で、後には論文の形でこの考えを発表したが、コペルニクス同様、カトリック教会の強硬な反対を受けることになった。彼の説は異端として宗教裁判にかけられたのである。自説を守るために、ガリレイはカトリック教会側の学者に、望遠鏡をのぞいてその目で証拠を確かめてほしい、と訴えた。カトリック側の指導者の中にはガリレオの支持に回った者もいたが、協会の主だった指導者たちは自分たちが不利になりそうな観察をしようとはしなかった。あえて聖書の定説を否定したくなかったのだ。教会は宗教裁判で七〇歳のガリレオを侮辱することはできたが（彼に自説を撤回させた）、ほんとうの意味で勝利したのはガリレオの方であり、今日、彼は実験物理学の父と呼ばれている。ガリレオ・ガリレイは、しり込みすることなく望遠鏡をのぞき、観察から明らかになったデータから何が正しく何が正しくないかを判断することによって、近代科学のパイオニアとなった。

　そして今、四〇〇年の時を経て、あらたなブレークスルーの物語が書かれようとしている。ガリレオは実際に観察し五感を活用して外部データを集めることを奨励し、科学のあり方を変えた。今私たちに求められているのは、同じ方法を使って、より分かりにくい私たち自身のデータや経験を集積することだ。そのためには他の種類の望遠鏡が必要になる。つまり、はるか遠くのもの——木星の月——を見せてくれるのではなく、その向きを逆方向に変えて元となっている源に当てることで、観察者の盲点《ブラインドスポット》——科学的な行動を実践している自分自身を観察させてくれる望遠鏡だ。自分自身の源《ソース》を観察するために必要な力は、通常の探究・調査で必要とされている「開かれた思考《マインド》」だけではなく、「開かれた心《ハート》」と「開かれた意志《ウィル》」も必要とされる。こうした観察やその結果得られる知識については、分かりづらい面もあるので、以下に詳しく述べることにしよう。

この科学の変容はガリレオ・ガリレイ以上に革新的だ。そして現代の知識人たちの抵抗も、ガリレオ時代のカトリック教会に劣らず、激烈なものだ。しかし、現代人が直面するグローバルな問題に対処するには、科学、社会変革、自己（意識）改革を統合する新しい方法が求められていると思わずにはいられない。社会科学者はこれまであたりまえのように、物理学など自然科学の領域から方法論や理論的枠組みを借用してきたが、今こそその影響下から脱し、社会科学の方法論を発展させ確立させる必要があるのではないだろうか。そしてその方法論は、（三人称で語られるところの）科学と、（二人称で語られるところの）社会変容、そして（一人称で語られるところの）自己革新を、意識に基づくアクション・リサーチ★という一貫性のある枠組みの中に統合していくことだ。

こうした理論的な枠組みは、過去五〇年のあいだに社会科学の分野で起こった二つの大きな潮流の中からすでに生まれつつある。最初の潮流は、二〇世紀後半に、クルト・レビンとその仲間たちが始めた行動科学に関するさまざまな研究手法であり、通常「行動学派《アクションターン》」と呼ばれる動きである。もう一つは、二〇世紀末から二一世紀初頭にかけての動きで、しばしば「思索学派《リフレクティブターン》」と呼ばれるが、興味・関心や意識に対する「内省《セルフリフレクティブ》」学派という呼び方の方がより適切だろう[12]。この新しい統合の仕組によって、科学（データに語らせる）、行動研究（システムを理解するにはそれを変化させることが必要だ）、意識と自己の変革（盲点《ブラインドスポット》を照らす）が結びつけられるようになった。

二三〇〇年前、西洋における探究・思索のもっとも偉大な改革者であり、革新的と目されたアリストテレスは、『ニコマコス倫理学』の第六巻で、人間が真実を知るには五つの方法、才能あるいは能力があり、科学はその一つに過ぎないと書いている[13]。アリストテレスによれば、科学（エピ

★　集合的な探求のプロセスを通して多様な人々が協働的に変化に向けた課題解決を図っていく手法

ステーメー）は、そうとしか存在できないもの（言い換えれば、必然的に存在するもの）についてしか解明できない。これとは対照的に、真実を知るためのほかの四つの方法や能力は現実や人生のあらゆる状況《コンテクスト》に応用することができる。その四つとは技術（テクネ）、実践知すなわち知慮（フロネーシス）、理論的な知恵（ソフィア）、そして直感や原理・原則や源《ソース》を把握する能力、直知（ヌース）である。

これまで近代科学は、多かれ少なかれ、主としてエピステーメーの領域に焦点をあててきた。しかし、これからは科学の領域を拡大し、真実を理解するためのほかの能力も含む必要がある。そこには応用技術（テクネ）、実践的な知慮（フロネーシス）、理論的な知恵（ソフィア）、そして興味・関心や意図の源を直感的にとらえる力（ヌース）などが含まれるのだ。

私たちのフィールドジャーニー

本書の構成

本書は第一部の「盲点《ブラインドスポット》に突き当たる」のあと、第二部「Uの領域《フィールド》へ入る」、第三部「プレゼンシング――革新的な変化をリードする社会テクノロジー」へと続く。

最初に盲点のさまざまな事象を扱う。現代人にとって最大の課題は、あらゆるシステムのあらゆるレベルでの盲点、すなわち私たちの行動を生み出す内面世界を見つけることではないか。どのレベルの問題もつまるところ一つに集約される――今私たちが抱える問題は私たちの内面の状況を変え盲点、意識と行動の源《ソース》に光をあてることによってしか解決できない。

第二部では盲点に光をあてるコアとなるプロセス、どうしたらそれが可能かについて触れる。

フィールドの旅の第三部では、新しい社会的な場《ソーシャルフィールド》理論（Ｕ理論）と新しい社会テクノロジー（プレゼンシングの二四の原則と実践）の二つに分け、コア・プロセスの内容を「変革の文法」という視点から要約した。終章は「グローバル・アクション大学の創出」で締めくくっている。そこでは、科学、意識、大きな社会の転換を統合し、先に述べられた原理を実行するグローバル・アクション大学の大まかな計画について述べた。

　これからの二一章は、戦略、知、イノベーション、リーダーシップの分野で世界的に著名な一五〇人と対話し、そこから得られた洞察をもとに語られている。また本書は私自身の人生とも重なっている——アメリカに住んでいるヨーロッパ出身の白人の男性の物語だ。そしてＭＩＴでの研究、同僚や共同研究者との限りない内省的なワークショップの結果も反映されている。Ｕ理論は、市民運動、グローバル企業、ＮＧＯのリーダーたちを対象としたコンサルティングや「アクション・リサーチ」プロジェクトの結果をもとに構築されている。これらの団体の中には、富士通、ダイムラークライスラー、グラクソ・スミスクライン、ヒューレット・パッカード、フェデラル・エクスプレス、マッキンゼー＆カンパニー、日産自動車、オックスファム、プライスウォーターハウス、シェルなどが含まれている。

　芸術の分野で活躍する親しい友人からもつねにインスピレーションを受けてきた。たとえばアラワナ・ハヤシはプレゼンスの実践を具体化し、新しい芸術を共創するソーシャル・プレゼンシング・シアター[14]というプロジェクトを推進してくれた。また本書では私の手書きの図をもとにプロの手で分かりやすく表現したイラストを数多く掲載している。それによっていくつかの概念が言葉よりも鮮明に、具体的に理解できるようにした。イラストによって本書の難解な概念が少しでも分かりやすくなることを願っている。

本書の目的

本書は三つのことを達成するために書かれている。まず盲点《ブラインドスポット》を照らす社会的な場《ソーシャルフィールド》の文法を提供すること（第15章、20章）。次に、現実社会を生み出す四つのプロセス（思考、会話、構造化、グローバルなつながり・統治）を明らかにし、先の文法の有効性を確認すること（第16〜19章）。そして最後にプレゼンシングの原則と実践を通じて社会テクノロジーを地に足の着いた実行可能なものにすること（第21章）である。

二四の原則は互いに密接に関連しあって一つの集合体として機能している。これはUの課程にあわせた五つの運動としても表現できる（図1-2参照）。その五つの運動とは以下のとおりである。

◆**共始動**《コーイニシエイティング》――人生があなたに求めていることに耳を傾ける。そしてそのことに関わりのある人や状況《コンテクスト》とつながり、共通の意図を持ち、互いに触発しあう仲間を招集する。

◆**共感知**《コーセンシング》――もっとも潜在性を秘めた場所へ行く。そして、ただ、ひたすら観察する。開かれた思考と心で耳を傾ける。

◆**共プレゼンシング**――静寂な場所に行き、深い叡智の源《ソース》を開き、内から出現しようとする未来につながる。

◆**共創造**《コークリエイティング》――生きている小宇宙のプロトタイプをつくり未来への滑走路を用意することによって、実践を通じて未来を切り拓く。

◆**共進化**《コーエボルヴィング》――より大きく革新的な生態系をともに築き、人々が「全体を見て行動すること」によって境界を越えて互いに結びつける場所を確保する。

本書の方法論

フィールドジャーニーには三つの方法論が含まれている——現象学、対話《ダイアログ》、そして協調的なアクション・リサーチだ。これら三つの方法論はすべて、知、現実、自己の相互作用を促進するものであり、アクション・リサーチの創始者であるカート・ルウィンによって提唱された。彼は「システムは変化させて初めて理解することができる」と考えた。一方でこれら三つの方法論は、それぞれ視点が異なる。現象学は一人称の視点から（個人の意識）、対話は二人称の視点から（会話の場）、そしてアクション・リサーチは三人称の視点から（組織のパターンや構造を規定）考察されている。

本書ではリーダーシップを個人のものというよりも、より広範な集合的なものとして扱っている。社会的な地位や肩書きには関係なく、すべての人が変化を起こすことができるからだ。**今世紀のリーダーシップとは、あらゆるレベルで集合意識の領域構造《フィールド》、すなわち聞く力を変容させることに他ならない。**

セブンス・ジェネレーション社の創業者でありCEOであるジェフリー・ホランダーは「リーダーシップとは誰よりもよく全体に耳を傾ける能力のことだ」と言う。あなたも周囲を見回してみてほしい。何が見えるだろうか。私たちが実現しようとしているのはグローバルなリーダーシップだ。そのためには私たちは、個人（ミクロ）からグループの相互作用（メソ）、組織（マ

図 1-2　Uプロセスの5つの動き

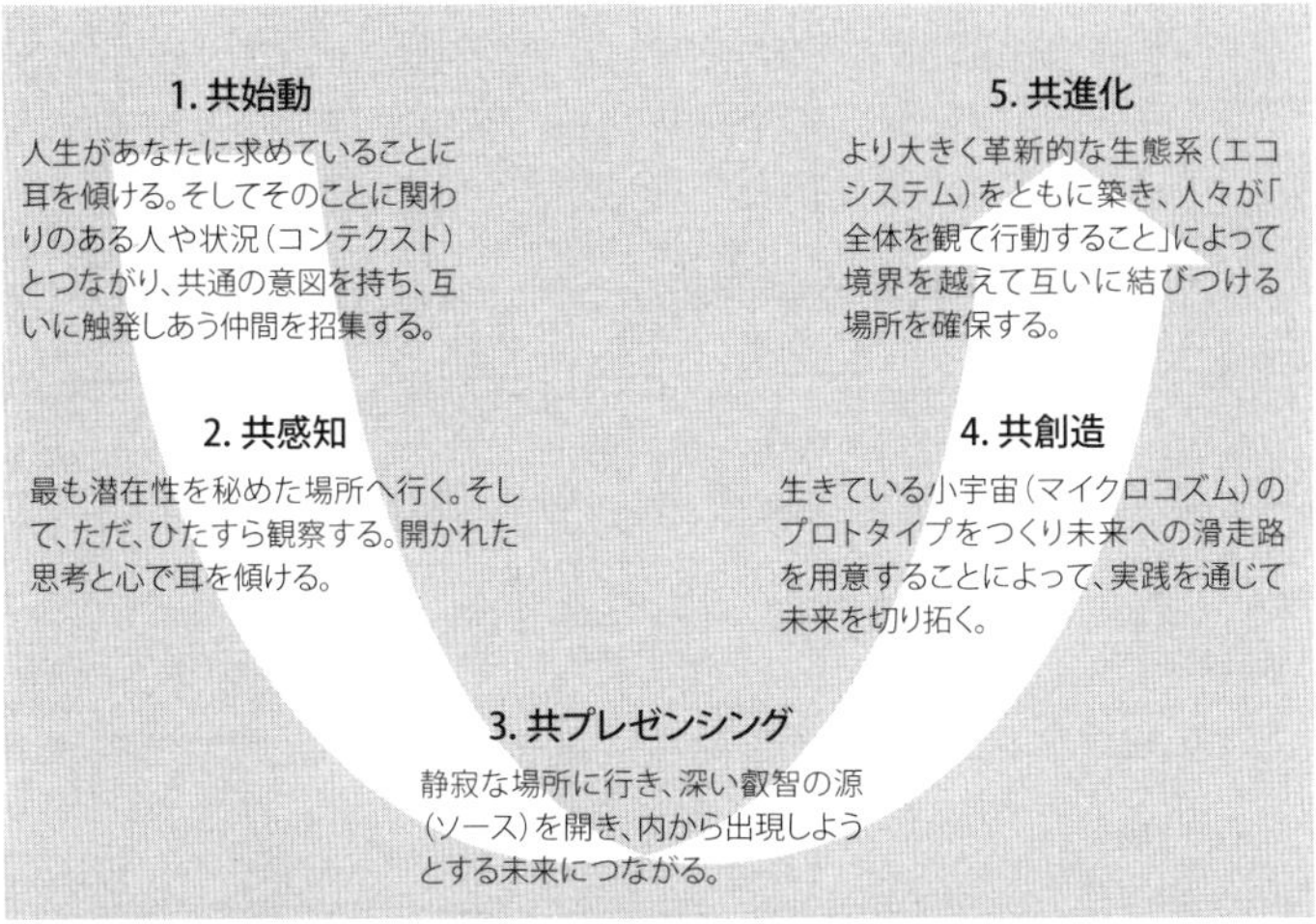
1. 共始動
人生があなたに求めていることに耳を傾ける。そしてそのことに関わりのある人や状況（コンテクスト）とつながり、共通の意図を持ち、互いに触発しあう仲間を招集する。
2. 共感知
最も潜在性を秘めた場所へ行く。そして、ただ、ひたすら観察する。開かれた思考と心で耳を傾ける。
3. 共プレゼンシング
静寂な場所に行き、深い叡智の源（ソース）を開き、内から出現しようとする未来につながる。
4. 共創造
生きている小宇宙（マイクロコズム）のプロトタイプをつくり未来への滑走路を用意することによって、実践を通じて未来を切り拓く。
5. 共進化
より大きく革新的な生態系（エコシステム）をともに築き、人々が「全体を観て行動すること」によって境界を越えて互いに結びつける場所を確保する。

クロ）、グローバルなシステムのレベルへと意識を開き、聞く対象を広げていく必要がある。すべては相互に関連しあい、つねに存在している。しかし、幸いなことに、意識の領域《フィールド》構造を革新的に変化させる「秘密の転換点」はあらゆるレベルで共通している。本書で述べるこの転換点はどのレベルのシステムにも適用することができる。

しかしここで、払うべき代償があることにも触れておこう。第四の領域《フィールド》から行動しようとすれば、ほんとうに必要なもの以外はすべて手放さなければならない。自然の摂理に従って「去るものを追わず、来るものは拒まず」という態度に徹しなければならない。かつてゲーテは人生の旅のエッセンスをこう表現した。「もし死生の理を知らなければ、大地のつまらない顧客となるだろう」[15]

現代の争点は文明の違いや文化の違いではない。私たち人類の未来がどうなるか、ということが問題だ。私たちは誰なのか、どうなりたいのか、私たちの住む世界をどうしたいのかが問われている。だからこそほんとうに知るべきなのは「私たちは何のために存在しているのか」ということだ。

一九八九年にベルリンの壁が崩壊したように、古いリーダーシップもまた崩れ落ちようとしている。私たちが今日必要としているのは、リーダーシップに至る新しい道だ。リーダーシップという概念そのものを超えなければならない。頭、心、手を深いところで、実践的な方法で統合していく必要がある――それも個人と集団の両方のレベルで。

いざ、この発見の旅に出かけようではないか。

第一部

Bumping into Our Blind Spot

盲点に突き当たる

人間の社会的な行動は容易に理解することができる。話したり、笑ったり、泣いたり、ぶつかったり、遊んだり、ダンスしたり、祈ったり。しかしこうした行動がどこから生まれるのかはどうだろう？　私たちの内面深くの、あるいは周辺の、いったいどこからこうした行動が始まっているのか？

この質問に答えるには、画家が絵を描くということを三つの方法で見てみるとよいだろう。まず、画家の仕事の結果であるモノ、完成した絵を見ることができる。あるいは、実際に作品に色をつけていく筆運びのプロセスを見ることもできる。そして画家が真っ白なキャンバスに向かっている姿を見ることも。この三番目の視点が、本書を貫く問題意識となっている。真っ白なキャンバスを前に何が起こっているのだろうか？　何が画家をして最初に一筆を描かせるのか。

この本は、改革や変化をもたらそうとする個人、グループのリーダー、言い換えれば「芸術家《アーティスト》」のために書かれている。ビジネス界、地域社会、政府、ＮＰＯのリーダーや改革者は誰しも「芸術家《アーティスト》」と呼べるのではないか。なぜなら、新しいものを創造し、社会にもたらしているのだから。そこで問題となるのが、彼らの行動はどこからもたらされたのかということだ。私たちはリーダーが何をしているのか、どうやっているのか――どんな戦略やプロセスを採用しているのかは見ることができるが、最高の可能性を生み出すレベルのときや、あるいは逆に何らつながりやコミットメントもないときに、彼らがどのような内面世界、すなわち源《ソース》から行動しているのかを見ることはできない。

そこで「盲点《ブラインドスポット》」の領域が問題となる。盲点は、私たちは普段見ることのないものを観るということだ。それは個人や社会システムの行動のもととなる内面世界や源《ソース》を指している。この盲点はいたるところにつねに存在している。しかし隠された存在でもある。リーダーとして芸術家《アーティスト》として、私たちの仕事の一つはこの盲点がどのようなものなのかを明らかにすることだ。たとえば、パリの認知科学、認識論の教授であるフランシスコ・J・ヴァレラは私に「近代科学の盲点は経験だ」と語ったことがある。盲点はさまざまな形をとって表れる。この実地調査《フィールド・ウォーク》、学習の旅を続けていけばその姿を見ることになるだろう。

続く七つの章では、この盲点が、現代社会の特徴を示しながら、社会、科学、システムに違った姿で現れるのを七つの違った視点から見ることができる。盲点は個人にも、グループにも、組織にも、社会にも、そしてシステムにも存在するが、その姿をとらえるには、認識論や存在論を深く理解し、その仮定にもとづいた理論や概念を利用する必要がある。

私と一緒に盲点のさまざまな姿を探索してみよう。まず自己を見つめることからスタートし、チーム、組織、社会、社会科学、そして哲学へと展開していこう。

第1章 火事

その朝いつものように学校に出かけたとき、それが自分の家――ハンブルグの北三〇マイルにある築三五〇年の農家――を見る最後だとは思いもしなかった。学校でもいつもどおりに過ごした。一時に先生から呼び出されるまでは。「すぐに家に帰りなさい、オットー」先生の目が少し赤いのに気がついた。先生はどうして急いで帰らなければならないのか話してはくれなかったが、私は心配のあまり駅から電話してみた。電話は通じなかった。回線が不通だった。何が起こったのか想像もつかなかったが、何か良くないことが起きたのだけはわかった。いつものように一時間電車に乗ると、駅からタクシーに飛び乗った。いつものバスを待っている余裕はないと感じたからだ。家に着くずっと前から、大きな灰色や黒の煙が空いっぱいに立ち昇っているのが見えた。農場へ向かう長い道をタクシーが進むにつれて私の心臓は破裂しそうになった。近所の人や地元の消防団や警察や見知らぬ人であたりはごった返していた。長い樫の木の並木道はまだ途中だったが、私は飛び降りて、人々の間をすり抜け、最後の一キロを走った。農場に着いたとき、目を疑った。生まれてからずっと我が家だった家は崩れ落ちていた。跡形もなく、煙の中に消え去っていた。

猛り狂う炎のほかには何も、文字通り何も残されていなかった。目の前の炎が現実のものとして呑み込めると、足元が崩れ去るような気がした。私が生まれ、育ち、青春の日々を過ごした場所は消えてなくなった。ただ炎の熱さを感じながら呆然と立ち尽くしていると、時間の進み方が減速するのを感じた。炎をじっと見つめていると、炎が自分のなかに入り込んでくるような気持ちになった。その瞬間、火事で焼かれてしまったものに自分がどれほど愛着を抱いていたか思い知らされた。自分だと思っていたものはすべて失われてしまったのだ。いや、すべてではない。自己というちっぽけな存在はまだ残されていた。この光景を見ている人間がいるじゃないか。自分でないとしたらこれはいったい誰だと言うのか。

その瞬間だった。まったく次元の違う自己の存在に気がついた。それまでまったく意識していなかった自分。過去のどこにも存在していなかった自分。目の前で焼け落ちてしまった過去とは無関係だが未来につながっている自分に気づき、これからの人生で実現していける世界に気がついた。その瞬間、時間が止まり、私のからだは上の方に引っ張られ、どこか知らない場所から一部始終を眺め始めた。意識が静かに広がっていき、これまでにないほど明晰になった。自分がこれまで考えていたような人間ではないということを悟った。ほんとうの自己は焼け跡でくすぶっているものとはまったく関係がない。そして突如悟った。ほんとうの自己はまだ生きている！　その自分が私の未来を予見してくれた。その未来の自分は、これまで知っていた自分よりももっと明晰で、もっとはっきり覚醒していて、もっとしっかり存在していた。長年愛用してきたものが燃えてしまって、かえって重荷から解放されたような気がした。何もかもなくしたとき、重圧から解放され自由になり、まったく別の自己に出会うことができた。その自分は私を未来へ、生きることによって実現できる私の未来へ連れて行ってくれた。

翌日、八七歳になる祖父が農場を訪れた。祖父は一八九〇年からずっとその家に住んでいた。火事の一週間前に病気で入院していた。農場に帰るのは最後かもしれなかった。祖父は火事の翌日に農場にやってきて、最後の力を振り絞って車から降り、後片付けをしている父のところにまっすぐにやってきた。焼け跡には見向きもしなかった。ここかしこにくすぶっている残り火を気にもとめず、父のところに歩み寄ると、父の手をとってこう言った。「顔を上げて前を見るんだ、息子よ」そしてきびすを返すと待たせていた車で戻っていった。その数日後、祖父は静かに息を引き取った。

それから何年かたって火事で経験したことは旅の始まりに過ぎなかったことを知った。自分が一人ではなく二人なのだと気がついたことがすべての始まりだった。過去に縛られている自己と、未来になれるかもしれない自己。炎の前では、ふたりの自分が互いに結びつくのを感じていた。あれから二〇年たった今も、故郷から数千マイル離れたここマサーチューセッツ州のボストンで、「ほんとうの自己とはなんだろう?」と考えている。過去の自己の延長線上へではなく、これから生まれる未来に私を引き入れてくれた、あの「もう一つの時間の流れ」は、自分とどう関係しているのだろう? こうした思いがあって、私は一九九四年、ドイツを離れ、ＭＩＴの組織学習センターで研究を続けることにした。そして同じ思いで、本書を書くことになった。

第2章 Uへの旅

U理論──はじまり

　これまで「盲点《ブラインドスポット》」とは意識の構造であり、意識《アテンション》の源《ソース》でもあると語ってきた。私が「盲点」を初めて意識したのは、ハノーバー保険の前CEOであるビル・オブライアンの言葉を聞いたときだ。彼は何年ものあいだ組織学習のプロジェクトを経験し企業の変革を促してきた人物だ。彼は、変化を仲介できるかどうかは仲介者の「内面の状況《インテリアコンディション》」にかかっている、という結論に達したが、それは非常に優れた洞察だった。この彼の観察で私はひらめいた。ビルは、重要なのはリーダーが何をどうするかだけではなく、彼らの「内面の状況」、彼らが行動を起こす起点となったもの、あらゆる行動が生まれる源《ソース》であることに気づかせてくれた。つまり、同じ人が同じ状況で同じことをしても結果はまったく違うことがあるが、それはその人の行動の源泉となっている内面世界が違っているからだ。

　それ以来、内面世界についてもっと知るにはどうしたらよいかと考える日が続いた。リーダーや経営者の行動やプロセスについては実に細かいところまで分かっているが、内面世界については何も分かっていない。そもそも一つしか存在しないものなのか、数多く存在するのかさえ見当がつかなかった。二つだろうか、それとも一〇個だろうか。盲点《ブラインドスポット》であるがゆえに、知りようがなかったのである。しかし、経験豊富なリーダーや創造的な仕事についている人々は、こうした盲点の重要性を繰り返し語ってくれた。巨匠やリーダーが普通の人と違うのは、盲点のせいだった。二三〇〇年前、アリストテレスも同じように感じていたのだろう。アリストテレスは、通常の科学で得られる知（エピステーメー）や実践のノウハウやテクニックに関わる知（フロネーシス、テクネ）を、原理や意識の源など内面に関わる知（ヌース）や知恵（ソフィア）と区別して考えた。[1]

ＭＩＴに来て間もないころ、組織学習の様子を実況中継で見る機会があった。聴講生の質問に答えて、『フィールドブック 学習する組織「5つの能力」』（ピーター・センゲ他著、柴田昌治訳、日本経済新聞社、二〇〇三年）の共著者であるリック・ロスはホワイトボードに次のような図を描いた（図2-1）。

とてもシンプルな図だったが、それを見て私は組織の変化が階層的に起こることに気がついた。その瞬間、心の中にこれらの階層が鮮やかに浮かび上がって見えた。構造からプロセス、思考へと移行する課程は深遠で分かりにくいが、図で示すことで理解しやすくなる。私は頭の中でこの図を仕上げるとき、「構造」の上と「思考」の下にそれぞれ一つずつ階層を付け加えた。そして、水平方向に、認識する段階から実行する段階への変化も加えた。そうしてできあがった最初の図が図2-2である。

私はＵ字型の底の部分を「プレゼンシング」と呼ぶことにした。詳しくは第三部で語るが、今は「内面のもっとも深い源《ソース》から見ること」という解釈をあてておこう。これは未来の最高の

図 2-1　組織の変化の階層

可能性を感じ取り、実現しようとする営みだ。私たちの周囲で新しい現実が出現してくるとき、思考を開き、さらに心を開き、さらに意志を開くことによって、私たちは誰しもこの状態を体感することができる。

グループや組織、地域社会を対象にしたプレゼンテーションやワークショップで使ううちに、この枠組みは現場経験の豊富な人には深く響くということに気がついた。Uのイメージに沿って働くにつれ、彼らはキーとなる二つの次元を理解し始める。一つは水平方向に展開する認識と行動で、深く結合し感じる段階からものごとを具現化し実行する段階への移行だ。もう一つは垂直方向の展開で、ここではさまざまな変化がレベルごとに示されている。変化の段階としてもっとも軽いものが「反応」で、徐々に深まり、最終的には「再生成《リジェネレイト》」のレベルに到達する。[2]

変化とその学習方法の多くは、観察、内省、計画、行動から成るコルブの経験学習モデルを参考にしている。このようなプロセスの学習モデルは過去の経験から学ぶものになる[3]。ハーバードとMITのクリス・アージリスとドン・ショーンはシングルループ・ラーニングとダブルループ・ラーニングの違いを論じているが、ここでは過去の経験からどう学ぶかが明らかになっている[4]。シングルループ・ラーニングは反応や再構造化の課程に相当し、枠組みの再構成はダブルループ・ラーニングに相当する（ここでは深い前提や行動変数に対する内省も含まれる）。しかし、U曲線のもっとも深い底にある再生成のレベルは、ダブルループ・ラーニングをも超越している。そこで

図 2-2　変化の 5 つのレベル

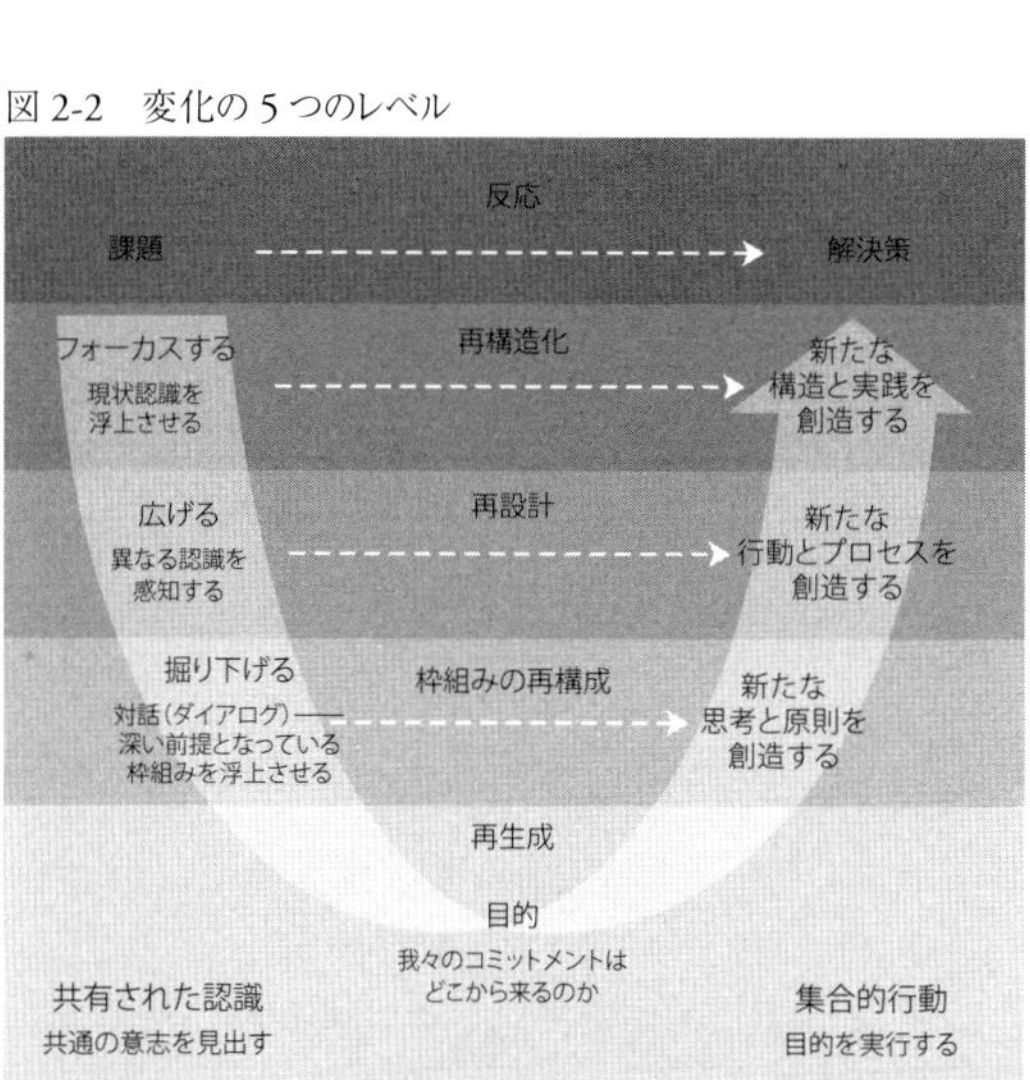

は、出現する未来という違った時間の流れに入っていくが、本書ではこれをプレゼンシング、または「Uプロセス」と呼んでいる。

Uの概念はひとりでに生まれたものではない。その背後には、さまざまな状況《コンテクスト》、さまざまな実践の中で行われた変革プロジェクトの、長年の積み重ねと研究があり、その内容は私の二冊の本にまとめられている[5]。社会の発達と変化に関する初期の考え方に影響を与えた大きな源は、争いと平和のダイナミクスを調べるために世界の主だった文化圏を旅した経験だった。インドではガンジーの非暴力運動を、中国、ベトナム、日本では仏教、儒教、道教について学び、社会の発達や人生に対する考え方が異なることを知った。またエッケハルト・カッパとヨハン・ガルトゥングという二人の教師からは幸運にも、社会に革新的な変化を起こすには、論理的な思考と科学が強力な武器になることを学んだ。この他にも、前衛芸術家のヨーゼフ・ボイス、ヘンリー・デビッド・ソロー、マルティン・ブーバー、フリードリッヒ・ニーチェ、エドムンド・フッサール、マルティン・ハイデガー、ユルゲン・ハーバーマス、そして歴史上の巨匠であるヘーゲル、フィヒテ、アリストテレス、プラトンなどの思想からも影響を受けた。その源の中でももっとも影響力があったのは、教育者であり、社会改革家であったルドルフ・シュタイナーだろう。科学、哲学、意識と社会改革を統合した彼の思想は今でも私の仕事に影響している。シュタイナーの方法論はゲーテが科学に対してとった現象学的なアプローチをもとにしているが、この方法はU理論にも採用されている。

シュタイナーの主著『自由の哲学』（高橋巖訳、筑摩書房、二〇〇二年）から学んだ考え方を、私はMITでの最初のプロジェクトであるエドガー・シャインとの共同研究以来ずっと持ち続けてきた。私たちはそれまでMITスローンスクールで行われてきた変化に関する研究や考え方の枠組みをすべて検証するプロジェクトに取り組んでいた。こうした多種多様な研究をまとめ、それに対する考えを結論として記そうとしたが、それはさまざまな考え方のフレームワークが複雑に統合されただけのものになってしまった。それを見てエドは内省した。「おそらく元の資料に戻って一からやり直さなければならないだろう。変化を分析するには自分たちの経験をもっと重視する必要がある」。シュタイナーの言葉を借りれば、自分の経験や思考プロセスをもっと明晰に、分かりやすく、しかも積極的に調べる必要がある。つまり、自分の感じたこと、観察したこと、モノの見方が調査のスタートポイントとなる——しかしそれから、まさにフッサールとヴァレラが認知学の論文で主張しているように、元の資料、すなわち源《ソース》を繰り返し吟味することが必要だ。シュタイナーの『自由の哲学』は個人の意識を対象としているが、U理論は集団の意識の領域《フィールド》構造に迫るものだ。[6]

ブライアン・アーサーへのインタビュー——ゼロックスパークにて

一九九九年から私は『シンクロニシティ——未来をつくるリーダーシップ』（野津智子訳、英治出版、二〇〇七年）の著者、ジョセフ・ジャウォースキーとあるプロジェクトを始めた。私たちのタスクは、シェル石油とテキサコが合併してできた組織の事業部のリーダーたちに、学びの速度をあげ、変化する事業環境でイノベーションを推進できるような学習環境をつくりだすことだった。

私たちはそのためにイノベーションの実践者や思想家にインタビューを行っていた。その中の一人がサンタフェ研究所の経済部門長、W・ブライアン・アーサーだった。彼はハイテク市場分析の先駆者として知られていた。ジョセフとゼロックスパークの建物に入ったとき、かつてこの場所で始まった技術革命について考えずにはいられなかった。ゼロックスパークのもともとの住人たちは一九七〇年代から、おそらくはもっとも多くの成果を生み出した研究開発チームとして知られていた。今となっては世界中あらゆる机の上に置かれているマッキントッシュタイプのパソコンのインターフェイスが最初に生み出されたのはここだった。この他にもマウスをはじめとするさまざまな革新的なアイデアや技術が発明され、アップルコンピュータやアドビシステムズなど多くの企業を成功に導いた。しかし皮肉なことに、こうした発明や画期的な技術は親会社のゼロックスにはまったく貢献しなかった。ゼロックスはコピー機のメーカーとしての過去の栄光を捨てきれず、そうしたしがらみのない外部の人々や組織が新しいアイデアを採用し、さらに発展させていった。

　アーサーに会ってすぐにビジネス界の経済構造が変化しているという話になった。「つまり、新しく生まれつつある形を認識してそれに適応していけばほんとうの力を得ることができる」とアーサーは言った。そして認知の二つの異なるレベルについて語った。「ほとんどの人は意識できる認知レベルに留まっているが、もっと深いレベルが存在する。そこでは理解するという言葉よりも〝知っている《ノウィング》〟という言い方のほうがふさわしい」

「たとえば、私がシリコンバレーのどこかまったく知らないところにある日突然行き、問題というわけではないが、複雑でつねに変化している状況があって、何がどうなっているのか知ろうとしているとしよう。まず徹底的に観察する。それから一歩後ろに退くんだ。うまくいけば内面の深い場所にある何かに触れることができる。そこから〝知《ノウィング》〟が浮かび上がってくる」。彼はさらに続けた。

「ひたすら待って、経験が何か形になってわき上がるのに任せるんだ。決定する必要はない。何をすべきかは自ずと明らかになる。あわてる必要はまったくない。自分の源泉はなにか、誰なのか、ということがむしろ重要だ。これは経営においても同じだ。『内面の奥底から浮かび上がってくる自己』が大切だということだ」[7]

　その日ジョセフと私が聞いたことは、私たちが他の分野や業界のリーダーから聞いた話と一致するものだった。リーダーは盲点《ブラインドスポット》に向き合い、行動様式を生み出す内面世界を変容させる必要があるのだった。

アーサーはアップルコンピュータがたとえばペプシコからCEOを迎え入れたらどうなるか、とたずねた。その人物は認知の最初のレベルにとどまって、コスト削減だの品質改善だの、モットーを掲げるだろう。そしてうまくいかない。しかしスティーブ・ジョブスだったら――彼は問題から距離を置いて見て、これまでとは違う発想を持つだろう。「ジョブスがアップルに戻ったとき、インターネットの将来性は誰も見抜いていなかった。だがジョブスは見事にアップルを再生させた」。第一級の研究者も同じだ、とアーサーは言う。「優れた、しかし第一級とはいえない研究者は、対象に既存の枠組みをあてはめることはできる。しかし最高レベルの研究者は、一歩下がってふさわしい構造が湧き上がるのを待つ。第一級の研究者と優れた研究者のあいだに知的な能力で差があるとは思えない。しかし第一級の研究者にはほかの人にはない何かが備わっていて、それが大きな違いになっている」

日本や中国の画家にもこの「知《ノウイング》」が備わっているようだ。彼らは縁側に明かりをともして一週間ほどじっと観察している。そしてあるとき「よし」と言って描き始め、あっというまに絵を仕上げてしまう。

アーサーとのインタビューからの帰り道、私たちは彼の話から二つの非常に大切な洞察を得たと感じていた。一つは認知には通常の認知（メンタルな枠組みをダウンロードするレベル）と、より深い「知《ノウイング》」があるということ、そしてもう一つはこの深いレベルの「知《ノウイング》」を活性化するには、アーサーが語ったシリコンバレーのたとえ話にあるように三つのプロセスがあること――徹底的に観察し、内から湧き上がるものにつながり、すばやく行動する。彼の話が私の初期のU理論に密接に関係していることは明らかだった。そこで私は紙にUを描き、ブライアン・アーサーの話から得られたヒントを書き込んでジョセフに見せた。

何かとても重要なことに取りかかっているという感覚があった。そしてこの考え方の枠組みを説明し、結晶化《クリスタライズ》し、洗練させるのに集中した。ジョセフと共同で作業したことで、内面深くにある知《ノウイング》の源《ソース》から行動する、という意味が非常によく理解できた。『シンクロニシティ』にあるように、彼は個人的な経験から、創造性の深い源に近づけることをよく知っていたからだ。そして次に取り組むべき問題も明らかになった。こうした考え方はチーム、組織、団体などにどのようにしたら応用することができるのか、ということだ。その答えを見つけようと、私たちの探究の旅が始まった。[8]

フランシスコ・ヴァレラ――認知学における盲点

ブライアン・アーサーから聞いた三つのプロセスを描いた図を多くに人に見せたが、「この反応ならよく知っている。創造性豊かな人がよくやっていることだ」とか、「自分でも創造的に活動できたときは、このプロセスを踏んでいる」というコメントが多く寄せられた。しかし「それではあなたの日常生活や仕事の中ではどうですか」と聞くと、「いや、まったく違う。むしろこのダウンローディング・タイプだね」という答えが返ってきた。誰もが心の奥底にある創造性の泉に気づきながら、普段の生活や仕事では、特に大

図 2-3　U における 3 つの動き

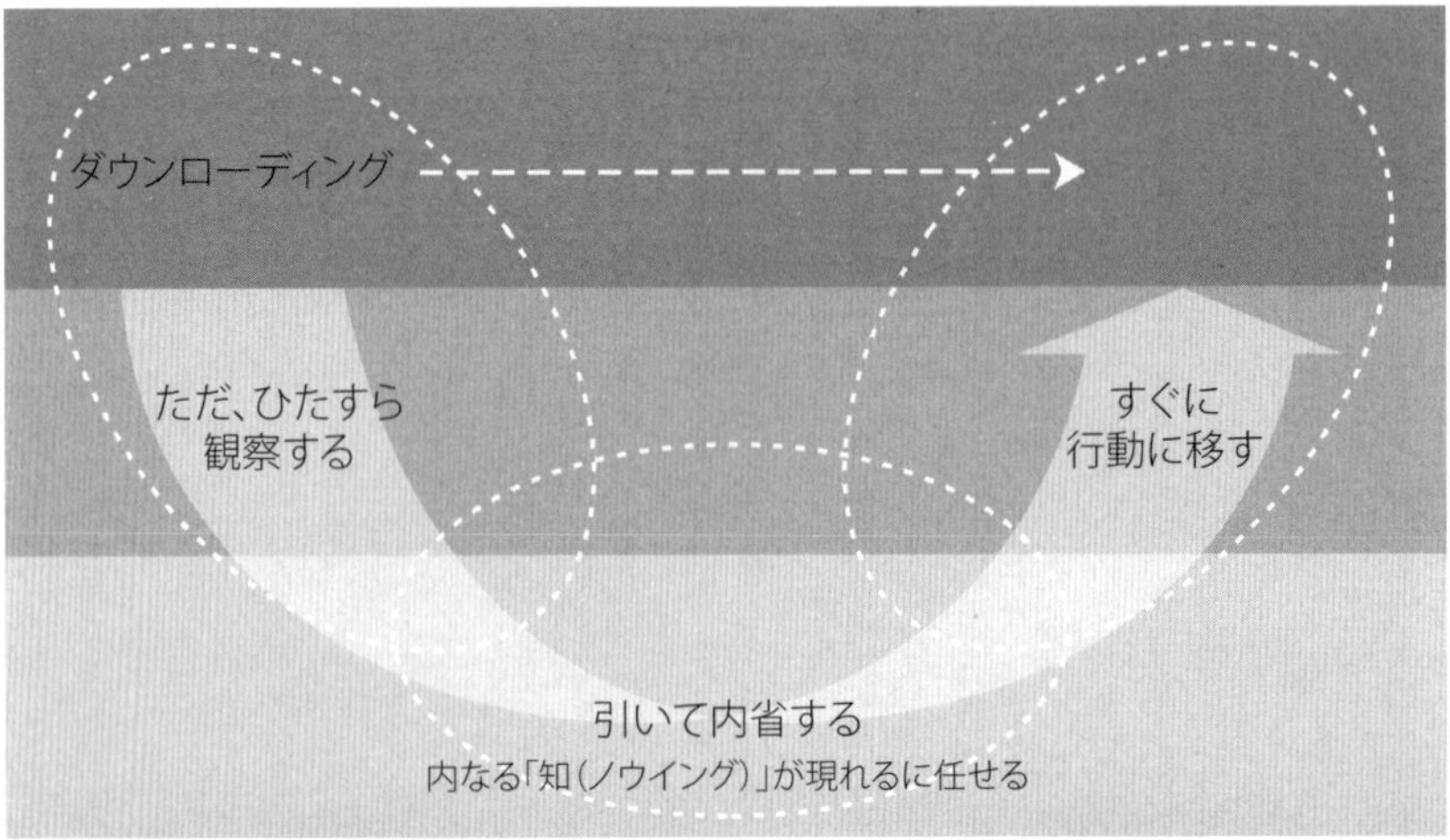

きな組織という状況《コンテクスト》の中では、そこに近づくことができないのは不思議なことだった。旧態依然としたダウンローディングの方法をとっているのだ。なぜだろうか。おそらくそこに至る分かりやすい地図がないからではないか。この三つのプロセスだけでは不十分だった。

答えが見つからないままに、私はパリの著名な認知科学者フランシスコ・ヴァレラのインタビューに出かけた。私はマッキンゼー&カンパニーのマイケル・ユングが資金提供するパラレル・リサーチ・プロジェクトに参加していた。一九九六年に初めてヴァレラに会ったとき、彼は認知科学の盲点について語ってくれた。「経験の内容について核となる重要な領域が手つかずにそのまま残されている。つまり、脳や生理学の知識が不足しているのではなく、『経験についての知識が不足している』のが問題だ……西洋文明にはこのような方法論に対して盲点が存在する。誰しも経験については分かっていると思っているが、私はそうは思わない」

二〇〇〇年一月のこのインタビューのときには予想もしていなかったが、これが彼と会った最後になった。優秀かつ将来性に満ちた認知科学者フランシスコ・ヴァレラは二〇〇一年にこの世を去った。このときの会話の中で、ヴァレラは現在取り組んでいる研究では三つのアプローチを順繰りに用いる三角法が不可欠だと語った。すなわち、心理学的な内観、現象学、瞑想の三つだ。「何が共通していると思う？　誰しも知っているこれらのことは実は何なのだろうか」。ヴァレラはしばし沈黙して考えているようだった。「……ドイツ人は一八八〇年には創造性を生み出す内観法を考え出した。ブッダの弟子は紀元前五～四世紀にかけてサマサ〔samatha〕の技法を作り上げた。そしてフッサールのような人間がまったく新しい現象学の考え方を作り出している。そのもとになっているのは何なのか？　人間の経験に関するこの三つの実践法の共通点は何なのか？」

「ポイントはどうやって気《アウェア》がつくか、ということだ」。ヴァレラはそれまでの三年間、*On Becoming*

Aware [9]という本を執筆していた。そのなかで彼はこう問いかける。「この核となるプロセスを能力に進化させることはできるのだろうか？」「この三つの伝統を習慣だと考えれば、適切な言葉が浮かばないが、一人称で考える場合と一人称と二人称の中間の個人としてみる見方とを区別する必要がある。一人称で考える場合、気づきを得るための三つの動作と考えることができる。それは、保留《サスペンション》、視座の転換《リダイレクション》、手放す《レッティングゴー》ことだ」

Uの左側を下る三つの動作

誰もが直感的には分かっていることでも、とヴァレラは言った。「ランナーがマラソン走者になるにはトレーニングが必要なのと同じように、このプロセスを進むには学習とコーチングが必要だ」。私たちはこの三つの動作を一つずつ検証していった。ヴァレラは次のように説明した。「保留《サスペンド》とは普段の習慣のパターンを保留することだ。仏教の瞑想では腰を据えて普段の生活から一歩上のレベルに達し、ものごとに捕らわれない視点を得ようとする」。多くの人が瞑想しても何も起こらないと言う。なぜだろうか？「保留のあとに何も起こらないことに対して寛容である必要がある。保留は非常に奇妙なプロセスだ。そこに留まっていることこそが重要だ」

ヴァレラは次に二番目と三番目の動き、視座を転換することと手放すことについて説明してくれた。視座を転換することは意識を「外側」から「内側」に向けること、つまり対象に注目するのではなく、思考プロセスの源《ソース》に注目することだ。そして手放す《レッティングゴー》ことが大切だ、と彼は忠告する。ナタリー・ドゥプラズとピエール・ヴェルメルシュとの共著でも書かれているように、そうすることによって「経験を受け入れることができる」[10]

ヴァレラが語った三つの動き、転換点を通して意識の質を変容させていくという話は、私自身がグループの中で経験してきたことと驚くほど一致していた。ヴァレラは私たちの意識構造は幾重にもなる複雑な層から成っているが、気づきのサイクルを進むにつれて折り重なった層がほどけていくと言う。いつもの習慣的な判断を保留し、意識を対象から集団として共創造するプロセスに転換し、最終的には古いアイデンティティや意図を手放して「未来のアイデンティティや目的が新しい形で生まれ出る」ことを迎え入れる。

ヴァレラのオフィスを出たとき、大きな贈り物をもらった気分だったが、今度は贈り物の包みをどう解くかを考えなければならなかった。私はチームプロセスやワークショップでは、ファシリテーターの一人として、グループが深層にある創造性に近づくための転換点を通過できるように援助するが、そのときこうした層を何度も目撃してきた。最初にグループが、数字や事実も含め問題を客観的に見られるように、判断を保留するよう促す。次に、グループの意識を、問題となっている対象から、それを解決するプロセスに向けさせる。自分たちの行動からどのようにこの問題を解決できるか、という視点に転換することによって、人々は自らが課題の一部であることを知り、外界が形作ってきたと思っていたパターンを自分たちが協力して作り出せることに気がつく。そしてうまくいけば、「心の深いところにある静寂」にたどり着くことができる。そこでは、古いものを手放し、より高次の意図につながることができる。これらの層をU曲線に記載してみた。（図2-4）

しかしまだ分からないことが残されていた。もしヴァレラの「気づき《アウェアネス》」の中核的なプロセスがU曲線の左側を降りることだとすれば、右側のプロセスはどうなっているのだろうか。右側の曲線を上るプロセスは。認知科学や気づきの分野の研究者、教育者の活動は左側の「心を開く」プロセスに集中しており、右側の曲線を上るときの集団の創造プロセスはほとんど注目されていない。実務家、改革者、リーダーであれば誰しも知っているように、U曲線の右側を上るとき、集合的創造プロセスというまったく別の次元が生まれ、新しい考えを実現させようと意図的に働く。新しいものはどうやって姿を現すのか。そして新しい考えはどのようにして実現されるのだろうか。

リーダーシップの内面領域《テリトリー》

U曲線の右側を描く

U曲線を下る動きはダウンローディング、観る、感じ取る、プレゼンシングという認知の場を移動していくことだった。しかしより深い認知の場に下りるにはヴァレラが語る関門を通らなければならない。それは保留《サスペンド》、視座の転換《リダイレクト》、手放す《レッティングゴー》という過程だった。U曲線を上るプロセスも同じだ。ただ、方向が逆になる。

つまり、（曲線を下りるときの）手放すという関門は、今度は（曲線を上がるときの）迎え入れる《レッティングカム》、という関門に変わり、ビジョンや意図を結晶化する《クリスタライズ》過程へと続く。（曲線を下りるときは）外面から内面への視座の転換をはかったが、（曲線を上がるときは）内面の見え方を外部で実行すべくプロトタイプを速やかに創り上げる。そして最後に（曲線を下りるときの）習慣的な行為を保留するという関門は、（曲線を上がるときには）新しい考えを行動や制度、慣習として実体化させる関門に変わる。それぞれの段階で同じ関門があるが、

図 2-4　U の始まりのプロセス

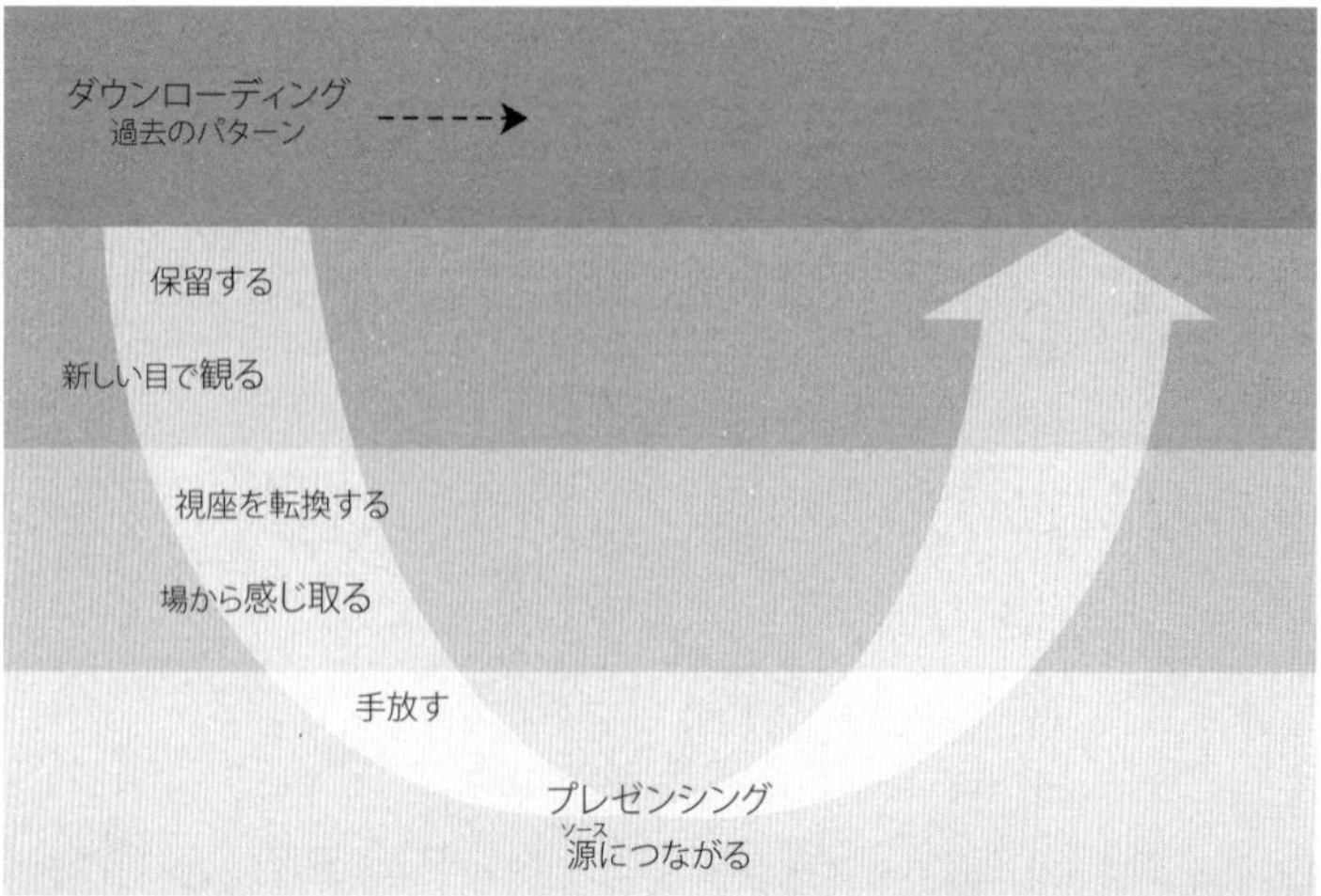

入口と出口のように通過する方向が逆になる。

私はグループがこれらの関門を通り過ぎるのを幾度となく見てきている。集団に大きな改革や変化のプロセスが起きるとき、その集団の社会的な場《ソーシャルフィールド》は以下のように深層で変化している。（図2-5参照）

◆**ダウンローディング**　過去のパターンを再具現化する――世界を自分の思考のいつもの物差しで見る

◆**観る**　判断を保留し、現実を新鮮な眼で見る――観察されるシステムは観察する者とは分離されている

◆**感じ取る**　場に結合し状況全体に注意を向ける――観察する者と観察されるものとの境界がなくなり、システムがそれ自体を見るようになる

◆**プレゼンシング**　未来の領域《フィールド》が生まれてくるもっとも深い源《ソース》につながる――源《ソース》から見る

◆**ビジョンと意図とを結晶化《クリスタライズ》する**――新しい考えを出現する未来から見て明確化する

◆**生きているマイクロコズムをプロトタイプする**　実践によって未来を切り拓く――新しいものを「宇宙《ユニバース》との対話《ダイアログ》によって」具現化する

◆**新しいやり方・仕組みを実行・実体化する**――より大きな共進化《コーエボルヴ》する生態系の中に根づかせる

図2-5　完全なU――6つの変曲点

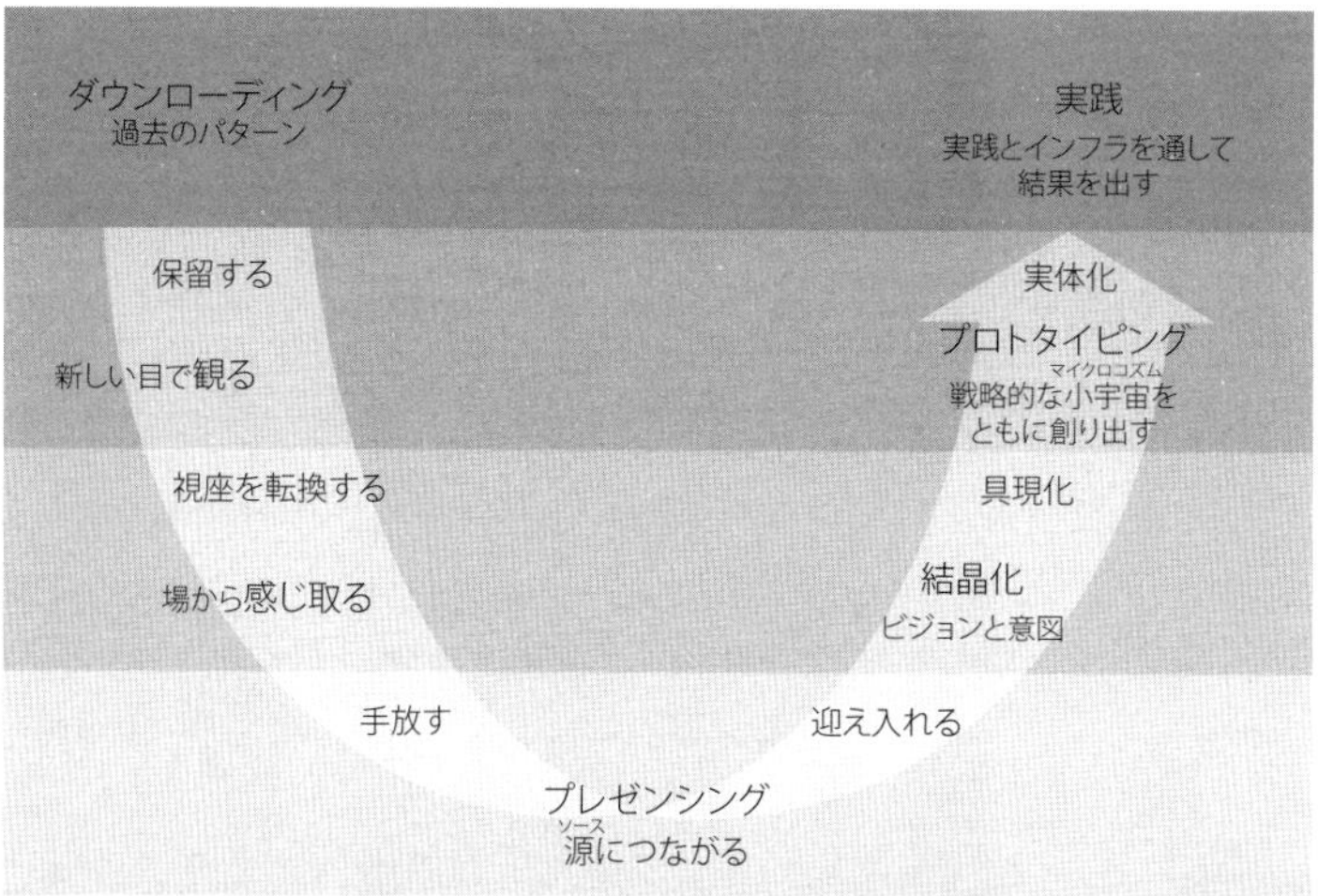

これら七つの認知の場《スペース》を全体としてとらえるためには、七つの部屋、すなわち七つの空間《スペース》からなる家を創造してみるとよいだろう。それぞれの部屋は意識《アテンション》の七つの空間《スペース》を表している（図2-5参照）。ほとんどの組織や制度が抱える問題は、この図の上半分の数個の場しか使われておらず、その他の場はほとんど使われていないことだ。本書の第二部「Uの領域《フィールド》に入る」ではこれらの部屋のそれぞれが何を意味しているか、それぞれの部屋に入ることによってどれだけものを得ることができるか、そしてその経験からどう成長することができるかを詳しく説明している。

この先のU理論をひも解いていく旅はここで紹介した五つの洞察もしくは提案に要約できる。これから本書を通してより詳細に論じていこう。

1◆三つの能力に基づく新しい社会テクノロジーが必要とされている

私はこれまで、大きな改革や変化を起こすプロジェクトや取り組みに数多く参加してきたが、そこで気づいたことがある。経験豊富なリーダーはU理論の深いレベルを経験的に理解しているが、組織や機関、大規模なシステムは一番目か二番目のレベルに強く留まって先に進めないということだ。どうしてだろうか。私は新しい社会的なリーダーシップのテクノロジーが欠如しているためではないかと思う。新しいリーダーシップのテクノロジーが存在しなければ、リーダーは社会的な場《ソーシャルフィールド》をほんとうの意味では変容させることはできず、これまでと同じことを繰り返すことになる。「再構造化」「再設計」「リエンジニアリング」と呼ばれた試みの多くは人々の欲求不満と懐疑心を増すだけに終わった。

ここで提言したい選択肢は、私たちが生まれついて持っている三つの能力――開かれた思考《マインド》、開かれた心《ハート》、開かれた意志《ウィル》――をもとに、新しいタイプの社会テクノロジーを開発し、こうした能力を個人のレベルだけでなく集団のレベルで育成していくことだ。

最初の能力である「開かれた思考」は、理性的な、ＩＱタイプの知性に関わる能力だ。ここでは、物事を、事実も数字も先入観なく、新鮮な眼で客観的に見ることが求められる。よく言われるように、思考はパラシュートのようなもの――開いてはじめて機能する。

二番目の能力は「開かれた心」だ。これは感情指数、ＥＱを働かせる能力だ。他者と共感し、異なるコンテクストに適応し、他者の立場になって物事を考える力のことだ。

三番目の能力、「開かれた意志」は真の目的と真の自己を知る能力だ。このタイプの知性は意図やＳＱ（スピリチュアル指数）と呼ばれることもある。この能力は手放す《レッティングゴー》、迎え入れる《レッティングカム》という行為に関わっている。

これらの能力は個人のレベル（主観性）と集団のレベル（間主観的）のどちらにも備わっている。

2◆高次の「自己《セルフ》」がリーダーシップの最も重要な道具

次に認識しておきたいのは、すべての人間は進化する性質を備えていることと、自己は一つではなく二つあるということを知ることだ。過去の経験から生み出された自己や社会が存在することは確かだ。しかし私たちは未来へ旅することによってより次元の高い自己、人間、地域社会へ変貌することができる。それこそ未来の最も高次の可能性ではないだろうか。最初のタイプの自己を

図 2-6　3つの能力――開かれた思考、開かれた心、開かれた意志

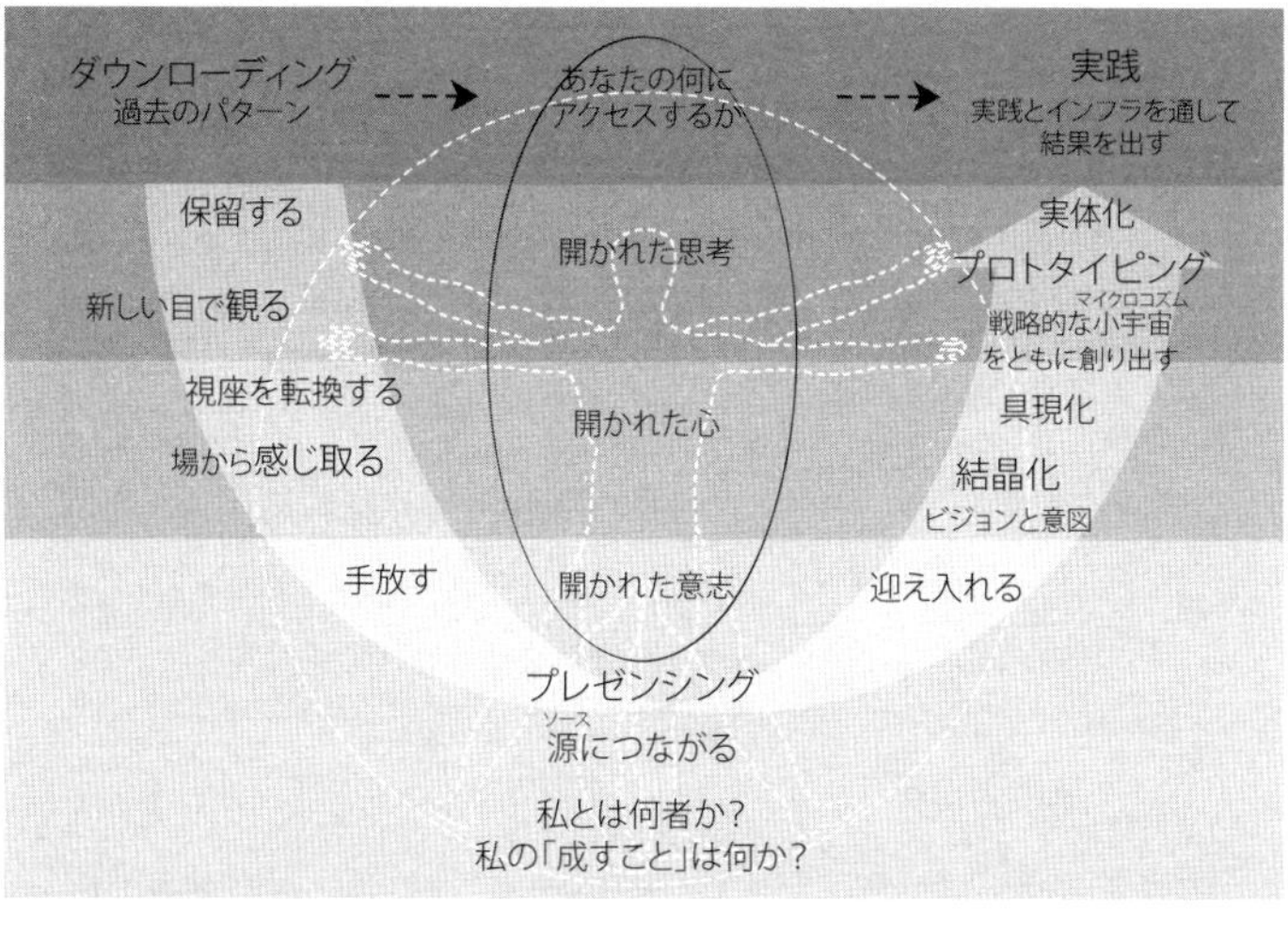

習慣的な自己（s）、二番目のタイプの自己を高次の自己（S）と呼ぼう。

これらの二つの「自己」が交わるときプレゼンシングの本質を感じ取ることができる。

どうやってプレゼンシングが起きるかは後に詳述するが、ここではこのように定義しよう。U曲線の底では非常に重要な関門が用意されている。この関門を通ることは針の穴を通るようなものだ。この関門を通ることができないと、それまでの変革の努力は表面的なものにとどまってしまう。表面的な変革では変革の本質的な部分、将来のもっとも望ましい形での「自己」が欠けている。より高い次元の「自己」を生み出すには「自我《エゴ》」や習慣的な「自己」を捨て去る必要がある。

習慣的な「自己」とより高い次元の「自己」が交流するとき、未来の最も高次の可能性と深遠だが確かなつながりを持つことができ、過去の経験では解決できない問題を解決するヒントと道筋を得ることができる。

つまり新しいリーダーシップ・テクノロジーでもっとも重要なのは、あなた自身、あなたのより高い次元の「自己」なのである。

3◆リーダーの内面のワークは三つの敵と向き合い克服すること

三つ目の洞察は次の問題を解くことだ――なぜU曲線の深いレベルへ下りていく人は少ないのか。なぜならばそれにともなう内面のワークが非常に難しいからだ。「針の穴を通る」とき少なくとも三回は心理的な抵抗を感じる。

図 2-7　最も重要な道具――「自己」（大文字の Self）

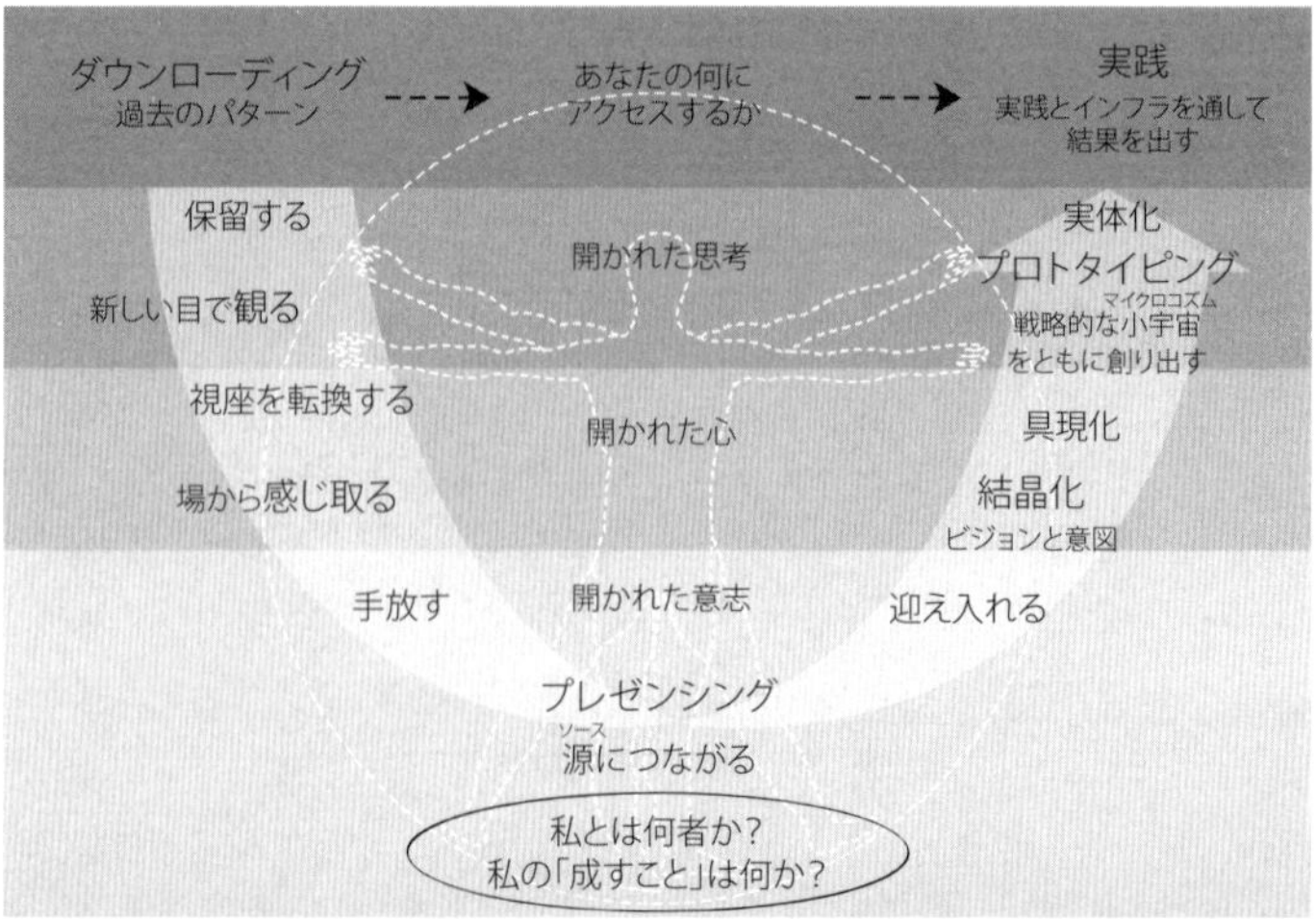

深層に達する前に三人の敵と向かい合うことなる。最初の敵は開かれた思考への入口を塞ごうとする。マイケル・レイはこの敵を「評価・判断の声（VOJ）」と呼んだ。この評価・判断の声に耳を塞がないかぎり、真の創造性やプレゼンスにたどりつくことは難しい。

二番目の敵は開かれた心への入口を塞ごうとする。これを「皮肉・諦めの声（VOC）」と呼ぼう。これはものごとから距離を置こうとする感情を表している。

開かれた心を持とうとするときのリスクはなにか。心を開こうとすれば自分を傷つきやすい立場に置くことになる。ふつうはものごとから距離を置くことによって私たちは自分を守っているのだ。つねに冷めた声を無視しろというわけではない。もしU曲線の底に達して、真正の自己《オーセンティック・セルフ》に出会うつもりならば、冷めた声に従っていては先に進むことができないということだ。

三番目の敵は開かれた意志を閉じさせようとする、「恐れの声（VOF）」だ。恐れの声を聞くと、私たちは今持っているもの、今の自分を手放すことができない。経済的な保証、社会的な立場を失うかもしれないし、嘲笑されるかもしれない。ときには死の恐怖もある。それでもリーダーシップの本質に迫るにはこうした恐れの声と向かい合わなければならない。そして「古い自己（self）」を手放し、「新しい自己（Self）」を迎え入れなければならない。未知の世界に足を踏み入れる恐怖を克服しなければ新しい世界は現れない。

図 2-8　3つの敵——評価・判断の声、皮肉・あきらめの声、恐れの声

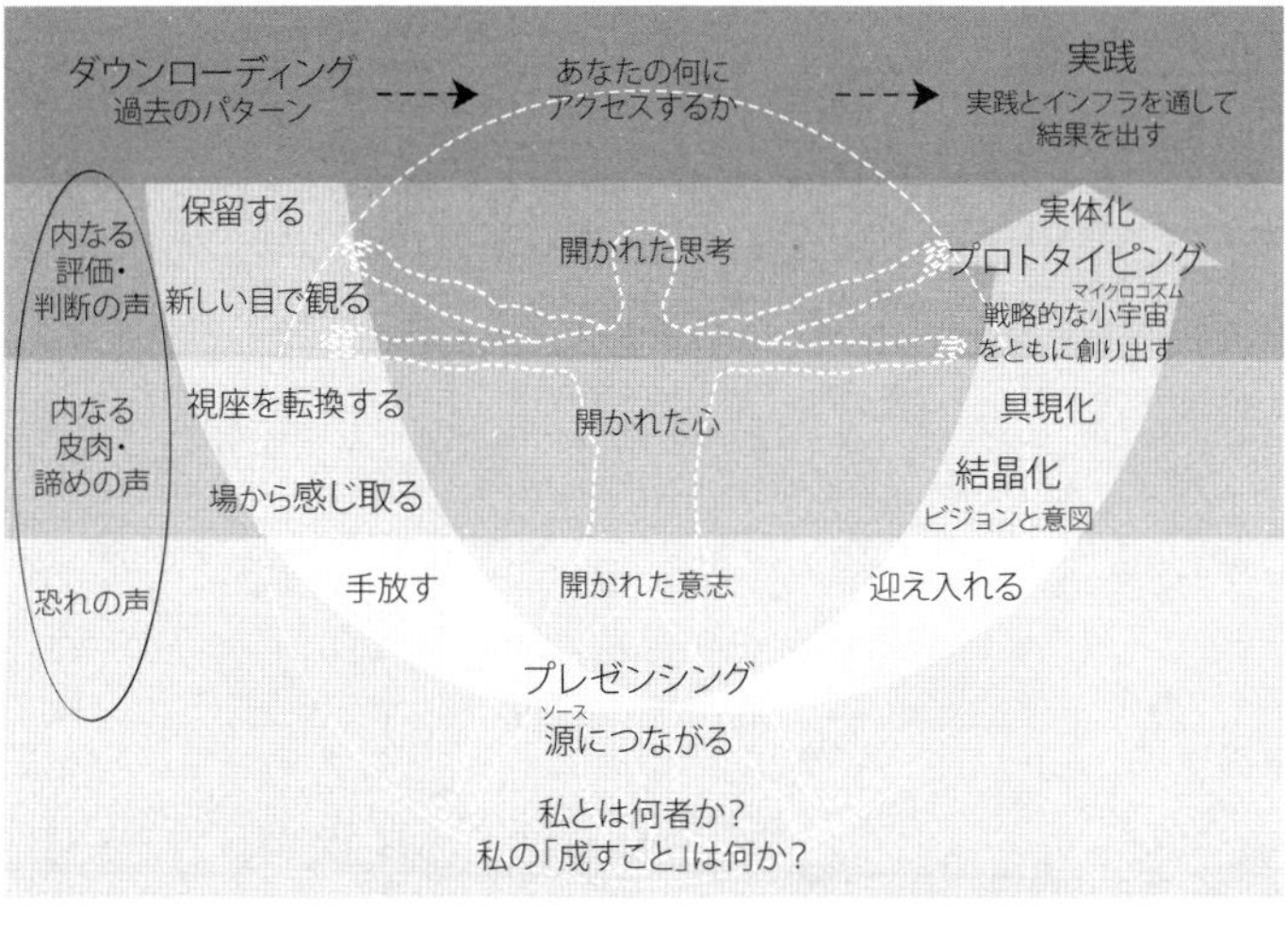

4◆U理論は生きている場の理論であり、機械的・直線的なプロセスではない

四番目の点は私が不思議に思った観察から出てきたポイントだ。Uプロセスを理解した最初の人々がそれを機械的・直線的に利用しようとしたのに気がついたときのことだ。私はU理論の本質はむしろ反対ではないかと感じた。U理論はマトリックスのように統合された一つのものとして機能するのであって、直線的なプロセスではない。ブルース・リーやモハメド・アリ、マイケル・ジョーダンの動きを見れば分かるように、彼らの動きは直線的なプロセスではなくむしろ、そのときどきの状況に反応して柔軟に動いている。彼らはつねに観察し、感じること（つながること）に余念がない。そして内なる知、直感を働かせ、素早く反応している。しかも彼らの動作はよどみなく連続している。はっきりと区別された三つの段階を進むわけではない。一週間で一段階進み、あいだに数日の休憩をとる、というような話ではない。「つねに」環境にあわせて自分の中から湧き上がってくるものを活かし、柔軟に三つの段階を行き来しながら対応していくのであって、段階を踏むわけではない。

それでも三つの段階を意識することは現実には意味があるだろう。共感知《コーセンシング》の段階では感じることにもっぱら注力し、共プレゼンシングの段階では内なる知に向かい合うことが中心となり、共創造《コークリエイティング》では具現化に焦点が移る——しかしこのことは、必ずしも、それだけに集中する、ということではない。他の段階もつねに存在している。それはちょうどホログラフの理論のようなものだ。部分は全体を反映しているが、しかしそれぞれの部分は独自な存在として他とは異なっている。

より深いフィールドに現れ出るものと結びつくためには、組織には三種類のインフラと場が必要となる。

◆大きな生態系の中で何が起こっているのかを、ともに見て感じ取れる場とインフラ（共感知《コーセンシング》）

◆集団と個人がそれぞれ、真のプレゼンスと創造性の源《ソース》に一心に耳を傾けつながることのできる、深い内省と静寂の場と繭《コクーン》（共プレゼンシング）

◆行動によって未来を拓くために新しい行動形態のプロトタイピングを速成する場とインフラ（共創造《コークリエイティング》）

5◆出現と創造の場が生まれることで（プレゼンシングのサイクル）、破壊の場が大きく変貌しようとしている（不在化《アブセンシング》のサイクル）

最後の洞察は、大規模な破壊、暴力、原理主義の横行とともに社会的な場《ソーシャルフィールド》の深層が大きく開いているのが観察できることだ。新たなものの出現のために深い場所が開かれている一方で、暴力や破壊がますます深刻化するという二つの動きが同時進行しているのは、私たちの時代の特徴だ。プレゼンシングと不在化《アブセンシング》という二つの力は互いに関連しているのではないか。こうして同時に起こっている二つのことは一つの変化の異なる側面なのではないだろうか。深刻な破壊に直面することによって、この上ない気づきと自覚を得ることはしばしばある。本書ではこうした実話についても触れていきたい。そのなかには私の同僚であるアダム・カヘンがグアテマラのプロジェクトで体験したこと、一九四三年のベルリンのローゼンストラッセのある女性の物語も

図 2-9　3つのインフラをつくる

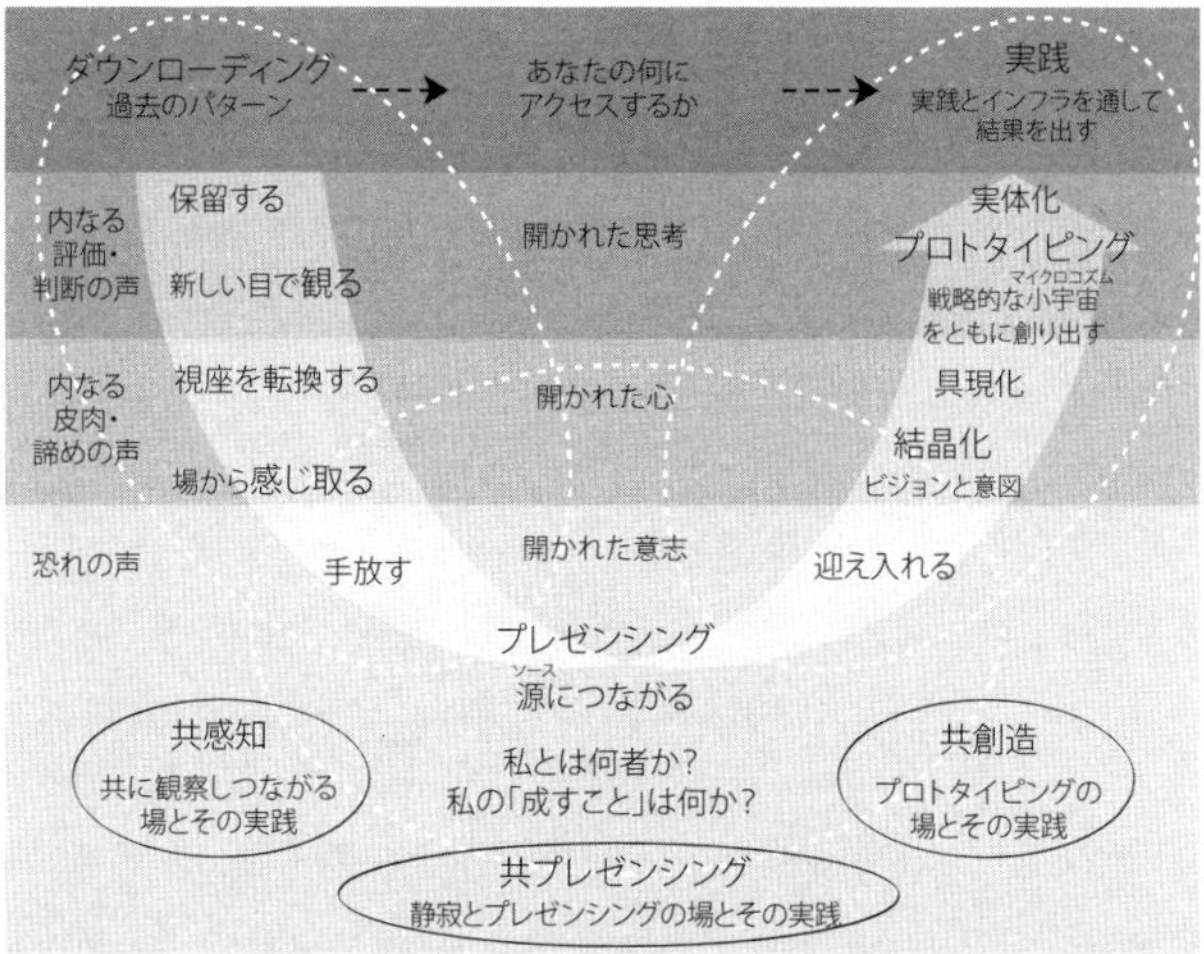

含まれる。これらの物語から分かるのは私たちすべてが二つの異なる社会のつながり、二つのまったく違う社会的な場《ソーシャルフィールド》に立っていることだ。一つは新しいものの出現を拒み、破壊を続ける集団であり、消滅しつつある社会的集合体ということができるだろう。もう一つは新しいものの出現を促し集合的創造性を高めようとする集団であり、生まれ出ようとする新しい社会的集合体といえよう。今日いたるところで暴力と結びつきとが同時に生まれているのは、私たちがこれらの二つの世界に引き裂かれているからだともいえる。いつ、どこにいても、私たちはこれら二つの場、集団の創造性を求める場から集団の暴力を促す場へと瞬時に移動することができる。それぞれの場の存在に気がついていることが、その移動を可能にする。

第一部の残りの章では、すべてのシステムに同じことが起きていることを学んでいこう――私たちはますます、盲点《ブラインドスポット》の存在に気づかざるをえない状況に追いやられている――いわゆる真っ白なキャンバスに向かい、自分自身を見つめ、集団としての行動パターンを見つめ直し、自分自身をもう一度作り直す事態に直面している。そこでは自分とは何か、ほんとうはどこへ行きたいと思っているのかということが、個人に、集団に、地域社会に問われている。

第二部ではこの盲点にスポットライトを当てる中核的《コア》なプロセスを明らかにしていこう。そして世界中のフィールドで起こっているこの深遠な変革の中身を、個人（マイクロ）、グループ（メソ）、集団（マクロ）、そして世界（ムンド）のすべてのシステムにおいて、詳しく見ていこう。

本書を読み進めていただければ、ときおり、一見複雑な考え方の枠組みが使われていることに気づかれるだろう（たとえば表20-1など）。しかしこうした枠組みや識別法がすべて本書でとりあげられた実際の例や実話にもとづくものであることもお分かりいただけると思う。そうしたものをすべて一緒に見ていただければ、今、目の前に展開しているのは、集団が変化するプロセスであることをご理解いただけるだろう。私たちが集団として、毎日、あらゆるレベルで具現化しようとしているのは、変化の文法というべきものだ。それは私たち自身の物語であるがゆえに、その法則に注意を向け、実行することは、単なる理論上の演習ではない――それによって、私たちは集団として斬新な方法論を身につけ、過去とはまったく違った未来を生み出すチェンジ・エージェントになることができる。

そのためにはどうすればよいのか、出現する未来から始めるにはどうすればよいのか、それが本書の背景にある問いだ。この問題意識を胸に、次に、チームとしてどう学ぶことができるのか、について語ろう。

第3章 学習と変化の四つの層

学習と変化のレベル

第1章の「火事」で、ドイツの我が家である農家が焼けたとき、まだ幼い少年だった私がどのように未知の世界、未知の存在に目覚めたかの話をしたが、あとから振り返ってみると、あの経験は人生が私にくれた贈り物だった。あの経験を通じて、世界にどう注意を向けるかという私の意識の領域《フィールド》は大きな変容を遂げたからだ。ここまでは非常に簡単な話だ。

しかし集団や組織の状況《コンテクスト》にこの変容を起こすことは難しい。どうすれば、過去の経験を繰り返すのではなく、未来の最高の可能性へとつながるように集団としての意識の領域《フィールド》を移行させることができるのだろうか。毎日家族の農家を一軒焼かないでも変容させる方法はないだろうか。私が一九九〇年代半ばにMIT組織学習センターの門を叩いたのは、まさにこの難題を解決したいと思ったからだった。

一九九四年の秋にボストンにやってきた私は、経済学・経営学の博士号を取得したばかりだった。私の博士論文、「Reflective Modernization of Capitalism: A Revolution from Within」(内省的な資本主義の近代化――内からの革命）は、今日の社会が抱える問題を解決するためには組織の境界を越えて学ぶ力を育成しなければならないという論旨だった。

私たちは、社会のすべての主要な領域において、誰も望まないような結果を作り出している。子どもたちが深く学ぶ力を発揮することを阻害するような学校制度、対症療法に終始し、健康を阻害する根本的な原因には触れようとしない医療制度、地球の生態系の原理原則に沿わない工業生産システム、そしてテロ対策に見られるように、体系的な原因には触れず現象面への反応に終始する世界の政治。これらの例における根本的課題として共通するのは、過去の失敗を繰り返さない形で課題に取り組むにはどうしたらよいか、ということだ。私がＭＩＴの組織学習センターに来てからわかったことの一つは、変化に対するアプローチにはいくつかの次元があり、その次元の中にはほかの次元よりもより分かりやすいものがあるということだった。もっとも明らかで、かつ一般的な方法は、危機に直面したり、変化を迫られたときに、「反応」することだ。

変化に対応する時の四つのレベルを図3-1にまとめてみた。レベル1はそれまでの習慣や繰り返しているやり方で変化に「反応《リアクション》」することだ。レベル2は「リ・デザイニング（再設計）」で、根本的な仕組みやプロセスを変える。レベル3は「リ・フレーミング（枠組みの再構成）」だ。根底にある「思考」のパターンそのものを見直す。今日の組織のほとんどはレベル1かレベル2で課題に反応し、仕組みとプロセスを変えることに時間と資源をつ

図 3-1　学習と変化の 4 つのレベル

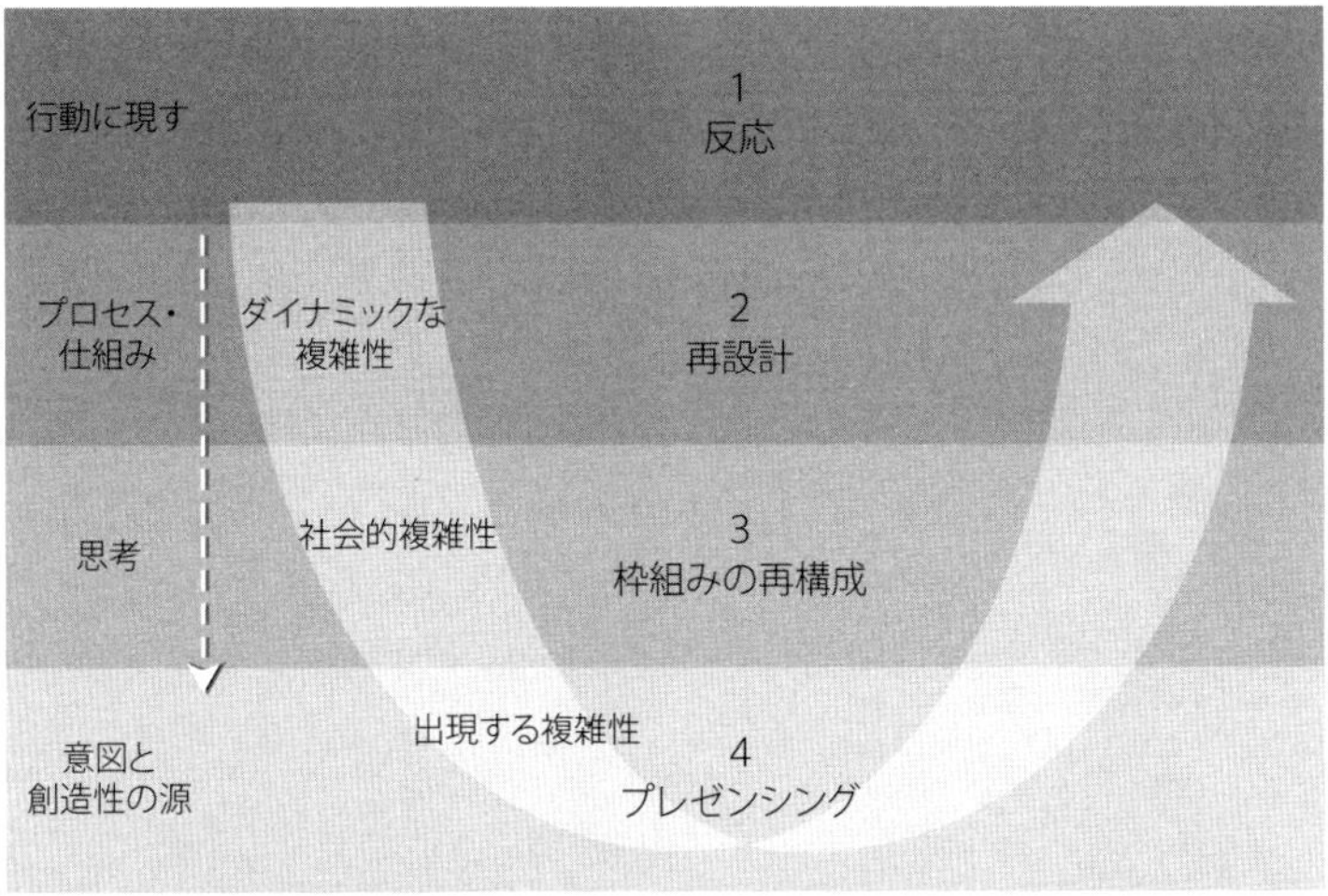

ぎ込んでいる。たしかにこのアプローチがうまく機能するときもあるが、そうでない場合も多い。いくつかの研究によれば、一九九〇年代に行われた業務リエンジニアリングプロジェクトの七〇％は失敗に終わっている[1]。なぜならリエンジニアリングは大抵レベル1〜2の取り組みにとどまり、当事者が問題を深く考え直し、課題の枠組みを捉えなおすこと（リ・フレーミング）はないからだ。

これとは対照的に、組織学習の方法論では、経営の変化を生み出すために、最初の二つのレベルだけでなく、レベル3で直面する問題について、根本的な前提から再考し、その前提の枠組みを再構成（リ・フレーミング）しようとする。ハーバードとMITの研究者であるクリス・アージリスとドン・ショーンはレベル2をシングルループ・ラーニング、レベル3をダブルループ・ラーニングと呼んでいる。シングルループ・ラーニングでは行動を振り返るが、ダブルループ・ラーニングではもう一歩進んで、当たり前になっている行動の前提そのものについて内省する。

これまでの組織学習は、シングルループあるいはダブルループのラーニングによって、過去の経験にもとづく学習プロセスをつくり、発展させ、維持することに注力してきた。こうした学習サイクルの実践方法については、優れた実例、研究、著書が輩出されている[2]。今日、図3-1のレベル2〜3に対応した学習プロセスを、維持・促進するような環境を築くにはどうしたらよいか、私たちはすでに豊富な知識を蓄えている。

しかし実際にさまざまなセクターや異なる文化の企業と仕事していると、経営陣が格闘している問題の中には、過去の経験（レベル3）からのみでは適切な解決方法が見出せないものもある。今日の企業を取り巻くグローバル社会はこれまでにない激動と複雑性と、激しい状況の変化にさらされている。企業の幹部も過去に起こったことを踏襲しているだけでは次の打ち手は見出せないことに気がついている。こうした課題を分析し、なんとか解決しようとしている経営陣を見るうちに、私たちはレベル4の学習と知を獲得する方法を認識するようになった。それが出現する未来から学ぶ方法だ（図3-1）。私はこの分野に、今のこの瞬間に意識を向け、経験するある特定の方法という意味で、「プレゼンシング」という名前をつけた。プレゼンシングとは、個人と集団が、未来の最良の可能性に直接つながっていく能力のことだ。その能力を身に着けると、より生成的《ジェネラティブ》でより本物の存在《プレゼンス》として現在《いま》という瞬間から行動するようになる。

私たちの集合的な行動の源《ソース》は何か

私が初めて一九九四年にマイケル・ユングに会ったのは、彼がマッキンゼー&カンパニーのウィーン事務所の責任者であり、リーダーシップに関する世界規模のリサーチを手がけているときだった。私たちはミュンヘンでリーダーシップと組織化について興味深い会話を交わしたが、別れ際に彼は私に、リーダーシップと組織、戦略について世界中のトップクラスの思想家にインタビューするプロジェクトに興味はないか、と聞いてきた。「インタビューの結果はすべて公表されることになっているから、君の博士課程修了後の研究に利用してもかまわないよ。私もその結果をマッキンゼーの仕事に使うから。私たちだけではなく、誰でも興味のある人が利用できるようにウェブサイトで公開するつもりだ。人々の思考や創造性を刺激することは私たちの願いだからね」

私はもちろんその仕事を引き受けた。そしてボストンへ帰るとさっそく何人かの人に、誰にインタビューすべきか意見を聞いてまわった。数日で、学者、起業家、ビジネスマン、発明家、科学者、教育者、芸術家などからなる、最も刺激的で、革新的な思考をする思想リーダーのリストができあがった。[3]

最初にインタビューをしたのはピーター・センゲだった。彼はMIT組織学習センターの責任者であり、彼の著書『最強組織の法則——新時代のチームワークとは何か』（ピーター・M・センゲ著、守部信之訳、徳間出版、一九九五年）を読んで私はMITに来ることを決意したのだった。私はいつもと同じ質問からインタビューを始めた。「あなたの仕事の根底にある問いは何ですか」

センゲは、彼の最も深い関心は人間のシステムにおける意識的な進化だと答えた。彼は最近ヘンリク・ロベールというスウェーデン人の医師で世界的な環境団体であるナチュラル・ステップを主催している人物と会ったときの話をしてくれた。「彼の話には強く打たれるものがあったよ」とセンゲは説明した。「それに私とまったく同じような経験をしていた。ロベルトは長年癌《がん》の研究を続けていて、何百という家族が親や子どもや配偶者の癌に直面するところに居合わせてきた。彼が言うには、『人間の持つ驚異的な強さにはいつも驚かされてきた。現実を否定する力がどんなに強いかはわかっている。でも、とても辛い事実を告知すると——たとえばあなたの三歳のお子さんは癌です、というような——愛するものが想像しうる最も恐ろしい状況に置かれていると知ったとき、人が真実に立ち向かい家族が一体となって全力を尽くすその力に比べれば、否定する力がどんなに弱いかということに驚嘆せずにはいられない』」

センゲ自身も、著名な人間成長のプログラムである「リーダーシップとマスタリー」講座を長年リードする中で、真実と立ち向かう人間の偉大な力を実感していた。彼の仕事を支えているもっとも大切な問いかけは、「解決不能で変えることが不可能に見える事実に向かい合い変革を起こそうとする人間の力を、どうすれば集団として発揮することができるか」というものだった。彼は続けてこう言う。「誰しも、人間はもともと利己的で、基本的には実利主義者だという。だからこういう社会になっているのだと。『そういうものなのだ』と」

「だがもちろん、それは一つのメンタルモデルに過ぎない。だからあるべき状況に置かれれば、人はそれに立ち向かい真に寛大になることができる。どうすればそのエネルギーを集団として発揮することができるのだろうか」

ピーターの話を聞くうちに、私は時間の流れが減速していくのを感じていた。心の奥深いところから注意を向けるようになったのだ。

「一年前、香港で禅僧の南《ナン》老師と交わした会話はとても興味深いものだった」とピーターが言った。「南老師は中国ではとても敬われている人物だ。彼は仏教、道教、儒教をすべて統合した偉大なる学者とされている。私はこう質問した。今日の産業化社会は私たちを自滅させるような環境問題を起こそうとしています。私たちはこうした問題を理解し産業化社会を変えるために何らかの方法を見つけ出すべきでしょうか、と」

南《ナン》老師はしばし黙り、頭を振った。「老師は必ずしも賛成してはいなかった。そのような見方ではなく、もっと深いレベルから見ていた。そしてこう言った。世界が抱える問題は一つです。それは物質と精神を再び統合することです、と。それがまさしく彼が言った言葉でした。『物質《マター》と精神《マインド》の再統合』と」

その言葉は私自身の問いにも深く共鳴した。集合体として機能する私たちの社会全体にとって、物質と精神の乖離《かいり》とは何を指すのだろうか。私は両親の仕事を思い出した。目に見える農業の成果、収穫は、目に見えない畑の質に左右される。もし私たちの社会の目に見える部分が、私たちの認識における盲点《ブラインドスポット》にある、目に見えない領域《フィールド》の作用で決まっているとしたら。この見えない領域《フィールド》の質――私たちの盲点が、目に見えている社会的な行動の質を規定するとしたら。南《ナン》老師は私たちの最大の課題は物質と精神を再統合することだと言った。つまりグループやチームとしての行動の質を高めたいと思うなら、それを生み出している源《ソース》——私たちの行動の起点となっているところ——に注目する必要がある。

物質と精神《マインド》の乖離《かいり》

私はセンゲに物質と精神《マインド》の乖離が私たちの社会のグループや組織にどう関係していると見ているのかをたずねた。「私たちは基本的に組織を私たちの外側にある別個の存在として物質であるかのように作り、そして今度は自分たちがその組織の囚人になってしまうんだ」とセンゲは答えた。組織はあくまで私たち人間が作ったように働くのだが、一方で私たちは問題を引き起こしているのは組織だと言い張る。いつも問題は「外」にあり、「何か」が私たちに問題を押しつける、と。現実はもしかしたらこう言えるのではないか。「人の思考から組織が生まれるが、その組織が人を囚人のように拘束する」。あるいは量子物理学者のデビッド・ボームが言っていたように、「思考が世界をつくっているが、人は『そんなことはしていない！』と言い張る」

「私が思うに」とセンゲは続けた。「ここにシステム思考の本質がある。人々が、自分の思考や対話《ダイアログ》が大きな規模に投影されて現れ、それが組織の中で『組織が自分にそうさせる』という力となっていることに意識的に気づき、責任を持ち始める。そして、人々はフィードバック・ループを完結することができる。コンサルティングの中で私が見たもっとも深い体験は、人々が突然『なんていうことだ！こんなことを自分にしでかすとは！』とか、『これじゃ勝てないはずだよ！』と言い出す。私がつねに重要だと感じるのは『自分たちが』という言葉だ。『あなたたちが』でも『彼らが』でもない。『私たちが』という言葉が重要だ……真のシステムの哲学では、人間と、現実の体験、意識と行動の全体サイクルの中に参加しているという感覚の中で、フィードバック・ループが完結する」

私はそれまで組織学習やシステム思考について山ほどの本を読んできたが、これほど単純明快に理解できたのは初めてだった。システム思考の本質は、行動レベルにおけるシステムの作用と、その見えない意識や思考の源をフィードバック・ループで結びつけられるように手助けすることではないか。そう言うとセンゲは静かに答えた。「その通りだ。私もこんな風に考えたことはこれまでなかった」

この会話で私自身の問いに対する核心的な側面が見えたように思えた。その問いを言葉にすることはできなかったが、その「感触」は確かなものだった。それは身体感覚的なもので、それから一〜二週間はその感覚が残っていた[4]。そしてそれが薄らぐと、私は社会の現実の深い部分を見るにはどうしたらよいか、一瞬一瞬の社会行動を生み出している深い条件づけを見るにはどうしたらよいかを考え始めた。その深い領域《フィールド》は、私たちの行動の源《ソース》でありより深い条件付けをしている領域《フィールド》なのだが、私たちはしばしば見失ってしまう。それは現代の社会システム論のもっとも重要な盲点なのかもしれない。

学習の二つの源《ソース》とタイプ

ＭＩＴに来たころの私は、どちらかというと典型的なヨーロッパ出身の白人男性の学者だった。知的な内省には長けていたが、現場の経験は少なく、実践的な知も持ち合わせていなかった。私がＭＩＴにやって来たのは、先進的なアクション・リサーチの手法をエドガー・シャインのような第一級の専門家から学びたかったからだ。彼はプロセス・コンサルティングと組織心理学の創設者の一人だった。アクション・リサーチの創設者であるカート・ルービン（一八九〇〜一九四七）はドイツ出身でヒトラーの台頭とともにアメリカに移住してきた。彼によれば、アクション・リサーチの原点として、社会プロセスをほんとうに理解するには机に向かって研究しているのではなく、実際の現場に参加し実践することを理解しておかなければならない。しかし、ある一片の「知識」が真実かどうか、どうしたらわかるのだろうか。アクション・リサーチの研究者は何をもって「自分が知っている」ことがわかるのだろうか。エドガー・シャインにこの質問を投げかけたとき、彼はこう答えた。「自分の知っていることが現場のさまざまな実践者の役に立ったとき――その瞬間が自分が知っ、て、い、ると確信できるときだ」[5]

それ以来私はこの考えに従って研究を進めてきた。数多くのアクション・リサーチのプロジェクトを通して経営陣が深い変革のプロセスを通ることを支援してきた。ビジネスの世界とそのリーダーたちが抱える問題を知るとともに、確立した大組織の世界を離れ、草の根運動家や起業家、画期的なイノベーターの世界へと足を踏み入れた。

組織学習の盲点

これらのまったく異なる探究と行動の世界で学んだことをひと言で表現するならば、「学習には二つの源がある。それは〝過去〟と〝現れようとしている未来〟だ」ということだ。

過去から学ぶ方法はよく知られている――いわゆる、行動－観察－内省－計画－行動のサイクルだ[6]。しかし未来からどうやって学べばよいのか。それが本書の主題であり目的でもある。[7]

この新しい学習方法を採ろうとするチームや組織は、大抵挫折を味わって断念してしまう。従来の学習と変化の方法では、これまで議論してきたような深い変化をもたらすことはできないからだ。過去から学ぶ学習方法ではうまくいかない。「このプロセスの最後に『出現する未来から学ぶ』という段階を加えればいいだろう」というような簡単な話ではないからだ。私が焼け落ちる農家の前で経験したことを集団として経験する必要がある。古い道具をすべて捨て去って、新鮮な目で状況に注意を向け直すことから始めなくては[8]。反応して行動を起こすというこれまでのやり方は放棄しなければならない。私たちは世界に対して向ける意識を深め、探究する必要がある。いつもの注意の向け方を変えて、その矛先を、私たちの一瞬一瞬の行動を規定している源《ソース》、盲点《ブラインドスポット》に向けなければならない。

これは探究の旅だ。だが私たちの中には、とらえがたい、目に見えない次元に源《ソース》があり、私たちを助けてくれるだろう。畑の土壌が作柄を左右するように、社会的な場《ソーシャルフィールド》の深層構造が私たちの行動の質を決めている。この土台となる領域《フィールド》の中身をより良い未来の可能性が開く方向に移行していかなければならない。それが実現したときに、社会の刷新と変革の実現が始まる。

第4章

組織の複雑さ

ダイナミックな複雑性

今日、組織や団体のリーダーが直面しているのは、これまでとは違うレベルの複雑性と変化だ。私は複雑な状況を生み出している原因を探っていった。センゲとロスは、ダイナミックな複雑性と行動の複雑性を区別している。この考え方に触発されて、私は今日のリーダーが直面している課題に影響を与えているのは、三種類の複雑性だと考えるようになった。それは、ダイナミックな複雑性、社会的複雑性、そして出現する複雑性である。

この三つのうち、目にすることが多く、最も認識しやすいのは、ダイナミックな複雑性だ。ダイナミックな複雑性とは、原因と結果のあいだに、必然的に時間的、空間的隔たりが生じるということだ。たとえば、地球温暖化を例にとると、温暖化の一つの原因である二酸化炭素（CO_2）排出の影響は将来的に長期間に及ぶものだ。今日我々が経験している温室効果は、主として一九七〇年代までの二酸化炭素の排出の結果だ。自分の会社が二酸化炭素排出量の削減を決定すれば、地球の気候変動への影響を少なくすることができるだろう。しかし、自社の製品が部品として組み込まれる他社の製品が、二酸化炭素の排出量を増やすものだとしたらどうだろう。あるいは製品を運搬する過程で排出される二酸化炭素はどうなのか。原因と結果を結ぶつながりが長くなり、込み入ったものになるほど、ダイナミックな複雑性は増していく。もしダイナミックな複雑性がより低ければ、一つ一つ問題をクリアしていけば済むが、ダイナミックな複雑性がより高くなれば、システム間の相互依存性に十分に注目する「システム全体」からのアプローチが適切になる。経営者にとってダイナミックな複雑性が意味するところは明快だ。ダイナミックな複雑性が増すほど、システムを構成する部分どうしの相互依存性が高くなる。したがって問題解決にあたって、「システム全体」からのアプローチがさらに重要になる。

社会的複雑性

ある問題に現われているダイナミックな複雑性が認識できれば、おそらく次に前面に出てくるのは社会的複雑性だ。さまざまなステークホルダーの利害や世界観の違いが生み出す複雑性である。たとえば、気候変動と二酸化炭素排出量削減に関する京都議定書は国際社会の専門家のほとんどが賛成し、支持しているが、その効果は限定的だ。なぜなら、排出量が多い三つの国、アメリカ合衆国、インド、ブラジルが、条約を批准していないからだ。この一例をとっても、多様な利害関係、世界観、価値観があることがわかる。社

図 4-1　3 種類の複雑性

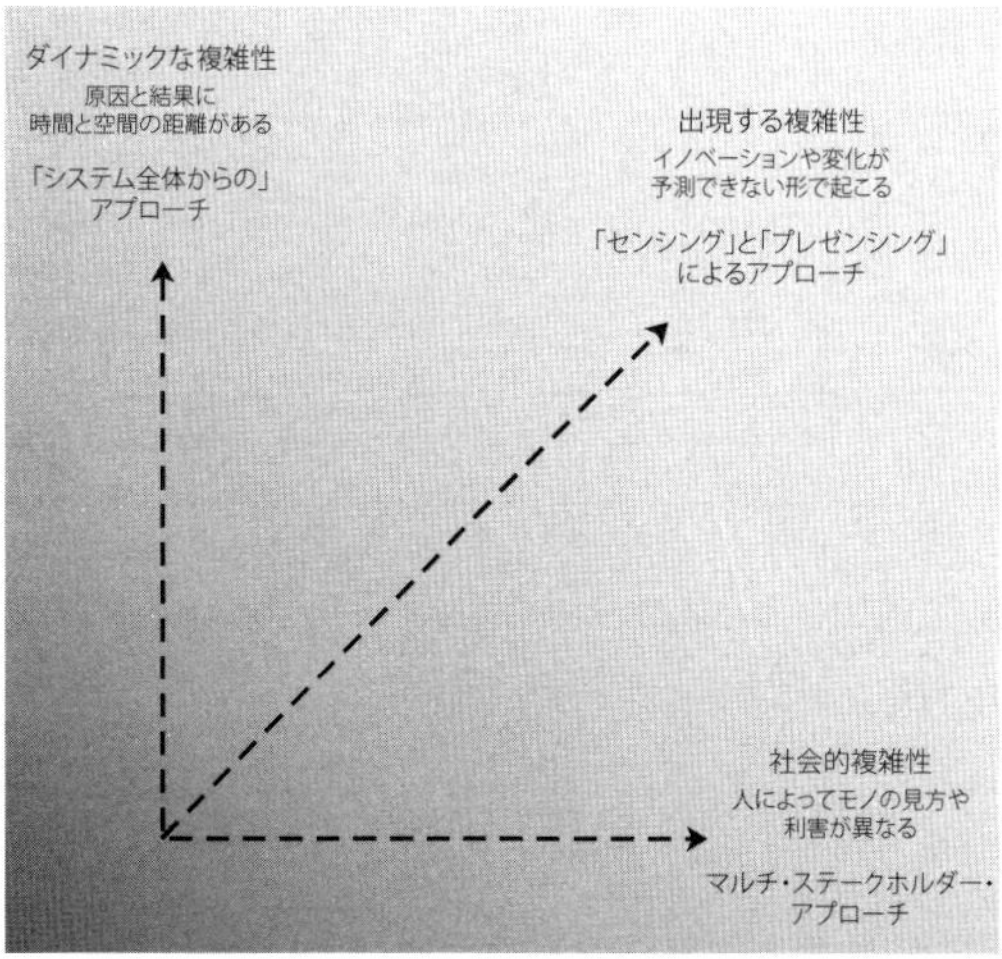

会的複雑性の程度が低いほど、政策決定に際して専門家の意見に頼ることができる[1]。しかし、社会的複雑性が高くなればなるほど、その件に関係するすべての利害関係者《ステークホルダー》の意見を反映した、マルチ・ステークホルダー・アプローチが真の問題解決には欠かせない。

出現する複雑性

出現する複雑性は非連続な変化としてとらえられる。この変化には、通常三つの特徴がある。

1◆問題の解決方法が未知である
2◆問題の全貌がまだ明らかになっていない
3◆誰が主要な利害関係者《ステークホルダー》かよくわからない

未来が過去の延長線上にはなく、過去の経験から推し量ることができないとき、我々はつねに変化する状況にその場で対処しなければならない。出現の複雑性が増すほど、過去の経験はあてにならなくなる。新たなアプローチ――すなわち、出現する機会を感じ取ること、プレゼンシング、プロトタイピングに基づくアプローチが必要だ。これらについては第10、11、13章で詳述するが、ここでは**感じ取ること**《センシング》は自分の「内面」からものを見ることだとしよう。フィールド全体を感じることによって鮮明になるものの見方だ。この見方ができると、多くの場合、エネルギーがみなぎり、「深い内面」に達することができる。**プレゼンシング**とは、これまでの章で簡単に触れたように、思考と心と意図、あるいは意志を開くことによって、ものごとを源《ソース》から見ることができる状態を指す。この状態にあれば、過去を振り返ることでは対応できないような、新たに出現する状況や急激な変化とつながり、共に進んでいくことができる。プロトタイピングは結晶化《クリスタライズ》、つまり出現しようとする未来を感覚的にとらえようとする段階の次に起こる。**プロトタイピング**は頭と心と手を統合し、実行することで未来を探る行為だ。この段階ではできるだけ早く形のあるものを作り、それからその問題に関わるすべてのステークホルダーからフィードバックや助言を得て改良していく。リーダーシップを発揮しなければならない重要な問題で出現の複雑さが増しているのは、企業や市民セクター、公共セクターの組織を取り巻く環境がますます激しく流動するようになっているからだ。こうした状況《コンテクスト》の激動があるからこそ、「U」の右側、出現する未来から学びリードしていく必要性が出てくるのだ。

マネジャーの仕事

マネジャーの「仕事」は行動を促し、結果を生み出すことに尽きる。そのためには、目標、戦略、パーソナリティー、プロセスを統合しなければならない。この数十年で、仕事に対するアプローチは二度、大きく変化した。最初は、「何を」から「どのように」へと関心が移行したことだった。次に、「どのように」から「どこから」という変化が起きた。プロセス（どのように）から、マネジャーやシステムがどういうところから行動を起こすのかという内面の場へと関心が移っていったのだ。

私が最初にこの関心の移行に気がついたのは、一九九六年、パロアルトのヒューレット・パッカード社で、当時、品質管理担当の役員であったリチャード・レビットに、ＨＰ社は品質管理では何を重視しているかをたずねたときだった。「最初、我々は製品そのものに注目し、製品の信頼性のような具体的な結果に関心を持っていました」。レビットはしばし間をおいてから続けた。「もちろんこうした問題が重要であることに変わりはありませんが、もっと上流に関心を持ち、製品を生み出しているプロセスを改良すれば、より良い結果が出せると気づいたのです。一九八〇年代のTQM（総合的品質管理）運動の核になっていたのは、この段階の品質管理方法です。しかし、プロセスを改良し終えたとき、我々は自問しました。次に何をすべきか、次に競争優位性のもととなるのは何だろうか、と」

レビットは、業績をさらに一段押し上げるために次にくぐり抜けるべき関門をこう考えた。「我々にとって、新しく注目しなければならない重要な領域とは、どうすればマネジャーが思考の質を高め、**我々の顧客はどういう人たちか**、我が社とのあいだにどのような顧客経験を持ってもらいたいのかを**より深く認識できるようになる**だろうか、ということでした」

製品からプロセス、そして源《ソース》へ

HPの**製品**から**プロセス**、プロセスから**源**《ソース》への変化は経営上のあらゆる機能に見ることができる。図4-2は一二の異なる経営管理分野を示している。上半分にはより具体的で目に見える機能（製造、人事、研究開発、財務、会計、戦略、マーケティング、営業）を、下半分にはより抽象的で目に見えない機能（品質、知識《ナレッジ》、リーダーシップ、変化、コミュニケーション）を挙げている。

過去二〇～三〇年のあいだ、どの機能分野でも同じような展開、同じような筋書きが進行した。経営上のすべての機能分野で、**製品**から**プロセス**へ、プロセスから**源**《ソース》へという移行が見られたのだ。

最初の移行◆目に見える結果重視からプロセス重視へ（下流から中流へ）

最初の段階では、図4-2の外側の輪に示されているように、製品の信頼性を測定するといった下流の機能が注目される。この段階の特徴の一つは**機能分化**であり、経営管理の仕事は、財務、戦略、人事、製造などいくつかのサブタスクに細分化されていた。また、もう一つの特徴は私が「下流へのフォーカス」と呼ぶものだ。細分化されたそれぞれの管理分野が最も注目するのは、それぞれの機能の業績を表す測定値だ。たとえば、コストであり、納期の順守率であり、製品の信頼性だ。これらの管理分野は互いに階層的に結びついている。

一九八〇年代から九〇年代にかけてマネジメントの主な関心はプロセスへと移行していった。この変化は図4-3の円の外側の輪から中間の輪へのシフト、よりプロセスを重視した見方への動きとして表される。プロセス中心の考え方としては、総合的品質管理（TQM）やナレッジマネジメント、組織学習、リーン生産方式、活動原価計算（ABC）などが挙げられる。これらすべての例に共通するのは、どのように**プロセス**を改良するか、すなわち、どのように特定の活動や経営課題にアプローチし、組織化して最良の結果を出すかに関心が向けられていることだ。たとえば組織学習では、経験から学ぶ学習サイクルを基本の枠組みとした、学習のインフラを設計する。このほかに、経営の関心がプロセスへと移行したことによって新たに見られた

図 4-2　経営の 12 の機能――下流の眺め

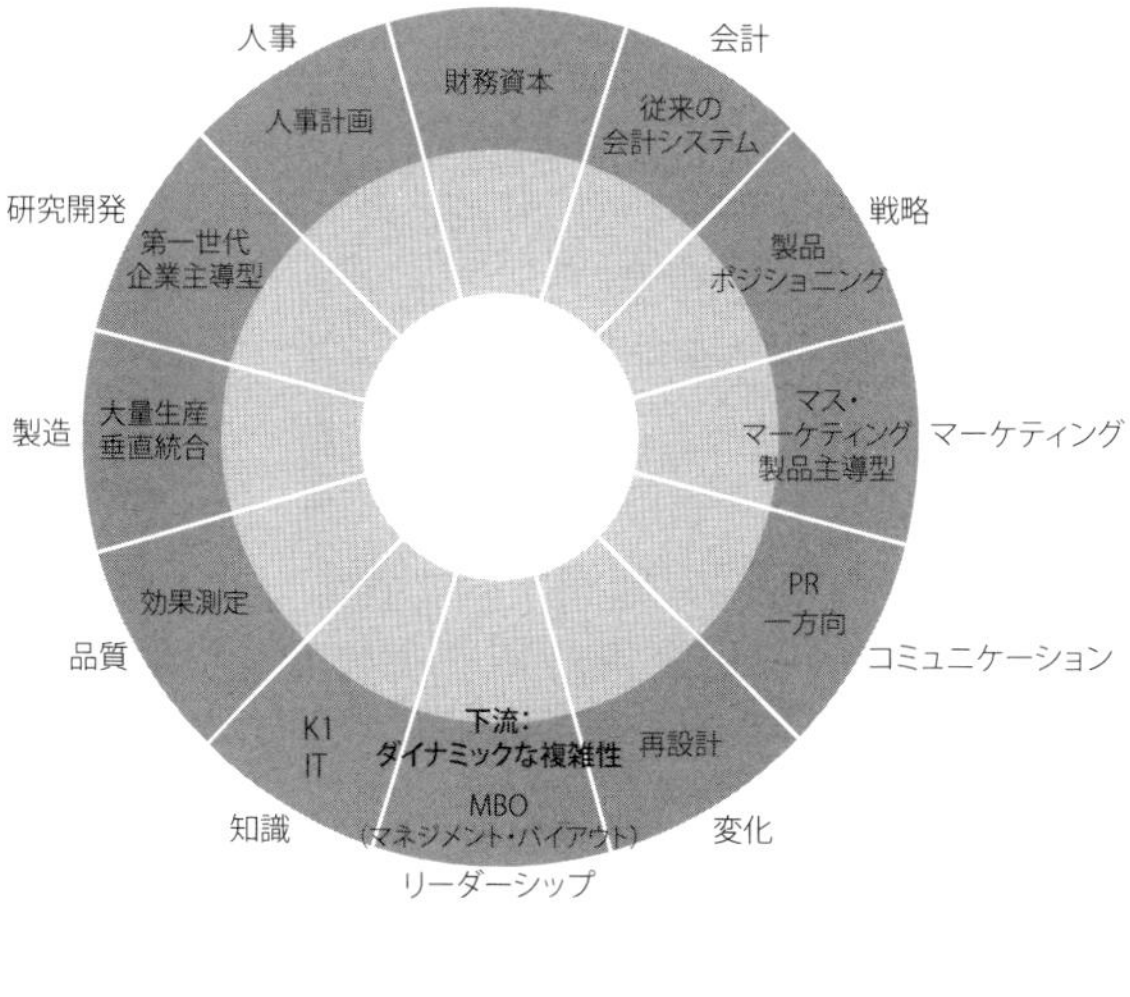

現象としては、機能横断型の統合が挙げられる。機能や組織上の部門を越えて仕事を統合し、調整しようとすれば、組織面、実践面ともにますます相互依存性が高まる状況《コンテクスト》で、社会的複雑性に対処する方法を学ばなければならない。個々のサブタスクや機能別部門のリーダーは、それぞれに異なった利害、ネットワーク、目的を持っている。そのため、価値創造という全社にまたがる最も重要なコア・プロセスにおいて機能横断型な統合をしていくには、それぞれが異なるマネジメントスキルで社会的複雑性に対処していくことが求められる。

二番目の移行◆プロセス重視から源《ソース》重視へ（中流から上流へ）

第三段階への変化は、一九九〇年代から今日まで続いている、プロセスからイノベーションや変化の源への移行だ（図4-4参照）。リチャード・レビットが言うように、いったんプロセスがうまく機能するようになると、より多くの価値を生み出す次の鍵を探し求めるようになる。経営の輪の中央に表されるこの第三段階では、出現する複雑性を扱い、組織を機能別に分ける境界がなくなる。それぞれの機能は、結局は同じ場所に至るための、別々の入口のようなものだ。マイケル・ユングはそれをこう表現している。「みな同じ山を登っているのだが、それぞれ違った角度から見ているために、別々の山に登っていると信じている」。一二の機能は名前も言語も違うが、経営の輪の中央では同じ本質的な問題に取り組むことになる。その問題とは、ど

図 4-3　経営の 12 の機能——中流の眺め

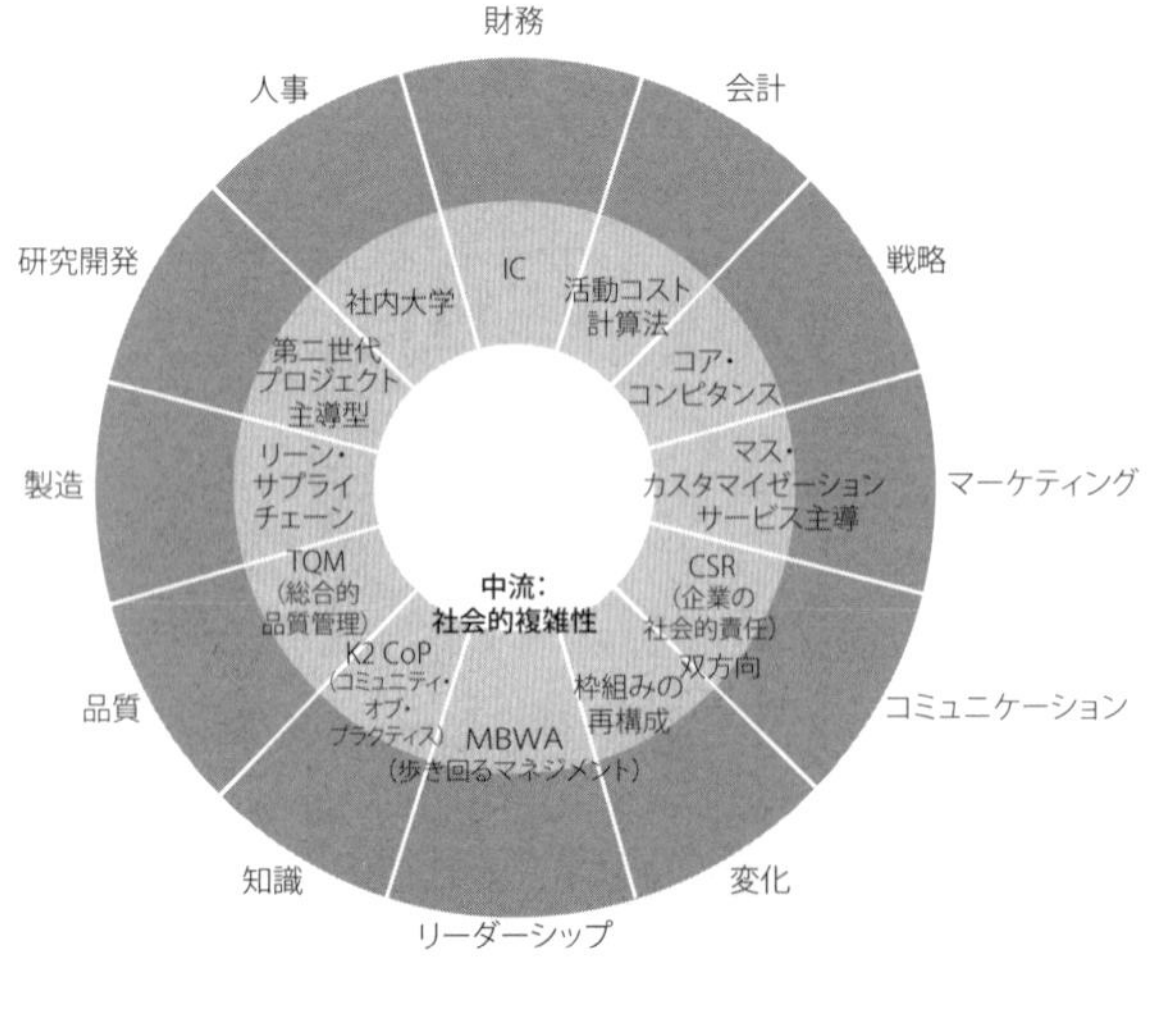

うすれば逆境に耐える力や大きなイノベーション、変化を生み出す源《ソース》に達し、維持することができるか、つまり出現する複雑性に効果的に対処するにはどうしたらよいか、ということだ。[2]

経営の輪は有機的な呼吸とでもいうようなプロセスを表現している。深く息を吸い、そして吐くことによって組織の場の全体性と健全性が保たれる。息を吸い込むと、意識は行動から行動を生み出している意識・意図の源へとさかのぼっていく。一方、中心で生じたものはすべて吐き出されて、下流の経営や組織の場に反映される。重要なのは、中流のプロセスや能力、下流の実行を犠牲にして上流のリーダーの視点を押しつけるのではなく、リーダーシップや組織の場全体を、中央の意識や意図の源に根を下ろし、それによって絶えず新しいものに変化していく一つの生命体と考える、ということだ。こうして見ると、組織全体、あるいは場《フィールド》全体はすべての部分の相互関係から生まれ、それらによって規定されることになる。中央は周辺なしには成立せず、周辺もまた中央なしには成立しない。

経営の輪には二つの軸がある。実体的な機能は垂直軸に沿った上方、つまり輪の上半分に、あまり実体的でない機能は下半分に配置されている。また、外部に向かう機能は水平軸に沿った右側に、内部に向かう機能は左側に位置している。優れた経営とはこれら一二の機能のバランスをとり、統合することだ。ヘンリー・ミンツバーグがかつて指摘したように、研究者はこの仕事に手をつけず実務者に任せがちだ。

図 4-4　経営の 12 の機能——上流の眺め

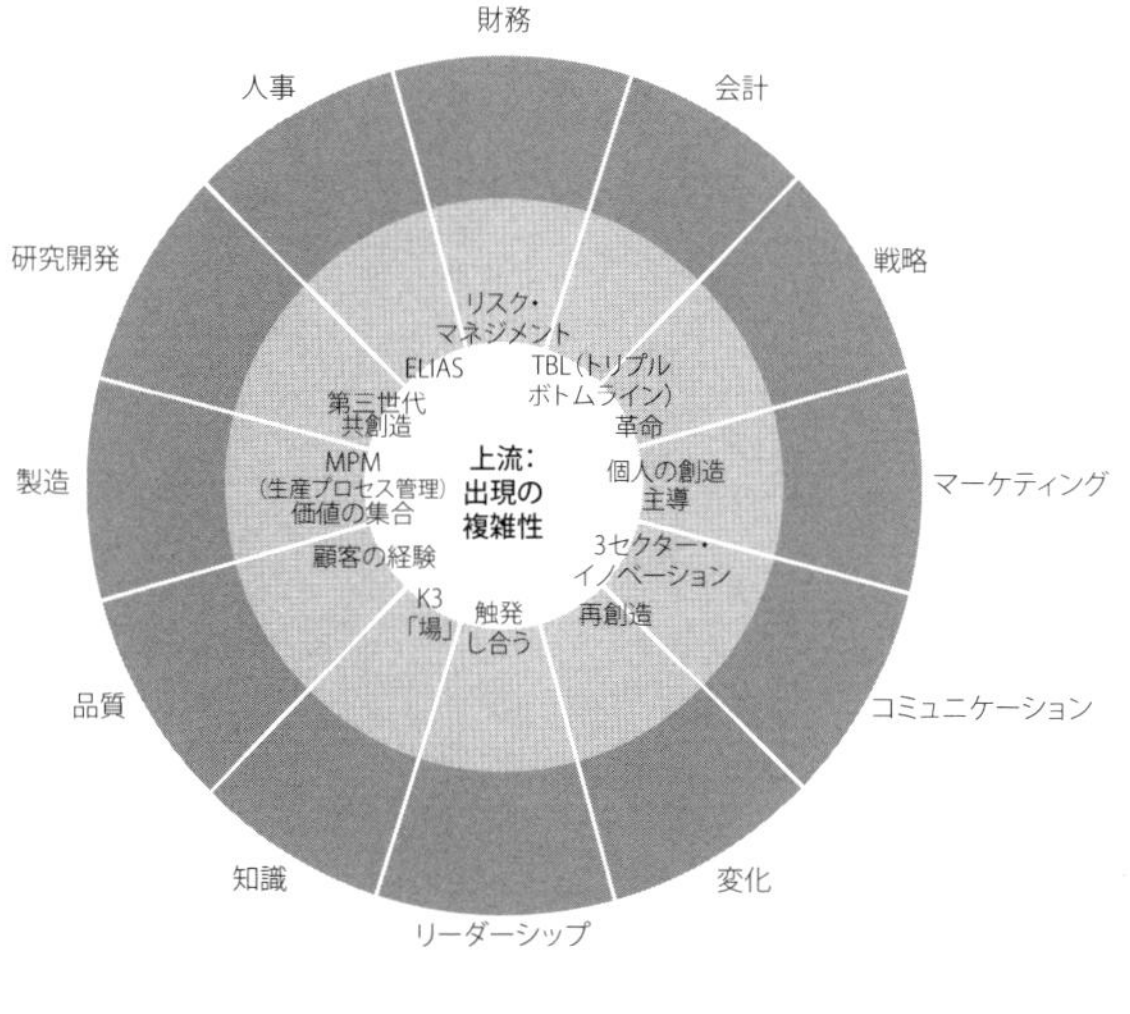

経営と組織を成功させるためには、さまざまな視点を持ち、評価し、統合することが求められる。たとえば、**コア・コンピタンス**から**産業のイノベーションの源《ソース》へ**と発展していった戦略論を見ても、このことは明らかだ。初期の戦略論は、製品と市場の組合せでポジショニングを論じることに終始していた[3]。そこでは完璧に定義された市場に完璧に定義された製品が存在することが前提だった。そして一九九〇年、『ハーバード・ビジネス・レビュー（ＨＢＲ）』にゲイリー・ハメルとＣ・Ｋ・プラハラードの論文「コア・コンピタンス経営」が掲載され、経営の焦点は下流から中流、製品からコア・コンピタンスへと移った[4]。ハメルとプラハラードによれば、真の戦略とは、下流の製品・市場の組合せを生み出すコア・コンピタンスを明らかにすることだ。

一九九六年に私は初めてゲイリー・ハメルに会ってインタビューしたが、驚いたことに、彼はそれまでの五年間、コア・コンピタンスの講演はまったくしていないということだった。彼の関心はすでに次の経営の焦点の移行に向かっており、その成果はやがて一九九六年のＨＢＳに掲載された記事「イノベーションの戦略」と、二〇〇〇年に出版された『リーディング・ザ・レボリューション』（鈴木主税・福嶋俊造訳、日本経済新聞社、二〇〇一年）に結実している。これらの著書に共通する主張は、新たな産業の形を創りだすには、現存のコア・コンピタンスを維持するのとはまったく別の能力が必要となる、というものだ。ビジネスの将来の成功には、**明日の**コア・コンピタンスとチャンスを感じ取る能力が必要なのだ。

一九九〇年代に主流となったこの手法は当時のベストプラクティスを活用したものだったが、ハメルは、上流からの戦略アプローチとして、知の源は、企業の周辺にあって眠っているイノベーションやアイデアを活用することで生まれるのではないか、と考えた。そこで、組織の枠を超えて、顧客やパートナー、営業の最前線にある社員までを含めた戦略の構築を提唱したのだ。

その著書『コア・コンピタンス経営——未来への競争戦略』（一條和生訳、日本経済新聞社、二〇〇一年）において、ゲイリー・ハメルとC・K・プラハラードは、この上流への移行を妊娠に喩えている。「未来への競争にも、妊娠と同じように三つの段階がある。受胎〔conception〕は着想、懐胎期間〔gestation〕は構想を熟成させる期間、出産〔delivery〕は実行して結果を出すことに相当する」と彼らは言う。「戦略論の教科書や戦略的プランニングの演習で扱っているのは、この最終段階だ。通常、製品やサービスのコンセプトが確立していること、競合の範囲が明確になっていること、業界の境界線が安定していることを前提としている。しかし、製品を市場に出す前の段階の競争を深く理解せずに、最終段階の市場での競争にだけ注目するのは、受胎や懐胎期間について何も考察せずに出産のプロセスを理解しようとするようなものだ」[5]

彼らによれば、ここでマネジャーはこう自問すべきだという。「我々は今、どの段階に最も多くの時間とエネルギーを費やしているのだろうか。受胎、懐胎期間、それとも陣痛と分娩だろうか。実際に見聞きしてきた限りでは、ほとんどのマネジャーが、分娩室で途方もない時間を過ごしている。出産の奇跡を待ちながら……しかし、我々全員が知っているように、それまでの九カ月がなければ出産という奇跡が生まれるはずがない」

時代は高度成長期から状況《コンテクスト》が激しく移り変わる時代へと移行し、経営革新に求められるものも逆境に耐える力や、倫理的な高潔さなどのより高次元の価値観になってきた。[6]

ハメルの著書『リーディング・ザ・レボリューション』で繰り返し取り上げられているエンロンの興亡は、時代の警鐘といえるだろう。エンロン事件は、革命的な戦略やイノベーションも、より広い社会的な文脈がなければ、あるいは社会全体との共感やつながりが築かれていなければ、何の価値もないことを如実に示している。より広い社会的な文脈という観点は、一日二ドル未満で生活している三〇億人以上の人々にどう役立つのかという視点から戦略を練り直す出発点となる。この点についてプラハラードは二〇〇五年に出版した『ネクスト・マーケット──「貧困層」を「顧客」に変える次世代ビジネス戦略』（スカイライトコンサルティング訳、英治出版、二〇〇五年）の中で論じている。現在のシステムでは充足することのできない人々のニーズに応える戦略へと大きく方向転換するには、空白のキャンバスから行動する能力が必要となる。図4-4の中心や内側の輪に描かれているように、今日のマネジャーやリーダーが直面する難題を解決するには、空白のキャンバスの前に立ち、新たに生まれつつあるチャンスを感じ取り、形あるものに変えていかなければならない。

この点に関してもう二つほど事例を見てみよう。

事例1◆ナレッジマネジメント

芸術作品の創造と同じように、マネジメントもその段階によって求められる知《ナレッジ》に違いがある。たとえば、マネジャーが製造プロセスの効果を調べるときは、形式知が前提となる。形式知とは、表計算ソフトの表やメール上に表現することのできる知識のことだ。ナレッジマネジメントの最初の段階では、人々はIT技術によってナレッジシステムやデータバンクを管理しようとした。しかし数年も経つと（そして数十億ドルを費やしたあとに）、ITが解くことのできるのは大きなパズルのほんの一部分、それも簡単な部分だけだとわかる。経営者は情報の管理を超えて知の管理に重点を移すことが重要だと気がついた。

ナレッジマネジメントの第二段階では、人々はTQM（総合品質管理）のようなプロセスの改良に力を注いだ。ここでは具体化され暗黙の了解となっている知が登場する。この暗黙知はとにかく「みなに知られている」、日常的に活用されている知識だ。

しかし、経営者がより上流のイノベーションにたどり着こうとすると、つまりナレッジマネジメントの第三段階に達すると、空白のキャンバスの前に立つ画家のように、ダビデ像を彫ろうとするミケランジェロのように、まず**観察**することが必要となる。

図4-5のアーチの上方にある形式知は、図4-2の経営の輪の外側の輪に対応している（図4-2）。その下にあるのが暗黙の了解として具体化されている暗黙知で、経営の輪の中間の輪がこれに相当する（図4-3）。そして自己超越知は経営の輪の中央の部分にあたる（図4-4）。

ジョンソン・エンド・ジョンソンのマイケル・バーサは、形式知から暗黙知へ移行するナレッジマネジメントについて、ほんとうに難しいのは、生産性の高いチームとして効果をあげるために、人々がユニットや機能、組織にまたがる複雑な知識を共有化できるような空間を創り出すことだ、と言う。こうした観点からすれば、知とは単なる**もの**ではなく、実際の仕事のやり方の中に存在し息づいている**生きもの**だといえるだろう[7]。文脈を持たない知は知とはいえない。それは単なる情報だ[8]。野中郁次郎と竹内弘高の画期的な著書『知識創造企業』（梅本勝博訳、東洋経済新報社、一九九六年）によれば、真の知《ナレッジ》とは、「個人、チーム、もしくは組織によってもたれるもので、形式知と暗黙知の間をらせん状に行き来しながら進化する、状況に根ざした生きているプロセスである」[9]

「生きているプロセス」という新しい知の定義が浸透したのは一九九〇年代だが、九〇年代末から二〇〇〇年代にかけてさらに深いイノベーションや変化を生み出す条件や源《ソース》が論じられるようになった。我々は今、激変する世界に柔軟に弾力的に対処していくにはどうしたらよいか、未来のチャンスを感じ取り、つかみ取るにはどうしたらよいか、「いまだ具体化されていない」知の源にどうすればたどりつけるのかを知りたいと願っている[10]。この最新の段階は、野中が言うところの、実践の知恵である**フロネシス**の概念と**場**であり、知の創造の物理的、社会的、精神的な文脈の概念に反映されている。野中によれば**場**とは「動的な文脈」だが、私はこれを「いまだ実体化されていない」「自己超越」知、と呼びたい。[11]

野中は、知《ナレッジ》は管理できないとしたが、多くの人がそれに賛同している。なぜなら、知は生命のない物体ではなく生きているプロセスだからだ。野中は、知を管理したりコントロールしたりするのではなく、ナレッジマネジメントの三つの側面——ITシステム、知の創造プロセス、そしてこうした成果を生み出す場——が十分に機能するように条件を整えることが大切だと主張している。

事例2◆製造

『レレバンス・ロスト——管理会計の盛衰』（H・T・ジョンソン、R・S・キャプラン著、鳥居宏史訳、白桃書房、一九九二年）の共著者であるトム・ジョンソンは、インタビューで、自動車の製造方式が大量生産方式からリーン生産方式へと移行した経緯について、次のような話をしてくれた。彼の話は、デトロイト近郊のおそらく世界で最も有名な自動車工場から始まった。

「第二次世界大戦が終わると、フォードもトヨタもヘンリー・フォードが建てたリバールージュ工場を出発点とした。この工場は第一次世界大戦中に建てられ、一九二〇年代にはT型フォードを生産していた。大量生産のモデル工場であり自動車関係者であれば誰でもその生産方式を知り尽くしていた。同じ色の一車種を同じ方法で生産するのであれば参考になるモデルだった」

図4-5　知識の3つの形態

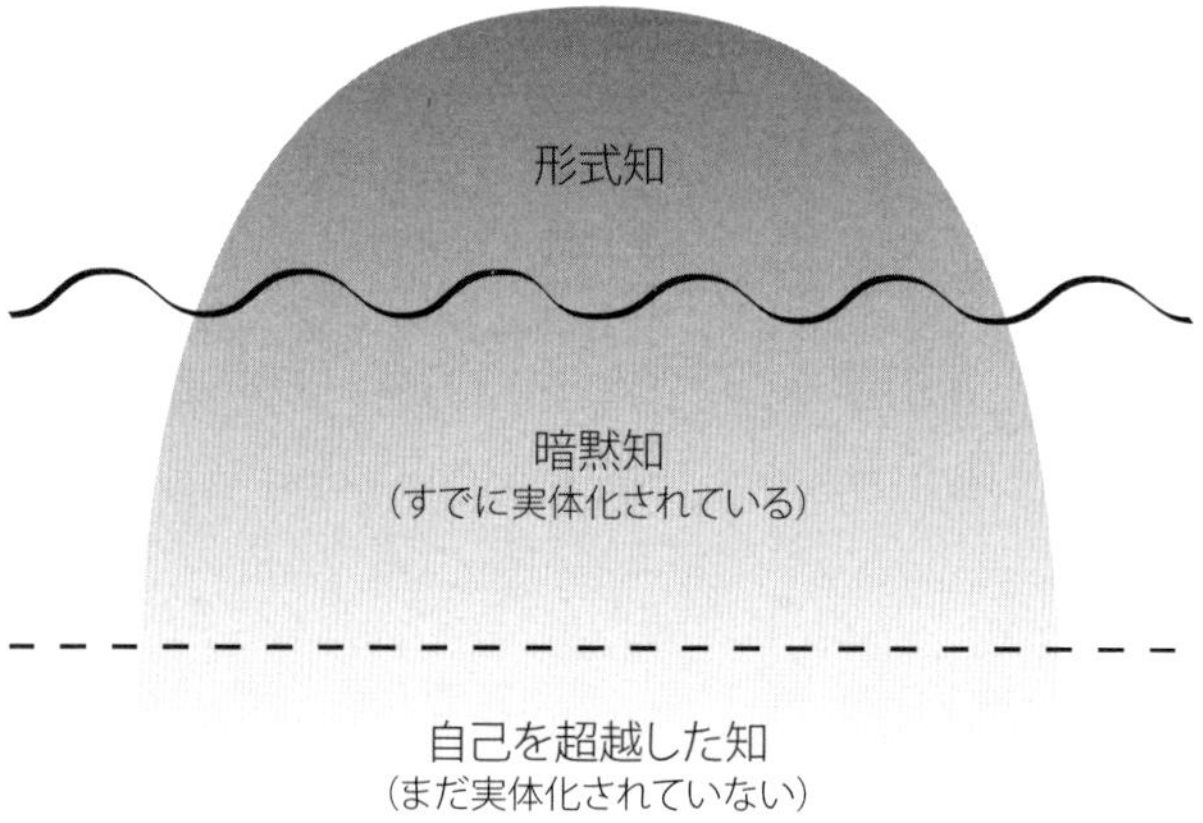

「戦後の自動車産業の課題は、さまざまな車種を同じ工場内で作るにはどうしたらよいか、ということだった。フォード・モーター・カンパニーが考えた解決方法は、大規模な生産設備を造り、できるかぎり処理量を上げることだった。**最大の処理量**を維持できればコストを最小化できるというのだ」

「問題は、一つのラインでいくつかの車種を造ろうとすると、ヘンリー・フォードの時代のようにラインを止めずに製造することができないことだった。どこかでラインを止めて、工程になんらかの変更を加えなければならないからだ。フォード社はラインを**分断**することでこの問題を解決しようとした。フォードの時代の流れ続けるラインをいくつかに分けて、塗装の場所はここ、成型はあそこ、溶接やリベット打ちはそちらというようにしていった」

「こうしてフォード社は規模の経済性が鍵だという考えにとりつかれ、こうした考え方はＧＭにも、そのほかのアメリカのメーカーにも広がっていった」

これとは対照的に、次世代の製造方法、後にリーン生産方式として知られる方法は、**現実を別の視点から見ること**、つまりヘンリー・フォードのリバールージュ工場を別の視点で見たことから生まれた。ジョンソンによれば、リバールージュ工場を視察したトヨタのエンジニアたちは、組み立てラインが**よどみなく流れているから**コストが下がるのだと考えた。そして日本に帰国すると、いずれにしろ戦前の工場は戦火で失われていたので、一つの工場に止まることなく流れる一本のラインを設けて、それで何もかも作ろうと決意した。

「一九七〇年代ごろになると」とトム・ジョンソンは続けた。「日本で何が起きているのか、私たちも次第にわかってきた。（日本では）ラインの入れ替えにかかる時間が圧倒的に短かった。プレス機の入れ替えに、ここでは八時間かかったが、日本では二〇～三〇分で済んでしまう。そして一九八〇年代の初めまでには、その時間は一〇分、八分、六分というレベルに短縮されていった。だから、日本ではいわゆる多車種混成ラインが可能になった。組み立てラインを止めることなく、ある一定時間には赤い自動車が流れ、次に青い自動車、そしてその日顧客から注文されたモデルが何であれ続く、といった具合だ。彼らは一つの注文に対して一台の車を造る仕組を作り上げていたから、膨大な種類の自動車を驚くほど低コストで製造することができた。その背後にはまったく違う考え方が存在していたわけだ」

驚くべき成功を収めたこのトヨタの製造方式は、製造方法の背後にあるプロセスの原理をつまびらかにしたＭＩＴの研究によって、リーン生産方式として広く知られるようになった[12]。この方式では、製造プロセスをよく同期された一つの流れとして再構成することによって、資本や労働力が節約できた。[13]

西欧の自動車産業が大量生産（第一段階）からリーン生産方式（第二段階）へと移行しているあいだに、トヨタは第三段階の生産システムへと移行しつつあった。リーン生産方式の欠点は、異なるプロジェクト間あるいはプラットフォーム間のシナジー効果が得られにくいことだった。これとは対照的に、ＭＩＴのマイケル・クスマノと延岡健太郎が「マルチプロジェクト管理」と呼ぶ新しいシステムでは、異なるプロジェクトやプラットフォームの技術向上努力を同期させ、調整しようとする。トヨタの関係者によれば、新しいシステムのもとでは、通常のプロジェクトの開発コストが三〇％削減され、テ

図 4-6　経営の 12 の機能――下流から上流へ

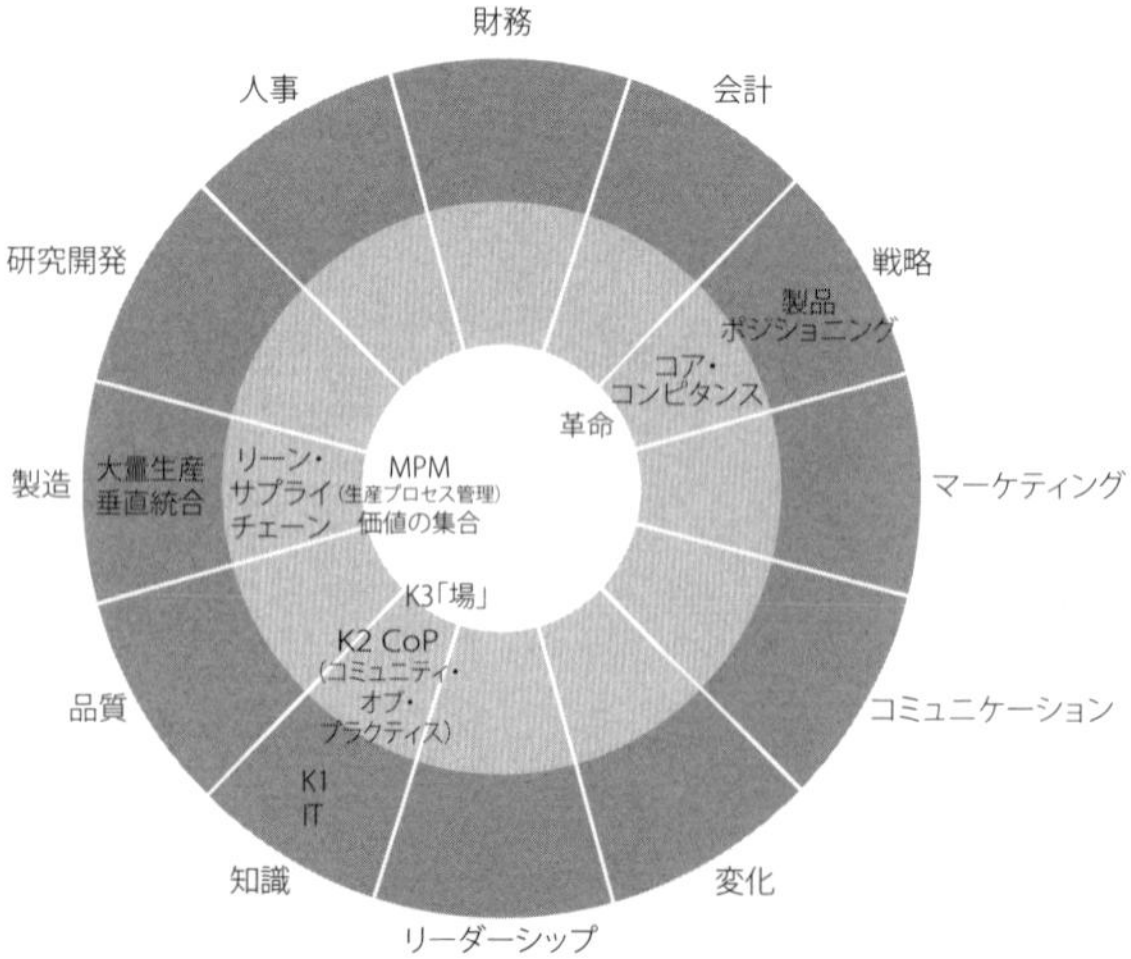

ストされるプロトタイプの数は四〇％削減されたということだ。これは、部品の共有率が飛躍的に高まったためと、エンジニアリング部門とテスト部門の間に活発な交流と調整が行われるようになり、コミュニケーションのインフラが構築され、複数のプロジェクトやプラットフォームのあいだで横断的なイノベーションが同時に起きるようになったからだ。

製造業は垂直統合（第一段階）から水平統合のサプライチェーン・マネジメント（第二段階）、そしてシステム全体のイノベーションを進め、最良の結果を得るために、ネットワーク型の「価値の集合」（第三段階）へと移行しつつある[14]。サプライチェーンでは価値創造の流れがサプライヤーから顧客へと一方向に流れることを前提としているが、クモの巣状のネットワークによる価値の集合では、顧客は流れの最終地点で商品を受け取るだけの存在ではなく、クモの巣状の協働のネットワークを通じて経済的な価値を築く共創造者《コークリエイター》でもある。

たとえばドイツでは、メルセデス・ベンツを買った人は、ただ完成車を受け取るだけではない。工場の内部を見学することができ、新車を作り出した製造プロセスを自分の目で確かめることによって、参加したという感覚を持つことができる。

空白のキャンバスでリードする

マネジメントとは「ものごとをうまく行わせる」ことだが、リーダーシップとは、より大きな状況《コンテクスト》である活動の場を創り出し育む――共通の土壌を豊かにする――ことだ。[15]

かつてビジネス・リーダーといえば指示を出す人だった。命令し管理する。課題と目的を明確にし、全社を動かし導こうとする。こうしたリーダーシップのあり方が時代遅れだとは言わないが、この複雑で変化に満ちた不安定な職場環境では、何か別のものが必要であることが明らかになりつつある。最も重要な目標や目的、問題や機会があらかじめ存在しているのではなく、そのときどきに現れてくるとすれば、どう「命令」し、「管理」できるというのだろう。

このような状況では、組織はより現場に密着した、参加や学習を重視するプロセス志向のリーダーシップ・スタイルをとらざるを得ない。トム・ピーターズとロバート・ウォーターマンは「歩き回る経営」という考え方を一般に浸透させた[16]。この第二段階でのリーダーの課題は、目標や方向性を定めることと、組織のあらゆる場面で人々の参加を促すこととのバランスの取り方を学ぶことだった。

そして今、我々はリーダーシップの第三段階に進んでいる。この段階のリーダーに求められることは、人々あるいは集団が「別の場所」、すなわち経営の輪の中心（図4-4参照）から発想し行動するよう促す状況を作り出すことだ。サーチ・アンド・サーチのケビン・ロバーツはこう言っている。「私たちはすでにマネジメントからリーダーシップに移り、さらにリーダーシップからインスピレーションの段階に進もうとしています。二一世紀の組織が最高の業績をあげるには、人々が惜しみなくエネルギーを発揮できるような環境を作り出さなければなりません――リードするのでも管理するのでもない。共インスパイア（触発）することが必要です」[17]

高いパフォーマンスをあげる組織として進化するには、プロセス重視のリーダーシップから「空白のキャンバス」のリーダーシップへの変容が求められている。すなわち、人々がインスピレーションや直感、想像力の源に近づけるように援助することが必要だ。空白のキャンバスの前に立つ画家のように、今日のビジネス社会に生きるリーダーは、人々が個人として、また集団として、出現する未来を感じ取り、明らかにできるように組織を大きく変容させる能力を養わなければならない。私はかつて、通信業界で大きな成功を収めているリーダーに、自分のリーダーシップの本質は何だと思うかとたずねたことがある。彼女はこう答えた。「私の役目は、チームが変化の激しい業界で新しく生まれてくるチャンスを自ら感じ取りつかみ取れるように、環境を整え、最初のプロセスの手助けをするということです」

しかし、白いキャンバスではあまりにも**不完全だ！**　と感じる人もいるだろう。たしかにその通りだが、その不完全さそのものが重要なのだ。私がこの不完全さの力に最初に気がついたのは、マサチューセッツ州ケンブリッジにあるＭＩＴの組織学習センターの講演に参加したときだった。私は大勢の聴衆に交じってピーター・センゲが話すのを聞いていた。彼のプレゼンテーションに対する聴衆の反応は、これまで私が見聞きしてきた他の講演者に対するものとは違っていた――人々はずっと熱心に聞き入っていた。センゲの講演は、わかりきった想定から始まり、項目が列挙され、パワーポイントの要約が付くという、ありきたりのプレゼンテーションではなかった。それほど多くを語っているようには見えないだけでなく、まったく別の次元のことをしているようだった。彼のプレゼンテーションは、あたかも直接語りかけてくるかのごとく、いきいきとした血の通ったものだった。センゲと聴衆のあいだにはつねに一体感があり、話が先に進むにつれ、我々はあたかも自分たちがプレゼンテーションに参加しているような感覚を抱いた。私が長年なじんできた学問的なプレゼンテーションではなく、物語のようだった。私の中のヨーロッパ的な知識人の部分はいくらか疑問を感じたが、一方で、センゲがしたことは、誰にでもうまく作用するとは限らないが、違った形で「観る」空間、違った「音楽」が聞けるような空間を開いてくれたことだと気がついた。

そのとき私は、センゲのプレゼンテーションは古典絵画というよりも現代アートのようだと思った。目の前の絵は完成していなかった。それはマーク・ロスコの青一色のキャンバスのようであり、あるいはジョン・ケージの「四分三三秒——フル・オーケストラのためのタセット（休止）」——四分三三秒、何も聴こえない沈黙の曲——のようだった。聴衆にとって沈黙の価値とは何なのだろうか。あるいは青一色に塗られたキャンバスは見る人にとってどういう意味があるのだろうか。

今の私にはセンゲがただ単に多くを語らなかったのではなく、**別の場所から**プレゼンテーションをしていたのだということがわかる。空白のキャンバスに近づき、行動する起点となる場所だ。彼は聴衆にそこへ来てともに創造してほしいと働きかけたのだ。人々はそこに自分自身の価値観、経験、信条を持ち込んで、見聞きしたことを解釈する。だからこそ、空白のキャンバスを前にリーダーシップを発揮するということは、**何かをする**ことと同じぐらい**何もしない**ことが重要になってくる。集団の意識が自分たちの源《ソース》に向かうように、多くを語らない勇気が必要なのだ。

別の場所から行動するには、チームや組織は何をしなければならないのだろうか。みながアクセスできる共通の場があるのだろうか。そうした真っ白なキャンバスの空間を活性化させる集合的なリーダーシップとはどのようなものなのか。

組織の共進化を促す文脈《コンテクスト》

ジム・コリンズは好業績の企業を研究するにあたって、仲間とともに、一九六五年から一九九五年までの三〇年間にフォーチュン五〇〇に入った一四〇〇以上の会社の中から一一社を選んだ。これらの企業は、最初の一五年ほどは凡庸な業績にとどまっていたが、やがて転換期を迎え、そこからは市場平均の少なくとも三倍の業績をあげることになる。さらに、そのレベルを一五年以上維持していた。コリンズがこれらの企業を同じような業界の同じような規模の会社と比較したとき、唯一の重要な違いとして浮かび上がってきたのがリーダーシップだった。しかし、このリーダーシップは個人としての謙虚さと職業上の意志の強さという一見矛盾する二つの要素を兼ね備えたものだった。コリンズが「第五水準のリーダーシップ」と呼ぶ資質の一つは、現実を見る力、あるいは「自分の会社が世界で一番になれる分野は何かを、どこまでも現実的に判断することができる」力だ。そうしたリーダーは、一方で自我《エゴ》にとらわれない自己の持ち主であり、「自我《エゴ》の欲求を自分自身ではなく素晴らしい企業を創ることに向け、しばしば会社の利益のために自己の利益を犠牲にする」。そして、最後に、思わしくない結果の責任を進んで引き受け、成功を他者のものとして積極的に認めようとしなければならない。[18]

謙虚で自己にとらわれずに実践することとは、集合的な場がさらに一段高いレベルに達するには必須の条件のようだ。ドットコム・バブルがはじけたとき、自我《エゴ》の塊のようなドットコム企業のCEOは、自分の会社とともに、ベルリンの壁さながらに崩壊していった。今日では、ビジネスの世界だけでなく、公共セクターでも（市民セクターでも）もっと違った、より責任感のあるリーダーシップが必要だという認識が広まった。個人、チーム、組織のレベルで、ある程度の期間、カリフォルニア大学バークレー校のエレノア・ロッシュが「根源知《プライマリー・ノウイング》」と名づけた高いレベルで行動している例が知られている。しかし、組織横断型のより大きなシステムを「別の場所」から行動させるにはどうすればよいかは、ほとんどわかっていない。長期間にわたってその状態を持続させる方法にいたっては、まったく見当がつかないと言っていいだろう。

経営者の関心の変化は、経済全体の変容を反映している。経済の主体は製品主導からサービスへと移ったが、さらに経験、知、イノベーションがその主役となりつつあるのだ。

表4-1からもわかるように、今日の組織のほとんどは一つではなく三つの領域から成り立って

いる。そして、これら三つの領域のそれぞれが異なる複数の原理に従って機能している。製造の領域での主要な原理は規模の経済性《エコノミーズ・オブ・スケール》であり、顧客との関係では範囲の経済性《エコノミーズ・オブ・スコープ》、イノベーションの分野ではプレゼンシングの経済性、すなわち出現する未来の可能性を感じ取り、形にする能力に基づく経済性だ。こうしたパターンを正確に理解するためには、一つの企業内にとどまらず、企業が共進化している経済全体の状況《コンテクスト》を視野に入れる必要がある。この表のそれぞれの行は大規模な経済の変容の一つの次元を示しているが、一つ一つの足跡を辿れば状況《コンテクスト》の大きな方向性をつかむことができる。

価値創造の焦点が同じ規格の製品を製造することから、よりカスタマイズされたサービスを提供することへ、さらに個別の経験を作り出すことにシフトするにつれ、企業と顧客の関係もプッシュ型（製品主導）からプル型（サービス主導）、そして共創造《コークリエイト》（プレゼンシング）へと進化してきた。残念ながら多くの企業は一つの領域（たとえばプッシュ型のマーケティング）から別の領域（経験主導の共創造）へと移行するのに大変な苦労をし、結局は上手くいかないと結論づけている。

顧客との関係性を表す三つのモデル――プッシュ、プル、プレゼンス――は、そのもととなっている世界観が異なるために、それぞれ異なる経営のマインドセットと関係性のコンピタンスを必要とする。たとえばプッシュ型の関係では、ものは我々の外側にある独立した存在であり、我々の考えや行動の影響は受けないという伝統的な世界観に基づいている。一方で、顧客主体のプル型の組織の世界観では、世界はなおも我々の外にあるが、顧客、複数の利害関係者《ステークホルダー》との対話《ダイアログ》、そして社会的複雑性が重要になる。

企業が次の段階に進もうとするとき、プレゼンスをベースとした関係性構築スキルを身につける必要性を認識し始める。複雑に入り組んだステークホルダーの状況に対処するには、経営者は創造性の内なる源《ソース》をたどり、経営の輪の「中心」から行動する必要がある。それは個人としてだけではなく、より大きな組織の場の一部としても求められる。出現する複雑性の中で機能する方法を学ばねばならないのだ。

組織の盲点

組織は予想外の機会や混乱をもたらす変化を伴う出現の複雑性をまったく認識していないことが多い。世界中で経営に携わる者も、コンサルタントも、研究者も、みな同様に、この難題に対する回答を求めて悪戦苦闘している。我々はダイナミックな複雑性と社会的複雑性については、相互依存の問題や利害関係の対立という観点から学んできた。しかし、出現する複雑性に対処するための信頼できる問題解決法を見出すには至っていない。今日の組織はこれら三つの複雑さが存在していることに気がつきながら、なおも不適切な対応を続けているのが現状だ。

垂直統合された集権的な組織は、これまで、問題解決の手段として分権化を進め、より小さく柔軟な専門ユニットへと組織を変更し、いくつかの価値創造の流れを並置することで、これらのユニットを水平方向に結びつけていった。しかし、分権化

表 4-1　変化する経済の状況《コンテクスト》

	モノ	サービス	イノベーション
価値創造の焦点	規格品の生産	カスタマイズされたサービスの提供	パーソナライズされた経験の場を作り共創造する
顧客とは	マス・マーケティングのターゲット	マス・カスタマイゼーションのターゲット	共創造のパートナー
経済性	規模の経済性	範囲の経済性	プレゼンシングの経済性
組織モデル	機能別、単領域：大量生産	分野別、2 領域：生産、顧客接点	ネットワーク化、3 領域：生産、顧客接点、イノベーション
起業家精神の息づくところ	自社組織の中心（製品中心）	自社組織の境界（顧客中心）	自社組織の周縁（共創造中心）
顧客との関係性	製品主導（プッシュ）	サービス主導（プル）	共創造主導（プレゼンス）
主たる階級	労働階級	サービス階級	クリエイティブ階級
経営のマインドセット	世界は独立して存在する（自己＝傍観者）	世界は人々が関わり合うことによって変化する（自己＝参加者）	世界は私たちが参加しようと決めたとき立ち現れる（自己＝共創造の源《ソース》）

は新たな問題を生み出した。どう全体を統合するか、である。組織全体が絶え間なく変化しているとき、どうすれば全体の中の個々の部分の方向性をそろえることができるか。組織の将来に欠くことのできないコア・コンピタンスが外注化されていると気がついたらどうしたらよいのだろうか。世界中のあらゆる分野の組織は、これらの問題の答えを探し求めている。もう一度機能を集権化しようとする組織もあれば、ネットワーク型の統合に賭ける組織もある。あるいは、伝統的なマトリクス型の組織構造を試す組織もある。しかし、問題の本質は組織構造にあるのではない。むしろ、どうすればより大きな生態系《エコシステム》の場の中で三つの価値創造の領域の違いを認識し、再統合できるか、ということだ。そして、このより大きな生態系では、規模の経済性や多角化の経済性だけでなく、プレゼンシングの経済性も問題となる。

成功を願う組織は、それぞれの領域に合わせた異なる関係性の構築方法（プッシュ、プル、プレゼンス）を築き、これらを使い分ける必要がある。

組織の盲点はリーダーシップと構造の両方に存在する。出現する複雑さから生じる重要な課題に対しては、我々はリーダーとしてもマネジャーとしても確たる方法論を持たないのだ、という厳然たる事実に向かい合わなければならない。足元から地面が崩れ去ろうとするとき、「空白のキャンバスの前に立ち」真のリーダーの役割を果たすには何が必要か、まだわかっていないのだ。

構造に着目するなら、組織発展の重要な課題のほとんどはその組織のレベルでは解決できないという事実こそ、組織の盲点といえるだろう。今日の組織の多くは、局地的に解決した方がよい小さな問題を扱うにはあまりにも大きく、価値を創造するより大きな生態系《エコシステム》という場の中で重大な問題を解決するにはあまりにも小さい。

何が欠けているのだろうか。サプライチェーンに連なる人々、顧客、地域社会、投資家、イノベーター、そして現状のシステムでは隅に追いやられ、その声が拾われることもない利害関係者《ステークホルダー》など、すべての主要な関係者が一同に会し、生産的な会話を交わすことのできる「組織横断型の場所」が欠けているのではないだろうか。それこそ今日の組織の盲点だ。もし我々が集い、未来を共に創造しようというのであれば、どのような生態系においても、要となるすべてのプレーヤーが参加できるようにしなければならない。これまで現場を巡りながら語ってきたように、出現する未来からリードすべき時が到来したのだ。

第5章 社会の変容

新しい世界の始まり

前章の結論は、組織的な盲点《ブラインドスポット》がリーダーシップや構造に広がり、難問に直面しているということだった。利害関係者《ステークホルダー》全員と生産的な会話はできるのか。すべての利害関係者との間で、未来を共に創造することは可能なのか。それにはどんな方法があるのか。これらの難問をよりよく理解するには、まず、社会の重要な変化に意識を向けることだ。それも新しい世界の始まりと呼べるような、重要な変容に。

一九八九年にベルリンの壁が崩され、中欧、東欧と次々に社会主義体制が崩壊し、ついにはソ連の解体に至ったときは、誰もがこれで世界の新しい時代が始まると思った。この予知感を最も雄弁に語っているのは、劇作家でもあるチェコのバーツラフ・ハベル大統領だ。フィラデルフィアのスピーチで、彼はこう語った。「何かが引き裂かれ、衰退し、消滅しつつある一方で、正体不明の何か別のものが荒削りの岩の中から生まれつつあるようだった」[1]

我々に課されている課題は、この岩の中から何が浮かび上がってこようとしているかに気づくことだ。グローバルシステムの座標を定義し直す、次の三つの変容が起こっている、我々はその中心にいる。

◆グローバルエコノミーの台頭。技術‐経済の変容
◆ネットワーク社会の台頭。関係性の変容
◆新しい意識の台頭。文化‐精神性の変容

これらの変容は多くの幸福をもたらしたが、経済的な貧困（三〇億人の人々が一日二ドル未満で生活している）、社会文化的な貧困（物質主義文化での内面的な価値の喪失）、精神的な貧困（人間と集合的組織のつながりの喪失）という、時代を特徴づける三種類の貧困も生み出した[2]。この三つの貧困が深まるにつれ、現代の特徴となっている三つの原理主義から激しい反発が起きた。一つは文化‐宗教的な原理主義で、異なる信仰や価値観を理解しようとしない。二つ目は経済的原理主義で、グローバルエコノミーが社会、生態系、文化にもたらす悪影響を理解しようとしない。三つ目は地政学的原理主義で、多極的で多文化的な今日の国際社会の現実を理解しようとしない。

カリフォルニア大学バークレー校の社会学者、マニュエル・カステルはその著 *End of Millennium* で次のように述べている。現代の状況を形成したのは、一九六〇年代後半から一九七〇年代前半の三つのプロセスだ。一つはＩＴ革命。二つ目は、社会主義ではペレストロイカに、資本主義ではレーガン主義やサッチャリズムに見られる構造的危機や構造改革として現れた。三つ目は、自由主義、人権、フェミニズム、環境保護などの文化社会運動の隆盛だ[3]。カステルによると、このとき生まれたのが、新しい情報グローバル経済と、ネットワーク社会と、「現実的仮想《リアル・バーチャリティ》」の新しい文化

だ。出現する新しい社会は、生産、権力《パワー》、経験の新しい関係から生まれる、と彼は言う。[4]

グローバルエコノミーの始まり

ワールドエコノミーは世界中で資本蓄積が進む経済だが、**グローバルエコノミー**のほうは「地球規模でリアルタイムに」単一ユニットとして機能する経済だ。ワールドエコノミーが西欧に出現したのは一六世紀だが、真にグローバル化したのは、情報技術や通信技術により新しいインフラが整った二〇世紀後半から二一世紀初めにかけてだ[5]。今日のグローバルエコノミーは絶えず新しく作り直されている。その三つの推進力が、資本のグローバル化、地球全体に網の目のように広がる企業、それに技術だ。

資本のグローバル化

一九八九年から一九九〇年にかけて次々に社会主義経済が崩壊すると、おおよそ共通する一連の経済制度や規則のもとに地球全体が初めて組織化された。アメリカ、日本、ヨーロッパは、経済に大きな違いはあるが、社会経済の面では共通する改革を幾つか経験している。

◆小さな政府
◆資本・労働間の社会契約の消滅
◆規制撤廃と国営企業の民営化（特に、電気通信部門）
◆金融市場の自由化

◆比較的安定した国内志向の垂直に統合された事業体を、価値創造の水平な流れに従い協調、解散、再構成し続け、グローバルに拡大する強大な組織へと変身させた企業改編

グローバル金融市場やその経営ネットワークはいまや資本主義の神経中枢となった[6]。モノとサービスの流れは予想不可能な情報の乱気流を引き起こす傾向があるため、近年、メキシコ（一九九四年）、アジア太平洋（一九九七年）、ロシア（一九九八年）、ブラジル（一九九九年）、アルゼンチン（二〇〇二年）などで、重大な危機と破綻が生じている。これらの金融市場の破綻は世界人口の四〇％を超える人々を深刻な不況に陥れた[7]。カステルは、この状況を次のようにまとめている。「通貨が電子ネットワークの仮想現実に流れ、ほぼ完全に生産とサービスから切り離されてしまった。資本は本質的にグローバルなものだ。一方、労働は原則としてローカルなものだ」[8]

網の目のようにグローバルに拡大する企業

産業が、開かれた、流動的な、網の目状の集合体に移行していくのに合わせ、企業の内部構造も姿を変えていくことが多い。戦略の第一人者、ゲイリー・ハメルにインタビューしたとき、彼は根本的な改革には、多様な知性の「遺伝子プール」が必要だと力説していた。「大企業の中で、多様性が乏しく、現状維持にばかり精力をつぎ込んでいるのはどこか」と尋ねると、一瞬のためらいもなく「トップだ」と答えた。経営陣が真に新しいものを考え出すことは、まずありそうもない。それでも、一般に、戦略決定権を独占しているのは経営幹部だ。そこでハメルは、最近入社して、本社から遠く離れた場所に配属された、かつ若い人々に着目し、イノベーションに向けたチームを育てることにした。[9]

経営陣やブレーンの見方が内向きから外向きになるにつれ、イノベーションが生まれる場所も移行した。企業は伝統的に研究開発部門を本部に集中させていたが、新しいパターンはハメルの考えをなぞっている。中央から周辺化の動きを見せたのだ。一九九〇年代と二〇〇〇年代の初期には、大ボストン地区は、企業の本社を出たバイオテクノロジー研究所が集まる一大研究拠点になった。その結果、大学の研究所、研究団体、会社の研究開発部門がゆるく結合し、ダイナミックで革新的な生態系《エコシステム》が創出された。[10]

革新の推進力としての技術

情報通信技術（ＩＣＴ）に革命をもたらしたイノベーションは、マイクロチップの発明、パソコンの開発、電気通信のインフラの刷新によって二〇年以上も前に種が蒔かれていた。それから三〇年もたたないうちに、ワールドワイドウェブ（ＷＷＷ）は一〇カ所あまりの研究所が利用していた小さなネットワークから、何億（もうすぐ何十億になるが）もの世界中のユーザー、コンピュータ、ネットワークをつなぐ相互接続システムへと成長した。この革命はバイオテクノロジーへと連なっていく。

課題は、（不連続な）変化の次に来る波を感じ取り、その波を起こさせることだ。経済学者のブライアン・アーサーは、この感じ取る能力を「予知」と呼んでいる。プレゼンシングと同様、出現しようとしている未来に波長を合わせることだ。[11]

出現する技術には、倫理的側面に関する問題もある。ロボット工学、遺伝子工学、ナノテクノロジーの統合により、人類は、映画『マトリックス』で描かれたような機械が人類の進化をコントロールし、もはや人間を必要としない未来が到来する可能性を突きつけられている[12]。この『マトリックス』のような未来は避けられない道だろうか。それとも人間は意識的に別の集合的進化の道を選択するだろうか。

作家のダニエル・ピンチベックは、技術の進化の速度をこう表現している。「石器時代は二〇〇万年ほども続き、青銅器時代は二〇〇〇〜三〇〇〇年、産業時代は三〇〇年続いた。化学時代やプラスチック時代が始まったのは一〇〇年少し前、情報時代が始まったのが三〇年前、バイオテクノロジー時代が始まったのは、この一〇年のことだ。この計算でいくと、ナノテクノロジー時代はわずか八分しか続かなくてもおかしくない。その時点で、人間の知性は細胞レベルと分子レベルで地球環境を完全に支配しているかもしれない。その結果、想像力あふれた理想郷の世界になるかもしれないし、精神を錯乱させる暗黒郷の世界になるかもしれない。おそらく二つの世界は手を携えてやってくるだろう」[13]。とはいえ、どちらを選ぶかは我々の自由だ。

ネットワーク社会の始まり

統治のグローバル化

歴史上初めて、ワールドエコノミーの大半が、国連、世界銀行、国際通貨基金（ＩＭＦ）、世界貿易機関（ＷＴＯ）など、同じ一連の組織機構の統治下に入った。こうした組織にはそれぞれ批判がある。たとえば、一九九四年に設立されたＷＴＯを例に取ってみよう。ＷＴＯの「知的所有権の貿易関連の側面に関する協定」では、種子を保存して分配する慣例を刑事罰の対象にしている。インドその他の国々の農民が伝統的に行ってきたことだ。世界的に有名な環境思想家で活動家でもあるバンダナ・シバは、こう言っている。「農業協定では、遺伝子組み換え食品の他国へのダンピングを合法化し、多様な食品系の土台である生物学的多様性や文化的多様性を保護する行動を刑罰の対象としている」。シバによると、現在、グローバル化が抱えている重要な問題は、「資源は貧しい者から富める者に流れ、環境汚染は富める者から貧しい者へ流れている」ことだ[14]。超国家機関と国家主権との間に対立があることは確かだ。

その上、有益な意見をグローバルな統治機関にフィードバックするための仕組みは、不公平か、歪められているか、欠落している。たとえば世界銀行とIMFに対しては、構造調整プログラム（SAPs）が社会、文化、生態系にもたらした副作用への批判が多い。このプログラムは一九七〇年代に策定され、その後、五〇〇回以上も実施された[15]。プログラムはすべての人に繁栄をもたらすことを目的としていたはずだったが、社会的、環境的な「底辺への競争」を加速させていることが多い。

ジョン・パーキンズは、その著書『エコノミック・ヒットマン――途上国を食い物にするアメリカ』（古草秀子訳、東洋経済新報社、二〇〇七年）で、グローバルな経済機構の内幕にかかわった自らの人生を振り返り、開発途上国に意図的に経済成長の予測を誇張して伝え、その後、世界銀行の融資を通して過大なインフラ投資をするよう説得する、といったことを繰り返していたと暴露している。これらの投資はハリバートン社のようなアメリカ企業を潤す一方で、当該国には深刻な長期負債と、北半球の先進工業国（グローバルノース）への依存状態を残すことになった。[16]

南半球の発展途上国（グローバルサウス）には、さらに深刻な依存状態に陥っている国々もあるが、一方では、一連のダイナミックな経済を展開する国々が台頭し、グローバル経済システムの重心を北側先進国や西側諸国から東側諸国や南側の発展途上国へと移してきた。急速に成長する新興経済国の先頭を行くのが、ブラジル、ロシア、インド、中国、南アフリカの、いわゆるＢＲＩＣｓ五カ国だ。これらの国は、グローバルな力の関係を一極集中システム（ＯＥＣＤ、中でもアメリカを中心とするシステム）から多極、多地域世界へと変えつつある。それぞれ、南アメリカ（ブラジル）、旧ソ連（ロシア）、南アジア（インド）、東アジア（中国）、アフリカ（南アフリカ）の地域で、発展の推進力とアンカーとしての役割を果たしている。これら新たに台頭した国々に対して、ＥＵ、アメリカ、日本の三地域は、相対的な力や全体のシェアが下降し続けており、新たに衰退していく国々（ＮＤＣ：Newly Declining Countries）と呼ばれることもある。

ネットワーク社会

ネットワーク社会では、政治的な組織機構は権力が存在するところというより、交渉の仲介者といった役割を果たしている。だが、権力《パワー》が姿を消すことはない。権力は、人々と組織機構が意思を通じあうネットワーク関係と文化的な慣例に場所を移して根づいている。グローバル都市は単なる場所ではなく、「情報の流れを基に、高度なサービスの生産と消費の中心地が……グローバルなネットワークでつなげられ、同時に後背地とのつながりがますます希薄になるプロセス」になる、とカステルは言う。[17]

このため、ネットワーク社会が抱える影の側面も現れる。こういう社会に適した知や技能、ネットワークを持たない人は社会から弾き出されてしまうので、人々に二極化が生じるのだ。終身雇用や社会保障の喪失、多数の労働者の交渉力の低下は、家族崩壊の発生率を高めてきた。この個人の危機、資産の喪失、信用の喪失を、カステルは「情報資本主義のブラックホール」と呼んでいる。この加速する渦巻きから逃れるのは難しい。

永続する個人主義

『孤独なボウリング——米国コミュニティの崩壊と再生』（柴内康文訳、柏書房、二〇〇六年）の著者ロバート・パットナムは、ボウリング連盟の衰退を市民参加が減少し続けていることの隠喩として使っている。どういう尺度をもってしても過去二世代間に、社会関係資本は絶え間なく、時には劇的に、蝕まれてきたと彼は主張する。社会関係資本を持たずに生活するのは容易ではない。社会関係資本は生活の満足度を計る確実な予測材料だと彼は言う。失った社会関係資本はどうしたら取り戻せるのだろうか。我々の歴史は永遠に個人化の道をたどるのだろうか。

今日、どう生き、どのようにキャリアを積んでいくかという選択肢は、かつてなかったほどに多い。職業生活、個人の生活、人間関係では、やり直さざるを得ない状況に、何度でも放り込まれる。我々は何者なのか、どこへ向かいたいのか、そう問い返さなければならないのだ。[18]

文化 - 精神変容の始まり

新たな革命が進行している。これを**内側からの革命**《レボリューション・フロム・ウィズイン》と呼ぶことにする。この個人と社会の認識に見られる微妙な変容は、個人にとってもビジネスにとっても、二一世紀には深い意味を持つかもしれない。グローバルな変容を推進しているのは、グローバルな力としての市民社会の誕生と、クリエイティブ階級の登場と、新しい精神性の出現だ。

グローバルな力としての市民社会の誕生

アメリカにおける市民参加の減少について、パットナムが証拠を集めていた頃、ほとんど気づかれることなく、まさに彼のデータ収集の盲点で、市民社会と急成長した何百万という非政府組織（ＮＧＯ）が世界の重要な力として出現していた。赤十字のようなＮＧＯは一〇〇年以上も前から存在していたが、この二〇年ほどの間に、ＮＧＯの数は爆発的に増加した。数が増えただけではなく重要性も増し、ワールドウォッチ研究所によれば、変化を促進する能力も高まっているという。「原発廃炉や内戦の停戦仲介から、圧政政権の人権侵害の公表まで、多種多様な活動で、ＮＧＯは政府や企業を説得したり、追い詰めたり、あるいは協力したり、先に立って引っ張ってきたりした」[19]。ＮＧＯと市民社会はガンジーの唱えた非暴力主義を掲げ、二〇世紀最後の四〇年の方向を決めた四つの出来事で、重要な主体となり、推進力となった。

◆一九六〇年代の公民権運動の始まり
◆一九七〇年代の環境運動の始まり
◆一九八〇年代の平和と人権運動の高まり、冷戦と東欧の共産主義体制の崩壊
◆一九九〇年代の南アフリカのアパルトヘイトの廃絶

この四つの運動は、それぞれの時代の精神を表している。どの運動も、推進力を支えたのは非暴力主義の改革という戦略を通した市民社会の力だった。

統治のグローバル化が初めて成立したのは、第二次世界大戦終了時の国際連合の発足によってだった。ビジネスや企業のグローバル化が始まったのは一九八〇年代に入ってからで、ＮＧＯと市民社会がグローバルなプレーヤーとして台頭したのは、一九九〇年代に入ってからのことだった。[20]

クリエイティブ階級の登場

内面からの革命のもう一つの推進力は、カーネギーメロン大学のリチャード・フロリダが説く「クリエイティブ階級《クラス》の登場」だ。今日の経済発展の多くは、この階級のもたらしたものだ。アメリカでは全就労者の三〇％に当たる三八〇〇万人が、この新しい階級に属している。核となるのは、科学、工学、建築、デザイン、教育、美術、音楽、芸能などに携わる人々、それにビジネス、金融、法律、医療、その他の関連分野の専門家たちだ。これらの人々に共通しているのは何か。それは、創造性、個性、人との違い、実力に高い価値を置く創造的エトスの共有だとフロリダは言う。クリエイティブ階級とほかの階級の決定的な違いは、主として何によって報酬を得ているかだ。労働階級やサービス階級では、主として計画に従って実行することにより報酬を得る。これに対して、クリエイティブ階級は創造することによって報酬を得る。そのため、ほかの人々に比べ、かなり幅広い自主性と柔軟性を持っている[21]。フロリダをこの結論に導いたのは何だろう。

一九九八年、ハイテク産業がどういうところに集中するかを調査していたとき、彼は同性愛者の居住地パターンを調査していた一人の大学院生に会った。そして、二人が調査結果を付き合わせてみたところ、ぴたりと一致する。「ほとんどの専門家は、相変わらず、広範な社会変化の推進力は技術だと言っていたが、現代の真に根本的な変化は、我々の生き方や働き方の微妙な変化と関係があると確信するようになった」。フロリダはここに経済成長とクリエイティブ階級の台頭が一本の糸でつながるのを見た。どちらもその基本的な源《ソース》は創造性だったのだ。[22]

フロリダ等の研究からわかることは、創造性は売買することも、思いのままに火をつけたり消したりすることもできないということだ。しかし、地理的パターンはたしかに浮かび上がってくる。企業、それも特にハイテク分野の企業の場合、クリエイティブ階級の人々が定着している地域や集中区域に向かおうとする。創造性には、創造の源や多様な表現形式を育てる環境が必要なので、クリエイティブな能力を生かそうとする人々は、刺激や環境を与えてくれる地域に引き寄せられる。旧式の社会関係資本を再構築しようとする試みは、すべて失敗するとフロリダは考えている。「彼らは経済の現状を無視して行動している」[23]からだ。グローバルな製薬会社のノバルティスが、ヨーロッパのほかの製薬会社にならって、主要研究開発業務をヨーロッパからボストン、ニューヨーク、ワシントンDC間に広がる医療ハイテクベルトに移したのも、これで説明できる。

クリエイティブ経済の競争が変化するのと同様に、基本的な社会形態も変化する。人と世間や組織機構との絆は弱まりつつあるが、これは絆の数が増えたからだ。我々が一日に会う人の数は、両親や祖父母たちが一カ月に会っていた人の数より多い。その結果、アイデンティティを次々に形成し直さなければならない。我々は、自己を絶えず創造し、再創造しながら存在している。そして多くの場合、それは自らの創造性を反映するような方法で行われている。

新しい精神性の出現

精神性は創造性の源《ソース》と定義できる。信仰体系ではなく経験にかかわるものなので、宗教とは異なる。精神性を取り上げることなどあまりない『ビジネスウィーク』誌によると、精神性の復活がアメリカ実業界を席巻しているという。「あらゆるタイプの経営者が神秘主義を経営に組み入れ、ふつうは教会や寺院、モスクなどで授かる教えを、事務所の廊下に持ち込んでいる」という。精神面の変化は閉鎖的な経営者の世界だけに起きているのではない。これをよく表している例を挙げよう。「ゼロックス社では、過去六年間に、上級管理者から事務員に至る三〇〇名の従業員が、苦戦を強いられている同社に製品開発の革命をもたらすための四億ドルプロジェクトの一環として、『ビジョンクエスト』★に参加した」[24]

ゼロックスの一二人の技師が、ニューメキシコ北部で精神修養を行っていたとき、窪みの底にたまった古い潤滑油に、色あせたゼロックスの紙の箱が一つ、浮き沈みしているのを見た。そのとき、その場で、彼らは絶対に汚染を広げることのない機械を作ろうと誓った。やがてその誓いは、九七%リサイクル可能な２６５ＤＣ機の設計と生産に結実する。技師たちは自分たちの盲点《ブラインドスポット》を超えたのだ。

マッキンゼー社の調査では、精神的要素を取り入れた従業員プログラムは、大幅な生産性の向上と離職率の削減につながることがわかっている。上級社員の報告によると、「変革プロセスに個人的な専門的技能の習熟という側面を含めれば、個人だけでなくチーム全体が、かなり高いハードルを越えてパフォーマンスを一段上のレベルに上げることができる」という[25]。だが、この発見にも、当然、問題がある。我々は精神性までも利益幅を上げることに利用しようとするのだろうか。

しかし、この精神性の出現は実業界に限られているわけではない。プリンストン大学の社会学者ロバート・ワスナウの報告によると、アメリカ人の四〇%は、定期的に集まって参加者同士がサポートやケアをする小さなグループに参加しているという。こうしたグループのおおよそ半分は教会関係だ。アメリカ社会では、過去に比べかなり流動的なかたちでコミュニティを再定義しようとする「静かな革命」が進行しているのだ。[26]

この「静かな革命」とともに、自我《エゴ》の克服、対話《ダイアログ》、フロー体験といったテーマへの関心が、急増している。意識の力や、ミハイ・チクセントミハイのいうフロー体験[27]は、長い間対話の実践で深められてきた。本質的に、対話《ダイアログ》では、礼儀正しいやりとりから意見の対立へ、対立から探究へ、探究から生成的《ジェネラティブ》な流れへと向かう、集合意識の変容が起きる[28]。ＭＩＴダイアログ・プロジェクトの

★　北米先住民の成人への通過儀礼で、何日間かを一人で荒野で過ごし、自分の将来を示す夢や光景が現れるのを待ち、自己を発見し、インスピレーションを得ることをビジョンクエストといい、そのプロセスが企業の研修などに取り入れられている

創始者で、私の仲間でもあるビル・アイザックスは、製鋼所や地域医療制度の変革を促す方法として、また、多国籍企業のリーダーシップ能力を構築する方法として、対話《ダイアログ》を活用してきた。[29]

精神性の高まりはベビーブーム世代が今までより内面に目を向けるようになったことに付随する現象なのだろうか。それとも、社会全体の文化的変容に関連しているのだろうか。フランシスコ・ヴァレラと話をしていたとき、彼は『ジャーナル・オブ・コンシャスネス・スタディ』誌に手を伸ばした。その号のテーマは主観的経験を得る方法で、瞑想まで取り上げられていた。「こんなことは三、四年前には考えられなかったことだろう」と彼は言った。私も同意見だ。今では、さまざまな瞑想の手法が、私のリーダーシップセミナーに限らず、思いがけないような多くの場所で受け入れられている。社会学者ポール・レイが一〇万人以上のアメリカ人を対象に実施した調査は、今日の文化が大きく変容していることを示している。彼は社会を近代主義者《モダーンズ》、伝統主義者《トラディショナルズ》、文化創造者《カルチュラル・クリエイティブス》に分類する。「文化創造者」は人口の二六％しかいないが、最も急成長している層だ。ヨーロッパでは、人口の三〇～三五％を占めている。このグループの特徴は、シンプルな生き方、持続可能性、精神性、社会意識などを高く評価していることだ。[30]

しかし、最近の調査によると、文化創造を目指す価値の変容は反発を招き、偏狭で、自己中心的で、後ろ向きな物の見方に後戻りする傾向が見られるという。これはアメリカで特に顕著だが、アメリカに限ったことではない。市場調査会社のエンバイロニクス社が一五〇〇人のアメリカ人を対象に実施した調査によると、「この国で国民が仕事を失わないために、将来に高レベルの環境汚染を残すことになっても仕方がない」という意見に同意するアメリカ人の数は、一九九六年の一七％から二〇〇〇年には二六％に上昇している。「環境保護団体で積極的に活動している人々はほとんどが過激主義者で、理性のある人々ではない」という意見に同意するアメリカ人の数は、一九九六年の三二%から二〇〇〇年には四一%まで急増した。[31]

三つの運動と一つの流れ

社会科学におけるシステム思考の研究グループで、フリッチョフ・カプラに会ったとき、反体制文化の運動について話し合った。どの運動でも、必ず、環境保護、社会、精神という三つの側面を組み入れるべきだと彼は言う。「問題は、これらの運動が、その本質的な部分から離れていく傾向にあるということだ。ニューエイジ運動★が、環境保護や、社会、政治的側面でほんとうの意味の革新的な変化を目指すものではないと気がついたとき、私は関係を断ってしまった」と彼は言う。私には彼のいうことがよく理解できた。二カ月後、私はたまたまイギリスのオックスフォードに滞在し、さまざまな文化的背景を持つ多様な分野のリーダーたちとの対話《ダイアログ》のワークショップに参加していた。その集会は、我々の時代に形を現しつつあるパターンを探究すること、特に、企業、政府、NGO参加者の多くが実際に目にしている精神的再生の広まりを探究することを目的としていた。ワークショップに参加した理由を述べる順番がまわってきたとき、気がつくと、私はカプラのいう三つの運動と自分とのかかわりについて語り始めていた。

私は一六歳だった。そのとき、私は初めて「目覚め」、政治問題を考えるようになった。そして、ドイツ中から集まった約一〇万人の人々と一緒に、私はブロクドルフにある原子力発電所の建設現場に行く。そこは、一九七〇年代の反核運動では、ヨーロッパで最も有名な戦場だった。ブロクドルフはドイツ北部の小さな村で、ハンブルグ近郊にある私の家族の農場から近い。大多数の住民から見れば利益よりも危険性が大きい技術に、納税者の金が何千億ドルも助成金として注ぎ込まれよ

★ 1960年代後半から70年代にかけて世界的に広がった運動で、科学万能、発展至上主義を批判し、平和や調和を目指した。一方で、内面の追求を進め、東洋思想や神秘主義にも近づいた

うとしている。そしてそれは、原子力産業と大規模な国営電気事業の不健全な提携に吸い上げられるのだ。我々はそのことに抗議していた。今となれば、あの膨大な助成金と原子力技術の偏重が原因の一つとなり、ドイツは原子力技術よりはるかに重要な技術革命で遅れをとったとわかる。まさにその頃、カリフォルニアのシリコンバレー地域やマサチューセッツのルート１２８地域で、ＩＴ革命が起ころうとしていたのだ。

ブロクドルフでの行進は許可されておらず、建設現場では多数の警官が警戒に当たっていた。終了間際までは、状況は穏やかに進んでいた。そして、デモ隊が現場の中心から撤退し始め、三キロメートルほど離れた場所に停めていたバスや車に戻ろうとしたときだった。突然、何かを打ち鳴らすような低い音がとどろき、大きな叫び声がした。振り向くと、何百人、いやおそらく何千人もの重装備した警官が、警棒で盾を叩きながら凄まじい攻撃の叫び声を挙げ、突進してくる。その瞬間、みな走りだした。警官隊は鶏でも追うように追いかけてくる。警官隊が迫ってきたときヘリコプターの音がし、やがて群れを成して近づいてくるのが見えた。あまりに低く飛ぶので、何人かが風圧で押し倒された。逃げながら振り返ると、倒れた人一人ひとりが警官に囲まれ警棒で叩かれていた。

三〇分後、逃げ延びた者は一団となり、広々とした公道を黙々と早足で歩き続け、バスや車へ戻ろうとしていた。何もかも夕日で真紅に染まり、映画の場面を見ているようだった。日が沈み、まさに車に着こうとするときだった。再び警官隊が襲ってきた。左手の真っ暗な森の中から、手に手に警棒を持ち、声を張り上げ、飛び出してきたのだ。しかし、警官隊が近づいてきたときに不思議なことが起こった。全員が歩行をやめ、体を寄せ合うと、一言も発せずに立っていたのだ。まるで全員が一つの大きな集合体になったようだった。走り出す者は誰もいなかった。すべてが停止し、一瞬完全な沈黙が訪れた。次の瞬間、警官隊は我々に迫ると、警棒を振り回して殴りかかってきた。それでも、群集は動かなかった。バターにナイフを入れるように、警棒が一体となった我々を切り裂いていった。しばらくすると、警官隊は誰も抵抗していないのに気がついた。集合体は無言で抵抗していた。戸惑った警官隊は殴打をやめ、撤退していった。

その夜、家に辿り着くと、身体は無傷だったが、私は別人になっていた。あのときの集合体、あの事件で私が「ともに一つ」となって生きていた集合体は、攻撃を受け、傷つけられた。つまり、**開かれてしまった**のだった。私は敵が見えたと思った。それは、圧倒的多数の国民に少数の特別な利益団体のための政策を押しつけようとし、物理的な力をも行使する圧制的な体制だった。

そのとき、私の将来の仕事は、**その**体制を変えることに関連するものになるだろうと確信した。

一九八三年、私はベルリン自由大学で学ぶため、西ベルリンに移った。まだ、冷戦でベルリンは分割されていたが、草の根の人権運動や平和運動が力強く育ち、活動していた。私の周囲には、自分や社会のために何が実行できるかを感じ取れる人々がいたし、そうして感じ取った可能性や意識の深い感覚から生きることを選ぼうとする人々がいた。当時の中欧には、出現する未来を受け入れようとする前向きな姿勢を明らかに示す人々の輪やネットワークにたちまちつながれる雰囲気があった。

その後、あの人たちはみなどこへ行ってしまったのだろうと、ときどき不思議に思うことがあった。一九九〇年代半ばのこと、ＭＩＴ組織学習センターが半年に一度、全国の組織学習の専門家を集めて行う会議の第一回に出席していたとき、私は突然気づいた。どこかへ行ってしまったと思っていたベルリン時代のあの人々は、今、ビジネススーツを着て、この組織学習センターのようなネットワークで活動しているのだ、と。我々をつないでいた最大の絆は、環境的な課題でもなければ社会的な課題でもなく、意識の向上と組織機構の変化の課題だった。これらの人々のほんとうの関心は、個人的にも集団的にも、創造性の源《ソース》へ深く接近することだったのだ。私は、それまで一度も会ったことがない、いや、聞いたことさえなかった人々のサークルに「帰郷」したのだった。オックスフォードでこの経験を話したおかげで、一つの争点だけを取り上げる運動が心に訴える力を持たない理由が、はっきりとわかった。私の望みは、カプラのように、環境保護、社会、精神の三つの根を再統合しようとしている人々と、一緒に行動することだ。そして、彼と同様、過去に逆戻りするのではなく前向きな姿勢で、科学と意識を融合させ、再統合することを目指したい。

三つの衝突と根源的な問題

前述した三つの革命は、より規模の大きい変革プロセスに現れるパターンである。何かが終わろうとしている今、瓦礫の中から現れつつある新しい構造は何だろう。それはまだわからない。わかっていることは、三つの革命的な変容が、それぞれ大きな抵抗を伴うことだ。文化‐精神の変容は、文化的な原理主義の始まりを伴い、プレモダン文化、モダン文化、ポストモダン文化の衝突を引き起こす。グローバルエコノミーへと向かう変容は、経済的アパルトヘイトの影を伴ってやって来る。何十億もの人々をはじき出し、基本的なニーズさえ満たせない生活に押しやっている。ネットワーク社会の始まりやグローバルな多国間組織の始まりは、新たな帝国が築かれるという反動を伴う。気候変動に関する京都議定書などの新しい多国間体制に反発し、有効に機能させない反動だ。

社会経済的対立、地政学的対立、文化的対立、この三つの対立の根底で、我々グローバル社会は三つの根源的な問いに直面している。人々は文化や文明を超えて真剣にこの根源的な問いに向き合い、答えを探している。

1◆現在の持たざる者と将来の世代を含む、すべての人のニーズに応える、より公平なグローバルエコノミーは、どうすれば創出できるのか？

2◆すべての人々が、自分の場や将来を形成する意思決定プロセスに直接参加する機会を増やすには、どのように民主主義を深め、政治制度を進化させればよいのか？

3◆すべての人が、真正の自己《オーセンティック・セルフ》になる旅という崇高な使命を担った人と見なされるようにするには、どのように文化を再生すればよいのか？

こういう問題意識を持つということは、今日、新しい市民社会を出現させようとしている共通の力の場に足を踏み入れるということだ。この共通の場は、次の感覚を統合している。

◆全人類は、暗黙の目に見えない絆、つまり場を通じてつながっているという深い社会的感覚
◆あらゆる場面であらゆる人の参加を可能にする構造から、すべての正当性が生まれてくるという深い民主的感覚
◆人はみな、個人的にも集団的にも、真の自分になる旅をしているという深い文化‐精神的感覚

これらの深い感覚に共通する基盤は、人間を自由な存在としてとらえる見方だ。言い換えると、人間には、習慣的なやり方を続けるか、それとも自分の創造性、倫理的な行動、そして自由の最も深い源《ソース》につながるかを選ぶ能力が備わっている、とする見方である。

社会的世界の三領域

前述の変革《トランスフォーメーション》が生み出す衝突や反発は、社会生活の三つの領域で展開する。（一）客観的な構造やシステム、（二）具現化された構造やプロセス、（三）具現化の深い源《ソース》の三つだ。

第一の領域◆客観的な構造やシステム

オーギュスト・コント、エミール・デュルケーム、マックス・ウェーバー等、社会学の創始者たちは、主として第一の領域に目を向けた。彼らは社会的世界を、空間、時間、意識を超える不変の法則に照らして研究し、説明できるものとして思い描いていた[32]。一九世紀前半に生き、「社会学」という言葉を作ったコントは、歴史を、神学から形而上学、実証主義へと段階を踏んで直線的に展開するものと考えた。一八五八年から一九一七年まで生きたエミール・デュルケームは、コントやカトリックの反革命主義者たちと同様に社会不安を嫌い、個人を外部から強制する力と構造について研究した。一九二〇年にこの世を去ったマックス・ウェーバーは、歴史をある程度直線的に展開するものと考え、その基礎として合理化が重要な役割を果たす、とした。有形財が「しだいに増大していき、遂には逃れられない力」で囲う「鉄の檻」と化し、人々を捕らえていくという考え方だ。[33]

第二の領域◆具現化された構造やシステム

チリの生物学者ウンベルト・マトゥラーナは、「述べられたすべてのことは**誰か**によって述べられた」と指摘した。同様に、すべてのシステムや構造も「誰かによって」具現化したのだと言える。

マックス・ウェーバーが言った社会の鉄の檻も、人々が日々の行動や実践でそれを**具現化**しない限り存在しない。アンソニー・ギデンズは行為者と構造は同じコインの裏表と見なければならないと主張している。構造は状況にねざした一連の実践を通して再生されるが、その実践は構造によって組織化される。おそらく生存している最も重要な哲学者であり社会学者でもあるユルゲン・ハーバーマスは、社会を「システム世界」と「生活世界」としてとらえている。彼によると、この二つの世界の関係は植民地化のようなものだという。「分断されたサブシステムが従わざるを得ない規範は、植民者が原住民の世界に侵入するように生活世界に侵入し、同化を強制する」[34]。しかし、この二つの視点は、より深い存在論的視点、つまり南《ナン》老師が考えている視点を理解するには、まだ十分ではない。

第三の領域◆具現化の深い源《ソース》

ビル・オブライエンがいう「変革の推進者の内面状態《インテリア・コンディション》」について、社会学者は誰も十分な検討を加えてこなかった。今になってやっと我々は、認識《アウェアネス》と意識が行動や結果の質を決定するのだと理解できるようになった。生活世界というフッサール派の概念についてのハーバーマスのとらえ方は、とても良いところまで迫っているのだが、ハーバーマスの著書では、ディスクルスの合理的な次元しかとらえられておらず、生成的《ジェネラティブ》な対話《ダイアログ》やフローといった、より深い感性・精神面はとらえられていない[35]。これらの考え方を乗り越えるためには、ＭＩＴで組織文化と変化の研究をしている長老、エドガー・シャインが言っていたように、我々は「データに戻り、もう一度始めからやり直さなければ」ならないのかもしれない。社会科学の標準的な方法では、観察データを基礎に置く傾向があるが、クルト・レビンとその後継者、クリス・アージリス、エドガー・シャイン、ピーター・

センゲ、ビル・トーバートなどの行動科学の研究者は、三人称の視点を超える物の見方をしなければならないと主張している。ビル・トーバートが言っているように、三人称、二人称、一人称の視点からの知も利用できなければならないのだ。すなわち、観察から得たデータ、対話から得たデータ、一人称の経験から得たデータをすべて統合しなければならない。とはいえ、当然のことだが、疑問が次々に浮かび上がる。あることをほんとうに知っているとわかるのは、どういうときか。自分の知の正当性を確認するのに、どんな基準が役に立つのか。

「私は自分の知が実行可能なとき、つまり、それを実現できるとき、ほんとうにそのことを知っているとわかる」（クリス・アージリス）
「私は自分の知がその分野のさまざまな顧客や実践者に役立つとき、ほんとうにそのことを知っているとわかる」（エドガー・シャイン）
「私は心から大切だと思う結果を生み出す能力が身についたとき、つまり、自分の知識で何かを創造することができるとき、ほんとうにそのことを知っているとわかる」（ピーター・センゲ）

それぞれの領域では、特有の力の衝突が見られる。表5-1の左端の欄には、社会的現実が現れる三つの領域を掲げた。それぞれの領域では、カプラが説く環境保護、社会-経済、文化-精神という三つの核となる問題分野に独自の視点を提供する。三つの問題分野それぞれに、学者と実践者のコミュニティが形成されている。

第一の視点、つまり領域は、**客観性**という哲学的なメタ分類が支配する。一見客観的な事実と物事の世界であり、したがってこの領域の問題には、**社会的な分断**――持てる者と持たざる者の格差と衝突（社会的正義）、**環境的《エコロジカル》な分断**——文明と自然の不均衡と衝突（環境保護）、**文化的な分断**——西欧文明と非西欧文明の相違と衝突（地政学）が含まれる。[36]

　第二の領域、**間主観性《インターサブジェクティビティ》**は、生命世界が、集団的に進化する入り組んだ関係に置かれている場合である。ここでは、同じ主要な問題が異なるレンズを通して観察される。この視点から、社会的な分断は、システムの規範と社会的生活世界の衝突として現れる（ハーバーマスが詳細に説明している）[37]。環境的な分断は、直線的な産業社会的システム設計と、生態系の理にかなった新しい設計やシステム（リサイクル可能な設計）の衝突として現れる。[38]

　文化の分断は、西欧物質主義の世界観と、さまざまな形の反物質主義との相違として現れる。西欧物質主義と消費者主義が文化や文明の枠を越えて覆い尽くし（文化の植民地化）、それと同時に、人々の間に物質主義に対する怨嗟が広がるのは、よくあることだ。文化衝突は西欧社会の内部でも起こっている。たとえば、戦略的価値メソッドをベースにした、テッド・ノードハウスとマイケル・シェレンバーガーの調査は、文化衝突を追跡した優れた一例だ。そこでは、アメリカ合衆国をはじめとする西欧社会で、伝統主義、物質主義、脱物質主義の間のニーズや価値観の対立が、政治的言説を方向づけ、衝突を生み出している様子が描き出されている。[39]

　第三の領域を支配するのは**超主観性《トランスサブジェクティビティ》**だ。これは最も上流の視点であり、フッサールの言う「生命体としての存在」世界だ。この領域は現代の最も重

表 5-1　問題のマトリクス

	主要な分断		
力が衝突する領域	**社会 - 経済問題**	**環境問題**	**文化 - 精神問題**
領域Ⅰ　システム **19 世紀の物の見方** **——客観性の優位**	持てる者と持たざる者の格差と衝突（社会的公正）	文明と自然の不均衡と衝突（環境保護）	文化や文明の相違と衝突（開発）
領域Ⅱ　行為主体 **20 世紀の物の見方** **——間主観性の優位**	システムの規範と生命世界の衝突（批判理論）	古い産業社会型デザインと生態系型デザインの衝突（リサイクル可能）	物質主義と反物質主義の衝突（価値の変容）
領域Ⅲ　源《ソース》 **21 世紀の物の見方** **——超主観性の優位**	他者からの自己の分離 我 - 汝（対話）	感覚からの自己の分離 感覚を通しての覚醒（感じ取ること）	大きなSの自己からの小さなsの自己の分離 小さなsの自己 - 大きなSの自己＝現在と最高の未来の大きなSの自己の結合（プレゼンシング）

要な戦いが繰り広げられている新たな戦場、つまり、大きなSの自己の領域を示している。

この領域で新しいのは、こうした一切が、**源**《ソース》と**自己**《セルフ》の出現領域に根をおろし、互いに結び付けられていることだ。表5-1が一本の木だとすると、最初の二つの領域は、葉、枝、幹に当たるが、三番目の領域は根に当たる。つまり、目には見えない、生体の一部だ。

このより深いレベルでは、社会分断の根があるのは外部ではなく内部だ。これが小さなｓ（セルフ）の自己である。もっと正確に言うなら、社会的葛藤（メソレベル、つまり中間レベル）や社会の分断（マクロレベル）で姿を現す、**自己**と**他者**との分離だ。人は、この内面の深い溝と対面し、対決する心構えがない限り、たぶん近代以前のパターンに凝り固まったままで、今抱えている深い溝を乗り越えるのに役立つことは何もしないだろう。

環境的な分断の根には、**感じること**《センシング》と**小さなｓの自己**との分離がある。ここでは、環境危機の感性的な側面がテーマになる。「感性的〔aesthetics〕」という語は、ギリシャ語の**aistesis**「感覚的に感じ取ること」から来ている。意味は、すべての感覚を活性化することだ。感覚を生きている領域《フィールド》への入口としてとらえ直さない限り、環境危機の解決は望めない。社会的な分断が対人レベルでの他者の喪失を反映しているように、環境危機は、自然の生きている場への入口としての感覚を喪失していることを反映している。人は感覚の喪失がもたらした虚しさを消費で埋めようとする。それが今度は、環境危機の外部的な兆候をさらに深めていく。

最後に、この深いレベルで精神性の問題を吟味することが、**小さなｓの自己**と**大きなSの自己**の衝突という、たぶん、最も重要な衝突を引き起こすことになる。古い自己、つまり、いつもそうであった自己と、出現する高次な自己、つまり、未来の最高の可能性を具現化する自己――自分の家が火事で燃えていくのを見つめていたとき、私が初めて出会った大きなSの自己――との衝突だ。

この衝突の一方の側には、良いものも悪いものもひっくるめて積み重ねてきた成果と自我《エゴ》の力があり、もう一方の側には、可能性の源《ソース》がある。そしてこの可能性の源《ソース》のプレゼンスを感じ取り、目覚めさせるには、古いものを**手放し**《レッティングゴー》、「今」に心を開かなければならないのだ。この二つの自己、小さなsの自己と大きなSの自己の生きた結びつきが、私の言うプレゼンシングだ。

研究機関が表5-1に示した問題のマトリクス間の境界を越すことは滅多にない。それぞれの領域に、専門的な大学院課程、研修コース、研究プログラム、資金調達メカニズム、専門家の国際会議、専門誌、専門職のコミュニティなどがある。見当たらないのは互いの会話だ。必要なことは、誰かが開拓者となって一度に九つすべての欄に焦点を当てることだ。すでに始めている研究者もいる。

たとえば、マニュエル・カステルの研究は、第三の領域よりも、最初の二つの領域のほうに力点があるのだが、生産、能力、経験の各分野を含む社会の統合的な見方を提示している。研究では、過去三〇年間に具体的な形を現した世界を論じている。

すでに述べたように、フリッチョフ・カプラは、生命の生物的側面と、認知的側面と、社会的側面を統合した視点を提供している。「生命体は、組織的には境界内に閉じられているが、エネルギーと物質の連続的なフローには開かれている自己生成的なネットワークだ」[40]と彼は言う。彼は物理学者としてスタートしたが、二〇世紀システム科学の研究成果を、生物学的な生命体や認知だけではなく、社会的な生命体にも適用した。彼は生態系の生命を維持する六つの原則について説明しているが、これは経済システムとビジネスエコロジーにも関連がある。

◆**ネットワーク**……生命体は互いに交信し、境界を越えて資源を分け合う。

◆**サイクル**……生態系は廃棄物を生み出さない。物質は生命の網を通って連続的に循環する。

◆**太陽エネルギー**……光合成により、太陽エネルギーは生態循環を推進する。

◆**協調関係**……生物は戦いではなく協力によってこの惑星に広まった。

◆**多様性**……生態系は多様性によって安定に達する。多様であればあるほど、外的な力に耐える力がある。

◆**動的平衡**……生態系は変動し続けるネットワークである。すべての変数は最適値の周辺で変動する。単一の変数だけが最大化することはない。

しかし彼は、自然の生態系ネットワークと人間社会の企業ネットワークの決定的な違いを、次のように指摘している。「生態系では、どんな生命もネットワークから排除されない」。一方、企業ネットワークからは、さまざまなセグメントの人々が排除されている。彼の研究は、現行システムのネットワークの性質について卓越した分析を提示したが、単独または集団で行動する個人が新世界を**形成**するために、あるいは社会的現実という第三のレベルまで深く入っていくために何ができるかについては、多くを語ってはいない。

哲学者のケン・ウィルバーが唱えたインテグラル法は、これまでに提唱された枠組みの中でおそらく最も包括的で統合的だ。彼の「全象限、全レベル」（AQAL）法は、プレモダニティ、モダニティ、ポストモダニティの真理のかなりの部分を包含し、それらを総合的な全体論的枠組みに統合している。彼の枠組みで基礎となるのは二組の区別だ。最初の組はユルゲン・ハーバーマスとカール・ポパーの研究に立脚したもので、世界の三つ（または四つ）の次元を区別する。すなわち、それの世界（客観性）、我々の世界（間主観性）、私の世界（主観性）、それにウィルバーが「間客観性」と呼ぶ、それの世界の集合バージョンがこれらに加わる。

二つ目の組は、小さなｓの自己の発達段階で区別する。ウィルバーは、これが文化や時代を超えてあらゆる伝統的な知恵に共通していることに気づいた。伝統が異なれば呼び方も変わるかもしれないが、レベル自体は世界共通だ。近著でウィルバーが示した有名な発達概念は、ドン・ベックとクリストファー・カウアンの有力な研究でも実証されている。彼らは、発達と自己の前慣習的段階、慣習的段階、脱慣習的段階の意識を区別している。[41]

ウィルバーの「全象限、全レベル」法は、世界の三つの側面（私、我々、それ）と意識の九つの発達段階をすべて統合し、多様な視点と知的伝統の総合的な枠組みを提供した。それまで、こうした視点から論じた哲学者はいなかった。この枠組みにより、科学、学問、教育などの言説にトランスパーソナルな側面や精神的側面を含めることが正当となったが、これは彼の大きな貢献だ。こうした現実の微妙な側面はないがしろにされがちだが、全象限、全レベルというインテグラル法の定義は、それらの扉を開いた。ウィルバーの包括的な枠組みは進化し続け、今では「全象限、全レベル、全ライン、全状態、全種類」を含むものとなっている。彼の著書を読んでいると、人間や社会が発達する「戦場《バトルフィールド》」を俯瞰できるようになる。[42]

この視点に関連して次に出てくる問題がある。その戦場での戦いの真っただ中で進化する自己の視点から地図を作成したとすれば、どのような戦場の地図ができるのだろう。この問題には、旅の後半で戻ろうと思う。

社会の盲点

一九九九年九月、私は南《ナン》老師と数人の弟子との夕食に招かれた。南老師は三〇冊を超える著作があり、中国では偉大な師として尊敬されているが、著書はほとんど翻訳されておらず、中国以外では入手することも難しい。その日は、精神性の高まりや、現代のグローバルな問題とのかかわりについて話し合った。「二〇世紀に欠けていたのは、核となる文化思想です。経済、技術、環境、社会、物質、心、精神性、これらすべてを統一する思想が無かったのです」と彼は述べた。なおざりにされた統合的な意識や思考に取って代わったのが、ビジネスと金儲けをという手近な共通目標に、疑いを持つこともなく邁進することだった、というのが我々の結論だった。通訳を介して、南《ナン》老師はこう言った。「精神的な方向に向かうのはまちがいないでしょう。しかし、東洋でも西洋でも、精神性に至るこの道はかつての道とは違うものになるでしょう。新しい精神的な道です。それは、自然科学と哲学を組み合わせたものになるでしょう」

私は南老師のこの言葉に、こう応えた。「私は、こんな風に理解しています。我々に盲点《ブラインドスポット》があるため、社会的現実が現れるプロセスを見ることができません。人は自分の現実をモノであるかのように見ています。自分から切り離され、自分の外部にある何か、自分の身に降りかかる何かとして理解しています。そもそも、自分が社会的現実を生み出しているというのにそのプロセスを見ていない。この盲点を照らすために、あなたは、新著で述べられたリーダーシップの七段階の瞑想を実践しなければならない、とおっしゃっているのですね。これでよいでしょうか」。南《ナン》老師は「その通りです」と答えた。

個人としても集団としても、我々は見ることによって創造性や確信のより深い源《ソース》に直接接近する機会を大いに広げてきたのに、個人的観点からも集団的観点からも、盲点《ブラインドスポット》がそのことを隠している。盲点は最も希望が持てる確信の源《ソース》だ。なぜなら、人は、盲点の内側から、深いプレゼンス、力、目的に接近できるからだ。構造的な観点から言うと、社会の盲点は、出現を望む未来を感じ取り、意図的に活動する、分野横断的なアクショングループがないことに関係している。目につくのは、自分たちの目的のために、現在の混乱を解決しようとする特別な利益集団と、三種類の原理主義だけだ。我々はこの盲点のため、問題（を表す）マトリクスを全体として見ることもできないでいる。カステル、カプラ、ウィルバーは、それぞれ独自の視点から盲点を統合しようとした先駆者だが、いずれもアージリスがアクションリサーチに条件として求める「知《ナレッジ》が本物なら、その知が語る現実を形にすることができる」という基準を完全に満たしてはいない。このタイプの知を発見するには、自分の感覚、経験、洞察力を信じなければならない——（たとえ）次にどこへ向かうのか見当がつかなくても。

第6章
哲学的見地

フィールドウォーク

ここで少し立ち止まり、フィールドウォーク（別の言葉で言うなら学びの旅）でここまで歩いて来た道程を振り返ってみよう。最初に、個人の経験レベルで盲点《ブラインドスポット》がどのように現れるのかを詳しく見てきた。私が火事に遭ったときの話がそれだ。私の旅が始まったのは、そのときだった。古い世界が炎の中に消えていき、足元から大地が消えていくのを感じた。そのとき私は、存在さえ知らなかった**自己のもう一つの側面**につながった。

それからUとは何かを詳しく知るためにかなりの時間を費やし、Uの各部分と自分を重ね合わせて見ることを始めた。そして、盲点は、チームの経験の中でどのようにして現れ、チームはどのようにそれを学ぶのかについて洞察を深めてきた。チームは過去から学ぶだけでは取り組めない新たな課題に直面している。したがって、我々は、過去を手放して、「炎で燃やし尽くし」、我々を通して出現しようとしている未来へと自分自身を開かなければならない。これが、レベル4のリーダーシップと学習だ。

次に、組織的な経験というコンテクストにおいて、盲点《ブラインドスポット》はどのように形をなしてくるのかを探究した。リーダーは、従来の問題解決法ではうまく対応できない新しいタイプの課題に直面している。出現の複雑性に対処するには、古い道具を捨て、空白のキャンバス、すなわち、組織の価値が創りだされる源《ソース》に注意を向け、その視点から活動することを学ばなければならない。

その次に、第三の幹と見せかけつつ盲点が社会に現れてくる様子を詳しく見てきた。顕在意識レベルの変化の始まりといえるこの革命は、「木」の目に見える部分を見るだけではなく、根、つまり源《ソース》の視点から、核心となる社会問題を捉えなおすのに役立つだろう。

最後に、我々はフィールドウォークを社会科学の分野にまで広げた。この分野においては、素早く移り変わっていく社会的現実の創造プロセスをつかめないことで、盲点の源をつかむことができない。我々は、それぞれの段階で、新たなる意識の向け方と気付きが必要な状況におかれていることに気づく。こうしたすべては、「行動科学者」としての我々にとって、何を意味しているのだろうか。

存在論《オントロジカル》と認識論《エピステモロジカル》的土台

二〇〇〇年、私は再びフリッチョフ・カプラと会い、さらに深く話し合う機会に恵まれた。九月のある午後、カリフォルニア大学バークレー校近くの雑木林を連れ立って歩き、彼が執筆中の新著について話し合った。その著書で、彼はシステム理論とシステム思考についての彼のアイデアを、社会関係の世界に当てはめる構想を練っていた[1]。「二〇世紀全体を俯瞰してみたとき、システム理論とシステム思考における最も重要な進展は何だと思いますか？」と私は尋ねた。

突き詰めて言えば、二つの進展があったと言えると彼は答えた。一つは、現代システムの思想家たちが、出現《イマージェンス》という現象を歓迎したこと、もう一つは、根ざしているという考え、つまり、すべてのシステムと知は状況《コンテクスト》に根ざしているということが受け入れられたことだという。

ボストンへ帰る飛行機の中で、私は彼と話し合った二つの次元を小さな表にしてみた。

左上隅にあるのは、線形システムと形式知（K1）を根拠とする古い主流のシステム理論（S1）である。そこから進める方向は二つある。S1（線形システム）から**出現**《イマージェンス》の現象を説明するS2（非線形システム）への方向と、K1（形式知）から、すべての知が状況《コンテクスト》の中に置かれ**根ざしている**事実を説明するK2（暗黙知）への方向だ。

エティエンヌ・ウェンガーとジーン・レイブの状況的学習と実践共同体《コミュニティー・オブ・プラクティス》という概念や、ジョン・ブラウン、アラン・コリンズ、ポール・ドゥグッドの状況的認知[2]という概念は、社会システム理論の主な焦点が、（S1、K1）から（S2、K2）へ移行してきたことを示す例である。カプラの二つの次元と同様、これらの枠組みは出現《イマージェンス》と根ざしているという二つの現象を説明している。

さらにこの表を分析していて気づいたのだが、私自身の研究の関心は薄く影を付けた欄と濃く影を付けた欄の境界に集中していた。我々が遭遇する人間の存在の究極的な境界はここだ。ここから、人間の意識の周縁で進化する

表6－1　20世紀のシステム理論――存在論的見地と認識論的見地

	K1 形式知：状況（コンテクスト）から独立	K2 暗黙知：状況（コンテクスト）の中に置かれている	K3 自己を超越する「根源知」：まだ具現化されていない
S1　線形システム **単純なシステム**	**「古い主流」：**従来のシステム理論	**状況的行為：**すべての知はある**状況（コンテクスト）**で発生する	盲点：知の源《ソース》
S2　非線形、動的システム **自己創出的システム**	**非線形、動的システム理論：出現**の現象を説明	**「新しい主流」：出現と状況（コンテクスト）**におかれていることの両方を説明	
S3　深い出現の源《ソース》 **自己超越的システム**	盲点：出現の源《ソース》		

未知の領域に踏み込んでいく。在ること《ビーイング》について（存在論《オントロジー》）と知ること《ノウイング》について（認識論《イピストモロジー》）の深い哲学的想定に深く根ざしている領域だ。

かつてニーチェは、最も高い到達点は**芸術家の観点から科学を見、生命の観点から芸術を見ること**と言った。芸術家の観点から科学を見るとは、科学的な研究を目の前の対象に限らず、創造的プロセスや、活動を実践している科学者／芸術家にも広げていくということである。アリストテレスの言葉を借りれば、科学（**エピステーメー**）としてだけではなく、応用技術（**テクネー**）や実践知（**フロネーシス**）としての科学のことだ。生命の観点から芸術を見るとは、より深い意図に奉仕するために、つまり、大きく進化していく全体に奉仕するために科学的活動を行うということである。アリストテレスの言葉を借りるならば、理論知（**ソフィア**）と、根本原理や意図の源《ソース》の認識または直観（**ヌース**）を包含する方向で、科学の境界を前進させていく科学活動ということだ。

私の考えをこの方向にさらに推し進めてくれた哲学者が、エドムント・フッサールとマルティン・ハイデッガーだ。フッサールの著作を読むことによって、彼が「自然的態度《ナチュラル・アティチュード》」と呼んでいるふつうの状態のＫ１認識から「現象論的態度《フェノミノロジカル・アティチュード》」と呼んでいるＫ２認識に至る、認識論的境界《イピストモロジカル・バウンダリー》がよく理解できるようになった。一方、ハイデガーの著作は、物の抽象的な集合としての世界の記述から、つねに実際の状況《コンテクスト》の背景から生じる具体的な（**世界の中に在ること**《ビーイング・イン・ザ・ワールド》）へと、存在論的境界を広げるものと読むことができる。ハイデガーが考えた実体《ビーイング》は「物」ではない。正確に言うと、**存在するようになる**《カミング・イントゥ・ビーイング》プロセス、隠された場所から存在の開かれた場所に出現するプロセスなのだ。これは視点がＳ１からＳ２にシフトすることだ。

今は亡きフッサールやハイデガーの考察を辿ると、ふたりが格闘していたのは、哲学的探究を後々、認識論的側面《イピストモロジカル・ディメンション》（Ｋ３）と存在論的側面《オントロジカル・ディメンション》（Ｓ２）の源《ソース》のレベルに向けさせることになるもう一つの境界変容だったと思い当たり、深い瞑想的な気分にとらわれる。認識論的疑問というのは、意識《アテンション》と知《ノウイング》はどこから生じるのかという問いである。これがフッサールの格闘した超越自己《トランセンデンタル・セルフ》の問題だ。存在論的疑問というのは、集団の行為によって体現される社会の構造とプロセスの源《ソース》は何かという問題である。言い換えると、我々が深い社会的または集団的プロセスに足を踏み入れるとき、我々を通して姿を現し、行為しているのは何者かということだ。

　しかし、フッサールもハイデガーも、おそらく彼らの研究で最も重要な側面は未完だったのではないかという印象を受ける。その未完の仕事とは、哲学的探究の境界を「何」（K1、S1）のレベルと「プロセス」（K2、S2）のレベルから、認識論《イピストモロジー》と存在論《オントロジー》の両側面の「源《ソース》」（K3、S3）にまで広げることだ。これが、二人の巨人が我々の世代と時代に託した宿題だ。左上の四つの欄（哲学とシステム思考に関する二〇世紀の言説《ディスコース》の象徴から、九つの領域《フィールド》の全マトリクスに至るまで、哲学的究明と科学的究明を広げていくのは、**我々**なのだ。

　二一世紀におけるこうした哲学的探究がもたらす影響とは、その展開への積極的な参加を実現するために、哲学者とシステム関連の思想家たちが書斎を離れ、現実世界に身を沈めざるを得なくなることといえるだろう。このような行動科学の哲学は、性質の異なる知、すなわち、心の知に関心を向けることになるだろう。日本の哲学者、西田幾多郎はこう言っている。「斯の如く知と愛とは同一の精神作用である。それ故に物を知るには之を愛せねばならず、物を愛するのは之を知らねばならぬ。愛は実在の本体を捕捉する力である。物の最も深き知である」[3]

　デビッド・ホーキンズが言っているように、Uの最も深い部分に到達することを学ぶと、愛はどんな位置にもとらわれないとわかるようになる。愛はグローバルであり、分離を超越すると彼は考える。「愛は無条件で、不変で、永遠だ。愛は動揺しない。愛の源《ソース》は外部の要因に左右されない。

愛することは在ることの状態だ。……愛は知的ではないので、思考からは生じない。愛は心から発する。動機が純粋なので、愛には他人の気持ちを高揚させ、すばらしい離れ業を成し遂げる力がある」[4]

我々のフィールドウォークは、これまで見てきた敷居を乗り越えるにはどうすればよいかを、詳しく検討する段階に入ろうとしている。ここまでの章で探ってきた敷居と盲点を見直し、Uの底に深く飛び込み、Uの右上に浮かび上がる準備に取りかかろう。

第7章 敷居

この旅を始めるとき、我々の行為は何から生じているのかという問いを立てた。この問いに答えるため、社会的な場《ソーシャルフィールド》をあちこち歩き回った末に、世界には目に見えない変容が起こっていたことに気付くことができた。それはまるで敷居の上に立っているような、これまで決して入れなかった部屋に新しい戸口ができ、そこに足を踏み入れようとしているような、そんな感じだ。しかしながら、その部屋に入り、そこから世界を見るのを何かが邪魔している。その隠された障壁が我々の盲点であり、師にもなる。我々はここまで、あらゆるレベルのシステムに出現する盲点《ブラインドスポット》を追ってきた。これまでの時点で見えてきたことを整理してみよう。

◆個人のレベルでは、盲点のたとえとして炎を引用してきた。それは古いアイデンティティを焼き払い、自己の未知の側面に出会う場を拓いてくれる炎だ。

◆集団のレベルでは、チームとして盲点に対峙してきた。過去から学ぶ古い学習法からは、何も得ることはなかった。そこで、次の問いが出てきた。「未来の可能性というとらえがたい領域《フィールド》につながるには何が必要なのか。どうすれば出現する未来から学びうるのだろうか?」

◆組織レベルでは、盲点《ブラインドスポット》は新しいタイプのリーダーシップの課題として扱われるに至った。リーダーは、出現の複雑性が非常に高いために今までの問題解決方法では解決しえない差し迫った問題に直面している。そこで、次の問いに発展する。「慣れ親しんだ世界が消失し、空白のキャンバスと化していく状況の中で、どうすれば効果的に活動できるのか。足元の地面が消えていくときに組織の仕組みをどう組み立て直せばよいのだろうか?」

◆社会レベルで見出された盲点は、今世紀に入り頂点を迎えた同時進行する三つのグローバル革命の形をとって現れていた。グローバルエコノミーの膨張、ネットワーク社会の出現、そして個人意識と集合意識の新たな流れである。これらの革命はシステムや文化を越えて力の関係を変えるので、我々は、古い組織機構のシステムや構造が加速度的に崩れ落ち、衰退していくのを目の当たりにしてきた。現代の差し迫った問題や基本的な課題に取り組むには、根本的に新しい方法が必要だ。

◆社会科学では、盲点の存在を考慮し、我々の関心は客観的構造から行動化されたシステムのプロセスの観察へ、さらに、社会的現実を生み出す**源**《ソース》へとシフトした。一九世紀と二〇世紀の社会科学の主流では、客観性と間主観性のメタ分類が最重要視されてきたが、今世紀に必要な社会科学、そして、最も差し迫った問題に有効に取り組める社会科学には、第三のメタ分類、超主観性が必要だ。このメタ分類では、個人的意識の諸構造と集合意識の諸構造は、あらゆる社会的な場《ソーシャルフィールド》を決定づけるものとして識別される。

◆システム理論のメタレベルでは、実在するものからプロセスへ、プロセスから出現や知ることの初源、つまり、我々が活動している状況の存在論的想定と認識論的想定（行為と思考の源）へと、システム思考と哲学の盲点がどう移行していくのか、我々は見てきた。

どのレベルでも、同じ意識があった。現実認識をさらに深め、かつては目に見えなかった空白のキャンバスの状態、つまり、意識、意図、集合的行動などの**源**《ソース》にまで視点を向けさせるような変容である。職場や家庭や共同体の課題として、盲点の影響による避けられない事象が増えるにつれて、超えるべき最も重要な敷居が目の前に現れてくる。敷居との対面は、個人でも、チームでも、組織でも、グローバルな社会システムでも起こる。より深い領域へ入り、敷居を越えるためには、今取り組んでいる状況の**源**《ソース》レベルと向かい合う必要がある。つまり、大きなSの自己と対面することを学ばねばならない。

敷居を越える

敷居〔threshold〕という言葉は、穀物から殻を打ち払う、昔から伝わる脱穀〔threshing〕のプロセスから来ている。この言葉の文字通りの意味は、「金の上に座ること」だ。敷居を越え違う領域に入ることと金と言えば、思い出すのはゲーテの童話、「緑の蛇と美しい百合姫のメルヒェン」だ。あの話では、金貨を飲み込んで美しく光る、緑色の蛇が登場している。その蛇は地下の聖堂で四人の王の像に出会う。一人の王は、ここまでやってきた蛇の能力に疑いを持ち尋ねる。「どこから来たのか」と王。「金がある割れ目から」。王がまた聞いた「金よりすばらしいものは何だ」。「光」と答える。すると、王は蛇にさらに尋ねた。「光より人を活気づけるものは何か」。そこで蛇は答えた。「対話です」

我々が、金や光よりはるかに大切なものを引き出す媒体として機能するようになると、敷居を越えることができるようになる。間もなくすると敷居を越えるための課題は、あらゆるシステムに共通しているということが見えてくる。習慣的な方法で見たり行動したりしても、我々に何ももたらしてくれないことを悟ったときには、個人であれ集団であれ意識を向けている方向を変え、認識の源、つまりその行為を実践している我々自身に認識の切っ先を向け直さなければならない。この変化が起きると、我々はそれまでとは異なる場所から状況に注意を向けて見るようになる。意識の領域構造《フィールド》は、目に見える世界（我々が見ているもの）が目に見えない世界（我々がそこから認知する源または場所）と遭遇する時の範囲を表している。状況への注意の向け方を変えると、別の世界が現れてくるのだ。

私の家が火事で灰になったとき、私の意識の領域構造《フィールド》は次々と変化していった。その日の前半は教室で座り、習慣となった見方で世界を見ていた（1）。突然、私は**それ**、つまり対象を見始めた。タクシーの窓から遠くに見える煙と火事である（2）。次に私は火事と現在の自己を見ていた。観察者と、観察されているものとの間の境界が崩壊していくのを経験していた。燃える家の前に立った私は、炎が私の意識の中に入り込むのを感じ、私そのものだと思っていたものがすべて消えてしまったことに気づいた（3）。時間の流れがゆるやかになったとき、私は敷居に立ち、「金」の世界に入ろうとしていた。古い自己と出現する未来の自己との間で、まさにドアが開こうとしていた。

それは私の出発の瞬間だった。その瞬間、私は敷居を越え始めていた（4）。

集団レベルでも、敷居を越えるときの状況は同じ特徴を示す。意識の方向を変え、集合的な意識の領域《フィールド》を転換せざるを得ないような経験を我々に突きつけてくる。一九八九年にベルリンの壁が崩壊したときや、その一二年後に世界貿易センターのツインタワーが崩壊したときには、我々はものの見方を深め、観察する者と観察されるものの間の境界を開くように促す二つの状況に直面したのだった。こうした何かが砕け散ったような瞬間に、「あちらの外に」あることが「こちらの中の」行為やアイデンティティと、どう関係しているのかを理解し始める人もいる。もちろん、すべての人がこの敷居を越えたわけではない。多くの人にとって、ツインタワーの崩壊が引き金となって動き出したのは、最も古く最も陳腐な反応という習慣だけだった。「悪の帝国が外部から我々を攻撃した。だから、我々は同じやり方で反撃しなければならない」という反応だ。あのような状況で、このように応じる（レベル1）とどのような結果が生じるかは容易に予測できる。その方法で解決できると主張していた同じ問題をまた生み出し、増幅することになるのだ。レベル1の応答では、いかに自分自身の行為が自分の住んでいるシステム（世界）を共創造しているかが構造的に見えないのだ。二、三年の間なら、軍事大国も、こうした低レベルの対応で切り抜けられるかもしれないが、遅かれ早かれ、失敗は免れないだろう。

強硬な手段を取る国々とは違い、高度にダイナミックな環境で活動している企業やNGOは、周囲の変化、つまり、生命が彼らに示してくれる「黄金の」機会にはるかに敏感でなければならない。緑の蛇のように、それらの機会はすでに光を放っている。すなわち、彼らもまた、自分たちの状況《コンテクスト》に対する関わり方が生み出す黄金の機会をどのように利用するべきかを学ぶ必要がある。中には、かなり敏捷な組織もあり、必要に応じて素早く自らを再構成し、改革し、再調整している。

「黄金の」組織は、自分たちの現在の活動環境を出現する機会を感じ取り、機会としてとらえるという二つの世界を結びつける懸け橋として機能する。その橋を渡ることは、組織の優秀さを示す証明であり、急速に変化する情勢で高い成果を挙げる鍵でもある。今の現実か出現する未来のどちらか一方にしか目がいかないのは、平凡な組織の常だ。情勢が安定しているときならそれでもいいかもしれないが、どんどん変化する情勢では、あっという間に廃業に追い込まれてしまう。

我々の時代の特徴

仕事上の経験でも個人的な経験でも、我々はゲーテが書いた地下のレベルまで、つまり、緑の蛇が王たちに会ったあの深い洞窟まで降りていかなければならない。これは、前に、木の根と言ったのと同じレベルであり、通常、その領域《フィールド》は目に見えないままだ。今の時代の敷居を踏み越え、社会的現実の創造という、この深いレベルと向き合わなければならない。では、それができているかどうかは、どうすればわかるのだろうか。

敷居、つまり、戸口は、従来のやり方がうまくいかなくなったとき、壁にぶつかったときに、やっと現れるのがふつうだ。古い道具は捨て、自分の周囲や内面で展開している領域《フィールド》に意識の方向を向けたり、曲げたりしなければならない。それは現実の中にわずかに開いた割れ目のようなもので、突然目の前に現れてくる。気にしないで通り過ぎるか、立ち止まるかを選ぶのは自分たちだ。立ち止まるなら、道具は捨て、目の前に広がる割れ目に注意を向け、波長を合わせ、意識の方向を割れ目に向かわせなければならない。その後は流れに任せるのだ。割れ目を見つめる能力、すなわち立ち止まり割れ目に波長を合わせることは、今の時代における鍵となる力である。この能力なしでは、重要なときに高い成果を挙げられない。農家が大地を耕すときに注意深さを持って深く耕す姿勢がが大切なように、この能力を育むには注意深さと深く耕す姿勢が必要である。これこそ、Uに波長を合わせる能力を獲得することだ。

農民が畑を耕し土壌を肥沃にする方法や道具は、よく知られている。一方、社会的な場《ソーシャルフィールド》においては、多くの場合、割れ目を見て立ち止まり、波長を合わせる能力を高めるために内面の状況を豊かに耕す方法や道具の体系を持ち合わせていない。第二部の「Uの領域《フィールド》に入る」では、これらの道具をいかに活用するかを学んでいこう。

周りを見回してみよう。何かが起こりつつある。我らの時代の最大の特徴と呼べるものかもしれない。それは盲点《ブラインドスポット》の向こうへまなざしを向け、空白のキャンバスに現れつつあるイメージに目を開くよう我々をいざなっている。今、直面している課題は、ものの見方を変え、意識を深め、研ぎ澄ますよう我々に迫っている。我々は活動の源《ソース》となっている内面の場を変容させる集合的な能力を養う必要がある。

すべてのシステムとすべてのレベルは、基本的に同じ変容の順序やプロセスを取るものと考えている。リーダー、教育者、芸術家、スポーツ選手、医師、作家、コーチ、一人で仕事をしている人、チームや組織に属している人、誰であれ人が敷居を越える方法は、割れ目を見て、波長を合わせ、意識の構造を変えることだ。

leadやleadershipの語源であるインド・ヨーロッパ語の、**leith**は、「出発する」、「出発点（敷居）を越える」、または「死ぬ」という意味だ[1]。時に、何かを手放すということは「死ぬ」ように感じることもある。しかし我々がUの深いプロセスから学んだことは、何かが変わらなければ、つまり、敷居を越えなければ、新しいものは出てこられないということだった。これから進む旅では、その基本的なプロセスの原理と実践を明らかにし、解読していく。それらは盲点《ブラインド・スポット》になっている目に見えないリーダーシップの領域を明るく照らす言葉として役立つだろう。

第II部

Entering the U Field

Uの領域《フィールド》に入る

「はじめに」で、私の家族が日曜ごとにフィールドウォーク（畑の散歩）に出かけたときのことを話した。両親にとっては、畑に触れ、農場中のそのときどきの状態を詳しく調べる機会だった。私たちは、時折立ち止まり、屈みこんだり、より近くで見たり、土の塊を手で拾い上げてみたりした。本書は我々にとってのフィールドウォーク（畑の散歩）、すなわち我々の盲点《ブラインドスポット》を非常に正確に、また明確に見るチャンスになるはずである。本書の第一部の結論の一つは、現代の課題に取り組むには、注意の向け方、つまり、**意識《アテンション》の領域《フィールド》構造**を転換することを学ばなければならない、ということだった。社会のあらゆるレベルの盲点こそが、意識を向ける方向であり、活動の原点である。

第二部では、我々の**意識《アテンション》の領域《フィールド》構造**を転換するコアプロセスに焦点を当てる。このコアプロセスは盲点のさまざまな層、屈折点、領域《フィールド》を見分けるのに役立つ。この検討から得られる一連の知がU理論の基礎となる。

U理論では、根本的にさまざまなレベルの出現を区別している。行為の世界における現れ方には、質的な違いがあるからだ。U理論の論拠は、どんな社会的存在《プレゼンス》も生命体も、一つ以上の内なる場所から機能できるという観察にある。ほかの場所を見ないことやほかの場を活性化させないことが、課題である。

U理論では、盲点《ブラインドスポット》の地形図を作ることにより、真の再生と変化に向かって敷居を越えるための言葉とロードマップを提供する。これを完成させるためには、我々や我々のシステムが機能する源《ソース》としている場所を移行しなければならない。大変な仕事だが、これこそ現代のリーダーシップのすべてだと私は考えている。

第8章 ダウンローディング（Downloading）

過去のパターン

我々がすることは、行為や思考の習慣的なパターンに従っていることが多い。おなじみの刺激は、おなじみの反応を触発する。将来の可能性に向かって動くには、我々が過去のパターンを再現し続けているダウンローディングのモードに支配されていることに気づき、それを捨てなければならない。

ベルリンの壁が一九八九年の秋に崩壊したとき、中東欧に社会主義体制の崩壊が波紋のように広がり、まもなくソ連も崩壊したが、西側諸国の政府は口々に、この事件は青天の霹靂であり、こんな地政学的な移行は誰も予想できなかったという見解を表明した。それはほんとうだろうか。

そのちょうど二週間前、私は、国際的な学生グループとともに、中東欧やソ連を経て世界を巡る研究旅行をしていた。その旅行中、公的機関の人や市民運動の草の根活動家たちと話し合った。会話を重ねるにつれ、彼らが重大な変化を予感しているのを感じた。特に中欧の活動家にそれを強く感じた。予兆があったのだ。過去のパターンは急激に変容しようとしていた。

東ベルリンに滞在していたとき、崩壊の一週間前だったが、平和研究家のヨハン・ガルトゥングは、スピーチでベルリンの壁は確実に一九八九年末までに崩壊するだろうと述べた。鮮明に思い出すが、陣営を問わず専門家であれアナリストであれ、それまで、そんなことを予言した者はいなかった。彼の発言を聞く私には、相反する二つの思いがあった。ガルトゥングの予言は、我々が東欧で見てきたことと完全に響きあっていた。しかし一方で、私の心は古い習慣的な思考に逆戻りしていた。このシステムは半世紀にわたって存在してきたのではなかったか。同じ問題や論点、市民の反対運動はつねに存在していたのではなかったか。一九五六年のブダペスト、一九六八年のプラハ。人々は社会主義体制を屈服させようとしたが、彼らの行動は、結局、何も生み出さなかった。ソ連軍の戦車は人々を蹂躙し続けた。結論は同じだった。古いシステムが勝ったのだ。

要するに、二七歳だった私は、東欧の社会主義体制が崩壊しようとする新たな事実に触れても、頭の中では自分自身の目で見たことを**認めることができなかった**のだ。ガルトゥングの予測は、少し現実離れしているのではないかと思った。

しかし、そうではなかった。彼は完全に正しかった。彼の予測通り、ベルリンの壁が崩壊するのを見て、私は自問せざるを得なかった。自分の目で見ていた「真実」を認めさせまいとしていたのは何だったのか、旅行中、我々が得たものとまったく同じ情報に触れていたのに、ガルトゥングは明確な結論がはっきりとわかった一方で、私は「そうかもしれないが、やはりそんなことはあり得ない」という、あいまいな物の見方を膨らませていたのはなぜなのか。

学生である私と、優れた研究者であるガルトゥングの最大の違いは、蓄積してきた知の量ではなく、物の見方にあった。彼はより自制の効いたよく訓練された方法で世界に**注意を払って**いた。彼は習慣的な判断を**保留**《サスペンド》し、目の前の現実にゆがみのない注意を払うことができた。

ダウンローディングの領域《フィールド》構造

ほんとうに注意を払うと、我々は習慣的なダウンローディングのモードを停止し、目の前の現実を受け入れる。心的作用から見ると、注意の向かう先が習慣的なパターンによって導かれている限り、自分自身の中心から意識の源《ソース》は生じる。この領域《フィールド》の構造を示した図8-1は、意識と行為の源《ソース》（白い点で示す）が**境界で囲まれた自分自身**（円で示す）の中心にある様子を描いたものである。

たとえば、組織内での会議や習慣的な会話は、過去のパターンをダウンローディングすることによって成り立っていることが多い。既存の態度や考えのパターンを集団的に再生産しているのだ。ダウンローディングの場から、つまり、自分の閉じた境界内から活動すると、我々は独房の囚人のように古い世界にとらわれてしまう。抜け出す方法はない。自分の頭の中で構築したものを世界に投影して見ているだけだ。

哲学者のポール・ワツラウィックは、このタイプの行動をよく表すおもしろい例を紹介している。

> ある男が一枚の絵を掛けたいと思っている。釘はあるが金づちがない。隣人が持っているので、借りることにした。そのとき、彼に疑いが生じた。「貸してくれなかったらどうしよう。そういえば昨日、あいさつしたとき辛うじて頷いただけだった。たぶん、急いでいたのだ。でも、私が嫌いで、急いでいるフリをしていたのかもしれな

図8-1　ダウンローディングの領域《フィールド》構造

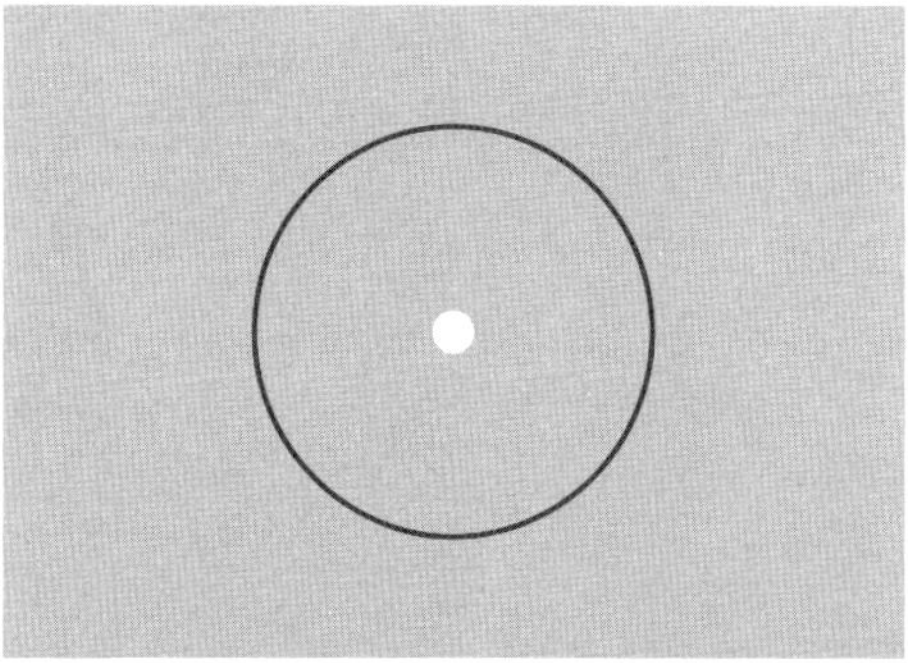

い。なぜ、私を嫌うのだろう。いつも親切にしているのに。きっと、何か誤解しているのだ。誰かが私に道具を借りに来たら、もちろん、私は貸してやる。では、なぜ彼は私に金づちを貸したくないのだろう。こんな簡単な頼みを断るなんて。彼のような人はほんとうに人生を台無しにしている。おそらく、金づちを持っているというだけで、私が頼りにしているとさえ思っている。一つ、説教してやろう」。そうして、この男は勢い込んで隣の部屋まで行き、ベルを鳴らす。隣人がドアを開け、まだ「おはよう」とも言わないうちに、男は叫んだ。「あんたの金づちなんか、誰が借りるもんか。こののろま！」[1]

グローバルヘルスカンパニー

組織やシステムは過去のパターンを習慣的にダウンロードする。グローバルヘルスカンパニー（仮名）の例を考えて見よう。業界最大手の最も成功した会社だ[2]。この会社のヨーロッパ支社は、一九九〇年代の新製品導入後、大きくつまずいた。大量の販売員を雇って新製品の売り込みを軌道に乗せるよう努めたが、もがけばもがくほど業績は悪化。そうしている間に、テレビ番組で製品の副作用に関する報告が放送された。番組のスタッフはマネジャーにインタビューを求めたが、会社は拒否する。一年後、製品消費者の一人が死亡した。

あとから考えると、副作用についても、製品に特化した販売姿勢が必要だったことにも、危険を知らせる兆候があったのは明らかなようだ。問題は、なぜ、マネジャーは初期の危険信号を見落とし、受け入れることができなかったのかということだ。

企業ウイルスの製造

この問題に対する答えは、会社の文化と歴史に深くかかわっている。シャインは『組織文化とリーダーシップ』（清水紀彦、浜田幸雄訳、ダイヤモンド社、一九八九年）で、会社のまちがいを理解する上で欠かせない二つの原則を挙げている[3]。一つは、組織文化を理解するには、どんなケースでも創業者がその文化の形成に果たした役割が重要だということである。二つ目は、今日の組織文化は、過去にうまくいっていた習慣を前提にしているということだ。今存続している会社はすべて何らかのかたちで過去に成功を収めているので、現在の企業文化はつねに長い成功の歴史を経てきたという前提の上に成り立っている。グローバルヘルスカンパニーの事例で、この二つの原則がどのように現れるのかを見ていこう。

四人のCEO

CEO①◆一九六〇年代

当時から在籍しているある上級管理職は、こう言う。「初代CEOがこの支社を創立したのは一九六〇年代のことでした。彼はとにかく売り上げを上げることが自分の最大の仕事だと考えていました。会社に対して強い固定観念を持っていて、とても独裁的でした。販売部門を増強しましたが、当社は特別であり、ここでは皆さんの過去の営業方法では売れないと、いつも言っていました」

その同じ独断主義は、先駆的な業績を挙げていた本社の大物研究開発担当者にも見られた。従業員の一人は、彼を評してこう言っている。「彼は我々が副作用について規制当局に話すことを絶対に許しませんでした。問題があるとしても、製品自体が原因で**あるはずはない**のですから」

CEO②◆一九八〇年代

一九八〇年代に、二代目のCEOが創業者であるCEOと交代した。彼は本社を大都市に移転した。「問題の多いリーダーでした」と、ある管理職は思い出を語る。「自分に賛成しない者はすぐに首にしました。会社について、言ってはならないことを言ったら首です。社員の仕事は、会社を守ることなんです」。よそよそしく、社内で姿を見ることは滅多になかった。最初のCEOは独断的だったが、彼に同意しないときでも考えを述べることはできた。この管理職は言う。「たしかにかんしゃくを起こされるかもしれませんが、遠慮なくものは言えたのです」

CEO③◆一九九〇年代初期

二代目のCEOは三年後の一九九〇年代初めに三番目のCEOと交代した。彼も、CEO①やCEO②と同様、非常に独断的だったが、やり方は違っていた。「あちこち歩き回りみなに話しかけたので、前任者とは大違いで、とても評判が良かったのです。独裁的ではありましたが、社員は彼を直接知っていたのでみな納得していました」

R&D担当の上級管理職は、こう語る。「そのうち彼は大胆になってきました。組織の人員を増やし、新製品発売に備えて特に販売部門を大幅に増強しました。意図は良かったのですが、彼は困難な状況も引き継いでいたのです」

上級管理職はさらに続ける。「まもなく、組織が大きくなるにつれ、彼は組織の現実から遊離し始めました。さらに、いま起こっていることを把握するのにわずかな人からの情報だけを頼りにしていました。前の研究開発部長も情報源は一握りの人々でしたし、本社の研究開発担当役員と同様、薬についての良い話しか聞こうとしませんでした」

「CEO③の時代で不利だったことは、マーケティング志向がとても強かったということです。販売部門の責任者は、営業訪問のことしか眼中にありませんでした。価格が高く、製品に副作用があることも確認されていたのに、彼は訪問数を増やせば販売は伸びると思っていたのです」

「彼は高価格を維持することのみに汲々としていました。営業担当者がラインを超えてあれこれ話すことは認めなかったし、医療部門がマーケティング部門に話をすることも認めていませんでした」

「製品の副作用が無視できなくなると、彼は、グローバルヘルスカンパニーの行為に批判的な社外の人とは、話そうとしなくなりました。私たちは、会社のパートナーであるお客様の所へ出かけていき、副作用などの問題に対応しなければならないと気がつきました。ところが、CEO③が言ったのは、本質的にはこういうことでした。『シーッ、あまり声を立てるな。黙っていればいい。お客や新聞に、そんなに多くの情報を提供するんじゃない』」

CEO④◆一九九〇年代中期

上級管理職は当時を次のように語る。「CEO④は、最初から労を惜しまず自分がしようとしていることをみなに説明しようとしました。私たちは初めて、密室で物事が決まるのではなく、オープンポリシーという考えに接しました。それまではずっと物事は密室で決まっていたのです」

過去、何年にもわたり、経営側の態度が手本となり、組織全体に類似の態度を生んできた。情報を共有せず、秘密会議でことが決まる、そんな文化が築かれたのだ。あるマネジャーは、こう言っている。「知は力でした。みな、自分のことだけを考え、自分を守っていました。会社では秘密主義がほとんど掟のようになっていたんです」

そういうわけで、新しくオープンなCEO④のスタイルは、懐疑的な態度で迎えられた。「話し合ったり、否定的な情報を共有したりすることには慣れていませんでした。そのころになっても、解雇されるかもしれないと思っていたのです」

CEO④が講じた対策は、世界的なコンサルティング会社を招き、組織を「再編成する」ことだった。コンサルタントと協力してプロジェクトに当たったタスクフォースが得た結果は、意外なものではなかった。会社が取り組まなければならない主要な問題は、コミュニケーションと顧客満足、つまり、顧客、官公庁、公衆、すべての外部の利害関係者《ステークホルダー》との間によりよい協力関係を築くことだった。しかし、再編成の試みは、提案された改革を実践することなく、大規模な合併の準備のために打ち切られてしまった。これは、まさに、多くの人々が早くから予想していた結果だった。どれだけ改革を論じても新たな議論を呼ぶだけで、何も実践されないということはわかっていた。別の管理職が、これに付け加える。「管理職の言うこととやることが違ったり、最後までやらなかったり、この組織には、ひどい経験が多すぎたのです。組織の再編成にも、プロセス改善にも、チームプロジェクトにも取り組みました。分析は山ほどしました。しかし、実践されることはなかったのです。多くのプロジェクトでは、みな一所懸命働きました。ときには、一年以上も。でも、結果はなにも出なかったのです」

このパターンの繰り返しは時が経つにつれ長い間に冷めた空気を生み出していった。「誰だって実際に結果が出るのを体験しなければ努力はできません。しかし、経営側が変わらなければ、従業員は変わるはずがないのです。我々が会議を重ね懸命に働くのは、結果を出すためです。誰も実践しないのなら、そんな会議やプロジェクトなどゴミ箱に捨てたほうがましです」

R&D担当の、もう一人の上級管理職が言った。「みな、まるで経営側を信じていません。外部からは、会社は大きいだけで顔のない存在と見なされています」。さらに、彼女は続けた。「この会社はウイルスに悩まされています。残念なことに、これは会社の歴史の遺産なのです。新人でさえ、このウイルスに『感染』します。彼らにもたちまち病気が伝染するんです。ほんとうに残念なことです。経営側は、悪い状況が続いていると認める必要があるのです」[4]

組織学習と変化を阻む四つの障壁

グローバルヘルスカンパニーの事例は、成功した組織がダウンローディングのモードから脱皮するのを妨げ、結果として組織を困難な状況に陥らせる重要な問題をよく表している。最初のころの特定のビジネスの状況《コンテクスト》では効果的だったかもしれない経営幹部の姿勢は、瞬く間にそれ自体が生命体のようになり、組織全体の習慣に変わっていく。そして、次々に正常に機能しない態度が生み出され、再生産されダウンロードされていく。まるで生物に侵入したウイルスのようだ。最初は、たまたま役に立った経営幹部の態度が、ダウンロードされて組織文化全体に広がっていく。それが組織のメンバー全員に伝染し、学習障害を引き起こす。その結果メンバーは、組織が直面している現実を見て理解し、それに取り組むということができなくなる。四つの学習障壁がウイルスを生かし続け、システムをダウンローディングのモードに固定する。

1◆見たことを認めない（認知と思考の分離）
2◆思ったことを言わない（思考と発言の分離）

3◆言ったことを実行しない（発言と行動の分離）
4◆したことを見ない（行動と認知の分離）

障壁1◆見たことを認識しない

最初のCEOの行為は、結局、学習障害をもたらした。「彼は会社には強い固定観念を持っていました。とても独裁的でした」。大概の創業者やパイオニアと同様、CEO①は、世界が彼に提示するデータ（彼が見たもの）を信用するより、自分のアイデア（彼が信じたもの）のほうを信用した。パイオニアは今の現実より、自分の見通しに従って行動する。けれども、このタイプの行為が長い間変わらないでいると、行動パターンが繰り返しダウンローディングされる結果、成功の機会は閉ざされてしまう。これが、たちまち会社の前進を阻む障害となる。このように、障壁1の行為から生まれる悪しき遺産が、見たことを認知する能力の欠如である。グローバルヘルスの場合、経営幹部は薬の副作用を知っていたのにそれを認めなかった。

障壁2◆思ったことを言わない

CEO②の行為は二番目の学習障害、思ったことを言わない、の原因になった。「彼は賛成しない者はすぐに首にしました。会社について言ってはならないことを言ったら首です」。この種の経営幹部の行為は、企業ウイルスの二番目の要素を育てる。この経営幹部の下で生き残るためには、ほかの管理職たちも、**思ったことを言わない**、を学ばなければならない。このルールに違反した者は首になった。つまり、企業文化という培養組織の「遺伝子プール」から消されてしまったのだ。確実に生き残るための唯一の行為、それゆえに会社中で受け継がれていった行為は、思ったことを黙っておくことだった。つまり、会社の傾向を再生産するような話しかしないことだった。この企業ウイルスのため、会社は自らの経験から学び、同じ過ちを繰り返さないようにすることができなかった。

障壁3◆言ったことを実行しない

CEO④は、最初の二つのウイルス要素に基づく文化を変えようとしたが、自分がすると言ったことをしなかったために失敗した。再編と変革について多くを語ったが、行動に移すことはなかった。リーダーは言ったことを実行するものだという前提に基づいて行動した人々は、エネルギーを無駄に消耗していることに気づき、ひどく失望した。一方、変化についての大仰な議論は所詮ただの議論だと思っていた人々は、まだましだった。結局、何の結果も生み出さなかった遠大なプロジェクトに自分の時間を費やさずにすんだのだから。

障壁4◆したことを見ない

四番目の要素は、したことを見ないことだ。つまり、どの経営幹部にも盲点があり、自分の態度が四つの学習障害を生み出したという事実が見えていなかった。

グローバルヘルスカンパニーの話は、組織機構のダウンローディングのメ

図 8-2　学習と変化を阻む 4 つの障壁

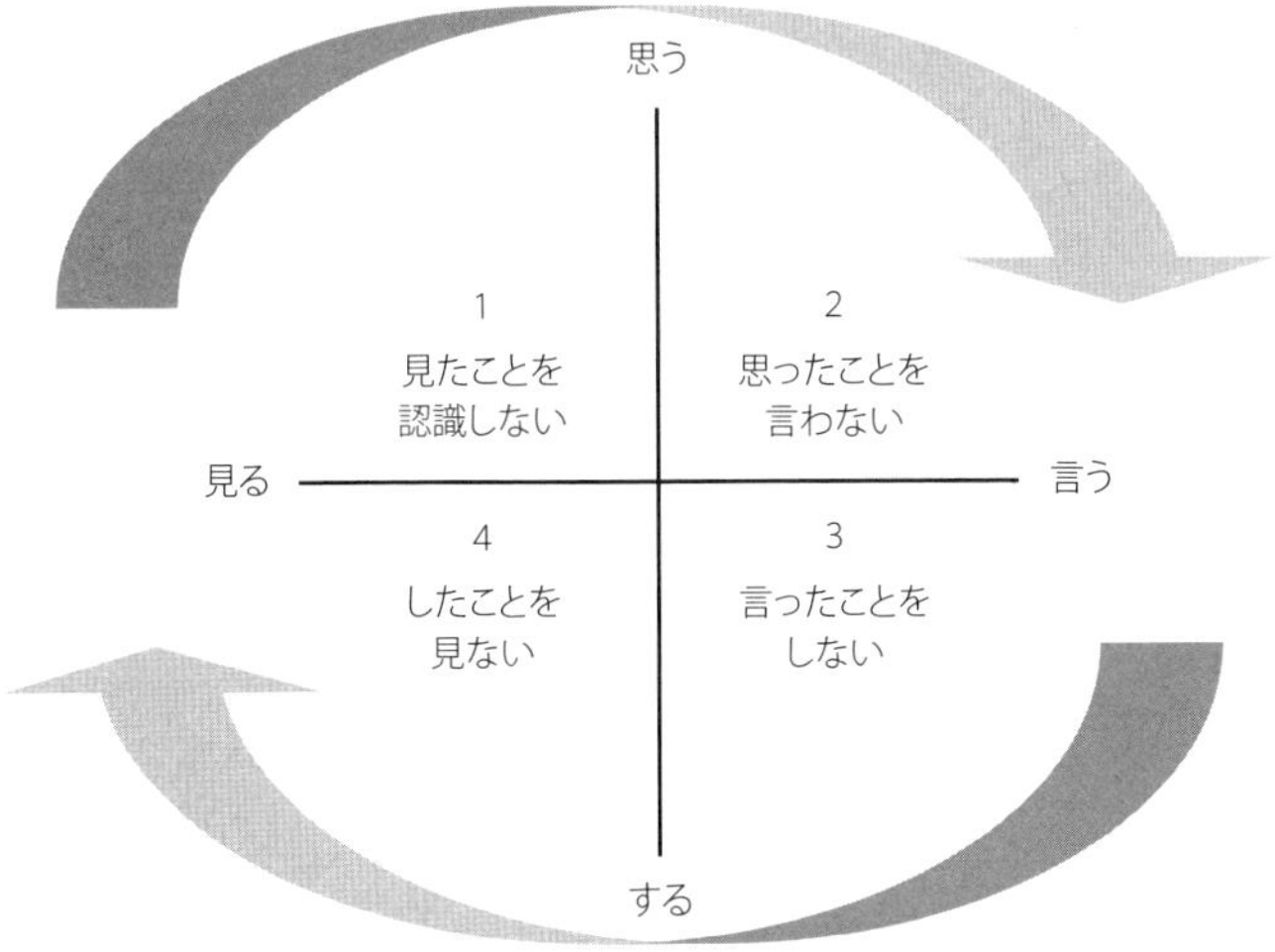

カニズムが組織文化にどれほど深く埋め込まれているか、また、どんなに強い力で過去のパターンを再生産するかを説明している。多くの場合、個々の人々は変えることが不可能だと見なしている力だ。

Uプロセスの最初のステップは、「ダウンローディングを停止する」スキルを学ぶことだ。これは、個人、グループ、組織、社会を含む、すべての領域について言える。ダウンローディングを停止することは、Uプロセスに入る前提条件だ。ダウンローディングを止めたときに初めて我々は目覚め、現実を見ることができる。そして、Uの次の認識の場、「観る」ことに進めるのだ。

第9章 観る（Seeing）

我々はどう見るのか――外側からの眺め

ダウンローディングの習慣を停止すると、我々は「観る」という状態に入っていく。認知は鋭くなり、直面している現実に気づくようになる。この認識の場から活動すると、我々は組織の周縁部から、つまり観察者と観察されるものが接する境界でものを見るようになる。たとえば、ゲーテがニュートンの「光の現象」を見ようとしたときに起こったことが、その例だ。これについては、物理学者のアーサー・ザイエンスが『光と視覚の科学――神話・哲学・芸術と現代科学の融合』（林大訳、白揚社、一九九七年）で詳述している。一七九〇年一月のこと、ゲーテは棚にしまってあった光学機器の箱を返すように急かされていた。その箱にはプリズムが入っていた。召使が箱を受け取ろうと立ったまま待っていた。ゲーテはニュートンが見た虹を最後にもう一度見たいと思い、急いでプリズムを取り出した。しかし、ゲーテが一月の光の中に見たのは、まったく別のものだった。アーサー・ザイエンスの説明を借りるなら、ゲーテは「（ニュートンの理論により）虹色で飾られるのを期待して、部屋の白い壁を見た。ところが、見えたのは、白色だけだったのだ」。その瞬間、ゲーテは、ニュートンは間違っているとわかった。
驚いたゲーテは窓の方を振り返った。十字に交差した暗い窓枠が一月の淡い灰色の空を背景にくっきりと浮かび上がっている。そして、窓枠と空の境で光と闇が接するところに鮮やかな虹色が見えた。

ダウンローディングから「観る」ことへのシフト

ゲーテがプリズムを持ち上げて見た瞬間、彼の意識が働きだす場（図9-1の白い点）は、彼の組織の中心、つまり、習慣と決まりきったやり方の世界の内側から、その周縁部へ、境界で囲まれた組織の外周（青色の円）へとシフトした。彼はそこに立ち——組織の窓から外を見て——、目の前に現れた世界そのものを見たのだった。

一九七八年四月一一日の朝、私はいつも通りの行動を機械的に繰り返していた。電車に乗り、駅から公園を通り抜け学校へ行き、例によってちっともおもしろくない授業にはそっぽを向き、週刊誌『デア・シュピーゲル』を読む、といった具合に。ところが、日々、繰り返しダウンローディングしていただけの行動は、意味がわからなかった二つの観察に注意を払い出したときに変わり始めた。二つのこととは、私に家に帰るように言った先生の目が泣きはらしたように赤かったことと、家に電話をかけても通じなかったことだ。タクシーの座席に身を沈めている間に、私の意識の領域《フィールド》構造は完全に変容した。突然、私は何が起こっているのかを見た。かつて農場だった場所から黒雲が立ち昇り、空を覆っていた。観察者である私はまだタクシーに乗ったままだったが、私を包む膜、つまりフロントガラスは透明だったので、外で起こっていることはわかった（観察者は観察されるものから分離している）。

ダウンローディングから「観る」ことへのシフトは単純だが、まったく苦痛を伴わないわけではない。ときには、火事のときのように観察者側に明らかな活動がない場合でも起こり得る。あのとき、私は単なる目撃者でしかなかった。また時には、ゲーテがプリズムで気づいたように、観察者側に訓練によって身につけた態度が必要なときもある。ゲーテは、生涯を通じて認知能力を磨き続けた、驚くべき観察の達人だったと言われている。

ダウンローディングから実際に「観る」ことへ移動するには、三つの明確な原則が役に立つ。（一）問いと意図を明確にする、（二）問題の状況《コンテクスト》に入りこむ、（三）判断を一時停止し、好奇心の感覚を目覚めさせる。この三つだ。

問いと意図を明確にする

平和研究家のヨハン・ガルトゥングと一緒に旅行し、ともに働いていた頃、彼が話のあとの質疑応答のとき、答える前によくメモ用紙に何か走り書きしていることに気づいた。何を書いているのかとたずねると、おもしろい質問を受けたときは、忘れないように回答ではなく質問をメモするという。大事なインプットだからと彼は言った。よい質問は優れた科学を生む原料だ、と彼はいうのだ。

世界で最も影響力があるデザインカンパニーとも言われているＩＤＥＯで上級設計者たちに協力したとき、実際にプロジェクトを開始する前に、設計者たちが準備にかける時間の多さに私は驚いた。ＩＤＥＯの一人のリーダーが、こう説明してくれた。「創造

図9-1　観ることの領域《フィールド》構造

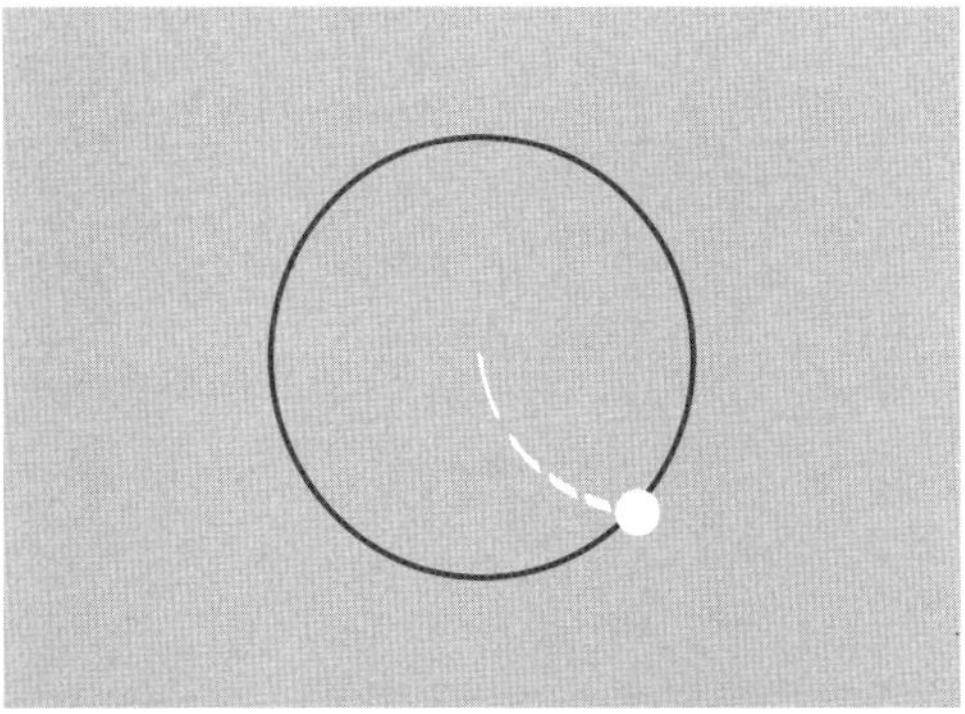

的な設計プロセスの質は、出発点を定義する問題提示の質で決まります」。私は、創造的であるということは、いつでもあらゆる可能性に開かれていることだと思っていた。そうではなかった。実験を始める前に、科学者が研究課題を明確化し、具体化するのと同じように、設計者も自分らの仕事を明確化しなければならない。しかし、前もって明確な研究課題や問題提示を用意しておけば、出現に対しては盲目であっても差し支えないということにはならない。私がそのことを学んだのはもっとあとのことだった。出現しようとするものから少しずれたところに意識を向けてもいいが、十分な意識をもってその行為を行っていなければならない。

問題になっている状況《コンテクスト》に入る

状況《コンテクスト》は生きた実験室であり、観察という行動が行われる場と考えてよい。数学者で、建築家でもあるクリストファー・アレグザンダーは、設計の究極の目的はフォルムとパターンだと言っている。「フォルムとは、世界の中のある一部で、それ以外の部分はそのままにしておくが、これは我々が形成しようと決めた部分のことである。状況《コンテクスト》とは、このフォルムをどういう風につくってほしいか、さまざまなことを要求する世界の一部のことで……フォルムは問題に対する解であり、その問題を定義するのは状況《コンテクスト》である」[1]。ゲーテの場合は、興味を持ったもの（プリズムで色を観ること）を観察できる状況《コンテクスト》を作り出している。経営や社会科学の場合、この実験室は、ガルトゥングと学生グループが訪れた頃の東欧のように、生きた社会的な状況《コンテクスト》に置かれていることが多い。しかしながら、いずれの場合も、観察者は間近で現象を研究し、観察できる状況《コンテクスト》に入っていった。

この二〇年ほどの間に、多くの会社や組織は、顧客、パートナー、供給業者の状況に入っていくことがうまくなった。顧客に**ついて**議論することから始まり、しだいに顧客**と**話し合うことへと移行し、今では顧客の潜在能力や満たされていないニーズを知るために、顧客の経験にじかに触れる方向へと向かっているようだ。けれども、顧客の経験について話すことと、実際に顧客の経験にじかに触れることとは別問題だ。

観る能力を開発したいなら、最初にやらなければならないことは状況《コンテクスト》に入っていくことだ。これを例証するために、フランシスコ・ヴァレラは子猫を使ったかわいそうな実験の話をしてくれた。子猫は産まれて数日経たないと目が開かない。この実験では、産まれたばかりの子猫を二匹一組にし、一匹の背にもう一方を乗せた。どの組も、移動できるのは下の子猫だけだ。上の猫（背中に乗っている方の猫）は同じ空間の動きを経験するが、足は動かさないで済む。それは下の猫に任せているわけだ。この実験の結果、下の猫はまったくふつうに見ることを学んだが、上の猫はそうはいかなかった。見えないままか、見る能力の発達が著しく劣っていた。実験は知覚が受身ではできないことを明らかにした。ヴァレラが言いたかったのもこの点だ。知覚は身体が積極的にかかわる活動なのだ。

我々は、ナレッジマネジメントや戦略的な活動のなかでは「上の子猫」として、専門家やコンサルタントを雇い、世界がどう動いているかを自ら模索し見出すかわりに、彼らに教えてもらおうとする。本来自分の脚で実践すべき仕事を外部に委託しているのだ。問題が単純なら、それが適当な方法かもしれない。しかし、状況の複雑さが増せば増すほど、**外部に委託しないこと**が重要になってくる。問題との接触を保ち、状況の展開から離れないことだ。状況の文脈に直接触れていないと、上に乗った子猫と同様、我々には観る能力が身につかない。

判断を保留《サスペンド》し、好奇心を呼び覚ます

近代進化論の父、チャールズ・ダーウィンが、いつもノートを携え、自分の理論や予測と矛盾する観察やデータを記録していたのは有名だ。人間の頭は自分がなじんできた枠組みに合わないことをすぐに忘れてしまう。彼はそれを熟知していた。光に含まれる色について判断を一時停止したゲーテもそうだったが、ダーウィンも、今の枠組みに合わないデータが将来の理論改革の元になることを知っていた。分類方法がわからないからといって、頭が都合よく忘れてしまわないうちに、彼はデータや記録の要点を書き留めていたのだった。

今日、大きな組織で判断を保留することに役立つメカニズムは、どこにあるのだろうか。思い浮かぶのは、「ブレーンストーミング」や「判断延期」のような、数少ない例だ。概して、組織内外での会話や交流は判断を保留するのではなく、意見の表明や判断の明確な表現を促すように構成されている。

しかし、我々が好奇心に対して心を開くのは、判断を保留するときだけだ。好奇心とは、ダウンローディングのパターンを超えた世界があることに気づくことだ。好奇心はUプロセスに成長する**種**だと考えてよい。好奇心を感じる能力がなければ、我々はおそらく自分の思考パターンの牢獄から永久に抜け出せないだろう。

好奇心は子供が我々の人生にもたらす最大の贈り物だ。子供が抱く好奇心は、最も純粋な感覚だ。しかし、子供がこの能力を伸び伸びと発達させるには、取り巻く環境の中でこの能力を鍛えることが必要である。好奇心がない社会的な場で成長するのは、水無しで育とうとする植物のようなものだ。

私は、深い知《ノウイング》を持っている人ほど、好奇心を求める能力を育ててきた人である場合が多いことに気づいた。知が狭く、浅く、限られている人ほど、今後も好奇心を感じる能力を育てることは少ないだろう。

ブライアン・アーサーと会ってから二、三カ月後、ゼロックスＰＡＲＣでの彼の同僚の一人、ジャック・ホエーレンと会った。ナレッジコミュニティや民俗誌観察で高く評価されている専門家だ。彼は人々の仕事の**習慣**を観察し、分析するための民族誌的手法を開発したいきさつを語ってくれた。私は話を聞いて魅了された。そして最後にこう聞いてみた。「あなたの方法をご自身に適用した場合、最も重要な習慣は何だと思いますか。あなたのような仕事ができるようになるために、どんな習慣を**あなた**は実践されているのですか」

彼はちょっと内省して、こう答えた。「人々と関係を結び、他の科学的領域にも深い関心を持つこと……それに好奇心です。私がやっていることは、結局、際限なく好奇心を感じる能力を高めることに尽きます。ほら見て！、この世界を見てごらん！、とね」[2]

「観る」能力を個人で開発するのも難しいが、組織という集団的な状況《コンテクスト》ではさらに困難になる。とはいえ、この能力は変化を導く重要な機能だ。**最も**重要な機能だという人もいる。

変化を引き起こそうとしてもほとんどが失敗するのは、良い意図や気高い大志がないからではない。直面している現実を、リーダーがしっかりと「**観る**」ことができず、そしてそのまま行動するからだ。私が最初にこれを学んだのは、ＭＩＴで変革のマネジメントについての講座を開いていたエドガー・シャインからだった。その意味が完全に理解できるようになったのは、実際に失敗の事例をこの目で見ることになったときだったが。

講座で、シャインがいつも強調していたのは、変革を管理する上で最も重要な原則は、「つねに現実と取り組むこと」つまり、実際に起きていることを見ることから始めるということだった。

我々の課題は、集団として「観る」能力を培い、高める方法を見つけることだ。

ともに「観る」行為としての対話

デビット・ボームとビル・アイザックスは、対話《ダイアログ》を、ともに考える技術と定義している。これをすこし変えて、私は対話《ダイアログ》を**ともに観る芸術《アート》**と定義したい。この差は取るに足らないように思うだろうが、方法論的な意味合いには、とても具体的な相違がある。

私が認識の重要性を主張するのはなぜか。私は自分自身の人生を通じて、人が直面するにはひどすぎる状況というものに遭ったことがない（そういう状況は確実に存在するのだが）。私が見た破綻は、組織の内外を問わず、必ず、否定すること、つまり、見ないこと、直面しないことから生じていた。

一方、状況がいかにも難しそうに見えるときでも、実際に状況に立ち向かうことを選択し、不快な面を真正面から直視することを決意した瞬間、それに取り組む新しい力が湧いてくるのには驚かされてきた。おもしろいことに、提示された課題がどんなに大きかろうと、必ずそれに見合った力が湧いてくるのだ。想像できる最も恐ろしい状況にも立ち向かってゆく人間の能力に比べれば、否定の力などとても弱いと驚嘆していた医師の話を覚えているだろうか。これを、グローバルヘルスカンパニーの惨めな失敗と比べてみよう。あのときの問題は、CEOに大志やビジョンがなかったということではない。どのCEOにも、ビジョン、コアな価値観、目的は十分にあった。まったく、不足はなかった。問題はほかにあった。問題は、四人のCEO全員がしだいに現実との接触を失っていったこと、実際に起こりつつあることとの触れ合いを失ったことだった。彼らは現実を見ていなかった。「変化に向けて人々を駆り立てる」というマインドセットで自分の方針を押し付けていったので、組織の反発も強くなった。人々が変化に抵抗するのは、厳しい変化や犠牲を強いられるにもかかわらず、より大きな全体像を見ることができず、変化が必要な状況《コンテクスト》を理解できなかったときのみである。グローバルヘルスカンパニーの営業員たちが、こう言っているのもそのためだ。「売上高を上げるよう大人として求められていましたが、組織内で起こっていたことからすれば、我々はまるで子供扱いされていたのです」

ともに現実を見ることは簡単に聞こえるかもしれないが、適切に見るのはとても難しい。あの四人のCEOのように、直面している現実を見ることができないリーダーが多いのだ。私は世の中の考えとは異なり、リーダーの第一の仕事が、ビジョン、目標、方向を示すことだとは思っていない。このような視野の狭い考えがマイナス要因となる例は、あまりにも多い。リーダーが次の変化プログラムはこれだと自分の考えを説いて回るばかりで、組織は現実に起こっていることに触れられなくなるのだ。

リーダーシップの第一の仕事は、個人と組織の「観る」能力を高めること、つまり人々が直面し、自ら役割を演じて作り出している現実を、深く注意を向ける能力を高めることだ。シャインと一緒に仕事をする経験を通じてこう信じるようになった。すなわち、リーダーのほんとうの仕事は、人々が「観る」ことの力を発見することを助け、ともに「観る」ことである。

観ることの実践——患者と医師の対話《ダイアログ》フォーラムの例

一九九八年、ドイツで、同僚のウルズラ・フェアシュテーゲン博士と私は、医師の地域ネットワークに協力して新しいプロジェクトを立ち上げた[3]。当時、ウルズラはミュンヘンを基盤とする新規医療事業のチーフナレッジオフィサーだったが、我々はすでに二年を越えて、この地域医療ネットワークと協力していた。ネットワークが保険会社との新たな折衝段階に入ったので、翌週に開かれるネットワーク全体会議に備え、我々はネットワークイニシアチブの医師のコアグループと会合を持った。医師ネットワークが提案した救急医療プロジェクトへの融資について、保険会社側の代表が、その諾否を発表する日が近づいていた。

ネットワークは医療予算の執行と管理を保険会社に依存していた。医師たちは保険会社が計画から手を引くだろうと予想し、「お役所的な事なかれ主義者」に頼りすぎていたと、ぼやき始めた。室内のエネルギーが低下していくのが感じられた。みな、時計をちらちらと見始めた。ほぼ終わりに近づいたとき、驚くような展開になった。すべてはジョージのおかげだった。

その夜、最初に部屋に入るとき、私はいままで面識のない人と一緒になった。軽く挨拶をかわし、どちらから、と私はたずねた。彼はジョージといい、インドのある地方で、スラム地域に奉仕する移動病院のプロジェクトを指揮し、戻ってきたばかりだった。「へえ、おもしろそうですね」と私は返し、もっと話を聞きたいと思った。会議が始まると、この短いやり取りは忘れていた。会議が終わろうとするとき彼と目が合い、互いに同じことを考えていることがわかった。「いったい、どうなっているんだ。何で、みんなこんなにやる気がないんだ」。思いきって、インドのプロジェクトについてみなに話すつもりはないかと、彼に聞いてみた。その場の話し合いに直接関係がありそうなことは何もなかったが、何か別の視点が出てきそうな予感がしたのだ。彼が話し始めると、この人を取り巻く場に力がみなぎっていくのが、文字通り見えるようだった。一〇分も聞いていると、全員が彼から放射されるエネルギーを浴びていた。もはや時間通りに会議室から出ようとする人は誰もいなかった。

「私は休暇でインドへ行きました。そして、たまたま、人口六〇〇万人の町で地方病院を経営している医師に会いました。彼はその町のスラム地区の医療事情について話してくれ、あちこち連れて行って実際に見せてくれました。スラムの実情を見たとき、大きく変える方法が何かあるはずだと直感的に思いました。やがて、ビジョンがまとまり始め、このコミュニティに基本的な医療を提供する、グローバルな体制でローカルを支援するローカル・グローバル・プロジェクトを立ち上げられないだろうかと考えました。そこで、私は計画に取りかかり、全エネルギーを注ぎ込み、このビジョンの実現に努めました。長い旅でした。失敗かと思ったことは何度もありました。けれど、問題が大きくなっていくのを見るたびに、私は活動の焦点とエネルギーのレベルを高めて取り組んでいくことになりました。どうしても投げ出すことはできなかったのです。**やらないわけにはいかなかった**のです」

「しかし一度だけほとんど諦めかけたこともありました……。私は、世界中の仲間に、休暇にこのプロジェクトを手伝ってもらえないかと頼みました。彼らは無報酬で働くことに同意してくれました。医療機器は揃っていました。寄付も集まりました。そこへ、電話がかかってきて、こう言うのです。『残念ですが、お約束した飛行機はキャンセルしなければなりません』。落胆したまま、私はフランクフルトに向かって出発しました。その途中で、一人の男性と言葉をかわし始め、私はこれまでのいきさつを彼に話しました。何日もたたないうちに、彼のオフィスから電話がありました。彼はルフトハンザのCEOだったのです。『お力になろうと思うのですが』。そして、医療機器と二七人の医師をインドのハイデラーバードまで、ほとんど無料で運んでくれました。一日一二時間、我々は患者を診察し、治療しました。一日一〇〇人ぐらいは診たと思います。仕事場は学校やテントでした。一〇日ほどで、一万五〇〇〇人に医療支援を提供しました」

「今日、一〇〇〇人以上のボランティアがヒューメディカで活動しています。インドで一緒に働いた仲間たちと共同設立した組織です。そのうち八〇〇人は、医師、看護婦、緊急時のアシスタントです。最初の派遣団の空輸に、あの奇跡のような援助がなければ、今のこの組織はありませんでした。あの最初のときに、うまくいかなかったら、現在のヒューメディカの医師団はなかったのです」[4]

そのとき、ウルズラが声を上げた。「ありがとう、ジョージ。あなたの話を聞いて思ったのだけれど、私たちのプロジェクトが提示する問題は、大きすぎて解決できないのかしら、それとも、小さすぎて奮起できないのかしら」

そこで、我々は自問した。「このシステムの中でほんとうに必要な変革、すなわち、今ジョージが話してくれたインドのスラム地区に相当することは何なのだろうか。**人々の最高のエネルギー**とコミットメントを**結集**できる、より高い目的は何だろう」

出てきたのは、こんな意見だった。「誰でも、医療改革や患者中心の医療について話をするけれど、患者が経験していることについて**患者自身**と直接話し合う人はほとんどいませんよね」。そこで、次のような問いが始まる。患者は患者 - 医師関係をどう経験しているのだろうか。患者は健康をどう経験しているのだろうか、患者は健康をどう定義しているのだろうか。病気は何から生じているのだろうか。健康と病気を生み出す最も深い源《ソース》は何だろうか。

こうした問いは、一人称の側面、つまり、患者は現在の医療制度を実際にどう**経験**しているのかを、深く探ろうとするものだ。治療成績に基づくそれまでの医療調査では、大きな盲点になっていたことである。

すぐに、一〇〇人の患者を対象に、対話《ダイアログ》インタビューを実施する計画を立て、患者がこれまでに健康と病気をどんな風に経験してきたかを調べることにした。三五人の担当医師もインタビューの対象に加えた。この会議にゲスト参加者として招かれていた三人の学生が、自分たちの論文の一環として、インタビュアー役を買って出た[5]。翌朝、我々は、前日の学生たちと医師たちとの最初のやり取りについて学生たちに少しフィードバックをした。そして、対話《ダイアログ》と深く傾聴するインタビューの実施方法に関し、半日の講習会を設けた（図9-2参照）。[6]

まもなく、学生たちは調査を開始した。まず、何人かの医師に二週間付き添い、これから入ろうとしている大きな領域《フィールド》を感じ取ろうとした。学生たちは、日夜、緊急呼出しを受ける医師の日常を自ら経験し、それからおもむろに一三五人のインタビューを開始した。

それから三カ月たった一九九九年二月の、ある肌寒い土曜日、インタビューを受けた患者と医師を全員招き、隣接する町の小学校で一日かけて感想や意見を聞く会合を開いた。インタビューを受けた一三五人中九〇人近くが出席した。最初に歓迎の言葉を述べたあと、我々は調査の結果わかったことを氷山の形に描いた図を見せた。この図では患者と医師の関係のさまざまな状態を四つの層で表し、それぞれの層は、健康や心と体の結び付きについての理解度と対応している（図9-3参照）。

レベル1◆欠陥部品

第一のレベルでは、健康の問題は単にすぐに修理しなければならない壊れた部品として理解されている。ある患者は、こう言っている。「問題がある

図 9-2　聞くことの領域《フィールド》構造

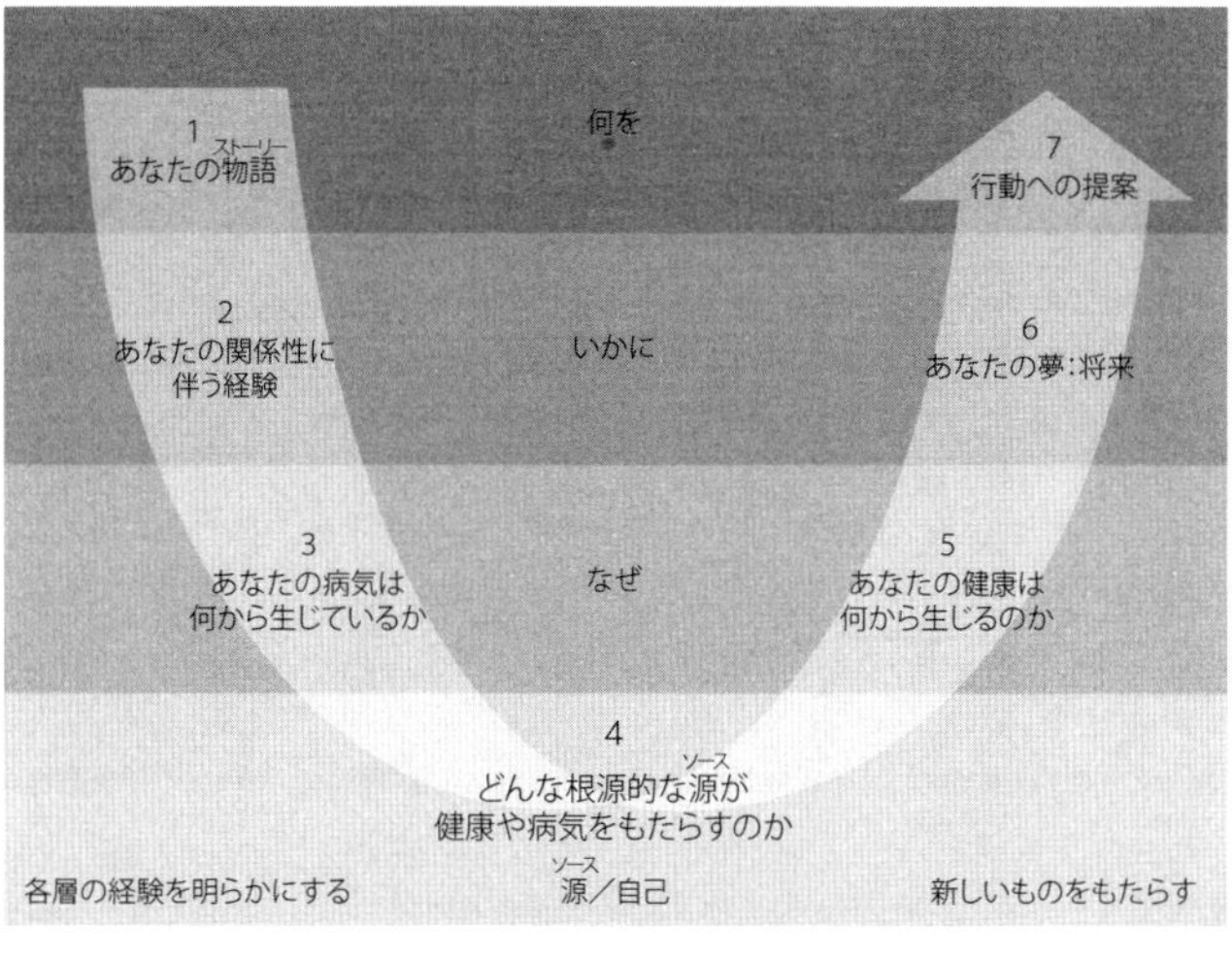

から医者に行くのです。治してもらうのは当たり前だと思っています。私は助けが必要な人、医者は助ける人でしょう」。たとえば、心臓発作起こした患者は医師に緊急治療を期待するだろう。

レベル2◆行為

個人にかかわる健康問題は、大抵、生活習慣に原因がある。たとえば、心臓発作はストレスと過労が原因かもしれない。これについては、ある患者が自分の経験と医師との関係に、こう疑問を呈した。「薬で治療するだけでいいのでしょうか。私はそうは思いません。私は、『問題はあなたの心構えです。生活の中の行為を変えなければなりません。もっと自分のためになることをしなければなりません』そう言ってほしいのです」。このレベルでは、医者の役割は、正しい指示を与え、患者が行為を変えるためのインストラクターと言えるだろう。

レベル3◆思考

健康の問題は、行為のレベルでうまく解決されることもあるが、もっと深いレベルまで掘り下げなければならないこともある。行為は人々の前提と思考の習慣から生じる。我々の考えから言うと、これは最も重要なことだ。心臓発作を引き起こした遠因は仕事や家族についてのある種の前提かもしれない。仕事を最優先にして、家族や友人のために一所懸命働いているはずが、

図 9-3　患者と医師の関係性の氷山モデル

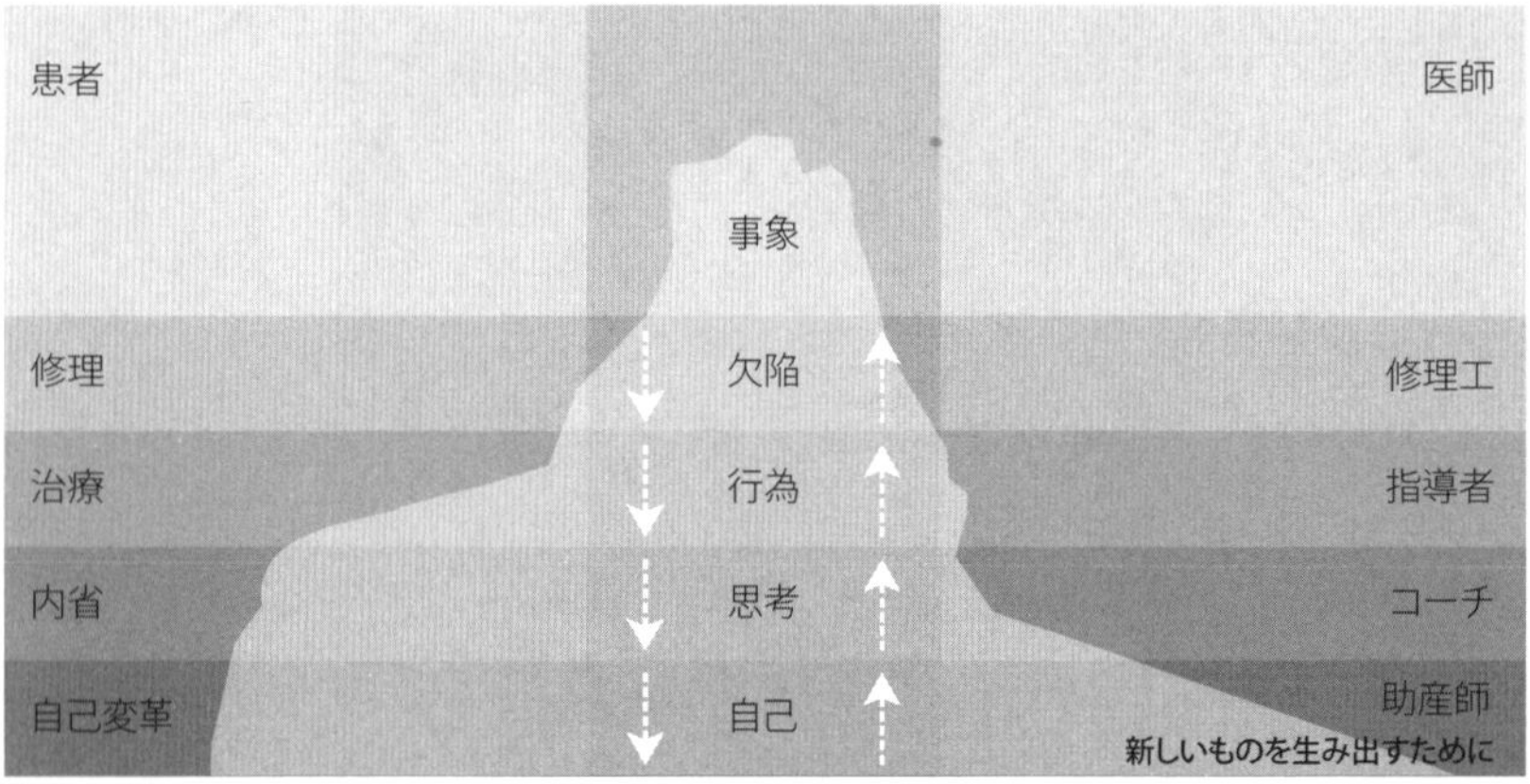

その人たちのために使う時間がなくなる状況を招いてしまうような前提だ。「人は考えるために病気になる」と言った患者がいる。時間がないと言っていると、病気によって無理やり時間を与えられることになる。これは間違いないと思う。将来の目的は何だろう。こうした問いを気にもかけず、人生を貴重な贈り物と思わないでいると、人は病気になる。バタンと倒れ、否応なしに考えさせられるのだ。「これまでの人生がどうだったのか、生きていることがどんなに大事なことなのか、気がつかなかったのです。当たり前だと思っていたのです」と話してくれる人は多い。このレベルで活動している人々にとっては、医者の役割は、患者が自分の人生と思考のパターンを内省するためのコーチである。

レベル4◆自己変革のプレゼンス

最後が第四レベルだ。ほかの三レベルよりずっと深い。ここでは、健康の問題は、個人を成長させ内面を育む旅に必要な糧ととらえられる。この糧が、創造の内なる源《ソース》が持つ潜在力を十全に開花させ、真の自己への旅に乗り出せと、我々を促す。ある女性は、こう語った。「私は絶対に病気にならないタイプでした。それが、突然、癌だとわかりました。私はどんなところでも陽気に振る舞う人間でした。よく働き、さまざまな委員会の委員も務めていました。だから病気だという事実を無視したのです。それは闘いでした。私の中に病気が巣食っているなんて、いやだったのです。病気なんて無視するのよ、と自分に言い聞かせ、フルタイムの仕事に戻りました。そして二年後、衰弱し、仕事をやめざるを得なくなりました。その後、手術を受けたあと、セラピーに通い、ようやく自分の病気を口にすることができるようになったのです。こうして今、みなさんにお話ししているように。そう、五八歳になって初めて『ノー』と言えるようになったのです。前は、いつでもオーケーだったのです。いつも活動していました。そうすることで自分のアイデンティティを失っていることさえ気づかなかったのです。今は、もう、将来の心配はしていません。私には、今日が大事なのです。この**今**が」

この患者と医師の関係性の四番目のレベルでは、医師の役割は新しいものが生まれてくるのを介助する助産師だ。調査結果を発表したあと、四つのレベルが患者の経験を十分に表現しているか、参加者に聞いてみた。参加者は、まず、小グループで話し合い、次には大きなグループになって話し合い、少なくともこういう風に考えることは役に立つということでまとまった。そして午前中の休憩を取る直前、我々は参加者に投票を求めた。それぞれの参加者に、大きな表の上に二つのシールを貼ってもらったのだ。四つのレベルのうち、現在の医療システムはこのレベルで動いていると思うところに青色のシールを、将来の医療システムはこうあってほしいと願うレベルには白色のシールを貼ってもらった。

フィールドノート——集団的な「観る」能力の開発

患者と医師の対話《ダイアログ》フォーラムに注目すると、次の四つの原則が、我々が言う「忍耐強い傾聴」をどのようにして生み出したのかが理解できる。

1◆**意図を結晶化《クリスタライズ》する**。前の夜、コアチームがフォーラムに使用する部屋の準備をおおかた終えた頃、我々は小さな輪になって集まり、しばしの間立ったまま意図をお互いに確認しあう短いセッションを持った。一人ひとり、翌日のイベントで究極の目的になると思うことを、短く述べることになった。一人ひとり、目的を言葉で表現しあったあと、しばらく沈黙し、それからセッションを終わりにして、仕事に戻った。

2◆**状況《コンテクスト》に入り込む**。セッション前にすべての患者に行ったインタビューで一人ひとりとつながりを作った。深く聴くインタビューのなかで、人々は自らの人生の旅を語った。つまり、それぞれが経てきた状況《コンテクスト》を共有したのだ。

3◆**判断を保留《サスペンド》し、好奇心を呼び覚ます**。判断を保留し、好奇心とつながる最も有効なメカニズムは、お互いの一人称の話にみなを引き込むことだ。この最初の一歩は、一対一のインタビューで起きた[7]。そして第二段階は、プレゼンテーションの最中に起きた。我々が患者自身に語ってもらったときだ。集合的経験の本質的な側面を浮き上がらせるために、人々が自分自身の言葉で話すことほど単純で力強いものはない。

4◆**対話《ダイアログ》——ともに「観る」空間に入る**。ともに「観る」プロセスは、三つの異なる活動を通じて展開した。最初は、四つの関係性レベルという概念と、各レベルをいきいきとイメージできる実例に耳を傾けた。次に、自分自身の経験と他者の経験につながっていった（小グループの話し合いで）。次に、投票により集団的な評価を下した。そこから、我々は次の段階、つまり「感じ取る《センシング》」へと進むことになる。

第10章
感じ取る (Sensing)

「観る」から「感じ取る」へ移ると、**全体の場《フィールド》から**ものを見始める。ピーター・センゲはこの転換がシステム思考の核心だという。現実を経験すること（「システムが我々にしていること」）と、自分もその経験のすべてのサイクルの一部になっているという自覚が生まれ、フィードバック・ループが閉じるのだ。センゲが言うには、これが起きると人々は「なんということだ、いったいなんていうことを自分たちにしていたんだろう」といった類のことを言うそうだ。

患者と医師の対話《ダイアログ》フォーラム

さて、投票はどうなっただろうか。図10-1がその結果だ。

前章で述べたように、我々はフォーラム参加者に投票を求めた。参加者は二つのシールを氷山の図に貼るのである。現在の医療システムが機能していると思うレベルに青いシールを、将来の医療システムはこうあってほしいと願うレベルには白いシールを、氷山の図に貼ってもらった。

患者と医師を合わせた参加者の九五%以上はレベル1かレベル2に青いシールを貼った。つまり、九五％以上は自分の経験から、現在の医療システムは悪いところを機械的に治すことに主眼を置いていると感じていた。また、ほぼ九五％の参加者が白いシールをレベル３とレベル４に貼った。つまり、ほぼ全員が、発達、自己変革、内面の成長を通して健康問題と取り組むレベル３とレベル４を最重要視するシステムであってほしいと願っていることを示していた。

「みなさんは、現在のシステムはレベル１とレベル２で動いているとお考えのようですね」と私は話を切り出した。「それに、将来のシステムはレベル３とレベル４で活動する方向にシフトすべきだという点でもご意見が一致しています。さて、みなさんはこのシステムの患者と医師であり、同じように考えておられます。では、何がその実現を妨げているのでしょう。煎じ詰めればシステムは**あなた方だ**ということではありませんか。そのシステムはベルリンの〝彼ら〟でもなければ、ブリュッセルの〝彼ら〟でもない。システムはこの部屋のまさにここにあるのです。システムはあなたがたの関係性から生まれてくるのです。他のどこからでもありません」

針が落ちても聞こえたかもしれない。しんと静まり返った後、それまでとは異なる種類の会話が生まれ始めた。人々は深く考え、ほかの人や自分自身に思いやりのある問いかけをし始めた。何かが変容していたのだ。休憩前には、会話はむしろ患者と医師がそれぞれの意見を表明し合うような感じだった。しかし今、人々は互いに直接関係づけ、より深く考えるようになっていた。「私たちは集団となるとどうして誰も望んでいない結果を生み出してし

図 10-1　患者と医師の関係性の氷山モデル

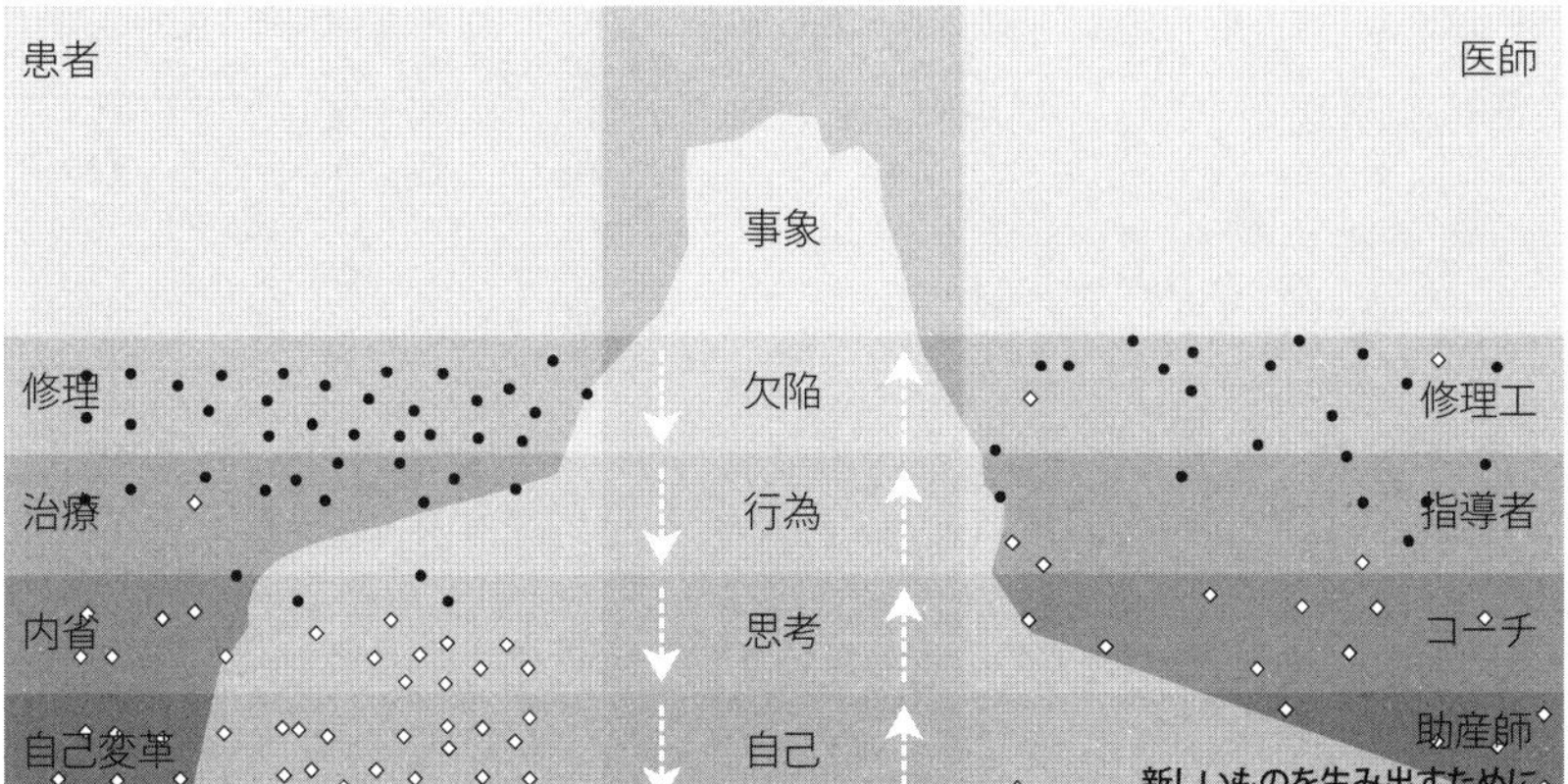

●現状　◇望ましい未来

まうのだろう」と問う参加者もいた。

医師たちが日々経験している苦労、重圧、落胆などを率直に語り終えると、一人の男性が立ち上がり、この町の町長だと自己紹介した。「医療システムの問題は、政治や行政でもまったく同じです。いつも、レベル1とレベル2で活動している。これまでいつもそうしてきたように、問題や危機に反応しているだけです。しかし、このより深い二つのレベルから活動すれば、何か違うことを起こせそうな気がします」。町長が座ると、しばらく沈黙が続いた。すると、部屋の反対側にいた一人の女性が立ち上がった。「私は教師です。近くの学校で教えています。それで、あの……聞いてくださいますか」彼女は言葉を止め、町長とみんなを見た。「学校でもまったく同じ問題に直面しているのです。学校でやっていることも、最初の二つのレベルの活動だけです」。彼女は白と青のシールが貼られた図を指差した。「私たちは機械的な学習方法を中心に授業を進めています。過去のことを記憶し、古臭い知識をテストすることに力を注いでいます。子供の知的好奇心や創造性、想像力を伸ばす方法は教えていないのです。いつも危機に反応しているだけです。これでは（氷山の図のレベル3とレベル4を指して）そういう学習環境を作ることは絶対にできません。そういう環境なら、子供たちは自分で将来を形成する方法を学べるのに」

私の隣にいた男が立ち上がって、こう言った。「私は農家です。我々の問題もまったく同じです。今日従来型の農業でやっていることは、レベル1とレベル2の決まりきった問題をいじくり回しているだけです。化学肥料、農薬、ありとあらゆるものを土壌に注ぎ込んでいます。まったく、子供の頭に生命のない物事を叩き込むのと同じです。今の農業は工場で物を作るようなものであり、過去の機械的な解決法で症状や問題に立ち向かうことしか考えていません。農場や地球全体を生きた有機体として、みんなで保持する空間《ホールディング・スペース》と認識することができないのです」

それぞれの人が、それまでよりはるかに本質的な場で、真実の「私」から、深い誠意を持って話し出した。医師の話を深く傾聴していたある女性が身を乗り出し優しい声で言った。「あなたがたのことがとても心配です。私たちのシステムがあなたや、私たちの最高のお医者様を殺してしまうなんていやです。何かお役に立てることはないのでしょうか」。みな沈黙した。

感じ取る《センシング》ことの領域《フィールド》構造

その日会話に参加した人は、みな、より深いつながりのプレゼンスを感じた。もはや会話は、よくある会話とは違うものになっていた。見解を表明したり、意見を述べたりするのではなく、人々は真の質問をし始めた。人々はただ一緒に話をしているのではなかった。ともに考えていた。時間の流れが遅くなり、我々を取り巻く場は密度を増し、開けていくようだった。人々はゆっくりと、ときに沈黙をはさみながら話していた。お互いの関係性の構造が変化していた。人々は何かに動かされているかのように、自身の脳内に囚われ、ばらばらの個人として議論する一方だった通常の状態を、いつの間にか越えていた。

これまで我々の視点（図10-2の白点）は一人ひとりの頭の中にあったが、ここまでくると自分の境界（図10-2の青色の円）の外に出ていく。つまり観察する者は内側から外にある領域《フィールド》**を**眺めていたのが、今度は領域《フィールド》**から**ものを見始めるのだ。

このシフトが起こると、観察する者と観察されるものとの境界は崩壊し、観察者は本

図 10-2　感じ取ることの領域《フィールド》構造

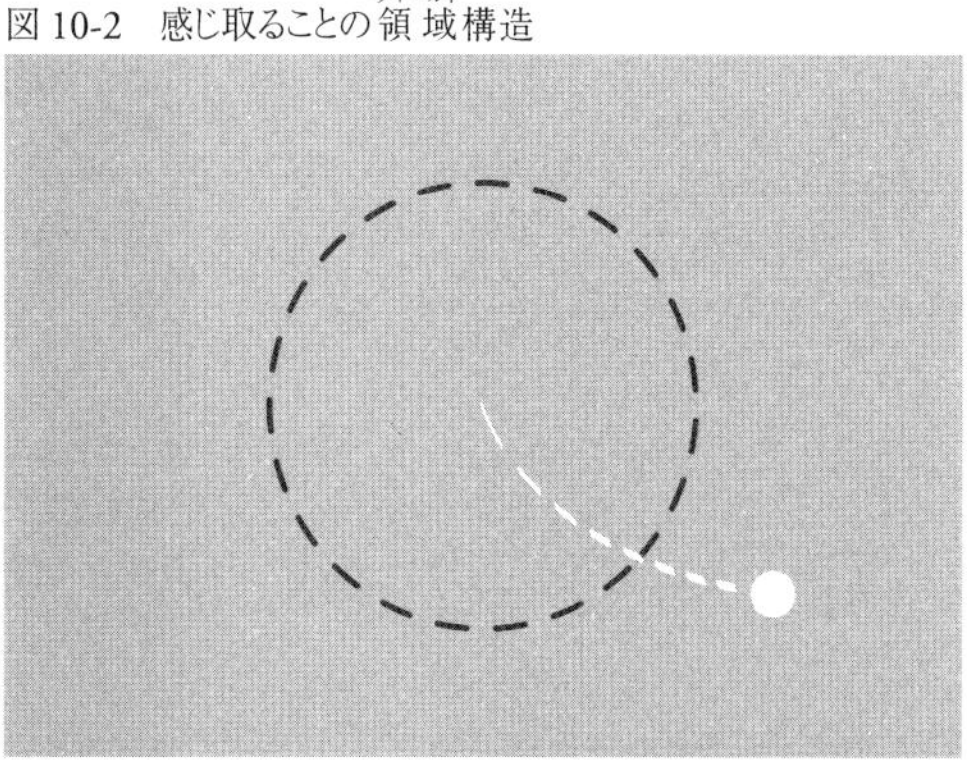

質的に異なる視点からシステムを見るようになる。観察者自身が観察されているシステムの一部になる視点である。もはや、システムはどこか外にある何か（「**彼らが**我々にしていること」）ではなく、ここの中にある何か（「**我々が**我々にしていること」）になる。

グループがこのような場から活動を始めると、参加者のほうも、自分たちとシステムとの関係や集合的に行動していく様子にしだいに目を向けるようになる。

原則

感じ取る《センシング》集合的領域《フィールド》に入ると、「器を満たす」、「深く潜る」、「意識の視座を転換する」、「心を開く」という四つの重要な原則が働き始める。

器を満たす

織りなされるように、集合的に共感知《コーセンシング》する動きはいくつもの場で起こる。患者と医師の対話《ダイアログ》フォーラムの場合は、このような場は下記のように場としてデザインされ、意図的に創り出された。

◆物理的な空間……徹底的に「もの」を排除して壁だけを残し、照明や展示装置などの最小限必要なもののみの簡素なデザインにした。厚紙製の支柱（シュテーレン）[1]にANRイニシアチブ★を紹介する写真の掲示や展示をした。

◆時間的な空間……一日を通して準備と検討課題がUに従って自然に流れていく活動的な時間の流れを創出した（午前　Uの左側を下へ移動する、つまり共感知《コーセンシング》。午後　Uの右側を上に移動する、

★　arzt-notrufはこの医療システムプロジェクト立ち上げのきっかけを作った医師らが新たに作った救急システムで、通常の救急番号（日本の119番）で呼び出す救急センターのほかに、医師が待機するセンターを作り、急患患者は別の番号の電話で質問したり指示を受けたりできるようにした。これにより救急車の出動が減り、コストの削減と、現場のストレスの軽減、患者らの満足感の向上が実現した

つまり共創造《コークリエイティング》。

◆関係性の空間……（一）事前にそれぞれの参加者と個人的な関係を築いておく。（二）役割を明確に決める（会場入口で参加者を迎える係など）、（三）プロセスを（運営の細部、たとえば素晴らしいプレゼンテーションの発表やインタビューからの引用を読み上げるなど）、そして（四）インフラ（飲み物や食べ物の準備など）。

◆意図的な空間……コアグループ全員で目的と質を確認する。我々はそもそもなぜこういうことをしているのか。我々はどんな未来の可能性に役立ちたいのか。我々は何を作り出そうとしているのか。[2]

深く潜る《ディープダイブ》

感じ取ることや共感知《コーセンシング》の領域《フィールド》に入る手段は、場の具体的な細部、つまり現象として現れた生命体としての存在に丸ごと没頭・没入することだ。丸ごと入り込むとは、注意して観察している現象と**一つ**になることだ。顧客を注意して観察することでは**ない**。顧客と対話《ダイアログ》することでも**ない**。患者や顧客**になること**、患者や顧客**であること**、それが丸ごと入り込むことだ。その世界の完全な**経験**に生きることであり、それと一つになることなのだ。[3]

対話《ダイアログ》フォーラムでは、一人称の話をもとの言葉どおりに声に出して読み、面接から選んだ重要な引用を提示し、そして次に参加者に、それらの引用に触発されたことに応じて、一人ひとりが自分自身の話を人々と共有するように求めた。

進行役の役割は、グループ全体で場の変容が起こるように導くことであり、そのためには、人々が対話《ダイアログ》／ダウンローディングの態度やマインドセットから距離を置いていられるように戦略を立てる必要がある。人々がいつもの対話《ダイアログ》スタイルで意見を言い出したら、すぐに介入する。人々が心を開き、他人の観点とつながることができるように、集中的で偏りのない観察へ人々を導くように努める。より深い領域へ入る入口は、生きている場の具体的な細部と直接、**感覚的**に出会い、それに浸りきることだ。

意識の視座を転換する

患者と医師では経験が異なるが、それぞれの生きた場を物語る例や現象を取り上げながら、人々の意識の向きが「対象」(個々の話)からそれを生み出している領域《フィールド》つまり「源《ソース》」へと変わるようにする。言い換えると、実例が生じている場に人々を招き入れるのだ。実際の方法としては、観察の対象であるそれぞれの実例の領域《フィールド》に入ろうと試み、そこにとどまる。そのとき、意識の中にあるそれまでに経験した実例も**保持**《ホールド》しておく。次々に現れる実例とも同様に接していく。次々に現れる視点や考え方に深く耳を傾ける。聞き方が深くなるにつれ、しだいに異なる視点や考え方の間にある空間に注意を払うようになる。その状態にとどまる。すると、次の実例に移ろうとした瞬間に突然移行《シフト》が起こり、目の前のすべての具体的な実例を生じさせている集合的なパターンが見えてくる。つまり、実例を結合している形成力が見えてくるのだ。

意識の視座をうまく転換できたかどうかを判断する簡単なテストがある。目にしている全体のイメージに、観察者である自分自身を改善しようとしているシステムの一部として含めているかどうかを確かめてみることだ。患者と医師の対話《ダイアログ》フォーラムで「**あなたがた**がシステムなのです。それなのになぜあなたがたは、誰も望まない結果を集団的に成立させているのですか」と私が言ったときに、人々は変化し始めた。参加者はそこではじめて実際に自分自身をイメージの一部に加え始めたのだ。町長、教師、農民が立ち上がり、患者や医師とまったく同じ問題に直面していることを語ったとき、ブレークスルーが起こった。

カリフォルニア大学バークレー校の認知心理学者エレノア・ロッシュは、このシフトを「向こうにある」システムを見ることから、フィールド（場）からシステムを見ることへと移動することだと説明する。私はロッシュに「フィールド（場）」と言う用語をどんな意味で使用しているのか尋ねた。「フィールド（場）では、意図、体、心が一つに統合されます。一人ひとりの知覚者の内部からではなく、**全体のフィールド（場）から**起こる認識に気づき始めるのです。現代科学で私がこの統合の感覚をおそらく最もよく表現できるのが、このフィールド（場）の概念でした」[4]

心を開く

私はさらにロッシュに尋ねた。「全体のフィールド（場）の性質は何なのですか。それとどういう風につながるのですか。それをどんな風に育てるのですか」。彼女は私を見ると、少し間をおいてこう言った。「心を通してです。**どんな瞑想の体系でも、心は感傷的でも情動的でもありません。ヨガ哲学的な深い中心点なのです**」

心を開くことは深いレベルで情動的知覚を目覚めさせ活性化することだ。心で聴くとは文字通り心を、感謝や愛を知覚する器官として使うことだ。ここまで来れば、我々は実際に心で見ることができる。

このようなより深いフィールド（場）への移行が起こると、たいていの場合、それまでの小さな出来事がそのようなより深い転換《シフト》への入口となるような割れ目を生じさせていたことに気が付く。この割れ目は小さな火花とも表現できるが、この火花が散るのは、深い沈黙が訪れたり、心からの真摯な問いが発せられたりしたときに多い。患者と医師のネットワークの例で、患者が医師に「あなたがたのことがとても心配です。私たちのシステムがあなたがた、最高のお医者様を殺してしまうなんていやです。何かお役に立てることはないのでしょうか」と言ったときに起こったのがそれだ。

聖杯の問い

この視座の転換や入口をよりよく理解できるように、私が子供のころに初めて読んだ物語を紹介しよう。主人公は一二世紀に生きていた少年だ[5]。母親の名前はハート・ソロー（ドイツ語名ヘルツェロイデ（「心の悲しみ」の意）といった。父と二人の兄は勇敢な騎士として最期を遂げていた。母親は少年が騎士になり、同じ運命をたどるのを恐れ、人里離れた場所で育てることに決める。少年の名前はパーシファルといった。

パーシファルとは「無垢な愚か者」という意味だが、少年は後に心が開けるまで、自分の名前もほんとうの身元も知らなかった。

ある春のこと、若いパーシファルは投げ槍を抱え馬で乗り出した。投げ槍は彼の得意の一つだった。突然、どこからともなく、甲冑に身を固めた五人の壮麗な騎士が、とてつもなく大きな軍馬に跨って近づいてきた。「神か、それとも天使に違いない」パーシファルはそう思った。実際、騎士たちが馬を止め、話しかけてきたときは、ほとんど気絶しそうだった。彼らが何者なのか、槍と盾は何をするものなのかと、次から次へと質問を浴びせかけた。そして、大急ぎでうちへ帰ると母親にこう言った。「最高に素晴らしい騎士に会ったよ。これから一緒に行くんだ」。母親にとっては最悪の悪夢だった。説得しても止められそうもない。母親はこう言った。「わかったわ、行きなさい。

でも、三つ約束してね。毎日教会へ行くこと。きれいな乙女には敬意を払うこと。それと質問しないこと」

パーシファルはアーサー王が少年を騎士にしてくれるだろうと聞いたので、王の宮殿へ向かった。この旅が、人生の冒険の始まりとなる。途中で、すべて緋色で身を固めた堂々たる戦士と出会った。パーシファルは何も知らなかったが、この赤い騎士はアーサー王とその騎士団を震え上がらせていた。この騎士に勝る者はいなかった。無垢な愚か者は騎士のほうへ進んで行った。「あなたの甲冑と武器と馬をもらいに来るつもりだ。騎士になったらね」。赤い騎士は皮肉っぽく答えた。「それはいい考えだ。騎士になったらすぐ戻ってくるんだな。できるかどうか、やってみればいい」

田舎者のパーシファルがやって来て、「私を騎士にしてください」と願い出たとき、アーサー王の騎士団は誰もが嘲り笑った。しかし、六年間にこりともしなかった若い女性がパーシファルに近づき、目を合わせ微笑むと彼に請合った。「あなたはすべての騎士の中で最も勇敢な最高の騎士になるでしょう」。パーシファルは勇んで宮廷を出て、赤い騎士を探しに行った。

二人が再会すると赤い騎士が言った。「ああ、無垢な愚か者が戻ってきたか」。パーシファルが騎士の頭めがけて槍を投げると、槍は命中し、騎士は死んだ。パーシファルは粗末な山出しの服の上から赤い騎士の甲冑を着込むと、赤い騎士の馬にまたがり、その場を去った。

彼はこのあと数多くの冒険を重ねていくのだが、ある貴族の城に滞在したこともあった。そこで彼は騎士道と、口を慎むことを学んだ。

やがて、パーシファルの旅は聖杯の守護者、アンフォルタス王の城にたどり着く。傷を負っている王は板の台に載せられて大宴会場に入って来た。槍で足の付け根を刺された痛みは、横になっているのも辛いほどだった。部屋は期待で満ちていた。宮廷付きの道化師が、真の無垢の人が宮廷に現れれば治るだろうと予言していたからだ。ただし、この無垢の人は「何があなたを苦しめているのか」と問わなければならなかった。この質問が「聖杯の質問」であり、王の傷をいやし、荒廃していた国土を回復させる質問であった。誰もがパーシファルを待っていた。彼は質問しただろうか。いや、しなかった。「何があなたを苦しめているのでしょうか」と叫びたかったが、母との約束もあるし、あまり質問をするなとも教えられていた。そこで、アンフォルタス王は再び担がれて寝台に戻り、パーシファルは朝になったら何があなたを苦しめているのかと、必ず王に聞こうと思いながら眠りに就いた。

ところが、朝になると城はもぬけの殻だった。彼は王に問う機会を失してしまった。落胆した彼が馬に乗り跳ね橋を渡ると、背後で跳ね橋が閉まり、城は跡形もなく消えてしまった。

パーシファルは全速力で馬を駆り、城の住人たちをむなしく探した。そうするうちに、彼は木の下に座っている乙女に出会った。乙女は彼の名前を尋ねた。このとき彼は生涯で初めて自分の名前を口に出した。「パーシファル」。乙女は恋人の亡骸《なきがら》を腕に抱いていた。「どこから来たの」と乙女はパーシファルに聞いた。彼は聖杯の城で質問をしなかったこと、そのため多くの人を落胆させてしまったことを話した。すると乙女は、彼の母ももう死んでしまった、悲しみのあまり、と彼に告げた。

その知らせを聞いて彼は悲しみ、乙女の恋人の復讐を誓い、彼女の元を去る。物語はまだ続く。パーシファルは聖杯の城を何年もむなしく探し回り、苦難と試練の長い道のりを経て、やっと聖杯の城に戻る道を見つけた。彼はようやく完全な存在《プレゼンス》として状況に立ち向かえるようになったのだ。ついに彼は聖杯の質問を口にした。「何があなたを苦しめているのでしょうか」。そして、王の健康とともに王国をも復興させたのだった。

パーシファルの課題は、彼自身の開かれた心のほんとうの在り方《プレゼンス》から行動することであり、「立派な教育」や社会規範が望む通りに行動することではなかった。対話《ダイアログ》フォーラムの女性が医師に対する気遣いを表明したとき、彼女は「先生、何が**あなたを**苦しめているのですか」と聖杯の質問をしたのだった。その質問は医師と患者のふつうの会話パターンを一変させた。このような心からの質問の力は、それが本物であるかどうかにある。それは状況が進んでいくうちにふと現われる「割れ目」から、現在の瞬間、つまり、まさに「今」から出た言葉なのだ。

感じ取る現場

サークルオブセブン

私が初めてサークルオブセブンについて知ったのは、ベス・ジャンダーノアとともにワークショップのまとめ役を務めていたときだった。私の知る限り、グループの前に立たせたらおそらく彼女に勝るまとめ役はいない。何もしていないように見えるのに、一瞬のうちに部屋全体と心と心のつながりを持ってしまうのだ。私のようなふつうの人間は少なくとも二、三日は経たないと、それも努力しなければ、とてもそんな関係にまで至らない。ところが、ベスはただ立ち上がり、心からの笑みを目に浮かべるだけで、すぐに全員を引き込んでしまうのだ。

彼女にずばり聞いてみた。「いったいどうやっているのですか?」

「とっても簡単なことです。立ち上がる前に心を開き、部屋中の人に無条件の愛を意識的に送るんです。三〇年以上やってきたことなの。それが愛の場というか環境を作るのです。サークルオブセブンという女性サークルと何年にもわたって関わってきたことが、そのように存在していられる能力を深めるのに力を貸してくれたのです」と彼女は答えた。

サークルオブセブンとは、どんな人たちなのだろう。「とてもいい友人同士の集まりです。年に三、四回、三日間会って、自分たちの旅を互いに支え合っているの。女性六人で始めたのだけど、最初に会ったのは一九九五年のサンタフェでした」。他のメンバーは、アン・ドウシャー、バーバラ・コフマン‐セシル、グレニファー・ガレスピー、レスリー・レインズ、セリーナ・ニュービーだと彼女は教えてくれた。

このようなサークルについて聞いたのは初めてだった。それ以来、私は似たようなグループのさまざまな話をあちこちで聞くようになった。定期的に会い、互いに傾聴し合い、それぞれの人生の展開に合わせ、集団で支え合っているのだ。こうしたグループのメンバーに見られる素晴らしい点は、実際に会合を持っていないときでも、互いの生活に具体的な影響を与えているらしいことだ。たとえば、ベスはグループでの経験をさらに深く許容する能力を開いていく意識的な入口として用い、その結果仕事でも私生活でもいっそう在り方《プレゼンス》を磨き、効果的に行動できるようになったという。

私は彼女のサークルについてもっと話を聞きたくなった。彼女たちに会って全員にインタビューしたいのだがとベスに伝えると、みな、寛大に同意してくれた。二〇〇三年九月一五日、私はオレゴン州アシュランドに飛び立ち、翌二日半を彼女たちと過ごした。

彼女たちの最初の計画は、仕事や私生活で変化を体験している女性を対象にしたプログラムを開発しようということだった。最初の集まりの後、しかしながら、当初の他人を助けるという崇高な目的をあきらめた。どんなにがんばって他のリーダーのためのイベントを考案しようとしても、結局、彼女たちは自分自身の生活に向き直ってしまうのだった。それぞれは他人への奉仕に専念していたのだが、人のためにしようとしていたことより、その当時としては自分自身を癒す必要性のほうがはるかに大きいことに気づいたのだ。彼女たちは自分自身の内面の深い所と彼女たちのサークルという場《フィールド》から、人生の次の段階を展開していくとはどういうことかを探ることにした。

後に、サークルオブセブンは初期の計画であった新進リーダー向けのプログラムを立ち上げ、自分たちの経験から得た知恵を分かち合えるようにした。この時期はまた、彼女たちの職業生活の円熟期とも重なっていた。彼女たちにとっての達成感はもはや組織を変えるというヒロイックな行動の中にはなかった。仕事を進めていく中で学んだリーダーシップを得るための思いやりや姿勢を、健全で統合的な世界への夢を抱く次世代の女性に伝えることのほうにこそ充足感があるとわかったのだ。

経験に潜り器を満たす

サークルのインタビューは最初の一〇分か一五分が前に述べた原則の例証となった。私は次の質問から始めた。「サークルでのセッションに入るとき、最初に何をしますか」[6]

「毎回みんなでどう始めるかを、一緒にあらためて探索するのです」とバーバラが応えた。「とはいえ、いつも決まったやり方でやっているわけではありません。そこで私たちがまず心がけるのはワークできる場としての、満たされた器を生み出すことです」。グレニファーがこれに説明を加えた。「たとえば、このインタビューを始める前のことですが、私たちはろうそくに火をともし、チベット様式のベルを鳴らし、一斉に沈黙しました」。沈黙している間、内面的にはめいめい別のことをしているのかもしれないと彼女は言った。内面に耳を傾けている人もいれば、沈黙に聞き入っている人もいる。「私たちがやっていることは、みんな一緒により深く、その場に飛び込むことなのです。それから、深く傾聴し合います。それぞれが必要なだけ時間をかけて、そのとき人生で取り組んでいることについて詳しく話をするんです。こうすることで私たちの空間がどんどん満たされていきます」。インタビューの初めにこうした発言を聴いていると、「器を満たす」という言葉で彼女たちが説明していることは、ふつうに集会を始める方法とはまったく異なるのに気が付いた。ふつう、会議は「論理」に訴える説明や、決められた議事進行にしたがって始まる。一方、このグループは経験を分かち合う「心」の要素で始まる。

心の知恵を開く

ベスが話し始めた。「このサークルでのやり方の一つとして、そのときメンバーが格闘している問題へのアプローチや、その問題が大きな世界の中でどういう意味を持つのかを見極めるためのプロセスを、その場その場で考え出すということをやっています。私のためにみんなで考えて創りだしてくれたあるプロセスは、ほかのメンバーが私のさまざまな側面を演じ、私は一歩後ろに下がって自分でもよく知らなかった自分の側面を発見するというものでした。そのセッションの間に、私は私の内なる賢者とでも呼びたいものを見つけ出しました。

「それはとても現実感があり、実在感があるものでした。私の内面にある洞窟の中にいるようでした。まるで私の内部に特別な場所があり、そこから洞察力や理解力が生まれるようでした。その場所はサークルの集まりが開いてくれたので、私はその内部の場所に立ち、そしてその内部の場所から自分自身となって戻ってきました」

「集合的だったからこそ、自分自身の中にあるその場所を発見できたのです。それ以来、私は知恵が必要になるとそこを訪れるようになりました」

「このプロセスを経験して以来、私は自分が賢い選択をするようになったことに気付きました。視野が広がりました。私の場合、これがサークルでのワークから生まれた強力なことに関するお話です。このことはその後も私の人生で生き続け、いつも私とともにあるのです」

ベスがその特別な場について話しているとき、両手を心臓に向けていたこと、また、「自己」について話しているときも同じ場所に向けていたことに私は触れた。「その経験について、いくつかの基本的な要素を話していただけますか。通常のアイデンティティから活動しているのか、それともより深い真正《オーセンティック》な場から活動しているのか、どうやってわかるのですか。どう違うと感じるのですか」と私は尋ねた。

ベスはこう答えた。「そうですね、私はより深い知の場にいるとき、とてもゆっくりと落ち着いています。自分の身体感覚を意識し、気づいているようにします。呼吸がよりゆったりとしてきて、世界はくつろいでいくように感じます。そして自分自身もくつろいでいきます。心臓のあたりにそういう感覚が生まれるんです。深く、開かれていて、暗い感じですが、照らされている場です。力強いけれど、絶えず流れているような感じもします。普段の私の行動を生んでいる場の感覚とはまったく違います」

器を保持する

パーシファルの聖杯と騎士団の物語が集団と女性のプレゼンスを象徴するのと同様に、サークルオブセブンも、メンバーそれぞれの創造性と旅のより深い源《ソース》へ入る入口として機能している。集合的に、「保持《ホールド》されている空間」を生み出すため、サークルオブセブンのメンバーは、空間（物理的な環境）、時間（年に三、四回）、関係性、そして意図的な空間を意識的に計画し形成している。

ベスは続けてこう話した。「私たちが結んだ一つの約束は、一緒にいないときでも、すべての一対一の関係の場を空けておこうということでした。そうするように努力しています。これは結婚のようなものだと思います。うまくいっているとすれば、それは努力しているからです。数少ない、限られた集まりのみがそういった約束を結びます」

「最終的に、私たちはメンバーの個性にとても関心があるということではないのです。私は、個人のレベルで関係づくりや維持に努めることはすべての前提だと思っています。でも、個人レベルでのコミットメントのほかにも、集合的領域《フィールド》に大きな力を与えてくれる別の次元のコミットメントがあるのです」

「自分本位の意図を持ち込んで邪魔をするようなことを誰もしなければ、私たちの可能性はさらに広がります。敷居を超えてしまえば豊かな経験が私たちを待っています。集合的に聞く能力は、謙虚で控えめなものです」

「問題になっていることについて、ただ**話す**のではなく、それについて具体的に**何らかのワークをする**理由については、はっきりとわかってきたことがあります。そうすることによって、ただ知的な会話を交わすのとは違い、サークルワークをしている部屋を問題の状況《コンテクスト》のエネルギーで満たすことができるからです。これは状況のいろんな側面をリアルタイムに経験する方法なのです。だから、私たちはそれをやっているのです」

私は彼女たちの「聖なる」サークルスペースに招かれたことに深い感謝の意を抱きつつ、インタビューを終えた。私がこの目で見てきたことは限られた時間内の寸描にすぎないが、彼女たちは意識を注意深く働かせ、絶えず自分たちの実践の場を創造し、進化させているのだと私は気が付いた。彼女たちは次々に新しいアイデアを発見し、かつては有効だったとしても新たな時間と空間に合わなくなったり役に立たなくなったりした方法は手放していくのだと説明してくれた。

転換点をファシリテートする

二〇〇一年四月、あるグローバルIT企業の有望なリーダーのグループがサンフランシスコに集まり、三日間のワークショップを開いた。ファシリテーターなら誰でもよく経験している状況だった。その初日、出席者は会社の企業文化が非常に息苦しい、そのため、イノベーションや学習が抑圧されていると口々に不満を述べた。二日目、グループは集合的に方向を変えた。参加者の全員はすでに管理的な役職に就いていたが、彼らはそれまで「システム」が自分たちに押し付けていると思っていた文化の特徴を、**自分たち自身**が行動に表わしていたことに気づき始めた。

東アジアからの参加者の一人が言った。「我々は他の人が我々にやっていることに不満を言っているが、まさに同じことを我々が他の人にやっているのです。だから、システムの異常に泣き言を言っているひまがあったら、自分自身を変えたほうがよいのです」。ファシリテーターである私としては、初日の後半か二日目の早い時期にこの内省的な転換に至らなければ、報酬に見合うだけの仕事をしたとは言えないと思っていた。この種の転換を手助けするのに、秘儀めいた訓練があるわけではない。経営、コンサルティング、リーダーシップの分野に携わる人々にとっては日常的な課題なのだ。

このとき転換を助けたツールは、サークルオブセブンがグループで学んできた内容をほとんどそろえていた。感情を呼び醒ます段階的なスケジュールを展開する（経験に潜る）、深い傾聴と対話《ダイアログ》を実践する（意識の視座を私から他の人へ転換する）、チームが集合的に行動化している組織的なパターンを理解する、チームの経験と個人的な転換点について小グループで話をし、より深いレベルで知ることに心を開く、がそれだ。

感じ取る《センシング》プロセス

深いレベルに到達した集まりのどの話にも、一貫して同じような要素が見られる。集合した参加者はともに具体的な経験に**潜る**ことからこのプロセスを始める。たとえば、患者のインタビューから得た重要な引用に耳を傾ける、サークルの会合の初めに沈黙に耳を傾ける、従業員が語る組織や個人の物語《ストーリー》に耳を傾けるなどだ。

続いて彼らは、自分たちの頭の内側で活動することから、**全体の場《ホールフィールド》から**起こることへと意識の視座を転換する。これは医療フォーラムでは白い点と青い点のイメージが十分に理解され始めたとき、人々が集合的にシステムを具現化している自分自身に気が付き始めたときの沈黙で起こった。サークルオブセブンでは、彼女たちがつながりの場を生み出すときに、精力的に知ることという形で現れる。リーダーシップワークショップの場合は、それまで不満の対象となっていたシステムを、自分自身が共創造《コークリエイト》しているのだと見始めたときに起こった。

そして、彼らは**内面の心の知**から行動し、この転換を深めていく。

二種類の全体性

最近、「観る」ことと「感じ取る」ことで生じるこの微妙な転換が、二〇世紀物理学を踏まえて全体性の現象と取り組んでいる科学者の間でちょっとした関心を呼んでいる。この新しい科学の視点を最も明瞭に表現しているのが、ヘンリー・ボートフトの *The Wholeness of Nature*（自然の全体性）だ。ボートフトはゲーテの科学的な業績や二〇世紀の解釈学、現象学、量子論など多様な資料を駆使し、ポスト実証主義的な方法で科学を研究することを提言している。観察者は積極的かつ意識的に現象と現象の発生過程に参加し、自らそれを経験するという方法だ。

一九九九年七月にロンドンで会ったとき、ボートフトは彼の師で助言者でもある量子物理学者のデビッド・ボームが、ニールス・ボアをじっくり研究するようにとボートフトに助言したという話をしてくれた。ボートフトはボアが量子物理学に導入した用語である「全体性《ホールネス》」という概念に強く引かれた。ボアは全体性をむしろ我々の思考を制限するものとしてとらえていた。しかし、ボームは違う考えだった。ボートフトはこう説明した。「人は全体性を理解できるとボームは考えていた。彼はホログラム★をモデルとして使ったのだが、非常に分かりやすかった。それは、全体は部分の中に存在しているということなのだ」

ボートフトは二種類の全体性、つまり**偽りの全体性**と**真の全体性**を区別した。双方の全体概念は異なる認知に基づいていると彼は言う。偽りの全体性は、具体的な感覚の知覚認知から抽象概念を引き出そうとする知的な思考に基づいている。この方法で活動しているとき、思考は全体観を得ようとして「具体的な部分から離れていく」。そのため、抽象的で非動的な全体の概念になる。

これとは対照的に、と、ボートフトはさらに論を進める。真の全体性は異なる認知能力、「直感的な思考」に基づいている。つまり、より認知の質を高めることに基づいている。直感的な思考は「具体的な部分のど真ん中に踏み込む」ことによって活動し、全体に出会うのだ。つまり、個々の具体的な経験に飛び込むことで全体に出会う。

ボートフトはゲーテの研究に出会ったとき、ゲーテが見ることについて「全体から部分へと向かおうとする見方」という、異なる概念を持っていたことを知り、衝撃を受けた。「それはボームのホログラムに大変近いものだった」とボートフトは言う。

★　どのミクロの部分にもその部分を構成している全体の情報がほぼ完全な形で保持されている構造

「我々はある物を知るのと同じ方法で全体を知ることはできない。なぜなら全体は物ではないからだ。課題は、部分の中に立ち現われてくる全体に出会うことである」とボートフトは言う。「全体に至るには、部分に入り込み、通り抜けなければならない。全体像は、見ようとして後ろに下がれば出会えるといったものではない。なぜなら全体は、あらゆるものを包含する超越的な存在であるかのように部分の上方にあるといったものではないからだ。全体は、部分のど真ん中に踏み込むことによって出会うものだ。これが、部分の中に入れ子になっている全体に入り込むということ、すなわち、部分を通り抜けることで全体に入り込むことになるのだ」

「そういう風に見る能力を開発するには、どうすればよいのですか」。私はボートフトに聞いた。彼は正確な感覚的想像力というゲーテの概念を私に説明してくれた。この言葉は**潜る**《ダイブ・イン》という原則を非常によくとらえたゲーテの表現である。

「全体から部分へと向かおうとする認知の質を高めなければならない」ゲーテの言葉を言い換えて、ボートフトはそう言った。「時間がかかる。スピードを落とさなければならない。ものを見て、想像の中であらゆる細部をたどっていく。思考の中に見たもののイメージをできるだけ正確に描いていく。たとえば、一枚の葉っぱを見る。思考の中にできるだけ正確にその葉っぱの形状を描いていく。思考の中でその葉っぱの形状をなぞってあちこち移動してみる。こうして、すべての細部をたどっていく。思考の中で現象はイメージになる。これをするには思考を活発に働かせなければならない」

　彼はさらに続けた。「我々には、これを実行させせまいとする大きな抵抗がある。だから、多くの人はせっせとダウンローディングばかりしている。こういうこと（メンタルイメージを描くこと）をするには、スピードを落とさなければならない。一枚の葉っぱで試したら、次の葉っぱで、そしてまた次へと続ける。すると突然、動きがやってくる。ダイナミックな動きだ。一枚一枚の葉っぱではなく、ダイナミックな動きが見えてくる。植物はダイナミックな動きなのだ。それが現実なのだ」

彼は続けた。「この想像力は知覚器官になる。その器官は発達させることが可能だ。知覚が発達すると、もう一つの空間、想像上の領域に移動していくのを私は感じる。それは動きつづけるものである、外の世界よりよほど生き生きとしていてリアルなようだ。**自分**が能動的に活動しているから、とてもリアルなのだ。**自分**が活性化している。ゲーテはこの点では途方もない能力を持っていた。ピカソも同じだ。このやり方で彼も絵を描いた。彼の絵を見ると、この変容（メタモルフォーゼ）、つまりダイナミックな動きが見られる」

ボートフトの説明は我々が前に確認した感じ取ることの三つの原則をすべて具現化している。一つ目は感覚的経験に潜ること、二つ目は向ける意識の視座を転換すること、三つ目はより深い認知能力を活発にすることだ。

認識論的逆転

伝統的な科学は、理論は容器であり、事実はその中身だと考えてきた。一方、ゲーテやボートフトは感覚的事実を容器と考えている[7]。ボートフトはこう説明する。「意識が分析的モードから全体論的モードへ転換すると、容器と中身が逆転する。実証主義では、理論は事実のための容器としかみなされていない。では、ゲーテの言うように、もし理論が現象の真の中身だとどうだろう。そうであれば直感的洞察の瞬間に我々は**現象の内側を見ている**と言える」[8]

彼の説明はさらに続いた。「自然の展開それ自体が認識論的逆転なのだ。植物はダイナミックな動きである。人が見ている葉っぱは、この動きの痕跡が具体的で明らかな形をとって現れたものだ。その動きは人が見るときとても強くなる。それが現象の内側から直感的に見ることなのだ。ダイナミックな動きは現実なのだ」

彼の言う二つの見方の違いは、私や仲間が組織の深い変化を導く分野の仕事で経てきた経験と深く共鳴すると、私は彼に伝えた。新しい見方のもう一つの側面は心を開くこと、つまり、人の情動や感情が、世界とのより深い関係を求める感覚へと転換することと関連していると私は説明した。「最近私が取り組んできた中心テーマが、まさしくそれだ」と彼は答えた。私も彼ももっと時間があれば、心で見ることと考えることの現象をさらに深く探究できたのにと残念に思いながら、インタビューを終えた。

フィールドノート——監獄を出る

感じ取る経験、つまり内側からの視点で見るという経験を少しでもすると、ふつうのやり方、つまり外側からの視点が提供するものは、プラトンが巧みに表現しているように、一次的な現実というよりは影の（つまり二次的な）現実でしかないことに気が付く。そのため、洞窟の中に監禁されているイメージはあながち的外れではない[9]。ただダウンローディングしている限り、我々は完全な囚われ人だ。見るものは壁の上の影だけ、自分の心の中を一瞬よぎるものが作る影だけだ。

すでに論じたように、ダウンローディングの状態（過去のパターンを投影する見方）から、観る状態（外側からの見方）へ切り替わると、我々は頭をめぐらし、壁の影が実際には自分自身の投影であり真実は洞窟の外にあると気が付く。この段階で、三つの原則が作用し始める。視座を変える（状況《コンテクスト》に入る）、自分が投影するものとは違うものがあると気づく（保留し好奇心を持つ）、外の真実はどのようなものだろうと思う（疑問を持つ）。

観る状態（外側からの見方）から感じ取る状態（内側からの見方）へ切り替わる瞬間、我々は洞窟の境界を越え、外の世界へ出ていく。この移行が進んでいるときにも、三つの原則が作用している。まず、我々は具体的な細部に没入しなければならない（潜る）**抽象的な**思考を習慣的にダウンロードし続けていては洞窟から出られない。誰かの背中に乗っていては洞窟から出られない（目が見えないままだったヴァレラの上の猫のように）。外に出るには自分自身の感覚を活発にするしかないのだ。次に、我々は意識の**視座を変え**形成されている領域《フィールド》の内側で感じ取ることにより真実をつかむようになる。三つ目は、この展開を深めると、我々は異なる認知能力、つまり心の知性から出現する知を働かせるようになる。我々は個々の観察者の視点からだけではなく、命とその源《ソース》である太陽の視点から真実を理解する。結果として**心で見ることになる。**

自ら移動し、現在の境界を越えた外側の世界とつながる感覚を用いる努力をしない限り、我々はいつまでも目が見えないまま洞窟から出られない。

ゲーテはそれを次のように表現している。「人は自分が世界を知っている範囲でしか自分のことがわからない。人は世界の中でのみ自分を知るようになり、自分自身の中でのみ世界を知るようになる。**どんな対象もよく観察していると我々の内面に新しい器官を開く**」[10]

ほとんどの組織横断型の変化のプロセスが失敗するのは、出発点を見逃しているからだ。その出発点とは、境界を越え、ともに感じる共感知《コーセンシング》だ。システムを越えて持続的にこのプロセスを促進するインフラが必要だ。それがまだ存在しないため、組織は、より大きなシステムの実践家とともに感じ取り、イノベーションを起こしていく代わりに、全体の利益に反しても自分たちの特殊な利益を最大限に膨らませようとする。ヴァレラの猫のように、他者の背中の上に我々の社会を組織している限り、我々はいつまでも満足のいく結果を得ることはできないだろう。目の見えない上の猫がつねにダイナミックに変化している環境でうまく行動できるとは思えない。同様に、ちゃんと見ることをしていない社会や社会システムが、ますます変化の激しくなるこの時代にうまく適応し活動できるとは、到底期待できない。

第11章 プレゼンシング（Presencing）

源《ソース》から見る

プレゼンシングとは**sensing**（感じ取る）と**presence**（存在）の混成語で、最高の未来の可能性の源《ソース》とつながり、それを今に持ち込むことである。プレゼンシングの状態へと移っていくと、我々は自分次第で現実になり得る未来の可能性からものを見るようになる。その状態に入ると、我々はほんとうの自分、正真正銘の自己である真正の自己《オーセンティック・セルフ》へと入っていく。プレゼンシングは**出現する未来から**自己に関わる動きのことだ。[1]

いろいろな意味で、プレゼンシングは感じ取ること《センシング》と似ている。どちらの場合も（物理的な）組織の内側から外側へ視座がシフトする。重要な違いは、感じ取ることが視座を現時点の全体性に移行するのに対し、プレゼンシングは出現する未来の全体の源《ソース》、つまり出現しようとしている未来の可能性に移行することだ。

私は燃える農場を見つめていたとき、それまで自分の存在そのものだと思っていたすべてのものが消えていくのを感じた。あれが感じ取る例だ。火事と私の間の境界が崩壊し、私が火事と一つになっていると気づいたとき、炎に包まれ燃え上がる家と一つになっていると気づいたとき、あれも感じ取る《センシング》ことだった。感じ取っているとき、私は現在の領域からものを見ていた。燃える炎はまさに私の目の前にあった。しかし、次の瞬間、私は明確な気づきという別の領域に持ち上げられる感じがして、沈黙と大きなSの高次の自己の源《ソース》へと引かれるのを感じた。あれはプレゼンシングの前兆だった。

創造性を引き出す二つの根源的な問い

Uの底にある領域は、ブライアン・アーサーが話していた内面の叡智の源《ソース》とつながることに関連している。存在、創造性、そして能力の真の源《ソース》につながるには、Uの底深くにある敷居を越えなければならない。

この源《ソース》についてもっと知りたいと思い、ジョセフ・ジャウォースキーと私はマイケル・レイにインタビューした。彼はスタンフォードビジネススクールでビジネスに生かす創造性の講座を開いていた。何年も前から、彼の講座を受講して人生が変わったと多くの人から聞いていた。『ファストカンパニー』誌が「シリコンバレーで最も創造性豊かな男」として紹介したこの人が、受講者を創造性の源《ソース》につなげるのにどんな手助けをしているのか知りたかったのだ。[2]

「いったいどういう風にするんですか。人々が実際に創造性を高めるよう促すのに欠かせない活動は何ですか」と聞くと、レイはこう答えた。「どの講座でも私は、受講者が創造性を引き出す二つの根源的な問いと真剣に取り組めるような学習環境を作り出すのです」。ちょっと間を置いてから彼はその二つの問いをこう説明した。「私の大きなSの自己《セルフ》とは何者なのか、私の成すべき事とは何なのか」。レイは「大きなSの自己（Self）」という言葉で最も高次なる自己、狭量な自己を超える「最高の未来の可能性」を表す自己を表現していると言った。同様に、「大きなWの成すべき事（Work）」は現在の仕事ではなく、自分の人生の目的、この地上で成すべき事を表現しているという。「汝自身を知れ」。南《ナン》老師との会話がよみがえった。良いリーダーになるには自分自身を知らなければならないと老師は言っていた。「汝自身を知れ」はすべての偉大な知恵の伝統にあまねく見られる。インドでガンジーの教えを学んでいたときも、それが重要な教えの一つだったのを思い出す。「人は生み出そうしている変化そのものにならなければならない」。また、デルフォイにある古代ギリシャの神殿では、アポロの言葉として入口に刻みこまれていた。ゲーテもまた、注意の方向を自分自身に向けなければ自然の真髄は発見できないこと、自分自身を世界に没入させる以外に自分が何者なのかを知ることはできないことを知っていた。今日、哲学に限らず物理、心理学、経営の分野でも自己《セルフ》は我々が学ぶことの核心になっている。

プレゼンシングの領域《フィールド》構造

プレゼンシングは出現する未来の源《ソース》に我々の感覚がつながると起こる。過去の存在《プレゼンス》（現在の領域）、未来の存在《プレゼンス》（出現する未来の領域）、真正の自己《オーセンティック・セルフ》の存在《プレゼンス》、この三種類の存在《プレゼンス》の間の境界が崩壊するのだ。この共プレゼンス、つまり三種類の存在《プレゼンス》が融合し共鳴するようになると、我々は深いレベルの転換、つまり我々がそこから活動を起こす場が変化するのを経験する。火事を目の前にして立っていたとき、私は真正の自己の存在《プレゼンス》を経験し、私をそこまで連れて来た旅（過去の存在《プレゼンス》）と未来から出現するように思われたもの（未来の存在《プレゼンス》）の両方につながっているのを感じていた。

ある日、私はアルプスのフェックス谷をハイキングしていた。スイスとイタリアの国境近くに伸びる小さな谷で、哲学者のフリードリッヒ・ニーチェが著作の場に選んだシルスマリアに隣接している。この地域は三つの大河の分水界になっているので、ヨーロッパでも特別な場所である。ライン川が北西に流れ、イン川が北東に流れ、ポー川が南に流れている。私はイン川を源流までたどることにした。上流へと歩いて行くうちに、川の源流までさかのぼったことなどこれまで一度もなかったことに気が付いた。事実、大きな川の源がどんな風になっているのか、私はまるで知らなかった。

川幅はどんどん狭まり、ついにちょろちょろ流れるだけの細い流れになってしまった。私はゆったりと広がる谷の窪みで池のほとりに立っているのに気が付いた。氷河に覆われた山々の頂が周囲を取り巻いている。私はただそこに立ち続け、耳を済ませた。驚いたことに、私は周囲の山々から流れ落ちる無数の滝の輪の真ん中にいたのだった。滝は想像を超える美しい音でシンフォニーを奏でていた。川には単一の起点などというものはないと気がつき、私はぼうぜんとしてしまった。ぐるりと周囲や上方を見渡し、氷山に覆われた周囲の山々から流れ落ち、小さな池に集まってくる水の源をじっと見る。この池が源だろうか。周囲を囲む滝が源だろうか。山々の氷山が源だろうか。それとも、雨、大海に流れ込む川、蒸発といった惑星全体の自然のサイクルが源だろうか。

たとえて言うなら、プレゼンシングとは、この拡大された源《ソース》の概念から我々を活動させる能力であり、出現したがっている物事を感じ取り、それを出現させるという分水界のように機能する能力だ。言い換えると、池は周囲の滝から水を一カ所に集め、水が満ちると、川へと溢れ出て川になるにまかせ、川という存在を出現させるのだ。

プレゼンシングが感じ取る《センシング》能力を高めるのは、「感じ取る」ことが「観る」能力を高めるのと同じだ。感じることは意識の中心を現象の「内側に」移動させ、観るという活動の幅を広げる。プレゼンシングは大きなSの自己を利用して感じ取るという活動を広げる。プレゼンシング〔presensing〕という語の語根はesで、意味は「であること」つまり「私は~である」だ。Essence, yes, presence, present（贈り物）、これらはすべて、同じインド－ヨーロッパ語根を共有している。インド起源のこの同じ語根を持つ古インド派生語はsatで、意味は「真」と「善」だ。この言葉は二〇世紀に大きな力となった。マハトマ・ガンジーがこの言葉を使用し、彼の重要な概念であるサティヤーグラハ（satyagraha：真実と非暴力の方法）を伝えた。同じ語根から出た古ドイツ派生語、sunは「我々を囲んでいる人々」または「我々を囲む存在」を意味している。[3]

図11-1では、我々の活動を生み出す場は中央（ダウンローディング）から周縁部（観ること）へ移動し、そこから自分自身の境界を越えて（感じ取ること）移動するだけではなく、周囲の領域へ、つまり「我々を取り巻く存在」へと移動する。

このような活動をもっと知りたいと思い、私はカリフォルニアのバークレー校に出かけ第10章で紹介したエレノア・ロッシュに会った。彼女は現代の著名な認知心理学者で、カリフォルニア大学バークレー校の心理学部教授を務めている。

彼女の研究に触れたのは、フランシスコ・ヴァレラ、エバン・トンプソンとの共著『身体化された心――仏教思想からのエナクティブ・アプローチ』（田中靖夫編、工作舎、二〇〇一年）を読んだときだった。ハーススクールオブビジネスで野中郁次郎が主催したナレッジマネジメントに関する会議、バークレーナレッジフォーラ

図 11-1　プレゼンシングの領域《フィールド》構造

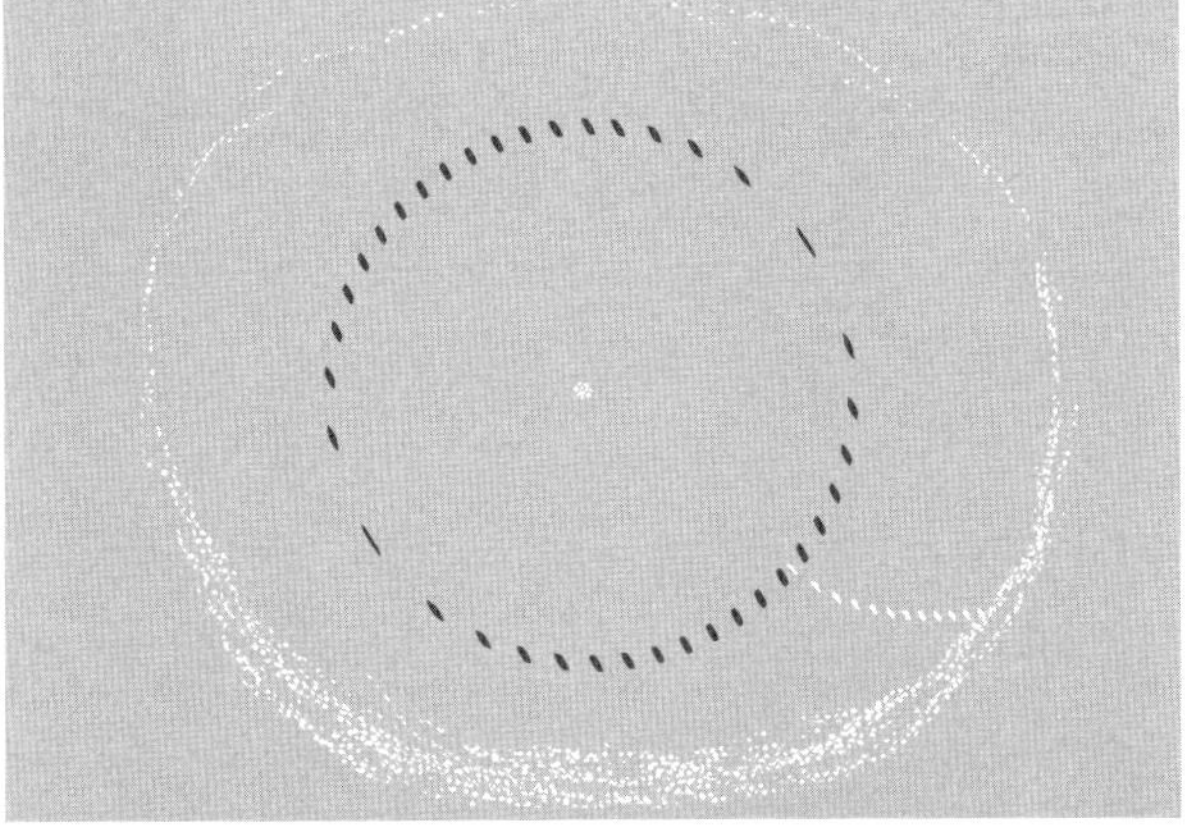

ムが終わった後、私は彼女に会った。ロッシュは「根源的に知ること《プライマリー・ノウィング》」という概念を取り入れた素晴らしい発表をしたばかりだった。

二種類の知識《ナレッジ》と知《ノウイング》

ロッシュはその発表の中で、従来の分析的な知識《ナレッジ》と「根源的に知ること《プライマリー・ノウィング》」つまり知恵による自覚とを区別した。認知科学による分析的な図式は、従来の分析的な知識に基づいている、つまり「観る」の章で説明した意識の領域《フィールド》構造に基づいているとロッシュは言う。この状態では、世界とは個々の物と出来事の状態の集合体であり、人の思考は世界と自分自身の間接的な表現として知を識別し、保存し、検索する機械であると考えられている。

これに対して、根源的に知ること《プライマリー・ノウィング》とは、感じ取ること《センシング》とプレゼンシングという認識のタイプを特徴とする。（孤立した偶然の一部ではなく）相互につながりあっている全体を通して、また（保存され記憶されていることの再提示ではなく）時間を超越した直接的な提示を通して知ることである。このような知は確定的というよりは、むしろ「開かれている」知だ。条件付きの実用性ではなく無条件の価値を感じ取る感覚が、知るという行為自体に本来備わっている。自覚からの行為は「意思決定の結果ではなく自然発生的なものであると言われます。自己より大きな全体に基づいているので共感性に富み、驚くほど効果的です」とロッシュは言う。[4]

思考と世界は別個のものではない

この見方が心理学や認知科学に及ぼす影響は計り知れないとロッシュは言う。「思考《マインド》と世界は別個のものではありません。経験の主観的側面と客観的側面は、同一の認知行為の両極として一緒に生じる（同じ情報領域に属する）ので、発生したときからすでに結合しているのです」。ロッシュは、問題を生み出したのと同じレベルの思考では絶対に問題を解決できないというアルバート・アインシュタインの名言を引き合いに出し、「科学とは何かと、根本的に問う新たな方向付け」が必要だという。ロッシュによれば、「科学は叡智の思考で行わなければならない」のだ。ロッシュが、我々のほとんどが経験しているのに、めったに気が付かない微細な経験を語ろうとしているのは明らかだった。

連れだって彼女の部屋へ向かう途中、彼女はこう言った。「思考と世界が別個のものではないと言ったのは、ほんの一部にすぎないのです。私が挙げたさまざまな属性も……実際にはすべて一つなのです。それは、チベット仏教でいう自然状態、タオイズムでいう根源です。心の中心の中心、そのまた中心にあるものです。気づきが起き、小さなひらめきをとらえます。それは、私たちがとても重要なことだと思っているあらゆる事柄からまったく独立しています。このようにして物事は始まるのです。私たちの行為は、そこ**から**発するようになるのです。それが起こらなかったり、起こっても気づかなかったりすると、個人でも、国家でも、文化でも、我々は救いようのない混乱に陥るのです」

領域は自らを知っていて行動を導く

オフィスに戻ってからも彼女の話は続いた。「知るという能力が備わっている深い心の源《ソース》から、一瞬一瞬の表出として生じるすべてのことについて考えてみましょう。チベット仏教は空《くう》、光明、知る能力を分けられないものとしてとらえています。ある意味で、知る能力とは、実際に場自体が自らを知っていることなのです。つまり、より大きな状況《コンテクスト》自体が自らを知っていることなのです」

「では、人の活動はこのプロセス、つまり領域がそれ自体を知るというプロセスを助けることですか」私はそう尋ねた。

「あるがままの自分にどこまでも従って行き、ついには従っていくという意識さえ手放すなら、実質的に自分が本来の存在になっていること、本来の在り方になっていることに気が付きます。本来の在り方が物事を知り、独自の方法で物事を実行するのです。それが起こると、あるいはそれをちらりとでも垣間見ると、自分たちは、実は個々に断片化した自己として行動しているのではない、そう行動していると思っていてもそれは違う、ということに気が付きます。どんな行動によっても、この本来の存在のあり方、この認識を生み出すことはできません。波長を合わせ、その作用に波合わせて行動することが必要なのです。この領域には実際には自分自身になろうとする偉大なる意図があり、その意図に任せておけば、それは実現するのです」

ロッシュは私がワークショップで何度も観察し、ヴァレラも語っていたのと同じ転換点について話した。**視座の転換**《リダイレクト》（波長を合わせる）と**手放す**《レッティングゴー》だ。たとえば、患者と医師の対話《ダイアログ》フォーラムでは、参加者は白いシールと青いシールを付けた壁を眺め、イメージを心の奥に沈ませ、ほかのデータは取り込まないでいた。そのとき転換していたのは、彼らが目の前のイメージを見つめていた場だった。その前までは、彼らは従来の内側の自己、つまりロッシュが「皮膚の内側に閉じ込められ、目を通して外を見ている個人」と言っている自己から活動していた。転換を果たしたフォーラムの参加者は、それとは異なる場所から活動を生み出すようになった。一部は自分の皮膚や身体組織の内側に、一部は外側にある自己がその場所となったのだ。

自己を超越した高められた自己の感覚から、つまり観察者の組織体の**内側と外側の両方**を備えた場から活動すると、人は自分自身の自己をシステムの一部として見るようになり、システムを具現化している人々のプロセスが見えてくる。単一点（「バルコニーの視点」）からシステムを観察しているのではなく、周囲の領域の複数の視点から同時に観察しているように感じる。これはボートフトが「全体から部分へと努力する」ことと呼んでいるものであり、ロッシュが「自らを知る領域」と呼んでいるもの、つまり、うまくそれと波長が合わせられたら実際には「自分自身になろうとする大いなる意図を持つ」領域なのだ。

真実と、美と、善の瞬間

実際にはどんなプロセスになるのだろう。ここで、二つの例を見ていくことにしよう。最初の例はデンマークの彫刻家で経営コンサルタントでもあるエリック・レムケだ。

手は知っている

エリックは自分の仕事についてこう語ってくれた。「ある彫刻をしばらく続けていると、物事が変化し始める瞬間が訪れるのです。この変化の瞬間がやってくると、創作しているのはもはや私一人ではなくなります。とても深い何かにつながっている感じで、私の両手はその力と共創造《コークリエイト》しているのです。同時に、私の知覚が広がり、自分自身が愛といたわりで満たされていくのを感じます。物事が違って感じられます。それは世界に対する愛であり、生じてくるものに対する愛です。やらなければならないことが直感的にわかるようになります。私の両手は何を加え、何をそぎ落とせばよいか知っています。私の両手はどのような形が現れ出て来るべきなのかを知っています。ある意味で、この誘導に従えば創作は容易です。このような瞬間に、私は深い感謝と謙虚な気持ちを抱きます」

エリックの例はプレゼンシングの本質と最も深い創造的なプロセスの本質が同じ一つのものだということを見事に立証している。

二番目の例は自動車の最大手グローバル企業で有望な若手リーダーとして活躍しているスティーブンとのインタビューだ。彼は同社の今後の浮沈がかかった重要な任務を任されていた。その任務はあらゆる大陸や文化圏に展開する同社で、すべての部門を越えて重要な技術的要素を統合することだった。それは今後の会社にとってはきわめて重要だが、部門間の縄張り意識という問題を考えると非常に困難だと誰もが言うに違いない任務だった。以下は、スティーブン自身の言葉だ。

日記の記載◆私はばらばらになっていく

新しい予算、新しい考え方、新しい働き方、すべて来週まで。もちろん不可能だ。モデル別グループから集まった数人の部門の長。今は、モデル枠内で幅を広げるのではなく、各々が全部門のために一つの特殊な分野で深く特化することを求められている。一人が言う、「一番やりたくない類の仕事だ」。古い組織は断末魔の苦しみの中で、もうぴくりともしていなかった。そんな組織なのに、ことあるごとに圧力をかけてくる。

まさに空間的に集まっているだけ。互いに知らない者同士の部門の構成。三日後には、すべて整っていなければならない。状況に慣れる間もない。その日から次の日へと、方法もなく、戦略もなく、関係性もない。二六〇人の彼らを多少なりとも互いに接近させるため、多くの人々を移動させなければならない。

感情の動きを記しておこう。私にとっての真の岐路は、三日目に二六〇人の前で話すことだった。その前に、おおよそ二時間ほど部門の長たちの気持ちを引き付け、その上で、わかっていることと、こちらがほとんどだったが、まだわかっていないことも彼らに話すのだ。私は徹夜でパワーポイントのプレゼンテーションを作成した。センターは再開する。開始時点の収支。コスト削減目標が流動性を制限する。すべては明確。問題はない。自分が自分であるという感覚さえまったくない。頭ではやるべきことはすべてわかっている。

内面はひどい気分だった。私には感情が必要だ。高揚したり落ち込んだりする感情が。それがあれば、何とか人生を切り抜けられる。感情は私の方向指示器であり、方位センサーだ。私の皮膚は生身で傷つきやすい。同僚のだれかのように鎧と化してはいない。けれど、私はほかの幾人かのように意思決定する能力が欠如しているわけではない。私の外皮は状況に合わせて厚くも薄くもできる道具だ。その夜、私はその日のことを振り返ってみた。今日はどんな日だったか、どこへ行きたかったか、どこへ着いたか。その夜、弓は限界点まで引き絞られる。私にとって個人的な出会いは非常に重要だ。私の人生で最初から私とともにあったもの——率直さ、正直、思いやり、人間同士が協調していくのに必要な基本的な要素——、どれもが試練にさらされている。このセンターで、私は人生で一度も足を踏み入れたことのない地点にまで来てしまった。そこで、全体像は揺らぎ始めている。取り組んできた課題は正しかったのだろうか、やってきたことは正しかったのだろうか、対象にした人々は的確だったろうか。上司にこの質問をしたら、上司はいらだち、鼻先でせせら笑ってこう答えた。「やれやれ。私にこれ以上どうしろというんだ」

その朝早く、私は資料をかばんに詰めた。緊張し、これから起きることの重大さに意識はぴりぴりしていた。同じように緊張したリーダーたちと合流する。私は二六〇人の人々が部屋に流れ込むのを見た。家を失ったかのように不安そうな人たちが、これからどうなるかを知りたがっている。誰が残り、誰が辞めさせられるのか、この合理化にはいったいどういう意味があるのか。私は無意味なプレゼン資料を抱え、チームリーダーたちをぞろぞろ従え、演壇に登った。

階段に足を掛けた途端、足ががくがくしているのに気が付いた。演台までの道のりは永遠に続くように思われた。一歩前に進むのもようやくだった。そしてとうとう二六〇人の敵意に満ちた人々を目の前にした。どの顔も黙りこくっていた。突如、彼らの前に立ったとき、私はばらばらになって崩れていくような気がした。私は死んでしまう。完全なもろさの瞬間。集まった人々と私は互いに見詰め合ったまま数分が過ぎた。物音一つ立てずに、永遠に。

不意に、すべてが変わった。私は空中にざわめきのようなものを聞いた。突然、勇気が湧いてきた。我々がやっていることは正しいことだという確信からくる勇気だった。この道を進むしかない。私は労使協議会のメンバーに、この集まりの前に次のように念を押されていた。「我々はあなたとの公正な信頼関係を望んでいます」。突然、深い内面の確信を感じた。我々はプロセスを変え、考えを変えない限り、人々を助けられないのだと。誠実であるためにはこの「死の経験」を経なければならないのかもしれない。私はまったく新しい活動の場に立っていた。突然、私は強くなり、しっかりとそこに立っていた。私に続いて話した人たちも、場を動かしている力の変化に引き込まれた。部屋の中は、私を取り巻く何かが完全に変わっていた。たしかにざわめいていた。もちろん、これは良い前兆ではなかったが、説明できるという点では耐えられた。いきなり、私はなめらかに話せるようになった。他人の前で即座に的確な要点が頭に浮かび、ぴたりと核心を射抜く言葉になって出た。その言葉はしっくりと納まり、きわめて強い力になった。私はとても強くなったように感じた。これで持ちこたえられる。そのまま進んだ。何もコントロールしなかった。とても良い気分だった。不意に私は正しいと感じた。今は、これが私の仕事なのだとわかった。私は核心に触れていた。堰き止めていたダムは今壊れようとしている。

エリックが意図的な創作プロセスとして話してくれたことが、スティーブンの話でもリーダーシップの危機的状況を通して起こっている。つまり割れ目が開いて、さて、あなたは死ぬ覚悟はできているだろうか、と問うのだ。

次の話も、転換点を経て展開する。

膜を突き破る

一九九九年六月上旬のある日、テキサス州ヒューストンで、ジョセフ・ジャウォースキーと私はある会社の中間管理職のグループと外部コンサルタントのチームの最終会議に参加していた。下流部門の石油会社が大規模な合併により巨大化して複雑化した組織で、トップにいる人々がもっと独創的で効率の良い方法で会社を導けるように、アクションラーニング的な介入で変化への取り組みを計画する会合だった。部屋は緊張、不安、怒り、失望で満ちあふれていた。

会話のレベルはグレシャムの法則で進んでいるようだった。サー・トマス・グレシャムは一六世紀のイギリスの貿易商であり官吏だったが、「悪貨は良貨を駆逐する」と言った[5]。同じように、悪い会話が良い会話を追い払うグループ会話のパターンを私は何度も見てきた。悪い会話は人を悩ませるし、騒々しい。同じ人々がエゴをあらわにし、その場を独占する。グループを別の方向に向けるかもしれないプロセスやほかの人からの貢献にも、まるで感受性がない。良い会話には、ある種の質の高い注意力、あるいは傾聴が必要だ。ビル・アイザックスならそれを「器」と言うだろう。語気をやわらげたり、「悪い話」を排除したりするのだ。このように良い話し方をするには、悪い話し方を停止するのが条件になるが、悪い話し方のほうは善が条件にはならない。悪い話し方はどこまでも続き、繰り返され、際限なく膨れ上がる。このグループはこの不快な原則の生きた標本だと私は思った。

あらゆる誕生の過程は喜びと魔法を伴うものだが、それと同程度に苦痛を伴う。グループが重要な突破口に達するときはいつでも、ひどい苦痛や失意がある。素晴らしいことを成し遂げる人々の英雄伝をこんなにも多く聞くのに、こうした醜悪な側面が語られないのはなぜだろう。それはおとぎ話だからだ。二番目の息子が生まれた直後、妻は「これで終わりよ。もう、たくさん」と言った。ところが三カ月たつと、妻はこう変わった。「子供はほんとうに二人だけでいいの？　三番目がいた方がいいんじゃない」。女性が出産の苦しみをはっきり覚えていたら、人類の未来は深刻な危機に見舞われるだろう。もしグループワークの苦痛を覚えていたら、たぶん誰もが職業を変えるだろう。ところが思考は自分たちの物語をきれいに掃除し、磨きを掛ける。たちまち姿と背景が転換し、「悪い部分」を差し引き、成し遂げたことの喜びのほうに波長を合わせ始める。ヒューストンのその日の朝、自称ドリームチームは、むしろ悪夢のチームのようだった。残り時間は少なかった。リーダーが組織を未来につなぐのに役立てようと、リーダーシップの実験室を計画する任務は明らかに行き詰まっていた。室内の緊張と不機嫌は増すばかりなので、短い休憩をとることにした。グループのリーダーはジョセフや私と連れ立って外に出ると、残りの時間をどう使えば一番良いかについて話した。

我々はそれまでの四カ月間定期的に会い、膨大な量の真剣な観察、没入、学習をともに重ねてきた。また、我々の間で積み重ねてきた共通の認識、理解はかなりの量になっていた。ある程度の野心も共有していた。もっとうまくやれていいはずだと思われた。再集合した後、プロジェクトリーダーは対象から外す項目リストを延々と畳み掛けてきた。私は顔を上げてデビッドに目をやった。彼は貿易部の敏腕交渉担当者で、私は最初に会ったときグループの中で一番押しの強そうな男という印象を受けた。鉄人である彼は競技種目と競技場内での戦い方を十分承知している人物だったが、チームで最も集中型で生真面目な男でもあった。今、彼は問題をはっきりさせ、まだ整理されてはいないが明らかに存在する何かを言葉に表そうと懸命になっているようだった。会話はどんどん先へ進んでいたが、私には彼がまだその場に留まり、質問を組み立て、心の中で形にしようと努めているのがわかった。私は彼の問いが心の中で着地点を見つけ、具体化するときを見守っていた。彼の周りのエネルギーの場が強まったようだった。彼の質問は彼の源《ソース》から生まれ、それが転換点になった。

彼は部屋に掲げられていた三、四枚の図を指差した。「そこの図は別々のように見えるけど何かでつながっていますね」。一つはUモデルだった。もう一つは四つの聴くことの領域を示していた[6]、残りの図は四レベルの組織の変化を表示していた。リーダーシップの実験室を組織するプロセスの構造についての図も一枚あった。「我々は創造、つまり新しい世界の創造に積極的に参加するこの深いプロセスを理解しようとしています。そしてこれら四枚の絵はより深いところでこのプロセスに働いている力のイメージ、印象を表しています。しかし、そういうばらばらの痕跡を表したこれら四つの図をつないでいるのは何なのでしょうか。下に横たわる共通の源《ソース》は何なのでしょうか」

彼の質問は部屋の意識を目覚めさせた。プロジェクトリーダーは憤慨した。彼はチェックリストを進めたかったのだ。だが、デビッドの質問で会話は急に停止してしまった。質問を明確に述べたデビッドとほかの者たちが私を見た。私はデビッドを見ただけで何も言わなかった。その沈黙はずいぶん長く続いたように思えた。

その沈黙から抜け出し、ジョセフがゆっくり立ち上がると、デビッドが指した四枚の図を隣り合わせに並べた。ジョセフが話し出すと、我々はみな、彼がとても深い場から話しているのがわかった。二、三人を除けば部屋の誰もがそれを感じていた。デビッドの質問、沈黙、そしてジョセフが扉を開いたのだ。あとの我々もみな魔法の深い会話の流れに巻き込まれていった。全員が発言したわけではないが、みなの顔には真剣な表情があった。目が輝いていた。濡れた目をしている者もいた。この部屋で、このグループに何か深いことが突然起こったのだ。時間の流れがゆるやかになった。自己の感覚とグループとのつながりの感覚が広がっていった。みな、このより深い場、互いにつながり、全員をより大きな生成的な領域と一つにする場から話した。そして、瞬く間に幾つかの重要なアイデアを生み出したのだった。

後から考えると、二、三時間の間に二つの注目に値する成果が生まれていた。まず、グループはいくつかのコアアイデアを考え出した。後に、それらはリーダーシップの実験室を開設する際に取り入れられている。二番目に、この会合の後、人々はきわめて簡単に素早く生成的な対話《ダイアログ》の領域に入れるようになった。最初にこの経験をしたときの「生みの苦しみ」が繰り返されることはなかった。[7]

三番目に、個人のレベルで重要な効果があった。数年後にデビッドに会ったとき、あの会合は自分の生涯の重要な転換点になったと語ってくれた。あの質問を言葉にしようとしていたとき、どんな感じがしていたのかと聞くと、彼はこう答えた。「自分が膜を突き破って出ていこうとしているような感じでした」。なんと素晴らしい表現だろうと私は思った。二、三カ月後、デビッドはリース取引事業部門の長になり、どん底だった事業を業界のトップへと躍進させ、扱い量でも収益でもナンバーワンになった。

「膜を突き破る」。あらゆるものの誕生は、少なくとも三つの視点がかかわる神秘だ。つまり**母**の視点、**介助者**（助産師、父親、医師）の視点、そして最後に、膜を破ってもう一つの世界に出てこようとしている存在である**新生児**の視点である。その日、新しい世界に入ったのはデビッドだけではなかった。けれど、誕生にあたって助産師役を務めたのは彼だった。私の友人、カレン・シュペーアシュトラは本も書けば本の誕生にも手を貸す人だが（この本もその一冊だ）、実際の助産師からその方法を学んだことがあると、話してくれたことがある。その助産師は賢明にも彼女にこう語ったという。「つねに誕生という生命の息吹に敬意を払わなければなりません」。時に、我々はただ待たなければならないこともある。我々は鉗子を手に取ることもできるが、ふつうは、誕生という生命の息吹に敬意を表したほうが良い。

　デビッドの言葉で私はこんなことを思い出した。私がここで問題にしている、より深い経験を表現するのに「プレゼンシング」という言葉を作り、使用することに決めたとき、ほかの誰かがすでに別の文脈《コンテクスト》でこの言葉を作って使用しているかもしれないと思い、インターネットで検索して調べてみた。すると二つだけヒットした。一つはフランスの翻訳者がハイデガーの著作を英語に翻訳するときに使用していた。もう一つのほうは、看護師と助産師が自分たちの仕事のより深い側面について語るのに使っていた。私はこの二つの文脈を見て、私が表現したいことにまさにぴったりの言葉を発見したことがわかった。

結婚式

ドイツで患者と医師の対話《ダイアログ》フォーラムを開いた翌日、医師のコアグループ、ウルズラ、学生、そして私は、使用した教室の片付けに集まった。数人の患者も自主的にやってきて手伝ってくれた。まるでパーティーの翌朝のようだった。なんとなく寄り集まり、ちょっと疲れ気味だが気分は高揚し、くつろいでいた。オープンに、何であれその場の流れに従おうという雰囲気だった。一人が一杯のコーヒーを持って腰を下ろす。するともう一人が椅子を持って近づく。そうしているうちにグリルに火が入った。我々は台所から料理の残り物を取り出して食べた。春の気配を感じさせる穏やかな日差しの中で、輪になって座り込む。この友達の輪。グリル係の女性に昨日のフォーラムをどう思ったか聞いてみた。「感動しました」「何に感動したのですか」「そうね、ある意味で、結婚式のような一日を経験しました。最後には、あの部屋に大聖堂の中のような厳粛さと、家族といるときのような、お互いに知り合い同士のときにしか感じないような親密さがありました」。彼女は見事な言葉を使い、我々みなが感じていた微細なレベルの経験を言い当てた。あの日はほんとうに、別々だった二つの領域あるいは体がお互いの可能性を高め、広げるような方法でつながったのだった。

私は振り向き、我々の小さな「結婚の集い」、医師、患者、学生を一つにする友達の輪を眺めた。我々は一つの共同体となり、互いに対して完全な存在として向き合っていた。時間がゆっくり流れ、愛情に満ちたエネルギーがグループ全体に広がっていた。

その後、このグループは一九九〇年代のドイツで始まったあまたの類似したネットワークの中で最も成功したコアグループへと成長していった。二〇〇〇年、このネットワークは年中無休の医師ホットライン体制を採用し、以前よりかなり低い経費で高品質の救急サービスを提供する新しい救急コントロールセンターを設立した。

針の穴を通る

カトリン・コイファーと私は、ほぼ一〇年間、ドイツのあるバイオダイナミック農業のコミュニティの半年ごとの集会に手を貸していた。グループの構成員は一二名ほど。いつものように、三日間続く集会の最初の夜は参加者めいめいの自己紹介に充てた。各人が自分の仕事や生活の場について話す。続く二日間はグループが現在取り組んでいる重要な課題について話し合った。最初のころのある集会で、カトリンと私は初日に集会がほとんど進まないと感じていた。物事が未解決なままの感じだった。グループが真の可能性に達するのを何かが邪魔しているようだった。そこで、我々は全員にみなの前で「私をここに導いた旅」の話をしてもらうことにした。するとまもなく、我々は互いについてほとんど何も知らなかったことが明らかになった。

翌朝は日曜日だった。そして、グループに深い影響を与える転換が起こる。彼らの話や旅から浮かび上がってきた大きな絵と、その絵がこの農業コミュニティとこの場所の未来にどのようにかかわってくるのかを我々は話し始めた。この場所はおおよそ九〇〇年前に修道院が拓いた農場だった。一人の農民が自分の切実な目的意識を「大地のこのささやかな一画を大事にすること」というきわめて簡単だが心に触れてくる言葉で語り始めた。彼は心から話し、人々は内面の場に移るのを感じた。以前の会合では彼らは個人的な視点や見解から話していたが、今はこの場所の**存在**と**生命**について話していた。共同体の未来の最善にして最大の可能性を実現するには、共同体として何ができるのだろうか。

こうした瞬間にはいつでも時間の流れがゆるやかになり、周囲を取り巻く空間が開かれていくように思う。我々は自分たちの言葉やしぐさ、思考を通して微細な存在の力が輝くのを感じた。未来の存在が**見守って**いて、我々に注意を向けているようだった。そのとき未来がどうなるかは直接、全面的に我々にかかっていた。それは今も変わらない。

その日、集会が終わったとき、グループは針の穴を通り抜けた。グループや組織の関係者が、異なる場から見たり感じたりするようになるのは、この地点なのだ。この場から彼らは未来の領域と直接つながり、その未来の領域が伝える（触発する）やり方で行動できるようになる。この農業コミュニティでは、「針の穴を通り抜けること」により多様な取り組みや共同事業を生み出し、非常に生産的な年が何年にもわたって続き、農場と地域を継続的に形作っていった。

一言で言えば、こうしたすべての話が明らかにしているのは、針の穴を通り抜けるため、我々は新しい方法で古い課題を見て、自分たちの**真の自己**《オーセンティック・セルフ》を状況に持ち込まなければならないということだ。

サークルという生命体の存在

グループがプレゼンシングの領域に入るのは、針の穴を通り抜けたときだ。まず、グループのメンバー間に強いつながりが感じられる。次に、人々の間に真の存在の力が感じられる。グループがこのレベルのつながりを経験すると、いつまでも続く微細な深い絆ができる。たとえば、サークルオブセブンは、このつながりと真性の空間にともに入っていくためのツールと手段を系統的にともに開発した。ところが、これにはかなり大きなリスクが伴い、恐れを手放す覚悟も必要だ。グレニファーはこう言った。「これはほかの人には当てはまらないかもしれないけど、私にとって、自分の境界を取り払ってサークルの中にすんなりと入り込むのはとても難しい。内面的な作業と、手放さなければならないことが多すぎるのです。手放して集団に入っていくやり方は人によって違います。そのたびごとに敷居を越えなければならないのです」

私はグレニファーに聞いた。「敷居を越えるというのはどんな感じなのですか」

「サークルに入るときは、まるで死んでしまいそうな感じになります。だから、その感じに気付いたら受け入れることにしています。境界を越えるときは、死ぬときはこういう風に感じるに違いない、というような感覚です。私はどういう人間になるのだろう？　それがわからないから、自分自身の守り方もよくわからないんです」

「それで、次に何が起こるのですか」

「ふつうは境界を越えて一歩を踏み出します。そのままずっと進めば、思い切って踏み出してほんとうによかったと思います。自由になっていくのを感じます。前に境界を超えたことがあるのに、どういうわけか、そのたびに境界を越えたらもっと自由な気持ちになれるかどうかわからないのです」

「全員が境界を越えると、私たちの状態は変わり、集合的な存在を得ます。私たちは新しい存在、『サークルという生命体』の存在を得ます。私の経験では、境界を越えないことには『サークルという生命体』は経験できません。そのあと、その『サークルという生命体』は一個人としての私を越えます。もはや個人としての私はほとんど問題にならないのです。けれど、逆説的ですが、同時に個人としての私もはっきりしてくるのです」

一瞬沈黙があってから、グレニファーの言葉を受けてほかの誰かが言った。「あなたは今、境界を踏み越えたようね。これをエネルギーの動きから説明すると、あなたは話し始めたとき声が高かった。息を切らして早口で話していた。でも、敷居の内側のことと外側のことを話し出したとき、あなたのリズムと口調は変化しました。声のトーンが下がり、エネルギーはここ（頭を指す）からここ（胸と腹を示す）に移動しました。そのとき私が見たのは、あなたがリスクを冒したということです。集合体が現れるためにリスクがあるのは仕方がないことです。リスクは一人に、二人に、あるいは全員にあるかもしれません。しかし、あなたが話していた敷居を越えるためには、ある種のリスク、つまり傷つく可能性が伴うのは避けられないことなのです。私はこの場全体が転換するのを感じました。あなたがリスクを冒してくれたので、ここにいる全員の場が転換したのです」

保持《ホールド》する方法

アンが説明した。「私たちに特徴的なサークルのやり方があるとしたら、それは場を保持《ホールド》することと関係があるのです」

そこで私は質問した。「あなたがたがお互いに傾聴し合うとき、あなたがたが集合的に保持《ホールド》する空間として機能できるように、どうやって聞く力を育んでいくのですか」

彼女たちは集合的に保持《ホールド》される空間を出現させる三種類の傾聴の状態を説明してくれた（図11-2参照）。最初の状態を、彼女たちは無条件に立ち会うことと呼んでいる。

「立ち会うこと、つまりここで話している保持《ホールド》することの特質は、個人がサークルの源《ソース》と同一化することです。どんなものかというと、一人ひとりの何かを見る目、感じる心、聴く耳が、もう個人のものではなくなるのです。ですから、予測を状況に重ねてみることはほとんどありません。生命がその瞬間に起こすことに対して自分たちを開くこと以外の意図はほとんどありません。ただ感受性があるだけで、何の企てやもくろみもありません。判断をせず、ありのままを祝福して受け入れる精神です」

二番目は無条件の愛で水平に空間を開くことだ。「部屋のエネルギーの焦点は頭から心臓のあたりに降りてきます。というのは、ふつうその入口は誰かの心がほんとうに開いたときに、そしてもちろん領域の存在が感じ取られたときに生じるからです。エネルギーの場は降りていくほかないのです」「個人的ではない愛には祝福があります。その愛は個人を超越しているということです。個人の人格は関係ありません。私たちは集団としてこの個人を超越した場のレベルを、ただ保持《ホールド》できているだけだと私は思っています」アンはそう説明した。

三番目の状態はどこに注意を向けるかに関連している。真の自己を見ることだ。バーバラがこう言った。「たとえば誰かが自分の傷について語っているとき、私はその傷を通してその人の真実まで見ます。私にとっては、どこに注意を向けるかで、その場所が仕事をするのです。この意識の向け方は、サークルの誰かが描写する人物を私がどう見るかにかかわってくる原則です」

レスリーがこれに言い添えた。「私たちには真の自己を見るという合意があります。私たちの中の誰かがどんなことをしようと、ほかの人はその人がしくじったとは考えません。そういう風には考えないと決めているのです。その行為の意図は本来の自己にあるのです。人のためにしてあげられる最も素晴らしいことの一つは、その人の本来の自己を見ることです。私がそれを見ることを通して、その人はもっと自分自身を生きられるようになる。私た

図 11-2　深く聞くことと保持《ホールド》することの 3 つの条件

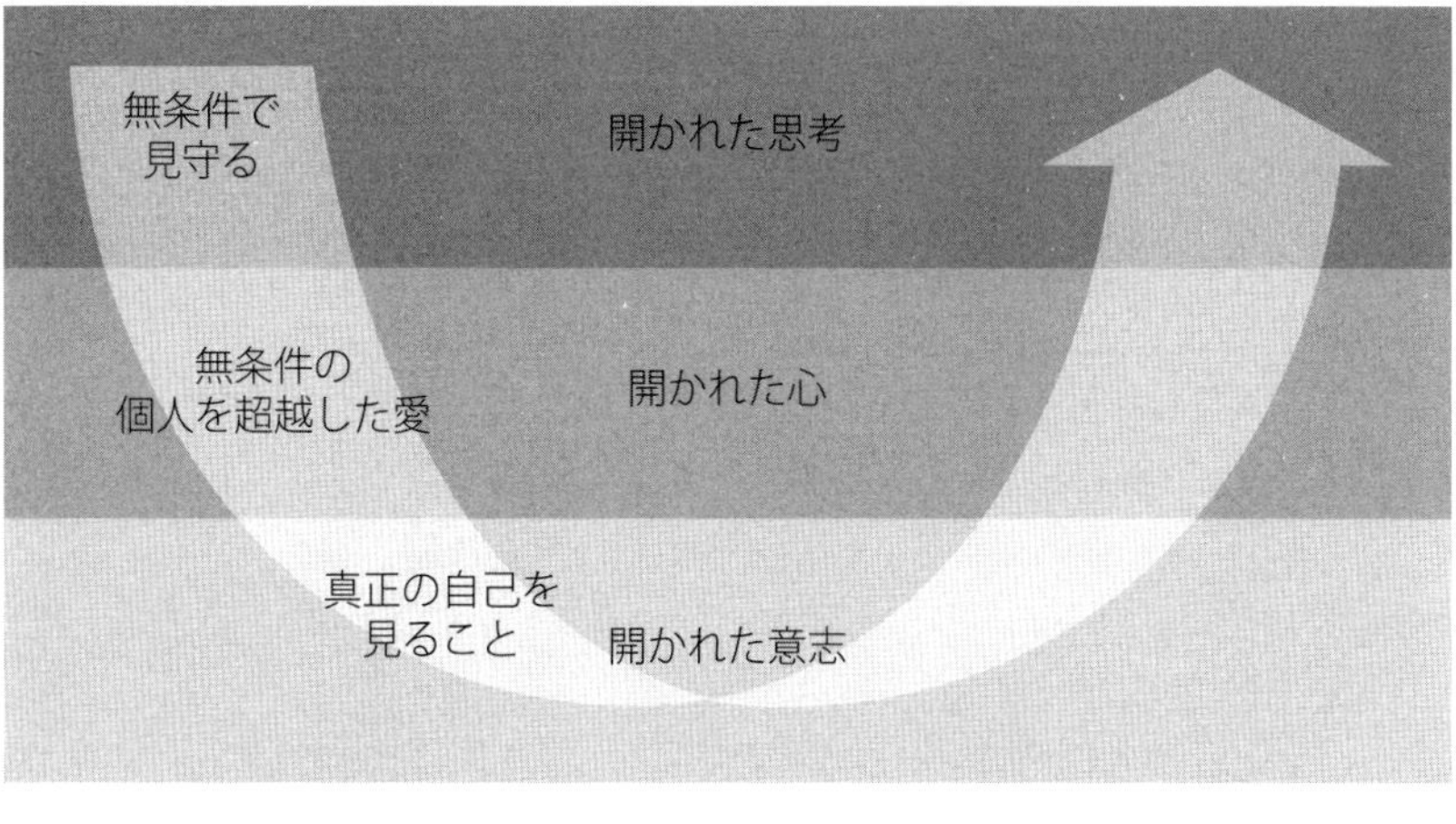

ちはみなこう考えています」

グレニファーが言った。「これは私だけの感じ方かもしれませんが、私がワークをしているか、立ち会われているか、あるいはほかの人に手伝ってもらっている場合、私はサークルでこんな風にワークを経験しています。まず、濃密な空気を感じます。たとえば、ベスと私が二人だけでワークしているときより、深く降りていけるような力を与えてくれる存在《プレゼンス》があります。私にはさらに多くのことが見えてきます。私自身のことも、ワークの対象である問題についても、もっとよく見えるようになります。それがグループのスキルレベルのためなのか、意識の質のためなのか、それともその両方の組合せのためなのか、私にはわかりません。でも、私の経験では、たくさんのことが見えるようになるんです。もっと多くの自分を経験するんです」

「私は大きな人物になったように感じます。私自身の存在が充実していく感じがします。ある種の方法で、力を与えられ、可能性を与えられた感じがします。見られていると感じます。意識の焦点が研ぎ澄まされます。それは質的で、判断をしない、愛情に満ちたものです。そして私は、個人を足し合わせたものとは違う、『サークルという生命体』の存在《プレゼンス》を感じます。これ以外にうまく説明する方法は思いつきません。もしそういった状態が生まれていなければ、私はわかります。『サークルという生命体』の存在《プレゼンス》を呼び起こすにはちょっと時間がかかります。でも、それが現れれば、私の経験の質は違うものになります。空気の質が違うのです。それが一つです。もう一つ、私はもっと何かができるような気がします。さらに力強くなった感じがするのです」

真の自己として見られ、見守られること

その後、私はそれぞれの女性に二枚の絵を描いてもらった。一枚はふつうのグループ集会の経験

の絵で、もう一枚はサークルの経験の絵だ。

ベスが説明した。「私の最初の絵は、ある新しいグループと医療改革のために一緒に働いたときのことを考えて描きました。各個人は球体（カプセルのようなもの）の中に入っているように感じます。球体は彼らのアイデンティティです。ですから、そのグループに集まったときそれぞれが携えてきたものを色を変えて描きました。ある意味で、私たちはすでに何かもっと大きな目的を持っているのに、お互いにそれが何かわからないのです。ほかの人々がほんとうに同じことを求めているのかどうか、私たちはわからないのです。だからどの人とも距離があります。

ベスは続けた。「二番目の絵は、お互いの内面の存在《プレゼンス》、つまり真の自己という一つしかない贈り物の印象です。私が目撃したのは、真の自己がさらに多く現れることであり、同時に、私たちの思考や発言にさらに違いが出てくることです。私たちは根本的に何者なのか、私たちの人格構造や見解はどうなっているのか、その両面から見られ、立ち合う結果、私たちはさらに多くの人生をより深く経験しています」

「最も高次のレベルで活動しているときの経験から、個人レベルと集団レベルの両方の真の自己は同じ色で描きました。この基本的な存在《プレゼンス》は『偉大な領域《グレート・フィールド》』の一側面です。けれど、同時に、私たちは一人ひとりみな違うので違う色にしました」

「私の経験では、私たちを取り巻く一つの円（サークル）ができます。私たち全員に広がり、全員を保持《ホールド》しています。私たちに受容する力があれば、そのエネルギーが私たちに情報を与え、私たちの理解、感情、全体の自己表現に作用します。光が集団の中の個人としての私たちを通り抜け、複雑な課題に注がれます。大抵は基本的な寛大さや包括的な視点によって解明される課題です」

「このサークルを離れ、仕事をするときも、私は、私たちが生み出したこの空間の継続的な力と質ています。私はそれを「サークルという生命体」と呼んでいます。そのように思うのも、いくつかの経験のためです。毎年、このプロジェクトで招聘する人たちとのワークで、私は自分自身の存在《プレゼンス》と力の感覚を感じ、感をそのまま持って行きます。ほかの場所でも私はより強くなっているのを感じます。私が仕事で接する人たちも、ここで私たちが経験したことに触れることで、自分自身の存在《プレゼンス》と力の感覚を感じると思います。今度はその人たちが出かけていって、そういった種類の経験をほかの人々に与えるのです」

二番目の絵を見て、私はそれが「我々を取り巻いている人々」、「我々を取り巻く存在」から生まれてつながる意識の領域《フィールド》構造と共鳴していることに心を強く打たれた。

「では、あなたが『サークルという生命体』というとき、それは単なる概念、あるいはラベルなのですか。それとも、命のある存在を意味するのですか」と私は聞いた。

レスリーが応えた。「例を挙げましょう。このサークルで新しい方向を見つけたりプロジェクトに乗りだしたりするために、ここにやって来る友人たちがいます。たとえば、レクシーですが、メンバーがメンター役になって彼女と行ったワークの経験に基づいて、若い女性のサークルを作りたいと思っていました。彼女が個人としての私たちとではなく、『サークルという生命体』の存在《プレゼンス》の下に私たちのサークルに参加すれば、彼女の中にある若い女性のサークルの種が成長するだろうとわかっていました。このように、『サークルという生命体』は可能性に働きかけるのです[8]。この領域の作用を受けるため、サークルに持ち込まれたことはたくさんあります」

「『サークルという生命体』が存在しているかどうかはどうしてわかるのですか」

「それは空気の変化でわかります。耳鳴りがしてきます。物事がゆったりしてきます。時間が変化します。個人的なものが消えていき、いつものように思いつくままに気軽に話してはいけないと感じます。私が話すのは、より大きな存在《プレゼンス》によって心を動かされ、それを表現するのに声が必要なときだけとなります。いつもちょっとした混乱が起きますが、たいていは、もう一つのゾーンに瞬間的に移行します。『今たしかに領域に入った』と気づくこともあります」

「だからね、オットー」バーバラが私のほうを向いて言った。「今思ったのだけれど、あなたとあなたの仕事をこのサークルで保持《ホールド》してみたらどうかしら」

そう問われた瞬間、私はあきらかな何かの存在《プレゼンス》を感じた。インタビューをしている間、まさにこの質問が私の心をよぎっていたのに気が付いた。自分から言い出そうとは思いもしなかったが、今、バーバラがそう提案してくれたからには、断れないと思った。耳鳴りがしていた。突然、私はヨーロッパでともに生き、学び、楽しく創造活動をしていた友人たちとの輪が今はなく、現在の生活でも集合的に保持している空間の存在《プレゼンス》がないのを寂しく思っていることに気が付いた。答えるまでにずいぶん長い時間が過ぎたに違いない。私はやっと静かにこう言った。「ええ、もちろん」

「偉大な領域《グレート・フィールド》」について話しているとき、私は個々のサークルメンバーだけではなく、それを超える愛情に満ちたなにものかが立ち会っているのを感じた。私は特別な空間に保持《ホールド》され、そこには何かが立ち会っていた。私は領域、つまり私ではない実在する何かに見られている、立ち会われているのを感じた。

プレゼンシングの原則

プレゼンシングは、個人に起こるのと同様に、グループやチーム、組織の状況《コンテクスト》でも起こる。私は深い傾聴や対話《ダイアログ》インタビューでこの現象に出会うことが多い。こうした会話では、あるレベルからほかのレベルに会話が深まったときは、かなりはっきりとわかる。全身で感じ取れるのだ。多くの人はそれを心と心のつながりとして説明する。私はそれをインタビュー相手と私を結合する微細な存在の領域として経験することが多い。開かれ、深く生成的で、静寂に向かう精神状態に我々を包み込み、保持《ホールド》する領域である。この移行は四つの明確な原則で特徴づけられる。

原則1◆手放すことと委ねること

古いものを手放し未知のものに委ねる、これが第一の原則だ。フランシスコ・ヴァレラ、エレノア・ロッシュ、ブライアン・アーサーはいずれも旅の基本的要素としてこれを重視している。「不可欠なもの以外はすべて手放すこと」。ブライアン・アーサーは敷居を越えることについて説明をしたときそう言った。習慣的な活動のやりかたを保留《サスペンド》するようになると、驚いたり興味を引かれたりしたことに、なにか具体的で、明確で、思いがけないことに意識が向かう。そのときに、開かれた思考にアクセスし始めるのだ。燃え落ちる農家は空間を一掃し、私が過去のすべてのパターンを越えたところから見ることができるようにしてくれた。そういう瞬間が来たら、人は手放すことをしなければならない。炎の中に消えた過去のアイデンティティにしがみつくことに、何の意味があるだろうか。こういうケースでは、手放すという行為は簡単なことだ。考えるまでもなく目の前のものに委ねるしかない。しかし、人生には、必ずしも古い構造を焼き尽くしてくれる仕組みが備わっているわけではない。課題は農場を全焼させないで深い領域に接近する方法である。

このような劇的な事件が起こらない場合、手放すことと委ねることはきわめて意識的に実行しなければならない。サークルオブセブンでは、グレニファーがまるで死んでしまいそうに感じたと言っていた。「なぜなら、越えなければならない境界があるから……向こう側には何もないだろう、境界を越えると今の私ではなくなるだろうと想像します」。農業コミュニティの参加者の場合、農場や彼ら自身、そしてグループのほかの参加者の目的や独自性について彼らが強いこだわりを持っていた考え方を手放すことが必要だった。ヒューストンの石油会社では、従業員はグループ内部や上層部からひしひしと感じていた、期限厳守や目的達成の大きなプレッシャーを手放すことが必要だった。スティーブンの場合は、用意した言葉とびっしりと書き込んだパワーポイントのプレゼンテーションを手放し、目の前にいる二六〇人の敵意をあらわにした人々の顔をじっと見つめるプロセスが必要だった。完全に死に、状況に委ねる勇気が必要だった。

手放すことと委ねることとは同じコインの裏表と考えられる。手放すことは、開くプロセス、道をさえぎる障壁やがらくたを取り除くことに関係がある。委ねることとは手放した結果生じる入口に入り込むことだ。デビッドが彼の内部や周囲で重要な質問が形をなし始めるのを感じたとき、彼はそれに全意識を向け、それが何であれ、とにかくそれとともに進み、それに委ねなければならなかった。私も対話《ダイアログ》インタビューを行うときは、自分の古い意図やロードマップ、質問表などは手放し、会話のなかに現れることにただシンプルに委ねるほかないことが多い。

原則2◆転換──針の穴を通り抜ける

私は「転換《インバージョン》」という言葉を個人またはグループが針の穴を通り抜け、出現しようとしている領域とつながり始めるときに起こることを説明するのに使用している。転換に当たるドイツ語は**Umstuelpung**だが、文字通りの意味は「内側を外に外側を内に向ける」である。針の穴とは、そこを通り抜けるには必要ではないすべてを捨てなければならない敷居のことで、これを通り抜けると、自分が機能する源が「我々を取り巻く人々」に移行する。今までとは別の方向から見るようになり、未来**から**自己に近づいていくようになる。

サークルオブセブンでは、ベスが自分が大きくなる感覚、何かが自分を**通して**出現する感覚を説明していた。私も、サークルのメンバーだけではなく、私や部屋にいるどの個人でもないもう一つの存在《プレゼンス》が立ち会っていると感じたとき、この視点の転換を経験した。農業コミュニティでは、土曜日の夜の会話の後に起こった転換は、個人がそれぞれの物語《ストーリー》や見解を語り合ったのが元になった。次の朝、人々は異なる立ち位置から話すようになった。そのときになって初めて彼らは次の問いを発せられるようになった。未来の可能性を完全に実現するために、この場所が「在ること《ビーイング》」にはどんな意味があるのだろうかと。

ヒューストンの石油会社の従業員の場合は、デビッドが鋭い質問を発した後、ジョセフやほかの者が「針の穴」を通り抜けるデビッドの後に続き、さらに空間《スペース》を開くのに加わる直前の沈黙の瞬間に転換が起こった。あの瞬間、全員が機能していた場は、自己の内側からより深い場所へと移行し、そこから集合的な創造性が湧き出てグループに浸透していった。ドイツの患者と医師の対話《ダイアログ》フォーラムの参加者の場合は、患者が部屋の一方の端に集まり、医師グループはもう一方の端に集まった土曜日の午前中と、医師と患者の小さなグループが輪になって座った次の朝の間のどこかで転換が起こったことは明らかだ。一つの重要な転換点は、ある女性が、彼女が大切に思っている知り合いの医師をシステムに傷つけられたくないと心からの言葉を発したときだった。スティーブンの場合は、転換は沈黙の直後に起こった。そのとき彼は室内のざわめきと深いエネルギーの移行に注意を向け始めた。「集まった人々と私は互いに見詰め合った……完全な沈黙。不意に、すべてが変わった。私は空中にざわめきのようなものを聞いた。突然、力が湧いてきた。我々がやっていることは正しいことだと信じられた」。ほとんどすべての例で、領域《フィールド》の移行が起こる前に深い沈黙の瞬間が訪れている。

原則3◆より高次（真性）な存在《プレゼンス》と自己の誕生

サークルオブセブンでは、グレニファーがこう言っていた。「私の経験では、もっとたくさんのことが見えるようになるんです。もっと多くの自分自身を経験するんです。自分が、より大きな人物になったような感じがします。私自身の存在が充実していく感じがします。力を与えられ、可能性を与えられた感じがします」。共感的傾聴から、より深い源《ソース》、つまり出現の流れからの傾聴に切り替わると、出現しようとしている未来の可能性の領域につながる。出現しようとしている未来のより深い存在《プレゼンス》から機能すると、人間とシステムの両方が活用できる知性と傾聴のさらに深い資源《リソース》、つまり開かれた意志の知性につながることができる。

私はこうした種類の転換を対話《ダイアログ》インタビューで何度も経験してきた。そういう場合、インタビューが終わったときには二、三時間前に会話を始めたときとは自分が異なる別の存在、別の人間になっているということだ。もう同じ人間ではない。ほんのわずかだが、ほんとうの自分に近づいている。そのほんのわずかがとても深いこともある。あるとき私は、特別に深い会話を終えたあと、傷を負ったかのような身体的感覚を覚えたのを思い出す。なぜだろう。それは、その会話が私を私の旅と大きなSの自己のより深い面につなぐ生成的な社会的な場《ソーシャルフィールド》を生み出していたからだ。その会話が保持《ホールド》していた空間、つまりその社会的な場《ソーシャルフィールド》を離れることが深いつながりを断つことになり、それを生々しい傷として経験したのだ。

デビッドが二年後に話してくれたことによれば、ヒューストンで質問を明確に発したとき、彼は出現する自己《イマージング・セルフ》のまったくこれまでとは違う側面が開かれるという深い個人的な体験をしていたという。

農民のグループが自分たちの自己、自分たちの関係性、自分たちの場所の深いアイデンティティの変化について話し合ったとき、彼らは新たな入口から前に向かって引っ張られるような経験をした。可能性に引っ張られたと言ってもよい。現われてくる、これまでとは異なる自己、本質的で真正な自己の具現化に何らかの形で結合するさまざまな可能性である。

スティーブンが沈黙から抜け出たとき、「私はまったく新しい舞台にいる。突然、私は強くなり、つながりの力を感じ、正しいことをしている」と感じた。

どの例でも基本的には同じことが起きている。新しい自己――我々を真の自分へとつなげる本質的で真正な自己――が到来し、生まれ、命を得るのだ。

原則4◆場の力――深い傾聴から保持空間《ホールディングスペース》を創る

四番目の原則は場の力に関するものである。プレゼンシングは場の中で起こる。つまり、何らかの形で空間が保持《ホールド》されている状況《コンテクスト》で起こる。サークルオブセブンはこの場に三つの条件があると言っていた。無条件で見守る、つまり判断を下さないこと、個人を超えた愛、真の自己を見ることの三つだ。この移行が起こると、個人と集合的自己の間に新しい種類の関係が形成される。ベスが言っていた。「私の経験では、私たちを取り巻く一つの円《サークル》ができます。私たち全員に広がり、私たちを保持《ホールド》しています」。農業コミュニティ、ヒューストンの石油会社、患者と医師の対話《ダイアログ》フォーラムの場合も、保持空間《ホールディングスペース》は、状況《コンテクスト》を共有し、各自の物語《ストーリー》を語り、深く傾聴し合うプロセスを通して意識的に生み出された。自動車会社の場合は（そして私の火事の話の場合は）、古いものを手放させる実存的な脅威という形で、習慣的に繰り返している活動を崩壊させる実生活での危機に直面することによってこの状況《コンテクスト》が作り出された。

多くの場合、自然もまた教師として、また深い場に入る入口として機能することができる。個人やコミュニティの中の真の自己につながるため、ある種の場の存在《プレゼンス》や力を用いて最大限の効果を得る方法は、今後大きな関心が寄せられる研究課題である。

フィールドノート

すべての話に通じる金の糸は、感じ取ること《センシング》、つまり今の全体性から行動することと、プレゼンシング、つまり出現する未来の全体性から機能することとの純然たる区別に関連している。より深い源《ソース》から機能する能力を深めるための要点はいくつかある。次にそれを挙げる。

実践法を選択する。Uの底で役立つのはアイデアではなく実践である。私が最も感銘を受けた人々の多くは（インタビュー相手、顧客など）能力を磨くための独自の方法を持っている。ほとんどの人は、朝、何かをやっている。たとえば、早く起きて早朝の静けさを利用してコミットメントや創造性の源《ソース》とつながったりするのだ。瞑想やその他の観想的な方法を実践している人もいる。標準的なやり方はない。標準的な実践法がないのと同じだ。何が機能し何が機能しないかは、自分で見つけなければならない。

存在《プレゼンス》のサークルを創る。各自が自分の人生の旅をひも解き、浮かび上がってくる問いや課題を探究する中でお互いを支え合う場を作り出す。サークルオブセブンを一例として考えることだ。彼女たちのやり方以外にも方法はあるが、彼女たちにはこのやり方が効果的なのだ。ここでの原則は、定期的な保持空間《ホールディングスペース》の原則だ。このような保持空間《ホールディングスペース》は人生の旅路で遭遇する敷居を超えるのに必要な翼を与えてくれる。

能力を集合的に育む実践法を開発する。日々の生活や仕事の中で共同の気づきや意識の深い源《ソース》とつながるために行う、意図的な沈黙あるいは生成的な対話《ダイアログ》などの集団的な能力を育む方法を生み出す。新たな集合的なプレゼンシングの実践法を開発することは、この先、最も急を要する重要な取り組みである。集合的プレゼンシングは個人のとは異なり、集合的創造性や知の深い源《ソース》と結合し、そこに入るための**入口**として個々人が感じ取っていることやプレゼンシングの経験を活用する（農業コミュニティの話がその例だ）。

あなたが愛することを行い、していることを愛する。これもマイケル・レイの言葉だ。「私の成すべき事（Work）とは何なのか」という彼の根源的な問いと関係がある。私が自分のエネルギーレベルを維持できている理由は、きわめて簡単な公式で説明できることがわかった。二つの単純な条件があるだけだ。まず、私がやっていることは私にとってほんとうに重要でなければならない（私の目的につながっていること）、そして、それは良い変化を生まなければならない（フィードバックの仕組み）。この二つの条件が満たされていれば、私は増え続ける前向きのエネルギーの循環の中にいる。

要約すると、我々はみな、一つではなく二つである。個人やコミュニティはそれぞれ一つではなく二つである。一方では、我々は過去から現在への旅を通してできあがった個人やコミュニティ、つまり現在の自己である。他方では、別の私が存在する。眠っている自己、つまり、これからの旅を通して生み出され、命を与えられ、現実になるのを我々の中で待っている自己がある。プレゼンシングはこの二つの自己を結合するプロセスである。未来から我々の真の自己へ近づいていくことだ。

個人としてもコミュニティとしても我々がより深い在り方《ビーイング》の状態へ入ると、根源的に自由な状態に入り、創造する能力が開く。我々は真の自由に足を踏み入れる。プレゼンシングの社会テクノロジーが自由のテクノロジーである所以だ。機能面から見ると、プレゼンシングの領域に入ることの決定的な特徴は、人為的な操作やそれに類する行為がないことだ。それが核心なのだ。この作業を行う際に我々ができるのは、せいぜいドアを開けることぐらいだ。しかし、このドアを通り抜けるのか、それとも手前でとどまるのか。これに対してめいめいの人間が下す決定を決して取り上げてはならない。その決定はあくまでその人の手の中にある。

　敷居を越えるとき、我々は真の力、つまり最も高次なる未来の自己から機能する力に足を踏み入れる。「我々を取り巻く存在《ビーイング》」とつながる力だ[9]。この深いつながりはさまざまな伝統的な知恵のなかで、いろいろな名称で説明されてきた。源の存在《プレゼンス》（タオイズム）、自然な状態（仏教）、ブラフマン（ヒンドゥー教）、ヤハウェ（ユダヤ教）、アッラー（イスラム教）、神、イエス・キリスト、聖霊（キリスト教）、大いなる精霊（ネイティブアメリカン）などがそれだ。これらの言葉はすべて、根本的に同じレベルの経験に命名したもので、個人的にも集団的にも、我々の内部に我々を通して現れ得る深い在り方《ビーイング》の状態を説明している。しかし、このプレゼンシングを起こすには、我々はUの底で敷居を越えなければならないのだ。

第12章

結晶化する（Crystalyzing）

前章では、Uプロセスの底の部分にあたるプレゼンシングについて説明した。第2章では、**プレゼンシング**を針の穴をくぐり抜けること、あるいは**Umstülpung**（内側を外に、外側を内に向ける）のプロセスとして説明した。古代エルサレムには、「針」と呼ばれていたとても狭い門があった。ラクダに荷物をいっぱい積んでこの門にたどり着いたラクダ使いは、すべての荷をラクダから降ろさない限り、この門を通り抜けることはできなかった。イエス・キリストはこのイメージを引用し、「金持ちが神の国に入るよりも、ラクダが針の穴を通る方がまだ易しい」と言った[1]。それと同じように、Uの底には内面の門があり、そこでは絶対に必要なもの意外はすべて捨てなければならない。

グループや組織、コミュニティでUの底にあるこの針の穴に相当するものは何だろう。それは真正の自己、より高い自己、大きなSの自己につながることだ。つながったとしても、最初は何も起こらない。ただつながっているだけだ。しかし、より深い知の源《ソース》とのつながりを**保ち続ける**ことができれば、出現する未来の可能性により波長が合い始める。そうなった瞬間に「異なる場」から、行動を起こせば、異なる源《ソース》から機能できるようになる。我々は新しいものを心に描き、プロトタイプを作り、具体化する。
プレゼンシングという用語は名詞としても動詞としても使え、自己と知《ノウイング》のより深い源《ソース》へつながることを意味する。我々はUの右側全体でこのつながりを維持するので、Uの右側の旅全体を通じプレゼンシング（源《ソース》とつながり、源《ソース》から機能すること）をし続けると言ってもよい。**結晶化《クリスタライズ》する**という用語はそのプロセスの最初の段階を意味している。

結晶化《クリスタライズ》するとは、未来の最高の可能性からビジョンと意図を明らかにすることだ。結晶化《クリスタライズ》は一般的にビジョンを描くというときのプロセスとは異なる。結晶化《クリスタライズ》は知と自己のより深い場から起こるが、ビジョンはどこからでも、ダウンローディングの場からでも起こり得る。

集団では、静寂の瞬間が訪れ、プレゼンシングが起きると、アイデンティティが微細に変化し、協力して行動を起こし、前に進む上で、それまでとは異なる基盤ができたことがわかる。この時点までは、未来の可能性を**感じる**だけだった。プレゼンシングを経験すると、個人や集団でこの可能性を現実のものにする準備は整う。「そうせずにはいられない」のだ。この旅の第一歩はビジョンと意図をさらに明確に結晶化《クリスタライズ》することである。創り出したいことを具体的な言葉で表現するのだ。

患者と医師の対話《ダイアログ》フォーラム

医師と患者のグループがともに考える強力な集合的対話の領域《フィールド》を作り出したとき、彼らは意味を理解する段階から行動する段階へ移る用意ができていた。うまく移れたら、患者と医師の関係性の質を変えられるような活動が生まれるだろう。すっかり生まれ変わらせることさえ不可能ではない。しかし、移れなければ、努力はすべて水の泡になるだろう。

ウルズラと私は、こう言った。「午後はやり方を変え、ここ（レベル1とレベル2を指差す）からここ（レベル3とレベル4を指差す）へ移るのに役立ちそうな行動やイニシアチブについて、ブレーンストーミングをしてもらおうと思います。医療システムを、青いシールで象徴的に表した現在の状態から、白いシールで表した場所に移る方法について、何か実践的なアイデアがあれば、今こそ、それをみんなに提案するときなのです。午後の議題をはっきり定めるような、みんなを喚起し魅了する取り組みが出てこない限り、午後のセッションは開かないことにしましょう」

彼らは懐疑と不信の表情を顔に浮かべ、どうとらえてよいのかわからず沈黙した。昼休みにも席を立つ人はいなかった。グループは考えにふけり、関心を持っているのは明らかだった。彼らは前進する意欲はあるのだが、それまで「オープンスペース」式[2]に、話し合いの議題を自分たちで決めるように求められたことはなかった。彼らの中でさまざまな声が起こっているのがわかった。**まさか本気じゃないでしょうね。冗談に決まっている。そうじゃないんですか？……もしかすると、本腰を入れて取り組んだほうがいいかもしれない。私が提案できるとしたら、それはなんだろう。ついさっきも、こういう風にできるんじゃないかと考えていたことがあったじゃないか……。**

内面が活発に働いている沈黙のときが過ぎ、一人が立ち上がり取り組むことを提案した。もう一人が立ち上がり二番目の提案をした。そして、三番目、四番目と次々に発言が続く。まもなく、我々はグループ全体を六つか七つに分け、それぞれのグループに異なる提案を割り当て、取り組んでもらった。最終的に、それぞれの小グループは全体に報告をした。

あるグループは医療システム内の地域の人々が意見を言える場所を提供するBürgerforum、つまり市民フォーラムの設立を望んだ。ほかのグループは現行の地域救急医療システム改革計画への支援を拡大する方法を提案した。三番目のグループは、患者と医師が「対話《ダイアログ》の関係性」を創出し、維持するのに必要な能力の開発に取り組む患者側からのイニシアチブを提案した。四番目のグループは「慢性疾患に関する若者の意識を向上させる」方法について話し合い、学校に出かけて行って自分達の経験を語り、予防の重要性を訴える計画を立てていた。

医師ネットワークと医療イニシアチブの共同創立者であるゲルト・シュミット博士は、コアグループがビジョンと意図を明確化するのに手を貸し、こう言った。「今の状況を見ると気が重くなるかもしれません。住民数は二八万人、慢性疾患の患者数は六万人、病院数一〇、医療従事者一万五〇〇〇人、開業医四〇〇人、それに、これらすべての組織機構に付随する官僚機構があります。この地域で患者が医療システムに接触する回数は、毎年六〇〇万回にのぼります。いったいどうすれば改革できるでしょうか。けれども、このフォーラムのおかげでこうしたすべてを違った角度から見られるようになりました。すべては一つの簡単な式にまとめられます。患者Aには問題Bがあり、Cを望んでいる、これです。カオス理論のようなものです。複雑なシステムの行動を三つかそこらの変数の関係に単純化するんです。この式に照らして医療システムの本質を見るようにしたら、全システムの中心になる回転軸は患者と医師の関係だと気が付きました。対話《ダイアログ》フォーラムを開く前は考えてみようともしなかった根本的な真実です。今は、保険会社やその他の医療業者でさえ、この視点を受け入れるようになりました。患者と医師の健全な関係性がなければ、医療システムはまったく機能できません」

彼は続けて、多くの課題の解決の鍵は地域に目を向けることにあると言い、彼が理解していることを、こう説明した。「健康問題は、遺伝子、生活習慣、社会的状況、関わる医療システムの構造やプロセスで決定されます。生物学的側面や遺伝子は変えられませんが、生活習慣、環境、医療システムの構造やプロセス、これらはすべて地域で行われていることです。すべて地域の枠の中で変えられるのです。新たに生み出せるものが見えてくるまですべてを煮詰め本質に迫ろうとする勇気、次の行動が明白になる地点まで詰めていく勇気、その勇気は対話《ダイアログ》フォーラムから起こり、これまで重ねて来たシステム分析から生じるのです」

シュミット博士とその同僚は、患者と医師の対話《ダイアログ》フォーラムを「我々は、このシステムをレベル1やレベル2からレベル3やレベル4に移すのだ」という高い内面のエネルギーとともにあとにした。

グループが各レベルで患者と医師の相互作用に体系的に取り組んだ結果、フォーラムで生まれた多くのアイデアが現実のものになる。フォーラムを開いた翌年の二〇〇〇年に、新しい救急医療システムの契約が交わされ活動を始めた。現在は、すべての一一二番通報（日本の一一九に相当する）を緊急として扱うのではなく、対応する医師がケースバイケースで相手に安心感を与えたり、助言を与えたり、往診したりしている。システムは不特定の個々の開業医ではなく一カ所のセンターに電話を回し、医師への負担を軽くしている。ある上級医療管理者は、アイデアが成功したのは「時間がたつにつれてフォーラムのコアグループの強い決意と高い意図が周囲にも広がり、システムの意思決定者の意識を変えた」からだという。

結晶化《クリスタライズ》の領域《フィールド》構造

すでに述べたように、プレゼンシングとは源《ソース》につながることである。結晶化《クリスタライズ》とはそのつながりを維持し、そこから機能し始めることである。この旅の最初に行うことは、出現したがっていることを明確にすることだ。結晶化《クリスタライズ》は未来の全体性のいきいきとしたイメージが浮上することを促し、出現する未来のビジョンと意図を明確にする。

シュミット博士とドイツの医療ネットワークの場合、深いシステム的な視点が生じ、「我々のシステムをレベル1とレベル2からレベル3とレベル4へ移行させる」という意図が明確になった。また、新しい活動の仕方のプロトタイプを作る具体的な取り組みもいくつか生み出した。

あるグローバル企業の調達グループが実行した戦略改革プロセスの場合、結晶化《クリスタライズ》段階の重要な成果として、新しいアイデンティティが生まれた。グループが今後、どのようにビジネスに取り組むかを新しく規定したのだ。「私たちはただ工場にサービスを提供するだけの存在ではありません。実際にはグローバルビジネスのマネジャーなのです」。その結果、グループはいくつかのプロトタイプを考え出し、サプライヤーの数を八〇％削減した。それは、競合していた供給業者に互いに協力してもらうことで、グローバル企業や世界に分散する工場ネットワークに対して、一つの声でまとまることを通して実現させた。

すべてのプロセスを通じてチームを指導したピーター・ブルンナーは、こう言った。「私が最も感動したのは、一般的にビジョンを描くプロセスと呼ばれるものとはまったく異なっていたことでした。一般的なプロセスでは、将来の夢を考え出すだけです。それが、出現したがっていることとまったくつながっていない場合もあります。しかしここではまず、学習の旅《ラーニングジャーニー》を行い、その経験を語り合い、深く考え、全員が個別に六時間に及ぶ沈黙のフィールドウォークをしました。私はみなが沈黙の散歩から戻ったときに、それぞれが得たビジョンと意図を話してもらっただけです。彼らが考え出したことは、きわめて本質的なものであり、ほんとうに関心があること、つまり、彼ら自身の真の自己につながるものでした。そして、それは適切なプロトタイプを考え出すのにとても役に立ちました」

図12-1は意識の結晶化《クリスタライズ》の領域《フィールド》構造を描いたものである。機能する源となる場（点）は周りの領域（観察者の境界を表す白い円の外側）に向かって移行している。その円より大きな保持空間《ホールディングスペース》から機能すると、中心から何か新しいことが出現し、結晶化《クリスタライズ》し始める。

私はピーター・センゲに、彼が創造するときには何をするのかと尋ねた。「音楽を創るにはバイオリンが必要です。なにか楽器がなければならない、そうでしょう。しかし、音楽はバイオリンから生まれるわけではない。バイオリンは単なる一つの道具です。私にとって、経験のレベルでは、講演をしたりワークショップでグループと一緒に仕事をしたりするのもそれと同じことです。私は意識の中でその現実を生み出し、それから楽器を演奏します。私はそれをとても楽しみます。人々への愛が溢れてくるように感じます。私がそういうプログラムを行っていて、物事がこのように機能するようになると、どこかで、間違ったことが起こるわけがないということがわかります。どんなことが起こっても、それはまさにそのとき、起こる必要があることなんだ、と。必ずしもつねにそんな風に感じるわけではないのですが、そういう状態になってくるとわかるのです。これはキリスト教で神の恩寵と呼んでいることです。というのは、私は神秘的なキリスト教の伝統には、この深い理解があると思っているからです。それほどの喜びなのです。だからと言って、いつも楽しいというわけではありません。きわめて深刻なときもありますが、絶対に間違ったことが起こるはずがないと肌で感じるのです。それはいつも計画どおりになるという意味ではありません。それは**どういうことになろうと、その瞬間にまさに適切なことであり、それが音楽だということです**」

図 12-1　結晶化の領域《フィールド》構造

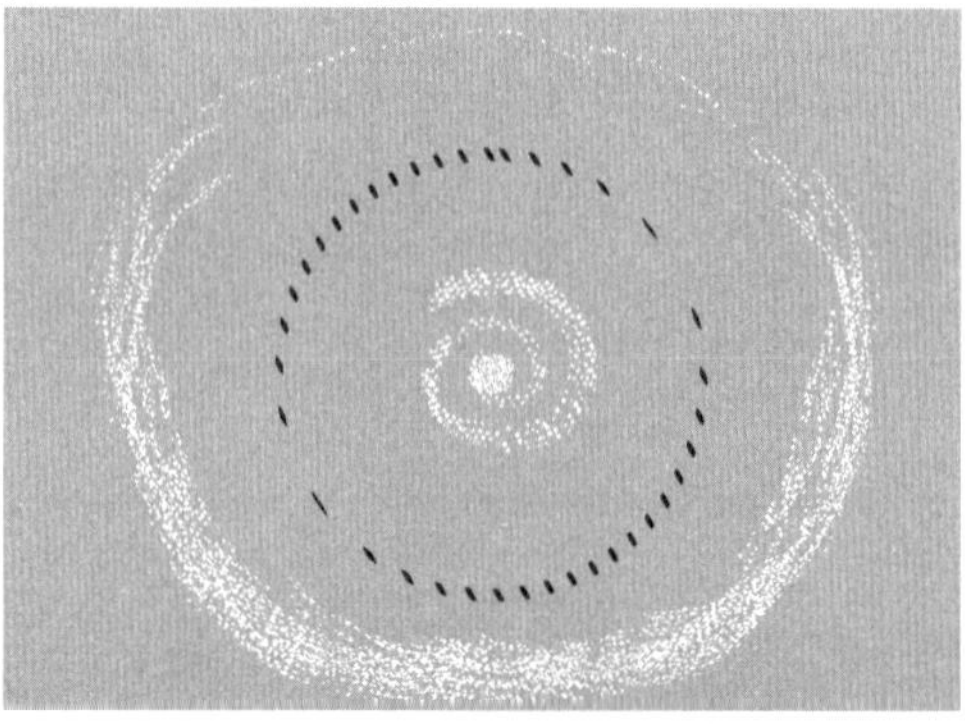

センゲはさらにこう続けた。「我々はプログラムや講座をリードしているとき、人々の間の関係性の質のほうがプレゼンターの言葉の巧みさより大きな影響力を持つと考えてほぼ間違いないと言っています。仮に二人の人間がファシリテートしているとしましょう。そのとき創造を促すうえで最も重要な特性は、その関係性の質だけです。円滑な関係であればいいわけではありません。その関係性には、多くの存在《プレゼンス》、在り方《ビーイング》、あるいは意識が伴います。何であれ、二人がともにそこにあるものと存在できる関係性なのです。私にとっては、それが愛のある関係性の本質です。なぜなら、愛は存在《プレゼンス》にかかわるものだからです」

「何か大きな深い力があると思います。その力は自分が創造したい世界で生きる能力に関係があるのです。創造したいことがわかっているなら、ある程度まで、自分自身の意識の中でその世界を生きることができます。こうした種類の知《ノウィング》から、こうした種類の意図や場から、機能することほど強力な力はありません」

結晶化の原則

私の観察では、結晶化《クリスタライズ》の空間に入るときには四つの原則が作用している。意図の力、現れるものを迎え入れること、大いなる意志、目覚める場だ。

意図の力

ニック・ハナウアーは大成功を収めた六つの会社の創立者であり、長年アマゾンの役員でもあった。私とジャウォースキーが彼にインタビューしたとき、彼は小さなグループの人々と協力し、ワシントン州の教育システムを「改革」していた。起業家としての彼の経験で意図が果たした役割について尋ねると、彼はこう答えた。「私が気に入っているマーガレット・ミードが言ったとされる言葉ですが、『強い決意を持った市民の小さなグループが世界を変えられるということを絶対に疑ってはならない。実際に変えてきたのはそれしかいない』というのがあります。私は全面的にこれを信じているのです。五人いれば大概なんでもできるはずです。一人だけでは難しいが、その一人に四人か五人加えれば、戦う力になります。内在するほとんどどんな可能性でも、つまり届く範囲内であれば何でも、いきなり現実化する十分な推進力が生まれます。それが起業家精神のすべて、つまり、渇望するビジョンと力を生み出すことだと思います」

私が初めて意図の力と出会ったのは、ドイツのビッテン・ヘルデッケ大学の学生だったときだ。私は一〇余人の学生と一緒に大きなテーブルを囲んで朝食をとっていた。その朝、我々に同席してくれたのは、経営学部の学部長であるエッケハルト・カプラーと特別ゲストのヨハン・ガルトゥングだった。彼はノルウェー人で平和研究を科学として創始し、もう一つのノーベル賞として知られているライト・ライブリフッド賞を受賞していた。ガルトゥングは構造的暴力の理論でも有名で、あらゆる大陸の六〇以上の大学で教鞭をとり、多数の著書を持っていた。一人の学生が彼のほうを向いて尋ねた。「ヨハン、あなたはこれまで非常に多くのことを成し遂げてきましたが、まだ、やっていないことは何ですか。残りの人生であなたが生み出したいことは何ですか」

「地球規模の移動する平和大学というアイデアを考えています。学生は世界を旅しながらグローバルシステムを生きている全体性として見る方法を学び、異なる文化や文明の視点からそれを見るのです」

彼がその世界を巡る学習の旅《ラーニングジャーニー》の構想を詳しく語り始めたとき、私はこれをやることこそ自分の運命だと悟った。その朝、食卓を囲んだほかの学生も同じ気持ちだった。そう悟ったことは非常に大きなエネルギーの源《ソース》だった。話を聞くうちに、ガルトゥングは米国のある大学と共同でそのようなグローバル大学のプロジェクトを実現しようとしたが、組織化、資金調達、運営などの複雑さから行き詰まっていたことがわかった。学生の我々はそのような問題に対して何の経験もなかったが、腹の底ではそれができるとわかっていた。そして我々は実行した。しかも、記録的な速さだった。

我々五人は数カ月でそれをやり遂げた。緻密にプロジェクトの計画を立て、産業界や個人のスポンサーから五〇万ドル集め、一二の提携大学と二九〇の講義を契約し、第三世界と東欧諸国を含む一〇カ国の学生からなる一期生三五人を選抜し、奨学金の資金を集め、財務や組織上の細かな実務をこなした。これらすべてをボランティアとして時間を注ぎ込んでやり遂げた。このプロジェクトにともに全力を尽くしたことで、我々はそれまで一度も経験したことがない力を得た。自分たちはより大きな領域《フィールド》、創造の形成領域《フィールド》の一部だと感じたのだ。その領域で活動しているとき、成功を妨げるものは何もないとわかっていた。たしかに、何度も壁や障害に出くわした。しかし、そのたびに、我々は何らかの形の「予知可能な奇跡」によって道は開くとわかっていた。何らかの扉が開いたり、救いの手が現れたりして、前進させてくれるとわかっていたのだ。

ジャウォースキーはこういう風に偶然のように助けが現れることを「シンクロニシティ」と呼び、Uプロセス全体はまさにシンクロニシティ、つまりこの深い意図の流れに入り、その流れとともに行くことではないかと考えている[3]。多くの起業家は「意図は強い力の一つではない。唯一の力だ」と言うブライアン・アーサーに同意している。[4]

現れるものを迎え入れること

この流れに入る内面の作業には、「手放すこと《レッティンググゴー》」と現れるものを「迎え入れること《レッティングカム》」が大いにかかわってくる。現れるものを迎え入れることは意図の力の片方の側面である。したがって真の問いは、どうすればその意図に波長を合わせられるか、である。答えは、新しいものに波長を合わせるには、まず古いものを手放さなければならない、ということだ。考えてみれば、私の最も成功したプロジェクトのほとんどは、だれかが私に示唆してくれたものだ。ガルトゥングのグローバル平和大学構想もその一例だ。Uプロセスを始めるとき、一歩下がって眺めたり深く考えたりするのではなく、まず観察する（世界に出ていき、注意を向ける）のはそのためだ。まず、世界に出て行くことだ。自分の道をたどって行くうちに、宇宙が何をすべきかを教えてくれる。次に、それに深く耳を傾ける。そして、内面から出現するものに注意を払う。ほんとうに深くこれをするには、手放すことと現れるものを迎え入れることを学ばなければならない。新しい考えがより明確に、より完全に姿を現すためには、古い態度は捨てなければならないのだ。

大いなる意志

新しいものに心を開くと、しだいにより深い意志につながるようになる。マルティン・ブーバーが大いなる意志と言っているものだ。ブーバーは、その著書『我と汝』で、人が大いなる意志につながろうとするときに起こる、二重の展開について非常に明確な説明をしている。

自由な人とは、恣意的な我欲によらず意志する人である。……彼は運命を信じ、運命が彼を必要としていると信じている。運命は彼を束縛せず、彼を待ち受ける。彼は運命に向かって進まなければならない。だが彼は、運命がどこで発見できるかを知らない。しかし、彼は自分の全存在をかけて出かけなければならないことを知っている。事態は彼の決意どおりに行かないものだが、到来する事態は彼が意志し、得るものを決意するときにのみやってくる。彼は物質欲と本能に支配されている自分の些細で不自由な意志を、大いなる意志に捧げなければならない。それにより宿命に支配されることはなくなる。彼はもはや口出ししない。しかし、同時に、物事が起こるにまかせることもしない。彼は自己から生まれ出るもの、世界の存在の推移に聞き入る。それによって支えられるためではなく、それが望む現実にそれを導くために……。[5]

ブーバーは、自由な人間とは運命、つまり我々を**必要**とする運命を信じるが、それがどこにあるのかは知らないと仮定して論を進める。運命を見つけるには、進んで未知の領域に入り、「われわれの全存在」をかけて出て行く覚悟がなければならない。運命は犠牲を求めることもある。これは単に何かをもくろむことではない。それを実行する完全な意図を持って、出現したがっている世界の中の存在《ビーイング》に聴き入ることである。ひとたびそれを始めたら、我々は注意深く意識を向けなければならない。

物理学者のアーサー・ザイエンスはＭＩＴで「ダライラマ――認知科学の対話《ダイアログ》」を司会した。彼は司会をするとき、テーブルについている目に見える人々の存在を超えるものを感じるという。また、「目に見えないもの」の言葉に耳を傾けたいとも思うと、私に語ってくれた。

「いくつか習慣になったことがあります。たとえば、役員会に出席していて、何か重大な議題を巡って激しい議論の応酬になったとします。どう対処すれば良いのかわかりません。そんなとき、ふと気づくと手放しているんです。つまり『意識をこれに集中させるのは、いやというほどやった。

もう、あらゆるところを突っつき回したじゃないか』ということですね。そこで集中を解いて、ぼうっと意識を拡散させます。空っぽになります。ときには、目に見えない人が隣にいるふりさえします。私が新しい学校の理事会で理事長をしていたとき、目に見えない子供たちもテーブルについていると想像したものです。私は実際にまだ生まれていないか、まだそこにはいない子供達のために働いていました。私がそこにいる理由はその子供たちでした。私はその空間に耳を澄まそうとします。未来もまたテーブルについています。居合わせているあらゆる人が特別な瞬間だと気づく素晴らしい創造的な瞬間があります。私はそれを手放さないで、とことんそれを追求するように彼らを励まします。

「こうした瞬間は大きな前向きのエネルギーをグループに与えます。独創性、やればできるという自信、協力し合おうという気持ちが湧き上がってきます。誰もそれが自分ひとりのものだとは思いません。アイデアはテーブルの向こう側にいるほかの誰かが言ったとしてもおかしくない状態だからです」

覚醒の場

結晶化《クリスタライズ》が起こるには、一定の環境あるいは状況が必要だ。

ドイツの農業コミュニティのワークショップでは、農民のコアグループが近隣のコミュニティから人々を招いた。何らかの形でその場所の未来に関係してくるだろうと彼らが思った人々だ。一日のイベントの進行はUプロセスに沿って計画した。午前中に約八〇人の参加者がやってきて、それぞれの人生の旅路と状況に出現したことを語り合った。午後には、我々はともに創造したいものを中心に五つのイニシアチブグループを編成した。ウルズラと私が患者と医師の対話《ダイアログ》フォーラムで実施したのと似たようなものである。

それからおよそ一年後、我々は五つのグループのうちの四つが、目を見張る活発さで次々に活動やイベントを開始したことを知った。彼らは農場で幼稚園のような遊びのグループを始めた（まもなく、正式な認可を受けた幼稚園になった）。また農場で一連の音楽会や文化行事を企画し、共催した。農機の共用など組織間の協力体制を作り、導入もした（大幅な節約となった）。セルフリーダーシップについてのセミナーを数回実施し、これが先駆けとなって、その後、公開セミナーへと発展していったものもあった。

以前に農場のコアグループが実施した多くの集会に比べ、あの一日の集会がはるかに効果的だったのはなぜだろう。

おそらく、可能性は初めからあったのに、ずっと眠っていたのだ。しかし、ともに感じ取り、結晶化《クリスタライズ》する状況を生み出すインフラがなければ何も起こらない。この場合、一日のワークショップがそのインフラだったのだ。

フィールドノート

本章では二種類の意志、つまり小さな意志《スモール・ウィル》と大いなる意志《グランド・ウィル》の違いを探り、関連づけてきた。プレゼンシングの経験から現れる真正さとつながりを感じることにより、グループはより深い意図、つまり「意志」に気づけるようになる。二番目のタイプの意志、「大いなる意志」は、次の原則に基づく行動を生み出す。

◆プレゼンシングの経験から現れた未来の可能性に照らして自分自身の意図を「試し」、明確にする。
◆意図の力を広め、創造的出現への入口をつくる。
◆現れるものを迎え入れる——内面から出現するものに聴き入る。
◆出現する未来の道具として行動し、出現するものが望む形に現実化させる。
◆組織の境界を超えてともに目覚めるためのインフラを構築する。

結晶化《クリスタライズ》とは源《ソース》につながったまま、ビジョンと意図をゆっくり明確化していくことである。結晶化《クリスタライズ》を実行していると、未来のイメージは進化し、変化し、変容しつづけていく。このとき、我々は新しいものを現実化するこのプロセスを次のレベルに移す必要がある。その方法は、我々が生み出したい未来の生き生きとした実例、つまり未来のプロトタイプを具現化することだ。

第13章
プロトタイピング（Prototyping）

源《ソース》につながり（プレゼンシング）、出現しようとしている未来の感覚を明確化したら（結晶化《クリスタライズ》）、Uプロセスの次の段階は、実行することによって未来を探索すること（プロトタイピング）だ。プロトタイピングは行動し、実験することにより未来を探索する最初の一歩である。我々はこの用語をデザイン業界から借用した。優れたデザイン会社、ＩＤＥＯの創立者で、長年ＣＥＯを務めたデビッド・ケリーは、プロトタイピングの方法を次のように簡潔にまとめている。「早く成功するためには、何度も失敗しろ」[1]。プロトタイピングとは、たとえば最終的なものを作り上げる前にコンセプトを提示することだ。プロトタイピングは速いサイクルのフィードバックによる学習と適応を可能にする。

医療ネットワーク

シュミット博士とその仲間はシステムをレベル１やレベル２からレベル３やレベル４に動かすという意図を持って対話《ダイアログ》フォーラムを終えたが、転換を起こすにはさまざまな形の協力の場が必要なことはわかっていた。そこで手始めとして、地域の関係機関で働く主要な人々が実際に仕事のなかで直面している問題について話し合いを持つことにした。まず、彼らは問題の「当事者」、つまり、所属する組織システムで意思決定をする能力と責任を有する人々を特定した。「有効な対策を取るために互いを必要としている実践者のグループを集めたいのです」とシュミット博士は言った。「あらゆる課題や問題について率直に話し合い、行動可能な解決策を生み出すことに専念し、敏速に行動に移して検討するのです。ある課題を処理したら、そのグループは解散します。現在、一〇グループがありますが、どのグループも以前に比べたらはるかに効果的に活動しています」

隣接する地域の仲間を訪ねると、自分たちがいかに多くを成し遂げたかを改めて自覚するとシュミットは言った。「彼らはいまだに保険会社が何を考え、何をしようと思っているのか気にしています。我々はそういうことはもうやめました。今は、我々が最大の効果をあげられるところに、焦点をあてています」。アクショングループの一つは慢性の糖尿病に焦点を絞っていた。このグループには要となる医師と糖尿病患者が集まり、新しい食習慣を推進する戦略を一緒に作り上げていった。こうして、人々が薬に頼るのをやめ、生活を変えるよう促しているのだ。

他の臨時《アドホック》のアクショングループを挙げると、特殊な診断装置を医療グループ間で共用する合意を成立させたグループ、病院と外部医師間で情報交換するための新しい定型を定めたグループ、二つの環境間で患者を移動させるとき、患者へのケアを調整する協同運営事務局を創出したグループ、などがある。そして、忘れてはならないのが、新しい救急コントロールセンターを生み出したグループである。緊急の場合、患者は少なくとも三種類のネットワークを利用できる。つまり、地元の医師、センター、あるいは救急車出動本部につながる緊急番号のいずれかに電話をかけることができるのだ。

地域全体でこれら三種類の選択肢を調整すれば、経費や時間を節約できるだけでなく、患者への行き届いたケアが可能になり、医師の負担も軽減できるとシュミット博士たちは確信している。また、地域に住む一人暮らしの高齢者や慢性病患者も、センターを通じて「支えられている」と感じられるような目に見えないつながりができる。医師ホットラインを開設したので、患者は診療時間外や週末でも医師に助言を求められるようになった。調査では、緊急番号への電話の七〇%が実際には緊急性が低く、単に助言を求めているに過ぎないという結果が出ており、このシステムはその調査結果から考え出されたものである。以前は、電話があれば救急車が出動していたが、現在は、新しい合同コントロールセンターで医師と救急救命士が協力してホットラインの電話に応じるようになったので、不要な救急車の出動回数は減り、患者も対応に満足するようになった。これだけでも、プログラムの運営にかかる費用の四倍が節約できた。

この旅が始まった当初は、主要な関係者の間で膨大な時間をかけて困難な交渉が重ねられた。地元の病院、医師、救急車サービス、保険会社などである。関係者は、それぞれが自分の利害、制約、縄張り意識を抱えていた。突破口が開いたのは、参加者が救急システムを利用したときの、自分自身、あるいは自分の家族の経験を話しはじめたときだった。それからまもなく、グループはもっと統合的で一貫した患者サービスを創出する意志とビジョンを共有するようになった。これらを共有したことでつながりが持続し、交渉を成功させることができたのだ。

プロトタイピングの領域《フィールド》構造

図13－1は意識の領域《フィールド》構造を視覚的に表した図である。プレゼンシングと結晶化《クリスタライズ》の章で見た前の

二つとよく似ている。プロトタイピングでは、保持空間《ホールディングスペース》（白い外側の領域）を深めることにより、また、図の中心での迎え入れるプロセスを、ビジョンを描く段階から具現化の段階へ進めることにより（中心に白い形が出現する）、プレゼンシング（源《ソース》につながる）と結晶化《クリスタライズ》（未来のイメージを出現させる）から次の段階へと移ってゆく。

効果的にプロトタイプを造るには、頭の知性、心の知性、手の知性の三種類の知性を統合しなければならない。ロバート・レッドフォードが映画『バガー・ヴァンスの伝説』でこう言っている。「手にある知恵には頭の中の知恵が逆立ちしたってかなわない」。異なる種類の知性を統合して、生きた見本のプロトタイプを造るとなると、我々はつねに二つの大きな危険と落とし穴の間のプロセスを通り抜けなければならない。思慮のない行動《マインドレス・アクション》と行動の伴わない思慮《アクションレス・マインド》が、それだ。

プロトタイピングの原則

効果的に三種類の知性を統合するには、源《ソース》につながると同時に、全体性につながること、速いサイクルのフィードバック、見直しと意識の目覚めのためのインフラが必要である。

インスピレーションにつながる

プロトタイピングに入るときは、何よりもまず「あなたを必要としている」（ブー

図 13-1　プロトタイピングの領域構造

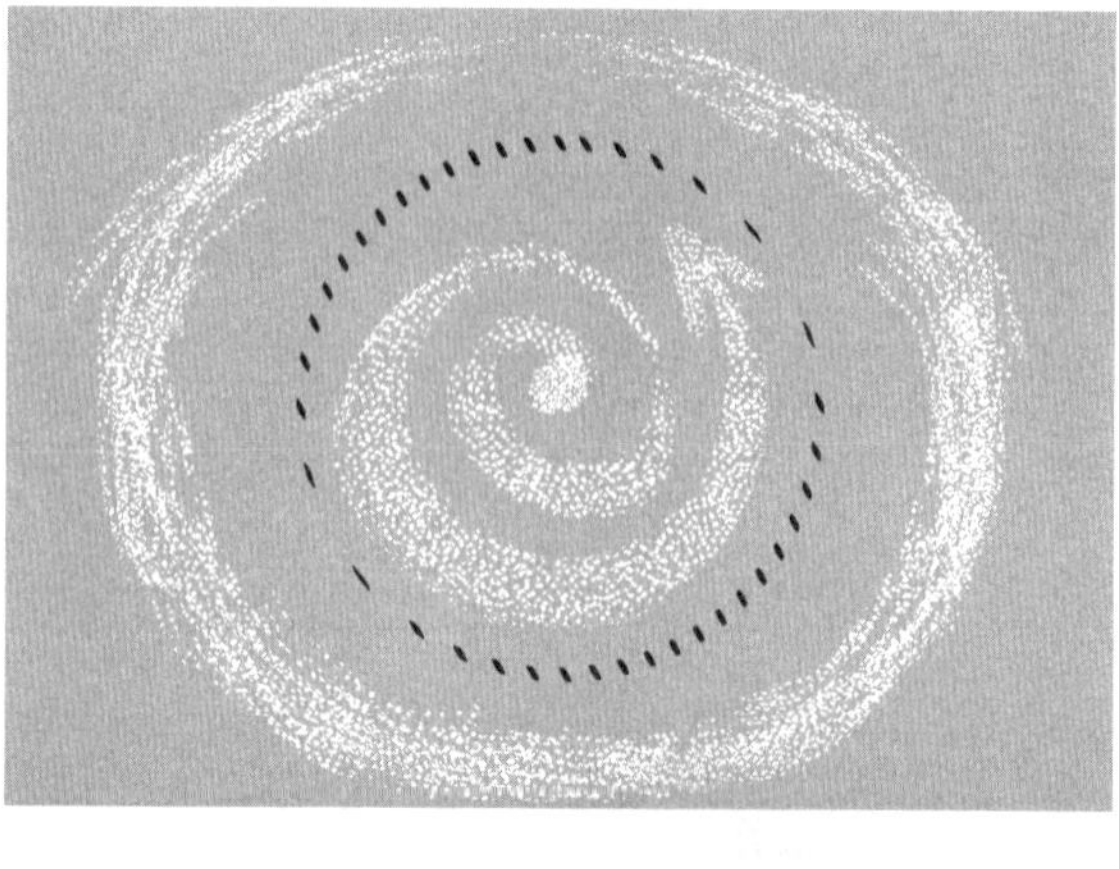

バー）未来のインスピレーションのひらめきにつながっている必要がある。
「そのつながりはどうやって作るんですか」私はジョセフ・ジャウォースキーにたずねた。彼はこの種の直接的な結びつきを作る達人なのだ。

彼の答えはこうだった。「一番重要なのは、毎日つながりを作ることです。それも、朝起きて最初にやるのです」。ジョセフには、夜明け前に起きて実行している彼なりの方法があるという。「まず何よりも実践、実践、実践です。毎日、自分で沈黙の場所を作り出すことです」

ジョセフの話を聞いていて私は両親のことを思い出した。父は朝の五時までには乳搾りを始めていたが、その前に母と一緒に朝の祈祷文を読み終えているのだった。私がインタビューした人の中にも、夜明け前の二、三時間、静寂の時を過ごすことが多いと言っていた人々がいたのを思い出した。

「二番目に取り組むことは、まる一日、まる一週間、まる一年、あるいはそれ以上、どんなときもつねに真実にとどまり、より深い意図とつながっていることです」

何かに打ち込み続けるには何が必要なのだろうか。シュルンベルジュのシモーヌ・アンバーは、企業の社会的責任の分野の革新者《イノベーター》であるが、かつて私にこう語ったことがある。「私の場合、アイデアから行動に移るまで何年もかかりました。大事なことは、だからといって自分を責めないことです。大事なことは自分の意図に忠実であり続けることです。でも、最初の一歩を踏み出したら、ドアが開き、援助の手がさしのべられてきました。まるでレールの上に載せられたようでした」

ジョセフはさらに続けた。「三番目の実践は、現れた機会を感じ取り、つかみ取ることです。真の機会が現れるときは自分が期待していたようなところには現れないのがふつうです。自分のより深い意図が行動せよと告げる機会はどこに現れるかわからない。だからそのときが来たらピンと来るように、いつもよく注意していなければなりません。そして、機会が現れたらその瞬間に行動することです。私は最も高次なる自己から機能し、その結果、ふつうならあえて負うことはしないようなリスクさえ負うことができるようになるのです」

「たとえば、ワークショップの最中に、我々はもっと大きな取り組みを創出する使命を負っていると感じたことがありました。私はある大きな多国籍企業のCEOをつかまえて言いました。彼のことはほんのわずかしか知りませんでした。『ちょっと待ってください。お話があります』。彼にはそう言っておいて、あちこち歩き回り、さらに三人の人をつかまえました。財団法人の長、米国国立公園局の上級役員、NGOの活動家でした。私は三人をCEOのところへ連れてきて、椅子を五脚出して輪にすると話し合いを始めました。その瞬間が、現在、シナゴス★のマルチステークホルダー・パートナーシップ・プログラムとして知られている活動が生まれるきっかけだったのです」[2]

この小さなエピソードは、未来から行動することのいくつかの重要な側面を明らかにしている。新しいことはまず感情として現れ、次に、どこかに引き寄せられる漠然とした感覚として現れる。それは**なぜ**というよりは**何**という感覚だ。何かをすることに引かれる感じがするが、なぜかははっきりとはわからない。そのあと、実際に手と心の知性を働かせて、やっと頭はなぜかを理解し始める。

ジョセフのように「未来から」行動するには、つまり、感情を感じ取り、何かに引かれるように感じ、その空間《スペース》に入っていき、今という所から行動し、そこから出現することを結晶化《クリスタライズ》し、新しいもののプロトタイプを造り、それを現実に送り出すには、何年もかかることがある。社会の革新者《イノベーター》やシモーヌ・アンバーのようなビジネスの革新者《イノベーター》は、何かを感じたとき、つまり何かをすることに

★　貧困と社会正義の根本原因に取り組む包括的なパートナーシップを呼びかけ、構築し、援助する組織

引き付けられる感覚を得たときから、敷居を越え、発見や創造の旅を始めるまでには、五年、六年、あるいは七年かかったと言っている。とはいえ、ジョセフのように、すぐに行動する準備はしておかなければならない。もっと長くかかるとしても、重要な点は、もう何年もアイデアにとどまっていたからといって、自分を厳しく裁かないことだ。実際に重要なのは、まさに次の瞬間に行動すること、つまり「今」何をするかだけなのだ。それ以外の意思決定の瞬間はすべてもう過去のものとなっている。ああすべきだった、とか、こうもできた、というようなことは、現実的にはもう何の意味もない。

過去から行動するとき、**なぜ**かを、物事が起こる前にすでに知っている。つまり、我々は頭で活動を始める。頭は、我々に確立された手順に従うよう命じる。我々の気持ちは、良くてうつろな感じで、時には不満を感じることさえある。

ドイツの医療ネットワークの共同創設者、シュミット博士に起こったことを、次に記そう。一九九四年の秋、彼は地元の医師たちが実施した医療の現状と将来の見通しについての調査に参加した。調査の結果、多くの医師が自分の仕事にほとんど幻滅しており、事態が変化するという希望もほとんど持っていないことが明らかになった。調査を受けた医師の六〇％は仕事のストレスについて「何を言ってもしようがない」と思っていた。四九％は少なくとも一度は自殺を考えたことがあると語った。彼自身もストレスを感じていた。実際に、彼はある患者からストレスを抱えていることを指摘されたこともあった。彼は医師の調査結果を読み終えたその日、診療所を出たときたまたま出くわした患者から「ずいぶんお疲れのようですね。私の手を診ていただく時間もあまりなさそうですね」と言われた。帰宅すると彼はさらに落ち込んだ。一〇歳になる娘が彼にこう言ったのだ。「パパ、ちっとも会えないのね」

同僚たちと何とか事態を変えられないかと話し始めたのは、そのときだった。そして、我々がすでに学んだように、この初期の会議から、医師、患者、保険会社、行政、その他の関係者の全ネットワークができ、地域の救急医療システムを再生させる変化のプロセスが始まったのだった。

宇宙《ユニバース》との対話《ダイアログ》で

『ファスト・カンパニー』誌の共同創刊者、アラン・ウェバーも、同じような話をしてくれた。彼は『ハーバード・ビジネス・レビュー』誌の編集者のポストを離れ、新雑誌を作るチャンスを求めた。その結果が『ファスト・カンパニー』誌だった。彼は出現したがっていると感じた自分の真の意図、つまり未来の直感、ひらめきをしっかりととらえることから始めた。彼はそれを、彼の言う「宇宙《ユニバース》からのフィードバック」に耳を傾ける学びと結びつけた。

ウェバーはこう説明する。「宇宙《ユニバース》というのは、ほんとうに助けてくれる場所なのです。というのは、どんな答えが返ってこようと、宇宙は何らかの方法で自分を助けたがっているのだと想定して、その答えを見るのです。自分のアイデアとのつながりに心を開いていれば、宇宙《ユニバース》は助けてくれるでしょう。宇宙《ユニバース》はそのアイデアを進化させる方法を示してくれたがっているのです」

「この冒険の一部としては、あらゆるアイデアや提案に耳を傾け、どれが役に立ち、どれがためにならないか、自分なりの計算をしてみることです」とウェバーは説明した。彼はこのプロセスを「誠実に耳を傾ける」と呼んでいた。今実行していることは誠実に行わなければならない。しかしまた、最初に受けたコンセプトは間違っていない、良いものであるはずだという確信を持ち続けることも必要だと、彼は言った。「誠実に耳を傾け、自分の内面の感覚と知《ノウイング》に対して忠実であり続けることです」

これはまさに、シュミット博士たちがさまざまな団体や関係者に自分たちの構想を提示したときにやったことだ。彼らは新しい救急医療システムのコンセプトを微調整し、発展させるのに役立つフィードバックを受け入れ、取り入れた。既得権益を守ろうとする人々が最初のころやる気をそぐようなフィードバックを返してきても、冷静さを失わないようにした。

ジョセフ・ジャウォースキーも、マルチステークホルダー・パートナーシップを共創造《コークリエイト》したときに同じことをした。彼はコンセプトを前進させるのに役立つフィードバックは取り入れたが、あとは無視した。無視してよい「インプット」は、聞いたそばから右から左へと聞き流すのだ。[3]

〇・八の原則◆早い時期に失敗し、敏速に学ぶ

ネットワーク機器会社のシスコシステムズでは、「〇・八の原則」というものがあり、プロジェクト期間がどんなに長期であっても、それには関係なく三、四カ月以内に最初のプロトタイプを提示しなければならない。そのプロトタイプは使えなくてもよい。一・〇のプロトタイプである必要はない。しかし、〇・八ということは、**何か**を提示しなければならないということだ。完成してはいないが、次に改良バージョンを生み出すもとになるフィードバックを引き出すことができる何かだ。

医療ネットワークの場合、初期のプロトタイプは会合だった。成果は少なかったが、次の段階へと導いた。ジョイントプラットフォームというアイデアを生み出したのだ。(シナゴスの)マルチステークホルダー・パートナーシップの場合は、プロトタイプは初期に全世界で実施したインタビュープロジェクトと、そのあとに開いた未来のコアとなる人々を集めたワークショップである。それがプロジェクトの目的と方法の焦点を定め直し、練り直していくのに役立った。

アラン・ウェバーの『ファスト・カンパニー』の場合、雑誌の最初のプロトタイプである見本を

作ったことが、コアとなる人々全員に興奮とやる気を生み出し、創刊者たちは雑誌の姿勢やコンセプトを練り上げるにはどうすべきかについて焦点を絞ることができた。

戦略的小宇宙《マイクロコズム》◆出現する未来の可能性の滑走路

すべてのプロトタイプは保護され、支えられ、育まれ、助けられる必要がある。新しいものが優しい環境で守られないと何が起こるかを、我々は生物学から学んでいる。免疫システムが作動して、その本来の役割を果たす。つまり、新しいものを殺してしまうのだ。なぜだろう。それは異質だからだ。それは既得権益を脅かすからだ。それは「ここに属さない」からだ。胎児に子宮が必要なのは、このためなのだ。すべての新しいものに、胚が芽を出せるように外界から守る適切な環境を作り出す繭が必要なのも、このためなのだ。

農場では、毎日畑に行って苗を引き抜いて、ちゃんと育っているかどうかを調べたりはしない。水をやり、時が熟するのを待っている。種子も透明性や宣伝など望まない。これは組織でも同じだ。絶えず調べるようなことは最もやってほしくないことだ。新しいアイデアに着手するときは、役員が仰々しく発表するようなことはしない。人はもっと小さく、もっと静かに、もっと大げさでない場所で着手したいのだ。現実の課題に取り組む現実の実践者とともに始めたいのだ。

医療ネットワークは公けに告知することなく新しい協力の場（臨時グループ《アドホック》）を構築するという戦略を取った。医療ネットワークの幾つかのプロジェクトを指導してきたウルズラ・フェアシュテーゲンは、こう言っている。「この取り組みは……純粋に医師主導で小さくスタートし、その地域の主要な医療の実践家たちが集まる、組織横断型のプラットフォームへと発展していきました。そして、我々が今となっては当然のことのように思っている〝新しい協力関係の全体的な仕組み〟

を生み出したのです」

戦略的小宇宙《マイクロコズム》、つまり、生まれたばかりのか弱い「芽」は、**新たにデザインされる**こともあれば、**既存のインフラに埋め込まれる**こともある。デザインされたプロトタイプはイノベーションに意図的に取り組むプロジェクトのなかで作られる。新しい救急医療コントロールセンターがその例だ。それは新しいタイプのサービスを盛り込み、そのサービスを提供することを目的として設計された。一方、埋め込まれる場合は、そのインフラは現行の運用慣行の枠内で、その慣行を核として作られる。我々は医師と患者のグループに、医療システムで新たに「埋め込まれた」関係にはどんなものがあるかとたずねた。彼らは、患者が書類を作成したり、医師とやり取りしたり、システムを利用するのを支援しているNGOを例として挙げた。これは、古いシステムの中に埋め込まれた、この場合で言うと書類の記載という状況《コンテクスト》に埋め込まれた、出現するイノベーションの優れた例である。ある看護師が次のような話をしてくれた。

今朝、ここに高齢の女性患者が来て、リビング・ウィル（尊厳死宣言書）の用紙をもらいたいというのです。でも、それは非常に重大な意味を持つ決定なので、ただ用紙を渡すわけにはいかないと私は言いました。女性は目を丸くして、こう言いました。「私はこの際書類に署名しておきたいだけなのよ」。この用紙に署名するには真剣に考えなければならないことがあると私は言いました。あなたが「末期症状を迎えた場合、いかなる延命措置も望みません」と書いたとします。それはこう解釈されるかもしれません。「私はいかなる注入措置も望みません」。そのため、あなたは咽喉の渇きに苦しみながら死ぬことになることもあります。また人工的な栄養補給もしなくてよいとも解釈され、死に向かうあいだ栄養補給を断たれたとしてもそれは正当とされるんです。

私が患者に伝えるのは、こういった類のことです。何とか患者の注意を引くことができれば、彼らは一心に耳を傾けてくれます。そして、署名しようとしていることの重大さを理解してくれます。私は看護師として、前もってこのような内省的なプロセスをまるで踏まずに死んでいく多くの人々を見てきましたが、患者がそういう意思表示をしておくことのほんとうの意味を理解したのは、私自身が母をなくしたときでした。私は母の後見人の役割を果たさなければなりませんでした。母は卒中で倒れ、人工呼吸装置を付けられていました。母の傍らに三人の医師が立っているのを見ていたことを覚えています。母はただそこに横たわっているだけでした。まだ意識はありましたが、何も思い出せませんでした。片言しか話せない赤ん坊のようでした。母は同じ質問を繰り返しました。最初、神経科医と主任医師がそこに立っていて、母の頭越しに母の状態について話し合っていました。まるで物扱いでした。でも、私が母の尊厳死宣言書《リビング・ウィル》を見せたところ、彼らはそれを読み、母が書いた決意の行間に母の人格を見るようになりました。母はもう物ではありませんでした。母は何が起きているのかわからないままでしたが、医師たちは母が前もってこういう状況になったときのことをそこまで考えていたため、母に敬意を表しました。母が先を見越した配慮をしていたおかげで、医師たちは人としてのレベルで行動できるようになりました。母はそこに人としていました。私も非常に丁重な応対を受けるようになりました。医師たちには深い安堵がありました。[4]

書類を作成するというお役所的な要求でさえ、埋め込まれたインフラの媒体に変えることができる。この場合、インフラの目的は、患者と医師の関係性に深い影響を与える内省のプロセスの火付け役になることだ。インフラは、患者の「私の問題を治してくれ」という態度を一歩前進させ、医師と患者間の関係を改善する内省のプロセスを引き出す。患者は自分の生命と健康に責任を持つ。ほかの医療提供者は、慢性患者と急性患者を別の時間帯に振り分けることで、それぞれの状態に焦点を絞ることができ、それによってさらに一人ひとりに合わせた診察や教育を提供できることがわかった。[5]

二〇〇四年の六月に設立されたサステナブル・フード・ラボラトリー★1も、組織横断のプロトタイピングの良い例である。ヨーロッパ、北アメリカ、ラテンアメリカの、政府、企業、市民社会のさまざまな組織が協力している。このグループは、数回のワークショップ、学習を深める旅、アリゾナの荒地での合宿《リトリート》を経て、プロトタイプチームを編成した。食糧システムの経済的、環境的、社会的維持可能性を向上させるイノベーションを生み出すために、このグループがUプロセスを利用した結果、七つのプロトタイプができあがった。その一つは、ラテンアメリカの家族経営農家が持続可能な方法で生産している食料をグローバル市場へ送ることができるようにした。これにより、高品質の食品が地域の農家から学校や病院、その他の場所へ届けられるようになった。もう一つのプロトタイプは、市民、消費者、政策担当者の食料の持続可能性に関する考え方の枠組みを変えることに重点を置いた。

プロトタイピングの段階の間に、フードラボチームの規模は三倍になった。プロトタイピング段階にイニシアチブに参加したコストコ社★2のシェリ・フライズは、食料システムを持続可能なものへと移行させるためには三つの必須要件を考慮しなければならないと言う。「まず始めに、成功させるのに必要な量の善意の需要が消費者側にあることです。次に、サプライチェーン全体に、経済的にも社会的にも生態学的にも、完全な透明性が必要です。そして最後に、生産者、つまり農家の顔

★1　p.24 訳注参照
★2　アメリカのシアトルに本社を置く世界最大の有料会員制の卸会社

が見えるようにする必要があります。生産者と消費者とのつながりを個人対個人のものにする必要があるのです。それが今度は高品質の製品や加工工程を求める善意の需要を高めることになるのです」[6]

現在、ＥＵの多数の都市や地域はリビングラボと呼ばれるもう一つのプロトタイピングプロジェクトに参加している。リビングラボのコンセプトはＭＩＴのウィリアム・ミッチェルが考え出した。リビングラボは、多様で日々進化する現実の状況《コンテクスト》で複雑な解決策を感知し、プロトタイプを作り、実証し、洗練するための調査の手法を提供する。スウェーデンとフィンランドでは、コミュニティと自治体が、技術的、文化的、社会的なイノベーションを誘発する特別な場としてリビングラボを編成している。[7]

フィールドノート

我々は次のような三種類のつながりとコミュニケーションの仕組み《メカニズム》を確立し、未来への滑走路のプロトタイプを作る。

◆上とのつながり……インスピレーション、直感や意図の最初のひらめきへつながること
◆横のつながり……そのコンテクスト（環境）からのフィードバックに耳を傾けること
◆下との、または現場のつながり……現場の状況《コンテクスト》の中で速いサイクルのプロトタイプを実施し、それから学ぶこと。

我々は新しいものを世界に誕生させる上記三つの関係性を、実践的に統合するのを促すインフラや場所を確立する。前に進むときは、我々はつねに、思慮のない行動《マインドレス・アクション》と行動を伴わない思慮《アクションレス・マインド》という二つの危険の間を進んでいく。我々は頭ばかりでなく、心や手の知恵を使った新しい行動を生み出したり、埋め込んだりする方法を発見する。第21章ではプレゼンシングの二四の原則について概要を示すが、プロトタイピングの原則と実践について、さらに詳しくわかるはずである。

第14章 実践する（Performing）

前章ではプロトタイプという新しいものを試しながら探索するプロセスを見てきた。一つのプロトタイプは最終的な成果、つまり生態系の幾つかの重要な特性を含んではいるが、その後に何度も改良を繰り返される最初の試みに過ぎない。最終的な成果には、それまでの試みの最善の特徴をすべて組みこむのである。

この章では、プレゼンシングが日々の実践で自らを具体化していく方法に焦点を絞る。演劇を想像するのが良いかもしれない。実際に舞台に立ったことがあるなら好都合だ。というのは、俳優たちは演出家から指示を得るだけでなく、俳優同士でも意見を言い合い、そのようなプロセスで演技を練り上げて良い舞台を作っていくことを知っているはずだからだ。何かが加えられることもあれば、省かれることもある。演劇は生きた構造だ。時間と空間の場で保持され、磨かれ、洗練される。何回もリハーサルを繰り返して初めて幕を上げる準備が整う。その後もなお進化し続けるが、今度は、観衆のエネルギーとプレゼンスの要素が加えられる。

大きなバイオリンを弾く

実践《パフォーミング》するとは、観衆や我々を取り巻く場所との深い結びつきによって生じる大きなフィールドから活動することである。バイオリニストのミハ・ポガチニックは、このタイプの最高の演奏《パフォーマンス》経験を「大きなバイオリンを弾く」という言葉で説明した。

彼は思い出をこう語る。「私がシャルトルで最初のコンサートを開いたとき、大聖堂にけとばされたように感じました。『お前なんか出て行け』というわけです。私は若く、いつものように演奏しようとしていました。自分のバイオリンを弾くだけだと。ところがシャルトルでは、自分の小さなバイオリンを弾くことはできない、大きなバイオリンを弾かなければならないのだと気がついたのです。小さなバイオリンというのは、実際に手にしている楽器です。大きなバイオリンというのは、人を取り巻いている大聖堂全体です。シャルトルの大聖堂は完全に音楽の原則に則って建てられています。大きなバイオリンを弾くには、別の場所から、**周縁部**から聴き、弾く必要があるのです。耳を傾けて演奏する行為を自分自身の内側から自分自身を越えて外側へ移さなければならないのです」[1]

前に述べた医療ネットワークのようなもっと日常的な状況でも、このタイプの「大きなバイオリン」を発見してそれとつながる方法が、我々に課されている問題なのだ。

地域に埋め込まれた「大きなバイオリン」を発見する

シュミット博士はこう言った。「どのフィードバックからも必ず前面に押し出されてくる同じテーマの洞察がありました。我々のシステムを次のレベルに進化させ続けるには、参加しているすべての関係者が力を合わせ、地域的な自己統治に重点を置くこと以外にないという洞察です。この種のフィードバックは、この方向で具体的な対策を講じる上で、私を大変勇気づけてくれました。その結果、現在、我々も一員であるこの地域で、すべての部門の主要なリーダーからなる一つのグループが生まれたのです。我々とこのグループの目標は、地域が目指す共通の展望を示し、次の段階を決定することです」

ある医師はこう報告した。「おもしろいことに、三二人配置していた夜勤の医師を一五人に減らしたのですが、現在の方がずっとうまくいっているのです。それに、今はもう我々は孤立していないのです」

このネットワークはまだ初期の段階にある。けれども、ますます明らかになってきたのは、大きなシステムがまだ危機から危機へとらせんを描いて降下していることだ。「死に瀕しているシステムを回復させようとする」ようなものだと思っている人も多い。「死に瀕している」大きな医療システムを生かし続けるよりは、「延命措置を止めて死なせてしまったほうが良いのかもしれない」と思っている人々もいる。けれども、何よりもはっきりしていることは、ほかの地域とはまったく対照的に、ネットワークがさまざまなイニシアチブを推進した結果、苦情や訴訟が減ったこと、特に患者からの苦情は実質的にゼロにまで下がったことだ。医師も、緊急の打ち合わせに時間を取られることはなくなった。その上、患者と医師間の関係が良くなった。ある医師はこう言っている。

「私の場合、仕事の喜びが戻ってきました」

現在、医師と患者はいまやこれまでとは異なる行動を実践している。彼らには違うやり方でともに働くためのきちんとした構造と共通の経験がある。地域全体の医療の連携、もっと広く言うなら、医師間のコミュニケーションが向上した。しかし、最も微細な変化は、自己が全体のシステムにつながる方法や、個人がそのシステムで発揮できる影響力に見られるようだ。医師の負担はいまだに重過ぎるが、孤立感は少なくなり、仕事に対する積極性は増し、効率も高まっている。

シュミット博士にこうしたさまざまな変化の原動力は何だと思うかとたずねると、彼はこう答えた。「一つは、何かを作り上げた経験です。それは力の源になります。もう一つは、自分や仲間が働いている状況《コンテクスト》を知ることです。すると、大きなシステムに対する見方が変わります。地域全体という状況《コンテクスト》での自分の仕事の意味を理解できるようになります。より大きな全体を観て、自分と仕事との関連を知ることは、自信を持つことにつながります。システムの機能や地域の機能についての知が豊富になり、また、実にたくさんの人々を知るようにもなり、結局、今までとは異なる方法でものごとを動かせるようになります。ものごとは楽々と流れるようになります」

実践《パフォーミング》することの領域《フィールド》構造

プロトタイピングの領域《フィールド》から実践することの領域《フィールド》へ移ると、主要な焦点は小宇宙《マイクロコズム》の形成から大きな組織的な生態系の形成と進化へとシフトする。子供の誕生が真の親業の始まりであるのと同様に、プロトタイピングは真の共創造《コークリエイト》の始まりとなる。次には、新たに誕生した生命が次の発達段階へ踏み出せる状況《コンテクスト》を形成してければならない。

生きたプロトタイプが生み落とされ、評価されると、次に問題になるのは、そのプロトタイプを旅の次のレベルに進める方法だ。つまり、プロトタイプを組織のインフラに埋め込み、それぞれの組織のエゴシステムからではなく、より大きなエコシステム（生態系）から活動させることによってそのプロトタイプを進化させるにはどうすればよいか、ということだ[2]。小さなグループや個人の場合、この組織インフラとは、新しいものが発展し持続できるようにする、支える場や実践方法、仲間、プロセス、リズムなどだろう。

Uの展開がプレゼンシングから結晶化《クリスタライズ》、プロトタイピング、実践することへと進むに従い、最初にUの底で出現した新しい集合的領域《フィールド》の特徴、つまり我々を取り巻く源《ソース》につながった状態は、もっと完全で具体的な形を実体化《エンボディ》してくる。中心から新しいパターンが出現し、より大きな生態系のほかのすべての側面と次々につながり、それらの側面を進化させ、明確な形を与えていく。この展開を示したのが図14-1である。

実践する《パフォーミング》ことの原則

図14-2は組織の生態系を概念的に説明する一つの方法を示した図である。この三つの円は企業、政府、市民団体の三つの個別の領域《フィールド》を示している。三つが重なり合っていることに注意が必要だ。中心にそれぞれが接する面がある。

中心となる考え方は単純だ。組織は一つではなく複数である。そして、それぞれの組織は生きていくためには、関係の網に埋め込まれていなければならない。この例では、関係の網はサプライチェーンつまり製造機能、顧客との接点つまり流通機能、実行システムの革新機能と関係がある。それぞれの関係は、規模の経済、範囲の経済、プレゼンシングの経済など種類の異なる経済的側面に基づいて活動している。これ以外の部門の組織でも、細目は異なっても一般原則は同じだ。たとえば、グローバルなNGOの場合、現地の受益者を援助して彼らをエンパワーするため、

図 14-1　実践することの領域《フィールド》構造

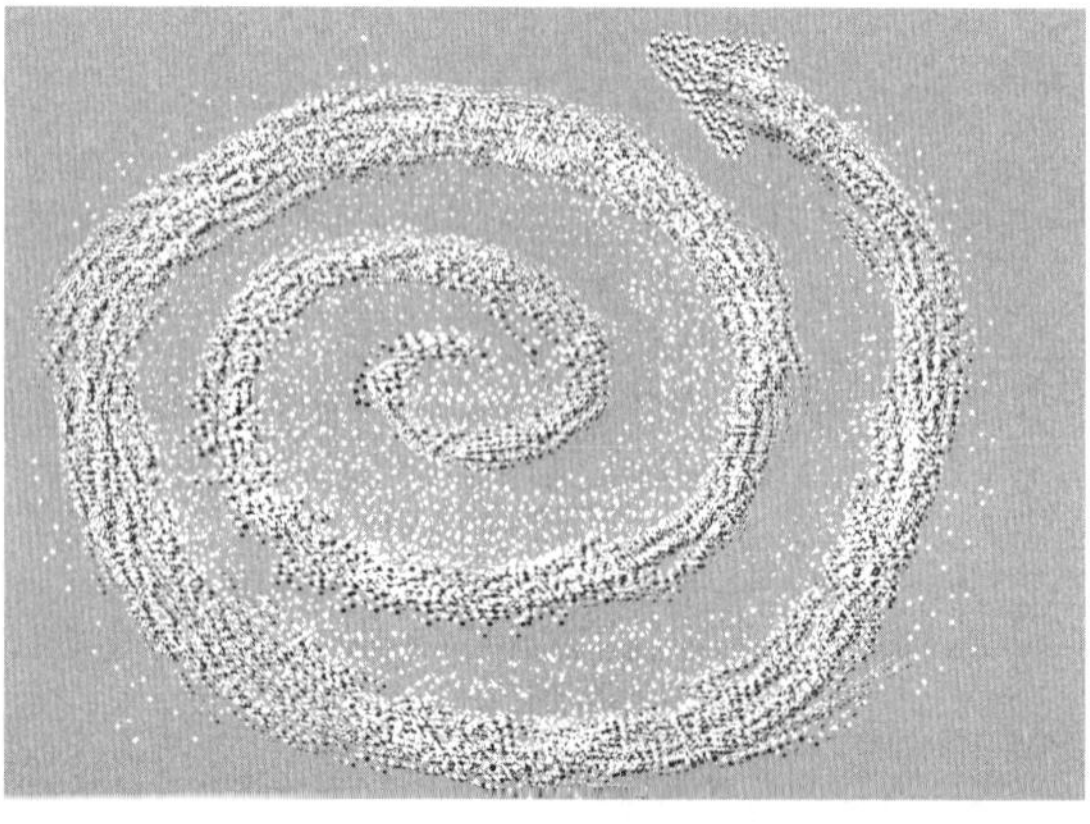

領域《フィールド》で活動する一つのシステムがある。次に、その場に適切にサービスを届けるために配備しなければならない全システムを包含する一体的なインフラがある。これには、資金調達だけではなく物流インフラなどの構築も含まれる。適切な費用で効果的にサービスを提供するために、サプライチェーン全体が整備されていなければならない。そして最後に、変化する世界に対応するための革新のシステムがある。

この図を見ると、今日の経営や組織の世界の主要な課題や挑戦を位置付ける三つの重要な軸あるいは側面がわかるだろう。最初の軸は横方向の側面での統合を示している。つまり、顧客や患者の立場から見た価値創造の流れを途切れなく統合している。ふつう、この横軸は需給チェーンと呼ばれる。

二番目の軸は縦方向の側面、つまり学習、革新、変化が並行して進む領域を示している。

最後に、三番目の側面は、今説明した実行システム（内側の円）と、より大きな社会 - 生態系の場（三つの大きな外側の円）との関係を示している。

すでに述べた医療ネットワークの話をこの統合的な組織的生態系の枠組みにあてはめてみると、ネットワークを下から支えている原動力がよく理解できる。医療ネットワークの話を展開させた原動力は、組織的な統合、革新、システムと自己の間の移行という、組織変化の主要な三つの力だった。

図 14-2　組織の生態系の三者関係

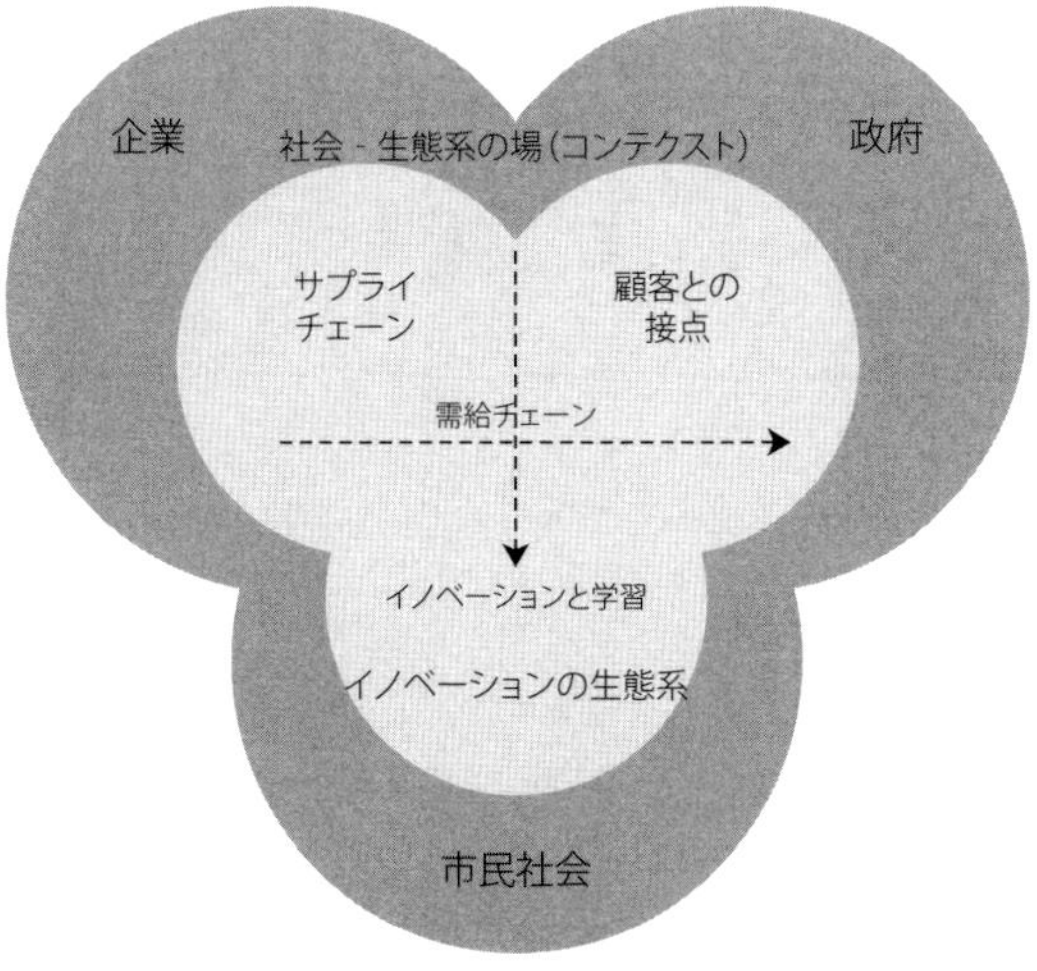

システム的統合

組織的変化の最初の力は、システム全体にわたる評価構築のコアプロセス、つまり、クリニカルパス[★1]やメディカルパス[★2]を体系的に統合する必要性として現れる。この展開は図14-2の横軸での統合として描いてある。

フォーラムの診断群別分類[★3]（DRG）とその疾病管理プログラムでは、この統合は総合的品質管理（TQC）サークルや、そのほかに用いられた手法やツールに見られる。ここでの最大の目標は、職能別に組織されていた実行システムを機能横断型に運用される実行システムへ変えることである。

このタイプの変化は、部門や業界を越えたより大きなシステムの変革が起こった場合に広く見られるが、このタイプの再編によってもたらされるはずのことが、ふつうは実現されないままとなることに留意すべきだ。たとえば、診断群別分類がドイツの医療システムに導入されたときの定額支払い方式の意図は、患者一人当たりの病院の診療報酬額が決められるので、病院に標準より長く入院させておくと病院が損をするという負のインセンティブを与え、患者を早く退院させるよう促し、それによってシステムの「生産性」を高め、総費用を下げることにあった。予想通り、患者の平均入院日数は下がった。そこまでは良かった。しかし、その結果、システムの総費用は上がっていると主張する人々がいる。

「どうしてそんなことが起こったのですか」。私は医療ネットワークの医師、フロリアン・グリュントラーにたずねた。

「先週の例をお話ししましょう。先週の金曜日のことでした。病院は私が二日前に搬送した患者を退院させ、私に戻してきました。ところが、症状は良くなるどころか、悪くなっているようでした。

★1 チーム医療を行うための治療計画表
★2 医療従事者用の治療計画表
★3 医療関係者、医薬品、医療材料などの医療資源の必要度から疾患グループを整理分類すること

患者が救急車で私の診療所へ送り届けられたとき、私は彼を見て心臓発作を起こしていると気づきました。応急処置を施し、すぐに彼を病院へ戻しました。当然、病院では初診患者として登録されました。私が先週病院へ送ったときは心臓発作ではなかったのですからね。システムはこんな風に使われているのです。患者一人当たりの平均入院日数は下がっているのに、総入院日数は増え、費用はもちろんのこと、新たな病気まで作り出しているのです」

グリュントラー医師の話で思い出すのは、社会的複雑性という問題を十分に理解していないために失敗する数々の変化の試みだ。医療システムを立て直す計画では、単に技術的側面や医学的側面から問題の複雑性を理解するだけではなく、それ以上のことが必要なのだ。立案者は社会的複雑性、文化の違い、関心、視点などの問題を完全に理解して取り組まなければならない。ただでさえ薄給の上に過重労働を強いられている病院の運営スタッフに、またしても新たな変化プログラムを強制するだけではうまくいかないだろう。

イノベーションの生態系《エコシステム》

革新に向けてつねに高まる圧力、すなわち、同じかそれより少ない資源でより多くの価値を生み出させようとする圧力の要請が、変化の二番目の推進力である。この推進力は縦軸に沿って展開する。つまり、絶え間ない革新と境界を越えた学習の構造を並行して構築することによって、運用実行システムを補完し充実させるのだ。この種の革新インフラの例には、新たに創出された救急医療コントロールセンターがある。このセンターは、いわば「地域の心臓部」である空間を生み出し、医師たちが「医師、緊急医療スタッフ、消防士、その他の職能の人々すべてに重要な学習プロセスを促進する」ことを評価する空間を作り出した。

この種の変化を推進する要因は、抽象的にクリニカルパスの最適化を図ることではなく、主要な医療担当者が実際の症例、患者、問題に直接リアルタイムで取り組むことである。

しかしながら、こういった種類の革新方法には、重大な制限がある。多かれ少なかれ、現行システムの制約に拘束されているのだ。現在の医療制度は病気の症状に対処することを目的としている。健康の源を強化するための制度としては設計されていない。それが我々の目を第三の力に向けさせる。

進化する生態系の領域《フィールド》転換

三番目の力はまだ働き始めたばかりだが、システムと自己の関係の微妙な転換である。シュミット博士はこう言っている。「自分や仲間が働いている状況を知ることです。すると、より大きなシステムが違う風に見えてきます。地域全体との関連で自分の仕事の意味を知るようになります。より大きな全体を見て、自分の仕事との関連を知ることは、力を得ることにつながります。……結局、今までとは異なる方法でものごとを働かせるようになります。ものごとは楽々と流れるようになります」

今ここで話しているこの微妙な領域転換はどのように理解できるだろうか。もう一度、Uに戻ることにしよう。

患者と医師の関係性の四つのレベルをあてはめてみると、この転換は、レベル4の関係性に入る方法として見ることができる。こうしたプレゼンスの瞬間が起こったとき、また、それらが適切な意思や意図につながったとき、それらは領域内で積極的な力になり、システムのほかの関係者に具体的な影響を与えることができる。ドイツの医療システムのある上級管理職はこう言っていた。「このグループのひたむきな献身や高い意図が徐々に周りに伝染し、ついには（より大きな）システムの意思決定者たちの意識を変えました」

進化の過程として見た現代医療システム

図14-2の核となる三つの側面の原動力を検討してみよう。そこから浮かび上がってくるのは、医療制度の発達を四つの発展段階を経て進化する過程と見る見方である。

最初の列の「組織型医療」はドイツの伝統的な医療システムを表している。このシステムはオットー・フォン・ビスマルク首相がドイツで勢力を増してきた社会主義政党に対抗し、先制攻撃として一九世紀後半に定めたものだ。縦の階層性によって統治されるこのシステムは、現在起きている三つの中心軸に沿った変化の背景になっている。変化が必要だという点ではほとんど誰もが同意している。ほかにも理由はあるが、人口動態（人口の高齢化）や政治的な問題（東ドイツとの再統一）が、このシステムを必要以上に高くつくものにしているからだ。米国では、医療システムはすでに組織型医療の段階から次の段階の管理型医療へと大きく重心が移っている。

二番目の列の「管理型医療」では、既存の階層性に市場原理が加わっている。現在、米国に限らずシステムの主流はこちらに向かう傾向がある。管理型医療の考えは、図14-2の横軸に沿ってメディカルパス全体を統合することである。

三番目の列の「統合型医療」は、新しい救急医療コントロールセンターの創出が例証しているように、医療提供の活動レベルを革新の生態系《エコシステム》と結びつけることにより、管理型医療のモデルを強化する。患者中心の統合型医療は、レベル３タイプの患者・医師関係を育むことのできる生活空間と具体的なペイシェントパス（患者用治療計画表）を核として組織されている（例　在宅医療）。

　四番目の列の「総合的健康管理」は、患者・医師関係の四つのレベルをすべて組み込み、病状と戦う（病因論的医療）のではなく、健康の源を強化する（健康創成論的医療）ことに重点を置く将来実現し得る医療システムを表している。前の段階のモデルがどれも異なる統治機構を導入したのと同様に、このモデルも相互に関連ある医療活動をより有効にリアルタイムで調整するための新しい統治機構、つまり全体から見るというメカニズムを導入している。こうした種類の、ともに観ること、感じ取ること、行動することを促進するインフラは、患者と医師の対話《ダイアログ》フォーラムがその初期の例であるが、このタイプのシステムを開発する鍵となる。

　地域医療ネットワークはこの地図のどこに位置し

表 14-1　現代医療システムの進化の４段階

	組織型医療	**管理型医療**	**統合型医療**	**総合的健康管理**
組織化の枠組み	システム中心	成果中心	患者中心	人間中心
患者 - 医師の関係性	レベル１	レベル１～２	レベル１～３	レベル１～４
主要な軸	機能的（組織的構造）	医療パス（コアプロセス）	患者パス（患者とシステムの接点）	人生の旅
イノベーションのメカニズム	組織内、機能的有効性	成果志向、組織横断型、機能横断型	患者中心、組織横断型	人間中心、超組織的
	病因論	病因論	病因論	健康創成論
		DRG（診断群別分類）、DMP（医療個人ファイル）、TQC（総合的品質管理）	新しい救急医療コントロールセンター	
主要な問題となる複雑性	細部の複雑性	動的な複雑性[a]	社会的複雑性[b]	出現する複雑性[c]
連携手段	階層的命令	市場価格	対話：相互適応	プレゼンス：全体から見る
インフラ	社会立法（ビスマルク）	市場原理を働かせる規則、規範	学習とイノベーションのインフラ	全体性の中で見るためのインフラ

a. これはさまざまな種類の機能的、技術的、医学的知識の統合を指す。
b. 組織を超えた異なる文化、世界観、戦略的関心事の統合。
c. プロジェクトの進行とともに、新たな問題、診断、解決法が生まれ変化していく状況。

ているだろうか。ネットワークは、三番目の列から四番目の列に進化する途上にある。一方、より大きなシステムの状況は組織型医療から管理型医療（一列目から二列目）へ移行しつつある。四つのレベルの患者‐医師関係は、ある医療問題か状況においてのみ妥当であるとか、妥当でないと言えるのであって、それ自体が良いわけでも悪いわけでもない。それと同様に、表14‐1に示した四つの医療システムは必ずしも良いわけでもなければ悪いわけでもない。それらはシステムの主眼や患者‐医師関係のレベルが異なるのだ。しかし、忘れてはならないのは、レベル3かレベル4の医療問題にレベル1かレベル2で機能しているメカニズムで取り組もうとすると、問題が生じることだ。逆の場合も同じだ。

フィールドノート

組織は一つではなく三つである。組織は、現行の価値創出の流れを統合すること（横軸）、継続的な革新と学習の並行的なシステム（縦軸）、変化する社会的状況との活発なつながり（第三の軸、つまり周囲の軸）の三つの軸で展開する。

レベル3とレベル4の組織を育てる鍵は、効果的な学習インフラの創出にある。

私はこれまでにいくつかのよく機能している学習する共同体と、それ以上に多くの、機能していない共同体を見てきた。そこから得た見解と教訓を次の八点にまとめた。

1◆**コアグループの構成**。コアグループの構成が全体の共同体と状況の構成をよく反映しているほど良い。たとえば、研究者、コンサルタント、実践者からなる学習する共同体を組織しようとするコアグループがコンサルタントのみで構成されていれば、その共同体は目的を遂げないだろう。

2◆**実践の優位**。真の学習はすべて現実世界での実践に基礎を置いている[3]。実践には三つの種類がある。業績の高さを目指して努力する**職務的実践**、セルフ・リーダーシップを目指して努力する**個人的実践**、ともに考え、意見をかわし、行動する質の向上を目指して努力する**関係性の実践**である。[4]

3◆**練習の場《フィールド》とツール**。練習しないで世界クラスの優秀さに達する交響楽団もプロのバスケットボールチームもない。同様に、リーダーとマネジャーにも、企業目標や相互作用的な目標を達成するため、（a）ツールと、（b）ツールをさらに効果的に利用することを学ぶための練習の場《フィールド》が必要だ。

4◆**並行的な学習構造**。並行的な学習構造はあらゆる学習アーキテクチャーの基礎である。パラレルな学習構造とは、関係者が自分の経験を深く考え、学んだことを分ちあい、新しい経験にかかわり、仲間から援助を得られるような環境である。[5]

5◆**目的と共有原則**。目的の質は（a）その内容と（b）人々とのつながりの程度によって決まる。組織の中央部の未来の事業のみに役立つ学習のコミュニティは悪い例である。参加者全員の最も高い志に基づいた学習のコミュニティが良い例だ。

6◆**情熱、あるいは目的を体現する個人**。すべてをまとめ上げる人、何とかうまく機能させようとする人がいなければ、意味のあることは起こらない。組織は自らを組織すると言っても、無から生じるわけではない。自らを組織するには、その進化を促す条件を積極的に作り出す人々が必要だ。

7◆**認知主導型の参加**。人々が「私に何をしてくれるのか」ではなく「私には何ができるだろうか」と問うような環境は、どうすれば生み出せるか。それには二つの決定的に重要な手段がある。（a）たとえば基調となる共有知的資本のような、最初に持っている能力でスタートすること、そして（b）共通の知識基盤を豊かにする貢献が認識され、理解され、感謝されるような、共有認識の方法を確立することである。

8◆**成果**。新しい方式やツールの使い方を学ぶ研修コースなど、共同体の知的資本や関係性の資本を利用して生み出した成果は、能力と共同体の双方を構築する媒体として役に立つ。

第III部

Presencing
A Social Technology for Leading Profound Innovation and Change

プレゼンシング

革新的な変化をリードする社会テクノロジー

この探究の中で私は、すべてのシステムにおいて、あらゆるレベルのリーダーや人々がみなきわめて困難な問題や変化に直面している、と述べた。この状況で求められているのは、従来の思考や行動のパターンを手放し、新しい未来の可能性を感じ取ることだ。いま起きている諸々の問題は、技術‐経済的なものかもしれないし、関係性‐政治的、文化‐精神的なものかもしれない。あるいはそれらすべてを含む問題かもしれない。

　我々はみな次のような問いへの答えを心の底から求めている。こうした問題にどのように立ち向かい、人類が発展するための敷居をどのように通ればいいのか？　それを行う上では新たな質の気づき《アウェアネス》と意識《アテンション》の向け方が必要となるだろう。**何をどのように**行うかということだけでなく、行動を生み出している内なる源《ソース》に意識を向けることが求められているのだ。これはほとんどの人の盲点になっている。

　U理論は、単純な区別を認識することを提案している。仕事や日々の暮らしの中でのリーダーや我々のあらゆる行動は、少なくとも四つの異なる源《ソース》のいずれかから行われている。それは、私の中の私（I-in-me）、周辺から（それの中の私（I-in-it））、周辺を越えたところから（あなたの中の私（I-in-you））、そして開かれた境界を通り抜けたところから（今の中の私（I-in-now））である。どの源《ソース》から行動するかによって、結果や成果に対し非常に異なった影響をもたらす。「（このように）**意識を向けた**《アテンド》ために、（こうした結果が）**現れる**《イマージ》」のだ。それをこれから詳しく見ていこう。

　我々は物理学の知識として、物質はある状態から別の状態に変わるとその性質を変える、ということを知っている。たとえば、水は温度が氷点以下になると氷になる。熱を加えて温度を氷点以上にすれば氷は溶けて水になる。もし熱を加え続けて温度が一〇〇度以上になれば、水は水蒸気になっていく。どの状態でも水の分子がＨ２Ｏであることに変わりはない。人間の集団では、小さなグループでも、組織でも、大きなシステムでも、個々人の間の関係の構造が変化したときに、異なる集合的な行動パターンが起こる。今後、この集合的行動のパターンを**社会的な場**《ソーシャルフィールド》と呼ぶことにしよう。

自然科学には主要な三つの場《フィールド》の理論がある。場の電磁論、重力論、量子論である。これらに比べ、社会的な場《ソーシャルフィールド》の構造のさまざまなパターンや状態、もしくは社会的な場《ソーシャルフィールド》をある状態から別の状態に転換させる条件やその結果生じる新しい行動パターンについては、わかっていることがはるかに少ない。しかし社会的な場《ソーシャルフィールド》はまちがいなく存在し、それが我々の生き方や、個人・集団の行動パターンに大きな影響を与えているという証拠はたくさんある。

それにもかかわらず、社会的な場《ソーシャルフィールド》の変化を理解することがはるかに困難なのはなぜだろう。一つには、それを観察することがとても難しいからだ。実験室でそれらが起こるのを離れたところから見ているということができない。氷をバーナーで加熱して溶ける様子を観察することはできるが、実際の社会的な環境下で同様のことができない。社会的な場《ソーシャルフィールド》で変化が起きているとき、観察者はそのプロセスそのものと密接につながっているからだ。観察者がビーカーの内側と外側から同時に湯が沸騰する様子を見るようなものなのだ。

もう一つの難しさは、**物質**、**器**《コンテイナー》、**仕組み**《メカニズム》の間の関係性である。氷の塊を溶かすには次の三つの要素の相互作用が必要だ。(a) 氷、(b) 氷の塊を入れる器、(c) 状態に変化を引き起こすメカニズム又は力である熱、の三つである。社会的な場《ソーシャルフィールド》の変化においてこれらの機能に相当するものは何だろう。

社会的な場《ソーシャルフィールド》における**物質**は具体的なモノではなく、関係する人々や組織の間に張り巡らされた関係性の網と、さまざまな思考や会話、行動の仕方だ。社会的な場《ソーシャルフィールド》における**器**は、その中で関係性のパターンが展開する状況《コンテクスト》――保持《ホールド》されている空間である。そして、場を一つの状態から別の状態に変化させる**仕組み《メカニズム》**は、人や組織の相互の関係性を生み出す意識の源《ソース》の変化である。つまりこの場合の仕組み《メカニズム》とは、個人や組織の認識と行動が生み出される**場所**（源）**の転換**なのである。

より透明性高く確実な方法で社会的な場《ソーシャルフィールド》に対する、より深く微妙な次元にアクセスするには、新しい**社会的文法《ソーシャル・グラマー》**が必要となる。

第15章 社会的な場《ソーシャルフィールド》の文法

はじめに

大きな転換を伴う変化を経験するとき、人は社会的な場《ソーシャルフィールド》の構造、空気、感触に根本的な変化が生じていることに気がつく。しかしそれを説明しようとすると、あいまいな表現しか思いつかない。また何が起きたかについて表面的に描写することはできても、なぜそれが起きたかについてはわからない。そこで、何が起きているのか、なぜ起きているのか、を説明し、認識するための新しい文法が必要となる。

この課題に対して、私は社会的な転換が現れるときに何が起きているのかを簡潔に説明する二一の命題を考え出した。これが実際には、高度な社会的な場《ソーシャルフィールド》の理論を概説することになるので、これだけで一冊の本に相当する内容になる。場の理論についてより深く学ぶことよりもすぐ実践的な行動を知りたいという読者は、第16~19章へと進んでいただきたい。しかしながら、もし**進化する存在（自己）という視点から**社会的現実が創り出されるプロセスの認識論的、存在論的観点をより深く理解したいのであれば、本章でそれを見出すことができるだろう。[1]

社会環境と人間の意識

人間はみな複雑な社会ネットワークの中で生き、その共創造《コークリエイト》に参加している。しかし、六〇億の人々が絶えずこの場を共創造しているにもかかわらず、**社会的な現実の創造プロセス**を我々が十分に理解しているとは言いがたい。それは、そのプロセスが我々の盲点とつながっているためだ。ほとんどの場合、我々は社会的現実を自分の外側から、自分たちに影響を及ぼす「向こう側」の世界として経験している。大半の人間は、そもそもこの外側の社会的現実が生み出されたプロセスに気づいていない。自分自身や他の誰かと関わるときに、我々の意識や意図、行動が生まれる源《ソース》に気づいていないのだ。

社会的な場《ソーシャルフィールド》についてのこの探究の中で私が基盤としているのは、二〇世紀でおそらく最も革新的な社会科学者であろうクルト・レヴィンの業績である。レヴィンは社会環境を、人間の意識と相互に作用しあう動的な場《フィールド》と見なした。社会環境の変化は特定の心理的体験をもたらし、特定の心理的変化は社会環境の変化を生み出す、と。彼のフィールド（場）の理論では、場《フィールド》は「相互依存していると捉えられている共存する事実の総体」と定義されている[2]。彼の考えでは、人々の行動を理解するためには人々がその中で行動する心理的な場《フィールド》の全体、すなわち「生活空間」を見る必要がある。「生活空間」あるいは場《フィールド》は、さまざまな力のベクトルの影響下にある。[3]

　したがって、人間の行動は個人が置かれている状況《コンテクスト》の総体によって決定される。この状況《コンテクスト》とは、その行動が起きるときに在る場《フィールド》の機能である。レヴィンはまた、風土研究（例　生活空間）、心理学（欲求、志など）、社会学（例　力領域）からの洞察を統合することによって、行動を決定づける力（欲求）にも注目した[4]。レヴィンのフィールド（場）の理論は二〇世紀の社会心理学とアクションリサーチの草分けとなり、多くの実験やプロジェクトへとつながっていった。一九五〇～六〇年代のTグループ、二〇世紀末に起こっている対話《ダイアログ》の実践、組織学習《オーガニゼーショナル・ラーニング》、システム思考の手法や流れはすべてこの理論から派生している。

二一世紀の視点から社会的な場《ソーシャルフィールド》について書こうとすると、私はレヴィンがその先駆的な仕事をしたときにはなかった重要な洞察や知見を利用することができる。とりわけ重要なのは、認知科学者フランシスコ・ヴァレラが後期の研究で発展させた**神経現象学**《ニューロフェノミノロジー》、集合的な場《フィールド》に関するボーム／アイザックスの研究の中で発展した対話《ダイアログ》、そして**イマージョン**社会実験とアクションリサーチのプロジェクトである。

以下に述べる社会的な場《ソーシャルフィールド》の理論は、前にも触れたように多くの点でレヴィンの業績に依拠している。しかしこの二一の命題は、レヴィンの時代には明確に説明することが難しかった次元が加わっている。それは個人及び集合的な意識の領域《フィールド》の源となっている盲点《ブラインドスポット》を明らかにすることによって識別される社会的な場《ソーシャルフィールド》の、存在論、認識論的な基礎である。ここで言う盲点とは、意識や行動のパターンが生み出される四つの源《ソース》のことである。

社会的な場《ソーシャルフィールド》の理論——二一の命題

この二一の命題、表、図、およびその説明を読むことによって、読者は社会システムの衰退や破綻についてもまた将来的な打ち手と行動戦略をどのように設計すべきか、についてするより深い理解を得ることができるだろう。

1◆**社会システムはその状況《コンテクスト》の構成員によって具現化される**。この第一の命題には次のような最新の社会システムおよび社会科学理論が取り込まれている。（a）社会システムはその構成員によって具現化され、同時にその社会システムが構成員の行動を規定している。（b）具現化はすべて、ある状況《コンテクスト》の中で起きる。[5]

これに続く残りの二〇の命題は、この一番目と関連している。「患者と医師の対話《ダイアログ》フォーラム」の間、参加者は、システムは単に「向こう側」にある（図15-1、レベル1）のではなく、彼らの相互関係の産物であることを理解した。つまり彼らは、自分たちがその中で行動するシステムを自分たち自身が創り出しているということを理解したのである（図15-1、レベル2）。

2◆**現在の社会科学、社会システム、フィールド（場）の理論の盲点《ブラインドスポット》は、社会システムを生みだしている源《ソース》に関連している**。社会システムや構造はある状況《コンテクスト》の中にいる人々によって具現化され、一方その状況《コンテクスト》は人々の場に対する意識を決める。そしてどのようにそれが行われるかを決定するのは、意識を生み出している内なる源《ソース》である（図15-1、レベル3）。たとえば医療ネットワークのメンバーが当初よく理解していなかったのは、彼らがどの内なる源《ソース》から行動するかを選択するかによって、同じシステムであっても違う方法でシステムが働き、異なる結果が現れるということだった。あの医療システムを、単に壊れた部品を機械的に修理する場としてか、もしくは人間を中心とした、個人的な関係性に着目して設計しそのように具現化するか、は想定よりもはるかにメンバーの選択に依存していた。

3◆**社会的な行動が生み出される元となる意識の源《ソース》は四つある。**あらゆる社会システム、あらゆる社会的な行動は四つの異なる源《ソース》から生み出され、具現化され得る。組織的な境界に対するそれぞれの源《ソース》の位置は、源《ソース》と外界との関係に応じて異なる（結果として四つの異なる意識の領域構造になる）。

◆私の中の私〔I-in-me〕……自身が組織化した境界の内部にある**中心**から行動する（領域1）

◆それの中の私〔I-in-it〕……自身が組織化した境界の**周縁**から行動する（領域2）

◆あなたの中の私〔I-in-you〕……自身が組織化した境界の**向こう側**から行動する（領域3）

◆今の中の私〔I-in-now〕……開かれた境界を**越えて**出現している領域から行動する（領域4）

社会的な行動や社会的な構造はすべて、この四つの意識の領域《フィールド》構造のどれかから生まれる（行為の主体者は通常これに無意識なままである）。行為の主体者やシステムのほとんどが最初の二つの領域から動いているが、進化の過程を経て社会的な現実を創造する四つのすべての領域から活動できる人たちもいる。ここで重要なのは、人や社会システムはみな、選択可能な複数の源《ソース》、すなわち意識の領域《フィールド》構

図 15-1　社会的な現実創造の 3 つのレベル

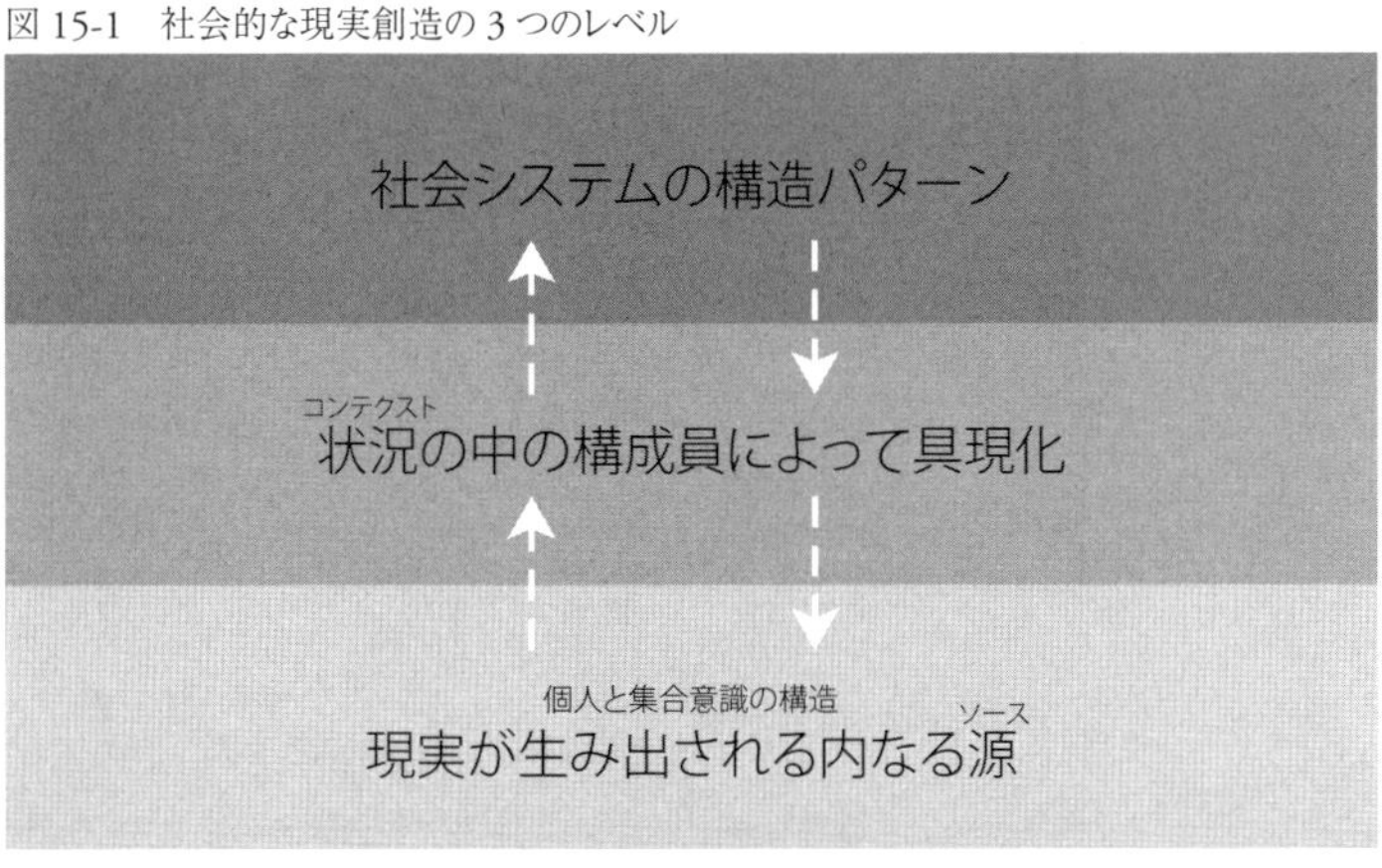

造（もしくは意識の状態）を**複数**持っているということである。

4◆**四つの意識の源《ソース》と構造は、四つの異なる流れもしくは出現する領域《フィールド》を生みだす**。どの注意《アテンション》の向け方と意識《アウェアネス》の源《ソース》から行動するかによって、我々は異なる社会的なうねりやパターンをもたらす。「（このような意識で）注意を向けたために、（そうした結果が）**生じる**」のである。同じことが集団のレベルにもあてはまる。会話を例に挙げてみよう。一〇年間に渡ってさまざまな組織と仕事をする中で、私は会話の現実創造には四つの基本パターンがあることを知った。ダウンローディング、討論《ディベート》、対話《ダイアログ》、そしてプレゼンシングである（図15-3参照）。

　たとえば「患者と医師の対話フォーラム」では、参加者の態度は当初の儀礼的なもの（領域《フィールド》1　ダウンローディング）から、自分の考えや関心をよりオープンで対立的な形で表現（領域《フィールド》2　討論《ディベート》）するようになっていった。しかし参加者が、**自分たち自身**こそがシステムだと気がつくと、会話は三つ目のパターン（領域《フィールド》3　対話《ダイアログ》）に移っていった。それは必然的にお互いの見解や経験について聞き、またこれまでいかに自分たちが集団として、誰も望まないシステムを作っていたのかを内省するものとなった。そのあとすぐにグループ全体で、自然にプレゼンスと沈黙の時へ移行した。すなわち領域《フィールド》4——初めてヒビが入った状態と深い社会的な出現《プレゼンシング》——の瞬間である。

図15-2　意識における4つの領域《フィールド》構造

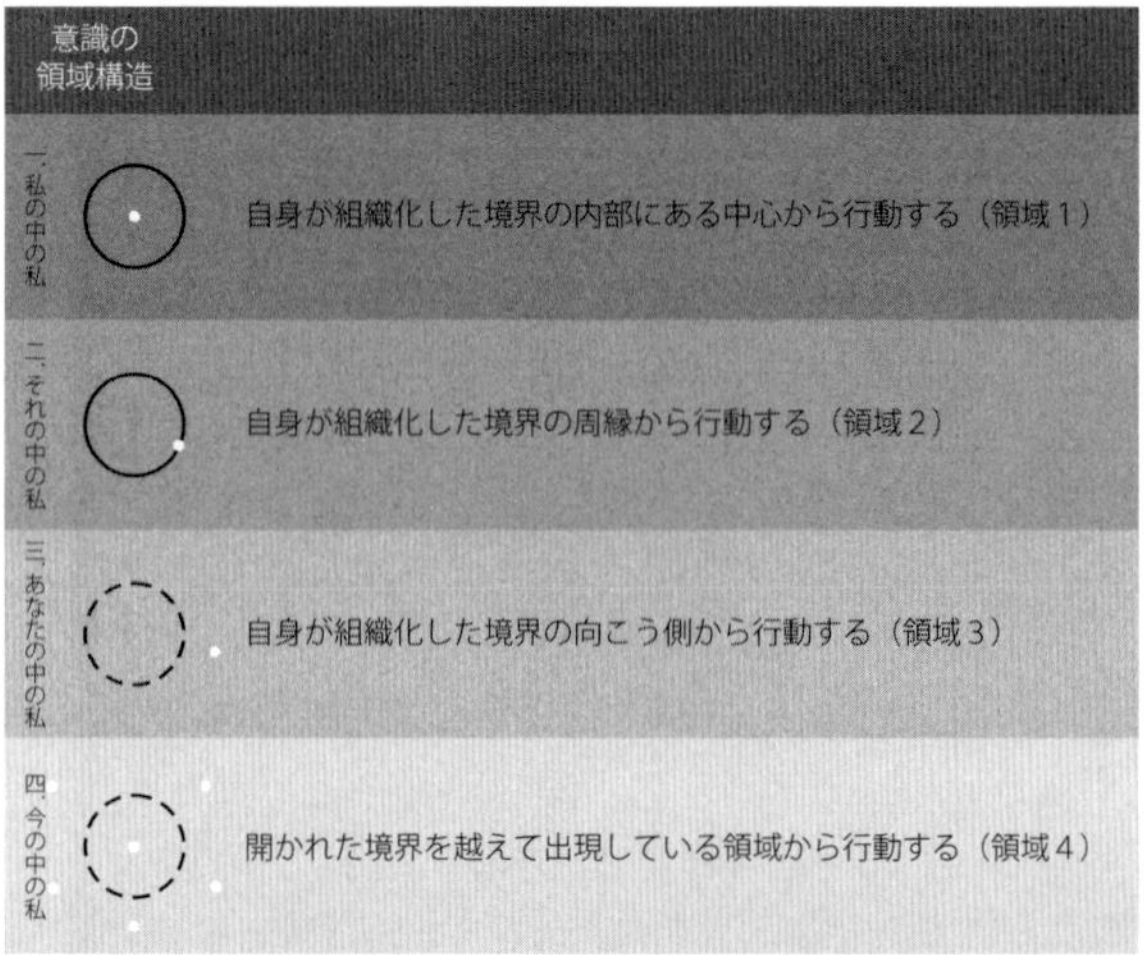

意識の領域構造		
一、私の中の私	○	自身が組織化した境界の内部にある中心から行動する（領域1）
二、それの中の私	○	自身が組織化した境界の周縁から行動する（領域2）
三、あなたの中の私	◌	自身が組織化した境界の向こう側から行動する（領域3）
四、今の中の私	◌	開かれた境界を越えて出現している領域から行動する（領域4）

氷が水になり、水が水蒸気になるように、状況《コンテクスト》（すなわち容器）の中の温度に従って医療ネットワークのメンバーはそれまでのいつもの習慣的な会話のパターンから意見が分かれて分離したパターンへ、さらに出現的なパターンへと移行し、最終的には集合的なプレゼンスの瞬間になった。

　このプロセスの各段階で参加者は、異なる源《ソース》と意識や出現する領域《フィールド》から行動していた。ダウンローディング、つまり「あたりさわりのない発言」状態では、グループでは既成の言葉のゲームの境界線の内側から行動する。「またいつものやり方」だ。討論《ディベート》、つまり「意見の主張」段階になると、グループの人々は問題となっている状況について、さまざまに異なる意見を表明し、それに対峙し始める。そのためには丁寧で礼儀正しいいつもの会話を止め、より厳しく率直な会話に入らなければならない。そして対話《ダイアログ》の段階になると、グループの人々は自分たちのものの見方の境界を越え、自分たちが集団として陥っているパターンを、より大きな像の部分として見始める。対話《ダイアログ》型の会話で起きる主要な変化は、どんな場合でも非常に単純だ。システムを何か自分の外側にあるものとして観ることから、自己をシステムの一部として見るようになるのだ。システムと各個人は**それ自身**を見始める。そしてプレゼンシングの段階になると、グループの人々はプレゼンスの深いスペースに入り、互いにつながり合う。それはたいていの場合、何らかの割れ目、または沈黙の瞬間を体験することで可能になり、それを通じて人々は「台本」を手放し始める。それから人々は、何か

図15-3　会話の4つの領域《フィールド》

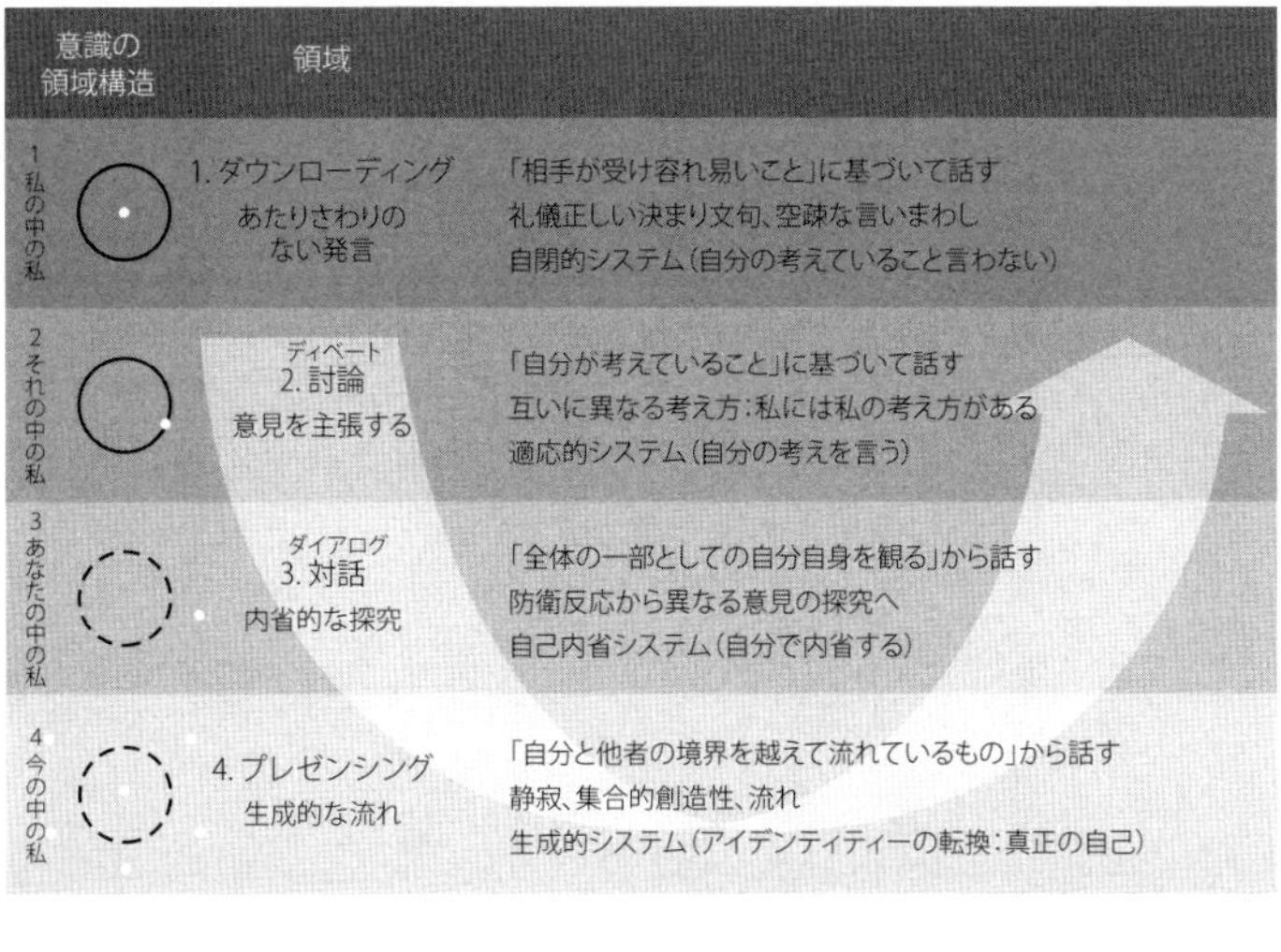

意識の領域構造	領域	
1. 私の中の私	1. ダウンローディング あたりさわりのない発言	「相手が受け入れ易いこと」に基づいて話す 礼儀正しい決まり文句、空疎な言いまわし 自閉的システム（自分の考えていること言わない）
2. それの中の私	2. 討論（ディベート） 意見を主張する	「自分が考えていること」に基づいて話す 互いに異なる考え方：私には私の考え方がある 適応的システム（自分の考えを言う）
3. あなたの中の私	3. 対話（ダイアログ） 内省的な探究	「全体の一部としての自分自身を観る」から話す 防衛反応から異なる意見の探究へ 自己内省システム（自分で内省する）
4. 今の中の私	4. プレゼンシング 生成的な流れ	「自分と他者の境界を越えて流れているもの」から話す 静寂、集合的創造性、流れ 生成的システム（アイデンティティーの転換：真正の自己）

根本的に新しいものを共創造《コークリエイト》する生成的な流れの中に入っていく。では、どうすれば人はそのようなところに到達したかがわかるのだろうか。そのような類の会話に参加すると、違う人間になるのだ。微妙な、しかし根本的なところからアイデンティティや自己を転換させるのである。人は自分の実体により近づく。すなわち真正の自己《オーセンティック・セルフ》を経験するのである。

四つの領域でのグループにおける共具現化《コーエナクティング》の会話は、以下のように一人称、二人称、三人称のそれぞれの視点によって異なる（図15-4参照）。

一人称の視点から見ると、参加者が主観的に経験するエネルギーのレベルは領域《フィールド》ごとに異なる。領域《フィールド》1（「またいつものやり方」）ではエネルギーは低く、領域《フィールド》2（何か新しいものを観ている）では中程度、領域《フィールド》3（新しい目で観ることで新しい視界を得る）では高くなり、領域《フィールド》4（アイデンティティ、意図、そして自己《セルフ》の転換。すなわち自分たちはほんとうは何者で何のためにここにいるのかの感覚の変化）では、きわめてエネルギーは高くなる。

二人称の視点からは、つながりについての参加者の間主観的なパターンが変化する。領域《フィールド》1では、暗黙の規範、枠組み、ルールに**順応する**が、領域《フィールド》2では、既存のルールを文脈的に理解するプロセスの中でさまざまに異なる考え方と**対立する**。さらに領域《フィールド》3では、出現するさまざまなルールを取り入れるために**内省し**、互いに関係づけし、そして、最後の領域《フィールド》4では、**集合的なつながりを形成し**、出現しようとする未来のための媒体として機能する。

図15-4　一人称、二人称、三人称の視点

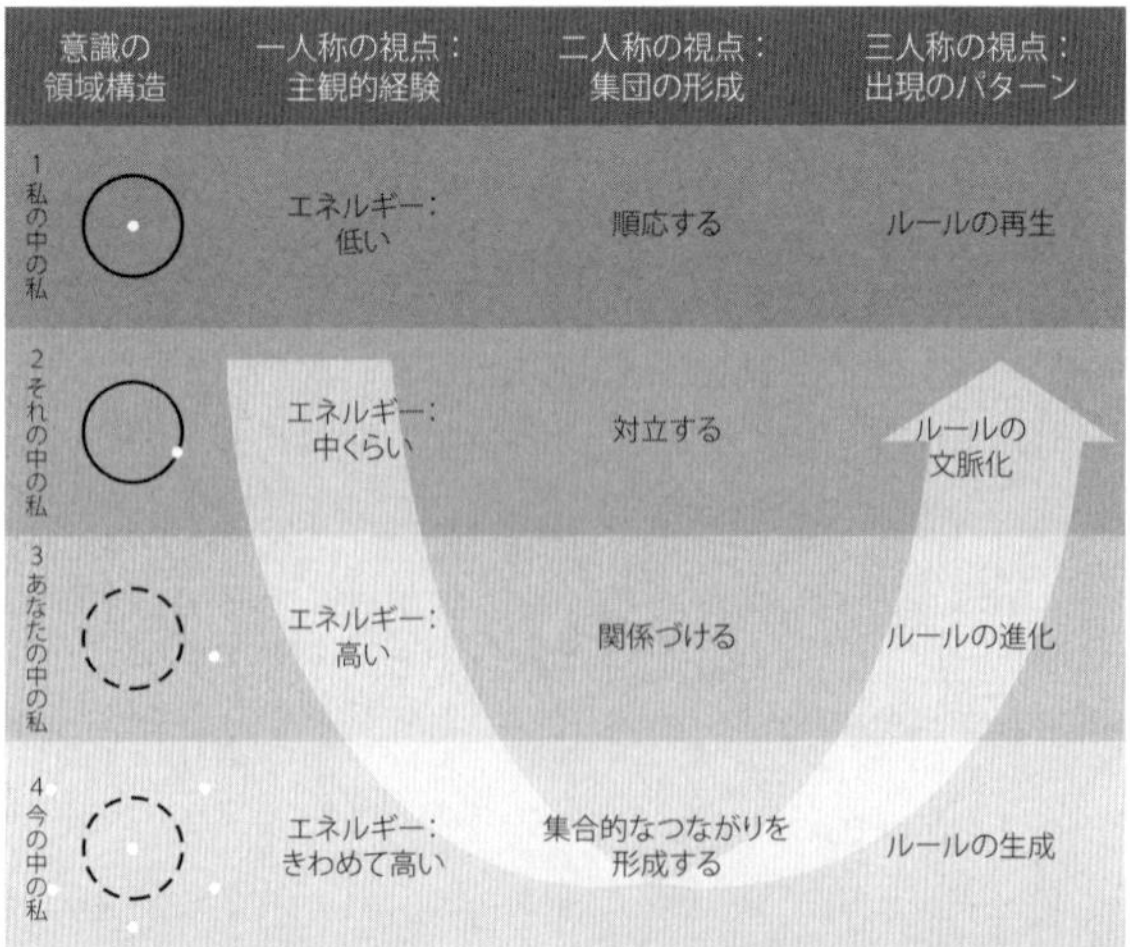

意識の領域構造	一人称の視点：主観的経験	二人称の視点：集団の形成	三人称の視点：出現のパターン
1 私の中の私	エネルギー：低い	順応する	ルールの再生
2 それの中の私	エネルギー：中くらい	対立する	ルールの文脈化
3 あなたの中の私	エネルギー：高い	関係づける	ルールの進化
4 今の中の私	エネルギー：きわめて高い	集合的なつながりを形成する	ルールの生成

外部の観察者の視点（三人称）からは、出現のパターンが次のように変化する。領域《フィールド》1における**ルールの再生**（過去のパターンを繰り返す）から、領域《フィールド》2の**ルールの文脈化**（特定の事実から状況《コンテクスト》を解釈する）へ、さらに領域《フィールド》3の**ルールの進化**（内省し、変化し続ける状況と共に進化する）へ、そして領域《フィールド》4の**ルールの生成**（出現しようとしている未来を共に生み出す）へ。

5◆**社会的現実を具現化する四つの領域《フィールド》は、すべての社会的現実の創造にあてはまる。**社会的現実を具現化する四つの領域《フィールド》と流れは、ミクロ、メソ、マクロ、ムンド（グローバル）レベルの社会システムすべてに適用できる（図15―5参照）。ミクロレベルでは、個人の意識の領域《フィールド》の中で出現の異なる流れが不連続な転換として現れる。

◆**ダウンローディング**……認知《パーセプション》は過去のパターンを繰り返す
◆**観る《シーイング》**……認知は反証するデータに気がつく
◆**感じ取る《センシング》**……認知が領域《フィールド》から起こり始める
◆**プレゼンシング**……認知《パーセプション》が創造性の源《ソース》から起こり始める

これらの異なる知覚《パーシービング》の仕方はそれぞれ別個の意識《アテンション》の構造《ストラクチャー》と源《ソース》から成っている。したがってダウンローディングを繰り返したからといって「観る」レベルにはならないし、どれほど「観る《シーイング》」を繰り返しても

図15-5　出現の4つの領域、4つのシステムのレベル

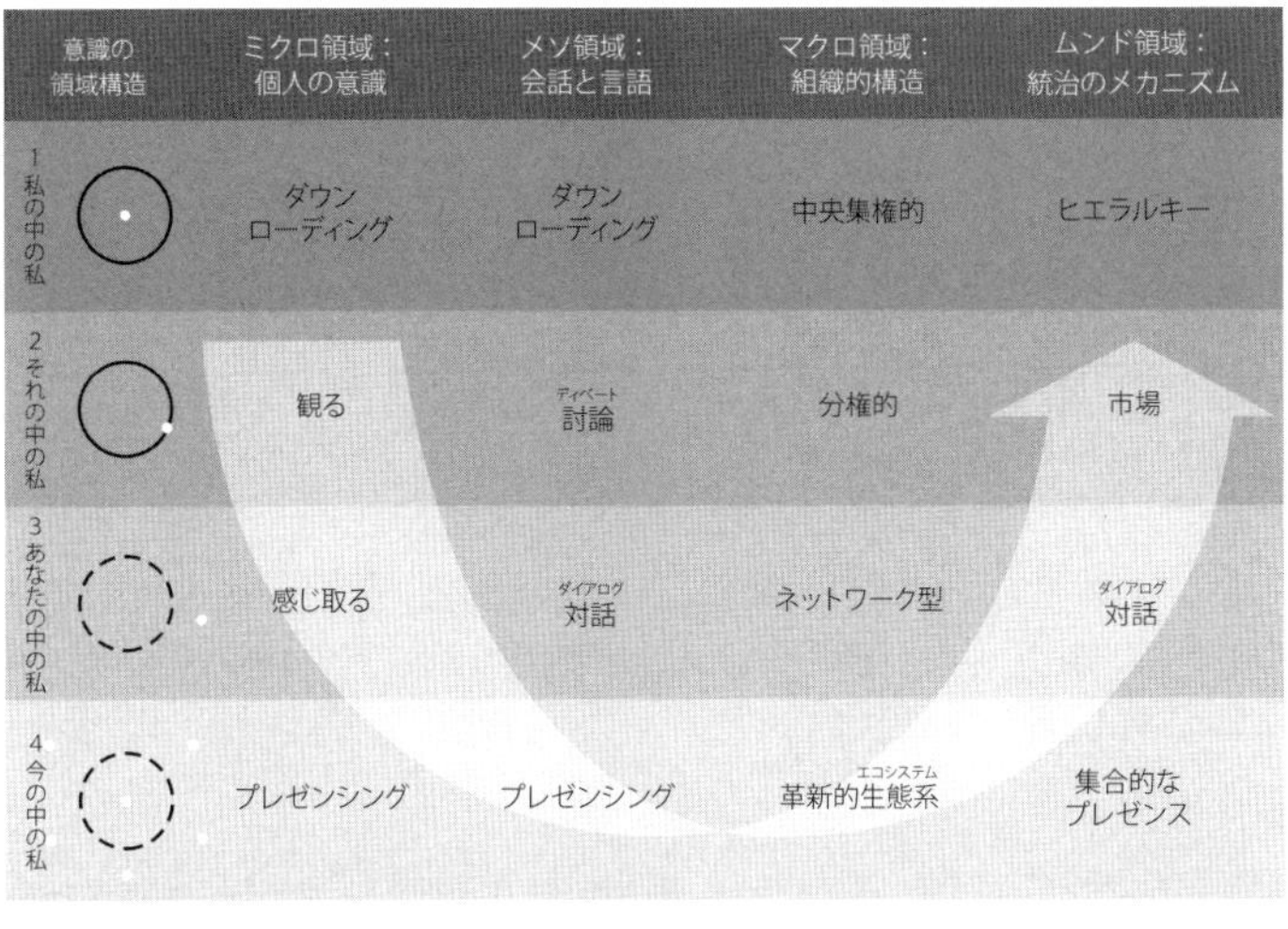

意識の領域構造	ミクロ領域：個人の意識	メソ領域：会話と言語	マクロ領域：組織的構造	ムンド領域：統治のメカニズム
1 私の中の私	ダウンローディング	ダウンローディング	中央集権的	ヒエラルキー
2 それの中の私	観る	討論（ディベート）	分権的	市場
3 あなたの中の私	感じ取る	対話（ダイアログ）	ネットワーク型	対話（ダイアログ）
4 今の中の私	プレゼンシング	プレゼンシング	革新的生態系（エコシステム）	集合的なプレゼンス

「感じ取る《センシング》」レベルには至らない。それ以降も同様である。

メソ・レベルでは、四つの流れはグループの意識の領域と言語における不連続な変化として以下のように現れる。

- ◆**ダウンローディング**……あたりさわりのない発言をしたり、丁寧な言葉を交わす
- ◆**討論《ディベート》**……意見の主張、あるいは互いに異なる見解をぶつけ合う
- ◆**対話《ダイアログ》**……多様な視点から共に考える
- ◆**プレゼンシング**……真のプレゼンスと静寂の源《ソース》から共同で創造する

マクロとムンドでの社会的な現実の創造においても、出現《イマージェンス》のパターンと流れは同じものが当てはまる。ここでは出現の一つのタイプから別のタイプへの移行は、組織構造における権力の分布状態の不連続な変化として現れる。したがって大きな組織化された構造の進化は以下のように跡づけることができる。

- ◆規則と中央の計画に基づいて運営される中央集権的な官僚主義的機構、から
- ◆規則や戦略を現状に適応させるため、決定権を組織階層の中で市場や顧客により近いところに下ろす分権的な部門制の構造、から
- ◆階層に基づいた部門から、（固定化した組織構造では通常浮かび上がらない事柄に注目する）進化する関係性のネットワークへと権力の分布形態が移行する、ネットワーク型組織構造、から最後に

◆必要性と機会を現実として人々が共に感じ取り、形づくられ、そして解消する流動的な革新的生態系《エコシステム》構造。

グローバルなレベルのより大規模なシステムでは、進化は次のような四つの異なる統治《ガバナンス》メカニズムとなる。

◆**ヒエラルキー**……中央の権威、中央の計画、又は中央のルールによる調整（メカニズム①パワーの源は中央）

◆**市場《マーケット》**……合意されたルールに基づくコンテクストの中での競争を通じた調整（メカニズム②パワーの源は周辺領域、すなわち市場へ移る）

◆**対話《ダイアログ》**……多様な関係者の間の対話《ダイアログ》を通じた調整（メカニズム③パワーの源は関係のネットワークの中にある）

◆**集合的《コレクティブ》プレゼンシング**……出現する全体性《イマージング・ホール》から感じ取り、行動することを通しての調整（メカニズム④パワーの源は生態系の出現する全体性に存在している）

6◆**ある領域《フィールド》から別の領域《フィールド》へ移るときの転換点は、すべてのレベルで同一である。**ある領域《フィールド》から別の領域《フィールド》への移行は、転換点《インフレクション・ポイント》に依存している。

以下のようなこれらの転換点は、社会的文法を構成している。

◆開放《オープニング》と保留《サスペンディング》（開かれた思考《マインド》）

◆深く潜る《ディープダイブ》ことと視座の転換《リダイレクティング》（開かれた心《ハート》）
◆手放す《レッティングゴー》ことと現れるものを迎え入れる《レッティングカム》こと（開かれた意志《ウィル》）

図15-6は意識を向ける《アテンディング》と思考する（ミクロ）、会話する（メソ）、組織化する（マクロ）、グローバルに統治する（ムンド）において場が変容するときに、この三つの転換点がどのように起きるかを示したものである。領域1から領域2へ移行するためには、外部の世界の情報に対して**オープンになり**、深く染みついた習慣的な（そしてほとんど機能不全に陥っている）思考と行動のパターンを保留する《サスペンド》ことが必要だ（開かれた思考）。領域《フィールド》2から領域《フィールド》3へと動くためには、関連づけられた文脈に**深く潜り**、「その領域《フィールド》から起こる」ように意識の視座を転換する必要がある（開かれた心）。領域《フィールド》3から領域《フィールド》4へ移行するためには、それまでのアイデンティティや意図を**手放し**、個人的、集合的行動やエネルギーの最も深い源とより直接的につながっている新しいアイデンティティや意図を**迎え入れる**必要がある（開かれた意志）。

7◆**システムの超複雑性《ハイパーコンプレキシティ》が増すほど、より深い社会的な出現の領域《フィールド》から活動する能力が不可欠になる。**企業や組織、コミュニティは三種類の複雑性に直面している。**ダイナミックな複雑性**（原因と結果が空間的、時間的に離れている）、**社会的複雑性《ソーシャル》**（多様な利害関係者《ステークホルダー》間の対立する関心事、文

図 15-6　転換点はどのレベルにおいても同一である

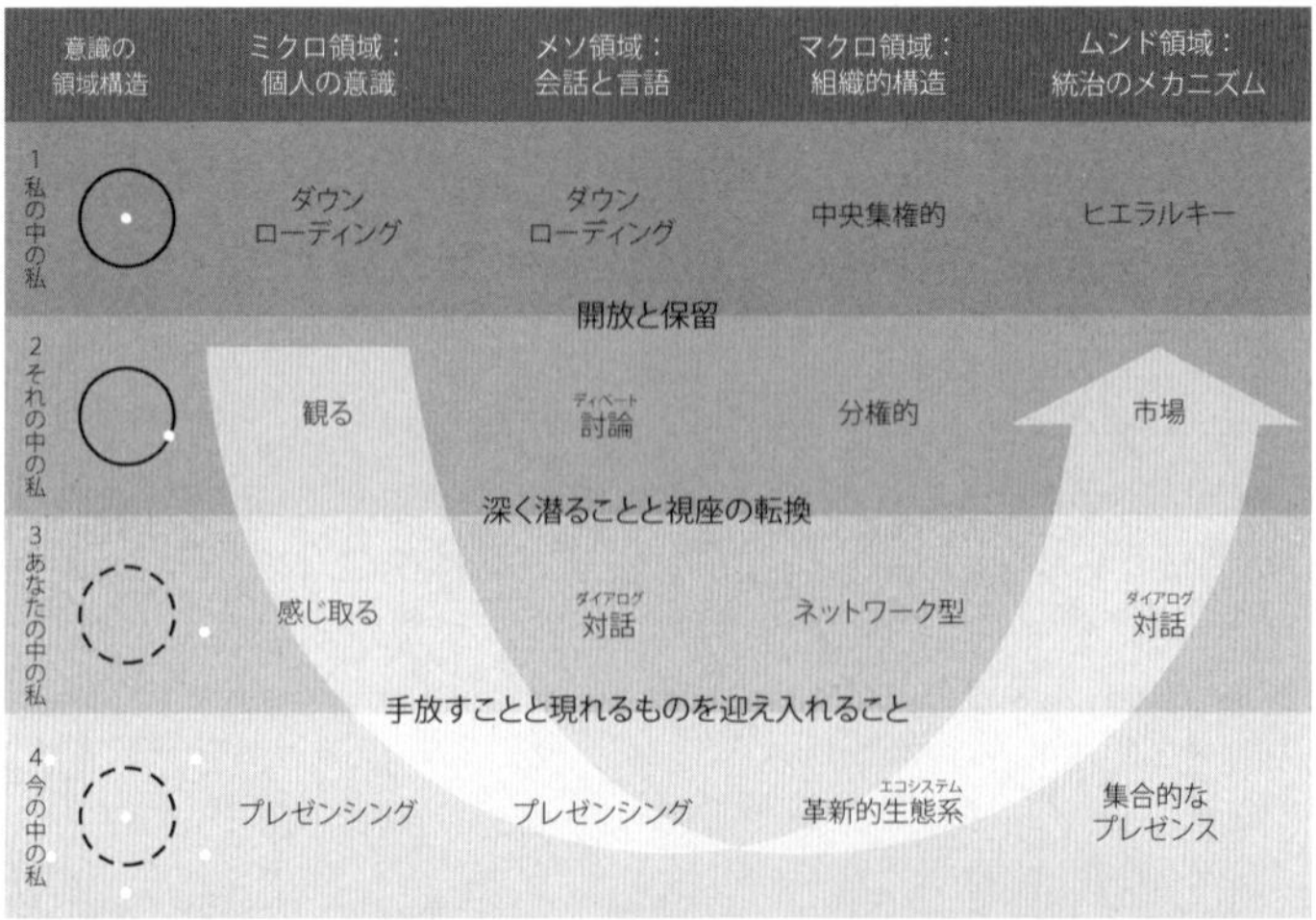

意識の領域構造	ミクロ領域：個人の意識	メソ領域：会話と言語	マクロ領域：組織的構造	ムンド領域：統治のメカニズム
1 私の中の私	ダウンローディング	ダウンローディング	中央集権的	ヒエラルキー
開放と保留				
2 それの中の私	観る	討論	分権的	市場
深く潜ることと視座の転換				
3 あなたの中の私	感じ取る	ダイアログ対話	ネットワーク型	ダイアログ対話
手放すことと現れるものを迎え入れること				
4 今の中の私	プレゼンシング	プレゼンシング	革新的生態系	集合的なプレゼンス

化、世界観）、**出現《イマージング》する複雑性**（過去のパターンを参考にしたり予測したりすることができないイノベーションの破壊的なパターンと状況の変化）である。超複雑性《ハイパーコンプレキシティ》とは、すべての複雑性が同時に存在するということである。システムの超複雑性が大きいほど、組織、企業、コミュニティにとってより深い社会的な出現の流れを源《ソース》として行動し、開かれた思考《マインド》、開かれた心《ハート》、開かれた意志《ウィル》の力にアクセスする能力を開発することが不可欠になる。

プロセスがある一つのレベルで行き詰まったときには、同じことをさらにやり続けるより、たいていの場合、問題に対する見方を変え、次のより深いレベルの複雑性と出現に取り組んだほうがよい。図15-7は、三種類の複雑性が三つのより深い社会的な出現とどのように関係しているかを示したものだ。

8◆三種類の複雑性すべてを扱う根本的なイノベーションは、三つの動きを統合したプロセスを必要とする。三つの動きとは、意義ある文脈に自らを開き（共感知《コーセンシング》）、静寂の源《ソース》につながり（共プレゼンシング）、新しいものをプロトタイピングする（共創造《コークリエイト》）ことである。図15-8はU曲線におけるこの三段階のプロセスを示している。このプロセスはコンマ何秒という一瞬で起きることもあるし（武術のように）、数週間あるいは数年かかる場合もある。

先に述べた三つの転換点（保留する《サスペンド》、深く潜る《ディープダイブ》、手放す《レッティングゴー》）は、U曲線の

図15-7　複雑性の種類と領域《フィールド》のレベル

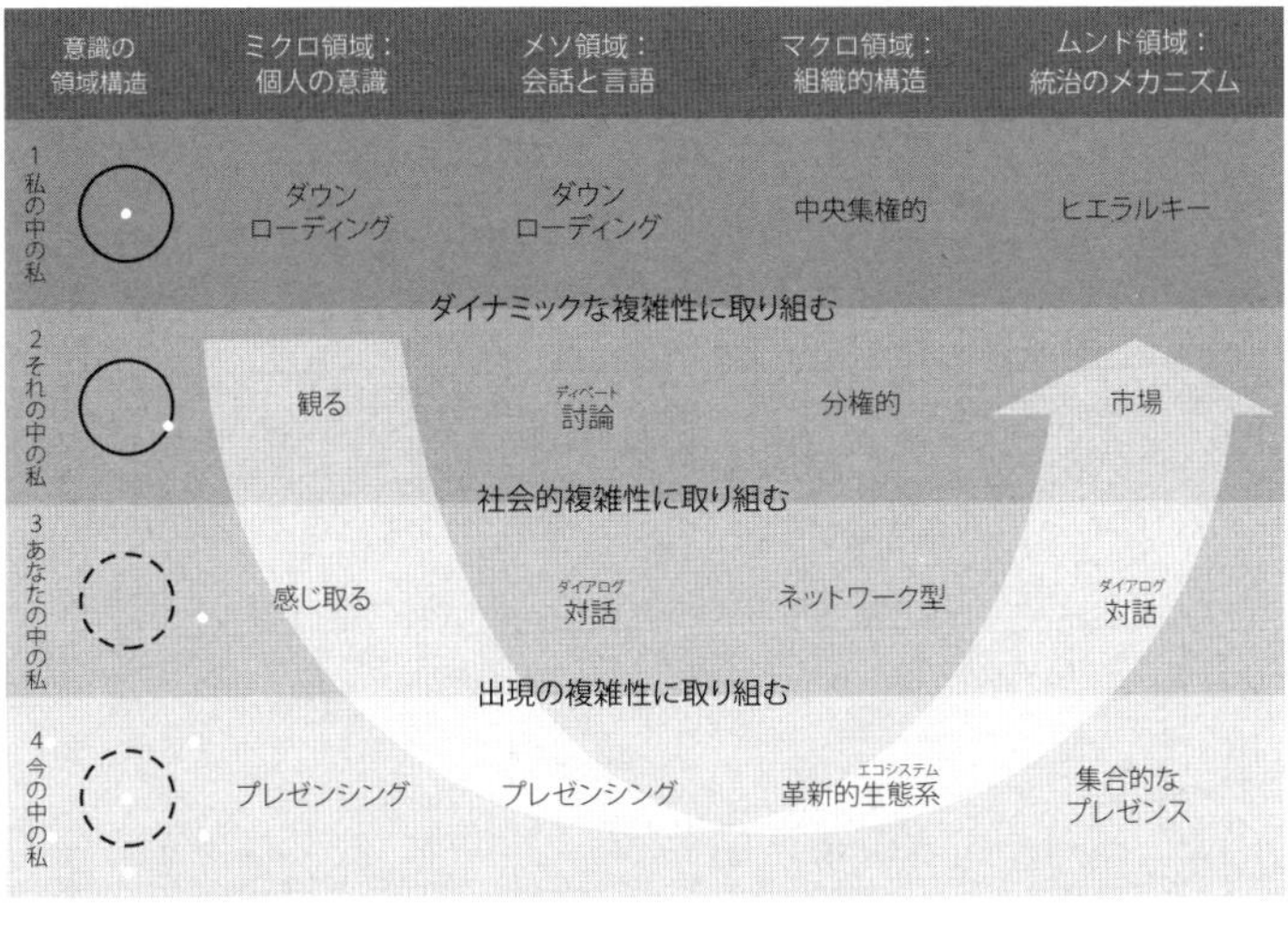

意識の領域構造	ミクロ領域：個人の意識	メソ領域：会話と言語	マクロ領域：組織的構造	ムンド領域：統治のメカニズム
1 私の中の私	ダウンローディング	ダウンローディング	中央集権的	ヒエラルキー
ダイナミックな複雑性に取り組む			
2 それの中の私	観る	討論（ディベート）	分権的	市場
社会的複雑性に取り組む			
3 あなたの中の私	感じ取る	対話（ダイアログ）	ネットワーク型	対話（ダイアログ）
出現の複雑性に取り組む			
4 今の中の私	プレゼンシング	プレゼンシング	革新的生態系（エコシステム）	集合的なプレゼンス

左側を下るプロセスにあり、それと対照となるU曲線の右側（共創造《コークリエイト》）を上るプロセスでは、日々の行動や実践において新しいものを迎え入れる《レッティングカム》、具現化する《エナクティング》（プロトタイピング）、実体化する《エンボディイング》（実践する）が含まれる。

9◆社会的な場《ソーシャルフィールド》のより深い源《ソース》に到達し、それを作動させるためには三つの楽器（道具）——開かれた思考《マインド》、開かれた心《ハート》、開かれた意志《ウィル》——を調律する必要がある

（図15-9）。社会的な場《ソーシャルフィールド》を深めるためにはそれに合った道具が必要なのだ。音楽でいえば、作りがお粗末で調律不十分な楽器で演奏したい音楽家はいない。しかし社会的な場《ソーシャルフィールド》では、まさにそれが繰り返し起こっている。集合的に調子はずれの楽器で状況に取り組まざるを得ないことがしょっちゅうなのだ。そして演奏を休止して調律する代わりに、もっとペースを上げたり、調律と練習に必要な時間を一層短縮して生産性を上げようとするコンサルタントを雇ったり、より早く演奏することを約束する指揮者を雇ったりする。しかしここでやるべきなのは、いったん演奏を休止し、楽器を皆で一斉に調律することだ。だが、それはなかなか実践されない。なぜなら思考《マインド》をより深いレベルで機能するように転換させる必要があるからだ。

開かれた思考《マインド》、つまり先入観のない新鮮な眼で見て、探究し、内省する能力は、領域1から領域2への第一の転換点へと導いてくれる（思考を開き、それまでの習慣を保留する）。

図15-8　1つのプロセス、3つの動き

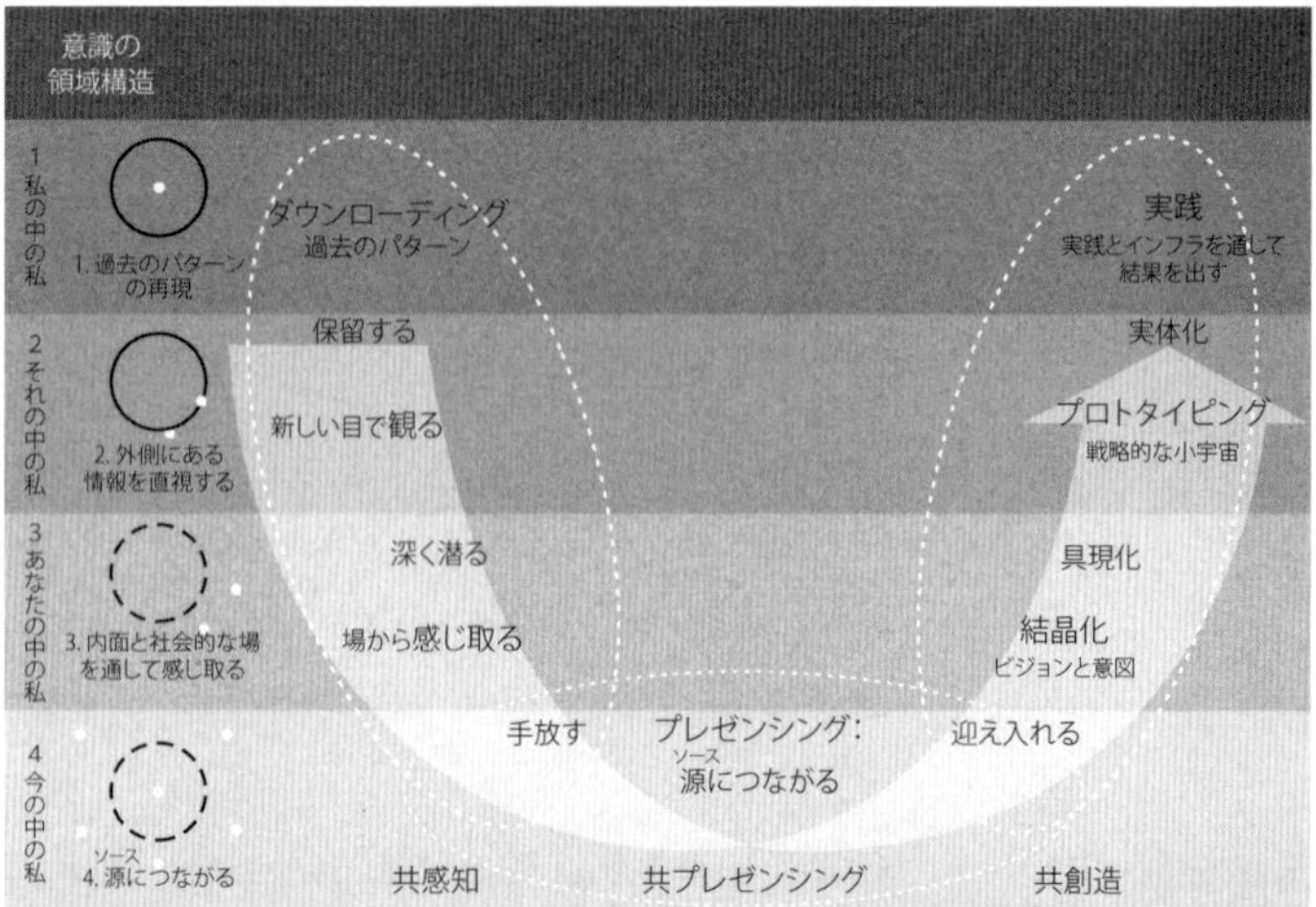

開かれた心《ハート》、つまり共感的傾聴や受容的な《アプリシエイティブ》探究《インクワイアリ》、そして相手やほかのシステムと自分の「立場をかえてみる」能力は、領域2から領域3への二番目の転換点へと導いてくれる（深く潜る《ディープダイブ》ことと視座の転換《リダイレクティング》）。

開かれた意志、つまりそれまでのアイデンティティや意図を手放し、出現している未来の可能性の領域に調和していく能力は、領域3から領域4への転換点へと導いてくれる（手放す《レッティングゴー》ことと迎え入れる《レッティングカム》こと）。

10
◆**これらの深いレベルに心を開くためには、次の三つの障壁を乗り越えなければならない――評価・判断の声（ＶＯＪ：Voice of Judgment）、皮肉・諦めの声（ＶＯＣ：Voice of Cynicism）、恐れの声（ＶＯＦ：Voice of Fear）である。**Ｕの旅があまり実行されないのは理由がある。**抵抗**である。抵抗があるがゆえに、我々は未来の最高の可能性から分離され、距離を置き続ける。抵抗は内面から起こっている。抵抗はこっそりと忍び込み、たいてい最も弱いところに現れる傾向がある。抵抗にはさまざまな顔があり、たいていその被害者が気付かないまま襲いかかる。

深い源《ソース》と出現の流れへと向かう旅に出た者は誰でも、思考《マインド》と心《ハート》と意志《ウィル》の変容に抵抗する三つの強力な力に直面する。

◆ＶＯＪ（評価・判断の声）……古くて限界づけられている判断・思考のパターン。これを終了させるあるいは保留《サスペンド》する能力がなければ創造

図 15-9　3 つの道具

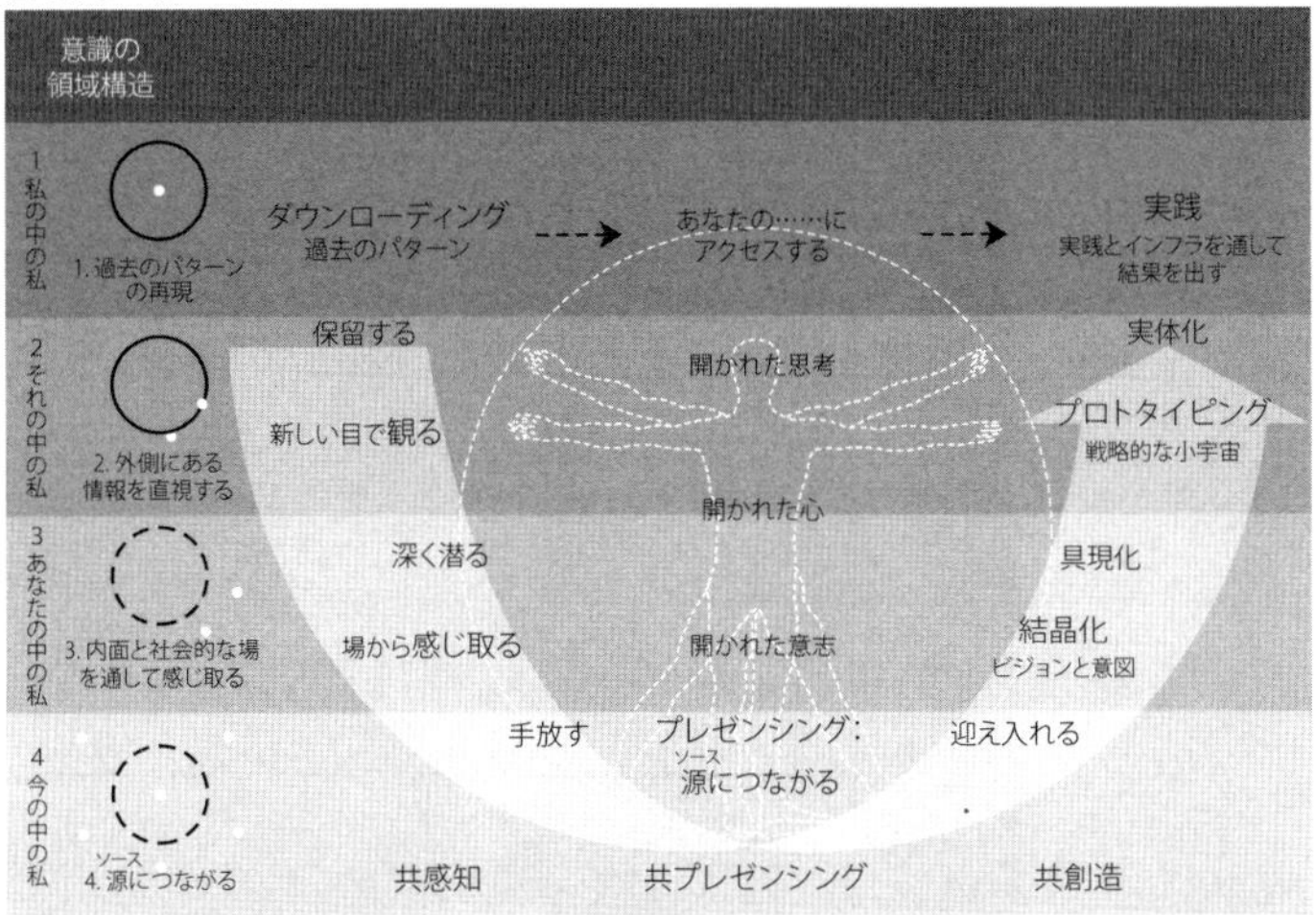

性に向かって進むことはできず、U曲線のより深いレベルに達することはできない。

◆VOC（皮肉・諦めの声）……我々を取り巻く場に飛び込むことを阻む、皮肉、傲慢さ、冷淡さといった断絶的な感情。

◆VOF（恐れの声）……なじみのある自己や世界を手放すことへの恐れ、前に進むことへの恐れ、無の世界に身をゆだねることへの恐れ。

Uのより深いレベルから作用する能力は、システムが抵抗からくる力や挑戦に対峙できる度合いによって決まる。至高体験は誰にでも起こり得る。しかし、この抵抗の力を退ける修練をした人々だけが、社会的な出現のより深いレベルと領域から確かな行動がとれるだろう。

11◆**Uの右側（共創造《コークリエイト》）を上るためには、全体性のために尽くすコミットメント、そして頭、心、手の知性を再統合する能力が必要である。**頭、心、手の知性の再統合は、思考（意図）、行動（プロトタイピング）、組織的な実践（実践《パフォーミング》）の変容を通して起こる。どれか一つがほかを制することがないようにすることが課題だ。それは行動を伴わない思考（頭による支配）、思考を伴わない行動（手による支配）、又は単なる意味のないおしゃべり（関係性または会話の支配）といった結果を招くからだ。

図 15-10　3つの敵

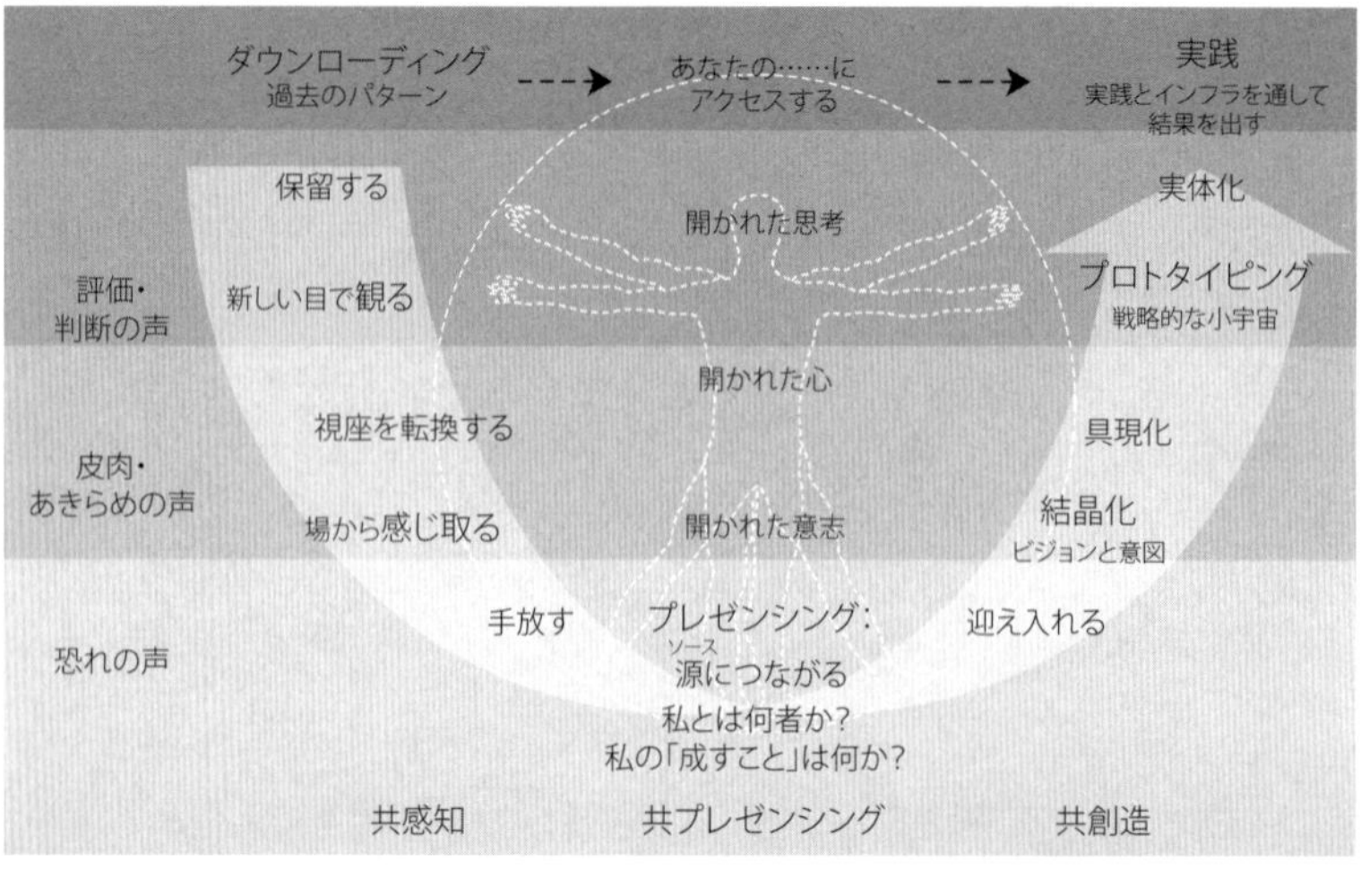

12◆外部のシステム的な複雑性と出現のより深い流れにアクセスする内面的な能力とのギャップが大きければ大きいほど、システムは軌道からはずれ、反出現《アンチ・イマージェンス》の破壊的な場へと後退する。ちょうど反物質《アンチマター》が通常の物質の反粒子で構成されているように、反出現の社会的な空間は通常の社会的な出現の反実践《アンチプラクティス》で構成される。ウォーレン・ティグナーはこれらの反実践を盲目化状態《ブラインディング》、感知しない《ディセンシング》、そして不在化《アブセンシング》と呼んでいる[6]。社会的な出現の通常のスペースは、**プレゼンシング**のサイクル、すなわち、観る、感じ取る、プレゼンシング、結晶化《クリスタライズ》する、プロトタイピングする、実践する、のサイクルに基づいている。これとは反対に、反出現の社会的な空間は、**不在化《アブセンシング》**のサイクル、すなわち、見ない、感知しない、不在化、幻想化《イリュージョナイジング》、鎮圧《アボーティング》、そして破壊する、のサイクルに基づいている（図16-1参照）。

　出現の社会的な空間と反出現の社会的な空間は、弁証法的な関係のもとに起こる。この二つのスペースの間の緊張《テンション》が社会的な場《ソーシャルフィールド》の現象を生み出すのである。この潜在する領域は、次のより深い出現のレベルへの関門をくぐることに対する抵抗として、日常の社会生活に姿を現す。その抵抗にどう取り組むかということが、出現のスペース、もしくは反出現のスペースに対する我々の位置を決定する。

　不在化《アブセンシング》のサイクルの最初の段階、**観ない《ノット・シーイング》**では、我々はどんどん盲目的になり、新しいものを一切認識できなくなる。単一の真理を信奉するイデオロギーに捉われてしまうのだ。我々は自分のイデオロギーに合わない現実から自分自身を切り離すようになる（ブッシュ政権のイラクでの大量破壊兵器探しを考えてみるといい）。

　感知しない《ディセンシング》は、我々の感覚が自分自身を新しい領域、つまり他者の内部に入らせないことを意味する。我々は個人や集団の境界線の中に閉じこもっている。他者とつながり、出現しつつある領域に同調する能力は停止し、周囲で展開しつつある社会的な場《ソーシャルフィールド》から切り離されるのだ。（アメリカのメディアの多くが「敵」を悪魔であるかのように描き出し、「劣った人類」はどこにいようと殺しても構わないとしたことを考えてみよう）。

不在化《アブセンシング》とは、我々を通して出現したがっている未来につながる能力を我々自身が封じることを意味する。我々は現在の自己や意志の中に閉じ込められる。もはや共進化することも、静寂の源《ソース》や集合的な深い社会的な場《ソーシャルフィールド》につながることもない（反出現のスペースに埋没したナチス・ドイツが、傲慢さと妄想の結合のもとに大量虐殺を行ったことを考えてみよう――図16-1の右側を参照）。

幻想化《イリュージョナイジング》、鎮圧《アボーティング》、破壊《ディストロイング》は、出現する未来の可能性を構想し、具現化し、実体化する能力を反転させたものである。その結果、我々は、一つの意図、世界観、真理に固執し、自分のイデオロギーに合わないものはすべて否定する狂信者になる。

要約……不在化《アブセンシング》の病的なサイクルは、社会システムを土台となっている領域《フィールド》と出現の源《ソース》から切り離すことに基づく破壊として現れる。このサイクルの結果は破壊と暴力であり、今日のほとんどの社会で例に事欠かない。

これとは対照的に、プレゼンシングのサイクルは創造の規模として現れるが、その基礎となっているのは、社会システムを、それを取り巻く社会的な場《ソーシャルフィールド》および深い出現の源《ソース》につなげることだ。このサイクルがもたらすものは、集合的な創造性と深いイノベーションと再生である。反出現の社会的な空間から出て創造的な領域に入っていくには、意識的な努力が必要だ。すなわち、思考と行動の深いレベルへの転換が必要なのだ（図16-1）。

13◆**反出現《アンチ・イマージェンス》の社会的空間《スペース》は、原理主義という硬直した反応の中に根付いている。**システムが直面する複雑性と、出現のより深い源《ソース》や流れに入る能力との間に大きなギャップがあるとき、原理主義という硬直した反応として現れる。それは反出現という陰の空間《スペース》から行動することによって生み出される。今日の世界を特徴づけているのは宗教的、経済的、政治的な三種類の大きな原理主義だ。

現代の原理主義には四つの主要な特徴がある。観ない《ノット・シーイング》、感知しない《ディセンシング》、不在化《アブセンシング》、破壊《ディストロイング》、である。

◆**観ない《ノット・シーイング》**……特定の信念や原理への執着、一つの言語、一つの真理への固執

◆**感知しない《ディセンシング》**……異なる考え方に対する不寛容・共感性の欠如、一つの中心、一つの集団への固執（「我々」対「彼ら」）

◆**不在化《アブセンシング》**……問題の源《ソース》は内側ではなく外側にあるという世界観、一つの自己《セルフ》への固執（内省のない、進化のない自己）

◆**破　壊《ディストロイング》**……「悪」と関わっていると見なされた人々への暴力、一つの意志への固執（狂信、暴力）

宗教的原理主義は次の四つの信念に特徴づけられる。一．全知、全能、遍在する神を信じる（一つの言語、一つの真理）。二．選ばれし人々の集団に属していると信じ（一つの中心、一つの集団）、その集団の外にいる人々（異教徒）への共感性が欠如している。三．人間の崇高な側面と邪悪な側面の源が人間の内側ではなく外側にあると信じ、人間の役割は悪の手先と闘うことによって人類を神の崇高な意思の元に支配することだと信じる。四．したがって、もしそれがより崇高な目的に奉仕すると考えれば、暴力を用いて生命を破壊することもいとわない。（表15-1）

14◆社会的な場《ソーシャルフィールド》とは五つの特性を通して観察し、経験されることで明らかになっていく全体性である。その五つの要素とは、社会的空間《ソーシャルスペース》、社会的時間《ソーシャルタイム》、集団、自己、そして保持《ホールド》されている空間《スペース》である。

全体性の原理の示唆するところは次の通りである。すべての人間はみなつながっているので、他者に起きることは自分自身にも起きる。これは我々が同じ生態系《エコシステム》を共有し、複数の相互依存を通してつながっているためだけでなく、最も重要なのは、我々が社会的な場《ソーシャルフィールド》のより深い状態に入ったときに明らかになるように、互いに直接的に結びついているからだ。

このつながりの場は、五つの異なる特性を通じて明らかになる。第5章で述べた私のブロクドルフでのデモの経験を思い出していただきたい。私は他の一〇万人の人々とともに、近隣の原子力発電所計画に反対する集会に参加していた。そのときのことを振り返ると、いま私は社会的な場《ソーシャルフィールド》の五つの特性を次のように理解することができる。(一)私は社会的空間《ソーシャルスペース》を、**我々**(抗議する人々)、**それ**(建設現場)、**彼ら**(警察)の間の動的な相互作用として経験した。

表 15-1　原理主義の 3 つのタイプ

	宗教的原理主義	**政治的原理主義**	**経済的原理主義**
盲目的になる：一つの真理（および特定の言語）に固執	全知、全能、かつ遍在する１人の神	全知、全能、かつ遍在する１人の代理人（国家；世界の歴史）	全知、全能、かつ遍在する１つのメカニズム（見えざる手）
感知しない：一つの集団に固執	「選ばれし民」シンドローム	「歴史の中で選ばれし代理人」シンドローム	特権階級シンドローム
外部への共感性の欠如	異教徒は殺すべし（十字軍／聖戦）	客観的な歴史的法則に抵抗する者（反対勢力）は絶滅させられる	ピラミッドの底辺にいる持たざる者たちは、特権階級が作った構造や政策の犠牲者である（殺される）
不在化：出現しない一つの自己への固執	**前近代人**	**ソビエト的人**	**経済人**
破壊と暴力：一つの意志への固執	直接的暴力：テロリズム 文化的暴力：暴力を正当化するイデオロギー	直接的・構造的暴力：少数派（マイノリティー）への差別と淘汰	構造的暴力：人々は日々の困窮の中で生き、死んでいく

（二）はじめ私の社会的な時間の感覚はいつもの時の流れと同じだったが、のちにしだいにゆっくりとなり、静寂へ向かい、やがて**運命の瞬間**――警察が攻撃してきて人々が静寂の状態に入ったとき――を迎えた。それは私がほんとうの自分とは誰かという感覚を変容させた瞬間だった。（三）その集団の一員としての私の経験は、最初はその集団の参加者のいつもの行動（建設現場への行進）に従うことから始まったが、やがて混沌による対立、つながり、そして最後には集合的プレゼンスと静寂の瞬間へと動いていった。（四）私の自己《セルフ》の感覚はより習慣的・理性的なレベルで始まり、事態が進むにつれて関係性に根ざした、より真正性の高い状態へと推移していった。その夜家に戻った私は、もはやそれまでと同じ私ではなかった（その日の経験のどこかで私は出現する自己《イマージングセルフ》と遭遇し、つながったことを示唆している）。（五）そしてそこには、地球という物理的な保持《ホールド》されている空間《スペース》がある。それはしばしば我々の意識から抜け落ちているが、深い実存的経験を決定づける我々固有の「場所という感覚」を生み出す。

15◆**社会的な場《ソーシャルフィールド》が進化し、出現のより深いレベルや流れを含み始めるようになると、時間、空間、自己、集団、そして地球の体験は彫刻的なプロセスを通じて変容する。**一つ一つの転換が空間、時間、自己、間主観性《インターサブジェクティビティ》、そして場所、すなわち地球の体験の質感的な変化とともに訪れるのだ（図15-11参照）。この過程で社会的空間《スペース》の質感は、一次元的な心像《メンタル・イメージ》（領域《フィールド》1）から、観察者と観察される側の間の二次元的な外的つながり（領域《フィールド》2）へ、さらに観察者が観察される側の領域の内側に入る三次元的な社会的空間（領域《フィールド》3）へ、そしてほぼ概観的な認知になる四次元の生きた時空間へと変化していく。それはまるで新たに開かれた空間《スペース》に起こるようでもあり、あるいは第11章で述べた私の体験――源流を探して川をさかのぼっていくと、氷河に覆われた周囲の山々から無数の滝が流れ落ちている場所にたどり着いた――のように、あちこちに散在するいくつもの源《ソース》から発するようでもある（領域《フィールド》４）。

この転換プロセスの第二の特性は、時間における深い変化として現れる。社会的な場《ソーシャルフィールド》が領域《フィールド》１から領域４へと移行していく間、はじめに時間から自分が分離されている、切り離されていると感じる（領域《フィールド》１）。そして時間はクロノス的なもの、つまり外界の事柄の連続で構成されるものとなる（領域《フィールド》２）。時間は減速し、そして長くなったように感じられ、時間の内側の要素が開かれていくような感覚を覚える（領域《フィールド》３）。そして最後に静寂の場所にたどり着く。そこでは宇宙全体が息を止めているようであり、人は今にも生まれ出ようとしている何か大いなるものとともにいる感覚になる（領域《フィールド》４）。

このプロセスでは一貫して、体験的な変化の三つ目の特性を経験する。すなわち自己《セルフ》という感覚が、習慣的なもの（領域《フィールド》１）から理性的な自己、つまり頭につながり、頭の中から作動する自己（領域《フィールド》２）へ、さらに心《ハート》から作動する関係性の自己（領域《フィールド》３）へ、そして真正の自己《オーセンティック・セルフ》へと変化する。真正の自己は我々の最も高次な未来における可能性と同一であり、個人的にも集団的にも人間の身体領域の開かれた境界を通して現れる（領域《フィールド》４）。

社会的な場《ソーシャルフィールド》のもう一つの側面は、共主観性の体験に関連している。人は最初、枠組みとルールに適応し、**順応する《コンフォーミング》**ことによって他者とかかわりあう（領域《フィールド》１）。次に現実の問題について討論し、異なる考え方を表明し、既存の考え方としばしば対立しながら他者と関わり合うようになっていく（領域《フィールド》２）。さらに、共感と深い理解を通して自分を他者と関係づけ、**つながり《コネクティング》**、内省を通じて自分自身をより大きな全体の一部と見るようになる（領域《フィールド》３）。そして最後に、つながりと**集合的創造《コレクティブ・クリエイション》**の深い感覚が出現する静寂の（聖なる）空間《スペース》に入る（領域《フィールド》４）（図15-11参照）。

これらの社会的な場《ソーシャルフィールド》の変容を通っていくと、保持《ホールド》された空間《スペース》、すなわち我々の惑星である地球と我々との関連性にも転換が起きるのに気づく。はじめは、今ここに我々を含んでいる何かがあることに気がつかない。それはまるで生命のない物体の上を歩いているようだ（領域《フィールド》1）。意識が目覚め始めると、地球を生きている資源として、我々が相互に影響しあう場所として考えるようになる（領域《フィールド》2）。さらに場所としての気づきが深められていくと、地球が、我々自身や我々の社会的な相互作用と多様なかたちで結びついている生命体《リビング・システム》であることに気づき始める（領域《フィールド》3）。地球は全世界的な存在《グローバル・プレゼンス》として聖なるものとなるが、同時に社会的な場《ソーシャルフィールド》がより深い形で現れる**地球特有の気**（**Spiritus Loci**）は唯一無二のものでもある。社会的な場《ソーシャルフィールド》ブロクドルフでの闘争を振り返ると、私はあの場所の力と我々を包んでいた宇宙の存在を思い出す。

これらの体験の中の質的な繊細な変化の数々は、生成的転換と要約できるだろう。起こることはまず、空間の感覚が一つの点から分散した領域《フィールド》へと変容する。時間の感覚は外界の連続的な《エクステリア・シークエンシャル》ものから内部の出現的な《インテリア・イマージング》ものになる。自己の感覚は、閉じて習慣化した自我《エゴ》から開いた真正の自己《オーセンティック・セルフ》

図 15-11　空間、時間、自己、集団と地球の転換

意識の領域構造	社会的空間	社会的時間	自己	集合的出現	地球
1 私の中の私	一次元	分離された時間	習慣的な自己《セルフ》	順応	生命のない物体
2 それの中の私	二次元	クロノス	理性的な自己	対立	資源
3 あなたの中の私	三次元	減速	関係性における自己	結合	生命体
4 今の中の私	四次元	静寂・カイロス・プレゼンシング	真正の自己	集合的創造	生きている存在（プレゼンス）

へと変容し、集団としての経験は順応から集合的な静寂とプレゼンスへ、そして最後に、我々の場所、つまり地球の体験は、冷たく生命のない物体から、生きている聖なる空間または開かれた所——我々がなろう《ビカミング》としている真の自己として完全に存在する《プレゼンス》ことに導く空間——へと変容する。

16◆**出現のより深い源《ソース》と流れが開くと、個人と集団の間の関係は転換する。**意識の向け方《アテンション》の構造が変わり、出現の流れが深まるにつれ、微細な変化が部分と全体との関係、個人と社会システムとの関係を変容させる。

図15-12は集団と自己の転換《インバージョン》を表している。境界に囲まれた空間があり、その中で自己は自分の中心、現在のアイデンティティの状態に封じ込めておこうとする今の現実の中に納まっている（図15-12の左側）。転換が起きると配置がかわり、自己はもはや自分の中心に閉じ込められてはおらず（図15-12の右側）、新しい集団的現実を生み出す生成的《ジェネラティブ》な器《うつわ》として開かれた境界線とその周辺の領域から機能する。ここでは自己はもはや中心に閉じ込められてはいない。むしろ新しい社会的な集合体の出現に参加することによって共進化《コーエボルヴ》する。女性的霊性（あるいは集合的に保持《ホールド》された空間《スペース》）の究極の原型としての聖杯のイメージが浮かぶ。

この転換、もしくは全質変化《トランサブスタンシエイション》では、それまでの古い集合体は新しい関係性の構造によって生まれ変わる。そこでは、個人が新たな社会的な場《ソーシャルフィールド》を出現させる共同体的に保持《ホールド》された空間に積極的に参加する。

17◆**出現のより深い源《ソース》と出現の領域が開かれると、認識する側〔knower〕と認識される側〔known〕との関係が変容する。**生成的《ジェネラティブ》転換の同じパターンが、認識する側とその対象物との関係性にもあてはまる。そこから我々は知識の三つの型を区別することができる。それは、形式知、暗黙知に根付く知識、そして自己を超越した《セルフトランセンディング》知識である（図4-5、一〇四頁参照）。[7]

この三つの知識の型は根本的に異なる三つの認識のスタンス、即ち認識する側とその対象物の間の三つの異なる関係の状態、を構成する。それぞれの知識の型は、次の表で示されるようにそれぞれが異なる観点から表す現実と関連している。

形式知は領域《フィールド》2の視点からの**外側**の現実と関連している。形式知は観察できる物事（領域《フィールド》2）（表15-2参照）をとらえる。暗黙知は**内側**つまり領域《フィールド》3の視点からの現実と関連する。暗黙知は、我々が感じることや行うことについての知識をとらえる[8]。この種類の知識はその知識を所有する人が観察し、振り返り、再現することができる実際の体験に基づいている。

自己を超越した知識は、思考や行動がそこから生じる源《ソース》、または「場所」についての知識だ（領域《フィールド》4）。焦点はそもそも行動が形となって現れる前の、人の行動が生まれる根源的な土台に当てられる[9]。この社会的行動の最も上流のレベルをとらえるためには、認識する側は「行動しながら省察する《リフレクション・イン・アクション》」、または根本的に知る《プライマリー・ノーイング》必要がある。認識する側《ノウワー》はその波長と同調し、現す《プレゼンス》ことができなければならない。[10]

したがって、第二から第四の意識の領域《フィールド》構造に移行するには、認識する側《ノウワー》と認識される側《ノウン》の関係が分離（K1）から統合（K2、K3）へ転換するこ

図15-12　自己の転換

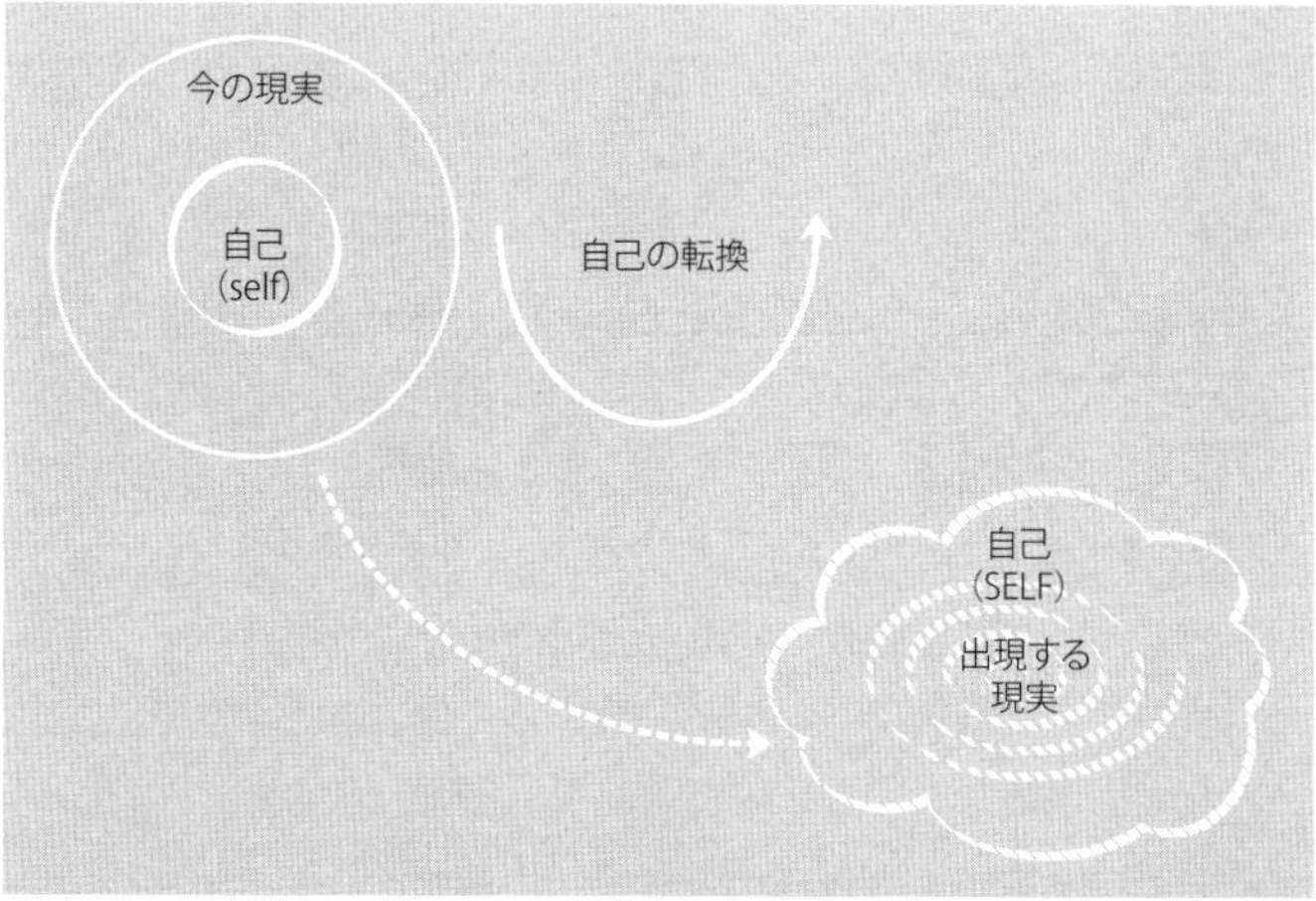

とも含まれる。暗黙知の場合は、自己は**事実のあと**（行動について省察）その行動を認知する。それに対して自己を超越した知識の場合は、**行動している間に**主体と客体（行動）の一体感を感じる。感覚的な経験はよく内側（行動すること）と外側（観察すること）の両方であると描写されるので、自己を超越した知識の種々のタイプはすべて、純粋な感覚的経験であるといえる。[11]

18◆社会的な場《ソーシャルフィールド》は制作中の時間の彫刻《タイム・スクラプチャー》である。空間に存在する従来の彫刻と違い、社会的な場《ソーシャルフィールド》は時間の彫刻として発展し、広がっていく[12]。従来の彫刻が二つの核となる要素——物質と形——の融合で成り立っているように、社会的な時間の彫刻も、二つの異なる特性と流れの時間の融合と統合から成り立っている。それは、過去のパターンを現在に延ばした明らかな時間と、異なる方向——出現したがっている未来の可能性——から我々を引き寄せる時間の流れだ。

たとえば、私が一六歳のときに起きた我が家の火事の話を思い出していただきたい。そこでは時間の質はどう変化しただろう。学校を出て現場に着く時点まで、私はまだ現在と過去の力を気にしていた。しかし、そのあと体験を通して次の関門を通

表 15-2　3つの認識論

	認識論		
要素	**K1：形式知**	**K2：暗黙知**	**K3：自己超越知**
知識のタイプ	物事についての知識	物事を具現化することについての知識	物事を具現化するための源についての知識
データ	外側の現実（領域２）	具現化された現実（領域３）	まだ具現化していない現実（領域４）
経験	観察	行動	感覚的
省察に対する行動の比率	行動なき省察	行動について省察	行動しながら省察
真実	現実にあてはめる：あなたはそれが観察できるか？	現実をつくる：あなたはそれをつくれるか？	現実をプレゼンシングする：あなたはそれをプレゼンスできるか？

り抜けると、新しい次元の時間が開けた。それは私を未来の源《ソース》へ、あるいは私を待っている未来の可能性へと引っ張っていくように思われた。時間の方向がこのように切り換わると、あたかも**未来から自分自身へ向かって進んでいる**ようである。[13]

社会的時間の彫刻《ソーシャル・タイム・スクラプチャー》は、過去からの時間と出現する未来からの時間という両方の方向の時間が「今」の中で遭遇するときに生まれる。

「社会的彫刻」の概念を生み出したドイツの前衛芸術家ヨーゼフ・ボイスはかつて、地球上には二種類の創造性があると言った。一つは芸術家の創造性で、それは外側の現実を形づくる。もう一つは女性の創造性で、それは新しい命を生み出すことによって創造性の概念を内面化する。社会的時間の彫刻は創造性をめぐるこれらの二つの手法を融合するものだ。二つのベクトルの時間が出会うと、人々やグループは新しい何かを生み出す集合的プロセスに取り組み始める。この状態に達すると、人々は同時に三つの視点からものごとを生み出すプロセスに取り組む。一つ目は母親の視点。これはたいていの場合グループとして集合的に体験する。二つ目は保持《ホールド》された空間を作り、サポートする支援者としての観察者の視点。三つ目は「胎膜を破って生まれてくる」新生児の視点である。社会的時間の彫刻の独自性は、参加者が**同時に**内側からこの三つの視点すべてに積極的に参加できる唯一の場であるということだろう。

19◆社会的な場《ソーシャルフィールド》の創造は規模とは無関係な形態共鳴《モーフィックレゾナンス》★の機能である。

社会的な場《ソーシャルフィールド》作りの「音楽」は、我々の動きの方向性と目的に関係している。それは何か我々に与えられたものだろうか。偶然に支配されるものだろうか。あるいは我々が集団的に共創造できるものなのだろうか。出現のパターンを強化し、引きつける（カオス理論の用語を使えば）ストレンジアトラクタは何なのか、あ

★ 形態共鳴とはイギリスの生物学者ルパート・シェルドレイク (Rupert Sheldrake) による造語。自然の記憶の基盤となっている、生物とその種の集団の間にある、テレパシーのような相互のつながり、を意味している。

るいはその形態形成の場《モーフォジェネティック・フィールド》（ルーパート・シェルドレークは形成因果律《フォーマティブ・コーゼイション》に関する理論でこう名づけている）は何なのか。★ ネットワーク理論の最近の発展の中で、多くの生命体《リビング・システム》は小さな世界《スモール・ワールド》理論に沿って組織化されているということを示唆している。スモールワールド・ネットワーク理論は、高速道路地図と航空路線網との対比で表すとわかりやすい。両者の主たる違いは、道路はふつうA地点からB地点へと通っているのに対し、航空網はハブとなる空港を中心に多くの接続があり、数回乗り継げばどの目的地にも到達できるという点だ。

　社会的な場《ソーシャルフィールド》を創造する上でも問うべきは、どんな種類の優れた相互通信能力《スーパーコネクティビティ》が生態系の部分集合《サブセット》の動き方を切り換えることができるかということである。私が考えるに、その答えは、全体性《ホールズ》の四つのすべてのレベルと四つの出現の領域のすべてを含んだ、水平方向にも垂直方向にもつながっている場のネットワークを作ることにある。このような尺度のない《スケール・フリー》特性が示唆するのは、限られた**戦略的な小宇宙《ストラテジック・マイクロコズム》**であっても、未来の可能性が出現するための滑走路として機能できるということである。もしこれらの場がうまく結びついてコミュニティとして共進化できれば、最終的にそれらは深い場の転換と来るべきティッピングポイントへの地球規模の滑走路として機能できるだろう。

20 ◆**システムの未来は、我々がそこから行動することを選択する場（源《ソース》）の機能である。**このような形態共鳴《モーフィック・レゾナンス》の小宇宙《マイクロコズム》が現れるかどうかは、個人やコミュニティが最初の領域からのみ行動するのか、四つのすべての出現の領域から行動するか、どちらを選択するかにかかっている。

　誰もが、反出現の社会的な空間《スペース》から行動するか、あるいは深い出現とプレゼンシングの空間から行動を起こすか選択できる。どちらの空間も、すべての人々、すべての社会システムにつねに

★　『出現する未来』(p.238)には「成長する生物には見えない青写真、「形態形成場」がある」というシェルドレークの仮説を紹介している。シェルドレイクは、生命体の形態形成場自体が進化すると考え、これを「形態共鳴」と呼んだ。

開かれている。

21◆**今世紀の革命的な力は、人間の深い生成的能力――今の中の私〔I-in-now〕――の覚醒である。**

ここまでの我々の探究は、社会的出現の場の理論の五つの本質のうち四つを明らかにした。

（1）社会的な場《ソーシャルフィールド》の理論は、社会システム中の**関係性の空間**《リレーショナル・スペース》の質と出現のパターンに関するものである。

（2）関係性の空間の質と社会的出現のパターンは、個人および集団の意識《アテンション》の領域《フィールド》構造の機能である。四つの異なる出現の領域を生み出すのは、四つの異なる構造と源《ソース》である。

（3）より深い出現の源《ソース》と領域にアクセスするために社会システムは三つの**道具**《インスツルメント》――開かれた思考《マインド》、開かれた心《ハート》、開かれた意志《ウィル》――を起動する必要がある。

（4）出現の社会的空間の反対側には**反出現**《アンチ・イマージェンス》という暗部がある。あるシステムが深い出現のスペースから機能するか、それとも反出現のスペースから機能するかは、抵抗の源――VOJ、VOC、VOF――に対して立ち向かう能力に依存している。

五番目の本質はこの問題への答えに関わる。三つの道具と出現のより深い源《ソース》が開くのを促すことで一つの空間から別の空間へと転換する引き金となる力は何なのか。これが最後の命題の領域である。

（5）我々の時代における革命的な力は「今の中の私〔I-in-now〕」、言い換えれば四番目の出現の流れに人類と社会システムをつなげ始めるように意識構造を切り換える、全人類と社会システムの持つ能力だ。この私（I）というのは自己〔self〕のことではない。自己《セルフ》とは内容《コンテンツ》を持つ実体だ。内容がなければ私（I）は空っぽの存在である。今の中の私〔I-in-now〕は、意図的で集中した意識の向け方を呼び覚ます根源的な活気《スパーク》だ。それは意図的に意識の場の方向を変え、転換させることができる活気なのだ。それはあたかも「意志を持った眼」[14]のような働きをする。それは我々がどこにいても起動できる存在《プレゼンス》のパワーだ。そして「今」を源として作動する。いったん覚醒すると、この力、活気は、Uの右側につながるより深い出現の源《ソース》を開くカギとなる。すべての人間と社会システムは、目覚め、この静寂と生成のより深い源《ソース》を育むことができる。それはまた、我々がより実践的になるのを助けてくれる。今日我々が直面する状況は、ますますその苦難と複雑さを増している。今の中の私〔I-in-now〕のこの根源的能力が発達するほどこうした状況に対処する能力は高まるだろう。

ここまでの二一の命題は、今日までの我々の探究で暫定的にわかったことをまとめたものだ。以後の章では、この社会的な場《ソーシャルフィールド》の理論の五つのレベルのシステムすべて（ミクロ、メソ、マクロ、ムンド、メタ）に対する実践的な適用について明らかにしていく。

これらのシステム・レベルを、進化する自己の視点、すなわち行動の源となる内面を転換させていくという視点から説明する中で、四つの基本的な（しかしほとんどが隠されている）メタプロセスを発見するだろう。それは、我々が生きている世界を刻一刻と創造しているものだ。この四つのメタプロセスは、通常語られるどんな類の機能的もしくは組織的に重要なプロセスよりもはるかに深く根本的なところで我々の組織機構やコミュニティの現実と生活を形作っている。その四つの普遍的なプロセス、つまりメタプロセスとは、思考する（意識を向ける《アテンディング》）、会話する（言語化する《ランゲージング》）、組織化する（構成する《ストラクチャリング》）、そして場を形成する《フォーミング》、つまり集合的な地球規模の行動の形成（連係する《コーディネイティング》）である。これらのメタプロセスの質的な不連続の変化は、ほとんどが我々の盲点の陰に隠れている。例を挙げよう。我々は自分たちの思考の過程の結果はわかるが、**創造している**《ドゥイング ザ クリエイティブ》重要なプロセスにはたいていの場合無自覚である。そのプロセスとは、思考するプロセスだ。ここで見誤ってはならない。思考**が**創造のプロセスなのである。思考が世界を創造しているのだ。しかし、これが我々の盲点の中で起こっている限り、我々はこの根本的な現実創造のプロセスにほんとうには存在してはいない。世界の生成に十分には参加していないし、自覚もないのだ。同じことがこれから詳しく述べていく会話や集合的行動のプロセスについても言える。

終わりに、最終章では、現実世界の社会変革と構造改革において活用できる、自由のための社会テクノロジーとしてプレゼンシングの原理をまとめたい。

第16章

個人の行動

三歳の子供から学ぶ

ある日、食器洗い機を使おうとすると洗剤がなかった。そばにあった箱が食器洗い機用の洗剤かどうか定かではなかったが、まあいいかと思ってそれを使った。数分後に食器洗い機からは大量の泡があふれ出してきた。しまった！　機械を止めて泡を拭き取る。よく見てみると、中は水と食器と大量の泡でいっぱいだ。中の水を空にするのは不可能と判断し、成り行きに任せることにした。そのまま動かし続け、あふれてくる泡を、出てこなくなるまでふきとることにしたのだ。私がこれにあたふたしている間にこの状況がおもしろそうだと思った三歳の息子、ヨハン＝カスパーがやってきて泡をふきとるのを手伝い始めた。泡の出てくる勢いが少しおさまると、彼はちょっと手を休めた。休んでいる間に彼は機械に向かって、低い声で熱心に話しかけた。「何を話しているの？」と私が聞くと、「僕、泡に話しかけているんだ」と答えた。「泡？」と私が驚くと、彼はこう言った。「だって泡はかわいそうに、目がないから見えないんだよ。だからどっちへ行けばいいかわからなくて、まちがったところから出てきちゃうんだよ」

私の三歳の息子は私と同じく、いらいらする状況を見ていた。しかし、食器洗い機を蹴とばしてやりたいなどとは思わず、まるで泡に感情がある存在であるかのように共感して泡とコミュニケーションをしていたのだ。彼は泡には目がないことに気がつき、それが理由で道に迷っていると考えた。だから自分たちが助けてあげなくちゃ、と。状況は一つ、データも一つ、しかし二通りの解釈である。

そのあと、我々は流れ出してくる白い存在と黙って会話をした。息子と私はもう一言も言葉を交わさなかった。ただひたすらふきとる仕事のリズムと流れに身を任せた。その「白い存在」が、進むべき道筋を見つけるために我々にどんな助けを必要としているかに注意を払いながら。

ここで、15章で紹介した領域《フィールド》のモデルを使って今の話を分析してみたい。

食器洗い機に食器を詰め込み、適当にまちがった洗剤を入れたのはダウンローディングの典型的な例だ。次に泡があふれ出すと、私はレベル1からレベル2に飛んだ。つまり、「しまった！」と泡が溢れ出てくる状態を見た。そして問題を解決しようとした。ここでの挑戦は、「なぜ**彼ら**（メーカー）は食器洗い機に「排水する」という簡単な機能を付けていないんだ」という評価・判断の声を克服し、冷静に対処方法の選択肢を考えることだった。もし「評価・判断の声（ＶＯＪ）」に従い続ければ、腹立たしいことを次々に発見して機械を蹴っていたことだろう。この道筋をたどれば、まっすぐに反出現の空間《スペース・オブ・アンチ・イマージェンス》――否定と破壊のサイクル――へとつき進んでいたはずだ。まず機械を蹴とばし、その後のことは容易に想像がつく。否定と破壊のサイクルは、破壊的な行為を強化するフィードバック・ループで埋め尽くされることになる。

しかしこれは息子が別のレベル、領域《フィールド》3で加わったおかげで、そのようなことにはならなかった（彼は見えたものを進化する生き物として自分を合わせ、それと交流し始めたのだ）。つまり彼は、私に蹴るのをやめて内面に深く潜り、そこから感じることを教えた。そして、最後に私たちが一緒に働く中で仕事のリズムと流れを見出したときには、言葉はもはや必要なかった。私たちには、何をすべきか、なされるべきかがわかっていて、それをやすやすと実行した（実に簡潔に領域《フィールド》4を示している）。

このエピソードで強調したいのは次の三点だ。一つ目は、注意深さとプレゼンスは日常生活の中でいつでもどこでも起こり得る、ということだ。わざわざ月まで行って戻ってくる必要はない（人によってはこの経験は、実際に月へいくようなものだが）。これに求められることは、意識を内側へと転換することだ。

二つ目は、外側にある問題（さっきの例で言えば私の目の前の混乱状態）の圧力が大きければ大きいほど、不在化《アブセンシング》の闇の空間（機械を蹴る）へと入っていくことが自然に感じられるということだ。これについてはのちにさらに詳しく述べたい。三つ目は、領域《フィールド》3と4へ移行するポイントは、対象物との関わりを止め、すべてに対して**我々が内面から直接つながることのできる心がある存在**（目のない泡）であるかのように働きかけ、接するということだ。

演劇の舞台と集合的な場《フィールド》

私は一四歳くらいのときに舞台劇で初めて主役を演じた時の驚くべき感覚を、いまだに記憶している。練習段階で準備できることはすべてやり、セリフと合図はみな頭にたたき込んでいた。いよいよ幕が開こうとしていた。観客のざわめきが静まる。不意に地球が回転を止めてしまったような感覚に襲われる。何カ月もかけて練習したことすべてが、焦りと無の小さな塊と化す。すべてが消滅し、これまで学んだことがみな忘却の彼方へと姿を消す。恐ろしく孤独だ。志があるからというよりも、必死の気分でなんとかそこにとどまる。勇気があるからではなく、逃げ出すにはもはや遅すぎるからだ（逃げ出すことも一瞬頭をかすめたが）。そして、気がつくともう幕が上がっている。もう手遅れだ。逃げられない。時間が止まる。

熱い注目とエネルギーに満ちたなじみのない場で、カラフルな劇場の照明がまぶしく身体を包む。スローモーションのように、最初の動き、言葉、せりふ、しぐさを、もたつきながら始める。ちょうど芝居に没入していこうかというとき、突然、自分が一人ではないということに気がつく。ほかの「存在」が自分と親密にコミュニケーションしているように感じられる。それは観客だ。彼らの意識《アテンション》が私のための保持《ホールド》された空間《スペース》——私を導く場所——を創り出したのだ。私はそれを身体全体の細胞で感じ取る。私はいまや、私を見守り、私とコミュニケーションする場所にいる。それはこれまで味わったことのないエネルギーで力を与えてくれる。それは自分の源《ソース》と自分という存在〔being〕をつなぐ場所、**自分**の場所だ。

この例では役者としての私は、ダウンローディングのモードで舞台に取り組んでいる。シェークスピアの「テンペスト」の主人公、プロスペロの八二〇のセリフすべてを記憶した状態で。そしてステージ上で幕が上がると、抵抗が恐怖というかたちで現れる。失敗の恐怖、セリフをつっかえる恐怖、三〇〇人の観客の前でセリフを一行も思い出せない恐怖。やけっぱちと勇気が交錯する中で私はよろよろと関門をくぐり、とにかく動き始めのいくつかの動作をいつもどおりにやってみると、入念に練習した演技が領域《フィールド》1と2から領域《フィールド》3と4へ移行していく。つまり私は、深まっていく、深められたプレゼンスと、出現の流れの中に入っていく。

これを可能にしたのは何なのか。集合的に保持《ホールド》された空間《スペース》である。情愛のこもった目で舞台を見守る三〇〇人の親や友人たち、意識と心を大きく開き、自分の子供たちの演技に完全に心を傾け、感動する人々の存在だ。

この例では、まず最初に抵抗（恐怖）が現れる。次に、情愛に満ちた観客によって集合的に保持《ホールド》された空間を通じて、より深い流れに入っていく。集合的に保持《ホールド》された空間が反出現《アンチ・イマージェンス》の影のスペースを消滅させたのだ。集合的な力は、こうして我々を解き放つこともあれば、次のエピソードのように反出現の社会的な空間に我々を閉じ込めることもある。

ヒトラーの秘書

トラウドル・ユンゲは、ドイツの田舎から出てきたごく普通のつつましい女性だった。幼いころに父親を失い、望んでいた芸術の道に進むことは経済的に不可能だった。たまたまベルリンに出て叔父の世話で仕事を見つけ、まもなくタイピストのコンクールで優勝する。ほどなく私設秘書を探している人物の面接を受けた。穏やかな口調の、優しいおじさんタイプの人物だった。彼の名前はアドルフ・ヒトラー。口述筆記をしてもらうために、彼は彼女を雇った。

戦争の終局にヒトラーが総統官邸地下壕で自殺したとき、彼女は外界、つまり現実の世界へと戻った。そこは廃墟と化していた。

彼女はドイツ南部へ逃れようとしたが、ベルリンでロシア兵に捕まった。しかし、ナチス党員になったことはなかったので、やがて解放され、ミュンヘンで暮らし始めた。そこでまもなく、彼女は「白バラ」の石碑に出会う。「白バラ」はミュンヘンを拠点にした小さなドイツ人反ナチス活動組織で、そのメンバーはナチスによって全員処刑されていた。碑文を読んだユンゲは、グループの主要メンバーが全員、自分が生まれた一九二〇年代にこの世に生を受けた若者たちであったことを知って衝撃を受ける。それを見た瞬間彼女は、自分や自分の世代の人間に言い訳は許されないことを悟った。「白バラ」のメンバーは彼女と同じ年代に生まれ、彼らとの違いは、彼らはみな自分の人生を意識的に選択したのに対し、彼女は一度もしなかったということだった。彼女がしたこと、加担したことは結局のところすべて、自分の個人的責任なのだということを彼女は悟ったのだった。自分の世代の集団的運命を口実に逃げることはできないのだ、と。彼女は長くインタビューに応じることはなかったが、亡くなる少し前に初めて、有名なオーストリアの芸術家、アンドレ・ヘラーのインタビューに応じた★。インタビューが公開される数日前、彼女はヘラーに、五〇年を経た今になってやっと自分を許せるような気がしてきた、と語った。インタビューが公開された日、彼女はこの世を去る[1]。ヒトラーの地下壕での最後の数週間を語る彼女の話が人を強く引きつけるのは、その描写が詳細で明快だからだ。彼女の意識と記憶は、高性能カメラのように機能していたようだ。彼女は数々の出来事を実に詳細に記憶していた。同時に、彼女は複眼的な観察者の素質もあわせ持っていた。すなわち、イメージや経験を思い出せない時は、記憶の中に空白があることを認識していたのだ。

これがトラウドル・ユンゲが描写した、ヒトラーの地下室でともに過ごした奇妙な集団の様子である。彼らは地下深くに作られた一一メートルの厚さの壁の内部で過ごし、その頭上には爆弾が激しく降り注いでいた。ソ連軍はもうバリケード数個手前のところまで迫っていた。かつて、ヨーロッパのほぼ全域を占領していたヒトラーのドイツ軍は、その頃には完全に崩壊していた。しかし、頭上に爆弾が降り注いでいるという彼らの周辺の明白な「反証データ」にもかかわらず、地下室内部の一部の人間は自分たちの望みと幻想に依然としてしがみついた。それまでのメンタルモデルに

★ 実際には1970年代にイギリスのテレビドキュメンタリーシリーズ *The World At War* でインタビューに応じている。

しがみつき、現実を認知できなかったのだ。頭上に降る爆弾の力をもってしても、彼らの意識の厚い壁を敗北のメッセージが貫くことはできなかったということだ。ついにヒトラー本人からも地下壕を去るように言われたときに、彼女がそうしなかった理由について、彼女はこう答えた。「安全な地下室を離れるのが恐かったのです」

これが盲目状態《ブラインディング》（観ない《ノット・シーイング》）と立てこもり《エントレンチング》（感知しない《ディセンシング》）の力である。我々を自分の地下室の厚い壁の中に閉じ込め、外部で現実に進行していることとつながることを不可能にする。だが、彼女が地下室に残り続けた理由には、不可解なところがある。彼女を地下室にとどめた真のメカニズムは何なのか。

この謎を解く一つの考え方は、彼女は反出現《アンチ・イマージェンス》の影のスペースで身動きが取れなくなっていたのではないか、それが彼女の知性のより深いリソース（開かれた思考《マインド》、心《ハート》、意志《ウィル》）を凍結していたのではないか、と考えてみることだ。真正の自己《オーセンティック・セルフ》とのつながりを見失い、とどのつまり、反出現の行動に入ってしまったのだ、と。（図16-1参照）

◆**ダウンローディング**……トラウドル・ユンゲは、人々がまるで機械人形であるかのようだった地下室での生活に

図 16-1　Uの空間と反空間

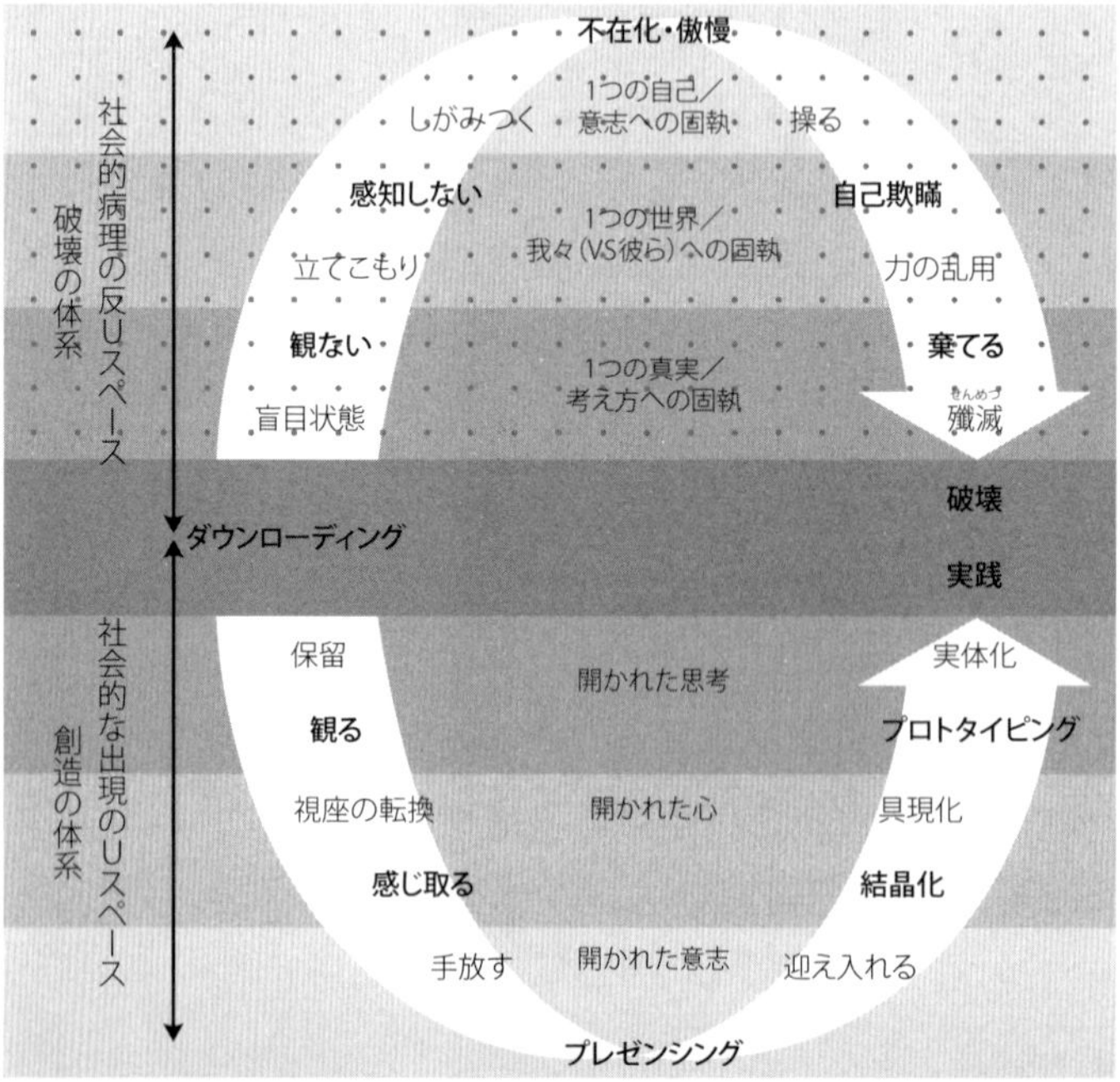

ついて詳細に述べている。お茶会のような日々の行為、そしてヒトラーとエバ・ブラウンの結婚式（ヒトラーの自殺の二日前だった）のような特別な儀式が続けられていくなかで、それらは異様なほど現実と断絶した空疎な過程になっていった。

◆**盲目状態**《ブラインディング》**「観ない」**《ノット・シーイング》……「私は、現実に何が起きているかを知るために必要な情報から切り離され、隔離されていました」とユンゲは言う。「最初地下室に入ったときは、情報の源に来たのだと思いました。でもあとになって、私は（システムの）盲点にいたのだと気がつきました」

◆**立てこもり**《エントレンチング》**と「感知しない」**《ディセンシング》……戦争の最後の数年、ヒトラーは特別列車で移動するときにはつねに窓のカーテンを閉めていた。戦争による破壊を見ないで済むためだった。ベルリンの中心駅に戻ると、ヒトラーは車の運転手に最も破壊の少ない地域を通るよう指示した。彼は地下室には一切花を持ち込ませなかった。「死んだ物の近くにはいたくなかった」からだ。何という皮肉だろう。自らの行為で五五〇〇万の人々を死に追いやった当の本人が、枯れていく花を見ることを望まなかったというのだ。

◆**不在化**《アブセンシング》……トラウドル・ユンゲにとって思い出すのが最も難しかったのは、地下壕での最後の日々のことである。ほかの場合には高性能のカメラを思わせる詳細な記憶のなかで、最後の数日間の気持ちや感情だけはブラックホールのようだ。そのときの感情は消されてしまった、あるいは彼女の経験の内部で凍結されているかのようだ。彼女は、意識を持たない機械人形のように日々の仕事をこなしていた自分を語っている。外界で展開している破滅的状況からだけでなく、彼女は真の自己からも切り離されていた。「私たちは機械人形のように動いていました。そのときの感情はまったく思い出すことができません。もはや自分が自分ではないような状態にいたような気がします」

◆**自己欺瞞**《セルフ・イルーディング》……これは頭の中で展開する未来のイメージと現実が、完全に乖離していることである。トラウドル・ユンゲは、たびたび行われた会議や、そこで練られた戦略について語っている。それらの戦略はまったく根拠のない仮定の上に立てられ、何の役にも立たなかった。それは地下室の内部と、外部で進行する事態との溝を深めるだけだった。「私たちは外側で起こっている現実からまったく切り離されていたのです」とユンゲは振り返る。「ですから、世界がどうなっていくのか全然わかりませんでした」

◆**棄てる**《アボーティング》……プロトタイピングが未来の生命の小宇宙《マイクロコズム》を創造することであるのに対し、「棄てる《アボーティング》」は未来を終焉させ、未来の命を奪うことである。地下室ではこれは犬を殺すことから始まった。犬で青酸カリの効果をテストしたのだ。それから子供たち全員が殺された。大人たちの多くは、ソ連軍が最後の勝利を迎える前に自殺して果てた。

◆**殲滅**《せんめつ》（アナイエレイティング）……ユンゲが語ったところでは、ヒトラーが自殺したあと、残された者たちはまるで人形師を失った生命のない操り人形のように一カ所に集まって座っていた。

ヒトラーのまわりの集団は、ダウンロードする、盲目化《ブラインディング》、感知しない《ディセンシング》、不在化《アブセンシング》、自己欺瞞《セルフ・イルーディング》、棄てる《アボーティング》、そして破壊《ディストラクション》を繰り返す、反出現《アンチ・イマージェンス》の空間に囚われていた。図16-1は、この影の空間がプレゼンシングのUのスペースのアンチテーゼであることを示している。

プレゼンシングのUのスペースが創造の体系を表しているのに対し、不在化《アブセンシング》の影のスペースは破壊の体系を表している。どちらのサイクルも自己強化の力学が元になっている。社会的出現のUスペースは、開かれた思考《マインド》、開かれた心《ハート》、開かれた意志《ウィル》という道具が動く力を基盤にしている。これに対して社会的な病理の影のスペースは、一つの真実（硬直したイデオロギー）、一つの中心もしくは集団（傲慢、憎悪）、そして一つの意志（狂信的行為、暴力）に固執するという力学を基盤としている。言い換えれば、不在化《アブセンシング》の空間は原理主義のすべての特徴を示している。

トラウドル・ユンゲには一つの解けない疑問が残っていた。なぜ私は地下室を去らなかったのか。彼女が地下室を出なかったのは、不在化《アブセンシング》の破壊的なパターンに囚われていたからだ。彼女が格闘していたその力学は現代に甦っている。この破壊の力学はしぶとく生き残っているのだ。したがって我々は、社会を破壊する病的空間が生まれてくるプロセスや活動をもっと明確に理解する必要がある。この空間は、人間のシステムが重大な決断を迫られるような不安定な状況に直面し、人が開かれた思考、心、意志とのつながりを断ち、凍結させるときに現れるようだ。

図16-1はUの各局面を要約したものである。

◆ほとんどの人は、四つのレベルのすべてをたびたび経験している。だが、初めてUのプロセスを説明されると多くの人々はこう言う。レベル1と2はよくわかります。ダウンロードすると「観る《シーイング》」は。でもレベル3の「感じ取る《センシング》」と4のプレゼンシングに関してはどうもよくわからない、と。しかし、そのあとでこれまでの人生や仕事の過程をじっくり振り返ると、ほとんどの人は割とすぐに隠されていた貴重な宝、つまり関門をくぐったさまざまな経験を思い出す。

◆レベル1のダウンローディングから、Uの底、すなわちより深いレベルへの移行は、どんな状況下でも起こり得る。四週間の研修で瞑想をしているときでも、自宅の台所の食器洗い機で失敗したときでも。

◆より深いレベルから行動している人と共にいることは、自分がそのレベルに到達する上で大いに助けになる。それは三歳の子供の場合もある。この叡智の意識は、ほかの誰かを通して別の形で起こることもある。人はときにそれをリーダーシップと呼ぶ。

◆たまたま一度源《ソース》につながったことがあったとしても、それだけでは十分ではない。ほとんどの人がそれをすでに経験している（完全には気づいていないことが多いが）。重要なのは、どうすればつながり続けることができるかということだ。それができなければそのつながった経験は凍結され、反出現《アンチ・イマージェンス》の空間（一つの真実、一つの集団、一つの意志）に入り込む危険もある。それは次のことと関係している。

◆深い出現の社会的な空間から反出現の闇の空間への逆戻りは、どんな時にも、どんなところでも起こり得る。我々が油断なく十分に意識を向けることを忘れたり、無私の、もしくは何かに仕えるという意図を強く基礎に据えることを忘れれば、それはいつでも起こり得るのだ。ヒトラーの秘書がなぜ一つのシステムに吸い込まれ、ついには一一メートルの厚さの壁の中で情報の盲点に囚われてしまったのかは容易に理解できる。反出現の空間に取り込まれたことを認識することは簡単なのだ。だが我々一人ひとりにも、日常的に、瞬間瞬間同じことが起きてはいないだろうか。我々の自覚や意図が不十分なところにつけ込む状況や、システムにたぶらかされてはいないだろうか。トラウドル・ユンゲの場合と同様に、システムは我々の盲点を直撃する形で襲ってくる。

それではどうすれば我々は源《ソース》とのつながりを保つことができるのだろう。それは、覚醒している状態を維持することによってである。

考えるということはきわめてパワフルなプロセスだ。しかし、それはいまだ触れられず、活用されず、認識されないままになっていることが多い。我々の思考が世界を創るのだ。しかし我々は、真の思考の創造的な力を発見する代わりに、ダウンロードするパターンで社会的に順応させられている。プラトンの洞窟のたとえ話で、洞窟の中にいた人が見ていたのは、実際の現実や外の太陽が壁に作る影だったように、ダウンロードすることは真の思考の影でしかない。

思考のこのメタプロセスの力は、領域《フィールド》1では固定された形と影の中に凍結されている。しかしそれは、我々が自分の外側でほんとうに起きていることとつながり始めたときに目覚め始める（領域《フィールド》2「観る《シーイング》」）。我々がまわりの人々や、その人々の状況に対する見方・感じ方とつながり始めたとき（領域《フィールド》3「感じ取る《センシング》」）、我々は自分自身のメンタルモデルの牢獄から解き放つ翼を手に入れるのである。そして、最後にそれは炎の源になる。真の思考はその本質において純粋な炎だ。創造の炎である。それは第四の領域とつながり始めたときに初めて触れることができる炎なのである。

第17章
会話の行動

本書の冒頭で、私は実家の農園の畑《フィールド》を、社会的相互作用の質を表す社会的な場《ソーシャルフィールド》にたとえた。人々の間で交わされる会話は社会的な場《ソーシャルフィールド》が活き活きと具現化している状態であり、社会的相互作用を改善するための重要な出発点である。私の組織についての研究で、またさまざまな組織とともに仕事をしてきた中で、会話を改善する上で二つの見解を得た。（一）会話は複数のパターンや領域《フィールド》の中で行われ、この会話の相互作用のパターンはずっと変わらない傾向がある。（二）会話の中で「観る」ことができる一般的な領域《フィールド》のパターンは非常に限られている。いまのところ私が観察したのは以下の四つだ。ダウンロード（領域《フィールド》1）、討論《ディベート》（領域《フィールド》2）、対話《ダイアログ》（領域《フィールド》3）、そしてプレゼンシング（領域《フィールド》4）。この四つの領域《フィールド》は、会話が形成される内面の場所が次のように異なっている。「**彼ら**（they）が聞きたいこと」というところから話す（領域《フィールド》1）。「**私**がほんとうに考えていること」というところから話す（領域《フィールド》2）。「**自分自身**を全体の一部として観る」ところから話す（領域《フィールド》3）。そして「**自分と全体との間を流れている**ものから話す」（領域《フィールド》4）。会話の領域《フィールド》構造とは相互作用のパターンであり、いったんそのパターンが会話に現れると、会話に参加しているすべての人によってそのパターンが繰り返される傾向がある。また会話が一つのパターン（例「礼儀正しい」）から別のパターン（例「心にあること話す」）へ移行すると、そのパターンの移行は一部の人だけでなく、たいていの場合そこにいるすべての参加者に起こる（図17-1参照）。

会話のこれらのパターンを認識することは、変化を起こそうとするときに非常に大きな意味を持つ。我々は会話（第二のメタ・プロセス）の中で絶えず世界を生み出しているのだ。長い歴史を通じてさまざまな文化が、集団、共同体、組織内の相互作用の仕方を決める多様なルールを進化させてきた。社会学者のノルベルト・エリーアスは日常的な人々の相互作用を制御するこういった目に見えないルールの発達を「文明化のプロセス」と呼んだ。そしてそのようなルールがはるか何世紀も昔から存在してきたことも明らかにした[1]。さらに、社会学者アービング・ゴフマンは、このようなルールや期待されることとのパターンが発達すると、我々の仕事や人生におけるさまざまな相手とのやりとりがどのように形作られるか、つまり対面的な集団の中に置かれたときに我々が自分自身や自分の役割をどのように構築、提示、実行していくかを示した[2]。これらの研究はこういったパターンの力を明らかにし、パターンの起源に対する我々の理解を深めてくれたのは確かだ。一方で、ある集団やチームにおける既存のパターンが明らかに機能不全に陥っているときに我々ができる実践的なことについて、これらの研究はほとんど何も教えてくれない。つまり、集団としての行為の結果生じた事態とその集団の人々の意図が明らかに違っているときに、どう対処すればいいかについては教えてはくれないのだ。

こういった問題や状況に直面したとき、問うべきは次のようなことだ。会話の領域《フィールド》をあるパターンからほかのパターンへ移行させるためには何ができるだろうか。グループが集団的に実行しているパターンをグループとして観察し、吟味し、パターンを転換するのに我々ができることは何か。

このことも含めたさまざまな問題意識から、ここ一〇年か一五年のあいだに生産的な会話や対話《ダイアログ》への関心が高まってきている。対話《ダイアログ》の実践は多くの場合、礼儀や面子にまつわる文化的なルールを見て、それを保留するといったテーマに取り組んでいる。ビル・アイザックスはマルティン・ブーバーやデビッド・ボームの研究をもとに、対話《ダイアログ》を、共に考える技術、集合的知性にアクセスする能力と定義している[3]。これを前提として、会話の四つの領域構造《フィールド》について詳しく見ていくことにしよう。

意見の衝突

一九九六年に、私はドイツのビッテン・ヘルデケ大学で、学生や芸術家、そして何人かのビジネスマンを対象に、四日間のワークショップで芸術、リーダーシップ、社会変革について教えた。まずまずの雰囲気で進行していたが、私が短い話をしたあと一人の芸術家がこう発言した。「僕にはあなたが言ったことを一言も理解できなかった」。私は自分の短い講義歴の中で最悪の瞬間が来たと思った。そのあと、ドイツの大手服飾メーカー、ヒューゴ・ボスの当時のCEOが、彼の会社がさまざまな芸術団体の後援者になっていることがどのように会社のビジネスに関連しているのかという話をした。

図 17-1　会話の４つの領域

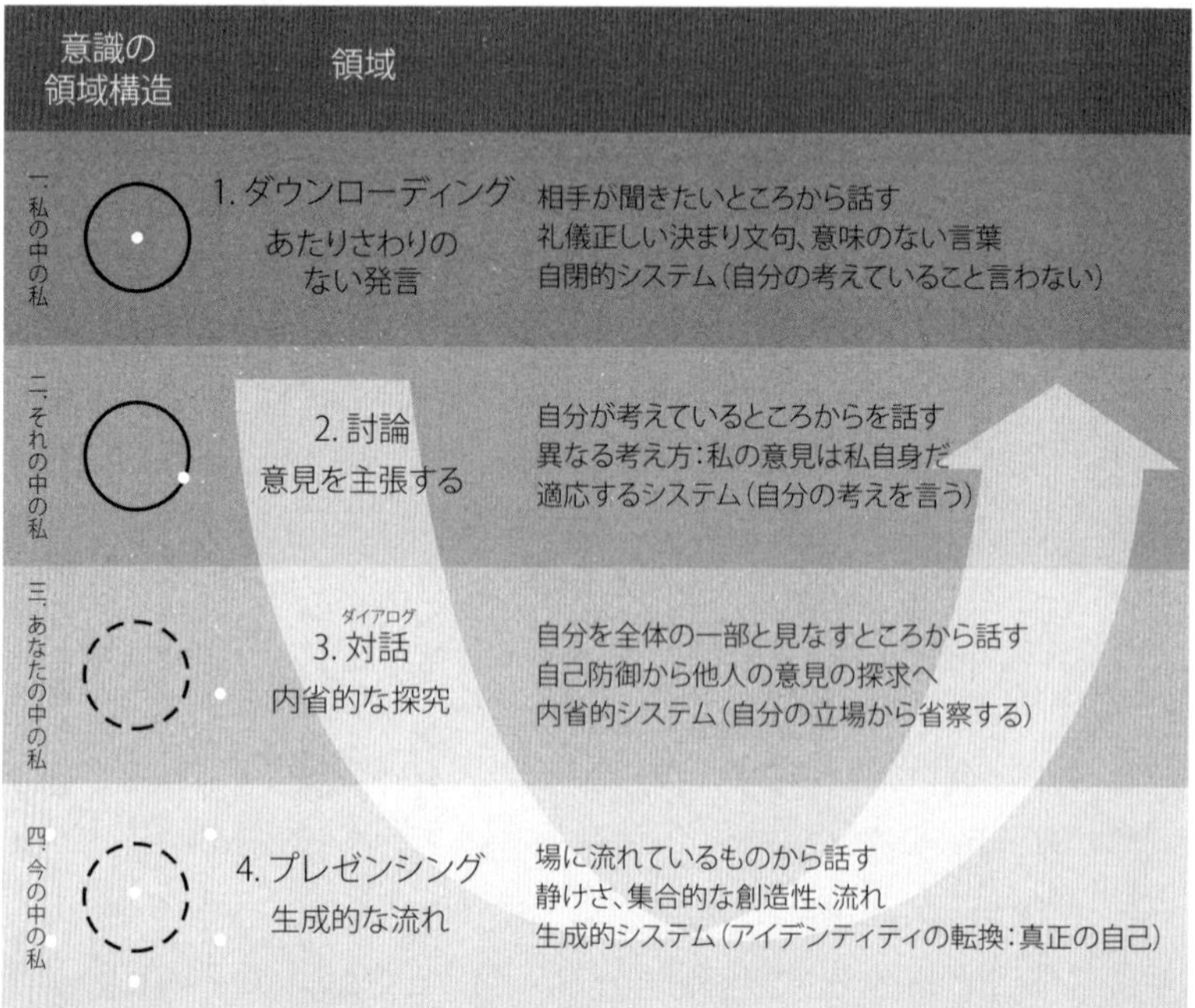

意識の領域構造	領域	
一：私の中の私	1. ダウンローディング あたりさわりのない発言	相手が聞きたいところから話す 礼儀正しい決まり文句、意味のない言葉 自閉的システム（自分の考えていること言わない）
二：それの中の私	2. 討論 意見を主張する	自分が考えているところからを話す 異なる考え方：私の意見は私自身だ 適応するシステム（自分の考えを言う）
三：あなたの中の私	3. 対話(ダイアログ) 内省的な探究	自分を全体の一部と見なすところから話す 自己防御から他人の意見の探求へ 内省的システム（自分の立場から省察する）
四：今の中の私	4. プレゼンシング 生成的な流れ	場に流れているものから話す 静けさ、集合的な創造性、流れ 生成的システム（アイデンティティの転換：真正の自己）

すると、舞台演出家がそれにかみついた。ヒューゴ・ボスは企業の社会的責任としてそういう支援をしていると言うが、実際には資本主義システムが人々を食い物にしている一例にすぎず、現実には問題の一部であり、ソリューションではない、と。我々は明らかに容赦ない討論《ディベート》の中にいた。複数のメンタルモデル、世界観が激しく、かつ生々しく衝突している様を私は目撃していた。

「私の立場」の枠を越えて

翌日、我々は小グループに分かれてワークショップを開始した。参加者はそれぞれ自分の仕事を通して創造したいものを表現した彫刻を一五分かけて製作した。それから「観賞会」を行い、その間各自が自分の作品について説明した。純粋に自分自身やほかの人の考え方を探究できる段階に入ることによって、我々は会話的な現実における他の領域《フィールド》や流れに触れることができるようになった。相手を受けいれて探究しようとするこの場と、前日の立てこもり戦との違いは明白だった。[4]

図 17-2　会話の 4 つの領域

出現する未来の具現化

全体性の優位性 ← → 部分の優位性

全体性の優位性	部分の優位性
プレゼンシング 生成的な流れ 集団的創造性 静寂と恩寵 出現する未来から聞く 他者＝未来の最も高次なる自己 規範生成的	**対話（ダイアログ）** 探究、内省 私は自分の意見を変えられる 自分の内側から聞く （共感的な聴き方） 他者＝自分 自分自身を今の全体性の 一部として見る
ダウンローディング 当たり障りなく 礼儀正しく、慎重に 自分の心の内は話さない 聞くこと＝推測すること 規範順応的	**討論** 意見を主張する：衝突 私の意見は私自身だ 自分の外側から聞く 他者＝同等の他者 規範対立的

過去のパターン再現

真のプレゼンスの流れから話す

最終日の午前中、我々は全体の対話《ダイアログ》でワークショップを終えた。このときの対話《ダイアログ》と二日目の激しい対立との違いは実に印象的だった。互いに怒鳴りあっていた状態は、深く静かな会話の流れに取ってかわっていた。率直で繊細で親密な会話は、メンバーが心でつながっていることを証明していた。またそれは、ワークショップの終了間際に自然発生的に起こった場の沈黙の瞬間を通して全員が集合的にプレゼンスを感じ取ったことを示していた。

この経験を内省する中で、私はこのグループが全体として複数の異なる会話の領域《フィールド》構造を使って会話をしていたことに気がついた。このワークショップの間に、四つの異なる会話の領域《フィールド》構造が現れたことを私は確認した。それは、ダウンローディング(あたりさわりのない発言をする)、討論《ディベート》(意見の主張をする)、対話《ダイアログ》(内省的な探究)、そしてプレゼンシング(深淵な共創造《コークリエイト》の流れ)である。この観察の結果から得られた対話《ダイアログ》モデルを図17-2に示す。[5]

ダウンロード——領域《フィールド》1から会話のプロセスを具現化する

「お元気ですか?」

「お陰さまで元気にしております」

組織におけるあらたまった会議の多くは、このような習慣的な儀礼と型どおりの言葉を使って進められる。この種の会話でうまく効果を発揮するためには、実際に心の中にあることを言うのではなく、礼儀正しい敬語を交わすといったその場の支配的なパターンに参加者が従うことが求められる。学校では、生徒は教師が求めている答えを述べることを学ぶ。後にこのスキルは上司との関係や組織の中で昇進していくために、まさに必要なものになる。もしそんなに役立つものであるならば、いったいそれの何が問題なのだろう。

問題は、この種の会話は――組織学習の観点から見ると――機能不全の行為になりやすいということだ。そこではメンバーはほんとうに現実に起きていることを話そうとしない。ほんとうのことは、どこか違う場所、たとえば駐車場、家への帰り道などで話すのだ。そして、会議では当たり障りのない発言に終始して全員の時間を無駄に費やす。個人やチームが難しい問題、つまりクリス・アージリスが言うところの「議論されることのない」事柄について口をつぐむとすれば、それらの課題を内省するということもなく、何も変わることはない[6]。直面する問題が複雑であればあるほど、会話のレパートリーを広げ、ほかの会話の出現領域《フィールド》から話すことを学ぶ必要がある。

ダウンローディングの会話は、既存のルールや言い回しを単純に再現するだけという意味で、自分の枠の中心から起こっていると言える。個人的なダウンローディングにおいて世界に対する認識は自分の内にある既存の枠やひな型によって制限されているのと同じように、会話におけるダウンローディングでもただその場の支配的な枠組みと会話のパターンに適合する、（その場の参加者にとっての）現実だけが語られる。口で述べられること（「私は元気です」）と、実態（「自分は死にかけている」）がかけ離れているほど、将来的にシステムが機能不全に陥る可能性は高まる。

討論《ディベート》――領域《フィールド》2から会話のプロセスを具現化する

「お元気ですか」
「ひどい気分です」

領域《フィールド》2の会話の特徴は、参加者が自分の考えを口に出すということだ。たとえば、前述のワークショップで参加者の一人が私の話をまったく理解できなかったと発言したとき、ヒューゴ・ボスのCEOに対して同社がやっていることは有害で愚かだと批判したときがこの例にあたる。このとき部屋の中の緊張は高まり、参加者はみな気まずい思いを味わった。会話はルール再生である言葉のやり取りから、より厳しいタイプの会話、つまりそれぞれが互いに異なる見解を述べるというタイプの会話に切り替わったのだ。

領域《フィールド》1の会話（ダウンローディング）に入る切符が順応することへの（無言の）要求に応じることであるのに対し、領域《フィールド》2への入場券は、人とは異なる立場を取り、異なる考え方を示す意欲である。領域《フィールド》1の段階で会話に加わるためには、他人の意見に合わせる必要がある。領域《フィールド》2では、異なる意見や反対意見も表明する。個人の内的な認知と同様に、ダウンローディングから「観る《シーイング》」への移行は、反証データ（自分たちのメンタルモデルと矛盾する観察結果）にも思考を開くことによって可能になる。領域《フィールド》2の会話とは、その場の支配的な考え方への異論に対してもオープンになることを意味している。

新鮮な眼でものごとを見る能力は、判断を保留し、反証的なデータにも注意を払うことによって発達する（チャールズ・ダーウィンは、彼の理論に合わない観察結果を書き留めるためのノートをいつも持ち歩いていた）。それと同じように、ダウンロード（あたりさわりのない発言をする）から討論《ディベート》（意見の主張をする）へ移行する能力は、参加者に一致しない観点を自由に言うことを促し、礼儀正しさよりも自分の思っていることを表現することに価値を置く文化を育むことによって発展する。

この種の相互作用から生まれるものは、たいていの場合討論《ディベート》の形になる。Debateという言葉は語源的には「戦う」または「打ち負かす」という意味で、それはまさにこの種の会話の領域《フィールド》構造のパターンを表している。人は自分の対抗者、つまり自分と意見が違う人を言い負かしたり、優位に立ったりするために議論を利用する。

討論《ディベート》型の会話は、議題についての異なる意見をすべてテーブルに並べられるという意味で、組織においては有益な場合もある。しかし、東アジアや東南アジアの文化では、領域《フィールド》2に入る最良の方法として（欧米のように）対決的な討論《ディベート》ではなく、人々を小グループに分け、全員がさまざまな意見や考え方を表明できるようにしていることを知った。この方法を取れば、面子を維持するために壁をつくるといった状況を避けることができる。しかもなお、領域《フィールド》2の重要な点である異なる多様な視点が表出するという点は保証される。

　しかし、もし今起きている問題がこれまでの慣習的思考法やその集団の支配的な思考の前提を内省し、それを変えることを必要とする場合は、さらに別のタイプの会話が必要となる。ビル・アイザックスはいみじくも「私の意見は私ではない」と言った。このことを会話の参加者に気づかせるような会話が必要になる。自分の考え方を保留し、他人の考えを見てみるのと同じように自分の考えを対象化してみるということだ。そのためには領域《フィールド》3に入る必要がある。

対話《ダイアログ》――領域《フィールド》3から会話のプロセスを具現化する

「ご機嫌いかがですか」

「なんとも言えませんね。ところであなたは？」

「こちらも同じです。どうも不安なんです」

「ほんとうに？　それは興味深いですね。そのことについて私に話してみてください。どんなことが人生に起きているのですか？」

　前述のワークショップの三日目、メンバーが各自の彫刻を説明するあいだ、全体の会話の流れは立てこもり戦から相手を探究と共に理解しようとする開かれたものへと変化していった。人々は開かれた思考と心で互いの話を聴き合った。

　以前、南アフリカで、炭鉱会社の白人の代表とともにワークショップに参加したある黒人の労働組合リーダーが、ワークショップの中で起きた討論《ディベート》から対話《ダイアログ》への変化を次のように語っている。

「彼はあの極悪非道な資本家組織、『炭鉱会議所』の代表で、私は全国炭鉱労働者組合を代表していました。一九八七年に我々は労働者に呼びかけて、三四万人が参加するストライキを行いました。そこで一五人の労働者が殺され、三〇〇人以上がひどいケガを負わされたのです。（そのころは）彼は私の敵であり、その彼と、同じ部屋の中で一緒に座っていたのです。あのときの傷がまだ生々しいというのに。これは一九九二年のことで、ストライキから五年が経っていました」

「今日、私はより容易く、彼がそこにいたのはいいことだった、と言うことができます。彼もまた、ほんとうに信じているものとは異なる未来を生きなければならなかったわけだから。このワークショップのおかげで彼は私の視点から世界が見られるようになり、私は彼の視点から世界を見ることができるようになりました」[7]

　もう一つの例は、私の同僚、アダム・カヘンがファシリテーションをしたグアテマラでのワークショップのある参加者の発言だ[8]。ワークショップの目的は、グアテマラのあらゆる階層の代表による対話を行い、将来の共通のビジョンを作るというもので、軍人もゲリラグループの代表も参加していた。

「我々は互いを理解することができました。話し合うことができました。つまり互いを尊重することができたのです。このことはグアテマラの多くの国民に大きな感銘を与えたと私は確信しています。『ほんとうにゲリラの連中もいたのか。もしそうなら、連中は話を聞こうとしたのか』。という声も聞こえました。その答えは『イエス』です。言葉にすればこんなにシンプルなことです。しかし、我が国で何かが起きているとすれば、おそらくこのワークショップのプロセスの何かに影響されているだろうと私は思っています」[9]

　このときの参加者は、個人としてもグループとしても、自分たちが行っていることを内面から見つめる観察者としての自分を開発している。人々はより注意深く話を聴くようになり、討論《ディベート》からは距離をおいた。参加者の一人はこのタイプの会話をこう振り返っている。

「私にとって最も大きかったのは、会話の際に自分がいかに他人の話を聞いていないかがわかったということです。それがわかったらすぐに改めることが大事だというのは明らかでした。それが、私がこの経験から学んだことです」[10]

　dialogueという言葉は、「言葉」あるいは「意味」を意味するギリシア語**logos**と、「～を通って」という意味の**dia**から成り立っている。従って、対話《ダイアログ》は文字通りには「流れる意味〔meaning moving through〕」と訳すことができる。[11]

　討論《ディベート》（領域《フィールド》2）から対話《ダイアログ》（領域《フィールド》3）に移行するということは、会話の土台となっている集合的な意識の領域《フィールド》構造が深いところで変化するということだ。**観る**《シーイング》から**感じ取る**《センシング》への移行は、個人というミクロレベルでは、自分の外側にあるモノの集まりとしての世界に向き合うことから、領域《フィールド》（の内側）から世界を経験するということへの変化だった。それと同じように、討論《ディベート》から対話《ダイアログ》への移行は、自分とは異なる考えを打ち負かすということから、互いの意見を探究し合い、他者（の内側）から共感して話を聴くということへの変化なのだ。

ダイアログ的な会話の領域《フィールド》へ移行すると視野が広がり、自分自身も観察の対象に含まれるようになる。つまり、世界を自分の外側にあるモノの集合として観ていた状態から、自分もその共創造《コークリエイト》にかかわっているものとして世界**と**自分自身を観るようになる。参加者は個人的にもグループとしても、自分たちの行動の仕方や焦点を認識し**転換する**のを助ける内面的な観察者を現す。それはあたかも映画を観ている人が、スクリーンだけでなく、映画を撮影したカメラマン、監督、そして観客である自分自身をも見ているようなものだ。人は多様でダイナミックにつながり合う視点を、単一の場として認識するようになる。「患者と医師の対話《ダイアログ》フォーラム」では、この移行は、自分たちがシステムだと参加者が気がついたときに静寂とともに訪れた。この種の変化が起きると人々は自分の考えを防御することをやめ、さまざまな考え方を探究するようになる。そして、自身が問題のシステムの一部であるとする観点から話すようになる。

プレゼンシング——領域《フィールド》4から会話のプロセスを具現化する

「ところでオットー、このサークルを場《フィールド》としてあなた自身とあなたの仕事を保持《ホールド》するというのはどうかしら」

バーバラがサークルオブセブンで私にこう質問したとき、私は雰囲気が変わるのを感じた。時間がゆっくり流れるようになり、空間《スペース》が開く。これまでのインタビュー・プロジェクトでも、私は出現の深いスペースに降りていくこのような変化を何度か経験している。それが起きると時間の流れが遅くなっていき、ほとんど時間が止まったような感じになる。まわりの空気はそれまでより濃密に感じられ、自分の空間感覚が広がるような感覚を覚える。それはあたかもぽっかりと開けた場所にいるか、もっと広い場所にいて、そこから光が放射し、自分をも貫くような感じだ。対話する相手との境目は大きく開かれ、共通の領域《フィールド》から行動し始める。この瞬間、我々が一つの存在《プレゼンス》になったことをまるで何かが祝福してくれているような感覚が湧き上がる。会話は内省の段階を過ぎ、相手との間を流れるものから話す段階へと移行する。サークルオブセブンでレスリーはこう言った。「安易に話してはいけない、という気持になるの。声を必要としているより大きな存在《プレゼンス》に動かされたときに、私は話をする。（中略）そのとき私たちはその領域《フィールド》に自然に入っているの」

　このような深い共創造《コークリエイト》の状態は通常、ある種の「ヒビの割れ目」、つまり手放す《レッティングゴー》と迎え入れる《レッティングカム》のターニングポイントから始まる。これは前に「まるで自分は死ぬんじゃないかという感じになる」とか「胎膜を破って生まれてくる」と表現された状態にあたる。

　領域《フィールド》4での会話は対話《ダイアログ》（領域《フィールド》3）と経験的な質が異なるだけではなく、領域《フィールド》3での会話にはない二つの長期に及ぶ影響がある。一つは、参加した人々の間に独特の深いつながりができること、もう一つは、グループとしても個人としても、多くの場合、非常に顕著な成果があることだ。

　私のこの主張を裏づけるのは統計的数字ではなく、エピソードの類であることは認める。しかし、この二つの成果が一貫したパターンとしてたしかに生じているようなのだ。グループ、個人の両方ともに深い絆を形成する。時間を超越した、消えることのない深いつながりを感じるのだ。忘れられたように見えることもあるかもしれない。しかし、依然として絆は存在する。それは長い間会っていなかった親友に会い、自分たちはやはり「気が合う」と感じるのに似ている。そして、一度プレゼンシングの深い流れに入る経験をした集団もしくはチームは、たいてい二度目はずっとそれが容易になる。

　プレゼンシングの最初の段階で、我々は仕事や自分が誰であるかについての本質と深くつながる。

深い源《ソース》へのこのつながりは、真の力となる可能性がある。しかし、新たなものを現実の中に生み出すためには、たくさんの努力と強い意識が必要だ。それは成功することもあればしないこともある。

私の同僚のアダム・カヘンはそれが成功したときの一つの例を教えてくれている。前の方でも触れたように、彼はグアテマラが大きな内戦から復興しようとしていた時に、国家としてのシナリオ・プロジェクトのまとめ役をしていた。そのシナリオ作りの仕事は、会議のメンバーがこの取り組みが前進するにつれて対峙せざるをえない抵抗の力を理解することをサポートしようとするものだった。プロジェクトの初めの頃のある晩、夕食後にメンバーが集まってそういった抵抗の力の一部を明らかにすると思われる経験を語り合った。企業で働くある女性は、自分の姉が軍によって殺された事実の真相を解明しようとしている話をした。隣には、彼女が以前話をし、その事件との関わりを一切否定した軍人が同じ輪の中で座っていた。

そのあと人権活動家のロナルス・オチャエタが、虐殺されたマヤ族の（多くの）集団墓地の一つで遺体の発掘に立ち会ったときの話をした。土が掘り返されたとき、彼は小さな骨がたくさんあるのに気がついた。虐殺されたときに骨が砕かれたのか、と彼は法医学チームにたずねた。そうではない、と彼らは答えた。墓には妊娠していた女性たちの遺体も埋められ、小さな骨は彼女たちの胎児のものだった。

「オチャエタが話し終わると、その場は完全に静まり返った」とアダムは述べている。「私は場を進行する役だったが、このような沈黙を経験したのは初めてだった。思いもよらない展開にすっかり動転してしまって、私は何を言えばいいのか、何をすればいいのかわからなくなり、結果として何もしなかった。沈黙は長く続いた。そう、五分ほどだったろうか。（中略）その場の最後に私は、いつもの私らしからぬ観点を言った。『この部屋に精霊《スピリット》がいるような気がします』と」

アダムがそう言ったとき、参加者の間を隔てていた壁が薄くなった。二人の参加者はその体験を「霊的交わり《コミュニオン》」と表現した。人々は異なる考え方を認め合う状態から、一時の間、全体を集合的な「私」と感じる状態へ移った。

アダムは述べる。「オチャエタの話を聴いたことで生まれた感情は、彼に対する共感ではなかった。その話は彼自身のことではなかったし、彼の話し方も情緒的なものではなかった。ほかにも、しようと思えば自らの体験から似たような話のできる人は何人もいた。オチャエタはたまたまそのきわめて重要な話を部屋に導き、その話が全員に聞かれるための媒体の役割を果たしたに過ぎない。個々の話は全体像を映し出すホログラムなのだ。人々はオチャエタの話の中に、グアテマラ人が直面している全体的な現実の核心を垣間見た。為すべきことをするためには、彼らはその神秘につながる必要があった」[12]

コミュニケーションが交感《コミュニオン》のレベルに達すると人々は共通の土台を認識し、自分たちが何のためにそこにいるのかを深く感じ取る。あらゆる相互作用や会話が、これまでとは異なる場所から現れてくる。その場所とは、深いつながりと本質的な出現が開き始める場所だ。

出現の会話の領域《フィールド》とその反領域《アンチフィールド》

図17-3は前に紹介した会話の領域《フィールド》とは異なる型を示している。図17-1と異なる点が二つある。一つは、Uの右側に三つの新たな会話の領域《フィールド》が加わったことだ。その三つとは、戦略的対話《ダイアログ》（意図の出現）、ブレーンストーミング（創造の出現）、そして実践（実体化した出現）である。これらはすべて、プレゼンシングに基づく会話から起こる（つまり、源《ソース》につながっているという同じ意識の領域《フィールド》

構造を共有している）。この三つすべてにおいて、人はより深い源《ソース》から行動する。しかし、適用される状況《コンテクスト》はそれぞれに異なる。それぞれが、生まれてくる新たなものの異なる段階をとらえるのだ。たとえばイメージや意図、あるいは生きたプロトタイプとして、あるいは日々の実践を通して。

図17-3にはまた、新たにほかの要素が加わっていることに気づかれるだろう。対話《ダイアログ》が生まれることのない、社会的病理の影の空間だ。

なぜ対話《ダイアログ》が起こらない時があるのか

周囲を見回してみよう。いかに多くのシステムや組織がダウンローディングのモードに閉じ込められていることか。ダウンローディングが支配するメカニズムとはどのようなものだろう。なぜこれほど多くのシステムが、病理的パターンの中で身動きが取れなくなっているのか。

社会システムは、私が**会話の不在化《アブセンシング》**と呼ぶサイクルによって、社会的病理の状態に入り込むことがある。これはプレゼンシングのサイクルと正反対の配置になっている。以下に会話の不在化で起きている七つの有害な行為

図 17-3　Uスペースと反スペース——会話

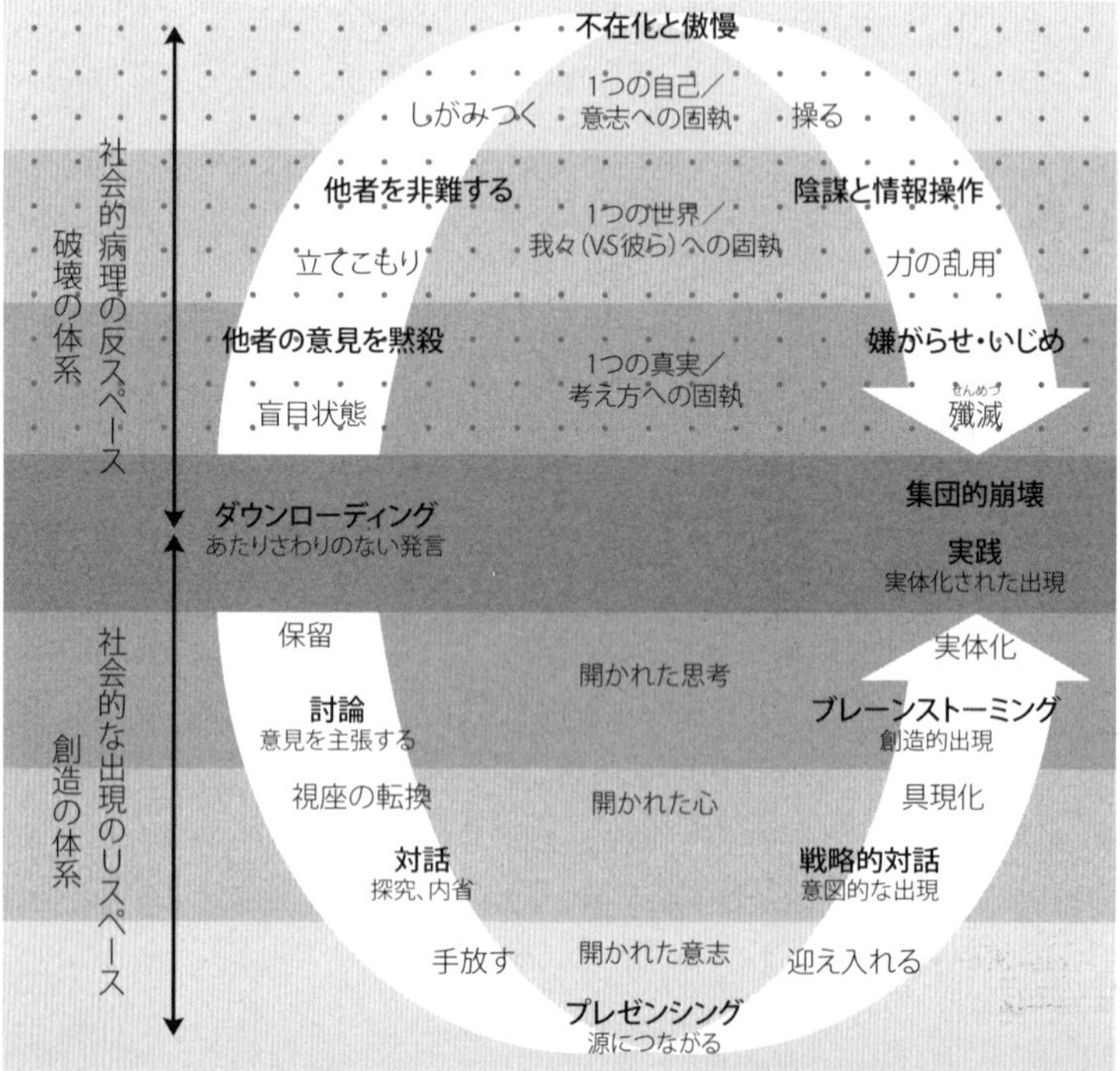

を見てみよう。

1◆**ダウンローディング**……過去のパターンの再現。ダウンローディングは、不在化のサイクルのその後のプロセスすべての種、生みだす元である。意識を向けることや考え巡らすことが、プレゼンシングのサイクルのその後のプロセスすべての種であり元であるように。

2◆**他者の意見の黙殺**……さまざまな考え方を奨励し、健全な討論《ディベート》を行う代わりに、リーダーは反対意見を表明する意欲を封じ、反証データを否認し、ほかの考え方を圧殺する。グローバルな医療関連企業の二番目のCEOに関する第8章の次の記述を思い出していただきたい。――「破壊的なリーダーでした」と、同社の管理職の一人は思い出を語る。「自分に同意しない者はすぐに首にしました。会社について、言ってはならないことを言ったら首です。社員の仕事は、会社を守ることでした」

別の顕著な例は、スペースシャトル「チャレンジャー」の墜落事件だ。NASAにおける会話は、反証データを含むいくつかの見解を圧殺したのである。その反証データの検討がまさに最重要事項であったときに、だ。さらに別の(大抵はそのつもりはない)多様な発言を切り捨てた例は、過去に多くの失策を採用したIMFの内部で何が起きていたのかを明らかにしたジョセフ・スティグリッツ★の著作にも見ることができる。

「IMFの中枢にいる多くの幹部はそういった政策に疑義を唱えることもなかった。彼らは重大な決定に携わっている人々だったのだが。発展途上国の人々はそれらの政策にしばしば疑問を覚えたが、彼らもIMFの資金援助が打ち切られることや、それに伴ってほかからの援助がストッ

★　ジョセフ・スティグリッツはアメリカの経済学者。2001年ノーベル経済学賞受賞。『世界を不幸にしたグローバリズムの正体』(鈴木主税訳、徳間書店、2002年)でIMFを批判した。

プすることを恐れて、疑問を呈するとしても非常に慎重な言い回しをするか、あるいは内々の話で終わらせた」[13]

3◆他者を非難する……他者を非難する行動は、社会的複雑性や衝突に取り組む際に最も重要な現実を曇らせる。つまり、ほかの利害関係者《ステークホルダー》の視点から自身を見て、扱っている問題に自分も加担しているということを理解することができなくなるのだ。この種の会話では、最も重要な社会的複雑性を捉えることができなくなる。問題となっているシステムの一部を自身も構成しているということを理解するのを妨げるのだ。問題が生じ、システムが**他者を非難する**タイプの会話に陥ったときは、そこから生まれる結果もまた間違いなく機能しない。このタイプの会話の根底にある反能力《アンチ・キャパシティ》とは、自身の狭い世界に立てこもり、外との境界を越えようとしないということだ。他者を非難するということは他と結合しないということであり、状況の真の姿を観ることができないということである。組織機構という環境の中では、個々の人間の意図とは裏腹に、この失敗がよく起きる。たとえばスティグリッツは、ＩＭＦ内部の政治的駆け引きに深くとらわれてはいないという利点があった。そのためＩＭＦという組織側の見方だけでなく、相手側、すなわち発展途上国側の視点につながることもさほど難しくはなかった。かくして、この相手側の視点に立ってスティグリッツはこう述べている。

「今日、発展途上国に市場を開放させて先進国の商品を買わせ、一方で自分たちの市場は保護するやり方、つまり富める者をさらに富ませ、貧しい者をさらに貧しくする政策――そして貧しい者たちの怒りにさらに油を注ぐ政策――をもって発展途上の国々を援助すると称する偽善を擁護する人はほとんどいない」[14]

この偽善は、単なる個人的行為の問題とすることはできない。現実に対する特定の認識が、構造的に除去、もしくは聞こえないように消されるという集団あるいはグループの状況《コンテクスト》の中で起きた現象としてとらえなければ理解することはできない。

4◆不在化と傲慢……他者への非難が他者と自分との水平的な分断だとすれば、不在化は自身——つまり自身の出現、あるいは真正の自己《オーセンティック・セルフ》——との垂直的な分離だ。この分離は、いくつかの意味で最も微細であり、同時に最もドラマチックだとも言える。私はあるとき、重要なある国際機関で高いレベルで意思決定権を持つレベルの人々を集めた電話（テレビ）会議に出席していた。依頼人であり会議のスポンサーでもある人物が彼の考えとその会議の要点を話しているあいだに、私は自分が静かにその場から引いてしまっていることがわかった。彼の話が彼や彼のコアグループと私が構想していたものとは違っていたからだ。それより前の話し合いで私が参加することに同意したのは、もっと大胆で思い切った構想の企画だったはずだ。しかし、いま彼が提案している修正案は、人々の時間とエネルギーを十分に活用できるものとは思えなかったし、私が貢献できることもあまり活かされないように思われた。しかしその場では、私は世間一般が取るような行動をとった。礼儀正しく対応し、丁重な受け答えをしたのだ。しかし心の底では、このプランは彼や彼のコアグループが望んでいるような未来の可能性を破壊するものになるということがわかっていた。心の中にそういう考えがあることに気づいて、私は流れに従った対応をしたことを後悔した。これはなんとかしなければ、と思ったが、しかし何をすべきかはわからなかった。

その晩会議を主催したその人物と一対一で話し合ったとき、私は自分の懸念を彼に伝えた。そうすると、当初あった最高の未来の可能性とのつながりが、我々双方に再び見えてきた。

我々はまた会話の共通の土台を見出したのだ。

　不在化は、この例でわかるように、いつの間にかものごとを妨害する側面を持っている。それはあまりにも微妙なので、それが起きたことに気づくのは**自分**だけかもしれない。それでは自分はいったい誰を妨害しているのか。それは、自分の真正の自己《オーセンティック・セルフ》だ。そして自分の真正の自己とほかの関係者の真正の自己との関係性だ。すなわち、自分自身の未来の最も高次なる可能性、そして自分のプロジェクトやグループの未来の最高の可能性を妨害するのである。それが出現するか否かは一重に自分にかかっている。ひとたび真正の自己との命綱を断てば、人はたちまち虚無感を覚える。その虚無感にすぐに取って代わるのは、自我《エゴ》や、昨日の事、もっと悪い場合は昨日より以前の過去だ（ファシズムのように）。そうなると人はたちまち、ほんとうになすべきことを見失い、集団的自己憐憫のたぐいや傲慢さ、あるいはその両方に陥ることになる。

　傲慢と不在化はプレゼンシングの反対である。プレゼンシングにおいては、自己はより大きな全体のために出現しようとしている未来の最高の可能性を実現する媒体として機能する。反対に、人々がエゴや自分自身や自己憐憫を中心に据えると、周囲の世界はエゴと傲慢による制限なき搾取の対象となる。この区別は実に重要である。なぜならそれは、たとえばナチスドイツは不在化の例であり、プレゼンシングの例ではないということを明確にしてくれるからだ。ヒトラーと彼の信奉者はオカルト的ともいえる常軌を逸脱した行為を行ったかもしれないが、彼らはそれを自分たちの集団的自我《エゴ》を満たすために使った。彼らの傲慢さは、自分たち自身をまさに中心に囲って据えたのだ。彼らは残りの世界は自分たちの資源として搾取しようとしていた。もし彼らの自我《エゴ》を舞台の中心から除くことができていたら、より大きな全体の進化に貢献したかもしれない。しかし、結果として彼らは出現しようとするより高い自己を活性化させることはなかった。

この集団的病理、「反《アンチ》U」の右側の三つの事柄は、Uの右側がプレゼンシングのプロセスを完成させるのと同様、不在化のプロセスを完成させる。

5◆**陰謀と情報操作**は、会話と思考の集合的源《ソース》を毒することによって、システムと未来の最高の可能性との分断を深める。それらは真実を隠したり、会話の場に偽りの情報を流しこんだりすることによって、他者の考えや行為を意図的に操作することを狙う。どちらも、組織や企業内の政治的駆け引きの中で広く使われている。それはジョン・パーキンスの『エコノミック・ヒットマン』に描かれたような、情報機関に依拠する外交政策の場合も同様だ。

6◆**嫌がらせといじめ**は、相互作用と関係性にさらなる毒を加える。これは、個人や集団に対して言葉や暴力で継続的に攻撃することである。このような行為は幼稚園の庭から組織の会議室、政府の議事堂にいたるまで、あらゆるところで起きている。我々はそれをいつでも、ほぼどこでも目にすることができる。創造的な**ブレーンストーミング**が出現しようとする未来の可能性を育てる小宇宙《マイクロコズム》であるように、嫌がらせは出現しようとしている未来が生み出されるのを止める小宇宙《マイクロコズム》である。

7◆**集団的崩壊**は関係性の構造が破壊される最後の段階である。**実践**が出現する未来を実体化することによってプレゼンシングの過程を完結させるのに対し、**崩壊**は未来の可能性を解体することによって不在化の流れを完了させる。

要約すれば、図17−3の影のスペースの左側は、このサイクルの三つの土台を表している。システムは、出現《イマージェンス》の三つの命綱——外的な状況《コンテクスト》、内的な状況《コンテクスト》、出現の深い源《ソース》——から切り離されると機能できなくなる。**黙殺する**は、外部の観察可能な現実——固定観念に適合しない部分の現実——からシステムを切り離す。**他を非難する**は、内面の現実——ほかの利害関係者の視点から「観る」能力——からシステムを切り離す。**不在化**《アブセンシング》は、未来の最高の可能性とのつながりを切断する。これら三つの命綱を切られると、我々の会話は次のようなものになる。（謀略と情報操作によって）集合的思考を汚染し、毒し、病的なものにする会話。（嫌がらせ、いじめ、革新の妨害によって）出現しようとする未来の小宇宙《マイクロコズム》を毒する会話。そして、ついには構造的な集合的基盤それ自体を破壊する（集団的崩壊）会話である。

図17−3から、組織で日々、あらゆる瞬間に行われている会話の現状について次のように観察、診断できる。

1◆組織に属する個々人のほとんどは病理的な闇の空間からではなく、創造的な出現の空間から行動しようと思っている。

2◆それなのに、集団として実践された結果として、多くの、もしくはほとんどの組織内の会話は創造的な出現の空間ではなく、反出現の病理的スペースの中で起こっている。

3◆したがって、我々は誰も望んでいないことを集団として行っている。つまり、会話の病理的パターンの有毒な環境のなかで行動しているのである。

4◆このような会話の空間は次の二つの点から有毒であり、限界がある。一つは、個人がより深い意識にアクセスするのを妨げるということ、二つ目は、組織が集合的出現のより深い流れに到達し、周囲の環境と共に進化するのを妨げるということだ。

5◆システムの機能不全は汚染された病理的な会話スペースから生じているのに、人々は通常、サイクルの右側だけに注意を向けてこれに対処しようとする。しかし、その機能不全的行為は、そもそも破壊のサイクルの左側（と一番上）が**元となっている**。それらの行為は外側そして内面の世界とつながる命綱を切り離しているのである。

闇のスペース、つまり破壊のサイクルが機能せず、誰もそれを望まないというのに、世界がこれほどこのサイクルに支配されているのはなぜなのだろう。それが現代における最も難解な疑問の一つだ。これについては後ほどまた触れることにする。

上記の観察結果から導かれるもう一つの疑問は、当然ながら、どうすれば我々は破壊の空間から創造的なUの現実を創造する会話の空間へ移行することができるのか、ということだ。次にその実践的な例を見てみよう。

組織で対話《ダイアログ》インタビューを活用する

対話《ダイアログ》インタビューは、多くのさまざまな組織環境において有効な手法となり得る。たとえば、あるグローバルな自動車会社において新たに部長職に昇進した社員向けのリーダーシップ・プログラムでは、まず対話《ダイアログ》から始まる。これは九〇分か二時間の（電話による）会話で、今の直面するテーマや課題、現在の地位に到達するまでの自らの個人的なリーダーシップの道のりなどについて話をする。過去一〇年以上かけて私と一緒にこの手法を磨いてきたウルズラ・フェアシュテーゲンは、彼女の経験を次のように語っている。

しばらく前に私はウオルター・Hという人と対話《ダイアログ》インタビューを行いました。私にとって対話《ダイアログ》の中で最も難しいのは、自分が『橋から飛び降りなければならない』ときです。自分を安全な場所から完全な「存在《プレゼンス》」の場に押し出す瞬間が、最も骨が折れる瞬間です。その瞬間が迫ってくるときは、とても恐くなります。でも思い切って飛び降りてみて内面の抵抗とぎこちなさが克服できると、それはとても自然で、美しい「在り方」〔being〕になります。

ウオルターはグローバルな自動車会社のエンジニアです。彼の話はこんな風に始まりました。「一〇歳のときにはもう車と共に働けるエンジニアになりたいと思っていました。遊び場よりも廃品置場にいることのほうが多い子供だったんです」。彼は品質管理のエキスパートとして、さまざまな工場の多岐にわたるポジションで一〇年以上仕事をしてきていました。車のこととなると夢中になって話し続け、話が止まらなくなるようでした。私は楽しんでその話を聞きました。「初めから現場の全員とつながることができました。早くから責任者の立場にいたんです」。高品質の車を作ることを彼が非常に誇りに思っていることは明らかでした。

人事・工業会の仕事をし始めて数週間になります、と彼の話は続きました。私にとってはまるで見知らぬ外国のようです。「ここに今度私が責任を負うことになった膨大な仕事のリストがあります」と彼はリストを読み上げ始めました。「作業編成、組織再編、工場の管理編成、労働組合、健康管理、病欠社員の報告書、健康維持、労働安全管理、高齢社員対策、新しい雇用形態モデル作り、そして最後がエイズ罹患率の高い国々でのＨＩＶ／エイズへの対処です。私の課題は、どうやって工場の労働者に健康管理の必要を説得するか、労働組合とどう交渉して我々の考え方を受け容れてもらうか、たくさんのルールに従ってもらわなければならない人々に対して、正式な権限なくどうやって決断を下せばいいのか、というようなことです」

彼がそのリストを私に読み上げた後、私はひどい疲労を感じました。自分のエネルギーのレベルが一〇〇からゼロに下がったことに気づくのにさえ、ちょっと時間がかかったくらいです。なぜ？　何が起こったの？　と考えました。その膨大な仕事について彼が話し続けるのを聞いているうちに、私は彼も変化したことに気がつきました。その声はあらたまった調子になり、早口になっていました。話し方も他人行儀で、人を寄せつけない、どこか決然たる口調というか、そんな感じになっていきました。私の聴く意欲は萎えていきました。彼は、感じが良くて熱心な生産現場の人間から、工場労働者にやらせなければならないことは何から何までわかっている官僚的な人間に変容したかのようでした。彼との距離が広がったようにも感じました。私は徐々に、こういった会社の方針に翻弄されている哀れな労働者と心の中で同盟関係を結び始めていました。私は彼の仕事上の利害関係者《ステークホルダー》について質問しました。「あなたの新しい仕事について別の視点を与えてくれるような一番重要な人は誰だと思いますか」。私は密かに、私には言えないことをほかの誰かが彼に言ってくれることを望んでいました。「ああ、そういうことは今のポストに就いたあと一〇〇日かけてやった面接の際に行いました」とウオルターは素早く言いました。「関係者には私の仕事は何かを伝え、それに対してコメントを求めました。それをまたやる必要がありますか？」

私は自分が橋の上に立っているのがわかりました。その状態に変化を起こすために飛び降りなければならないこともわかっていました。しかし、信じられないような内面的な重力が私を引き止めていました。私の中の誰かがこう言います。「彼の利害関係者《ステークホルダー》に対する対話《ダイアログ》インタビューのやり方がなぜまったく無意味かを教えてやりなさい」と。もう一人の私はこう言っています。「心を開きなさい。彼を通してお前を変えるのだ」。その瞬間、ある記憶が甦ってきました。それほど昔のことではありません。私はある製薬会社の本社で、まさにウオルターと同じ立場にいたのです。私は自分の経験とは何のつながりもない概念や見解、課題を、さまざまな事業部門や製造部門の人たちに納得させせなければなりませんでした。自分が無力だと感じればば感じるほど、私のコミュニケーションの仕方は〝教える〟とか〝指示する〟といった感じのものになっていきました。

私は飛び下りました。つまり彼にこう言ったのです。「あなたの話を聞いているうちに、工場で仕事をすることと本社で仕事をすることはどこがどう違うんだろうと思い始めました」。彼がうなずいている気配が伝わってきました。二人の距離が縮まり始めました。私はそのとき自分を、迷っている役に立たない人間だと感じていましたが、その心の中の場所からゆっくりと言葉を紡ぎ出しました。「私のこの経験があなたと関係があるかどうか、どのように関連づけられるのかはわかりませんが」と、私はまるで爪先立ちで歩いているかのように注意深く話をしました。適切な言葉が出てくるのを待ちつつ、しかし次にどんな言葉が出てくるのかわからぬままに話をしていました。「私の場合ですが、製造部門の人たちに私に望むものは何かとたずねると、彼らはこう答えたんです。『正直言って自分たちには、今あんたがやっていることは何一つ必要ないんだよ、そんなことを言うのは申し訳ないけどね』」

沈黙。針が落ちても聞こえそうなほどの沈黙が、電話の向こうから伝わってきました。でも、その沈黙は純粋なエネルギーでした。とても深い安堵のため息が聞こえました。それからウオルターはこう言ったのです。「まさに同じことを私も言われました」

その瞬間、会話全体が転換しました。私は彼にたずねました。

「以前あなたは、製造現場で学んだ一番大事なことは、ものごとは外側から見るとつねに違って見えるということだ、と言いましたよね。内側から見ているときとは違って見える、と。その知識は今の状況にどんな風に生かされているんですか」

時間がゆっくりと流れ始め、私たちは流れの中に入っていきました。ついに彼はこう言いました。「ある面接はほかと違いました。一人の製造責任者と話したときです。彼のことはよく知っていて、私は彼をとても尊敬していました。私は彼と、労使の関係でではなく、以前自分が製造責任者だった頃と同じような対等な同僚として話をしました。すると、彼はこう言いました。『ウオルター、君は私が問題だと思ってもいないことに対する答えを会社側の人間として持ってくる。しかし、私には君の助けが必要な問題や課題がたくさんあるんだ。現場の仲間として、新しい革新的な答えを見つけるのを君に手伝ってほしい』」

ウルズラは質問した。「どうして彼はあなたにそのように話せたのでしょう」

ウオルターの答えはこうだった。

「たぶん私が彼の身になって考えていたからでしょう。製造部門から会社を見ていたのです。ほかの面接では私は外側、つまり会社側から製造部門を見ていました。いまみえてきたんですが、その違いから新たな問いが生まれました。本社は現場を中心に運営されるべきなのか、それとも現場が本社を中心に動くべきなのか。工場の責任者だった者として、私は自分の新たな地位を、本社中心の会話から現場中心の会話に移行させることに利用できるでしょう」

対話《ダイアログ》を使って大規模な変革プロセスの中に出現しているテーマを明確にする

組織や大きなシステムを変革するときに共通して行われることの一つに、重要な利害関係者《ステークホルダー》の意見を聞き出し、分析するという作業がある。対話《ダイアログ》インタビューは、関係者の意見を引き出す上で効果的なツールであるだけでなく、関係者とこの変革のプロセスをつなげ、かつ関係者同士を互いにつなげることができる。たとえば「患者と医師の対話《ダイアログ》フォーラム」の際には我々は一三〇人にインタビューを行って、それを分析・定量化した。プロジェクトによってはこれより多いインタビューが必要な場合もあるし、もっと少なくてすむ場合もある。インタビューから得た情報を分析、統合するのに役に立つ一〇のステップを次にあげよう。

1◆**準備**……インタビューをするグループ（通常、組織内部の人間と外部の人間で構成）のメンバーは、前もって実施したインタビューのすべての記録を読んでおく。その上で、システム的な問題を表していると思われる部分を心にとめて準備した上で集まる。

2◆**開始**……まずインタビューをした人は、それまで実施したインタビューの中で各人が「印象に残った」あるいは「心を動かされた」短いエピソードを共有する。これは形式ばらず気楽な感じで行うが、全体の雰囲気はここで決まる。これらの共有されたストーリーは数分以内に活気に満ちた社会的な場《ソーシャルフィールド》を引き起こす。それはその後のプロセスの前兆、刺激となり、たいていの場合、問題の核心に早く達する。しかし、情報から逸脱しないことが重要だ。ストーリーを共有することが重要なのであって、それらについて長々と考察を加える必要はない。

3◆**課題にある意図と核となる問いを明確にする**……ここから実質的な作業が始まる。何らかの変化が必要なのか、必要ならその理由、プロジェクトのゴール、そしてプロジェクトを統合する上で核となる問いを明らかにする。

4◆**ジャム・セッション――ひたすら観察する**……「観る《シーイング》」と「感じ取る《センシング》」の主な部分は、全員が大きなテーブルを囲み目の前にインタビューの全記録を置き、それを声に出して読むということだ。色々な意味で、この読み上げる作業は音楽のジャム・セッションに似ている。楽器はインタビューを受けた人々、楽譜は目の前にあるインタビューの記録、そして生まれようとしている曲は、出現しているシステムを「観」たり「感じ」たりする社会的アート、すなわちインタビューをした相手の思考や言葉を通して我々が引き出そうとしたものだ。

どんな良いジャズのセッションや即興演奏の場合もそうであるように、この場でも守るべきルールがいくつかある。とりわけ重要なのは、判断・解釈を保留するということだ。「自分はこれが好きだ」とか「これは好きではない」というようなことを言ってはいけない。「自分はこう思う」とか「そう考える」とさえ言ってはいけない。この段階では、誰もインタビューをした人間の意見や考えに興味はない。この種の発言は全体のプロセスを台無しにすることもある。この段階で重要なのは一つだけだ。インタビューとストーリーの中で捉えられた実際の体験である。それ以外のものはすべて雑音であり、排除すべきものである。

この段階は、インタビューの記録の中で自分が大事だと感じた文を一人が引用して読み上げることから始める。その人はそれに関連して、一言か二言何かつけ加えてもよい。そのあとしばらく間をとる。その休止が導火線となって別のメンバーが別の文を読む。それは最初の読み上げられた内容と関連していても、そうでなくてもよい。その人もおそらく何かその文脈でコメントをする。休止。それから三人目が……という具合に続けていく。それはコラージュに似ている。それぞれの引用は絵の中の小さな断片だ。それらの断片から、やがて集合的に一つの絵が現れ始める。このステップを必要なだけ何時間も続ける。引用して読み上げる作業が進むにつれ、グループ全体が現実の流れの中にどんどん深く潜っていく。メンバーは一つのリズムの中に入り、次々と読み上げられる文章の合間にあって言葉として表現されなかったもの――その間にある空っぽの空間――が語る音楽に耳を傾けるようになる（深く潜る）。

5◆**場から感じ取る**……参加者から引用のコラージュが紡ぎだされるのを聴いていくと、出現しているパターンや絵、磁極などに自分の波長を合わせ始める。共有されるストーリーや引用文の数が増えるにつれ、人々は自分が聴いている場所を転換し、「全体」すなわちすべての事例、ストーリー、引用を生み出した共通の立場から耳を傾け始める。

フリップチャートの紙の中心に円を描き、その中に問いあるいは関係性（問題意識の核心）を書き入れる。次に、読み上げられていることでその問いに関連性があると聞こえることを中心円のまわりにグループ化した小さな円の中に描く。それぞれの小さな円は、中心的な問題がさまざまな形をとって表面化したものを捉えている。たとえば、**患者と医師の関係性**と中心の円に書き入れ、そのまわりの小さな円にそれに関するさまざまな事柄をすべて書き入れるのだ。このようなマインドマップのフリップチャートを何枚か描いていくと、並行して出現するパターンやテーマが明らかになる。

この手法によって、グループの集合的思考はその場あるいはシステムの具体的な事柄の中に浸透していく。それぞれの引用は、場のより大きな**うねり**《ムーブメント》が残した「足跡」として理解することができる。グループの集合的で直観的な思考は、共に引用を読み合い、聴き合うことによってその足跡とつながり、さらに足跡の集合体をダイナミックな全体性として同時に保留し、関係づけることによって場のうねりに接続する。

思考がそのうねりを認識し始め、そのうねり**から**現実を見始めたとき（視座の転換）、イメージやアイデアや問いが出現し始める。そうなれば、必要なのはそれらに注意を払うことだけだ。

6◆本質的な出現……会話が進んでいくと、出現するパターンやテーマを深めていって、結晶化《クリスタライズ》しようとする。そのイメージやパターンを、心の琴線に触れるところまで、人々の重要な経験を捉えて響き合うところまで、突き詰める。それから問いかける。ある現象がこの空間《スペース》で現れるのか他の空間で現れるのかを決める場の力とは何なのだろう。あるパターンを、ある方法で、あるいは別の方法で動かす主たるシステムや場の条件とは何なのだろう、と。

核となるテーマやパターン、問いを結晶化させながら、またこうした出現のパターンを構成する場の主要な条件への理解を深めながら、思考《マインド》の裏口から入ってくるものにより注意を払うようになる。グループが、出現する未来のための器として機能し始めるのはこの段階だ。これを実行するためには、出現しようとしている未来の可能性に対して無条件の奉仕をすることに自分を捧げることが不可欠だ。この角度から見れば、プレゼンシングとは、出現しようとしている未来の可能性との対話《ダイアログ》に入るということだ。ただし、思考《マインド》の裏口をつねに開けていないと、この種の対話《ダイアログ》はまず起こらない。

それから、次のような根本的な問いに注意を向ける。これらの引用、観察、生成的な力から出現しようとしている深い本質とは何なのだろう。機能不全的なシステムを生かし続けている要因は何なのか。現在のシステムの中で排除されて「声なき」存在となっているのは誰か。どうすればシステム／場をその真の源に再びつなげることができるだろう。今ほかにどんな問いが我々の前に現われているのか。

7◆**結晶化《クリスタライズ》**……本質的なもの、核心的なテーマと問い、システム的な問題、そしてそれらを顕在化させた主要な引用文。それらを特定することによって、結晶化《クリスタライズ》のプロセスを締めくくる。これがこの後の道筋を作ってくれる。

8◆**プロトタイピング**……システムの分析内容を少人数の利害関係者《ステークホルダー》が集まる場を設けてテストする。そこではその分析の形態や内容について、フィードバックが行われ、改善が提案されるだろう。

9◆**提示と実行**……「患者と医師の対話《ダイアログ》フォーラム」のような多様な利害関係者の集まり、すなわち組織的な小宇宙《マイクロコズム》の中で、結果を提示し、話し合い、深める。グループの中に集合的な場を発生させるために、元の引用文をいくつか読み上げる。集合的な出現をファシリテートする。この小宇宙《マイクロコズム》の集合的な場を使ってシステムを現在の状態から未来の最高の可能性へ導くための重要な第一歩を生み出し、取り組みを始める。

10◆**AAR**（行動後の振り返り〔after-action review〕）……振り返り、考察し、学んだことを記録する。

私が今でも鮮明に思い出すのは、米国有数のある企業で行った、一〇人ほどのメンバーによるインタビューの分析のミーティングだ。このチームはトップの幹部から現場の社員にいたるまで、あらゆる立場の一〇〇人に対話《ダイアログ》インタビューを行った。目的は、この組織が内部の視点から見たときにどこへ向かっているのかを理解しようというものだった。

最後に我々は、インタビューから抽出されたさまざまな意見の本質を一つの文で表現しようとしていた。その本質に関しては詳細に話し合ったが、一つの文章にそれを凝縮するということができずにいた。ミーティングの終了時間が迫ってきた頃、一人の女性が最後に試みた。彼女はこう言った。「私は今、二つの世界に引き裂かれています。一方の世界では、私は重圧、権力、効率性、コントロールの下で仕事をしている「機械」です。もう一方の世界では、私は開かれ、つながり、まったく違う方法で進化している空間に入ろうとしている存在です。この二つの世界の間で私は引き裂かれているような感じがします」

彼女の言葉は部屋の中エネルギーを転換した。彼女は何かを掴みつつあった。私が強い印象を受けたのは、彼女が「私」という所から話したということだった。それ以前は、参加者は三人称の視点から言葉を発していた。彼女の話をこんなにも強く響くものにしたのは、「私」という言葉の両義性だった。それは彼女個人としての「私」だったのか。それともその会社の集合的な「私」としての視点から組織の経験を語っていたのか。

要約すると、U空間《スペース》と破壊的な反空間《アンチ・スペース》のダイナミクスは、非直線的であり相容れないものだ。こちらのスペースから一瞬のうちに反対側のスペースに移っていることもある。そのプロセスが線的ではないこと、まさにそれが、闇の空間、あるいは反空間と呼ぶ由縁だ。その空間を分析することによって、我々は普段気付くことなく通り過ぎることに対する系統的で深い理解を得ることができる。右側の世の中にはびこる諸問題（操作、乱用、崩壊）に対処するためには、左側および頂点に焦点を当てる必要がある。つまり、内面の状況《コンテクスト》と我々を取り巻く外側の状況《コンテクスト》とのつながりを取り戻すことである。影のスペースを作り出す最も微妙な源は、自己破壊的な行動、つまり不在化《アブセンシング》だろう。不在化の問題は、その時点では**自分**以外には誰もその状態に気がつかないということだ。したがって、関門を通っていくのを手助けする自分の内側の「目」を覚醒させておく必要がある。それは自分の意識の目だ。我々の意識の向け方と意図の火花の元となるこの「目」こそが、私が**今の中の私**〔I-in-now〕と呼ぶものだ。それは真の存在《プレゼンス》とパワーの、目に見えない源《ソース》なのだ。

会話の領域《フィールド》の進化の道のり

会話は重要である。それは我々が世界を創りだす二つ目のメタ・プロセスを構成している。私はときに会話をまるで生き物であるかのようにみなして、問いかけてみる。このような会話の参加者としての我々の責任が、より高い進化と意識の段階へと進化させることだとすれば、我々はそれまでとはどのように違うものを見て、どのように違った行動をとるだろうか、と。

これが図17−4でまさに私が伝えようとしていることである。この図は会話の場における四つの発展過程と、その結果としての四つの異なる会話の型を表している。白字は四つの過程の最終段階を示す。すなわちダウンローディング、討論《ディベート》、対話《ダイアログ》、プレゼンシングである。しかし、そのような類の会話に至るまでの目に見えない過程は、白字部分には表されていない。その隠された過程は、会話の場の発展過程を表した黒字の部分にある。それぞれの四つの過程においては、会話の衝動が実際の言葉となって表れるまでの速さが異なる。

一列目は最初の会話の領域《フィールド》（又は会話のあり方）を示している。これは会話の衝動が、与えられた形で即時に直接的に表されたときに起きる。即ち、即効利用できる唯一の形態である「ご機嫌いかがですか。私は元気です」といった過去のパターンである。

二列目は、同じ会話の衝動があり、その衝動と実際の発言の間のプロセスがもう少し複雑なとき、何が起こるかを示している。我々はまず、その場の事実に関連する情報とつながる段階を通る（開かれた思考《マインド》）。それが最初に起きるとき、結果として起こる会話の場は通常、違いを述べ合う（討論《ディベート》）か、あるいはその状況について単純により異なる見方を提示する（「それについてはこういう見方もできるんじゃないでしょうか?」といったような）形になる。

三列目は、会話の衝動と実際の発言の間のプロセスがさらに深まり、豊かになった場合に会話の場に起こることを示している。この場合は、まず状況《コンテクスト》へのつながりがより個人的になり、より体感的、あるいは共感的なものになる（開かれた思考《マインド》、開かれた心《ハート》）。次にグループの中でメンバーがお互いを聴き、分かち合う段階が来る。これは個人対個人の純粋な共感によって行われる。集中してお互いを聴くこの段階を経て初めて、グループは共に真の思考を行う空間である対話《ダイアログ》に入ることができる。ウォルターと長い付き合いがあり、話も聞き合ってきた工

図 17-4　会話の領域《フィールド》構造の進化

段階	ダウンローディング	討論《ディベート》	対話《ダイアログ》	プレゼンシング
1	聞き方 1：ダウンローディング 過去の習慣的なパターン	聞き方 2：事実のつながり	聞き方 3：個人的なつながり	聞き方 4：源《ソース》につながる
2		討論《ディベート》 相違点の表明	お互いを聴き、分かち合う	お互いを真に聴き、分かち合う
3			対話《ダイアログ》 探究、共に考える	対話《ダイアログ》 より深い空間に注意を向ける
4				集合的なプレゼンス 源《ソース》につながる集合的流れ

場の責任者が言ったことを思い出してほしい。彼はこう言ったのだった。「ウォルター、君は私が問題だと思ってもいないことに対する答えを会社側の人間として持ってくる。しかし、私には君の助けが必要な問題や課題がたくさんあるんだ。現場の仲間として、新しい革新的な答えを見つけるのを君に手伝ってほしい」

　四列目は会話のメタ・プロセスがさらに進化した段階を示している。これは、最初の衝動から実際の発言までの過程が他とは最も異なり、四つの段階を経る。最初の段階は、やはり場の状況《コンテクスト》につながることである。これ以前の型との違いは、会話が展開するにつれて、場とのつながりがより真正《オーセンティック》で、深いものになっていくということだ。次の段階では真の分かち合いの状態に入っていく。この段階はまっ白なキャンバスにたとえることもできる。なぜなら、ここでは場が空になり、まったく何も描かれていないキャンバスのような状態から純粋にお互いを聴くからだ。ジャム・セッションを想像してみてほしい。複数のプレーヤーの演奏に人々はひたすら身をゆだねる。また、ウルズラがインタビューの相手の話を聞くだけでなく、自分自身の聴き方とエネルギーにも耳を傾けていたことを思い出して欲しい。そのとき会話は第三の段階である対話《ダイアログ》に入っていく。しかし、通常の対話《ダイアログ》に留まるだけでなく、この場合は意識の方向性と意図はより深い源《ソース》と出現しようとする空間に向かう。ウルズラが橋の上にいると感じていたときのことを考えてみてほしい。彼女には、これがその時だということがわかった。そして「私には飛び降りる覚悟があるだろうか」と自問する。ファシリテーターとして、参加者としてこの段階で行うことは、今にも現れ始めるかもしれない、より深い問題、疑問、言葉をつねに感知しているということだ。瞑想をするとき、人は源《ソース》につながるためにしばしばマントラを唱える。この種の会話では、どんな言葉や疑問、問題が**現実のマントラ**なのかを感じ取らなければならない。皆がそのマントラに集中していて、自然に訪れた沈黙の瞬間によってマントラの力が強まれば、そこにいる人々は源《ソース》につながることができるようになる。グアテマラでのミーティングの場に座っていたアダムのことを思い出してほしい。共同墓地と殺された母親のおなかの中にいた子供たちの話を聞いたあとのアダムの言葉を。「沈黙は長く続いた。そう、五分ほどだったろうか……この部屋の中に精霊《スピリット》がいるように感じた……』」

言語化は思考と同じように、我々がそれを通じて世界を創り出すメタ・プロセスだ。しかし、思考の場合と同じように、我々は多くの場合このプロセスに気づかず、集合的に現実を創りだす上でどのように影響しているかがわからない。図17-4は、我々が集団として創造している異なる領域《フィールド》の構造を理解するのを助けるツールである。白字の部分は四つの会話の場のより顕在的な発言という行為で実践される面を示している。一方、黒字の部分は、会話の場にはあまり顕在化しない発展的プロセスを示している。この裏のプロセスは実はきわめて重要だ。なぜなら、会話の衝動がダウンローディング、討論《ディベート》、対話《ダイアログ》、プレゼンシングのいずれに宿るかを決めるのがこのプロセスだからだ。これら四つのタイプの会話の領域《フィールド》は、会話への衝動と顕在化した発言の間にあるプロセスの違いなのだ。

どんな会話の場も図17-4に示されたすべての領域《フィールド》に移行し得る。たとえば、前に述べたドイツの大学でのワークショップは、ダウンロードから討論《ディベート》へ、そして後に対話《ダイアログ》へと移行していった。しかし、ウルズラの対話《ダイアログ》インタビューやサークルオブセブンの場合のように、グループがより熟練したスキルを持ち、洗練されていればいるほど、会話は四列目（プレゼンシング）の黒字のプロセスの方向へ向かう。

会話は本質的には、我々を集合的知性の力につなげることができる。会話は、実体のない影のような空虚な言葉の羅列になることもある（ダウンローディング）。会話は、我々を他人の視点につなげることもある（討論《ディベート》）。会話は、我々を互いに深く結びつけることもある（対話《ダイアログ》）。そして会話は、我々を集合的な創造性と望む世界を作り出すことを可能にする深い源《ソース》に結びつけることもある。この状態にまで達すると、我々は会話の中で真の自分につながることができる（プレゼンシング）。その深い場所から機能するとき、我々は自分自身よりも大きな全体の道具、あるいは要素として行動し始める。我々は自分たちを包む「存在」〔the beings〕とつながり始める[15]。我々は自分自身と周りの存在との間を流れているもの、「今ここにある」力《パワー》〔Power of now〕から機能し始めるのだ。

ここで我々は再び、先に挙げた困惑へと引き戻される。ほとんどの人々が、個人としては会話と知のより深いレベルから機能することを望んでいるのに、今の現実はそうなっていない。組織やシステムの大半は、破壊の病理的パターンの中にがっちりと取り込まれている（図17-3）。これはなぜだろうか。

それは、図17-4に示された目に見えないプロセスの育て方がわからないからだ。そのプロセスとは、衝動のままに発言する前に、**まず**自分の意識の方向性を深めることである。

したがって、もし目に見えないその能力がカギであり、人間をこのような深い知のレベルに到達させたくないと望むなら、何をすればいいか。どのような攻撃の仕方があるかを考えてみよう。

ここにアイデアとして五つある。（一）子供をできるだけテレビの前に座らせておく（人間同士が触れ合う機会を奪う）。（二）長時間ビデオゲームをすることを奨励して素早い反応を身につける（殺人ゲームはテレビで見た暴力場面を再現するのに最も役に立つ）。（三）ダウンローディングを基盤にした教え方の学校に子供を入学させ、子供が開かれた思考《マインド》、開かれた心《ハート》、開かれた意志《ウィル》を発達させるのを妨げる。（四）子供に注意欠陥障害が現れたら（上の（一）〜（三）の結果としてこれが起こることは予想がつく）、その症状を抑えるためにすぐに薬物療法をほどこす。そうすれば、不健康で非人間的な環境に対する身体の反応は症状レベルでのみ抑え込まれ、根本的な原因はいつまでも放っておかれる。（五）すべてを数値化するようなテスト（どんな子供も逃れることはできない）、その他の教育方法によって、子供たちが気づきや創造性、知《ノウイング》の深いレベルを経験し探究するような環境を今後数年にわたって教師が創り出せないような教育政策を採用する。

悲しいことに、いま挙げた事柄は単なる想像上の話ではない。知の深い源《ソース》に子供たちがつながるのを妨げている今の現実なのだ。しかし、子供たちのためにこのような世界を作ったのが我々であるならば、それを変える力を持っているのもまた我々のはずだ。

第18章 組織の行動

組織——集合的行動

ここまで、U理論を利用して、世界を創り出している四つの基本的メタ・プロセスのうちの二つを明らかにしてきた。思考（第16章、「個人の行動」）と言語化（第17章、「会話の行動」）である。この章では、メタ・プロセスの三番目である「構造化」、すなわちさまざまな権力構造の具現化の問題に取り組む。そこでは社会的な現実創造の組織的・制度的レベルでU理論をどのように適用できるかに焦点をあて、探究することになるだろう。

組織というのは奇妙な種である。我々の時間とエネルギーを奪い、人生の大半を左右する、あるいは人生を台無しにすると言う人すら少なくないだろう。しかし、組織もまた困難の中にある。最も強大な組織——我々の目には世界を支配しているかのように見える多国籍企業——でさえ、その平均寿命はたったの四〇年だ。一見世界を支配しているかに見えて、実のところ我々の寿命の半分しか生きられないこの進化のスピードの速い種を、我々はどう考えればいいのだろうか。

学者でありこの分野の権威であるヘンリー・ミンツバーグは、組織を共通の目的のための集合的行動であると定義し、組織構造を「労働がいくつもの明確なタスクに分割されたうえで、全体的に連携する手段の総体」と定義した。彼によると「マネジメントとは、物事をまとめ、組織に何らかの連携を生み出すことを表す言葉に過ぎない。（中略）組織は連携《コーディネーション》を必要とする。連携とは、つまるところマネジメントそのものなのだ」[1]

組織を、図18-1に示された四つの領域《フィールド》構造のレンズを通して見てみよう。活動が過去のパターンに基づいて行われる領域《フィールド》1は、中央集権的な官僚制度を表している。ここでは、組織の意識の向け方や全体的な調整は、ヒエラルキーや中心的な規則といった制度に基づく力を通して行われる。

領域《フィールド》2で機能している組織機構や人々は、外側からの視点を持つ。会話のモデルでいえば、討論《ディベート》や、異なる意見を表明し合う段階にあたる。組織レベルでの領域《フィールド》2は、地域や市場の状況に、より大きな比重を置いて意思決定を行うことを意味する。組織機構的には、ヒエラルキーを元にした調整メカニズムを、市場や競争（それらは組織周縁部の力を反映している）で補完するということになる。部門や戦略事業単位〔SBU：strategic business units〕を中心に組織される分権型組織は、領域《フィールド》2の組織の典型例だ。この型の組織は、さまざまな組織単位《ユニット》や部門内でより柔軟で市場主導的であるという意味で優れているが、盲点《ブラインドスポット》の中に現れる機会をとらえるということにおいてはそれほど有効ではない。盲点は組織単位や部門間の空白部分に存在している。ところが、ほとんどの人はこれに気付くことができない。なぜなら、それには組織間の境界線をまたいだ、より深い協働が求められるからである。

この点から領域《フィールド》3の範囲へと入っていく。領域《フィールド》3のタイプの組織は、組織間のネットワークや対話《ダイアログ》を中心に組織される。つまり、多様なプレーヤーとパートナーによる相互調整を通して共進化《コーエボルヴ》する関係性の力に組織されるのである。

最後の第四の領域《フィールド》には、深いつながりと出現のプロセスが加わる。それはグループやチームの会話の中で会話がそれ自身の境界を越えて周りを取り巻く源のレベルである出現する未来の可能性から機能するようになったときに経験できる。そしてそれは、組織がより広範な関係者の集合体に対してその境界を開いた場合にその組織の中で経験できるようになる。より広範な関係者の集合体とは、関係する顧客、ユーザー、コミュニティを含む、その組織を取り巻く生態系《エコシステム》全体である。これが起きると、人々は出現する未来の機会へ引き寄せられるように感じ、そこからそのシステムを見るようになる。

これら四つの意識《アテンション》の領域《フィールド》の元は異なる。組織の**境界の内側**、**境界の向こう側**、**境界をまたいだ全域**である。同じように組織構造化と全体的な調整における四つの型においても、四つの領域が具現化、実行する権力構造がそれぞれに異なる。ここでは力《パワー》の源《ソース》の場所の組織の境界との相対的な位置関係について考えてみよう。たとえば階層的なヒエラルキー組織の場合は、力はシステムの中心から発している（領域《フィールド》1）。一方分権型で市場が牽引している組織の場合は、力は組織の周辺、つまり顧客の要求や市場に源がある（領域《フィールド》2）。しかしネットワーク型の組織になると、力《パワー》の源は境界の外へ移動する。この場合、実質的な力は境界をまたいだ関係性のネットワークの中に、そしてこのネットワークを動かす能力の中にある（領域《フィールド》3）。そして、最後に生態系型

図 18-1　組織の全体的な連携における４つの型、４つの力の配置

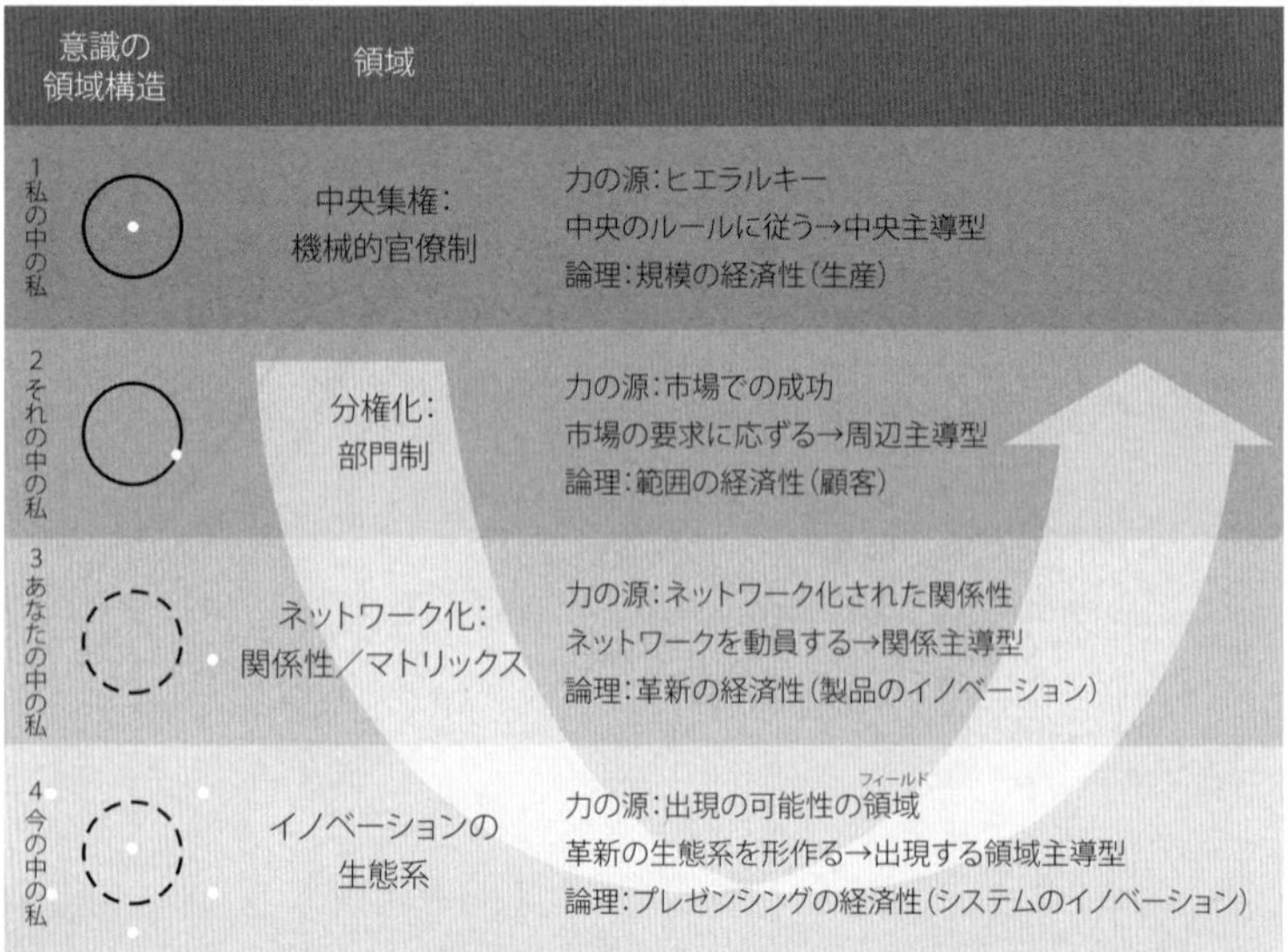

意識の領域構造		領域	
1 私の中の私	◯	中央集権：機械的官僚制	力の源：ヒエラルキー 中央のルールに従う→中央主導型 論理：規模の経済性（生産）
2 それの中の私	◯	分権化：部門制	力の源：市場での成功 市場の要求に応ずる→周辺主導型 論理：範囲の経済性（顧客）
3 あなたの中の私	◌	ネットワーク化：関係性／マトリックス	力の源：ネットワーク化された関係性 ネットワークを動員する→関係主導型 論理：革新の経済性（製品のイノベーション）
4 今の中の私	◌	イノベーションの生態系	力の源：出現の可能性の領域（フィールド） 革新の生態系を形作る→出現する領域主導型 論理：プレゼンシングの経済性（システムのイノベーション）

の組織では開かれた境界をまたいだあらゆるところが力《パワー》の源となる例を見ることができる。つまりこの場合には、より大きな生態系《エコシステム》の存在《プレゼンス》から、そしてそこから出現する機会が源になるのだ（領域《フィールド》4）。

この四番目の領域《フィールド》は最も理解するのが難しいかもしれない。私がイン川の源流までさかのぼった話を記憶している方には、その川がいくつもの源から発しているのを発見したときの私の驚きも思い出していただけるだろう。私は自分の周り一面に流れ落ちる多くの滝が奏でる音楽に囲まれていた。これと同じように領域《フィールド》4では、システムを、境界のない「音楽」へと、そして際限なく湧き出す源、つまりあらゆるものを包み込み、囲み、浸透していく源へと開くのである。

組織構造と権力構造を具現化する四つの領域《フィールド》

一人もしくは数人のパイオニアが創設して牽引しているほとんどの若い企業の構造は単純である[2]。このタイプの組織の全体的な調整や成長は、主として創設者（たち）のスキルに依存している。この種の企業は、成功すればするほどその強さ（一人を中心に組織されている）が弱点になることがある。

過去に組織を成功に導いた要素が阻害要因になり始めたとき、取り得る選択肢が少なくとも二つある。一つは、経営者は領域《フィールド》の構造（分権化）に移行し、複数の部門に分かれることだ。もう一つは、領域《フィールド》1（中央集権的構造）にとどまり、専門家や機械的官僚制のような別の型の中央集権的組織を作ることである。

たとえば機械的官僚制におけるパワーの源は組織の中心にある。ミンツバーグは、その力の中心が人、プロセス、スキルのどれなのかについて、次のような分類を行っている。

◆単純な構造（一人を中心に組織化）
◆機械的官僚制[3]（プロセスの標準化を中心に組織化）
◆専門的官僚制（スキルの標準化を中心に組織化）

機械的官僚制をつくるためには、人への中央集権からプロセスに基づく中央集権に移行する必要がある。このタイプの組織再編には、たいていの場合、人と地位、所有と経営の区別化が伴う。新しくてより合理的な組織構造を生み出すためにコンサルタントが雇われ、企業の創設者は急速に成長する組織をより効果的に運営するためにプロの管理職を雇う。

専門的官僚制はプロセスの標準化ではなく、スキルの標準化に基づく。ビジネスが知識集約的になればなるほど、組織はプロセス中心の組織（機械的官僚制）よりもスキル中心の組織（専門的官僚制）になる傾向がある。今日のグローバルなコンサルティング企業が集権的な専門的官僚制の好例だ。もっとも、これらの企業はたいてい強い分権化的要素（国ごとのオフィス）とネットワーク構造（パートナー制専門サービス組織）という特徴も備えている。

中央集権から分権の領域《フィールド》構造へ

中央集権（領域《フィールド》1）から分権構造（領域《フィールド》2）へ移行すると、主たるパワーの源は中央から周辺へ移行する。言い換えれば、意思決定の権限はヒエラルキーを下って顧客により近くなる。[4]

シンプルな分権構造の例は大学の学部である。それは大抵講座や研究所を中心に構成されている。たとえばドイツでは、各講座は一人の教授を中心に、事務、調査研究、教育アシスタントを配置するというシンプルな構造になっている。そして講座や研究所の間の調整は二つのメカニズムに拠っている。（学部長による）指導と相互の調整（教授陣による）である。

より複雑な**機械的官僚制**では、組織は地域や部門のマトリックス状に権限が分散されている。このプロセスによって、組織は標準化メカニズムを維持しつつ、同時に競争のメカニズムを担保することができる。**専門的官僚制**は、その分権化された構造によってグローバルなスキルに基づく標準化のパターンの範囲内で地域的な違いを許容している。

一九八〇年代から九〇年代初めの時期、ほとんどの多国籍企業は分権化と権限委譲を進め、意思決定権を周辺に移行させて、鈍重で一枚岩的な組織を、より市場重視の柔軟で敏活なものへと変える努力をした。この発展の典型的な例は、ヨーロッパのエンジニアリング企業のアセアブラウンボベリ（ABB）で当時称賛を浴びていたCEO、パーシー・バーネビックが行った分権化だろう。同じ頃、世界第二位のコンピューター・メーカーに浮上し、その成功を高く評価された企業がディジタルイクイプメントコーポレーション（DEC）だ。一九八六年、同社のCEO、ケン・オルセンは、『フォーチュン』誌から「世紀の企業家」と呼ばれ、同社は一九八七年の『ビジネスウィーク』誌から、その年に最も成功しているアメリカ企業一〇社のうちの一つに選ばれた。

しかし実は、CEOが世界中のビジネス誌で称賛されていたのにもかかわらず、両社の衰退はほとんどの人に気づかれることなく静かに始まっていた。やがてこの二つの企業はそれぞれ解体（ABB）、消滅（DEC）する。

DEC◆分権化の一つの物語

エドガー・シャインと同僚たちによる著書*DEC is Dead, Long Live DEC*（DECの興亡）は、ディジタルイクイプメントコーポレーションの成功と凋落を見事にとらえている[5]。この本を著した人々は、コンサルタント、管理職、アクションリサーチャーとして三〇年以上DECとともに働いてきた。彼らの事例研究は、同社の誕生、発展、巨大なグローバルなテクノロジー企業への成長、成熟、そしてつまずきと消滅までの四〇年間にわたるプロセスを詳細に再現している。DECは、ミニコンピューターや分散型データ処理方式のコンピューター・ネットワークのコンセプトを含む、大きな技術革新でその名を刻んだ。ここではこの事例を使って、企業が中央集権から分権構造へと進化していくときに直面する課題と力学について議論していこう。

MITの卒業生で、当時MITリンカーン研究所で働いていたケン・オルセンは、同僚のハーラン・アンダーソンと一九五七年にDECを設立する。オルセンは同僚たちと共に、革新的な精神と雰囲気を企業内につくり出すことに成功する。それは彼がMITにいる間に浸っていたエンジニアリング的文化の核の要素である、技術革新、人間の創造性、そして個人の責任を価値観の中心に据えた独自の企業文化であった。オルセンのもとには多くの傑出した技術者が吸い寄せられるように集まってきた。彼らはゴードン・ベルの指揮下、あまたの技術革新を生み出し、仕事を楽しみ、人の絆の上に繁栄しているように見えるこの会社に入りたいと熱望していた。DECは瞬く間に多国籍企業に成長する。成功と急速な成長の結果、DECは変化していく市場とともに進化するために、さらに差別化を進め、分権化し、マトリックス型の組織構造になる必要があった。

たしかに、DECは三〇年以上にわたり、あらゆる観点から見て非常に成功した企業だった。一九八〇年代のピーク時、同社は世界中に一〇万人以上の従業員を抱え、一四〇億ドルの資産価値を持っていた。しかし、実はすでにその時期に同社の終焉の種は蒔かれ、育っていたのだ。ところが、賞を獲得するような業績と活動が展開されるなか、そのことに気づかれることがなかった（同社は一九九九年、コンパックに買収される）。

だが、創立以来独立した企業として四〇年続いた――四〇年というのは、今日の多国籍企業のまさに平均寿命にあたる――ＤＥＣを衰退と死に至らしめた原因は何だったのだろう。ＤＥＣが克服できなかった難題とは何だったのか。

シャインらによると、それらの問題は三つあった。（一）技術と市場の問題――**テクノロジーの創造**の段階に続いてその製品分野で市場を支配するドミナント・デザインが出現し、さらに**コモディティー化**の段階へと進み、特定商品だけを低価格で販売する新たな種類のグローバルなプレヤー（カテゴリー・キラー）が現れてきているときに、変化する市場の本質を認識することができなかったこと。（二）組織構造の問題――各部門に結果に対する説明責任を持たせ、相互依存を管理する明確なメカニズムを確立し、会社全体の資源を最適に活用するための優先順位付けと戦略的方向性を打ち出すための効果的な分権構造を発展させられなかったこと。（三）組織文化の問題――ビジネスにおける状況《コンテクスト》も組織構造も変化し、新たな行動様式が求められているときに、組織文化を進化させることができなかったこと。

シャインは興味深いことを述べている。当初（テクノロジー創造の段階）、革新的な巨大グローバル企業を生み出した同じ文化的遺伝子が、その後の状況《コンテクスト》の変化（コモディティ化の段階）に応じて変化をしなかったことが、失敗の原因そのものになる、と。

ＤＥＣの組織がより分権化されたとき、その文化は画期的製品を生み続ける一方で、内部に強い敵対的な空気をも生み出した、とシャインは振り返る。

> グループは互いに、ウソや不正や資源の濫用があると非難し合った。グループは結集するのではなくばらばらになっていた。まとまりを欠いた集団を、首尾一貫した戦略にまとめていくだけの強さを持った人間は一人もいなかった。（中略）市場やテクノロジーの変化についていくために資源やエネルギー配分の適切な全体調整が必要だったのにもかかわらず、強力なコンセプトにも正式なヒエラルキーにも、資源やエネルギーを適切に配分するための十分な合意を形成する力はなかった。（CEOの）オルセンが自分の主張を強く打ち出すようにかわった頃には、グループの力はすでにあまりにも強くなっていてオルセンの考えは無視され、グループ同士が争うようになっていた。権限を委譲する文化は健在で機能していたが、それがDECという企業体にマイナスの結果をもたらしているということが、日増しにはっきりしていった。[6]

分権化からネットワークへ

企業が分権型構造（領域《フィールド》2）からネットワーク型構造（領域《フィールド》3）へ移行すると、調整はネットワークでつながった関係性を通じて行われるようになる。ミンツバーグはその結果生まれるものを**問題別随時組織**《アドホクラシー》と呼んでいる[7]。**ヒエラルキー**や**競争**の構造とは異なり、**相互の連携**はキープレーヤー間の関係性の質に大きく依存する。したがって、組織がこの全体的な連携の領域《フィールド》に入ると、会話の質が中心的課題になる。

組織が中央集権型から分権型へ、また分権型からネットワーク型へ移行するとき、力《パワー》の源は組織の中心（ヒエラルキーが支える）から周辺（市場での成功）へ、そしてネットワーク化された関係（ネットワークの創造と活用）へと移行する。ネットワークには、ほかの二つの構造（ヒエラルキー、競争）にはない調整の追加機能を果たすことが多い。「実践のコミュニティ《コミュニティ・オブ・プラクティス》」や「DECワールド」といったネットワーク作りのイベントは、組織の境界をまたいだネットワーク化したコミュニティを促進することによる組織化の例である。

一般に、その組織や業界が知識集約型であればあるほど、また組織単位《ユニット》間の空白部分に生じた課題が重要であればあるほど、この三番目の構造領域《フィールド》による組織化に依拠する傾向がある。

この三番目のメカニズム――相互連携――が、DECの成功につながった最初の企業分化を生み出したかつてのコアグループ内で頻繁に使われていたというのは興味深い。しかし、組織が大きくなるにつれ、協働する精神は個々のグループや単位《ユニット》**内**にだけ残り、グループや単位《ユニット》**間**の関係性は悪化していった。

なぜだろうか。当初のコアグループに創造的文化を生み出し育てることを可能にさせたものは何だったのか。一方で、より大きなシステムの段階になってその同じカルチャーのDNAがそのレベルでその行為を複製し、維持することができなかったのはなぜなのか。

シャインの説明によれば、DECの初期のコアグループ「オペレーション委員会」では、三つのメカニズムがうまく働いて効果的な会議や意思決定が行われていた。それは、（一）合意された議題。（二）利害や見解が異なる場合はかならず討論し、徹底的に議論を戦わせる（控えない）。（三）討論《ディベート》を鋭い眼識のもとに聴いているCEOのオルセンによって保持《ホールド》されている空間。オルセンはそこに存在しているが、委員会のメンバーが議論し、討論しているとき、自分の権威によって特定の意見の肩を持つということがなかった。すべての議論に注意深く耳を傾け、すべてのメリットとデメリット、すべてのリスクと得られるものを比較検討することで、そのグループに間違いなく影響を与えていた。聴くことに徹するこのやり方を通じて、オルセンは人々がＣＥＯの出す方向性の指示を待つのではなく、集団的討論《ディベート》のプロセスを信頼する文化を徐々に創りあげていった。このタイプの保持《ホールド》されている空間が体現しているのは、科学的文化の最高の形である。データに語らせれば結論は自然に導かれる、というものだ。

組織がより大きなシステムになった段階でも「合意された議題」はかなり明確に存在しただろうし、活発な討論も十分にあっただろう。しかし欠けていたのは、観る側の目、深く聴いている観察者の鋭い注意力だった。それでは、オルセンが（部分的にはシャインも）最盛時の「オペレーション委員会」の状況《コンテクスト》で果たしていた微妙な統合的な役割を、どうやってマクロ・レベルでの調整に移行すればよかったのだろう。何があれば集団的な自己観察の目が開かれたのだろうか。

答えは対話《ダイアログ》にあったのかもしれない。対話は、簡単に言えば自分の内面の目を開く能力の結果として現れる。**それ自身を「観る」システムの能力**だ。シャインは次のように言う。「内省的な対話《ダイアログ》をするにはオペレーション委員会全体の協調が必要だっただろう。しかしそれはついに達成されることはなかった」[8]。小さなグループだからこそオペレーション委員会の文化は（効果的な保持《ホールド》されている空間の存在《プレゼンス》のおかげで）うまくいった。しかし、それが組織全体に浸透することはなかった（そこには保持《ホールド》されている空間が欠けていた）。その後、ＤＥＣの組織が集団的な対応（領域《フィールド》３あるいは領域《フィールド》４での対応）を必要とする難題に直面したときも、社員は領域《フィールド》２での会話行動（討論《ディベート》）を続け、ついには限界に達した。

ネットワークから生態系へ

領域《フィールド》3から領域《フィールド》4の調整へ移行するとき、メカニズムはネットワーク化された関係性を通しての**相互補正**から、**出現している全体性から観る**というところへ移行する。四番目のこの連携の型は「革新的生態系《エコシステム》」と呼ばれている。出現する可能性の領域《フィールド》へと波長を合わせるためには、組織はそれ自身を越え、出現している適切な状況《コンテクスト》にシステム的に波長を合わせる必要がある。それは、より大きな生態系の集合的な状況《コンテクスト》の中でしかとらえることはできない。

後から考えてみればこの移行する能力が、ヒューレット・パッカード（ＨＰ）の成功とＤＥＣの失敗を分けた要因だったのかもしれない。ＨＰがよりオープンで、分かち合うやり方で周囲の生態系とともに進化したのに対し、ＤＥＣは自分たちの組織の境界線の内側に集中する傾向が強かった。[9]

ＨＰ、シスコ、グーグル、ノキアなど、今日のハイテク業界のトップ企業は、戦略とイノベーションの文化の創造を**生態系《エコシステム》**の観点から考えている。戦略とリーダーシップについての考え方の新旧を分けるのは、古いタイプが一つの組織の境界線周辺でおこるのに対し、新しいタイプは生態系の境界線の周辺でおこる。すなわち、集団的価値創造のより大きな空間で複数の組織の集合体として共に進化する。ネットワーク型の調整（領域《フィールド》３）では、相互適応という形で境界を越える状況が展開するのに対し、生態系では多様なプレーヤーの集合体として連携が行われる。こうしたプレーヤーが**現在の可能性を見出し、出現する機会を感じとるための媒体を集合的に形成しているのだ**（領域《フィールド》４）。

領域《フィールド》４のメカニズムを通して調整を行う組織は、まるで空っぽのようにみえるが、それは、理論[10]と、発展するグローバル企業や組織の行動という両面において、最も興味深い領域である。それは、多様な利害関係者との間で今日最も緊急に課題を解決する必要に迫られている多くの企業にとって、大きな可能性を持っている。

共進化《コーエボルヴ》する生態系《エコシステム》の構造は、それを取り囲む領域につねに刺激を受け、エネルギーを与えられる。したがって、この構造は流動的でつねに変化している状態にある。このような組織の生態系の共通基盤は、共有される目的と原理だ。ビザ・インターナショナルは、創業者のディー・ホックが「chaordic」（混沌〔chaos〕と秩序〔order〕の合成語）と呼んだ組織化の原理に基づいて発展したが、サプライヤーや顧客を一つの生態系――すなわちメンバーシップによって制御される統治システム――の中に統合しようとした初の企業かもしれない。[11]

シャインらの前出書によれば、ＤＥＣが失敗した主要因の一つは、急成長した一九八〇年代に現われていた複雑性に対処する能力に欠けていたということだった。なぜＤＥＣはこれを見逃し、時代遅れの占有システムと垂直統合にしがみついていたのか。また、これらがもはや機能しないことが明らかになったとき、なぜほとんど行動を起こせず、対応が遅れたのか。なぜＤＥＣは自分たちが創造に貢献したその業界で出現していた複雑性に、より良く、より速く取り組むことができなかったのか。

より適切に対応するためには以下の二つが重要なリソースとなり得たのかもしれない。一つは、組織内外において境界を越えて対話《ダイアログ》を行う能力、もう一つは、**生態系**《エコシステム》として共進化《コーエボルヴ》を始めること、だ。このような境界を越えて認識できる、つまり出現している全体性から物事を見ることができる機能があったなら、そして、もし境界を越えて対話《ダイアログ》する能力が育っていたら、ＤＥＣの運命はまた違ったものになっていたかもしれない。

組織構造と病理

図18-2は組織構造をクローズアップしたものである。これまでに議論した四つの領域《フィールド》構造のほかに、Uの右側にさらに三つの領域《フィールド》構造が加わっている。この三つは領域《フィールド》4型の構造（生態系）の変形だ。この七つの組織構造は、反転されると、組織の病理《パソロジー》の影の空間《スペース》を表わす別の七つになる（組織機構的な無知、傲慢、アノミー★、硬化症、崩壊）。

Uの視点から見ると、DECのケースは次のように要約できるだろう。**業界における複合的な複雑性という最も重要な課題に直面したとき、リーダーたちが領域《フィールド》3や領域《フィールド》4型の機能をしなかったために効果的な対応ができなかった。**この失敗は会話（対話《ダイアログ》の欠如）と組織（グループ横断の統合と生態系《エコシステム》的な構造の欠如）の両方に対してあてはまる。外的課題と、出現の深いレベルから行動する内的能力の欠落からくるギャップを考え合わせれば、この会社を好転させることができたのは、ゴードン・ベルが持っていたような経営手腕だけだったろう。彼の独創性をもってすれば、集合的なリーダーシップの欠落を補うことができたかもしれない。だが、彼は一九八三年にすでにDECを去っていて、彼に代わる器《うつわ》の人物はいなかった。

したがって、外部の課題と、その状況に深いレベルで対応できる内的能力の欠如の間のギャップは、リーダーシップにおける三つの予想し得る失敗という結果を招いた。

1◆**戦略的ギャップ**……早期に強固な立て直しを迫っていた業界の変わりゆくダイナミクスを捉えられなかった。

2◆**構造的ギャップ**……企業の生態系《エコシステム》の三つのサブシステム、すなわちイノベーション、顧客接

★ anomie：社会的価値観の崩壊による混沌とした状態

点、業務《オペレーション》の区別を行わなかった。代わりに、マーケティングと業務がイノベーションのサブシステムとその特有の文化によって支配されるようになった。それは、この業界がテクノロジーを生み出している段階においてはうまく機能したが、それ以降になると機能しなかった。

3◆**文化的ギャップ**……集合的創造性と出現のより深いレベルにアクセスすることを可能にする対話《ダイアログ》の文化を発展させなかった。代わりに、後に述べる企業の病理の七つの要素すべてが現れる衰退の文化が始まっていた。

ほぼ同時期に、別のテクノロジーカンパニーのノキアは、これとは異なるより効果的なやり方で困難な挑戦に対処している。一九九〇年代初期、同社は大転換となる変革をなしとげ、多角化していた事業のうちの一部門を除くすべてを売却した。同社のエネルギーのすべてを、電気通信（テレコミュニケーション）という一つの事業部門の育成

図 18-2　U スペースと反スペース――組織化

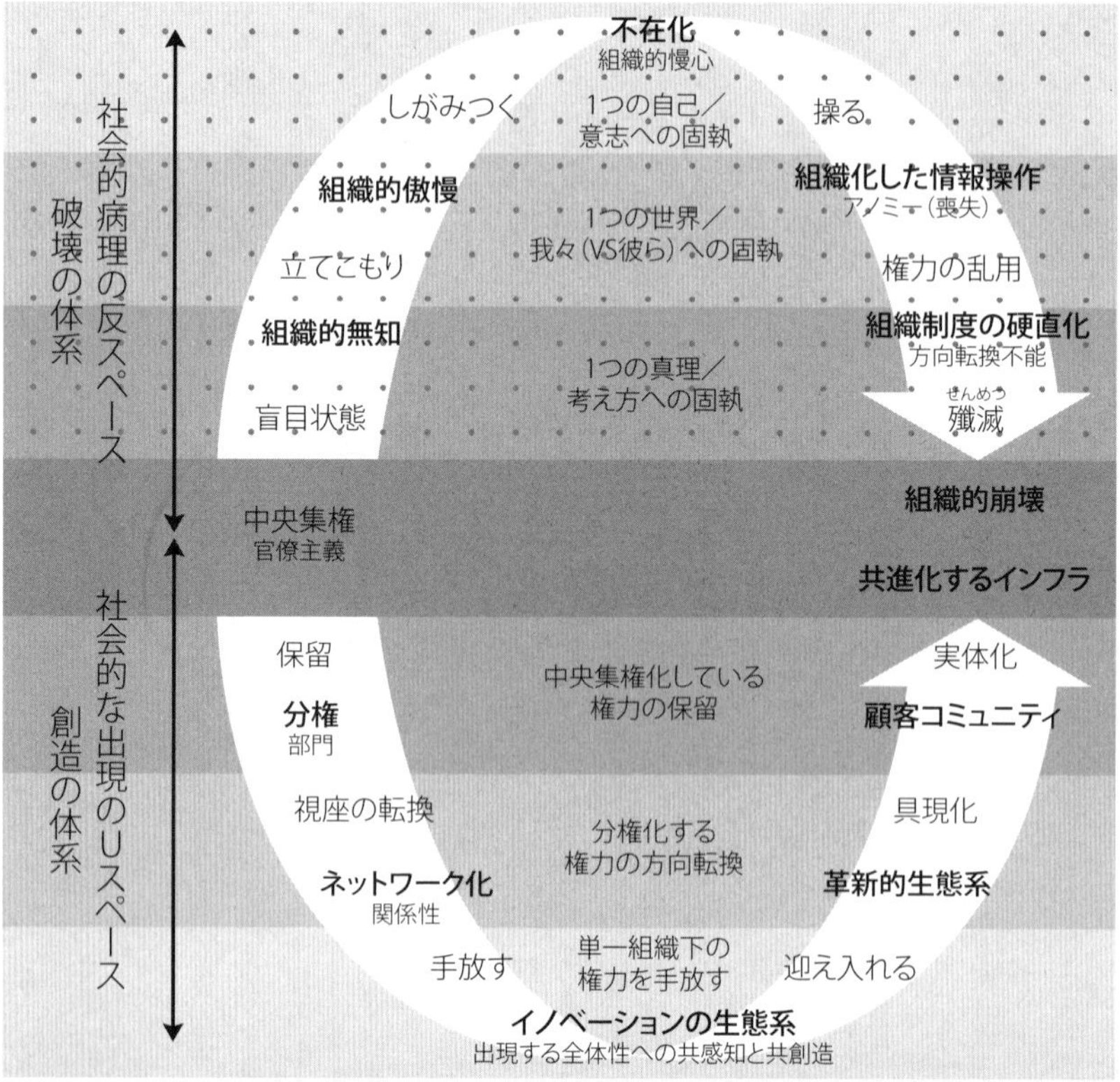

に注ぐためだった。ある一つのタイプの（多角化した）構造と戦略から、別のタイプ（単一なものにフォーカスする）へと姿をかえるノキアの能力は、長期にわたって早く動くノキア文化の強みとなっている。それは、より大きな生態系の一部として共進化《コーエボルヴ》し、会社の新たなコアとなるミッションに適合しないほかの部分は手放すというものだ。出現している機会を感じ取る能力と、古いアイデンティティや構造を手放す能力との組み合わせが、DECに欠けていたものだ。二〇〇〇年代初めにノキアの幹部の一人と話したとき、私はこう質問した。「このように急速なイノベーションのプロセスを支えるために、リーダーとしてあなたはどんなことをしているのですか。あなたの真のリーダーシップワークとは何ですか」。答えはこうだった。「新たなプロセスの始まりをファシリテートするということです」

「新たなプロセスの始まりをファシリテートする」という言葉は、DECのケースと興味深く対比できる。DECは既存の組織のさまざまな部分にしがみつき、結果として図18-2に示される企業病理の七つの要素に侵されて衰退していった。それらには以下のような症状が含まれる。

◆企業の無知……市場でどんな変化が起きているかを見ず、社内政治にあまりにも多くの時間が注がれた。すなわち、根回しと社内統治の機能不全のせいで、多くの社員があまりにも多くの時間を社内政治に費やす結果となった。

◆企業の慢心……管理部門と技術部門の間の争いの中で、立てこもりと慢心の病理が生まれた（「何が最良かを知っているのは我々だ」）。

◆企業の不在化《アブセンシング》……あまりにも長い間、あまりにも強く既存のアイデンティティにしがみついていた。つまり、機能しなくなっていたプロジェクトや製品、顧客、理念、核となっていたアイデンティティを手放すことができなかった。
◆企業のアノミー（価値の崩壊）……グループ間の雰囲気が悪化し、抗争が生まれた。
◆企業の硬化症（再生する能力の崩壊）……「一九八〇年代の終わりには、グループ間の争いと相互に対する自信の喪失が「戦略の転換と重要な革新」を不能にさせるレベルにまで達していた」[12]
◆企業の崩壊（組織の崩壊）一九九九年……コンパックがDECを買収。

崩壊するシステムと組織の病理

DECの崩壊は、優れた企業が、病理のスペースに捕らえられ進化することができずに方向性を失うという例であるが、近年の状況は、企業あるいは組織病理のウイルスに、より激烈に侵された企業の例もある。その典型がエンロンだ。

エンロンは一九九〇年代、ウォール街、ビジネス誌、ビジネススクール、コンサルティング会社、ビジネスの権威からこぞって称賛を浴びた企業である。崩壊した二〇〇一年、同社はアメリカで七番目の規模の企業になっていた。

二〇〇一年一月、エンロンの会長ケン・レイは、テキサス州サンアントニオ市のハイアット・リージェンシー・カントリーリゾートの大広間に歩み出て、自分の姿がいっぱいに映し出された巨大な二つのスクリーンの間に立っていた。このとき彼は、アメリカの企業社会で最も成功した人物の一人だった。シャンデリアのまばゆい光が多数の丸テーブルを照らし出し、そこに座ったエンロンの役員たちは、長きにわたって彼らのリーダーであるレイの挨拶が始まるのを待っていた。[13]

カート・アイケンウォールドの『ニューヨーク・タイムズ』紙の記事では、エンロン幹部数百人が集まったこのミーティングは「ビジネスが好調——もしくは好調以上——に見えたその年の業績を祝う、宴だった。その場にいた幹部によれば、夜にはオープンバーでシャンパンなどのアルコールがふんだんにふるまわれ、葉巻も吸い放題だった。臨時に設けられたギャンブル・テーブルでは大金を賭けたポーカーが行われていた」

アイケンウォールドの記事は続く。「ひもネクタイのウエイターたちがテーブルの間を忙しく行き来する中、幹部たちは、その年の成功とすでに射程距離にある新たな成功について語るレイの話に熱心に耳を傾けていた。——すでに我が社は『フォーチュン五〇〇』社のトップ近くに座を占める数十億ドルの巨大企業となっている。もともとのルーツである天然ガスビジネスから、いまやインターネットコマースの先導者になった。二〇〇一年には我が社は新しいミッションを担うであろう。それは、来る数カ月のうちに我が社が達成すべきことを明確に示したものだ。その任務とはすなわち、**エンロンは世界で最も偉大な企業になる**というものだ——。スクリーンの一つには、レイの姿に代わってその言葉が映し出された」

だが、実際はそうはいかなかった。アイケンウォールドは続ける。「そこにいたほとんどの人々は知らなかったが、エンロンはひそかに崩れ始めていた。あの祝賀会が開かれているときでさえ、ヒューストンの本社では会計士と投資の専門家が財政破綻を阻止しようと必死に働いていたのだ。エンロンが成し遂げたすべてを脅かし、最後には同社を破壊する財政破綻を。少数の幹部は懸命に警告を発していたが、エンロンは成功する運命にあるという思い込みによってその警告は無視された。サンアントニオの祝宴に出席していた幹部の一人はこう言った。「我々は自分たちがやっていること、自分たちが進もうとしているところについて自信満々だった。まさか借り物の時間を生きていたなんて思いもしなかった」

組織病理の慣行

一九八〇年代の東ドイツで反体制運動に参加していた人々と話しているときに、私は二〇〇一年のエンロン崩壊と、それより一〇年前の東ドイツの社会主義体制の崩壊の類似性に衝撃をうけた。むろん両方のシステムには明らかな多くの違いがある。しかし私が興味を抱いたのは、リーダーシップの問題だ。どちらの場合も、システムが崩壊へと向かっているにもかかわらず、リーダーたちはその進路を変えることができなかった。エンロンのリーダーたちが、二〇〇一年の最後の一一カ月間に「船」の進路を転換できなかったのはなぜなのか。一九八九年~九〇年にかけての崩壊に先立つ最後の一〇年間に、東ドイツの共産党政治局はなぜ軌道修正できなかったのか。

そのときから、私は崩壊するシステムのリーダーの行動が、反スペースの組織病理と一致することに気がついた。

組織的無知◆何が起きているかを見ない

二〇〇一年一月のサンアントニオの集まりに出席していたエンロンの幹部のほとんどは、自分達の会社に何がほんとうに起きているかを知らなかった。同じように、一九八〇年代の東ドイツ共産党政治局のメンバーは、そのイデオロギーや信念の体系に囚われていて、自分たちが信じることと現実とのあいだの溝が広がっていることに気づかなかった。

エーリッヒ・ホーネッカー共産党書記長が地方へ旅行するとき、彼のスタッフや地方の役人は通りに沿って色鮮やかな構造物を造らせた。彼が車で通るときにその地方が繁栄しているように印象づけるためだ。むろん、こういうやり方は今に始まったことではない。ロシアのエカテリーナ二世とその家族がサンクトペテルブルクからクリミアへ旅行したとき、グリゴーリー・ポチョムキン将軍は、その沿道に家屋の大きさの構造物を造らせた。以来、そのような見せかけの構造物は「ポチョムキンの村」と呼ばれている。最近この話をグローバルな石油企業の管理職にしたとき、誰も笑う人はいなかった。まったく同じことを自分たちもやっている、というのだ。CEOが現場への「抜き打ち」視察に出発した瞬間、精巧な警告システムが作動し始める。CEOが通るルートを調べ、そのルート上の業績の悪いガソリンスタンドを確認して大型の石油タンクローリーを急派する。CEOの乗った車が通り過ぎるあいだ、そのタンクローリーはさびれたガソリンスタンドの前に駐車して目隠しをするのだ。

言い換えると、リーダーの認知は周囲の環境によって巧みに「管理」されている。トップリーダーを取り巻く人々は、リーダーのメンタルモデルに合致する情報は通るが、そうでない情報は通らないことがわかる。崩壊するシステムでは、認知の範囲を狭められて誰もが既存のメンタルモデルや信念の体系に固執するようになるが、その歪みの理由はここにある。リーダーの認知を管理することの種のことは、至るところで行われている。

組織的傲慢さ◆感知、内省、ダイアログの能力の欠如

エンロンでは、かつては「攻撃的会計」と称賛され、今日では不正と呼ばれる慣行を通じて会計システムを歪めていた。ここでは、正確な言葉ではない巧妙な造語が重要な役割を果たしていたことに注意してほしい。エンロン内部でも、一部の人はエンロンを自己破壊の道へと導いた誤りについて認識していたことが今ではわかっている。ではなぜ、リーダーに警告しようとしていた人々は

そのメッセージを伝えることができなかったのだろうか。

学習の文化が機能していない環境では、誰も初期の前兆に注意を払わなかった。東ドイツのリーダーシップの体制にも同じ問題があった。現実に何が起きているかを知っていた人々も、声をあげなかった。彼らはそれまで通りの行動を続けた。一九八〇年代、東ドイツは多額の投資をしてドレスデンにマイクロチップの工場を建設している。その産業で日本とアメリカに勝つつもりだったのだ。工場が最初の試作品を作ったとき、党政治局はこれを偉大な成功と断言した。ドイツの工学技術の素晴らしい実例と受け止められ、世界中のメディアがこれを報じた。しかしその裏では、その工場が実は党政治局のための手の込んだごまかしであることを多くの内部関係者が知っていた。マイクロチップの試作品のことが世界中で報じられているころ、ベルリンの上層の実務官僚は、この「達成」がインチキであることをはっきり認識していたのだ。最上層部の人々が依然として東ドイツにマイクロチップ産業が樹立されると信じていたときに、内部の関係者はこれをドレスデンの有名な歌劇場を引き合いに出して「ゼンパー歌劇場へ行く」と話していた。学習する文化が未熟だとこのような状態になる。いいニュースだけがトップに届き、悪いニュースはどこか途中で止まってしまうのだ。

組織的慢心◆真正の自己《オーセンティック・セルフ》を知らない

真正の自己を認識できないことは、自己欺瞞や誇大妄想につながり得る。「エンロンは世界で最も偉大な企業になる」。この大層なミッションステートメントは、同社が年末に倒産手続きをしたその年のものだ。東ドイツの場合はどうだったろう。党政治局の自己イメージは、三つの基本的な「真実」の上に成り立っていた。一つは、社会主義は歴史的に見て資本主義より優れている。二つ目は、歴史の最終段階たる世界規模での社会主義の勝利の前では、資本主義の崩壊は単に時間の問題でしかない。三つ目は、東ドイツの社会主義体制はおそらくこの時代で最良に組織されている、最もうまく機能している社会主義体制である。この膨張した自己イメージの前では、エンロンのケン・レイ元会長でさえ控えめな人物に思えてくる。どちらの自己イメージも現実とずれており、それが根深い現実把握能力の欠如の原因となった。

組織的な情報操作と喪失《アノミー》◆全体性に奉仕しない

意図するものの質のレベルの低い人々は、公のより大きな善に奉仕することはない。代わりに自己の利益追求に夢中になり、世界の中心に自分の自我《エゴ》を据えて、ほかの人々にはその構造をサポートするように求める。

エンロンが独自の利益だけを拡大するために、エネルギー政策や立法措置に影響力を行使したやり方を見れば、同社に奉仕の意識がなかったのは明らかだ。(たとえば、同社が共同ででっち上げたカリフォルニア州のエネルギー危機では、納税者の金が三〇〇億ドル使われた。また、インドその他では、市場における独占的なポジションを通じて搾取した)[14]。自社の利益を最優先にすることでエンロンは実際の顧客を食い物にするようなことも行っていた。長期の契約に縛られ、不当に高い料金を払わされ続けたのだ。意図するもののレベルの低い人々は、本来彼らが奉仕すべき人々の弱みにつけ込み、搾取する。

東ドイツの国民は、別のタイプの幻想と自我《エゴ》の病に侵されていたように見える。東ドイツの社会科学者であり、フェミニズムの公民活動家でもあるハイデマリーから聞かされた次の話について考えてみてほしい。「今でも忘れられないのは、東ドイツの体制内で高い地位にあった若手リーダーの小さなグループと一九八〇年代初めに行った会合のことです。彼らは一晩中酒を飲み、語りました。彼らが話せば話すほど、体制全体がいかに腐敗しているかが明らかになっていきました。終わりごろに私は彼らが話していた内容について詰問し、なぜあなたたちはそういった真の問題に真剣に取り組まないのか、と尋ねました。その瞬間、座が静まり返りました。しばらくしてから一人が、ほかの人々の考えを代表してこう言いました。『我々はこんなことに自分を犠牲にする気はない。そんな価値はない。我々が望んでいるのは日々を大過なく過ごすことだけだ。**我々は殉教者じゃない**』」。私と話していたハイデマリーはそこでちょっと間を置き、それからこう言った。「東ドイツの体制は崩壊へ向かう自動操縦機にある、と思ったのはその瞬間でした」

組織的硬化症◆実験の欠如

このメカニズムは、革新のための小宇宙《マイクロコズム》を早いサイクルで次々に実験してみることがない状態にある。ロイヤル・ダッチ・シェルは企業の寿命についての有名な調査で、一〇〇年以上に渡って成功が続いている企業の重要な特徴を分析している[15]。そのなかで最も興味深いのは、「実験を許容する余裕を持つ」ということだ。今日の実験と失敗は明日の成功の種を育てるために非常に重要であるとこの研究の筆者たちは主張している。

東ドイツで行われなかったのは、まさにそれだった。あらゆることが中央で計画された。革新的な生きた小宇宙《マイクロコズム》の試作品を作ってみる、などということがまったくなかったことは、あまりにも明白だ。しかし、エンロンの場合は明らかに欠如していたかどうかはより不透明だ。なんと言っても、エンロンは革新的企業の象徴だったのだから。だが、エンロンの詳しい事例研究によれば、ほんとうの意味での実験の範囲は財務の数値に制限され、限定されていて、しかも遅すぎた。二〇〇一年に会計スキャンダルが発覚したときには、もう破産申請以外に選択肢はなかった。

インフラの欠如◆現実の業績にフォーカスしない

持続的に業績を出すためには、学習のための効果的なインフラが整備されていることが重要だ。世界有数の宅配企業、フェデラル・エクスプレスについて考えてみよう。私はかつて、同社の中心であるテネシー州メンフィスを同僚のアダム・カヘンと訪れたことがある。ここでは、毎晩午後一一時頃から午前二時の間に輸送機一五〇機が着陸し、積荷を降ろし、一〇〇万個に及ぶ小包が仕分けされ、積み直されて最後の目的地へ向かう。輸送機がすべて飛び立ったあと、午前三時にコア・チーム全体が集まって作業の振り返りの会を行う。午前九時には、コア・チームは世界中のＦｅｄＥｘのハブの幹部とともに同じような検討会を行う。晩にはチーム全体で再度集まって、前回のサイクルで学んだことを次のサイクルに適用できるようにレビューする。一回のシフトごとに三度の作業後の振り返りの検討を行っているのだ。これを二五年間続ければ、世界トップクラスの輸送会社になる。

これとは対照的に、東ドイツとエンロンにはこの種の学習のためのインフラがなかった。興味深いのは、どちらの場合も同じような欠陥を抱えていたということだ。エンロンでは、ハーバード大の卒業生であるＣＥＯ、ジェフ・スキリングが、アイデアと現実を混同する文化を創り上げた。すなわち、期待される将来の収益を、ほとんど空想的とも言える数字で帳簿に記載したのだ。同じように、東ドイツの中央計画体制のもとでは、一度中央計画が承認され、指令が出されれば、企業はそれを実際に実行するものという前提に立っていた。だが、計画は計画でしかない。将来の収益予想もそれと同じだ。一方現実の経済的価値はそういうものではない。それは集団の活動によって生み出され、進化するための努力と、それを支えるインフラを必要とする。レイやスキリングのように「最も頭が切れる」以上のものが必要なのだ。

組織とグローバル企業についての五つの所見

ここでは図18-2で紹介した構造図を使いながら、組織とグローバルな企業の世界における課題と傾向に焦点を当てて五つの診断的な所見を述べたい。

1◆過去二〇~三〇年間で組織の主流はUの第一から第二レベルへ（中央集権的構造から分権的／部門構造へ）移行した。（例）GE、ABB（一九八〇年代から九〇年代にかけて）。

2◆同じ頃、より小さな集団の前衛的な組織が、ネットワーク化、あるいは生態系化《エコシステム》された組織形態（Uの第三、第四レベル）へ移行した。（例）ノキア、シスコ、トヨタ、グーグル。

3◆それと平行して、図の上部に示された企業病理の影、もしくは企業病理の反空間《アンチ・スペース》へと組織が引き寄せられる傾向も見られる。残念ながらこのタイプの組織的病理の例は、エンロンのような企業に限定されているわけではない。その他の企業やNGOにも見られるし、政府内にも見られる。たとえば、ブッシュ／チェイニー／ラムズフェルド政権は、どのようにしてアメリカをイラク戦争へ引きずり込んだだろう。まず第一に、中東情勢についての深い理解がほとんどなかった（組織的無知——現場の真の複雑性を理解していない）。第二に、かなりの程度九・一一のトラウマが残っていて、集団的立てこもり《エントレンチメント》があった（組織的傲慢さ――他者が自分をどう見ているかを理解していない）。第三に、世界唯一のスーパーパワーでグローバルな帝国だという、膨れ上がった自己イメージがあった（組織的慢心――この地球における自らの真の役割と目的を理解していない）。加えて第四に、チェイニー副大統領がイラクへの軍事介入を正当化するために情報機関への積極的な介入をした。イラクの大量破壊兵器について、事実にも、入手可能な知識にも基づかない報告書を作成させるためである（組織的な情報操作とアノミー）。これら四つの条件（破壊サイクルの最初の四要素）がそろえば、次に何が来るかは容易に予想がつく。予期せぬ形で不意に展開し始める現実の事態に対応できなくなるのだ（組織的硬化症――ラムズフェルドの当初の戦略、「衝撃と畏怖」作戦が機能していないことが明らかになっても、方向転換ができない）。それはサイクルの最後の段階である破壊（組織的崩壊）という結果を招く可能性がある。現に今、我々は膨大な破壊を目にしている。いま現在（二〇〇六年）、このイラク戦争での死者が五〇万人を超えているのだ。開花するはずだった民主主義の代わりに、ほとんどすべての組織構造の瓦解と内戦が起きている。それは地域全体、さらにはそれを越えて、対立するあらゆる勢力において過激派や原理主義者が台頭する恐れがある（組織的崩壊）。

4◆近年のグローバリゼーション、破壊的なイノベーション、そして激動する社会状況は、グローバル組織におけるリーダーシップとマネジメントの複雑性を増大させている。したがって、上に挙げたトレンド（権限分散、ネットワーク、生態系《エコシステム》へと向かう傾向、そして不在化《アブセンシング》と組織病理の反空間に陥る傾向）が多かれ少なかれあらゆる組織に見られ、どの方向へ向かっているかが組織構造的な力を決定づける。今日多くの組織が直面している前例のない難題に対応するためには、リーダーはUの四つレベルすべての連携と統治の方法を身につけ、活用できるようになるべきだ。だが、それらすべてを活用している組織の例は滅多にない。なぜなら、それぞれのレベルで必要とされる手法、原理、行動が異なるからだ。そのために、組織構造や企業は大抵の場合、Uのアンチテーゼである組織病理の反空間にはまってしまう。

5◆レベル3やレベル4で対処すべき課題に、ほとんどの場合レベル1やレベル2の主流となっている慣習的な対応をして組織は不適合を起こし、リーダーシップの機能不全が拡大している。リーダーシップの欠陥が今日の核心的な問題なのだ。どうすれば、この世界で最も支配的な地位を占めていながら、一方で最も危機にさらされている種――グローバルに活動を拡大している組織という種――の進化を助けることができるのか。

組織の進化について――支配的な、しかし危機にさらされている種

この章の最後に、ここでのテーマである第三のメタ・プロセス、つまり力の組織的配分における集団的な具現化《エナクティング》の性質についての観察について述べておきたい。前章で会話の領域《フィールド》について行ったように、ここでは組織を**あたかも生き物であるかのように**とらえ、みてみよう。

この観点からは次のような疑問が起こる。この組織という生物の種が進化し、発展し、成熟するのを助ける、目に見えないプロセスとインフラは何か。

図18-3は、この観点から見た四つの異なる発展的経路を示している。黒文字の部分は前に論じた組織の全体的な連携《コーディネーション》における、目に見える四つの型（中央集権から分権、ネットワーク、生態系

牽引）を示している。しかし、これらの型の背後には、それを存続させ、形作る、目には見えないプロセスがある。

その隠れた背後にある仕組み的なプロセスの要素を示すのが、図18-3の色の濃い部分である。たとえば一列目は、**機能的プロセス**に依拠する中央集権的な構造（例　官僚制）を示している。ここでは、いったん何らかの推進力によってものごとが始まれば、つねに同じ標準作業手順〔SOP：standard operating procedure〕によって対応する。

二列目では、価値創造の**核となるプロセス**に依拠する分権型構造を見ることができる。これは顧客で終わり（あるいは顧客から出発し）、サプライチェーン全体にわたってすべての前段階での価値創造を継ぎ目のない一つの流れに連結する。この核となるプロセスの組織は、すべての機能や組織の境界線を越え、顧客や市場により近いところで意思決定を行うことができるようになる。分権化を促進し、あらゆる働きの中心原理として機能するのは、市場や顧客とのつながりである。

それでは、ネットワーク型組織の隠れたプロセスとはどんなものだろう。それを持続させる要素は何か。それを可能にする目に見えない条件とは何か。**利害関係者**《ステークホルダー》**の会話**である。三列目は、会話のプロセスが機能や、組織的な境界をまたいでさまざまな利害関係者を結びつけることを示している。この結びつきによって人々は状況《コンテクスト》を共有し、戦略をともに作ることができる。DECのような組織が失敗し、HPやノキアのような組織が成功した理由はまさにこの点にある。

最後に、四列目の連携のメカニズム――出現する全体性から見る――を実現するためのプロセスはどのようなものか。そのような生態系《エコシステム》を創造し、作動させるものは何なのか。それは**生態系のイノベーション**である。この（Uタイプの）プロセスは、より大きな生態系、すなわち業界の場（ユーザーや顧客を含む）に出現する重要なプレーヤーのすべて未来を形作るために互いを必要とするプレーヤーすべてを結びつけ、その人々を深く潜る旅路へと引きつける。その結果、人々は互いの状況《コンテクスト》や課題領域を見ることができ、そしてどのようなシステム的な力が作用しているかについての理解を共有し、**出現する全体性から見たり行動したりする**ことを始める。このような生態系の革新のプロセスは、答えが用意されていない旅、しかし自分自身を大きく変容させる可能性がある旅の一環としてさまざまな利害関係者《ステークホルダー》を引き込む。この旅が成功すれば、すべての（あるいはほとんどの）参加した主要なプレーヤーの意図やアイデンティティに転換が起こるだろう。

それでは、この種の集合的で社会的な場《ソーシャルフィールド》が、あらゆる組織に現れるのを手助けする最もよい方法、そのような組織構造を具現化する最善の方法とは何なのか。それは、目に見えないインフラ（図18-3の青字の部分）を育てることによって、この生き物としての種が進化し、発展し、成熟するのを手助けすることである。育てる仕事は、農民が土を耕すときに道具を使ってすること――私の父や兄がしていること――によく似ている。**社会的な場**の文脈を耕す人々の場合は、組織のさまざまなプロセスに、より多くの意識を向ける必要がある。ここには機能的プロセス、核となるプロセス、利害関係者《ステークホルダー》の会話のプロセス、生態系《エコシステム》の革新のプロセスという四つのプロセスすべてが含まれる。

ここで結論の代わりに、DECの元社員が書いたeメールを引用し

図 18-3　組織化された領域《フィールド》構造の進化

段階	中央集権型	分権型	ネットワーク型	生態系《エコシステム》
1	機能別プロセスと中央集権的構造：**ヒエラルキー**	核となるプロセス：**顧客価値創造へのつながり**	利害関係者の会話プロセス：**主要な利害関係者へのつながり**	生態系のイノベーションのプロセス：**出現する主要プレーヤーへのつながり**
2		分権型構造：**市場、ヒエラルキー**	利害関係者の対話：**状況《コンテクスト》の共有**	深く潜る：**浸りきる旅路**
3			ネットワーク型構造：**対話《ダイアログ》、市場、ヒエラルキー**	生態系を感じ取る：**出現する機会を感じ、気づく**
4				イノベーションの生態系：**全体から観る、対話、市場、ヒエラルキー**

よう。彼はＤＥＣの元社員たちが**ヒマワリの物語**と呼ぶ話を紹介している。それはＤＥＣの興亡と、それがグローバルなビジネスの生態系にどんな意味を持つかを解き明かそうとした物語だ。

この物語の「強い」バージョンは、ＤＥＣの終焉はケンによって計画されていた、というものです。つまり、ケンに魅かれて会社に入り、彼が成長を支援した自由な精神の持ち主たちが、会社を離れていくという選択をせざるを得ないような不愉快な状況を、ケンは意図的に作り出した。その結果、ヒマワリの種が夏の終わりにはじき出されるように、社員たち（すなわち種は、ＤＥＣの文化を持って方々に散り、今日のビジネス全体に影響を与えている、というものです。一方「弱い」バージョンは、ケンは意図的ではなく無意識の中でそれをやっていた、というものです。いずれにしろはっきりしているのは、その結末は事実であり、ＤＥＣの文化は世界中のビジネスに影響を与え続けているということです。システム思考的に言えば、ＤＥＣは企業というレベルを脱却したのです。それは次のレベルに出現し、世界のビジネスの生態系に影響を与えています。ビジネス文化の重要な一翼を担っていくためには、ハッピーエンドの物語にしたいためにこんなことを言っているのではありません。これは真剣に考えるべきポイントです。大きな成功を収めたがゆえに次のレベルに進まなければならなかった企業が、ほかにもあるかもしれないと言いたいのです。[16]

シャインが結論づけているように、「ＤＥＣのような文化は、いま元社員たちの中で生き続けているように、生き残るべきだった。そのような文化を変えてまで企業体を存続させる価値はあるのか。DECの遺産の一つは、この難問を我々に残したということだ。結局、より価値があるのはどちらなのか。高貴だが経済的には不安定な文化のほうだろうか。それとも、とにかく何であれ生き残るために求められる文化へと変わる経済的に安定したほうだろうか」[17]

エド・シャインの問いかけは、ビジネスと社会の基盤についての今日の論点の核心をついている。科学分野の事柄をとことん掘り下げていけば、間違いなく認識論、存在論という根源的な哲学の問題に行き着くように、組織とビジネスの構造の問題を掘り下げていけば、今の時代のシステムの根源的な問題に突き当たる。これらの深い問いは資本主義と民主主義という、グローバルな基盤の進化に関わるものだ。

第19章 グローバルなアクション

二〇〇二年春、ドイツでの医療のインタビュープロジェクトの報告会が、その町の古い城を利用したホテルの会議室で開かれた。会には一〇数人の医療関係者が集まった。会が始まる直前、一人の医療関係者が私に、遠いボストンからこの会のファシリテーターとしてはるばるやって来たのはなぜか、と聞いてきた。私はふだん口には出さない自分の個人的な動機を語った。「世界のシステムは、今の流れがこのまま続けば今後一〇年以内に行き詰まるという気がするのです。ですから組織横断型の協働《コラボレーション》とイノベーションの新しい形を実現する**生きた例**を作ることに、時間とエネルギーを注ぎたいと思っているのです」。話し終わったとき、どんな反応が返ってくるか私には見当がつかなかった。同意するのか、それともそうは思わないのか。

人々は同意しなかった。「それはどういう意味ですか？　一〇年ですって？　今のシステムはそんなに長くは続きませんよ。せいぜいもって**五年**でしょうね」と一人が言った。それにも異議を唱える声があがった。「五年だって？　崩壊は**今**まさに目の前で起きていますよ。我々が話をしているこの瞬間にも」

この話を紹介するのは、現場の最前線で働いている人々が抱えているプレッシャーには想像を絶するものがある、と確信しているからだ。病院の看護師や医師、学校の教師、企業の現場のリーダー、そして農民も、みな同じことを言う。プレッシャーは高まる一方で、もう限界だ、と。システムは機能不全に陥っており、自分たちはそれにはまって身動きができない状態に置かれている、と人々は感じている。誰も望まないような結果を集合的に生み出している、と。にもかかわらず、どうやってそれを変えればいいのか、どうすればそこから抜け出すことができるのかがわからない。

今日の複雑なシステムの中で、リーダーは孤立感を強め、どうしようもない状態に陥っている。現在のグローバル社会においてリーダーが直面しているジレンマは、東ドイツやエンロンのそれとさほど変わりはない。リーダーたちは、変えることはもはや不可能にみえる、停滞した機能不全のシステムの中で行動することを強いられている。グローバルなシステムを全体としてうまく機能させ、調整するためには、四番目のメタ・プロセスを見る必要がある。

今日の社会の発展の核となる問題

「今の社会的危機を改善しようとする試みすべてに共通する問題は、それらが誤った現状分析に基づいて行われているということです」とマッキンゼー社のマイケル・ユングは言う。「あらためてそこからまったく新しく始める必要があります」

現在の学校は、子供たちが潜在的に持っている真の創造性を育むよりも、むしろ損なうような教育を行っている。食糧システムもまた持続不可能なやり方で畑の土壌の質を低下させ、一方でジャンクフードをどんどん生産して、かつてないほどの肥満、栄養不良、飢餓を拡大させている。医療費はGDPの一五%（米国）に達しているが、国の医療費の支出と国民の健康の質との明確な関連性は証明されていない。

これらが現象面で起きていることだ。しかし、興味深いのはその理由である。二一世紀において、我々はなぜもっと賢明な社会システム（健康、教育、農業、紛争解決など）の設計ができないのか。もっと効果的で、創造的で、包括的な社会システムの設計が。我々がこれらすべてのシステムの根本にある問題に取り組むことを、何かが妨げている。そのことをより良く理解するために、医療システムの例で掘り下げて考えてみよう。

医療――我々はほんとうに関心を向けているか？

産業としての医療はアメリカだけでも年間一兆八〇〇〇億ドルの支出規模を持ち、国内総生産（GDP）の一五％を占めている。医療システムのすべての組織のリーダーの年次集会を主催しているグローバル・メディカル・フォーラム財団の創設者ラファエル・レビー博士によると、「一部の人々のために、医療予算の大半が使われている。それも、一般によく知られている、おおむね生活習慣から来る病気に対してだ」

「患者の病気の原因は、自分でどうすることもできない環境や遺伝子によるものではなく、生活の仕方にある。私が医学部の学生だったはるか昔にも、多くの論文が医療予算の八〇％は五つの生活習慣のために浪費されていることを立証していた」。まとめると、過度の喫煙、飲酒、食事、ストレス、そして運動不足だ。[1]

ジョンズ・ホプキンス大学医学部長で同大学病院のCEOであるエドワード・ミラー博士が、心臓病の例について語っている。「アメリカでは毎年およそ六〇万人がバイパス手術を、一三〇万人が血管形成術を受けていて、その医療費は年間三〇〇億ドルに達します。そういった処置をすれば一時的に胸の痛みはやわらぎますが、それで心臓発作が予防されたり寿命が延びることはめったにありません。移植されたバイパス血管のおよそ半数は、数年で詰まってしまいます。血管形成の場合は数カ月でそうなります」。この種のいわゆる動脈の再狭窄の原因は複雑だ。ときに手術の傷そのものへの反応で起こることもある。しかし、多くの患者はより健康的な生活習慣に切り替えることで、病気の進行による死はもちろんのこと、痛みの再発や手術の繰り返しを避けることができるはずなのだ。しかし、それを実行する人はきわめて少ない。「冠動脈バイパスの移植を受けた患者の二年後を調べてみると、九〇％の人が生活習慣を変えていません」とミラー博士は言う。「この調査は何度も繰り返し行われてきました。何か欠けているものがあるのです。彼らは自分が危険な病気を持っていること、生活習慣を変える必要があることを知っている。しかし、それでも習慣を変えることができないのはなぜでしょうか」[2]

カリフォルニア大学サンフランシスコ校の医学部教授で、カリフォルニア州ソーサリートにある予防医学研究所の創設者でもあるディーン・オーニッシュ博士は、健康問題に関して四つのレベルに取り組む戦略が必要だと強調している。「健康についての情報を提供することは重要ですが、それだけでは必ずしも十分ではありません。無視されがちな心理的、感情的、精神的側面にも取り組む必要があります」。オーニッシュ博士は、脂肪からのカロリー摂取量を一〇％以下に抑えた菜食を基礎とする全体性《ホーリスティック》医療プログラムによって、手術や薬なしで心臓病の症状を改善できるという研究を、主要な科学専門誌に発表している。博士が提唱するように生活習慣を変えても、それを患者が持続できるかどうかに医療関係者の多くが懐疑的だったとき、彼はオマハ生命保険会社にかけあって試験的な臨床研究の費用を負担してもらうことに成功。研究者たちは実験に参加した重症の動脈狭窄の患者三三三人に対して禁煙を支援し、オーニッシュ式食生活を実行してもらった。患者は、心理学者による週二回のグループ・セッションに参加し、さらに瞑想、リラクゼーション、ヨガ、エアロビクスの指導を受けた。このプログラムは一年で終わったが、三年後の調査でわかったのは、七七％の人がこのときの生活習慣を以後も続け、保険が適用されるバイパス手術や血管形成術を受けることなく過ごしているということだ。その結果オマハ生命保険会社は患者一人あたり三万ドルの節約ができた。[3]

領域《フィールド》1・2のやり方で領域《フィールド》3・4の問題を解決しようとする

この医療の例が示しているのは、イノベーションや変化に対して領域《フィールド》3や4の深部からの取り組みが必要な問題に対して、いかに我々がレベル1や2の技術的な処置をしようとしているかということだ。ケン・オルセンもDECで同じようなことをし、その後すぐにDECは消滅した。しかし、複合的複雑性の中にある医療や教育や農業、まして開発経済においては、何にでも適用できる修正メカニズムは存在しない。だが、これらの社会システムは、ほぼ独占的な状況にあるため、機能不全な成果を生み出し続けているにもかかわらず企業のように倒産という形で社会から消えることなく存在し続けている。

この問題を打破しない限り、つまりシステム的な根本原因を明らかにしない限り、我々が今日の社会で直面している主要な問題を解決することはできないだろう。対処療法に一兆八〇〇〇億ドルの医療費を注ぎ込む一方で、その症状を引き起こしている真のシステム的な原因については言及されずにいる。

ノースカロライナ大学医学部教授のノーティン・ハドラー医学博士は、高い死亡率をもたらすリスクのシステム的な原因を突き止めようと大規模な調査を行ってきた。そして、二つの要素がカギになっていると結論づけた。博士はこう述べている。

一．自分の社会経済的な地位に対して心地よいですか？

二．今の仕事に満足していますか？

仕事がどれだけ楽しいかと、いまの社会経済的地位の快適度を教えてください。あなたの死亡リスクをお教えしましょう！

ドイツの医療問題に取り組んだときに我々が理解したのは、人々は、他者、そして自分自身と深く関わり合うことを欲しているということだった。患者も医師も、自分たちは誰も望まないような結果や関係性を具現化していることに気づいた。それにもかかわらず、その状況を変えるのは（ほとんど）不可能だと彼らは感じていた。なぜだろうか。我々を止めているのは何なのだろう。自分の愛していることをすること、自分のしていることを愛すること、それを阻んでいる根本的な問題を明らかにするには、何が必要なのか。

より深い社会的な転換

組織がポジティブな方向に変わったという逸話はいくつも知られているが、その組織や集団が結局は変わる前の元の行動様式に戻ってしまうことも少なくない。なぜなら組織を取り巻くより大きな構造的な生態系《エコシステム》があまりにも多くの制約的な要求を課してくるからだ（たとえば、ウォールストリートのアナリストの期待に添うこと、など)。したがって根本原因の分析は、現在の構造的な状況《コンテクスト》(ムンド)を規定しているメタ・システムをも含んだものでなければならないことは明らかだ。これらのメタ・システムには、経済、政治、マスメディア、文化などのサブシステムが含まれる。以前はそれらのシステムは別々の存在だったが、今では高度にお互いが絡みあっているため、全体的な連携が必要となっている。しかしどのようにやるのだろうか。

どのようにすれば全体の連携に到達することができるのか。たとえばある一つの宗教、国家、あるいはビジネスによる独裁に逆戻りすることなく全体で連携するにはどうすればいいのか。部門間のコミュニケーションを、レベル1、2(ダウンローディングと討論《ディベート》)からレベル3、4(対話《ダイアログ》とプレゼンシング)へ転換することを通して、システム全体の連携はできるのか。

フィンランド、スウェーデン、ノルウェー、デンマーク、オランダなどのヨーロッパの社会モデルは、三つの部門《セクター》(公、民間、市民)間の相対的なバランス、自立性、相互依存の良い見本を示してくれる。歴史上、支配には三つの形態があり、社会主義体制(国家による支配)、神権政治体制(精神的《スピリチュアル》リーダーによる支配)、新自由主義体制(ビジネスによる支配)である。それらはいずれも、今日のグローバルな現実における真の複雑性を単純化しすぎることから生じる固有の問題や課題をはらんでいる。

現在の社会は三つのセクター間のより深い相互依存への転換へ向かっていると思われるが、今日あらゆる方面で見られる一極原理主義の台頭は、これとは反対方向を目指しているように見える。しかしこの現象は、実は三セクター間の相互依存へ向かい続けている社会に対する逆反応だと私は考えている。[4]

セクター横断的なコミュニケーション

図19-1は三つのセクター（公、民間、市民）の間の関係を、17章で議論した会話の異なる型（ダウンローディング、討論《ディベート》、対話《ダイアログ》、プレゼンシング）に沿って示したものである。四つの円は今日のグローバル経済と政治システムにおける四つの型と発展段階を表している。

一つ目の円◆ダウンローディング

外側の円は**ダウンローディング**の空間を表し、民主主義以前、立憲以前の典型的な利害関係者《ステークホルダー》のコミュニケーションの力学を表わしている。ダウンローディングは**一方的な**コミュニケーション構造で、議題を設定し他の利害関係者を操り一定の振る舞い方をさせる。また、彼らの声を論議から排除する。部門横断的なコミュニケーションとしてこのタイプで広く利用されている例は、政治的なプロパガンダ、贈収賄、さまざまなタイプのロビー活動、そしてコマーシャルである。NGOの分野からの他の例としては、その企業との直接的コミュニケーションをまったく取ろうとせず、企業を攻撃することに終始する擁護団体である。これらのコミュニケーション構造はすべて、**一方的**

図 19-1　セクター横断コミュニケーションのタイプ 1と2

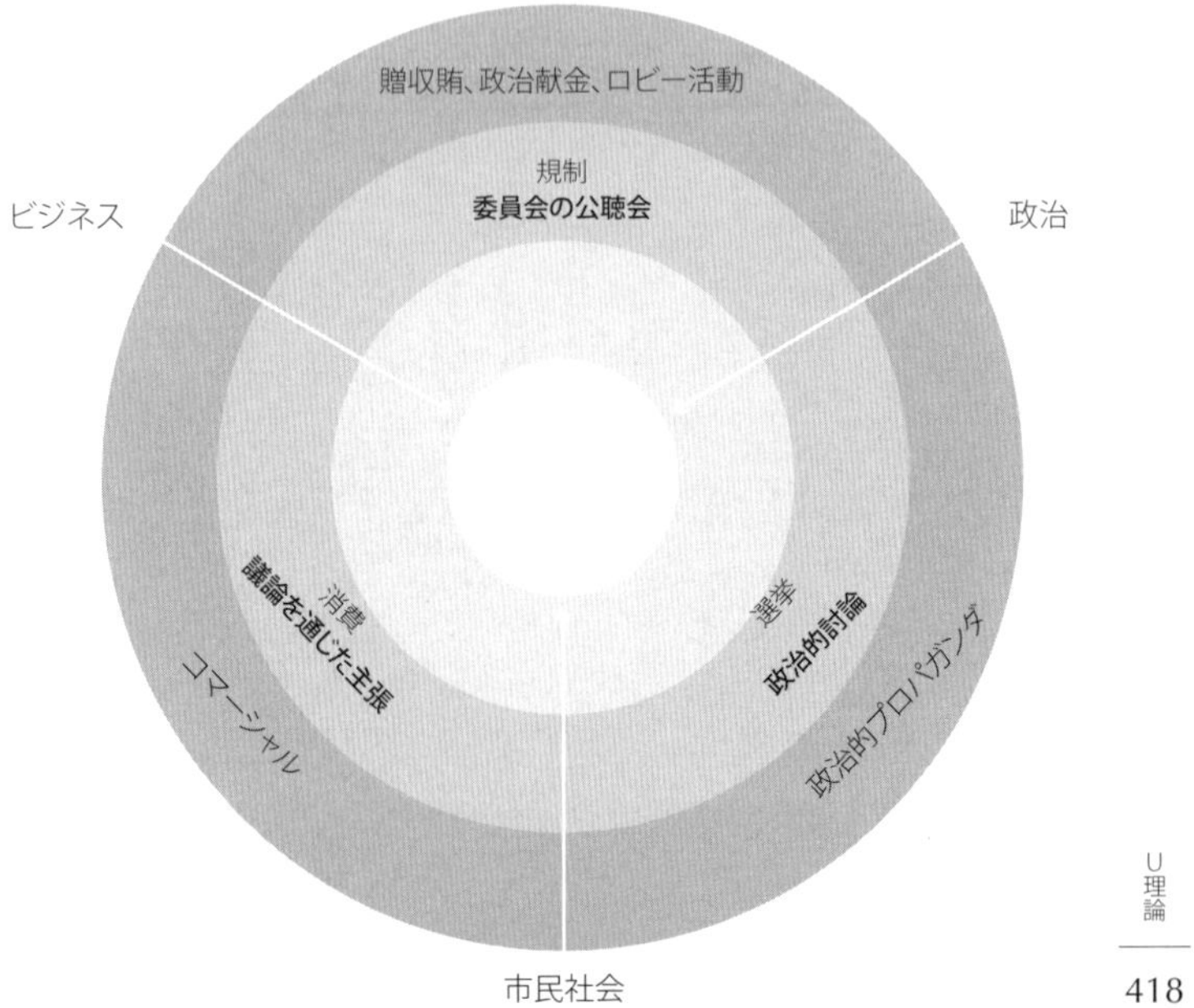

（チャンネルは一つだけ）、**非包含的**《ノン・インクルーシブ》（他の利害関係者《ステークホルダー》を除外する）、かつ、擁護団体の例を除くと**不透明**で、その行動はたいてい閉ざされた扉の向こう側で行われる。これらは情報の送り手の利益を目的に（通常、排除された利害関係者《ステークホルダー》の犠牲のもと）、受け手の行動に影響を与え、その振る舞いを操るように計画されている。

誰でもこれらの行動をとれるのなら何が問題になるのか、という意見もあるかもしれない。だが、実際には問題が二つある。一つは、政治や法的プロセスへのアクセスが不平等だということだ。一部の人々や集団は大きな経済力を持ち、ほかの人々にはそれがほとんどない。しかも、マンカー・オルソンの先駆的な著書 *The Logic of Collective Action*（集合的行動の論理）が指摘するように、ごく少数の限られた大企業が率いる大きな業界のような小集団は、その業界の何百万の消費者という大きな集団に比べて、はるかに容易に自分たちの固有の利益に沿って組織化することができる。これがまさに、小グループは固有の関心を活用でき、大きな集団はたいていそれができないことの理由だ[5]。したがって、よく組織化された特別利益団体が牽引する政治的なプロセスに操られる一方で、残りの人々はそれと近しい効果的な方法で組織化することができない。これが問題の一つ目だ。もう一つの問題は、プロセス全体が特定の利益によって動かされるため、ここには全体の利益や整合性を促す集団は一つもないということだ。セクター横断の一方的なダウンローディングをベースとしたコミュニケーション（図19-1の外側の円）の例は蔓延している。

商業テレビ

アメリカの平均的な子供たちは、一年に四万以上のテレビ・コマーシャルを見ている。一八歳になるまでに一万六〇〇〇件の殺人、二〇万件以上の暴力行為を目にする。急速に普及しているテレビゲームによって、子供たちは暴力を見るだけだったのが、それを具現化することに代わった。

平均的な高校卒業生は、学校で過ごした時間が一万二〇〇〇時間であるのに対し、テレビの前で過ごした時間は一万五〇〇〇時間から一万八〇〇〇時間に達する。幼児や一〇代の子供を対象にした研究によると、テレビで暴力場面を見ることと、実際に子供が暴力や攻撃的な振る舞いをすることに非常に強い関連性がみられる。テレビで多くの暴力を見ることが、敵意、恐怖、不安、鬱、悪夢、睡眠障害、そして心的外傷後ストレス障害を引き起こす可能性があるのだ。[6]

公開討論

二〇〇四年の大統領選挙は、大統領候補の公開討論が次の三つの理由で外側の円（ダウンローディング）へ移行したことを示していた。（a）聴衆が質問したい場合は、会が始まる前にそれを提出し、承認されなければならないというルールがあった。それ以前の公開討論では、前もって用意されたのではないその場での質問に候補者が答え、それが人々の候補者に対する印象に大きな影響を与えたのだが。（b）選挙運動中、ジョージ・W・ブッシュは各地で市民と対話する集会を行ったが、参加を認められたのはブッシュの支持者のみだった。また参加者の質問は、できる限りブッシュが有利になるよう選挙チームが質問内容を助言したものだった。（c）二〇〇四年にはアメリカ国民の四二％が、九・一一のテロの背後にはサダム・フセインがいると信じていた。この誤った認識は、政治的なプロパガンダを通じた意図的な歪曲によって形成されたものだった。[7]

ロビー活動

二〇〇四年の大統領選挙では、選挙広告に総額一四億ドルが使われたと推計されている。しかもこの数字には選挙運営そのものにかかった費用は含まれていない。費用のかなりの部分は寄付でまかなわれる。その結果はどうなっただろうか。多額の寄付をした集団や人々に有利な政策やルールができていった。同じ手段や仕組みを活用することができないほとんどの国民の犠牲のもとに、である。一番わかりやすい例が、エネルギーの規制緩和政策だ。この政策のおかげで、二〇〇一年のカリフォルニア電力危機を操っていたエンロンは何らの措置も受けず、結果的に納税者に三〇〇億ドルもの負担がかかることになった[8]。一言で言えば、ダウンローディングが支配する消費者へのコミュニケーション（コマーシャル）、公の会話（政治的プロパガンダ）、立法措置（圧力団体のロビー活動と選挙資金の寄付の影響）は、今日の民主主義や市場経済の基本的な制度の機能を腐敗させる有毒物質のようなものなのだ。

二つ目の円◆討論《ディベート》

二番目の円は、前のほうで私が「討論《ディベート》」と呼んだ、部門横断の双方向的、相互作用的なコミュニケーションの例を表している。具体的な例は、消費者に多様な選択肢を提供する市場だ。消費者は消費における選択を通じて企業への異議申し立てを行う（自分のお金を票として使う）。ほかの例として、利害関係者《ステークホルダー》が言論によって意見を主張し、賛同を得ようとする活動、さまざまな視点や見解が提示される政治討論や公聴会、国民が投票を通じて政治家へ意思表示する選挙などが含まれる。ブログやチャットルーム、その他もろもろのインターネットを通じた政治的主張が盛んになっているが、これも市民が政府や企業といった大きな組織機構に異議申し立てを行う手段を増やしている。このタイプの部門横断型コミュニケーションは、お互いの主張を元にした、双方向的な相互作用であるとともに、より包括的（より多くの利害関係者《ステークホルダー》を含んでいる）で透明性が高い。

二つ目の円は現代の民主的組織、経済的組織の間の、またそれぞれの内部での相互のコミュニケーションの要点をとらえたものだ。

今世紀の地球規模の難問に直面している我々の社会は、一番目の円から二番目の円に移行すること（市場経済と民主主義の復興）を必要としている。さらに、現在の体制（二番目の円）を越えてさらに内側の二つの円の領域へ移行することが求められている。一九世紀、二〇世紀に生まれた現在の制度のもとで今世紀の課題に到底対処することはできない。

三つ目の円◆対話《ダイアログ》

三つ目の円は、我々がふつう「多様な利害関係者《ステークホルダー》の対話《ダイアログ》」と呼ぶ類の部門横断型コミュニケーションを表す。多様な利害関係者の対話は、すべての主要な関係者を多様な相互作用に巻き込む会話を創造する。ここでは、議題は誰かの意図に沿って厳密にコントロールされるのではなく、議題はオープンで発展的ですべての参加者に透明である。したがって参加者は誰でもテーマや課題を提起し、そのミーティングで話し合われる議題を共に決定する。公開対話、利害関係者の対話、市民対話、共感に基づいたユーザーとの交流[9]のほとんどはこのタイプのコミュニケーションであり、利害関係者の多様な意見をとらえ、明らかにすることができる。

多様な利害関係者の会話は、人々の意見を引き出し、参加者が意思決定プロセスの一部となるメカニズムを生みだす。まったく新しい層の関係者が社会的意思決定プロセスに積極的に参加できるようになるのだ。この関係者には、「人々」を代表する非政府組織（ＮＧＯ）や市民的社会組織（ＣＳＯ）も含まれる。

それでもなお、そのような対話《ダイアログ》によって対立する考え方を生産的な共創造《コークリエイト》へ向けることは難しいかもしれない。三つ目の円の中のコミュニケーション（対話《ダイアログ》）は論議を呼ぶ問題を特定し、多様な考え方を表に出すのには適しているが、それらの考え方を集合的行動に結実させたり、出現している機会をもとに新たな利害関係者《ステークホルダー》の集合体を作ったりするにはあまり効果的ではないかもしれない。

四つ目の円◆集合的なプレゼンスと共創造

その点で大きな役割を果たせるのは、四番目の生成的コミュニケーション（真ん中の円）である。この種類の会話は新たな利害関係者《ステークホルダー》をも取り込み、未来を形作るために互いを必要とする利害関係者の集合体を形成する。彼らはともに出現している機会を感じとり、それを実現するのだ[10]。かくして真ん中の円は、未来の社会革新のための温室のような役割を果たす。未来の可能性が現れ、形となり、発展させるアイデア、意図、実験的な小宇宙《マイクロコスム》を育む温室だ。

図19-2に示した社会的会話の四つのタイプのうち、真ん中に示したタイプは現実的に最も稀であり、戦略的には最も重要だ。このインフラがあれば、今日の大きな問題に対して生態系全体がより良く、より速く、より革新的につながり、対処することができるだろう。このインフラの欠如が今の社会構造の穴

図 19-2　セクター横断コミュニケーションの 1 ～ 4 のタイプ

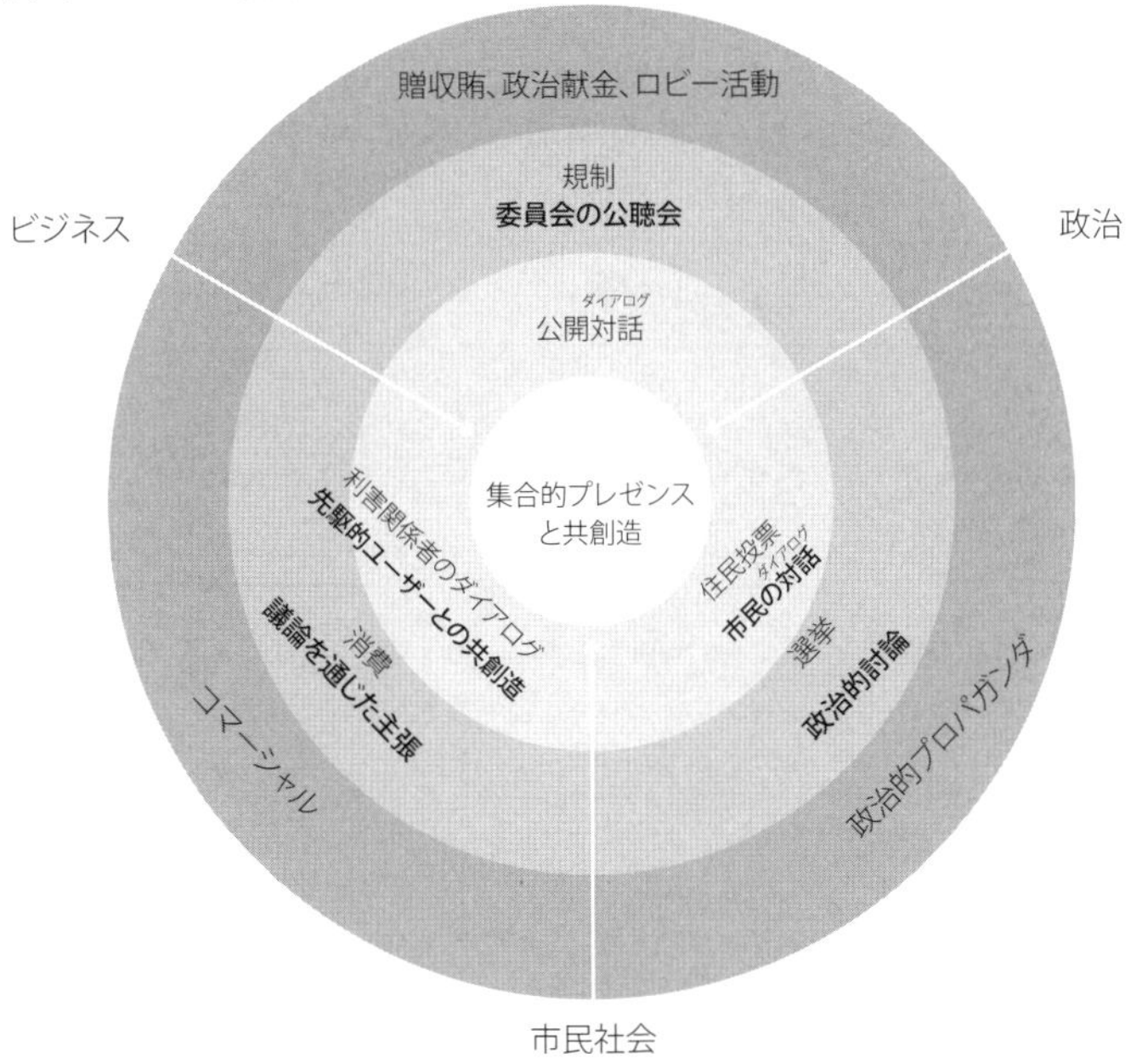

なのである。

西洋における社会経済発展の四つの段階

図19－3は図19－2と同じ根本的な問題を、歴史的観点からまとめたものである。つまり、先に見た四つの円を横断する動きを、Uに沿った発展という視点で示している。Uの四つのレベルは次のように、近代（モダン）とポストモダン社会を構成する四つの異なる統治メカニズム（と社会的部門）を表している。（一）ヒエラルキーと中央での計画立案。結果として公的部門《セクター》が発展する。（二）市場と競争。結果として民間セクターが分化、発展する。（三）ネットワークと対話《ダイアログ》。結果として市民セクターが分化、発展する。（四）集合的生態系のプレゼンス。三セクターすべての刷新と、それらの交流の仕方を革新する生成的な組織横断型の領域に至る。

きわめて単純化して言えば、これら四つの統治メカニズムは過去三〇〇年から四〇〇年にわたる西洋社会の社会構造の発展論理を表している。通常、近代化（モダニゼーション）（領域《フィールド》1から3の区分）とポストモダニティー（領域《フィールド》3から4）と呼ばれる。社会的分化と統合の段階は、それぞれに特有の歴史的・文

図 19-3　統治メカニズムの進化

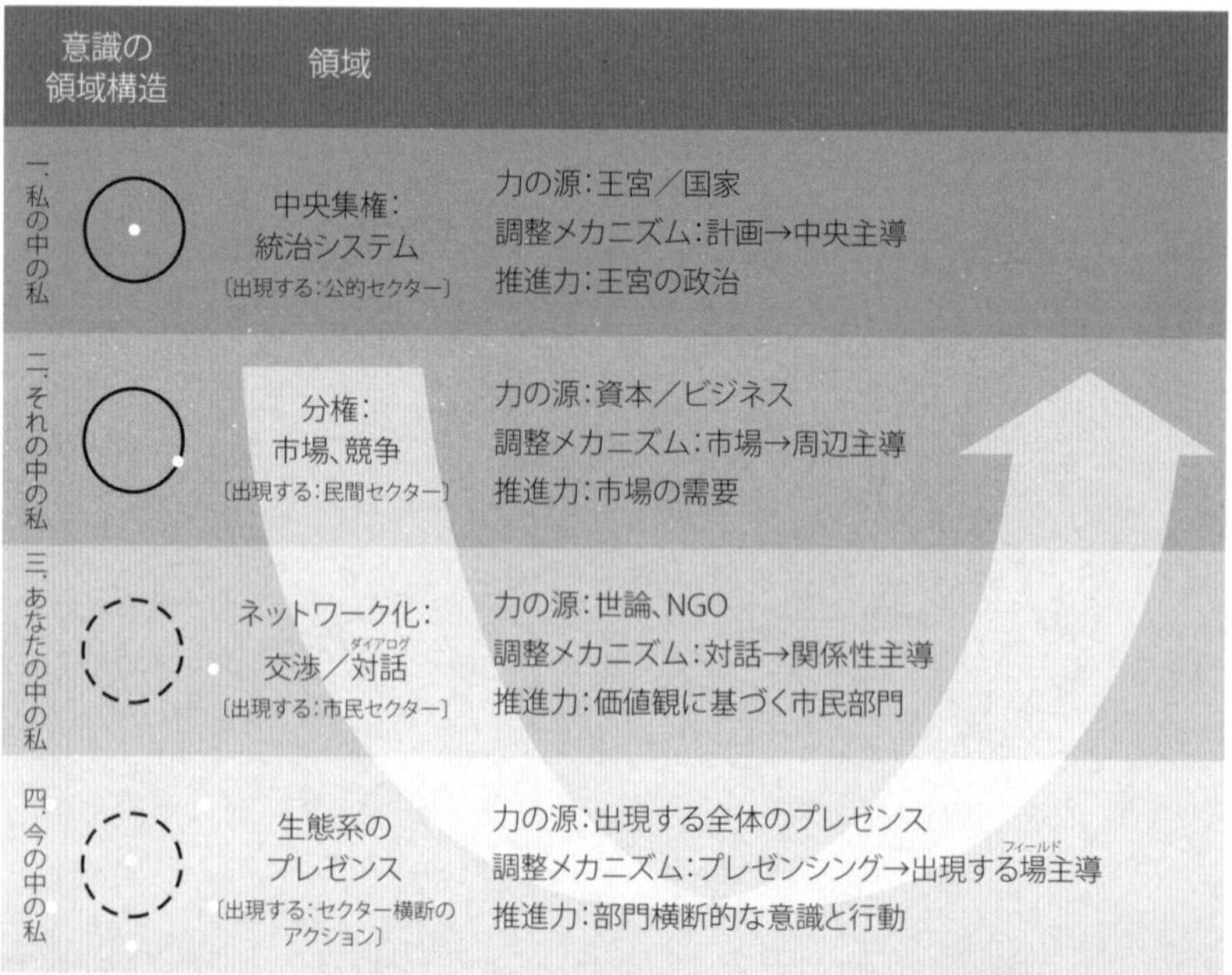

意識の領域構造	領域		
一、私の中の私	●	中央集権：統治システム〔出現する：公的セクター〕	力の源：王宮／国家 調整メカニズム：計画→中央主導 推進力：王宮の政治
二、それの中の私	●	分権：市場、競争〔出現する：民間セクター〕	力の源：資本／ビジネス 調整メカニズム：市場→周辺主導 推進力：市場の需要
三、あなたの中の私	○	ネットワーク化：交渉／対話（ダイアログ）〔出現する：市民セクター〕	力の源：世論、NGO 調整メカニズム：対話→関係性主導 推進力：価値観に基づく市民部門
四、今の中の私	○	生態系のプレゼンス〔出現する：セクター横断的のアクション〕	力の源：出現する全体のプレゼンス 調整メカニズム：プレゼンシング→出現する場（フィールド）主導 推進力：部門横断的な意識と行動

化的背景に従って展開するが、四つの領域の理論によって明らかにできる特徴的な要素がいくつかある。

イギリスの歴史家アーノルド・トインビーは、社会的発展を、試練とそれへの対応の相互作用ととらえた。社会のエリート層がきわめて困難な社会的事態に創造的に対応できなくなると構造的変化が起き、新しい社会構造がそれにとって代わる。トインビーの試練と対応の枠組みを西洋における近代経済における社会経済的な発展にあてはめると、次の四つの段階を明らかにすることができる。

安定性への挑戦◆公的セクターの出現

三十年戦争が終わった一六四八年のヨーロッパ、十月革命後および第一次世界大戦が終結した一九一八年のソ連を考えてみよう。この時期、強い国家と公的セクターが現れ、各国の指導層が考える発展戦略上の優先度に従って少ない資源を配分する中央からの調整メカニズムができた。その意味では、二〇世紀の社会主義は**資本主義以降**の経済段階（マルクス主義理論）ではなく、**資本主義以前**（つまり重商主義）の経済段階と見なすことができる[11]。それ以後、西洋における社会経済的発展は三つの大きな転換を経験してきた。

成長への挑戦◆転換(1) 民間セクターの出現

国家および公的セクターが主導する社会の長所は安定性であり、短所は活力の欠如である[12]。したがって安定性が得られるほど、成長と活力重視へと焦点が移行する傾向が強まる。

この問題に対処するために重要なのは、第二の調整のメカニズム、すなわち市場と競争のメカニズムを取り入れるということだ。市場と競争メカニズムの導入は、経済成長と工業化という前例のない時代をもたらした（過去一〇数年の中国の一部における経済的活力は、この経済発展と同じ類かもしれない）。調整のメカニズムとしての市場と、それに伴う民間セクターの台頭は、社会における権力の配置形態を、中央主導のシステム（国家や絶対王政時代の王宮による統治）から、より周辺主導的（市場の需要による統治）システムへと移行させた。

外部性《エクスターナリティ》——経済活動が生む副次的影響への挑戦◆転換(2) 市民セクターの台頭

純粋な市場主導の経済と社会の長所は、特にそれ以前の重商主義と絶対王政時代の初期段階に比較すると、成長が速く、活力に満ちているということだ。一方その短所は、純粋な市場主導経済に伴う負の副次的影響に対して効果的に対処する術を持たないということである。[13]

負の外部性には二つのタイプと時代がある。一つはシステム内部の人々に影響するもので、もう一つはシステム外部の人々に影響するものだ。システム内部（タイプI）の外部性に含まれるのは、労働者の貧困（分配の問題）、持続可能な水準以下の農産物価格（保護貿易政策の問題）、為替レートの不安定さ（資本破壊の問題）などだ。カール・ポランニーはその著書『大転換——市場社会の形成と崩壊』（吉沢英成訳、東洋経済新報社、一九七五年）で、純粋な市場システムから、より調整された形の市場経済に至るまでの一九世紀の転換について述べている。彼は、三つの要素（自然、労働力、資本）の市場を伴う純粋な市場システムは、これらすべてを商品と捉えること自体が虚構であったため機能したことは一度もない、と述べている。この「虚構」は、労働組合、社会保障、保護貿易政策、準備銀行のような是正メカニズムによって調整される必要があった。これらはすべて同じ目的のためにある。すなわち、市場メカニズムの結果が機能不全に陥ったり、受容できない結果になったりした場合に、市場メカニズムを制限し、交渉による利害関係者《ステークホルダー》の合意を第三の調整メカニズムとして導入することによって統治の方向を変えるということだ。このメカニズムは、既存の二つのメカニズム（市場とヒエラルキー）を補完する。[14]

システムの外部（タイプⅡ）に影響を及ぼす外部性に含まれるのは、自然破壊、将来の世代の機会の剥奪、そしていわゆる「グローバル・ピラミッドの底辺」で暮らす三〇～四〇億の人々の窮状や貧困などだ。これらタイプⅡの問題は対処がきわめて難しい。なぜなら、そこに含まれる利害関係者は通常の政治プロセスでの発言の機会を持たないからだ。労働者なら組合を組織し、農民は保護を求めてロビー活動をすることができるのだが。しかしタイプⅡの課題は、これらの課題それぞれに取り組む人々主導の運動が展開されることで、政治的プロセスに入ってきた。（自然）環境、（将来世代のための世界の）持続可能性、（発展途上国の）発展などに焦点をあてるＮＧＯやＣＳＯが生まれたためである。タイプⅡの外部性が大規模な社会現象として現れ始めたのは、せいぜい二〇世紀の最後の三〇年ぐらいの時期だ。一九八九年の冷戦終結後のグローバル化の巨大な波とともに、二〇世紀最後の一〇年間に、グローバルな活動をするＮＧＯが出現し始めた。一九九二年にリオデジャネイロで開かれた地球サミット、一九九九年のＷＴＯ（世界貿易機関）会議での「シアトル闘争」、二〇〇三年のイラク侵攻前の時期にグローバル規模で組織され世界各地で開かれたイラク戦争反対集会は、地球規模での新たなプレーヤー、つまりグローバルに組織されたＮＧＯやＣＳＯの出現を示す重要な出来事である。現在、およそ二万八〇〇〇の世界のＮＧＯが、環境や社会的外部性に関係する企業・政府の不正行為を監視している。

第三の調整メカニズム（利害関係者間の交渉と対話《ダイアログ》）の導入と、それに伴う市民セクターの出現は、社会の権力の配分を再び変えた。この関係のメカニズムはこれまでとは異なる権力の源である「世論」を通して機能する。

二〇世紀を通じてタイプⅠの外部性へのさまざまな対応が試され、それが福祉国家を生み出して多くの問題を緩和するのに効果をあげた。しかし二〇世紀の末に、いろいろな意味で伝統的な国家を基礎にした手法に終わりを告げる二つの現実が現れた。一つは、福祉国家はシステムの内部にいる人々しか面倒を見ないということ。もう一つは、グローバル化が流動性の高い資本と流動性の低い労働力の間のギャップを増大させないという状態が保てないと、福祉国家はうまく機能しないということだ。そのギャップが広がり、税収が低下するとともに、旧来のヨーロッパ型福祉国家は危機に陥った。もっと効率的で柔軟な、弾力的で、自立的、創造的なシステム、そして税収を人件費への課税に依存し過ぎないシステムに自ら生まれ変わることが必要だった。

グローバルな外部性への挑戦◆転換(3) 生態系イノベーションの台頭

ヨーロッパ型の社会民主主義的な資本主義の長所は、富の再分配、社会保障、環境規制、農業補助金、開発援助などを通して古くからある外部性に取り組んでいるということだ。問題点は、グローバリゼーションおよび人口動態が変化する時代にあって、これらのメカニズムが長い目で見ればもはや現実的ではないということである。自分自身の現在のシステムの外側にあるタイプⅡの地球規模の外部性にこれらを適用しようとすればなおさらだろう。したがって、ほとんどの社会が直面している問題は、自立や起業の動きのないところに補助金を支給するのではなく、個人やコミュニティの創造性や能力を支援する形でタイプⅠ、Ⅱの両方の外部性にどう取り組むかということだ。言い換えれば、組織横断的な関係性の中での広範な起業活動やイノベーションを可能にする、はるかに賢明なシステムを、より少ない資源でいかに組織化するかということなのだ。ここで第四の

（真ん中の）円の出番である。これが可能にするインフラというパズルを完成させる重要なピースの役割を果たすのだ。

表19-1はこれまで述べた発展についての考え方をまとめたものである。それぞれの発展段階を規定するのは、その段階における主要な試練である。それらの問題は、社会に対して新しい調整メカニズム（中央計画、市場、対話《ダイアログ》）の創造を求める。そして、その新しいメカニズムは、新たに主要な組織機構の主体者（政府、ビジネス、NGO）と力《パワー》の源（ムチ、アメ、規範）を出現させる。これにはそれぞれに特有の権力配分が伴う。すなわち、集権（中央計画とヒエラルキー）から分権（市場）へ、分権から関係性（交渉と対話《ダイアログ》）へ、という風に。

さらに進むと再び同じ変化が必要とされる。今世紀の課題は、イノベーションを、つまり新しい連携のメカニズム（生態系全体から見て、行動する）を創造することを求めている。それは再び、新たな組織機構の主体者（部門横断の革新的な取り組み《イニシアチブ》）と力の源（生態系全体のプレゼンシング）を出現させるだろう。

表 19-1　西洋の市場経済、その組織機構、その力の源の 4 つの段階

	17 ～ 18 世紀 重商主義的 国家主導の経済	**18 ～ 19 世紀 自由市場経済**	**19 ～ 20 世紀 社会的市場経済**	**21 世紀 グローバル 生態系経済**
課題	安定性	成長	外部性：内部、外部	外部性主導の生態系のイノベーション
対応：新しい連携メカニズム	中央のルール／計画	市場／競争	交渉／対話《ダイアログ》	生態系のプレゼンス：全体から見て、行動する
新しい組織機構の主体者の出現	国家／政府	資本／ビジネス	市民社会／ NGO	セクター横断のイノベーションのコミュニティ
権力の源とメカニズム	ムチ	ムチ、アメ	ムチ、アメ 規範／価値観	ムチ、アメ 規範／価値観 全体性のプレゼンス

過去の原理主義から未来の出現する社会へ

U理論を資本主義と社会にあてはめてみた議論をここで要約し、締めくくることにしよう。

1◆西洋の経済と社会の歴史は、二つの主要な転換を通して発展してきた。まず重商主義的システムから自由市場システムへ（転換I）、次に自由市場システムから社会的市場システムへ（転換II）。二つの転換は、それぞれ新しい組織機構的インフラを生み出した。最初の転換が生み出したのは自由市場経済（財産権、貨幣、銀行）だ。それはもう一つの統治メカニズム（市場）を付け加えることで国家の権力を制限し、一部**保留**《サスペンド》した。二番目の転換は福祉国家（社会保障、環境や労働に関する基準、保護貿易政策、独立した準備銀行（中央銀行））を生み出し、それは利害関係者の交渉による計画や取り決めを通じて市場の力を**方向転換**《リダイレクト》させた。

2◆二〇世紀のヨーロッパ型福祉システム――領域《フィールド》3――が危機に陥るにつれ、資本主義の歴史を後戻りするような三つの考え方が出始めた。（一）ヨーロッパ、北アメリカ、日本に根付いた（しかし他の場所ではほとんど成功しなかった）二〇世紀の社会福祉国家を保持することを望む、主としてヨーロッパの社会民主主義的な考え方。（二）社会保障や福祉国家出現以前に存在した一九世紀の純粋な市場システムへの回帰を望む、主としてアングロサクソン系の新保守主義的な市場原理主義者の考え方。（三）支配的な（ときにファシズム的な）イデオロギーに従って、一つの中心的な権力（通常民族国家）が戦略的資源を支配し、配分する、多かれ少なかれ前近代的法と秩序への回帰を望む新民族国家主義的イデオロギー。要するにこの三つの退行的なアプローチは、そのシステムを先に述べた発展的枠組みの領域《フィールド》3や2、あるいは1へ逆行させるものだ。

3◆この三つの退行的な考え方が現在の社会システムを逆行させているように見える一方で、システムを領域《フィールド》4に向かって前進させるもう一つの力も現れている。これらの力は、人々とその組織が外側の二つの円から内側の二つの円へ移行し、全生態系を横断して共働し、連携する新たな方法（例　地域全体の医療）を生み出すのを助けている（図19-2参照）。

4◆新しいインフラが、市場を基礎にした連携メカニズムや、交渉／対話《ダイアログ》を基礎にした連携メカニズムを必要としたように、次の転換も新しい組織機構的インフラを必要とするだろう。それは、別の連携メカニズムの出現を促すインフラである。すなわち「全体性から見て、行動する」生態系の現存《プレゼンス》だ（図19-3）。そのような新しいインフラが、我々の時代の革新にとって最大の力になるだろうと私は思う。

5◆図19-4は、大きなシステムが生態系イノベーションの試練に領域《フィールド》4で応じるのではなく、逆行する動きで応じた場合（領域《フィールド》1から3）、社会病理の影の空間《スペース》にどのように引き込まれていくかを示したものだ。

そのシナリオでは、社会は以下のようなものに引き寄せられていくことだろう。社会のほかのグループの必要性をシステムから**見えなくする**《ブラインディング》圧力団体主導の国家（透明性と競争の欠如の結果）。さまざまな利害関係者間《ステークホルダー》の溝を**固定化させる**《エントレンチング》構造的暴力（利害関係者間の対話《ダイアログ》の欠如の結果）、そして、今の現実の課題とますます離れる古いアイデンティティと過去の硬直したパターンに**しがみつく**集合的不在化《アブセンシング》（出現する全体性とつながれない結果）。これは次には規範・価値観の喪失《アノミー》、硬化症（再生の欠如）、コミュニティと構造の崩壊《アトミー》へと進んでいくだろう。これは北の先進国、南の発展途上国のどちらでも今日よく見られる姿だ。

6◆規範・価値観の喪失《アノミー》、硬化症、コミュニティと構造の崩壊《アトミー》の病状を治そうとして、しかるべき規範や価値観を組み込んだり組織を再編成したりしても、その試みは間違いなく失敗するだろう。なぜならそれは問題の根源に取り組んでいないからだ。システムの対応は、症状の治療ではなく、領域《フィールド》3から領域《フィールド》4への進化を助ける**インフラのイノベーション**の創造に焦点をあてるものでなければならない。市場を拡大し、規制を強め、主要な利害関係者間の交渉を頻繁に行う、といった過去

図 19-4　Uと反スペース、調整メカニズム

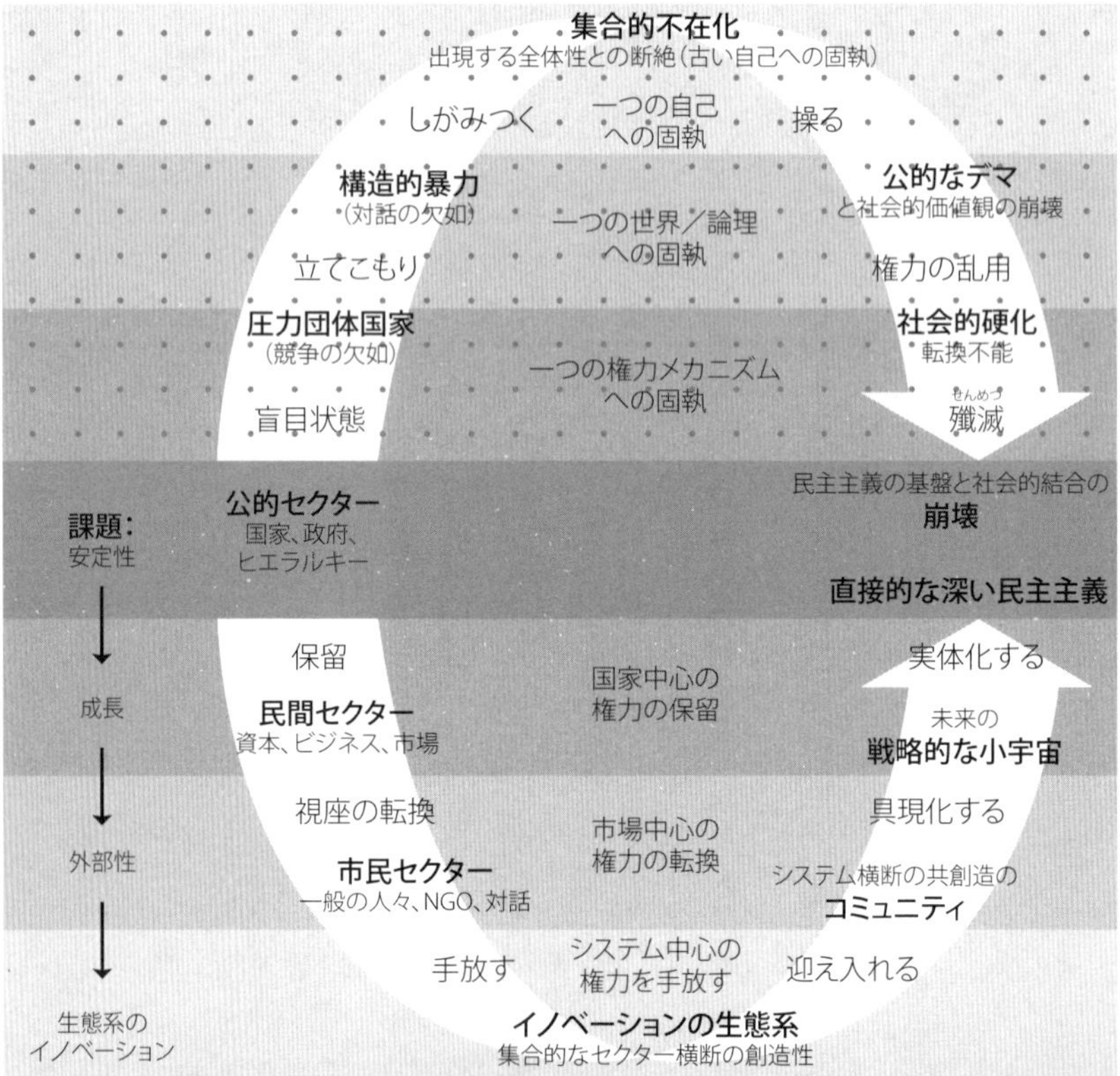

の手法だけでは、現在の地球規模の危機が解決できない理由がまさにここにある。それらはすべて必要なものではあるが、大きなシステムをUの底で深く転換させるには不十分だ。いま必要なのは、社会的な場《ソーシャルフィールド》の繊細かつ微妙な移行である。多様にネットワーク化された個人やコミュニティが、出現する全体性を実現させる作用因子として機能し、未来への道を革新し、そのプロトタイプを作ることを可能にするような移行である。

7◆西洋的な社会経済の構造が第四の統治メカニズムを組み込み、領域《フィールド》3（二〇世紀）から領域《フィールド》4（二一世紀）へ進化するならば、資本主義と民主主義の土台は転換を遂げるだろう。必要なのは、全体性から見ること、行動することだ。それがシステムを最善の未来へ導くために互いを必要とする関係者を結びつける。

資本主義と民主主義の進化と転換

Uの左側は近代化の三つの領域《フィールド》構造と段階（領域《フィールド》1〜3）を表すとともに、領域《フィールド》3から領域《フィールド》4への移行期におけるモダニスト（近代主義者）（システム中心）とポストモダニスト（経験中心）の間の討議も表している。Uの底におけるスペースは、個人および集団の知の、より深い源《ソース》にアクセスするための深い転換を示している。Uの右側は、さらに先に進むためのインフラのイノベーションの過程を表す。この前進の道筋は、（西洋的発展の概念が示唆しがちな）単なる過去からの直線的な過程ではなく、これまでの古い集団的な行為の転換に焦点をあてる。

この転換の中ではまず、これまで外部性に盲目的だった古い市場セクターがしだいにそれを視野に入れ、内部に取り入れるようになる。次に、これまで国家中心だった公的セクターが、意思決定における市民の参加を受け入れるようになる。そこで市民は国民投票と的確な情報に基づく公開対話《ダイアログ》を通じて直接的に意思を表明する。最後に古いNGO部門が、システムの川下で生まれる病的症状との闘いではなく、部門横断の革新を牽引する新しい取り組み《イニシアチブ》を開拓し、共創造《コークリエイト》する方向へ向かっていく。

それではどんなインフラ革新が、グローバルシステムを領域《フィールド》3から領域《フィールド》4へ進化させることができるのだろう。

図19-5は、検討に値すると思われるインフラ革新の四つの型を示している。民主主義、市場、文化、そして場所の力の再生のためのインフラである。

1◆**民主的インフラの革新。** 国家中心の公的セクターから市民中心の公的部門《セクター》への移行を支えるインフラには、贈収賄や情報操作の禁止が含まれるだろう。また、個々のシステム（例　学校、地域医療、都市など）における重要な利害関係者《ステークホルダー》の小宇宙《マイクロコズム》を招集し、会話のための上質な基盤を創造することなども含まれる。ブラジルのポルトアレグレ市が一つの優れた例を示してくれる。ここで開発された予算と計画に対する参加型の意思決定プロセスがい

図 19-5　イノベーションインフラの 4 つのタイプ

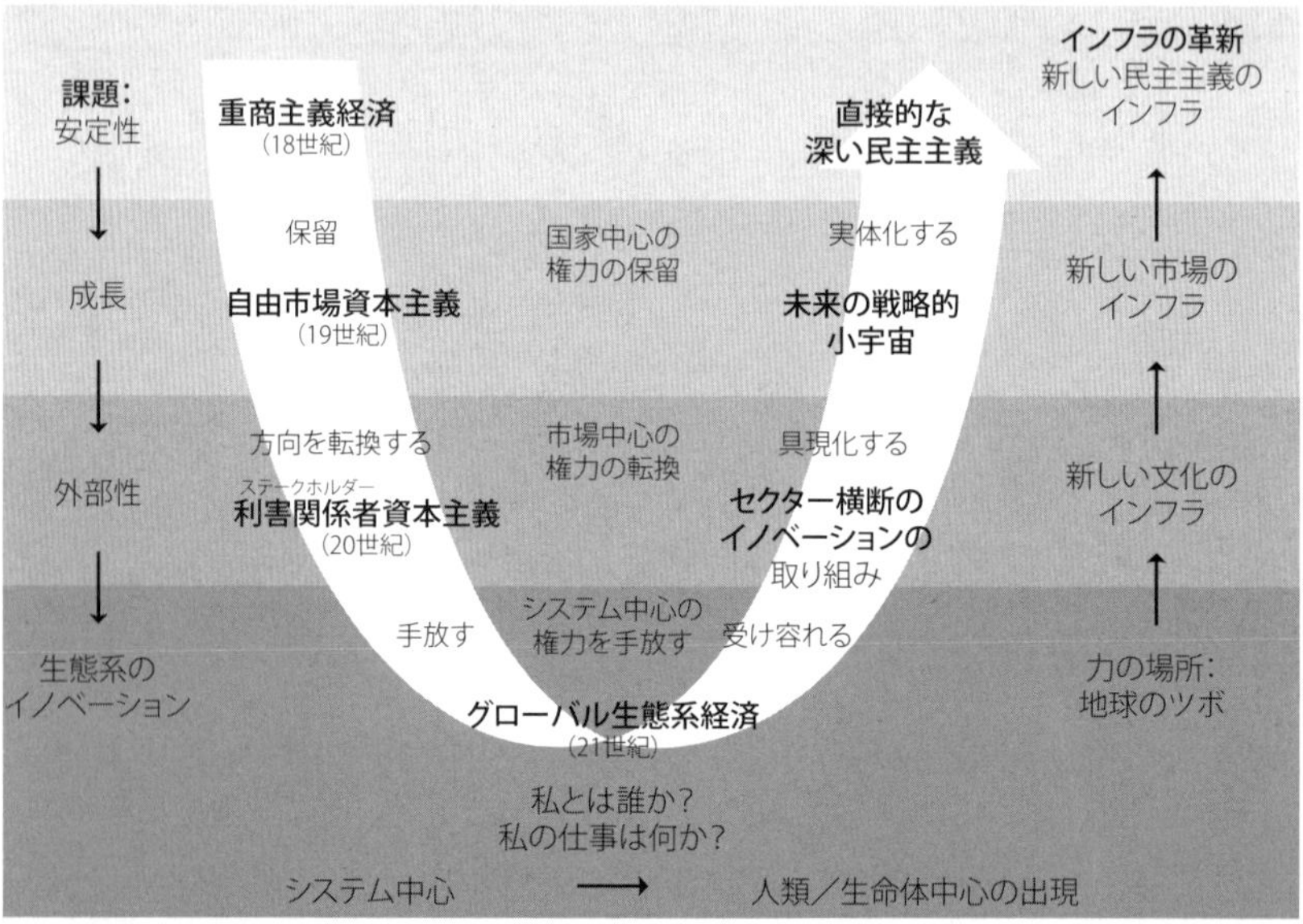

ま、世界中から注目を浴びている。「参加による予算」と「テーマに基づいた集会」は、公的セクター運営の革新である。

2◆市場インフラの革新。

市場インフラの革新。外部性に無関心な価格メカニズムから、外部性を意識した価格メカニズムへの移行を支えるインフラには、社会や環境にかかるコストを取り入れたグローバルな標準が含まれるだろう。この標準を実効性のあるものするためには、いくつかの抜本的な改革が必要だ。

現在の社会福祉制度は、いまだ一九世紀の考え方を基盤としている。つまり、福祉サービスの財源を労働への課税（土地、資本などそれ以外の課税対象から課税せず）でまかなっているのだ。それドイツの企業家ゲッツ・ベルナーは最近、社会福祉と税改革をリンクさせる提案を行った。それはすべての国民に一律の**基本所得**を（基本的人権として）交付し、一方直接税（所得税）を廃止しようというものである。これによって全システムはシンプルな**間接税（消費税）**へ移行することになる[15]。この二つの変更を行えば、政府の大部分のお役所仕事（福祉、徴税両面での）が一切不要になるだけでなく、各国がグローバルな市場で不利益をこうむることなく、社会や環境にかかるコストを負担することができる（なぜなら間接税は輸出の場合は返済され、輸入の場合は加算されるからだ）。シンプルな基本所得制度の導入は、自立と企業家精神という新たな文化を育てることにも寄与するだろう。

外部性をよりうまく取り入れるために、並行通貨の使用についてもさらに可能性を探り、精緻化してゆく必要があるだろう。一九九二年から二〇〇二年の間に世界の四〇〇〇ほどのコミュニティーが、物々交換制に基づいた並行通貨、または補完通貨を採用している[16]。グローバル経済は一部の製品や市場（例　情報技術）にはうまく機能しているが、ほかの領域の経済（例　地元で生産する食物サイクル）にはその地元や地域の生産と消費のサイクルを強化することが好ましいのではないだろうか。

3◆文化的インフラの革新。 社会の文化的基盤ということになると、相互に関連した三つのシステムとその改革を考えないわけにはいかない。教育とメディアと公開対話《ダイアログ》である。より深い学習能力のすべて――開かれた思考《マインド》、開かれた心《ハート》、開かれた意志《ウィル》――を生涯にわたって育てるプロセスを進めるために今の教育システム全体を作り変えることは、社会全体を異なる場所へ導くだろう（これについてはエピローグで突っ込んだ議論を行いたいと思う）。

同じように、今のメディア・システムを変化させることによって、我々は新たな集合的な気づきと会話のパターンを形作ることができる。現在のメディアの制作物は完全にダウンロードの枠組みの中にあり、我々をひたすら受動的な受け手にし、数多くの大人や子供の思考を日々汚染している。今のメディアに欠けているのは、領域《フィールド》4のプレゼンスを中心に展開し、視聴者に自身の知《ノウイング》のより深いレベルに目覚めさせるような制作物のためのイノベーションだ。このことについてはエピローグの「社会的プレゼンシング劇場《シアター》」の部分でさらに探究を試みたい。

さらに、既存のコミュニティや生態系《エコシステム》の中には、組織機構やセクターを越えてリーダーを意図的に結びつける場が存在しない。現場で仕事をしている人々にとって、組織や部門をまたぐ「出現する機会」を敏感に感じとったりつかんだりする共通の理解や会話を創り出すことは容易ではない。この明らかな欠陥は、我々を社会の根源的なシステムのもう一つの側面へと導く。自然の中に、場の力《パワー・オブ・プレイス》の中に社会的な場《ソーシャルフィールド》とそのメタ・プロセスを立脚させるということだ。

4◆力の場所《パワー・プレイス》——地球の神聖なプレゼンスの中での革新。Uの底にアクセスするために社会が持っている資源のうち、最も活用されていないものの一つは、自然や地球と我々のプレゼンシングの関係性だ。その関係性は我々に、自分たちは何者であり、なぜここにいるのかについて教えてくれる。たとえばフィンランドを訪れると、人々が心の深いところで自然とつながっていることがわかる。フィンランドの子供たちは、自然とのそのような関係を育んでいくようになっている。個人としても集団としても人々は皆、自然の中で多くの時間を過ごすことが習慣となっている。たとえば、親は子供と一緒に森の質素な小屋に行き、森の声を聴く方法を教える。森は**生きている存在**〔living being〕だからだ。フィンランドのような北欧諸国は、優れた教育水準や社会、技術革新の成功を繰り返し立証しているが、自然を単なる資源と見なすのではなく、自然の中の場の存在《プレゼンス》との神聖とさえいえる特別な関係性を持っていることが、目に見えない重要な役割を果たしているのは間違いない。

　環境や社会、精神面の理念に基づく実践を長年にわたって行ってきたある種の農場は、人々やコミュニティにとってパワフルな保持《ホールド》されている空間になっていることにも気がつく。そこでは、瞑想や作業を通して地球のプレゼンスとつながることができる。未来の農場は、食物を生産するだけでなく、子供も大人も最も深いインスピレーションの源《ソース》や最も高いレベルの自己《セルフ》に再びつながることのできる場を提供するところになるかもしれない。私が育った農場はこの二つの機能を果たしている。[17]

　U理論の領域《フィールド》4に従って民主主義と資本主義を深め、変容させると、資本主義の典型的な媒体である貨幣の利用法も拡大する。今日、我々は貨幣を次の四つの手段として使っている。①**経済価値を算定する**（領域《フィールド》1　ダウンロード）。②生産物を買う。その場合、我々は貨幣を自分が選択した生産物と交換する（領域《フィールド》２　買うという行為は、そのお金を使って行える他の選択肢すべてを排除、あるいは**保留**《サスペンド》することを意味する）。③他の事業を援助するために**信用**《クレジット》**を提供する**。その場合、我々は貨幣の直接的な使用を**転換**《リディレクト》し、貨幣を消費に直接使用するのではなく投資にまわす。（領域《フィールド》３）。④お金を寄付、つまり手放すことによって**コミュニティの土台や創造性を促す**（領域《フィールド》４）。このような慈善活動の例は、成功した企業家が社会への還元と称してその富の多くを寄贈する行為に見ることができる[18]。しかし、それらの財団が行う寄付の実態を見てみると、そこには真の手放す能力が欠けているのをよく目にする。寄付した人々は寄付を受ける側に、自分たちが求める目的やねらいを受け入れることを求めたりする。その目的や目標は、いま現在の真の問題に取り組むよりも、寄付者側の意に沿うように設定されていることが多い。しかし、領域《フィールド》４のお金はヒモ付きではなく、無条件で非営利部門に与えられるべきだ。それによって生態系全体に寄与し、ともに生き、学び、働く新しい方法をプロトタイプするイノベーションと変化を促し、可能にすることができるだろう。

それでは、どうすれば我々は健全な経済を育てることができるのだろう。エコノミストなら誰でもその答えを知っている。資源を領域《フィールド》２（現在の生産物の消費）から領域《フィールド》３（未来の生産物と生産能力への投資）へ移行させることだ。しかし、いま我々が学ぶ必要があるのは、社会はその資源の使い方をもっと領域《フィールド》４の方向に向ける必要があるということだ。そこでは貨幣は、未来の源泉、未来の創造性の土台、そして全生態系の健康のために、自由に投資され得るだろう。領域《フィールド》４に向けられるお金が少ないことは、資本主義と民主主義を第四の段階へ移行させるうえで重大な障害になる。

要約すると、本章ではU理論のレンズ――社会的出現《ソーシャルイマージェンス》の四つの異なる領域――を、四番目のメタ・プロセス、つまり地球規模の調整のメカニズムの集合的具現化ということに向けてみた。そこでは現在の危機に対応するのに、四つの異なる声がそれぞれ異なる道筋を示しているのを見た。最初の三つは、過去への逆行を呼びかけるものだった。すなわち領域《フィールド》1（専制的で国家主導――規制、法と秩序）、領域《フィールド》2（市場主導――自由化）、領域《フィールド》3（利害関係者による交渉主導――対話《ダイアログ》）である。しかし第四の声は、後戻りはできないと呼びかけている。後退は不可能なのだ。なぜなら状況は変化してしまったからだ。ここに、我々がグローバル経済の次の進化の段階（生態系主導――出現する全体から観ることと行動すること）へ進まなければならない理由がある。

しかし、前進はきわめて困難だ。それに必要な構造的なインフラが欠けているためである。これまでの社会経済システムの転換は、新たな制度およびインフラの枠組みとともに訪れた。しかし我々は、いまだ新たな制度とインフラを持っていない。そういうインフラにおけるイノベーションを創造することが、今日の社会で最も大きく影響するテコの一つになる。例として挙げられるのは、民主主義のインフラ、市場のインフラ、文化のインフラを革新すること、そしてグローバルな意識の領域を転換させる過程で、地球の「鍼《はり》のツボ」として機能する力の場を育てることだ。

いま挙げたのは今日のインフラに欠けている重要な事柄だ。しかし、もう一つ重要な部分が欠けている。リーダーシップだ。未来を感じ取り、形作り、創造すべく集団を導く能力だ。リーダーシップのこの能力を伸ばし、成長させるためには、社会的な場《ソーシャルフィールド》の四つのメタ・プロセスすべてを耕さなければならない。その四つとは、思考《シンキング》、言 語《ランゲージング》、構造化《ストラクチャリング》、そして生態系のプレゼンスの連携メカニズムを進化させること、つまり全体から感じとり、行動することだ。

しかし、外側からみてみると、本章で扱っている中心的な課題――民主主義と資本主義の進化と変容――は、今日の科学や公の論議の中ではあまりにも取りざたされないことに驚かされる。通常この種の議論は、新しい問題を古い思考パターン（領域《フィールド》1～3）を使って考えるという形で、後ろ向きの動きの中でわずかに登場するだけである。しかし、いまここで論じている問題は、これからの一〇年でかならず中心的になるだろうと私は確信している。そのほんの足掛かりとして、本章がこのきわめて必要性の高い議論を広げ深めることに貢献できることが私の願いだ。

最後の二章とエピローグでは、発せられる火花をとらえ、ともに前進するにはどうしたらよいかについて、より深く掘り下げていくことにする。

第20章 飛びながら現実を創造する

社会的な場《ソーシャルフィールド》を巡る我々の探索も終わりに近づいてきたところで一旦立ち止まり、これまでに現れた全体性を振り返ってみよう。これまで、社会的な場《ソーシャルフィールド》の四つのメタ・プロセス、すなわち思考〔thinking〕（ミクロ）、言語化〔languaging〕（メソ）、構造化〔structuring〕（マクロ）、グローバルな統治（ムンド）について論じてきた。そして四つのメタ・プロセスの展開の姿が明らかになるにつれ、そのいずれのレベルにおいても社会的プロセスは四つの意識の領域《フィールド》構造（領域《フィールド》1～4）のどれかで起こり得ることが明らかになった。楽曲の旋律がさまざまなキー（調）で奏でられるように、社会的旋律、つまり個人や集団の社会的な行為も、四つの異なる意識の領域《フィールド》構造のどれかを通して表れる。これらの内のどのキーで演奏されているのかが認識できることは、社会的現実創造を飛行中にとらえるようなものだ。それらの違いに**気づく**ことで、社会的な現実を創造する火花が「今、ここに」宿った瞬間にその構造と方向を変え始めることができるようになる。この火花の発端をその瞬間に捉えて方向を変える能力、我々の盲点《ブラインドスポット》を明らかにし、創造の初めの点、我々の自由の始点に気づく能力は、我々が**今の中の私**〔I-in-now〕を経験しているときなのである。

第16～19章を通じて我々は、社会的現実創造の四つのメタ・プロセスを論じ、**システムの全体**が出現するのを見てきた。いまそのシステムの全体に焦点を当ててみたい。ここでまた、この議論の初めのほうでお勧めした思考実験に戻ってみよう。本書を通じて議論してきた社会的意識の領域《フィールド》構造（領域《フィールド》1〜4）がもし生きている存在だとしたら？　これらの領域《フィールド》が現実に発達の過程をたどることができるとしたら？我々（経営者、リーダー、教師、ファシリテーター、農民、医療や教育の専門家として）の仕事が、これらの領域《フィールド》が自らの存在に気がつき、次の進化の段階へと進むのを手助けすることだとしたら？　と考えてみるのだ。

これらの問いを考えてみることで、また各レベル（ミクロからムンドまで）を通して異なる関係性の質を探究してみることで、システム思考の五番目のレベル、**メタ・レベル**を研究し、より大きいシステムを全体としてよりよく理解することができるようになるだろう。

領域《フィールド》1　自閉的システム

四つのメタ・プロセスにおける最初の段階は、すべて同様の基本的な性質を持っている。それは**自閉的システム**だ[1]。すなわち、システム（あるいは個人）がその環境や外側の世界から拾い上げるのは、すでに持っている枠組み、概念、構造に限られている。新たなものは何も入ってこない。例としては、ダウンローディング（聞きながら自分の判断を再確認する）、あたりさわりのない発言をする（丁寧な言葉を使う）、集権的に組織化された構造（機械的官僚制）、集権的社会構造（政府の政策、計画、ルール）がある。

これらには共通した基本的な性質がある。外側（世界）と内側（システム）の境界を突き破ろうとするいかなる刺激も、同じ類の反応しか引き出すことができないという意味で自閉的だということだ。これは過去のパターンを通じてプログラミングされた、つまりがっちりと組み込まれた、レベル1の即時反応である。このようなシステムに組み込まれたものは、ミクロ・レベルでは認知、メソ・レベルでは習慣的な会話、組織レベルでは標準化された作業手順、社会あるいはムンド・レベルでは政府の官僚制度である。しかし、すべてのレベルに巣食っているのは基本的に同じ種類の悪癖である。過去の経験から記憶のなかに組み込まれた、型にはまった習慣的な反応しか起こさせない、という悪しき習性だ。

領域《フィールド》1のシステムの中では、異なるレベル（ミクロからムンドまで）は互いにどのような関係にあるのだろう。それはヒエラルキーを通じた関係である。ムンド・レベルがマクロ・レベルの枠組みを規定し、マクロ・レベルがメソ・レベルの境界を規定し、メソ・レベルがミクロ・レベルの進化の境界を規定する。それぞれのレベルはほかのレベルとは別個のものであり、分離している。そして、より高いレベルがその下のレベルの境界を規定している。

一見すると各レベルの区別は明確で、論理的であるように思われる。社会科学が各分野とそれぞれの専門家コミュニティに分かれている状態に合っている。心理学は個人を見る。集団心理学は集団の相互作用を扱う。社会システム理論とコンサルテーションは組織機構に焦点を当てる。そして経済学、政治学、社会学は社会のムンドの分野（ビジネス、政治、市民社会）について考察する。しかしどの学問分野も、**ミクロからムンドを通したすべてのレベル、領域《フィールド》、そして相互依存関係にまたがる、真に全体的で統合的な方法で**変数と依存関係を見るということはしない。このことは、これまでのフィールドウォークの過程のはじめの方で南《ナン》老師の言葉が指摘していたように、今日の社会科学の重大な盲点《ブラインドスポット》だ。

社会科学の多くは、社会システムを領域《フィールド》1の観点から見ている。あたかも、それらのレベルはきれいに分類されて互いに関係がないかのように、また、あたかも近代の三部門の区別が、より系統的な方法で探究される必要はないかのように。

領域《フィールド》2　適応的システム

思考〔thinking〕、言語〔languaging〕、構造化〔structuring〕、グローバルな統治の進化の第二段階もまた、多くの共通する特徴を持っている。それは**適応的システム**の特徴だ。領域《フィールド》2では、システム（または個人）がその環境や外部世界から拾い上げるものは、もはや過去の枠組みやパターンに限らない。周囲で起こっていることから新たなものを拾い上げ、それに適応することができる。例として、事実に着目した聴き方（開かれた思考《マインド》から聴く、つまり自分の周囲の事実に心を開く）、討論《ディベート》（多様な考えの表明を促し、人々がほんとうに思っていることにグループが心を開く）、分権的に組織化された構造（顧客がほんとうに求めているものに心を開く）、民間部門《セクター》主導の市場経済（市場が実際に求めているものに心を開く）がある。これらの例はすべてシステム上の共通した性質を持っている。外側と内側（外部の世界と内部のシステム）の境界を突き破ろうとするいかなる刺激も、つねに二つの反応のうち一つを引き出すという意味で適応的だということだ。二つの反応とは、レベル1の反応（これまでの習慣に基づいた反応）とレベル2の反応（システムの構造を変えることで状況に適応する反応）である。この二番目の反応タイプは、レベル（ミクロからムンド）によって異なる言葉で表現しているが、いずれも同じ基本的な能力を指している。つまり、システムがその環境の変化に適応する能力だ。

このような領域《フィールド》2の「生体《リビング》」システム理論では、異なるレベル（ミクロからムンドまで）は互いにどのように関係し合っているだろう。それは「構造的カップリング」の関係である。構造的カップリングとは「生体《リビング》」システム理論の用語で、生物の環境との共適応を意味する[2]。構造的カップリングには領域《フィールド》1のようなヒエラルキー的統合とは違い、双方向の相互作用や共依存、共進化《コーエボルヴ》がある。領域《フィールド》1の状況《コンテクスト》のように上位レベルが下位レベルに影響するだけでなく、少なくともある度合いで下位レベルも上位レベルに影響を与える。

近年最も影響力のある「生体」システム理論は、社会学者ニクラス・ルーマンが社会科学にもたらした自己創出的《オートポエティック》システム理論である（ウンベルト・マトゥラーナとフランシスコ・ヴァレラの生物学および認知科学における先駆的研究が基礎となっている）。ルーマンの社会学に対する取り組みは領域《フィールド》2型のアプローチの好例だ。彼は、社会システムは自己創出的な存在だと主張する。すなわち、社会システムは自己の創造と再創造を繰り返す要素で構成されていると考える。従来の社会科学における研究者は、通常ほかのレベルにはあまり注意を向けない。たとえばコミュニケーションのパターンには注目するが、個人の**内面**で何が起きているかには目を向けない[3]。自己創出的な「生体《リビング》」システムに焦点をあてることは、すべてのレベル（ミクロからムンドまで）に適用できる（適用されてきた）のだが、レベル間の相互依存や、レベルやシステムの区分が現実に崩壊し得る条件といったことにはほとんど注意を払わない。

かくして、プレゼンシングと自己創出《オートポエーシス》理論には次のような二つの根本的な違いが生じる。（a）プレゼンシング理論では**レベルのすべて、四つのメタ・プロセスのすべて**を統合的に見るのに対し、自己創出《オートポイエーシス》理論ではそれぞれを別々に見る傾向がある。（b）プレゼンシング理論ではシステムの発展を見る場合、**四つの意識の領域《フィールド》構造すべて（領域《フィールド》1〜4）**を通じて把握しようとするのに対し、自己創出《オートポイエーシス》理論では一つの枠組みと領域《フィールド》構造（領域《フィールド》2）を通してしか見ることをせず、それはシステムの発展のどの過程を見る場合にも変わらない。

領域《フィールド》3　自己内省システム

システムが領域《フィールド》2から領域《フィールド》3へ移行すると、根本的な転換が起きる。それぞれのシステムの世界観を最も根本的な形で変えるような変化である。自分あるいは自分のシステムが、すでに領域《フィールド》3へ転換しているか、それともまだ転換していないかを見分ける簡単なテストがある。次のように自問してみるのだ。システムをみるときに、自分自身を全体の一部として見ることができるか。認識の対象に自分自身、つまり観察者も含まれているか。システムはシステム自身を見ることができるか。

図10-2を思い出してほしい。あの図は、状況をほかの利害関係者《ステークホルダー》あるいはプレーヤーの目を通して見始める様子、つまりシステムがそれ自身を見始める様子を示している。我々はすでにすべてのメタ・プロセスでのその根本的な変化を探究した。それは各メタ・プロセスでは次のような変化として現われていた。すなわち、事実に着目した聞き方から、開かれた心で共感的に聴く聴き方、言い換えれば、世界と自分自身を他人の目を通して見るような聴き方への変化（ミクロ・レベル）。違う意見を戦わせる討論《ディベート》から対話《ダイアログ》へ、つまりメンバーがともに考え、グループが自分たち自身を見るようになるプロセスへの変化（メソ・レベル）。各部門が互いに競争する分割された構造から、利害関係者が自分たちをより大きい全体の一部と見るような対話《ダイアログ》に基づく、より協働的でネットワーク化された構造への変化（マクロ・レベル）。そして、自身が生み出す外部性《エクスタナリティ》を見ようとしない自由市場経済から、外部性を意識した社会市場経済へ、つまり多様な利害関係者の対話《ダイアログ》が政策決定に含まれるようになり、それによって政策決定者は自分たちが作ったルールがグループや利害関

係者やシステムの周辺にいる利害関係者に与える影響を思案するようになる変化（ムンド・レベル）だ。これらすべての例に見られるのは、システムを**自分の**視点で見ることから、**他の**利害関係者の目を通して見ることへの変化、すなわち、システムが**それ自身**を見始めるという変化だ。

領域《フィールド》3のシステムに共通する特徴は、外部世界から境界を突き破ろうとする刺激は三つの反応のうちのどれか一つを引き出すということだ。つまり反射的反応（レベル1）、適応的反応（レベル2）、自己内省的反応（レベル3）のいずれかだ。選択された反応レベルによって、異なる行動戦略やシステムの結果が生まれる。

領域《フィールド》3の反応（自己内省）は、ミクロからムンドへの移行を扱うそれぞれの専門分野で異なる呼ばれ方をする（心理学者はミクロを扱い、対話《ダイアログ》分野の専門家は集団のレベルを、組織開発の専門家は組織機構レベルを、グローバル開発を扱う専門家はムンド・レベルを扱う）。しかし、それぞれレベルは違っても、基本的に同じ根本的な現象を扱っているのは間違いない。最も重要なのは領域《フィールド》の転換だ。次々に押し寄せる破壊的変化の波を考えれば、このレベルでうまく転換できなければ、変化にさらされるシステムのほとんどは社会的病理の反スペースに（再び）引き込まれていくだろう（図16－4、17－2、18－2、19－4参照）。

メタな視界を領域《フィールド》2から領域《フィールド》3へ移すと、レベルとシステム間の境界が開き、部分的に崩れるのが見えてくる。構造的カップリングはシステムが既存の境界をまたいで互いに影響しあうことを意味するが、境界が開いて部分的な崩壊が起きれば、システムは自らがその中で活動するところの集合的な社会的な場《ソーシャルフィールド》にもっと大きく影響されるようになる。領域《フィールド》3の手法の例は、生物学者ルーパート・シェルドレークの形態共鳴《モーフィッククレゾナンス》理論と、精神分析学者であり家族システムの専門家でもあるバート・ヘリンガーのこの理論の適用である。ヘリンガーは形態共鳴理論を、家族システムにおける彼の「コンステレーション・ワーク」や組織に応用している。その焦点は集合的な心理・社会的な場《ソーシャルフィールド》に当てられている。集合的心理・社会的な場《ソーシャルフィールド》とは、過去の経験に根ざしていて、呼び覚まされるとこの瞬間にも現れて状況に対処する上で異なる方法を提供する、現実的でパワフルな力として経験されるものだ。[4]

レベルおよびシステムは領域《フィールド》1では分離しており、領域《フィールド》2では構造的に結合されているが、領域《フィールド》3ではもっと直接的に結びついている。集合体の中にいる個人の発言や行動は、集合的領域《フィールド》を経験した直接的結果なのである。

領域《フィールド》4　生成的システム

システムが領域《フィールド》3から領域《フィールド》4へ移行すると、もう一つの根本的な転換が起きる。現在の領域《フィールド》とつながっている状態から、最も深いプレゼンシング、および出現しようとする未来の最高の可能性の源につながる状態への移行である。我々はすでに、すべてのメタ・プロセスでのその根本的転換をたどってきた。共感的な聞き方（開かれた心《ハート》）から、未来の最高の自己につながる能力を活性化させる生成的な聞き方（開かれた意志《ウィル》）への移行。対話的《ダイアログ》・内省的会話から、コミュニテイーをより深いインスピレーションと目的の源につなげるプレゼンシングを土台にした集団の会話への移行。ネットワーク型の連携から、多様なプレイヤーの集合体の全体性から見て行動する能力を活性化させる生態系による調整への移行である。これらすべての例において、現在の場とのつながりから、出現する未来の場とのつながりへと転換が起こっていることがわかるだろう。

したがって領域《フィールド》4のシステムの特徴は、刺激は四つの反応のうちのどれか一つを引き出すということだ。つまり反射的反応（レベル1）、適応的反応（レベル2）、自己内省的反応（レベル3）、出現する未来のプレゼンシング（レベル4）のどれかだ。どの反応レベルが選択されるかによって、異なる行動戦略や結果が生まれる。前に述べたように「**（このような意識で）臨んだために、（こうした結果が）生じる**」のである。

システムが領域《フィールド》4で機能する状態へ移行することこそ、今の時代の主要な現象だと私は個人的に考えている。その移行はいたるところで起き始めている。本書のあちこちで探索したように、個人、集団、マクロ・レベル、そしてムンド・レベルでさえそれは起き始めている。領域《フィールド》4の原理にしたがって行動することもまた、地元の、地域の、そして地球規模の、最も差し迫った問題に対処するために我々が満たすべき重要な条件である。しかしその重要性にもかかわらず、また、それがいたるところで起き始めているにもかかわらず、それを表す言葉を我々はまだ持っていない。問題は、さまざまなコミュニティーが同じ現象に対して異なる用語を使っている（領域《フィールド》3でのように）ということではない。ほとんどの人々が領域《フィールド》3と領域《フィールド》4を混同しがちだということが問題なのだ。つまり、現在の領域《フィールド》と出現する未来の領域《フィールド》が混同されているということだ。それらは二つの異なる現実である。後の方で詳しく述べるが、この二つにはそれぞれ異なる因果関係と異なる時間の流れがあり、感じられるものも違う。両方を体験すると、身体でその違いがわかるようになる。集合的（社会的）な身体も同じことだ。それぞれの領域《フィールド》が、「あなたは誰か」の異なる部分を起動するのだ。

このような理由から、私は人間のシステムが領域《フィールド》4から行動し始めるときに起きるプロセスを表す新しい言葉を導入することが適切だと考えた。**プレゼンシング**である。それは我々の意識の盲点《ブラインドスポット》の核心を指し示す言葉だ。このプロセスは、より深いところから機能する可能性を我々に示している。それは我々をリーダーシップの本質――行動の起点となる場所を変える能力――へ向かわせる。プレゼンシングの場所は我々の知《ノウイング》と在り方《ビーイング》の最も深い源《ソース》であり、他の指針がすべて機能しなくなったときにはそこが前進する上での起点になる。

メタな視界が領域《フィールド》3から領域《フィールド》4に変わると、異なるシステムのレベル間の境界は崩れ、最も深い源にともに根ざすようになる。システムレベルの間の関係は、境界が完全に（一部ではなく）崩壊し、異なるレベルとシステムは未来が出現するための一つの器になるという点で、領域《フィールド》3のそれとは異なる。

したがって、四つの領域《フィールド》は、異なる源《ソース》――境界の内側、境界線上、境界を越えたところ、組織の境界の周囲――から発するだけではなく、その結果生み出されるレベル間の関係もそれぞれ異なるもの（すなわち、垂直的分離、構造的カップリング、境界の部分的な崩壊、境界の完全な崩壊）になる。したがって、社会システムの具現化のための環境の共創造《コークリエイト》に個人が参加する度合いも、既知のパターンの繰り返し（領域《フィールド》1）から、適応（領域《フィールド》2）、共進化《コーエボルヴ》（領域《フィールド》3）、そして集団的創造（領域《フィールド》4）へと進むにつれ強まっていく。

Uの左側を降りていき、領域《フィールド》1から領域《フィールド》4へ進むにつれて、相互結合と融合の度合いも進み、個人の全体性の形成への参加も進む。

同時にシステムは、個々に区別される段階を経て、サブシステムがよりゆるやかに結合したまとまりになる。それは個人の場合だけでなく（そこでは開かれた思考《マインド》、開かれた心《ハート》、開かれた意志《ウィル》の区別が見られる）、集団の場合にもあてはまる（そこでは集団における開かれた思考、開かれた心、開かれた意志の区別が見られる）。同じことは組織にも言える（そこで我々はシステムを、集権、分権、ネットワーク、生態系といった区別を持つ組織の構造の型として見るし、成果システムとして顧客との接点《カスタマーインターフェース》、サプライチェーン、革新システムといった区別でみる）。グローバルな統治や社会についても同じことが言える（そこで我々は統治メカニズムを、ヒエラルキー、市場、対話《ダイアログ》、全体のプレゼンスといった区別でみるし、社会のサブシステムも、経済、政治システム、文化といった区別をして見る）。したがってUの左側を降りていくにつれて、レベルを横断する結合と融合の度合いは強まり、同時にシステムは全体としてゆるやかに結合するサブシステムへと分化し始める。

このことについてもう少し考えてみよう。これは難しいことだ。なぜなら、Uの底でのゆるやかな結合と融合のレベルは、既知の考えに反するからだ。

例を挙げよう。ピーター・センゲはかつて、宇宙飛行士ラスティ・シュワイカートと会ったことがある。以下はそのセンゲの話だ。

ラスティは、アポロ一一号が初の月面着陸をするのに先立ち、アポロ九号で着陸機を軌道上でテストする任務に就いていた。彼は任務から帰還した一〇年後にそのときの経験を語った。自分が経験したことをどう話せばいいかがわかるまで一〇年を要した、と彼は言う。「宇宙飛行士はもともとエンジニアや技術畑の人間なので、ものごとについて技術的な語り方をします。私には自分が経験したことを表現する言葉を知りませんでした」

しかしその後、彼はリンディスファーンで自分の体験を語った。リンディスファーンはウィリアム・アーウィン・トンプソンがロングアイランドに創設したスピリチュアル・コミュニティである。ラスティは後に「二人称で自分の体験を話そうという考えが閃きました」と私に語った。というわけで彼の話はすべて二人称現在形で語られた。「今あなたはこれを見る。今あなたはあれを見る」という具合だ。彼は二人称で語ることにした理由を、宇宙飛行士としての自分は人類の感覚器官の延長部分だと気づいたからだ、と言う。「たしかにそこにいたのは私で、見ていたのは私の目でしたが、見ているのは私だけではありませんでした。人類が見ていたのです」。宇宙飛行の話を二人称で話し始めると、それが非常にパワフルな経験であることがわかった。なぜなら、それまでの経験の多くがきわめて異なる形で彼にとって理解できるようになっていったからだ。

二人称で話すことで、彼は集団として見るだけではなく、他者として見ることができるようになった。「朝になってあなたは目覚める。今あなたはこれを見る」という風に。話の後半部分は実に感動的だ。「今あなたの任務は終わろうとしています。幸せなことに任務は技術的に非常にうまくいきました。そのため、本来なら期待できなかった自由な時間をあなたは手にしています。最後の日々、多くの時間をあなたは窓の外を見ながら過ごしています。外を見ているうちに、あなたは自分のアイデンティティが変化していることに気づきます。最初の数日間は、外を見る機会さえあればカリフォルニアの海岸を、テキサスを、あるいはフロリダ半島を探していました。自分に馴染みのあるものを探していたのです。しかし不意にあなたは、アフリカの西海岸が見えてくるのを待ち構えている自分に気がつきます。そしてシナイ半島が、インド亜大陸が見えてくるのをわくわくしながら待っているのです。あなたは、自分のアイデンティティが変化したのがわかります。あなたは今、それらすべてと一体化しているのです」

「最終日、あなたはただ見ている自分自身に気がつきます。我々が中東と呼ぶ、いたってなじみ深い地形の上をゆっくりと移動しています。それを見下ろしているときに、境界線がないことにはっと気がつきます。これまでこれを見る度に、子供の頃からその地域にはいつも線が引かれていました。しかし、あなたは線はないことを知ります。国境線は存在しない。その線は存在するものとして頭の中だけに保有している。そしてあなたは悟ります。想像上の境界線をめぐって、人々が絶え間なく殺し合いをしていることを」。リンディスファーンでの彼の話はここで終わる。

数年後、私も進行役の一人だった三日間のリーダーシップのコースにラスティが参加した。終えた後、我々は彼に、何でもいいから話をしてくれないかと頼んだ。彼は立ち上がって、上と同じような話を少しした。そのとき、やはりファシリテーターを務めていたチャーリー・キーファーがこうたずねた。「それで、そこはどんな感じだったんです？」この時までに我々のほとんどは、リンディスファーンでの彼の話をすでに読んでいた。ラスティは立ったまましばらく黙っていたが、やがてこう言った。「今まさに生まれようとしている赤ん坊を見ているような感じでした」

ラスティ・シュワイカートの体験は、Uの底のレベルの融合を例証している。最初彼は馴染みのあるものを探していた（領域《フィールド》1）。次に先入観のない見方へと移行する（領域《フィールド》2）。「いまアフリカの西海岸が見えてくるのを待ち構えている」がそれだ。その後、彼の認識は再び変化する。国と国の間に境界線がないことに気がつくのだ。この変化は「感じ取る《センシング》」（領域《フィールド》3）の重要な特徴のいくつかを表している。その一つが「たしかにそこにいたのは私で、見ていたのは私の目でしたが、見ているのは私だけではありませんでした。人類が見ていたのです」という言葉に表れたシステムレベルの融合だ。そして最後に、聖なる地球という星の存在《プレゼンス》との遭遇という深い本質に波長を合わせたときに、彼はもう一つ別のレベル（領域《フィールド》4）へ移行する。それを表しているのが、「今まさに生まれようとしている赤ん坊を見ているような感じでした」という言葉だ。

この親密な遭遇、そして深いレベルの融合は、前の方の章で見てきた「感じ取る《センシング》」とプレゼンシングのすべての例に共通する主な特徴だ。たとえば、「患者と医師の対話《ダイアログ》フォーラム」で参加者が自分たちをシステムとして見るようになったとき、グループ全体が認知の新たな集合的感覚器官のようになって行動し始めた。ラスティ・シュワイカートは、見ることによって、微妙でとらえがたい集合的な誕生のプロセスに参加した。もし彼がその場に存在せず、注意を向けることがかったなら、それは起きなかったかもしれない。

コンステレーション・ワークでは、個人（ミクロ・レベル）は集合的レベル（社会的な場《ソーシャルフィールド》とその影響）に従属しているように見えるが、ラスティ・シュワイカートのケースでは（あるいはプレゼンシングの他の例）はそうではない[5]。ラスティは外部の力に、こう言えとかああ言えと強制されたわけではなかった。彼は沈黙、静寂、恩寵の深いプロセスを経験し、それを通じて高いレベルの気づきとプレゼンスに出会ったのだ。

社会的な場《ソーシャルフィールド》の文法

社会システムの行為が、システムが機能する起点である意識の領域構造《フィールド》の作用によるものであるなら、そしてそれがあらゆるシステムの中のあらゆるレベルに適用できるなら、次のような問いが発生するだろう。どんなルールに従ってこれらの移行（一つの領域構造《フィールド》から他の領域構造《フィールド》への）は起きるのか。どんな力がこのような移行を牽引する引き金になるのか。

このルール、あるいは社会的文法を要約したのが表20-1である。これはUにおける転換の経過を、異なる一〇の角度（分類）から表したものだ。特に新しいものはない。これまで述べてきた事柄を要約しただけである。

最初の七つのカテゴリーについては、この本の前の方で長々と述べてきたことなので次の議論に入る前に少し時間をとって読んで振り返ってみてほしい。この表はUのプロセスの足跡をたどるものと考えていただきたい。それは人間の集合的創造性の深いプロセスの足跡であり、その足跡は我々に、生命の進化の文法の内側を見せてくれる。この一〇のカテゴリーは文化、状況、個人のそれぞれの状況《コンテクスト》によってさまざまな言い方がされるが、その内容は普遍的なものである。さまざまな文化、大陸の聴衆や実践者とこの考え方について議論するたびに、ここで論じているより深いところへの移行についての普遍性にいつも気づかされる。一〇のカテゴリーはこれらの移行の重要な側面のいくつかをとらえている。かつてワークショップのある参加者が私に、これを**人間の精神《スピリット》の認識論**と呼んだらどうかと提案してくれた。文化を越えて我々を結びつけるのは、その、より深い認識論だ。そしてそれはグローバルな集合的領域《フィールド》に関係しているので、このような文法はより深い転換を進んでいく我々の旅の進路が明確で心穏やかであるように導いてくれるだろう。

因果関係メカニズムの転換

表20-1の最後の三つのカテゴリー（八～一〇段目）を見てみよう。ミクロからムンドに至るまで、我々のシステムのほとんどは今のところ領域《フィールド》1と領域《フィールド》2の行為から抜け出せないでいる。すなわち、過去の問題に反応し、火消しに終始していて、意識と意図を方向転換して出現する未来の可能性につながり、それを実現していくということができないでいる。

深い領域《フィールド》への移行が困難で到達できないもののように見える理由の一つは、社会システムの行為の**原因となる**メカニズムに対する理解に欠けているからだ。二三〇〇年前、アリストテレスはもの

プレゼンシング	結晶化	プロトタイピング	実践
手放し、静寂とつながる	出現しようとする未来を受け入れる	すばやくマイクロコズム（小宇宙）を作り、具現化する	実体化し、より大きい生態系に定着させる
出現する未来の深い源から	出現を望む未来と対話することから	出現しつつある未来および現在の状況（コンテクスト）と対話することから	共進化する生態系と対話することから
未来の最高の可能性	出現しようとする未来の場（フィールド）	未来の生きたマイクロコズム	共進化する生態系
自己を超越した知	自己を超越した知・出現しようとする未来を共に想像する	自己を超越した知・新しいマイクロコズムを共インスパイアする	自己を超越した知・集団的行動を共に直観する
4次元的時空の反転・源からの直覚	4次元空間・源につながり、出現しようとする未来を構想する	4次元空間・状況に根差した共創造のための源と文脈につながる	4次元空間・源と共進化の生態系につながる
聖なる静寂の中にいる	出現しつつある構想の中にいる	状況に根差した共創造の中にいる	日々の実践の中にいる
深い出現のプレゼンス（出現する複雑性）	深い出現の結晶化（出現する複雑性）	深い出現の具現化（出現する複雑性）	深い出現の実体化（出現する複雑性）
全面的に内部（自己）に原因を求める	全面的に内部（自己）に原因を求める	全面的に内部（自己）に原因を求める	全面的に内部（自己）に原因を求める
超共主観性優位：発達学派（西田、ウィルバー、南、トーバート、コーエン、シュタイナー）	**超共主観性**優位：出現するシステムの集合的現象学（ボーム、クーパーライダー、コーエン、ウィルバー）	**超共主観性**優位：共創造の統合美学	**超共主観性**優位：社会的彫刻の統合プラグマティズム
真正の自己：今の中の私（I-in-now）	真正の自己：今／あなたの中の私（I-in-now/you）	真正の自己：今／それの中の私（I-in-now/it）	真正の自己：今／我々の中の私（I-in-now/us）

表 20-1　出現の社会的文法――10 のカテゴリー

カテゴリー		ダウンロード	観る	感じ取る
1	意識の向け方	習慣的な判断を投影する	保留と留意	転換と深く潜るもしくは波長を合わせる
2	行動の起点	組織の境界内の中心から	組織の境界の周辺から	組織の境界を越えたところから
3	見ている世界	頭の中のイメージの投影	相互に作用しあっている客体	現在の集合的な場（フィールド）／全体
4	知識	独善的判断	明示的：「『何であるか』を知る」	暗黙的：「『どのように』を知る」
5	社会的空間	1 次元的・空間を持たない・頭の中のイメージ	2 次元的・空間は観察者の外側にある・観察者と観察される側の 2 点間の間隔	3 次元的・内面的・観察者は観察される側の中に入り込む・境界の崩壊
6	社会的時間	実体のない退屈さ	クロノス	ゆっくりになる
7	社会的集合体（複雑性）	「死んでいる」集合体（直線的な複雑性）	自己創出（オートポエーシス）的な生きているシステム（ダイナミックな複雑性）	集合的現象学的フィールド（社会的複雑性）
8	主要な原因メカニズム	外部に原因を求める（決定論）	主として外部に原因を求める	主として内部に原因を求める
9	エピステーメー	**主観性**優位：素朴な構成主義、ウィルバー：ゾーン 3	**共／客観性**優位：素朴実在論、合理主義、システム理論、ウィルバー：ゾーン 4	**共主観性**優位：現象学、解釈学（フッサール、ハイデッガー、ハーバーマス、ヘリンガー、ウィルバー：ゾーン 1、2
10	自己	中心の自己：私の中の私 (I-in-me)	理性的自己：それの中の私（I-in-it）	関係的自己：あなたの中の私（I-in-you）

ごとの原因となる四種類の枠組み（四原因）を提示した。それを用いて、社会システムがUのプロセスを進むときに起きる因果関係のメカニズムの根本的な転換を説明してみたい。

図20-1は、Uの四つのレベルを四つの同心円で表したものだ。外側の円は領域《フィールド》1〔I-in-me〕つまりダウンロード、次の二つの円は領域《フィールド》2〔I in it〕と領域《フィールド》3〔I-in-you〕、そして中心の円は領域《フィールド》4〔I-in-now〕、つまりUの底を表している。さらに中心で出会う四本の軸は、アリストテレスが区別した四つのタイプの原因を示す。その四つとは以下の通りである。

1◆カウサ・マテリアリス〔the material cause〕——質料因
2◆カウサ・フォルマリス〔the formal cause〕——形相因
3◆カウサ・フィナリス〔the final cause〕——目的因
4◆カウサ・エフィシエンス〔the efficient cause〕——作用因（運動の媒体あるいは発端）

図20-1は、これら二つの区分（出現の領域《フィールド》構造と因果関係のタイプ）における違いを示すことによって、今日の社会システム理論を表す。これらのシステム理論のさまざまな流派を俯瞰している。一番外側の円は、従来の社会システム理論を表す。これらの理論では、変化の原因をシステムの境界の**外側**にあるととらえる。これとは対照的に中心の円は、変化の原因を、深く開かれていくプロセスと境界の崩壊につながるもの、内部から出現するものと考える。あいだの二つの円は、両極の中間に位置する理論を表している。四つの円は、内側へ向かうにつれ原因を外部に求めるものから内部へ求めるものへと変化しているのを表す。一方、四本の軸はアリストテレスの四原因、すなわち質料因、形相因、目的因、作用因を表している。

質料因と外部的原因（外側の円）の一つの例は、自己創出的《オートポエティック》な社会ネットワーク理論だ。社会システムをコミュニケーション構造の相関関係だとするこの理論では、コミュニケーション構造はシステムを生み出し、またそれ自身を再生産する（参加している個人の意識と意図とは関係なく）。構造に注目するこの理論は、アリストテレスが質料因と呼んだものの典型例である。

二番目の円（主として外部に原因を求めるもの）のもう一つの例は、システム・ダイナミクスの手法だ。社会システムを、それが集合的に生み出すパターンあるいは形態から分析する方法である。これはアリストテレスが形相因と呼ぶところに焦点を当てる。

同じ円に含まれるさまざまな心理学の学派は、社会システムを、人々の行為を決める個人的な動機との関連でとらえる。これはアリストテレスが作用因と呼ぶもの、つまり活動の行為者、または活動の発端のことである。

最後に、ヘーゲル－マルクス的歴史観である。これは歴史のプロセスを、客観的な歴史的法則にしたがって姿を現す最終的な原因を段階的に実現していく

図 20-1　4 原因、因果関係の 4 つのタイプ

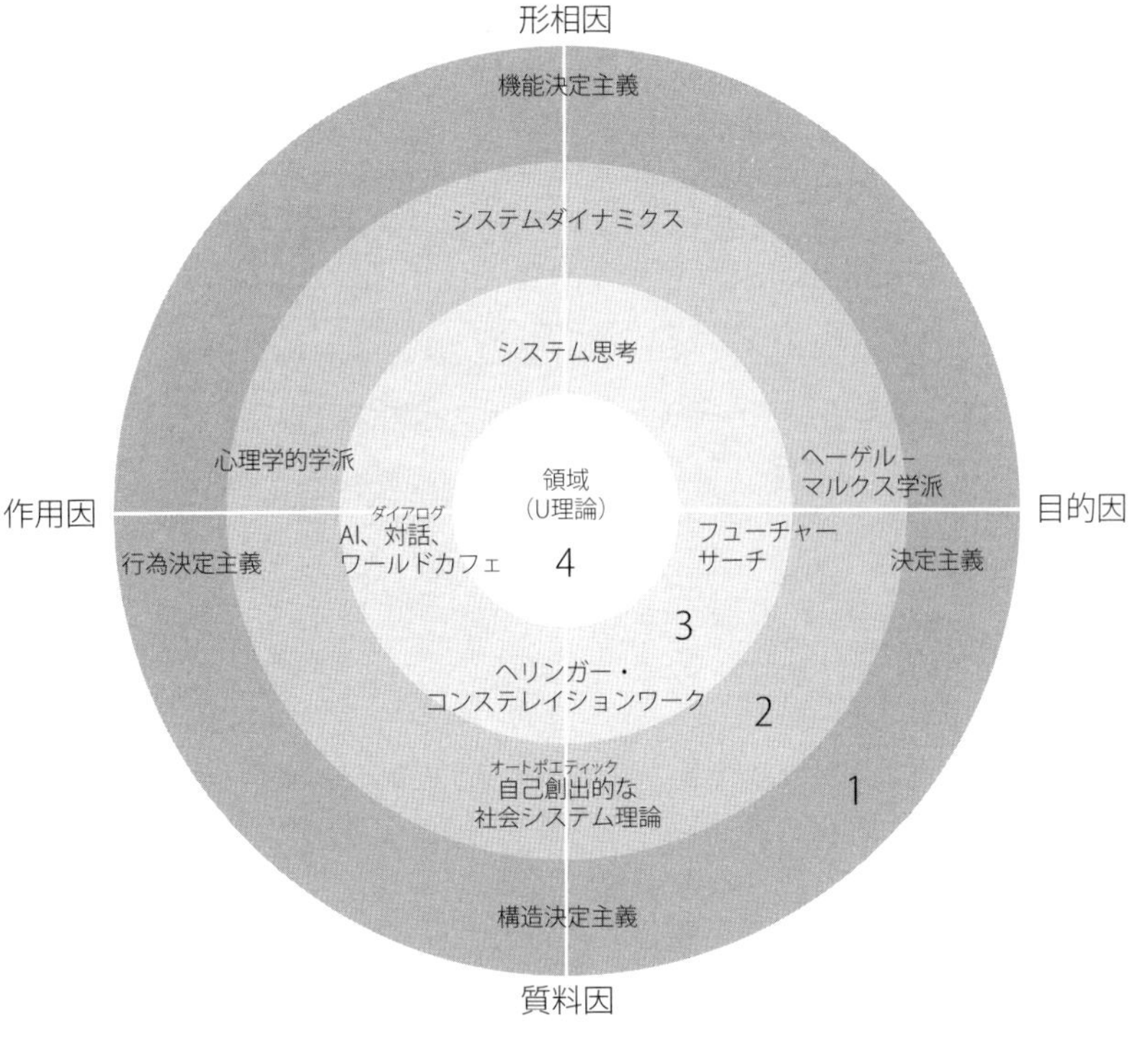

過程と見る。これは、主となる原動力として目的因に注目する理論の典型例だ。

それぞれの理論が異なる原因のタイプに重点を置く一方で、どの理論でもその原因の置かれている位置はほぼ同じだ。原因と変化は、システムの中で生き、システムを生み出している人々の意識と意図の**外側**にあると考えるのだ。システムを動かし、再生産するのはコミュニケーションのパターン（自己創出的《オートポエティック》な社会システム理論）、社会システムにある行為をさせるのは集団が具現化している行動パターン（システム・ダイナミックス理論）、人々の行動を引き起こすのは心理学的パターン（心理学の諸派）、歴史のプロセスを最終段階へ推し進めるのは客観的な歴史的法則（マルクス主義理論）という具合だ。これらの理論にはすべて共通した特徴がある。変化を決定づける変数は、システムを集合的に具現化している人々の意識や意図の外部にある、という点だ。しかし、物事はまさにこれらの理論の盲点《ブラインドスポット》で起きる。このことは、外側の二つの円（変化の原因は外部にある）と内側の二つの円（変化の原因は内部にある）の間の基本的な違いを示している。主たる違いは、内側の二つの円では**自身を見始める**（すなわち自身の盲点を明らかにし始める）社会システムあるいは社会的な場《ソーシャルフィールド》（システム内の行動者同士の関係性の全体としての）を扱っている、ということだ。

このような自己内省的な転換は、まさに「患者と医師の対話《ダイアログ》フォーラム」の中で起きたことである。そのとき人々は「**我々こそが**システムだ」ということに気づき始めたのだった。すべてがいったん停止し、その後会話が再開したとき、会話はまったく違う場所から発せられるようになっていた（町長が立ち上がり、教師が立ち上がり、農民が立ち上がった）。この転換は、自動車企業の技術者たちが、彼らのシステムを分析し、結果を検討し、「我々は自分自身になんてことをしていたんだ！」と叫んだときに起きたことと同じだ。いずれの場合にも、集合的に生み出されたパターン（形相因）が**内面化**されるのを見ることができる。これらの例や同じようなシステム思考に基づいた介入ワークは、共同で生み出したシステムパターンを見て、それらをともに省察することによってそのパターンが内面化され得ることをはっきりと示している。一旦パターンが見えるようになれば、さまざまな取り組み方が可能になる。

社会的な場《ソーシャルフィールド》で原因のメカニズムを内面化する別の例（と方法）は、ヘリンガーの理論に基づいたコンステレーション・ワークである。それはシェルドレークが領域《フィールド》の形態共鳴《モーフィックレゾナンス》と呼んだところのもの、あるいはアリストテレスが質料因と呼んだところのものに焦点を当てる。すなわちシステムが記憶している過去の出来事と、システムの主要なプレーヤーの役割や関係性の構造に注目するのである。コンステレーション・ワークが適切な方法で行われれば、クライアントはシステムの因果関係のメカニズムを内面化し変化させるといった、違った行動が取れるようになる。

原因メカニズムの内面化を見る三つ目の視点は、作用因の視点である。つまり変革推進者や、システムを実際に動かし、創造し、具現化する人々だ。このタイプの内面化の例は、デービッド・クーパーライダーのアプリシエイティブ・インクワイアリー（ＡＩ）、ビル・アイザックスのダイアログ、アニータ・ブラウンのワールドカフェなどの手法だ[6]。これらはみな個人や集団の作用因に注目し、その最高の経験を浮上させ、活用し、前進のために役立てるにはどうすればいいかを探ろうとする。これらのアプローチは、人々の間を流れ、行動する力を与えるポジティブなエネルギーにアクセスするものだ。

変化の内面化を考察する四つ目の見地は、目的因の視点からである。この見地からのアプローチの例となる方法論は、組織開発の創始者の一人として広く認められているマービン・ワイスボードから提示された。彼が提唱するフューチャーサーチのカンファレンスでワイスボードは、共有できる未来ビジョンを創造することによって共通の土台を発見することに焦点を当てる。そのビジョンが変化を引き起こす触媒としての力として機能し始めるのだ。[7]

最後に真ん中の円がある。そこではあらゆるタイプの因果関係が完全に内面化され、統合され、社会的な場《ソーシャルフィールド》が、出現しようとしている未来の保持空間《ホールディングスペース》を形成し始める。ラスティ・シュワイカートの言葉を考えてみよう。「今まさに生まれようとしている赤ん坊を見ているような感じでした」。そのような深い実存的な開きと遭遇が起こると、異なるタイプの因果関係とレベルがすべて融合し、個々の人間や社会システムが生成と自由の最も深い源《ソース》につながる自己因果関係、あるいは無因果関係の単一の領域《フィールド》になる。

したがって、このようにUのプロセスを進むことによって、人間や社会システムの因果関係のメカニズムおよび進化を転換させることができる。外側の二つの円――U理論では領域《フィールド》1、領域《フィールド》2で表される――から行動するときには、社会システムの行為は過去や外部のメカニズムや出来事に動かされる。Uに沿ったプロセスが展開し、社会システムが領域《フィールド》3や領域《フィールド》4における機能の仕方にアクセスし始めると、我々は内側の二つの円の領域《フィールド》に入る。そこでは社会システムの行為は自己内省的（領域《フィールド》3）で自己起因的（領域《フィールド》4）なものになる。前の方で論じたように、これは気候変動の問題に代表される今世紀の地球規模の問題の本質である。このような問題は、社会的因果関係のパターンを内面化することを、我々すべて――グローバルシステム全体――に迫るだろう。これらの問題は、我々が集団として生み出したパターンに気づき、我々の盲点《ブラインドスポット》を明らかにし、機能するレベルを外側の円から内側の（自己）因果関係の円へ移行させることを迫っている。

リーダーの旅

過去のパターンと外部の力（外側の円）に動かされることから離れ、内面（内側の円）から未来を形づくることを可能にする場所への旅路。これを我々はリーダーシップの旅路と呼ぶ。リーダーシップとは、その本質において、内面にある自分が機能している起点の場所を移行させることのできる能力のことだ。いったんそのやり方を理解すれば、リーダーは自分のシステムの機能の仕方を変え、外側の円の外的要因による決定から自由になるシステムの能力を育てることができる。外側の二つの円の視点に陥っている限り、我々は被害者意識（「システムが私にこんな仕打ちをしている」）から逃れることはできない。内側の二つの円の視点に移行するとすぐに、どのように変化を生み出せるか、どうしたら違った未来を形づくることができるのかがみえてくる。一つのマインドセット（被害者）から別のマインドセット（我々は未来を作れる）への移行をファシリテートすることがリーダーの仕事だ。

外側の円から内側の円への旅はUの旅でもある。外部に原因を求める従来のシステムの視点を完全に反転させ、内面を開く、あるいは自己に因果関係を探るという、異なるシステムの視点へ向かう。ラスティ・シュワイカートはこの転換を、自分の外側にある馴染みのある世界（カリフォルニア）、あるいは新しい世界（アフリカの西海岸）を見ることから移行して、異なる機能の仕方へ、つまり集合的な開きというより大きなプロセスに自分が参加（「それは人類が見ていた」）し、それから深い進化のプロセスのための保持空間《ホールディングスペース》として行動する（「今まさに生まれようとしている赤ん坊を見ているような感じでした」）ことへと進んでいった。

外部の因果関係を感じることから転じて内面から出現する集合的な何かを感じることは、南《ナン》老師の重要な主張へと我々を連れ戻す。すなわち、この時代の問題の核心は、物質と精神の乖離、外部世界と内面との分裂だという考え方だ。ケン・ウィルバーの統合理論がその「全象限、全レベル」

のアプローチにおいて、一方で内部と外部を区別し、他方で個人と集団を区別する[8]。物質と心《マインド》のこの分裂は、先に論じたように、我々が世界を外側の二つの円のレンズを通して見る限りにおいてはあてはまる（図20-1）。しかし、内側の二つの円へと進む度合いに応じて、社会的な現実を創造するプロセスへの参加の度合いもより深くなる。Uの旅は、ウィルバーがその統合理論で言うところの、全レベル、全象限を統合する旅でもあるのだ。Uの最初のレベルでは四つの象限はばらばらで互いの外側を形成しているが、Uの底に近づくにつれてこれらの象限とレベルは統合の度合いを強め、Uの底ではそれらすべてが融合して一つの点になる。静寂と創造の点である。[9]

社会的現実を創造するための火花をとらえる

ここで再び思考の実験に戻ってみよう。もし社会システムが生きたシステム、生きて進化する存在だとしたらどうだろう、と。その観点から見てみると、我々の問いは次のような事柄を浮かび上がらせる。

1◆図20-1の四つの円は、その進化するものの四つの進化の段階を表している。これらの四つの段階は、表20-1の左側の四列に対応する。図20-1のすべての円と表20-1のすべての列は、進化のプロセスの足跡と見ることもできる。それぞれの列と円は、そのプロセスの個々の段階または状態として理解できる。これらの異なる段階もしくは状態は、社会生活のすべての側面、すなわちミクロ、メソ、マクロ、ムンドのいずれにも見られる。我々はすでに四つのメタ・プロセスを通じてそれらを見てきた。現在、領域《フィールド》1～4のどれかに位置しているさまざまな社会システムが存在し、しばしば大きな混乱を引き起こしている。その原因は、人々が通常これらの異なる状態とそれがリーダーシップと行動に対して持つ意味を認識していないところにある。

2◆社会的な場《ソーシャルフィールド》の進化が足跡だと言えるとすれば、次のような疑問が起こる。この足跡を生み出しているのは**誰**なのか。出現しようとしている観察者、あるいは自己とは誰なのか。進化のプロセスで、あるレベルから別のレベル（図表のそれぞれの円や列で表されている）へと飛躍するきっかけとなるものは何なのか、と。領域《フィールド》の状態を転換させる能力は観察者の盲点《ブラインドスポット》の中にある。その能力は隠れてはいるが、すべての人間、すべての社会システムが見つけ出し、解き放つことのできる能力だ。私はこの能力を**今の中の私**〔I-in-now〕と呼んでいる。より高い意識の領域《フィールド》構造を活性化させる観察者（システム）の能力だ。

3◆「自己《セルフ》」つまり表20-1の一〇番目のカテゴリーが根幹となる最も基本的な条件である理由がここにある。Uのプロセスを進むあいだ、我々は行動の起点（二段目）がそれぞれ異なる七種類の意識のあり方（一段目）を移行しているだけでなく、自己《セルフ》（一〇段目）の異なる部分、あるいは側面を作動させている。「自己《セルフ》」のさまざまな型や発展段階については、それぞれの学派や認識理論が異なる用語を当てている。しかしケン・ウィルバーが著書*Integral Psychology*（統合心理学）で書いているように、発達を扱うこういった研究のほとんどは、それに関しておおむね同じような段階や分類の仕方をしている。一〇番目のカテゴリーは、基本的に**それぞれの、そしてすべての人間およびコミュニティは一つではなく、数多くある**ことを示している。我々は個々の集合的な能力を進化させながら、自身の異なった側面にアクセスし、発達させるようになる。その結果、我々の思考と行動は、思考と行動の主たるメタ・カテゴリーとしての主観、客観、共主観、超共主観的領域《フィールド》が強調される段階や状態（九段目）を通って発達する。

4◆U理論は、なぜ、どのようにして集団は領域《フィールド》4の状態に至ることができるかを説明する実用的なレンズと枠組みとして機能する。「U」は、既存の発達理論を補完し、意識《アテンション》の向け方や意識《コンシャスネス》のさまざまな状態を区別する。我々の研究では、発達理論に従うと、たとえその集団の構成員がその段階に到達しそうにない場合でも、集団としてはその段階に達し得ることを見出した。言い換えれば、集合体はより深い意識と気づきの状態への入口の役割を果たす、ということだ。

5◆グローバルな社会的な場《ソーシャルフィールド》もまた一つではなく、数多くある。機能がさまざまに分化しているという意味で数多いのである。グローバルな経済、政治、文化というサブシステムが、それぞれゆるやかに結合するシステムとして機能するために高い自立性を必要とするからである。しかしグローバルな社会的な場《ソーシャルフィールド》は、それぞれのシステムがそれぞれに異なる意識の領域《フィールド》構造（領域《フィールド》1〜4）のもとにいるという意味においても数多い。今日必要なのは、社会的な場《ソーシャルフィールド》の小規模な小宇宙《マイクロコズム》を作り出すことである。出現する全体から見ることによって機能する領域《フィールド》4の生態系の新しい形を創出することができるものだ。いったんいくつかの小宇宙《マイクロコズム》ができれば、より大きなシステムで同じような転換を行うことはそれほど難しくはないだろう。その大きなシステムが、我々が言うところのグローバルな入口（わずかに開いたドア）をまさにくぐろうとしているならば。

要約すると、表20-1の各列は、進化する社会的な場《ソーシャルフィールド》の足跡を表している。それぞれの足跡は、社会的な場《ソーシャルフィールド》の、自己の、そしてその意識の向け方と意識の構造の異なる状態に対応する。これらの足跡をつなげるのは、**動き**《ムーブメント》である。動き《ムーブメント》は進化の各状態を貫いて起こる。その動き《ムーブメント》を誘発し、力を与えるのは「今の中の私〔I-in-now〕」だ。それは潜在的能力であり、人々やシステムに自身の盲点《ブラインドスポット》に気づかせ、源《ソース》に気づかせ、社会の現実創造の火花を現実に方向転換できる能力である。

最後となる次章では、実践マニュアルとしてプレゼンシングの原則の概略を説明し、現実の状況下でのこの種のリーダーシップの実践方法を述べることにする。

第21章 プレゼンシングの原則と実践

抜本的な変革をリードするには、システムの行動の起点となっている内面の場所を転換させることだ。これは協同的にしか為しえない。本書ではこの実践を「社会《ソーシャル》テクノロジー」と呼んできた。これまでにこの社会テクノロジーのさまざまな側面について議論してきたので、ここからはそれを全体的に、かつ実践者の視点から見ていくことにしよう。つまり、自分自身や他の人々が未来の最高の可能性とつながり、それを実現する助けになる原則と実践とはどのようなものなのか。ここでテーマにしている社会テクノロジーは、主要な五つの動き《ムーブメント》に基づいている。各動きは、以下に述べるように数々の原則と実践に根ざしている。その動きとは次の五つである（図21-1）。

◆共始動〔Co-initiating〕……他者に耳を傾け、人生があなたに何をすべきかを呼ぶ声に耳を傾ける。
◆共感知〔Co-sensing〕……最も可能性のある場所へ行き、頭と心を大きく開いて耳を傾ける。
◆共プレゼンシング〔Co-presencing〕……一歩下がって内省し、内なる叡智を出現させる。
◆共創造〔Co-creating〕……新しきもののマイクロコズム（小宇宙）をプロトタイプし、実践することを通して未来を探究する。

◆共進化〔Co-evolving〕……出現する全体性から見て行動し、イノベーションの生態系《エコシステム》を育てる。

最後に、Uの社会テクノロジーの奥にある三つの根本となる原則を特定することによってこの「ハウツー・ミニ手引書」を締めくくることにしたい。

共始動《コーイニシエイト》——他者に耳を傾け、人生があなたに何をすべきかを呼びかける声に耳を傾ける

最初の動きである共始動《コーイニシエイティング》は、無から始め、共通項を見出すことに焦点を当てる。他の四つの活動が生まれる場、あるいは器《コンテイナー》を創造することから始めるのだ。どのように？「聞く」ことによって、だ。その場にいる他の人々の話を聞き（他者に耳を傾ける）、人生が自分に何をすべきかを呼びかける声を聞き（自分自身に耳を傾ける）、そして、より大きなシステムの中で前進しようとしている人々の集合体から出現するものの声を聞く（共通項に耳を傾ける）ことによってである。

1◆注意を向ける《アテンド》——人生があなたが何をすべきかを呼びかける声に耳を傾ける

すばらしいアイデアは、すべて何かが引き金になって生まれている。Uプ

図21-1　Uプロセスの5つの動き

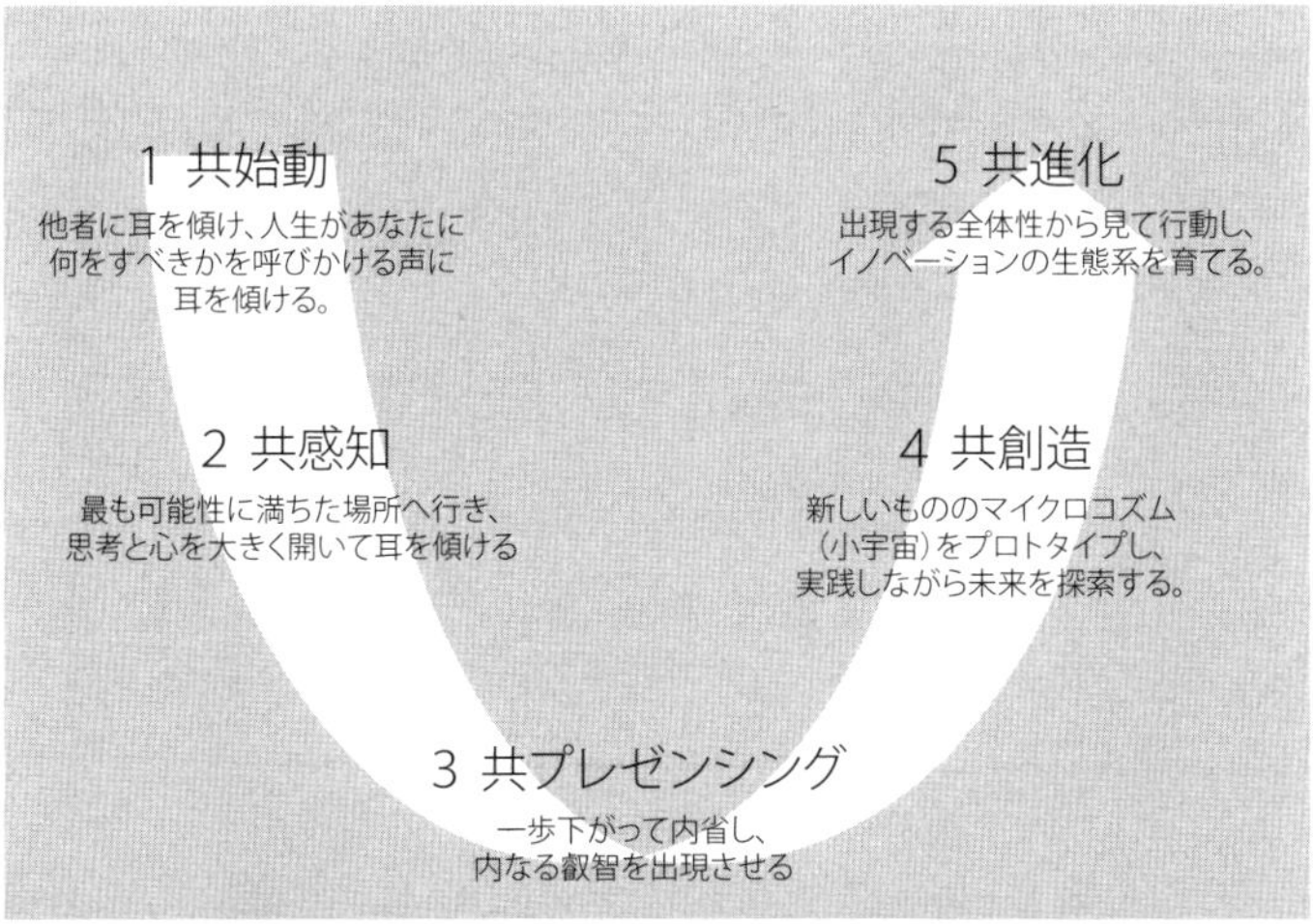

1 共始動
他者に耳を傾け、人生があなたに
何をすべきかを呼びかける声に
耳を傾ける。
2 共感知
最も可能性に満ちた場所へ行き、
思考と心を大きく開いて耳を傾ける
3 共プレゼンシング
一歩下がって内省し、
内なる叡智を出現させる
4 共創造
新しいもののマイクロコズム
（小宇宙）をプロトタイプし、
実践しながら未来を探索する。
5 共進化
出現する全体性から見て行動し、
イノベーションの生態系を育てる。

ロセスの核心は、我々がこの世界における存在《プレゼンス》と、主体的に参加する力を強化するということだ。エド・シャインのプロセス・コンサルテーションの手法は、「つねに相手の助けになるように努めよ」、と「つねに現実に取り組め」という原則から始まる[1]。同じようにプレゼンシングのUプロセスも、知覚《パーセプション》することと注意《アテンション》を向けることに主眼を置くことから始まる。「生命が自分に何をすべきかを呼びかける声に耳を傾けよ」である。従ってUのアプローチは、その元となっている一つの源として、プロセス・コンサルテーション（PC）に強く根ざしている。[2]

例▼MITでの私の授業のうちで、後に最も人気を集めた授業の元のアイデアは、MBAの一年生だったニール・キャンターが提案したものだった。ある日、ニールが大学の私のオフィスにやってきて、企業の社会的責任についてのクラスを開講してくれませんか、と持ちかけた。次の学期の私の講義スケジュールはもう決まっていたので、私の最初の反応は、「できない」だった。しかしよく考えてみると、彼が提案したことは私が何年も前にMITに来た当初やるつもりだったテーマそのものだった。何年間もずっとそのつもりはあったのだが実現することなく、ほとんど忘れかけていたのだ。突然ドアが開いた感じだった。あたかも私がほんとうにやりたいことを思い出させるメッセージが宇宙から送られてきたかのようだった。こういう時、まず人はこう言う。「**申し訳ないが今はほんとうにそれはできないんだ！**」それからそのことの意味が次第に自分の中に染みてきて、そして気がつく。

図 21-2　最初のプロセス——共始動

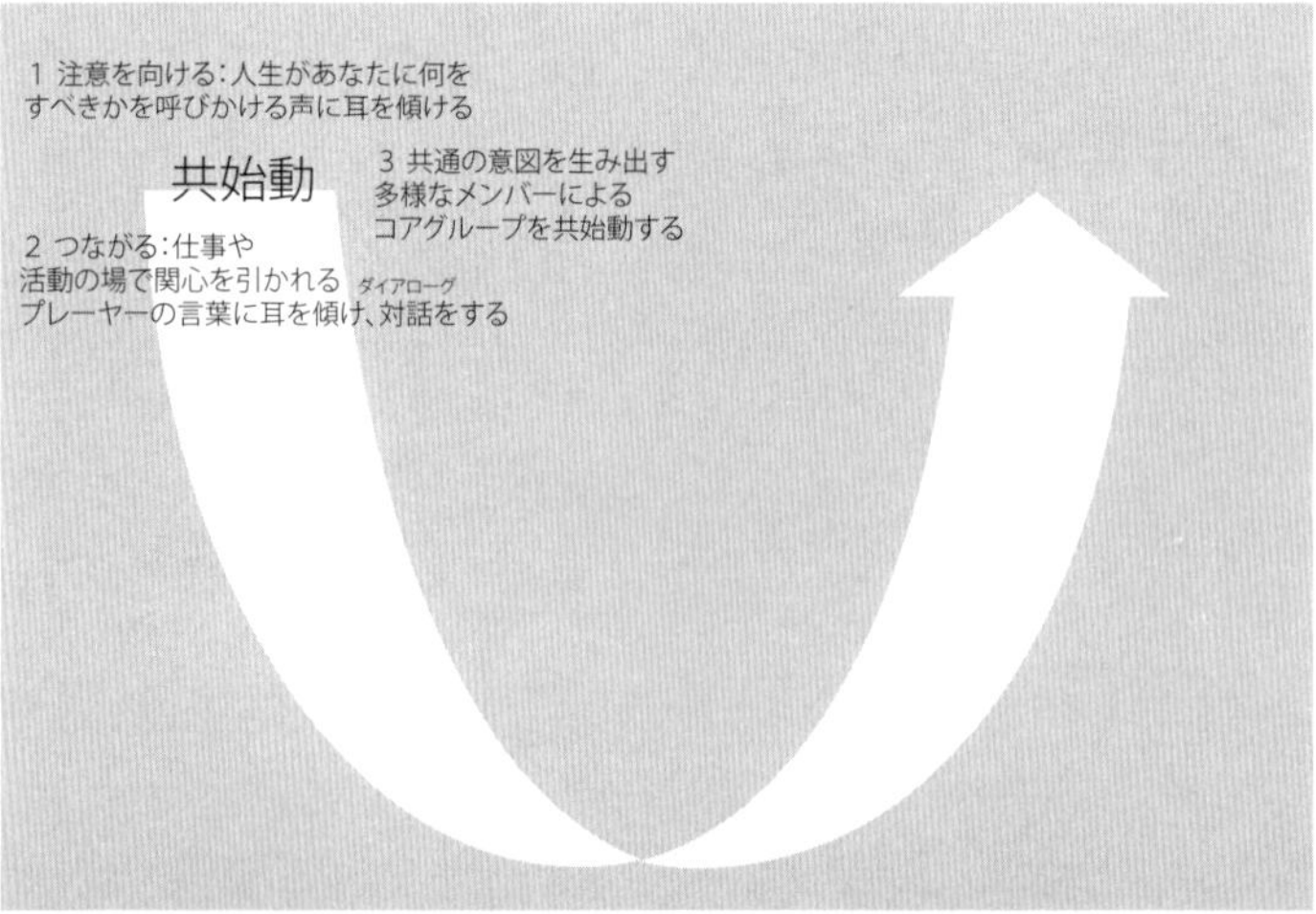
1 注意を向ける：人生があなたに何をすべきかを呼びかける声に耳を傾ける
共始動
3 共通の意図を生み出す
多様なメンバーによるコアグループを共始動する
2 つながる：仕事や活動の場で関心を引かれるプレーヤーの言葉に耳を傾け、対話《ダイアローグ》をする

「参ったな。それをやらないわけにはいかないじゃないか」。それからさらに自分の中に落ちてきて、ついにこう言う。**「そうか。何かこの意味がわかった気がするぞ。わかったよ。予定を変えてそれをやろう！」**

実践▼あたかも自分自身を外側から見るように、毎晩四分間その日のことを振り返る。他人とどのように交わったか、他の人から何をしてほしいと言われたか、あるいは提案されたか。何も判断をせずにこれを行う。ただ観察する。そのうちに、内面の観察眼が成長して自分自身を他者の視点で見ることができるようになる。

2◆つながる《コネクト》――場の中で関心を引かれる人々の言葉に耳を傾け、対話《ダイアログ》をする

「聞く」ことの二番目の領域では、通常の世界から抜け出してその場にあるさまざまな興味深い箇所へと引きつけられる。最も関心を引かれる人々と話し、現在の状況を未来の最高の可能性に移行するには何が必要なのかを学ぶために、相手の話に耳を傾ける。目立った核となる人々とも、それほど目立たない人々とも話をする。後者は、現在の機能不全のシステムのもとで沈黙を強いられたり、システムから締め出されたりしているかもしれない声なき人々だ。この小さな旅が進むに連れて、その場によって教えられ、引き付けられ、導かれるのに身をゆだねよう。最も重要な人々、援助者、未来のパートナー、導き手が、自分が期待していた人々とは結果的に違うということがよくある。したがってここでの自分自身の内面的なワークは、宇宙が提示している示唆に心を開き、その手助けと導きに波長を合わせることだ。

例1▼上で触れた企業の社会的責任についての授業の期間中、私は学生の集団とニューヨークにある国連のグローバル・コンパクトの事務所へ「感じ取る《センシング》」旅に出かけた。学生たちは、そこで話

を交わした人々に触発され、あるアイデアと共ににボストンに帰った。それは、企業の管理職にあるリーダーが、より持続可能でかつ社会的な責任を自覚したビジネスの実践を通して会社を変革することを支援するためのリーダーシップ開発プログラムをMITで作れないか、というものだった。学生たちはそのアイデアを掘り下げるために、MITの学生と教員合同のアクションチームを立ち上げた。その最初の集まりのときに、教授の一人が私に向かって「オットー、君がそういうプログラムを作ってみてくれないか？」と言った。私は「冗談じゃない。今は無理だ」と心の中で思ったが、「今のところは何とも言えませんが、考えてみましょう」と答えた。翌朝、私の考えは決まっていた。「**それはやらないわけにはいかない**」。そこで私は、自分自身の最高のエネルギーを掻き立てるものは何だろう、と考え始めた。それは次世代の役員、五年から七年後にそれぞれのグローバル企業でリーダーとなるであろう人々とともに活動することだと気がついた。世界がこのまま突き進めば、五〜一〇年以内に地球規模での機能不全や壊滅的な変化が生じるだろう。それなのに誰も将来のCEOや幹部クラスに彼らの果たすべき役割に対して準備させていない。行く手に何が待ち受けているのか、これから起きる可能性のある重大な事態にどう対処すればいいか、彼らにはわからないだろう。

そう考えると、自分自身の小さな学びの旅への活力が湧いてきた。私は国際機関やグローバル企業、NGOなど一〇のグローバルな組織に話を持ちかけ、すべてに対して基本的に同じ質問をした。「もし我々が主要な国際機関やグローバル企業、NGOの次代のリーダーを支援する合同プロジェクトを立ち上げたなら、協力してくれますか。次代のリーダーがこの先待ち構えている地球規模の難題に焦点を当て、システム横断的なイノベーションのための実践的なスキルを身に付け、イノベーションのプロトタイプを実際に作ることを支援するプロジェクトです。参加しますか？」と尋ねたのだ。驚いたのは、すべての組織が次のように応じてくれたことだ。「その通りです。今たしかにその部分が欠けています。わかりました。おそらく協力することになるでしょう。最高のメンバーを出すよう考えてみます。少なくとも真剣に興味があります。他にはどんなところに打診していますか？」

例2▼組織の世界でこれを成功させるにはどんな方法を取ればいいのだろう。一つの方法は、利害関係者《ステークホルダー》の対話《ダイアログ》インタビューを行うというものだ。たとえば、あるグローバルな自動車メーカーのケースでは、私は新たに昇進した部長（CEOの二段階下のクラス）向けのリーダー能力構築プログラムを開発して提供した。新任の部長たちはこのプログラムで三つの活動を行う。まずプログラムへの導入のダイアログで、各自がリーダーとしてどんな道をたどり、どんな試練を乗り越えてきたかを九〇分間語り合う。次に、同じ会社の別の部署の経験の長い部長に一日中密着するシャドーイングという活動を行う（後で詳述する）。最後に、彼らにとって最も重要な利害関係者との一連のダイアログインタビューを行う。

参加者の一人で、IT戦略のグローバル・リーダーだったビル・Gはこう振り返る。「私にとっての主要な問題は、各国のマネジャーが互いに話し合うことをしないということでした。アメリカ、ヨーロッパ、アジア地域の間でアクションが連携していません」。最も重要な利害関係者とのダイアログインタビューでは、彼は一人ひとりに同じ四つの質問をすることで、他者の目を通して彼自身の仕事を見ることができた。[3]

彼はこう語る。「新任の私が感じたのは、組織の中にあまり信頼関係がないということでした。リーダーシップ研修の準備に『ステークホルダーインタビュー』を行うようにと言われたとき、その問題を抱えていました。最初に気がついたのは、このインタビューは**ふつうの**会話とは一八〇度違うということでした。事前の下調べもできなければ、自分の計画通りに進めるために駆引きをしたり相手を説得したり、ということもありません。逆に、私は自分の視点を変え、相手の立場に立たなくてはなりませんでした。つまり**彼ら**は私の役割をどう見ているのだろう、とか、私は**彼ら**が成果をあげるために、どのように貢献できるだろう。彼らは私に何を**求めている**のだろう、という風に考えなければならなかったのです。

「最初は少々不安でした。彼らは私を専門家として雇っているのに、私は切れ味のいい答えを出したり課題への解決法を提示するかわりに、質問をしながら歩き回っている、と。しかし結果は驚くべきものでした。インタビューは信じられないくらいの効果があったのです。何カ月分かの仕事やコミュニケーションに値する内容を持っていました。利害関係者《ステークホルダー》の視点に立つという開かれたやり方をとることで、さまざまなことを学びました。「ふつうの会話」ではそういう話を聞くことは決してなかっただろうと思います。インタビューが終わってしばらくすると、私の知らない人々がやって来て言いました。『あなたが行ったオープンなコミュニケーションのことを聞きました。そのおかげでずいぶん信頼が生まれています。どんなやり方をしたのですか』。私がしたのは、自分は**何も知らないのだ**、という考えに徹しようとしたことだけです。自分が何者であり、自分の仕事が何であるかを忘れるようにしただけなのです。いつもなら私は自分の仕事のプログラムを「売り込み」、協力してくれるよう説得していたでしょう。しかしそのときは彼らの立場に身を置いているのですから、当然それはできません。多くの洞察を得たのも、数カ月に相当する仕事ができたのも、私が開かれた考え方をした為でした。他のやり方ではこれほどの理解に達することはできなかったでしょう。そして最も意外だったのは、インタビューで私に洞察が生まれただけでなく、組織に信頼感が生まれたということでした。それは最も大きな驚きでした」

実践1▼この段階で最も重要な実践は、「耳を傾ける」ということだ。自分の内なる声に耳を傾けるだけではなく、周囲の人々がほんとうに伝えようとしていることに耳を傾けるのである。ウルスラと私は以前ドイツで、医療現場のあるグループと一日のダイアログインタビューのトレーニングを行ったことがある。一年後、ウルスラはそのうちの一人に、あの時の収穫で一番重要なことは何でしたか、とたずねた。その人はこう答えている。「あの日私が学んだのは、どんなインタビューにおいても、耳を傾けるということが絶対必要条件だ、ということです。つまり、聞き手である私にとって、**私の内面に「他者」の為の空間《スペース》を作ること**が必要だ、ということです。先入観を持つ自分だけでなく、相手が存在できるようにするのはその空間なのです」。ここでの実践は、自分の内面に「他者」のための空間を意図的に築くということだ。

実践2▼実践初期のこの段階でもう一つ重要なのは、忍耐強さである。拒絶されたり、反証的なデータに直面したときに、諦めないということだ。アイデアが初めて生まれてから最終的に実行に移され、現実となるまでには何年もかかるということが少なくない。その期間を持ちこたえられるよう私を助けてくれたのは何だったのだろうか。

答えは私を支えてくれる同じような意図を持つ一握りの人々の存在だった。実践することとしては、当初の保持空間《ホールディングスペース》を形成し、維持することである。その人々は自分の意図とつながり、持続する力を与え続けてくれる。アイデアが実行されるまでの「孵化するまで」の期間は、場合によっては五年、六年、ひょっとすると七年かそれ以上続くこともある。実際に未来の種となるアイデアがこの段階を越えずに終わることも多い。何が必要なのだろうか。

まず初めに、当初の保持空間《ホールディングスペース》を育くみ、維持することだ。二番目に、決して諦めないこと。三番目は、為すべきことへの召命《コーリング》を感じ取ったら、つまり、**それをしないわけにはいかない**何かへの招待状を携えた「メッセンジャー」が現れたら、まずやりますと言い、それをどのようにやるかは後で考える（理性に従うのではなく、自分の気持ちに従う）ということだ。

3◆共通の意図を触発する多様なメンバーによるコアグループを共始動《コーイニシエイト》する

共始動する上でのポイントは、行動を起こし、前進するために互いを必要とするプレーヤーを集めることだ。正しい人々を正しい時期に正しい場所に集める必要がある。共始動の反対がマーケティングだ。つまり、自分のアイデアに対して人々の支持を「取り付け」ようとすることだ。これがうまくいくことはほとんどない。なぜなら、それは自分だけのアイデアだからだ。したがって、正しい人々を集めるためには、自分のアイデアにあまり強く執着しないことである。これは必ずしも諦めるという意味ではない。意図的に未完成の絵を描くことでリードするのだ。少し筆を入れただけの絵を描く。空白部分を広く残し、他の人々が描き加えて参加できるようにするのである。このようにすることで所有者意識から帰属意識へ、自分の役割をより大きな社会的な場《ソーシャルフィールド》や全体の一部と見なすことへ力学をシフトするのだ。

共始動を阻むものは、力（支配）、所有者意識、そしてお金への要求（または執着）だ。プロジェクトの多くが初期の段階で失敗する理由はまさにここにある。もしこの段階で計画が軌道からそれたら、その後の細部の設計に時間を費やすのは無駄なことだ。もはや遅すぎる。どんなプロジェクトでも最大の肝は、意図を明快に示し、正しい協働者を集められる最初の段階だ。

我々の多くはおそらく、力や所有権やお金を**手放さない**ようにと教えられ、それが社会的常識になっている。だが、これら三つのものを手放す力と、自分のアイデアが及ぼす影響力との間には明確な正の相関があることに気づいている。手放した結果、私は最初の段階で諦めたもの以上に多くのものを取り戻した。とはいえ、このような動き方が裏目に出て、他の人々が自分を搾取することがあることも知っている（経験もした）。その場合は、当然その問題に対処しなければならない。

例1▼私のアイデアをめぐって一〇のグローバルな組織とのミニ・ラーニングの旅を終えたあと、参加企業の中の一社であった組織の本社があるロンドンでコアグループの会合がもたれた。一日だけの、テーマに縛られない集まりだ。参加したのは強い関心を表明した人々だけで、その中にはこの旅を共に生み出したMIT関係のコアグループもいた。まず一人ひとりが自分の属する組織、社会や自身の人生で起きていることを話す個人的なチェックインから始めた。そのあとはそこから話が展開された。正式なプレゼンテーションはなく、そのかわりに自分たちが現在行っている仕事、コミュニティや社会でいま重要だと感じられる事柄について自由に話し、その過程で我々は共通する興味やインスピレーションの火花を見出した。火花のいくつかはその会合の最初の二時間の間にひらめいたものだった。

会合の終わりまでには、コアとなる七つの組織から一人ずつ参加してデザインチームを作り、まず試験的なプログラムを作ってみるということが決まった。そのグループには、政府やNGO、市民団体でグローバルな活動をしているメンバーが参加していた。我々はこのチームをELIAS（Emerging Leaders for Innovation Across Sectors：セクター横断イノベーションのための出現するリーダー）と名づけた。六カ月後、このチームはスポンサー役員のグループに提案書を発表し、満場一致で承認される。この時点で、この取り組み《イニシアチブ》の力と所有の重心はMITの小さなコアグループから、より大きなコアグループへと移行した。そしてこのグループが、集団としての目的やビジョンを表明する役割を果たすようになった。重心がこのように移行した結果、それまでの中心（MITコアグループ）は機能の仕方を変え始めた。つまり、伝え、教えることから、学び、探究することへ、また、それまでの問題解決的行動よりも、集団としてのプロトタイピングへ、と。

例2▼世界のトップレベルにある自動車メーカーの研究開発（R&D）センターの会議室に入ったとき、これから何が起きるかについて私には何の考えもなかった。そこにいたのは七名で、研究センター長、そして彼の最も重要な顧客である開発センター長、彼らの直属の部下三人、外部のコンサルタント一人（この会社の元社員）、そして私である。研究センター長が会議をスタートさせ、そのあと私に短いプレゼンテーションをするように言った。私はまず彼が話すよう頼んだ。彼はいま自分が直面している課題と、同社の研究開発の現況について述べた。研究開発がうまく機能していない部分について、また成果を挙げるのに必要であるにもかかわらず達成できていない事柄について彼は説明した。そのあと私が、そのイノベーションの課題に対する異なるアプローチとしてUプロセスについて発表した。すべてが速やかに進んだ。時間は飛ぶように過ぎていき、やがて互いを触発する心地いい会話とブレーンストーミングへと移っていった。会議が終わったときには、何にフォーカスするか、期間、プロジェクトの大まかなスケジュール（六カ月）、専属のコアチームの人数（将来リーダーになる可能性の高い若手の社員六名）が合意されていた。さらに、先の二人のセンター長が責任を持って最も優秀な若手の部下数人をプロジェクトチームに参加させること、この日の出席者それぞれがスポンサーとして個人的にコミットし続けること、コンサルタントと私が以後六カ月に渡ってプロジェクトチームをサポートすること（二人の所長がこのプロジェクトに関わっても社内であまり目立たず、外部からの雑音も入らないように、低予算で）、そしてプロジェクトの始動日とチームが最終的なプレゼンテーションを行う日についても合意に達していた。これらすべてを四時間の会議で決めたのだ。

共通する意図の火花を生み出すには、必ずしも長いプロセスは必要ない。必要なのは、正しい時に正しい場所で正しい人々と会うことだ。このプロジェクトの場合は一度の会合で済んだ。この会合のお膳立てをしたのは私とともに参加していたもう一人のコンサルタントで、彼が諸事をまとめてくれた。彼とキープレーヤーのほとんどはかつて一緒に仕事をした経験があり、彼らの個人的なつながりがこのアイデアを前進させる適切なタイミングと場所を提供してくれたのだった。

実践▼多様なコアプレーヤーの共始動、すなわち共通の意図を触発するためのチェックリスト。

◆全体の進化のために仕えようとする意図。

◆手元にあるテーマにおいては戦略的には無関係に見える人々とつながりを持とうとするとき、あるいは無関係に見える可能性を探ろうとするときには、自分の「心の知性」を信頼する。真の課題やチャンスを捉える際にはオープンマインドで（重要なステークホルダーたちは、異なる側面や変数を強調するだろう）。

◆仕事上も個人的にも人とのつながりを作る……その人の組織上の役割や責任だけでなく、その人の最も高次な未来の目的意識とつながろうと努める。

◆コアグループの会合を招集する際は、仕事の上でも個人的にも、機会を探り、それを形にすることに深い関心を持つエグゼクティブのスポンサーと重要な意思決定者を含める。

◆コアグループには積極的な活動家を含める……実現するために自分の魂と情熱を傾ける人々だ。こういう個人的な情熱やコミットメントがないと、まったく新しいものが実現することはない。

◆既存のシステムの中では発言権がほとんどない、あるいはまったくない人々を含める。医療の場合は患者、学校の場合は生徒、ビジネス組織の場合は顧客やＮＧＯ、リーダーシップ開発プロジェクト（ＥＬＩＡＳ）の場合は将来参加者となる人々だ。

◆重要な知識を提供できる人を、サポートチームやインフラを作る必要に応じて加える（組織内外の助っ人やコンサルタント）。

◆どのように前進するかを共に考えだすために、これらの人々が集まる時間、場所、文脈《コンテクスト》を設定する（機会を感じ取って捉える）。

共感知《コーセンシング》——最も可能性のある場所へ行き、頭と心を大きく開いて耳を傾ける

コアグループとともに共通する未来への意図を始動したら、次のチャレンジはプロトタイピングのアクションチーム作りである。チームは実践しながら感じ取り、発見し、学習する旅を始めることになる。

4◆プロトタイピングに強くコミットしているコアチームを編成し、本質的な問いを明確にする

プロトタイピングのためのコアチームには、上に挙げたプレーヤーや利害関係者《ステークホルダー》の多様性を反映させること、そして一定の期間（たとえば四カ月か六カ月、あるいは九カ月）何よりもプロトタイプ作りのプロジェクトを最優先させて献身的に取り組むことが重要だ。

例1▼自動車メーカーのプロジェクトでは、五人編成のチームを作った。その多くは将来を嘱望されるリーダーで、三〇歳代の初めから半ばの人々だった。チームには、ベテランのエンジニアも一人加わっていた。このとき課題となっていた事柄に関する多くの知識領域に傑出した能力をもつ人だった。後になって彼は、プロジェクトの成功に欠かせない人物だったことがわかった。

例2▼フード・ラボのような多様な利害関係者のプロジェクトの場合は、チームの人数は三〇～四〇名になる[4]。小規模でテーマを絞ったチームの方が、規模が大きめで焦点が不明瞭なチームよりもうまく機能することが多い。規模が大きくなるほど、五～七人の小グループを作る必要性がある。このサブグループが、状況《コンテクスト》を共有し、アイデアを生み出し、成果を出すうえで主たる単位《ユニット》になる。

実践▼次に挙げるのは、最初に行うワークショップで確認すべき項目のリストだ。初めてプロトタイピングのチームメンバー全員を集めるのがこのワークショップになる。ここで彼らを、プロジェクトを始動させ、スポンサーとなっているコアグループのメンバーと引き合わせる。いつの場合もそうだが、最初のワークショップを成功させるための内容のデザインは複数ありうる。しかし、このチェックリストには達成したい成果を列挙したので、読者が考えたワークショップの内容のデザインをチェックするのにたぶん役立つだろう。フォーカスとコミットメントを生み出すには、次のことを明確にしておく。

◆**何**……何を生み出したいのか。
◆**なぜ**……なぜそれが重要なのか。
◆**どのように**……そこへ到達するためのプロセスは。
◆**誰**……参加するメンバーの役割と責任。

図 21-3　第 2 のプロセス――共感知

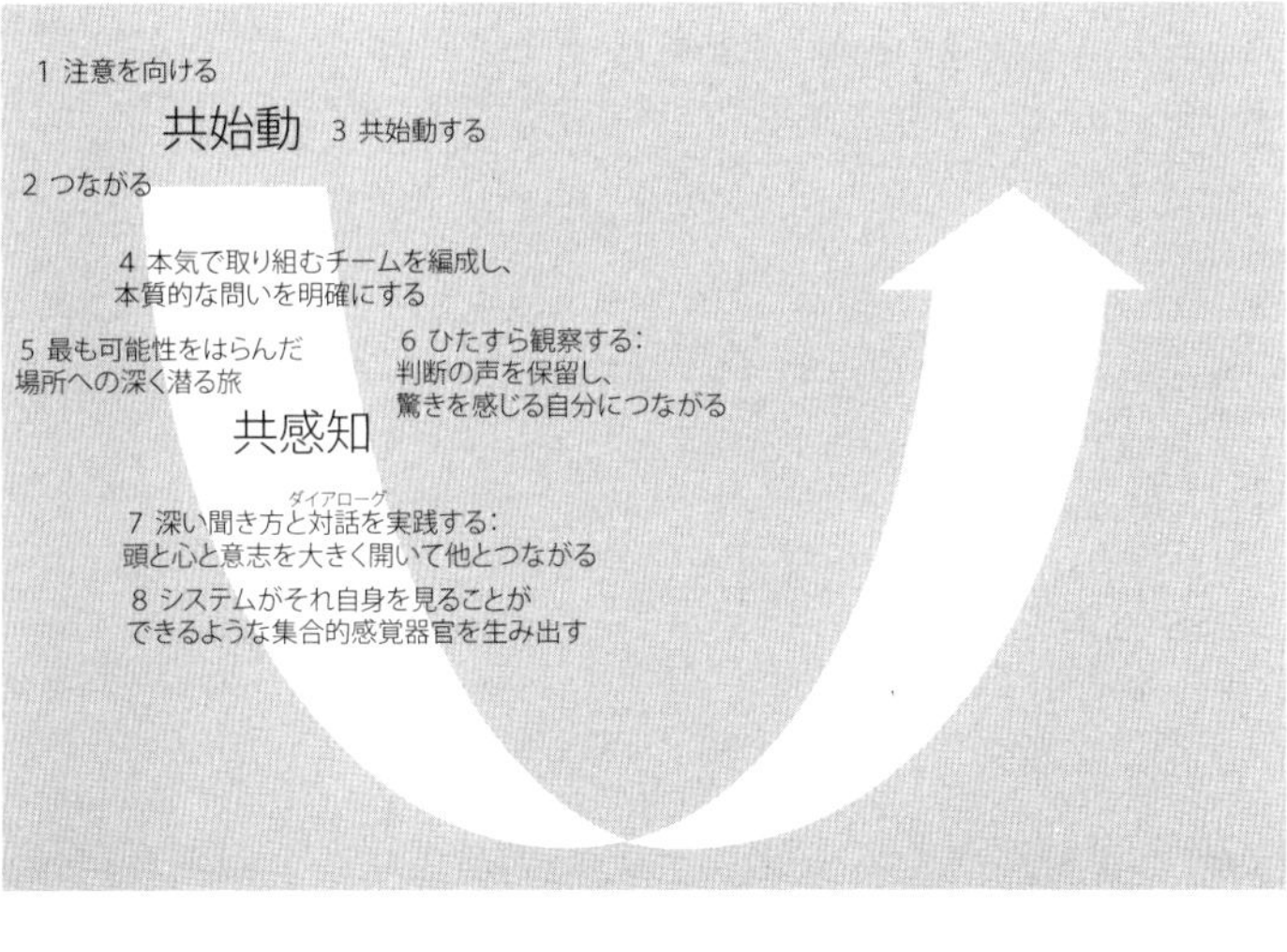
1 注意を向ける
共始動
3 共始動する
2 つながる
4 本気で取り組むチームを編成し、
本質的な問いを明確にする
5 最も可能性をはらんだ
場所への深く潜る旅
6 ひたすら観察する：
判断の声を保留し、
驚きを感じる自分につながる
共感知
7 深い聞き方と対話《ダイアローグ》を実践する：
頭と心と意志を大きく開いて他とつながる
8 システムがそれ自身を見ることが
できるような集合的感覚器官を生み出す

◆**いつ、どこで**……プロジェクトを進めるためのロードマップ。

追加目標として、

◆メンバーがここに集まるに至った状況《コンテクスト》と経緯を共有し、共通の土台を明らかにする。

◆チームが生み出したい未来へのインスピレーションの火花を発火させる。

◆ダイアログインタビューの「ミニトレーニング」を行う。ベストプラクティスに深く潜る。

◆深く潜る旅《ディープ・ダイブ・ジャーニー》の活動を計画する……訪問すべき重要な人々、や組織、探究すべき状況《コンテクスト》を明確にする（最も可能性のある場所のターゲットリスト）。

◆プロジェクトを通して生み出そうとしている未来の、一番初めの**感じ**を具現化したものをメンバーが体験できるようにする。

5◆最も可能性のある場所へ深く潜る旅

深く潜る学びの旅は、人々を可能な未来の創造に関連するコンテクストやアイデアにつなげる。そしてその旅は、行動を生み出す視点を、なじみのある内側の世界——組織機構の枠の中の世界——から、外側にある新鮮で驚きを伴った新しい世界へと移行させる。深く潜る旅はベンチマークを行う旅行ではない。その場に完全に浸りながら直接的な実践を観察することによって、出現する現実の深いレベルにアクセスするためにある。そこでは、シャドーイング、参加、ダイアログを組み合わせて行う。

例1▼先に挙げた自動車メーカーのプロジェクトの中心テーマは、車の電子制御に関係する品質上の重要な問題を解決することだった。最初のワークショップのあと、参加者は「深く潜る旅」の期間中に訪れる社内外の人物・組織、そして探究すべき状況《コンテクスト》のリストを作り始めた。同時に他の三つの活動を並行して進めた。ウェブでの学びの旅、組織内部の学びの旅、そして組織外部の学びの旅である。時の経過とともに、活動の中心はウェブから社内へ、社内から社外での学びの旅へと移っていった。社内でのインタビューは最初の一カ月で終了し、社外で学ぶために、六人のメンバーは三人ずつの二グループに分かれて三週間にわたるグローバルな学習の旅を開始した。どちらのグループもまずヨーロッパから始め、一つのグループは東へ、もう一つは西へ向かった。3週間後に香港で合流し、学んだことの意味を理解するための会合を行うことにしていた。一連の深く潜る旅を通して、チームは他業種の研究開発部門やMITの技術研究所などを訪れたが、一方で、プロジェクトとは一見関連性のない漢方医学の専門家二人を訪問するということも行った。

例2▼深く潜る学びの旅で使える手段として、シャドーイングがある。前述のグローバルな自動車メーカーのプロジェクトでは、メンバーはワークショップに先立って一日、社内の別の部門の部長のシャドーイングを行った。ビル・Gは彼の経験を次のように述べている。

「IT担当者である私は、社内の『生産現場』でシャドーイングを行うことにしました。最終的に製品が完成する場を経験したかったのです。

「組み立てライン責任者のB氏は『非主流』の創造的な人で、イノベーションを導入する達人として知られています。私はかねがね、どのように彼が革新をもたらすのか、そのイノベーションの手法を知りたいと思っていたのです。

「財務部門の仕事は九時前に始まることはありません。しかし、工場でのシャドーイング開始は7時ということになっていました。早朝の始動に向けて前の晩に準備しなければなりませんでした。

これも今まで私が経験したことのないことの一つでした。工場は巨大でした。『バーチャルな財務部門と生産現場はこんなにも違うのか』と思いました。下車するバス停を間違い、B氏のオフィスに着いたときは五分の遅刻。彼はすでに最初のミーティングに出かけてしまっていました。

「B氏の部下の一人が朝のミーティングの場へ連れていってくれました。そこでは前日起きた問題をすべて検討するのです。二〇〇七年春に新しいモデルの車が市場に出ようとしている時期に、彼らは私の中ではすでに〝古くなった〟モデルの改良について、徹底的に討論していました。私はその姿に心を奪われ、話に聞き入っていました。なぜこのモデルのことをいまだに気にかけるのだろう。品質へのこの情熱はどこから来るのだろう」

「そのあと行った一対一の会話で、B氏はこれまでの個人的な体験を話してくれました。私は、彼の穏やかでゆったりした態度に感銘を受けました。彼のリーダーとしての能力が、組み立てラインの責任者という現実の職責をはるかに越えているのは明らかでした。朝のミーティングで私が見たものは、苦労しながら体系的に築き上げてきた共創造と、絶えざる改良の文化だったのです。その文化が工場の高い業績を牽引していました。工場は、なんと六年で組み立てラインの長さを五〇％短縮させたのです。どうやってそれができたのか。B氏はこう言いました。『最初は変えることに多くの反発があった。変えることが自分たちの利益になるとはふつう思わないからだ』」

　変えなければならないのは彼らではなく、自分と彼らとの関係だということにB氏は気がついた。どうしたら**彼ら**は変化の原動力になってくれるのか。自分の努力への反発を生み出すのではなく、彼らを変化の推進者にするには何が必要なのか。そこでB氏はマネジメントのルールを考え出したが、あとになってそれは実はB氏自身を導く個人的なルールだったことがわかる。

「責任者の立場になると、ある一つのことに繰り返し直面させられる。『耳を傾けること。**耳を傾**

け、その上でさらに耳を傾けることを学ぶ』ということだ。それがルールの第一。管理職というのは部下の話が聞けない。私も管理職になりたての頃は部下の話が聞けなかった。私は聞くことを学ばなければならなかった。一旦耳を傾けることを始めると、自分の使命に気がついた。つまり、将来の変化をともに生み出すために、部下が最高の可能性を発揮できるような機会を私が創り出さなければならない、ということを理解したのだ。深く聞き入っていると、内的な場所に導かれ、そこで私は話をしている相手に対する感謝の気持ちでいっぱいになる。進歩や変化のための最上のアイデアは、人々の中にある。私はただ『そのアイデアが現われるのを聞く』だけでいいのだ。そして、そうなると不思議なことが起こる。あるとき工場の労働者代表組織のメンバーが私のところにやって来た。彼は、ラインの組み立て工程の新しい基準の導入に強く反対していた。我々はお互いの話をじっくり聞き合った。最後に大きな集会の場で彼は立ち上がって仲間たちに、次の段階で採用すべき最も価値あることとしてあることを提案した。何だと思う？　組み立て工程の新基準だったんだよ！」

ビルはシャドーイングの体験の感想を次のようにまとめている。「**耳を傾け、その上でさらに耳を傾けることを学ぶ**という言葉は、一生私の頭から消えることはないでしょう」

実践▼自分にたずねてみよう。自分が創造したい未来がわかったら、その未来について最も多くのことを教えてくれる可能性のある人は誰で、場所はどこか。またどうやってその未来を実現するか。

深く潜る旅は、一対一か、あるいは多くても五人（全員が車一台に乗れる人数）で行うのが最も効果的だ。その旅ではシャドーイングやダイアログを行うが、可能ならば相手が実際に活動している中で実践するのがよい。準備と行動後のミーティングは、良いタイミングで一定のプロセスに従って簡潔に行う。チームメンバーはそれぞれ記録をつける。チームごとにデジタルカメラと携帯電話を準備する。また、リアルタイムで記録し、チームのあいだで情報を共有するためにウエブサイトを作る。学びの旅の計画を立てる際はスムーズにことが運ぶよう、メンバーが戦略面、行動面でサポートを受けられる体制を整える（これにはある程度時間がかかる）。

〈それぞれの訪問の前に行う準備〉

◆訪れる場所に関係する情報を集める（インターネットを利用する）。
◆訪問先では一般的なプレゼンテーションを受けるのではなく、人々と語り、シャドーイングを行い、ともに作業をしたいのだということをはっきりと伝えておく。
◆チームとしての質問表を用意する（ただしこれにとらわれる必要はない）。効果的な観察と最良のセンシングをするために、小トレーニングのセッションを持つ。
◆お礼のギフトを用意し、メンバーの役割分担をする（話し手、タイムキーパー）。

〈それぞれの訪問の後で行うこと〉

◆活動後の検討会が完了するまで、携帯電話や携帯端末のスイッチを切っておく。
◆活動直後にグループで振り返りの時間を取る。
◆振り返りの会では各自が観察した事柄を述べあうが、最初は結論を出さないようにする。流れの中から現れるものに集中することにとどめる。何に注目すべきか、次にいくつか問いの例をあげる。

1　何が最も印象的だったか。特に目についたことは何か。
2　最も驚いたこと、予期しなかったことは何か。

3 感動したこと、個人的につながりを感じたことは何か。
4 訪れた組織が仮に生き物だとしたら、どんな風にみえて、どんな感じがするか。
5 その生き物が話すことができるとしたら、（我々に対して）何と言うと思うか。
6 それが進化できるとしたら、どんなものに変容したいと思うか。
7 この社会的な場《ソーシャルフィールド》を進化させ、存続させている源となるものは何か。
8 この社会的な場《ソーシャルフィールド》がさらに進化するのを妨げている要素は何か。
9 この場に入って出たときに、自分自身の何に気がついたか。
10 この場は**我々**の盲点について何を教えてくれるか。
11 この場は我々の未来について何を教えてくれるか。
12 我々のイニシアチブを前進させるのに役立つどんなアイデアがこの経験から思い浮かぶか。

6◆ひたすら観察する——内なる評価判断の声（ＶＯＪ）を保留し、不思議さに驚嘆する感性とつながる

評価判断の声を保留しなければ、最も可能性のある場所に到達しようというあらゆる努力は無駄に終わるだろう。ＶＯＪを保留するということは、経験や過去のパターンに基づいた判断の習慣を絶つ（あるいは封じ込めるか、変える）ことを意味する。それをすることで初めて、未知のものを模索し、探究し、驚嘆するという新しい空間《スペース》が開けるのだ。

例▼一九八一年に、フォードの技術チームが「無駄のない《リーン》」生産システムを採用していたトヨタの工場を訪れた。技術者たちは革命的な新生産システムにじかに触れたにもかかわらず、目の前にあるものが何であるかを「見る」（認識する）ことができなかった。工場に在庫がなかったために、

それが現実ではなく、人に見せるために演出されたのだと思いこみ、工場の「真の姿」を見ることができなかったのだ。彼らのこの反応は、学べる可能性が最も高い場所に行った場合でも自分の評価判断を保留することがいかに難しいかを教えてくれる。

多くの事業家にとって「ひたすら観察する」状態に身を沈めることは、しばしばそれまで安心感を提供してくれていた環境から離れることを意味する。しかし、その安定こそがやがて足かせとなり、既知の領域から未知の領域へ脱出したいという欲求を刺激するようになる。このステップに恐る恐る足を踏み出す人もいれば、喜び勇んで飛び出す人もいるが、この状態に移行することによって、人は必ず新しい活動やつながりや「魔法のようなこと」が起きる世界に入っていくことができる。『ファスト・カンパニー』誌の共同創始者であるアラン・ウェバーは、次のように語っている。

「『ハーバード・ビジネス・レビュー』誌をやめた時の解放感は、今でもありありと思い出すことができる。私はそれまでにつき合いのあった人たちとはまったく違うタイプの人たちと、突然、出会うようになった。人との関わり方もがらりと変わった。つまり『あなたはどんな興味深い仕事に取り組んでいるのですか。あなたはどういう人なのですか。それはどういう感じなのですか』という関心を抱いて人に接するようになったのだ。これまでとはまったく違った新しい目で世界を見ていた。いろいろなことを猛烈なスピードで学び、これまで行ったことのない場所へ行き、以前なら決して会わなかったような人々と出会うようになった。まるで城壁に囲まれた都市から脱出したような気分だった」

実践▼少なくとも五分間、物（たとえば種など）、あるいは状況を見ることに意識を集中する。意識が自分の中のアイデアや思考など別の方へ行っていることに気がついたら、元に戻して純粋な観察を続ける。

7◆深い聞き方とダイアログを実践する――頭と心と意志を大きく開いて他とつながる

他の人々や状況《コンテクスト》とつながるときは、聞き方の四つの「チャネル」をすべて稼働させ、全開にする。その四つのチャネルとは、自分がすでに知っていることを元に聞く（聞き方1）、自分を驚かすところから聞く（聞き方2）、相手に共感しながら聞く（聞き方3）、最も深い源《ソース》から聞く（聞き方4）である。

例1▼私がこれまでに出会ったインタビュアーのなかで、相手との間に信頼に満ちたつながりを作り出す能力において抜きん出ているのはジョセフ・ジャウォースキーである。彼は、たとえ重い利害が絡んでいる政治的状況《コンテクスト》下にあってもそれができる。一度私は彼に、どうすればそんな風にできるのか尋ねてみたことがある。最も大事なのはインタビューが始まる**前**の時間だ、と彼は答えた。始まろうとしているインタビューに自分の思考と心を開くべく、自分の中心に集中するのだという。

その後私は、深い聞き方とダイアログインタビューの経験を重ねるにつれ、インタビューを受けた人々の多くが、時間が来ても会話を続けたがるということに気がついた。会話の場に留まりたがるのだ。こんな風に言う人もいる。「いやあ、おもしろかったですねえ。そのテープを頂けませんか。これまで口にしたことのないようなことを言っていたようです」。人々は会話を終えたとたんに、時間の経過に影響されないつながり――何があろうと決して消えないもの――を会話から得たと感じるようだ。インタビューした側も同じように感じる。あたかも真正《オーセンティック》な存在とより強くつながる場に入ったような感じを覚えるのだ。会話の途中で何か特別なつながりが生じたのだ。会話の場のこういった微妙な変化に気づくようになると、**どの瞬間に**会話が通常の内省的な会話から、より深い意味と本質的な出現の深い流れに移行したかがほぼ正確にわかるようになった。それが起きると声が柔らかくなり、会話はゆっくりしたものになる。光の質が濃くなったように感じられ、温かみを増した空気が相手との空間から放射されているようだ。同時に高周波の音が耳の中で響いてくることが多い。こういった変化が起きると第四の領域《フィールド》に入り、会話は深淵なプレゼンスと流れへと深まっていく。

インタビューする側としてそのような深い会話が起きる最も重要な条件は、開かれた思考《マインド》（純粋な探究と関心）、開かれた心《ハート》（受容と共感）、そして開かれた意志《ウィル》（出現する未来と真正の自己に注意を向ける）ことだ。

この種の聞き方とダイアログは学んで身に付けることができるのか？　経験から言うと、それは確実にイエスである。それはすでにそこにあるからだ。領域《フィールド》3と領域《フィールド》4の機能の仕方は、多かれ少なかれすべての人、すべての社会的システムに潜在している能力だ。何らかのきっかけや覚醒が必要なだけなのである。

例▼二〇〇四年にウルスラと私は、北ドイツの先生や校長のグループを対象にした一日のダイアログインタビューのトレーニングを行った。アンナ・Mはハンブルクの自分の学校におけるリーダーシップの状況に我々のダイアログの手法を実践しようと考え、ウルスラにコーチングのサポートを依頼したのだった。

アンナは次のように語った。「いまの公立学校に校長として赴任して一年経ちますが、失望の中にいます。先生たちは私が提案することに賛成してくれません。親たちは、教育方針や財政面、教え方の質についての私の取り組みが遅すぎると主張します。子供たちの存在だけが私の活力です。以前いた学校と今の学校を、つい比較してしまうことがあります。あの学校はほんとうに楽しかった。色々な改革を行い、完璧なチームでした。でも今は、新しい構想もアイデアもことごとく拒否されてしまいます。やるべきことを実行し、先生や親たちに喜んでもらおうと懸命に努力しているのですが、行き詰っています。先生たちは今では、私が先生の休憩室に入っていくと話をやめてしまうのです」

　ウルスラはアンナに、先生たち一人ひとりとダイアログ・インタビューをしてみてはどうか、と提案した。後にアンナはこう語っている。「それをするためには私のやり方を変える必要がありました。先生たちが私に望んでいるだろうと**私が思っていた**こと（それらは明らかに見当違いでした）を先生たちに押しつけるのではなく、**先生たちが私から何を必要としているのか**をたずねなければなりませんでした。一八〇度の転換です。ひどく怖い思いでした。ひどい結果になるだろう、と思いました。その会話の中で先生たちが、あなたは能力が足りない、とか、別の校長の方がよかった、とか、私が提案するプロジェクトはみなクズだ、などと言うのではないだろうか、と。

「しかしそのようなことは何も起こりませんでした。**真**に求めていることを分かち合っている彼らは、とても寛容でした。私は深く感動し、安堵し、同時に驚きました。彼らが必要としているものは、ある意味では私の予想していたものよりずっとささやかなものだったからです。しかし別の意味で、私のすべきことはもっとたくさんあるということでもありました。先生たちは次のようなことを求めていました。忍耐強さ。サポート。あまり高すぎない期待。自分を見ていること。公平に扱うこと。信頼。オープンであること。話を聴くこと。自分自身でやるために必要な支援。必要なときに相談にのること。平穏さ。自信。励まし。明確な目的。ルール。

「先生たちは、私が子供たちのためにして欲しいと彼らに求めていたまさにそのことを、私に求めていたのです！　**自分は至らない**という意識が職場にありましたが、その原因はおそらく私が作っていたのです。それが私と先生たちとの関係を規定し、さらに先生と生徒との関係にも影響していました。自分の視点から見ていたときは、次にするべきことのカギが見つかりませんでした。しかし**彼らの**視点に立つと、新しい可能性が次々に見えてきました。すべては目の前にあったのです。それを私が見ることができなかっただけでした。数週間後、一人の若い先生が何組かの親と生徒とのダイアログ・インタビューを計画している、と話してくれました。そして、やり方について助言してもらえないか、と頼まれました」

実践1▼毎晩四分間、その日を振り返って自分の聞き方を振り返る。聞き方3（開かれた思考、心）と聞き方4（開かれた思考、心、意志）で聞いていたときのことを振り返る。深い聞き方をしていた例が一つも思い浮かばなかったときは、そのことについても考えてみる。これを一カ月続ければ、聞き手としての能力は劇的に向上する。研修やコーチングにお金をかけることもない。必要なのは、四分間の振り返りを一日も欠かさず続けるための根気だけである。

実践2▼さまざまな利害関係者を選び、相手の立場に立って対話《ダイアログ》をする。そして相手の視点から自分自身の仕事を見てみる。対話《ダイアログ》をする前に、静寂と、自分の意図を作り出す時間を取る。次に挙げるのは、先に述べたグローバルな自動車メーカーのケースで私が使った四つの問いだ。読者自身の問いを考案する出発点としても使えるかもしれない。

1◆あなたにとって最も重要な目的は何ですか。それを実現するために私が手助けできることは何ですか（何のために私が必要ですか）。

2◆あなたの仕事に対する私の貢献が成功したかどうかを評価する基準はどんなことですか。

3◆私が自分の担当する仕事の中で六カ月以内に二つのことを変えることができるとしたら、あなたにとって最も価値があり、最も恩恵になるものは何ですか。

4◆過去に、対立関係やシステムによる障壁によって私の今の立場にいた人間があなたの要求や期待を実現できなかったことがありましたか。あったとすればそれは何でしたか。私たちにとっていま障害になっているものは何ですか。

8◆システムがそれ自身を観ることができるような集合的な感覚器官を生み出す

今日、システムの抜本的なイノベーションを追求する上で最も大きな組織構造的な欠落は、集合的に感じ取るメカニズムだろう。集合的に情報をダウンロードするメカニズムは山ほどある（コマーシャル、テレビ番組、そして残念なことに教育システムの多くがそうだ）。一方で集合的に感じ取るためのメカニズムは、共に見ることや対話《ダイアログ》の力を使い、まだ活用されていない能力である集合的な意味の理解や共に思考する力にアクセスする。

例▼何度も登場する「患者と医師のダイアログ・フォーラム」は、集合的感覚器官の一例だ。個人の感じ取る活動（このフォーラムでは一二〇のダイアログインタビューと数週間にわたるシャドーイング）が行われる過程で、人々は次第に一つの集合的な感覚器官として機能し始めた。「自分たちにこんなことをしてしまっているんだ！」という風に。

実践▼集合的感覚器官を創造する上で1つのきわめて有効な実践が、ワールドカフェ方式だ。これを開発したのはアニータ・ブラウンと彼女の同僚のデビッド・アイザックス、トーク・メーラー、などを含む人々である。カフェの中のように四〜五人単位で丸テーブルを囲み、語り合う。ただし参加者は何度もテーブルを移動し、多層的に会話をかわす（テーブルごとの会話と、全体での会話がある）。またこのカフェ方式には次のような単純な七つの原則がある。状況《コンテクスト》を明確にする、居心地のよい環境を作る、重要な問いを探究する、全員が貢献するように促す、多様な視点をつなげる、それぞれが見出したことやさらなる問いに深く耳を傾ける、そしてそれぞれの収穫や発見したことを集め、大きなグループで共有する。詳しくは www.theworldcafe.com を参照されたい。[5]

共プレゼンシング——一歩下がって内省し、内なる叡智を出現させる

最も可能性を持った状況《コンテクスト》と場所に深く浸ったあとに行うのは、叡智の深い源《ソース》へのアクセスに集中するということだ。つまり自分を通して出現することを望んでいる未来とつながる（共プレゼンシング）ということである。

9◆手放す——古い自己と消えるべきモノを手放す

Uを移動するうえで最も大きな障害は自分の内側から現れる。自分自身の**抵抗**（個人的にも集団的にも）である。Uの左側を降りるときは、抵抗に対処することが不可欠だ。抵抗が繰り返し現れることに驚いてはいけない。それは誰にも起こるものだ。しかし慣れてくると、それがある特定の段階で起こるということ、そしてやるべきことは、それを冷静に受け留め、集中して対処できる準備をしておくことだということがあらかじめわかるようになる。

Uを降りていくためには、評価判断の声（VOJ）を**保留**し、状況に対する皮肉な見方（VOC）を**転換**し、それまでの古い自己を**手放す恐怖**（VOF）

図 21-4　第 3 のプロセス——共プレゼンシング

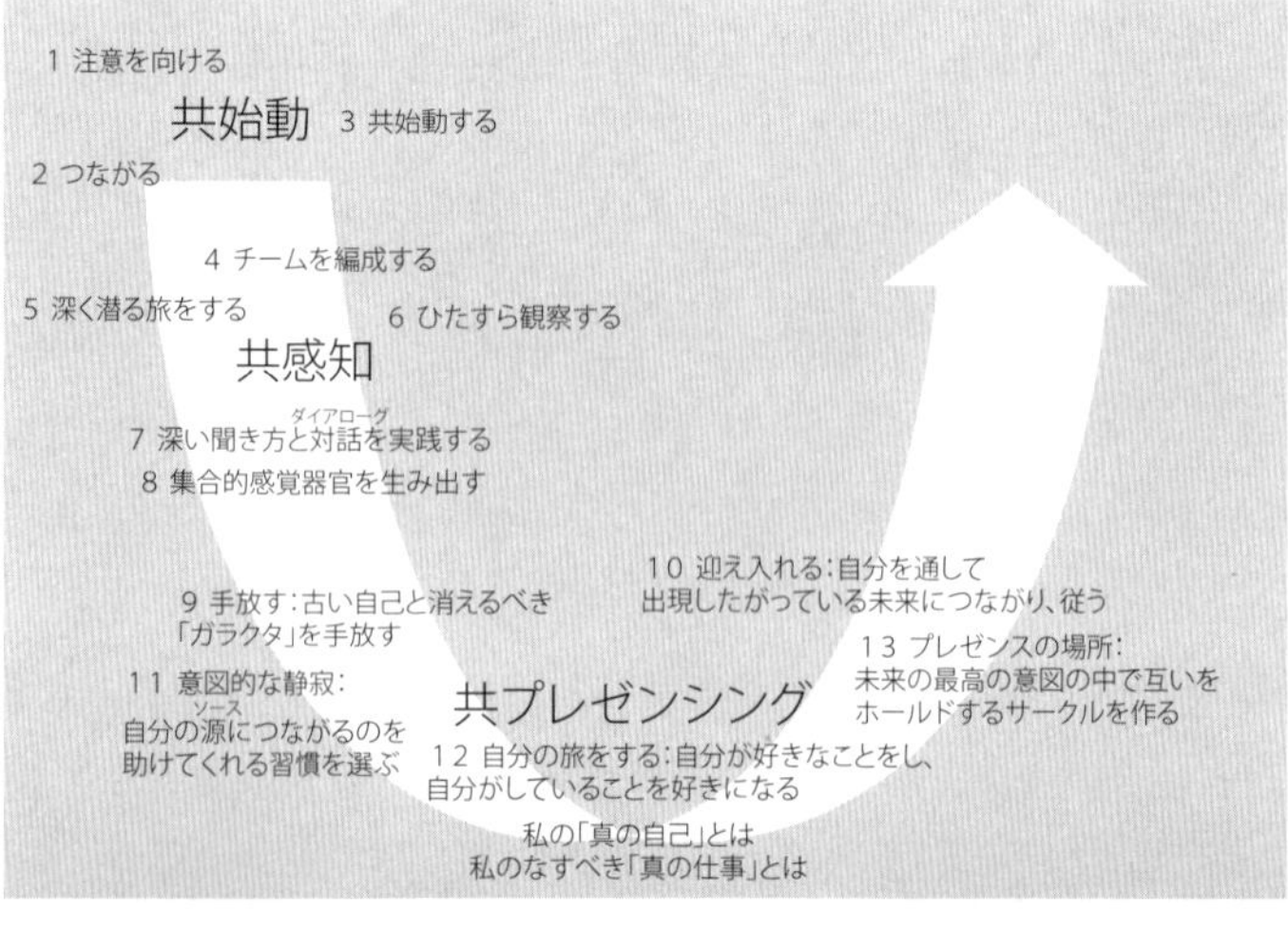

1 注意を向ける
共始動
3 共始動する
2 つながる
4 チームを編成する
5 深く潜る旅をする
6 ひたすら観察する
共感知
7 深い聞き方と対話《ダイアローグ》を実践する
8 集合的感覚器官を生み出す
10 迎え入れる：自分を通して
出現したがっている未来につながり、従う
9 手放す：古い自己と消えるべき
「ガラクタ」を手放す
13 プレゼンスの場所：
未来の最高の意図の中で互いを
ホールドするサークルを作る
11 意図的な静寂：
自分の源《ソース》につながるのを
助けてくれる習慣を選ぶ
共プレゼンシング
12 自分の旅をする：自分が好きなことをし、
自分がしていることを好きになる
私の「真の自己」とは
私のなすべき「真の仕事」とは

を克服する必要がある。新たなものが生まれるためには、自分自身の中のその部分は死ぬべきなのだ。この三つの形の抵抗に対処するためには、徳を表す古典的な言葉を使えば、真実、愛、そして勇気に対するコミットメントが求められる。言い換えれば、開かれた思考《マインド》、開かれた心《ハート》、開かれた意志《ウィル》と共に生きることだ。

例▼手放すということは、本質的ではないことをすべて手放すということだ。アラン・ウェバーは、多くの障壁があったにもかかわらず『ファスト・カンパニー』誌を創刊するに至ったプロセスを、次のように振り返っている。「あるアイデアや信念に純粋に心を奪われている人は、『なぜあなたはそうしているのか』という質問に答えられない。昔、父が私に優れた小説家のインタビュー集を買ってくれたことがある。ジョージ・プリンプトンがインタビューをしていた。彼は作家たちにこうたずねている。『あなたはなぜ作家になったのですか。毎日起きて、書き続けるのはなぜですか』。答えは例外なく『そうせずにはいられないから』というものだった。

「よく人から、なぜ『ファスト・カンパニー』をやっているのかと聞かれる。最初は論理的に答えようとしていた。『これこれこういうことを扱っているんです。というのも、こういう雑誌が世の中にないからです』と。しかしすぐに、それはほんとうの理由ではないことに気がついた。ほんとうの理由は、**それをせずにはいられない**からなのだ。しかし、気がふれてると思われずにそれを説明することは難しい」[6]

実践▼次に挙げる四つの段階をたどる瞑想をする（内省的な記述やビジュアルな想像によって）。

1◆自分の人生や仕事の中で、最高のエネルギーとインスピレーションの源に自分自身を最も強くつなげる状況、実践、活動は何か。

2◆これらの活動や状態を、未来を創るための小さな種と組み立てるための素材として考えてみよう。その小さな種と素材が相互につながり、インスピレーションに満ちた、自分の最高のエネルギーと共振する全体へと育つ、その未来はどんな姿をしているか。

3◆そのような未来を世界にもたらそうと決意したら、手放す必要があるのは何か。死ぬべき古い「モノ」は何なのか。

4◆リスクを取り、そしてその計画が失敗したとしたら、起こりうる最悪の事態は何か。それに直面する覚悟はあるか。

勇気は、「死ぬ」ことを望むことから生まれる。あえて虚空に一歩を踏み出して初めて姿を現わす未知の領域へと進もうとすること。それがリーダーシップの本質だ。

10◆迎え入れる《レッティング・カム》——自分を通して出現したがっている未来につながり、従う

リーダーシップで最も重要なツールは、リーダーの**真の自己**（Self）——他ならぬ**自分自身の真の自己**——である。この原理の土台にあるのは、そしてまたプレゼンシングというアプローチ全体の土台にあるのは、次のようなシンプルな仮定である。それは、すべての人間は一つではなく二つである、というものだ。一つは過去の旅路を経て現在に至った自分。もう一つは、今後の旅路を通して我々が**そうなりうる可能性のある**まだ現れてはいない未来の自分。未来の自分は、今の自分の選択と行動で決まる。未来のその存在は、最高の、あるいは最上の未来の可能性だ。どちらの自分も、それぞれと共鳴する独自の場——過去の場と未来の場——を構成しているという意味で両方とも現実のものである。私はどちらの場にも共鳴を呼び起こすことができる。この二つの共鳴の場と、

それぞれが表す我々の進化する自己の次元は、たいていかけ離れている。プレゼンシングの核心は、個人においても集団においても、この二つの自己、二つの存在が**互いに話し、耳を傾け合う**ようにすること、共鳴するようにすることなのだ。

例▼人は、出現の第四の領域の深い生成的な会話を行うたびに真正の自己《オーセンティック・セルフ》を経験することができる。そのような会話を終えたあとは、数時間前に会話に入っていった人間とは違う人間になっている。自分の現実、真正の自己《セルフ》に近づいているのだ。

実践▼このような経験は、芽を出そうとしている種にたとえることができる。種が発芽し成長するためには育成できる環境で慈しんで世話をすることが必要なように、この内面の種も最大限の潜在的な可能性へと進化するためには安定した育成環境で慈しんで育てることが必要だ。問題は、毎日の暮らしの中でそのような場所をどうやってつくるのかということである。一つの方法は、複数の人間がつながるときに生まれるより深い社会的な場《ソーシャルフィールド》につねに注意を向けるということだ。プレゼンスと自己のより深い次元に敏感に注意を払い、深い流れが持続するようにその場を**保つ**《ホールド》ことに努めるのだ。

さらに、三つの実践的な「てこ」となる点がUの底に到達する能力の維持に役立つだろう。それらを次の原則11〜13で述べていく。

11◆意図的な静寂——自分の源《ソース》につながるのに役立つ習慣を選ぶ

Uの底で重要になる手段は、アイデアでも言葉でも洞察でもない。ここでは習慣という別の手段が重要だ。習慣とは我々が毎日行っていることだ。ここで述べるのは、自分の未来の共鳴とつながるのを助けてくれる自分なりの実践方法を選ぶことについてである。

例1▼革新やリーダーシップ分野の思想家や実践家一五〇人にインタビューしたときに気がついたことがある。私が強い感銘を受けた人々の多くが、共通して似かよったことを行っているということだ。創造性と自己の最上の源《ソース》にアクセスするのを助けてくれる習慣を、日常で実践しているのである。たとえば、朝早く起きて、自身の目的や本質的な自己とつながるために早朝の静寂を利用しているという人が多かった。夕方や日中にそれを行っている人もいた。何を、いつ、どれだけの時間行うかはそれぞれだ。自然の中に静寂を求める人もいる。瞑想を行う人もいる。祈る人もいる。気功やヨガのように、エネルギーと自己コントロールを与えてくれるものを習慣にしている人もいた。静寂にひらすら心身をゆだね、自分の目的意識につながり直すという人もいた。多くの人はここに挙げたうちからいくつかを併せて行っていた。それが何であれ、原則は同じである。一日のどこかで深い内省と静寂の場を作り、（自分にとって）最も本質的なものとつながるということだ。

実践1▼朝の静寂の中での習慣は、交響曲の最後の音と、拍手が始まるまでの瞬間にたとえることができる。その瞬間聞き手の存在のすべては音楽と共鳴している。同じように、目覚めのときは、一夜の深い眠りの無音の音楽と自分の存在のすべてがまだ共鳴を続けている。目覚まし時計はこの貴重な時間と空間を破壊（もしくは邪魔）する。肝心なのは、その瞬間をすぐに手放さないようにすることだ。「その瞬間の音楽」に耳を傾け、注意を払うことによってその能力を育み、そのうち一日中その音楽と共鳴していられるようになる。

朝の習慣（例　一〇～三〇分間）

◆朝早く起きて（まだ誰も起きないうちに）自分にとって一番効果のある静かな場所へ行き（自然の中がいいのだが、効果があるならどこでもいいだろう）、内なる叡智を出現させる。

◆自分なりの習慣となっている方法で自分を自分の源《ソース》につなげる。それは瞑想でもいいし祈りでもいい。あるいは開かれた心《ハート》と開かれた思考《マインド》で入っていく意図的な静寂でもいい。

◆人生の中でいま自分がいる場所へ自分を連れてきたものが何であるかを思い出す。すなわち、真正の自己《オーセンティック・セルフ》とは何か、自分が為すべき真の仕事は何か、何のために自分はここにいるのか、と問うことを忘れない。

◆自分が奉仕したいものに対してコミットする。自分が仕えたい目的（より大きな全体性）に集中する。

◆いま始めようとしている今日という日に達成したいこと（あるいは奉仕したいこと）に集中する。

◆いまある人生を生きる機会を与えられたことに感謝する。自分が今いる場に自分を導いてくれたような機会を持ったことのないすべての人の気持ちになってみる。自分に与えられた機会に伴う責任を認識する。他の人々、他のすべての存在、自然のすべて、さらには宇宙《ユニバース》に対する責任も。

◆道に迷わないように、あるいは道をそれないように、助けを求める。自分が進む道は自分だけが発見できる旅だ。その旅の本質は、自分、自分のプレゼンス、最高の未来の自己を通してのみ世の中にもたらされる贈り物だ。しかし、それは一人ではできない。だから手助けを求めるのだ。

私は自分を手助けしてくれるものにいくつか巡り会った。先駆的なエコロジストで教育者であり、かつ「Way of Nature Fellowship and Sacred Passage」を設立した瞑想の指導者、ジョン・ミルトンのもとで、二週間の気づき《アウェアネス》のトレーニングに参加したことがある。長い年月、自然の中で孤独な時間を過ごした経験と、複数の古来の叡智を追求する中で学んだものを組み合わせて一二の原則に基づく実践法を作り上げた。彼のもとで行うトレーニングには、自然の中の特別な場所で七日間を一人で過ごすことも含まれる。一週間の静寂と断食と瞑想は、私が日々の実践を持続し、深める助けになった。それはまた、自分の小さな失敗を許せる助けにもなった。多くの人と同じように、私もあることを始めては長続きせず、最後は自分を責めるということを繰り返してきた（私のＶＯＪを作動させる）。そのようなパターンがいかに機能しないかに気づいたのは、何年もたってからだった。そこから逃れるコツは、自分が**確かに**成し遂げた小さなことに注意を払い、コースからはずれたらすぐに修正するということだ。エネルギーは自分を責めることにではなく、修正する方向へ向けるべきだ。同じような習慣を実行している（あるいは習慣は違うが一貫性をもって続けている）パートナーがいることも助けになる。そして、忙しければ忙しいほど、短い時間からより多くの意識的な静寂を引き出すことができるだろう。一日に一〇分以上の時間を使うと他の人々への責任を果たせなくなるという場合は、その一〇分が、時間にゆとりがある人の三〇分や一時間と同じ効果を持ち得る。

要するにこれは、目覚めるとすぐにラジオやコンピューターやテレビのスイッチを入れるのとはまったく逆の習慣だということだ。目覚めてすぐ外部の刺激をオンにすることは、ここで述べた習慣が育む内面の静寂を死なせてしまう（私は以前、起きるとすぐにラジオをかけていた）。経営者、医師、農民、教育者、発明家、起業家、投資家、建築家、芸術家、親。どの仕事をとってみても、朝の最初の一時間が過ぎれば、みな同じように混沌や変化、予期せぬ難問に直面しなければならない。それはこの世紀に生きる者には避けられない現実だ。問題はそれにどう対処するかということだ。パニックになるのか、恐れのあまり現実から逃げるのか、ひたすら守りに入って生きるか。あるいいは、まったく違った場所から、つまり自分が創りだしたい未来の場からその日の出来事に向き合うほうがいいのか。出現する未来の場に自分自身を据えることこそが、朝の習慣の目的なのだ。

個人的に自分を深める手段として静寂を利用する方法は数多く知られているが、集団的な仕事の場で意図的な静寂を作り出す良い方法はほとんど知られていない。しかし、集団的に静寂を実践する方法を開発し、洗練することが、未来のリーダーにとって最も重要な打ち手の一つとなることがやがてわかるだろう。次に挙げる例と実践は、その分野における最初のステップである。

例2▼グローバルな自動車メーカーの調達グループで新たなビジネス戦略を開発する任務を負ったコアチームは、学びの旅を終えたばかりだった。自然の中での長期間のリトリート★を行うだけの時間も資金もなかったので、デトロイトに近いゴルフ・リゾートで三日間のワークショップを行い、そこで六時間の静寂の時間をもった。一日目は学びの旅の報告や旅の中で学んだものの意味を考えることを終えたあとに集団瞑想を行い、そのあと個人として、また組織やチームの一員として可能な未来についての話し合いを行った。翌朝、全員による意図の設定の後に、六時間の静寂の時を過ごした。メンバーは静かで美しい自然の中をひたすら歩きまわった。このプロセスのコーチ役を務めたピーター・ブラナーはこんな風に振り返っている。「この六時間はメンバーにとって画期的な経験になりました。この散策のあと再集合した彼らは、たちまち新たな構想のコア部分を明確にし、それが後に新戦略の枠組みになったのです。その結果、現在の仕入先の数は八〇％削減されています」

例3▼世界各地から集まったＥＬＩＡＳグループは、小グループに分かれて深く潜る学びの旅を行ったあと、上海近郊に集合した。各グループとも、旅の途中で集めた重要な話や品物とともに到着した。このグループの場合は、四日間をプレゼンシングのリトリートにあてた。一日目はこの旅

★　日常を離れて自分を見つめるための場をもつこと

で学んだすべてをみんなで共有することに集中し、二日目は沈黙のスペースに入ることに焦点をあてた。5時間を静寂の中で過ごす。その時間の前後には輪になって集まり、学びの旅や沈黙の時間の前、あるいは最中に思い浮かんだことを語り合った。三日目と四日目は、プロトタイピングの構想と、その構想を推進するための行動計画を結晶化《クリスタライズ》することに集中。四日間を通じて、午前七時からの早朝セミナーをはじめ各種の内省や黙想を行い、自分の人生や仕事の旅への気づき、心の傾注を高めた。二日目の五時間の沈黙とその前後に輪になって行った対話《ダイアログ》は、多くのメンバーにとって個々のリーダーシップの旅とグループとしての旅の両面でターニングポイントだったことが後にわかった。

例4▼リトリートのワークショップは、メンバーが旅で学んだことやプロトタイプのアイデアをまとめ上げるための、内省と熟考の場となる。たとえば、私がグローバルな自動車メーカーのプロジェクトチームのプレゼンシング・ワークショップのファシリテートをしたとき、ケンブリッジに住む漢方医学の権威を訪ねたことがある。この学びの旅は、グループ全体のより一層深い関心に点火したことが後になってわかった。ほとんどのメンバーは、午前六時から近くの公園で行われる気功に中国系住民に混じって参加していた。そのあとに一つのグループが、車にとっての夢の状態を生み出そうというプロトタイプのアイデアを考えついた。人間に目覚めている、夢を見ている、熟睡している、という異なる意識状態があるように、乗り物にも応用できないか、というものだ。人間の体が眠っているあいだに自己分析や自己修復を行うように、車にも同じプロセスをたどらせることができないだろうか、というものだ。ワークショップの終わりにスポンサーはこのアイデアを有望な二つのアイデアの一つに選び、Uサイクルの次のステップでそのプロトタイプを作ることになった。

実践2▼プレゼンシングのリトリートのワークショップを行う。リトリートではUのプロセスをたどる。つまり、深く潜る旅路を通して得られた重要な洞察とアイデアを共有する、静寂のスペースに入る、プロトタイピングと行動計画のためのアイデアを結晶化《クリスタライズ》する、という順序をたどる。

プレゼンシング・ワークショップを行う場所は、物理的な問題や交通の便、心理的な面や感情、意図や精神的な要素を考慮して慎重に選び、準備する必要がある。オフィスではできない。遠隔地のエネルギーが集中している場所で二面（あるいは三面）に窓があり、ある一定の長さの時間（可能なら夜通し）一人で黙想ができる自然が近くにあること。そして丸一週間ぶっ続けでチーム全体が暮らし、活動することができるくらいの広さがほしい。プレゼンシング・ワークショップは正しいやり方で行えば、個人的にも集団的にも、自己の存在の全体性に触れ、とても深いところからその全体性と共鳴する体験になる。その一週間のファシリテーター役を務める人々は、このプロセスがもたらす深い変化を完全に認識していなければならない。彼らはその場を保持《ホールド》し、針の穴を通り抜けようとしているグループやコミュニティの、未来の最高の可能性のために完全に仕えることに自分の意図を合わせる必要がある。

12◆自分の旅をする――好きなことをし、自分がしていることを愛する

多くの人にとって、自分の仕事の本質に深く沈ることも叡智の深い源《ソース》にアクセスするための入り口になる。スタンフォード大学のマイケル・レイはこのことを「好きなことをし、自分がしていることを愛せよ」と言い表している。彼のこの言葉は、何かを創造的に生み出す人や革新をもたらす人からよく聞く内容を捉えている。自分の最高の創造的な可能性にアクセスするためには、旅に出なければならない。自分の喜び、気持ち、自分が感じる出現する未来の感覚に従う旅に出るのだ。

他の人々からの優れたアドバイスも価値があるかもしれないが、そのどれよりも自分のその感覚を信頼することだ。つまるところ、自分の創造性の本質は、自分、自分の人生、自分の未来にしかない唯一の**より深い源《ソース》**にアクセスすることなのだ。より深い源《ソース》を開くためには、針の穴を通る旅をする必要がある。針の穴とは、真正の自己のことだ。つまり**今この瞬間**に**自分**にしかできない旅をすることができるかどうかなのだ。

例1▼ジョセフ・キャンベルはこの旅を、冒険へのいざない、境界を越えること、試練の道を歩むこと、至高の出会いをすること、そして贈り物を手にして戻ることと説明している。それは聖杯探しの旅だ。それをどう呼ぼうとも、すべての人間の中でさまざまなかたちで眠っている創造性の最大の力にアクセスするための基本的な成長の道なのである。最高の創造性を開くのに必要なのは、ふつうの旅とは違う、より深いタイプの旅である。そこでは我々は**独自の**道をたどらなければならない。

例2▼博士論文の完成が近づいている頃、私にはいくつか良い働き口の誘いがあった。しかし、どれ一つとして私の心をそそるものはなかった。私の内面の自己にささやきかけてくるのは、ヨーロッパを離れてボストンのMITラーニング・センターに入るという言葉だった。何のコネクションもない私は、ストレートに求職の手紙を送った。返事はなかった。そこで電話をかけた。面接をするかどうか話し合ってみなければならない、という答えだった。その後はなしのつぶて。私は再度電話をかけた。相手は「ああ、そうでした。面接に来てください。センターの主要な研究者全員に会ってもらいます」と私に言った。そこで私は借金をして飛行機のチケットを買い、アメリカへ向かった。最後の面接で、MITダイアログ・プロジェクトの創設者であるビル・アイザックスから、MITは事実上採用を停止していること、したがって客員研究員のポストしかないこと（報酬はなし）を伝えられた。「お金は自分で何とかできる?」とビルはたずねた。開きかけたように見えた扉が今にも閉じられそうなのを瞬時に悟った私は、「ええ、もちろんです」と答えていた。その次に彼は、九月一日から来られるかといった。それまでに論文を仕上げることなど無理なのはわかっていたが、私は「ええ、問題ありません」と答えていた。そして、私は九月一日の週からMITでの博士課程後のプロジェクトを開始していた。日中はその仕事に、夜は博士論文を書き上げることに取り組み、限度額まで使い切ったクレジットカードで生活しながら私は嬉々として過ごしていた。ずっと後になってわかったのだが、もし私がMITで「正式な職」を得ていたら、私を初めて金銭的危機から救ってくれたあのプロジェクト——グローバルなダイアログインタビュー——は行われなかっただろう。そして前にも述べたように、あのプロジェクトは私の職業人生においておそらく最高の出来事だった。

例3▼私が常識よりも自分の直観に従うことを選んだもう一つの経験は、ドイツ最初の私立大学であるビッテン・ヘルデケ大学の新設学部に応募したときのものである。振り返ってみると、この大学で経営学部の第一期生として学んだことは私の成長にとって計り知れぬ貴重な経験となっている。しかし私は、この大学に応募して一度不合格になっているのだ。私は出現しつつある自分の未来がこの大学で学ぶことと関連があると強く思っていたので、不合格の通知を受け取ったときはひどくショックだった。目の前が真っ暗になった。私の人生が軌道からはずれていくように思われた。深く落ち込んで一日を過ごした翌日、私は大学の入試担当事務局に電話をかけ、不合格になった理由をたずねた。答えは、私が企業において仕事をした日数が基準を満たしていない、というものだった。その晩、私は経営学部長であるエックハルト・カプラー教授に手紙を書いた。手紙には、フォーマルな組織（会社）とインフォーマルな組織（社会運動）での経験、そしてその他の労働経験（家族の農場での経験）を書いた。第一期生として入学を許可された場合にやりたい事柄も書いた。私が手紙を書いたのは、大学が決定を変えてくれるだろうと思ったからではなく（望みがほとんどないのはわかっていた）、何かをせずにはいられなかったからだ。翌朝私はその手紙を投函した。するとその次の日にエックハルト・カプラー学部長から電話がかかってきた。私は椅子から転げ落ちそうになった。彼はこう言った。「わかりました。君がドイツ西部の繊維会社で二カ月働いて不足分を満たすなら、入学を許可しましょう。来週の月曜から仕事を始められますか」。「もちろんです。問題ありません」と私は答えていた。「よろしい。では、そうしよう」と言って彼は電話を切った。時計を見ると金曜の午後四時だった。街に出て月曜の朝に着るスーツを買うのにあと二時間しかなかった。電話を切ったとき、エックハルト・カプラーとのこの一分間の会話が私の人生を軌道に戻してくれたことがわかった。奇妙に聞こえるかもしれないが、それがそのときの私の実感であり、今でもそう思っている。

実践▼何であれ、親の功績というのは大きいものだ。私の両親は子供たちに仕事の報酬としてお金を与えるということは決してしなかった。いつも子供たちを外にある見返りではなく、自分の内面の動機にしたがって行動するよう仕向けた。我々は何がしたいのかを自分で見つけなければならなかったし、両親はそれをやりぬくよう励ましてくれた。これとは対照的に今日の子供を取り巻く環境は、子供たちを一つの活動から次の活動（それも誰かが計画した活動）へと引っ張りまわし、「よい振る舞い」に対して褒美が与えられるシステムに慣らしている。これは内面の源《ソース》から行動する能力、内面の動機や愛から行動するという子供たちの能力を毒している。

創造性に到達する道には次の三つの段階がある。（一）あまり変化はない、（二）退屈、（三）自分の内面で徐々に進化する衝動に気づき、対応する。外界の活動、報酬、コントロール、といったシステムによって厳格に管理されていれば、これらをどのように行えばいいかを学ぶことは難しい。同じことは企業についても言える。企業内の動機づけや報酬システムの多くはおそらく役立っているよりもむしろ機能不全に陥っていると言ったほうがいい。なぜならそれは、報酬に行動を誘発させる文化を押し付け、**そうすることが正しいから**行うという文化を育てないからだ。したがって、ここで必要な実践は、人々がほんとうに好きなことをし、していることを愛することができるような環境を創造するということである。どちらも大事なことだ。自分がしていることを愛する。人生が自分に提供してくれるものを十分に味わい、感謝する。愛をもってすべてを行う。そうすれば人生は驚嘆に値するものを返してくれるだろう。

13◆プレゼンスのサークル――未来の最高の目的の中で互いを受けとめ合うサークルを作る

いま世界で目に見えない動きが進んでいる。多様な形をとっているが、基礎にあるのは同じ原則だ。信頼できる集合的な保持空間《ホールディングスペース》を作り、互いに支え合いながら自分の人生と仕事の意味を理解し、その旅を進めるということだ。実を言うと、それは格別新しいことではない。いつの時代にも真の友情の絆はこれを与えてきた。しかし、それはこれまでになくより活発に、そしてきわめて重要になっている。なぜなら社会の規範や構造は崩れ、消散しようとしているからだ。世界で「土台が燃えている」（私の農場の家のたとえで言えば）状態になりつつある今、我々もまた人生の中で何とかして進歩していく必要があるだろう。混沌と破綻のさなかで、冷静に進むべき道を見分ける能力を身に付けなければならない。たとえその道が曖昧で、心もとなく見えるときであっても。古い仕組みが崩壊し、新しい仕組みがいまだ現れていない状況下で、何もない「無」から行動する能力を育み、次のステップを見分けて進んでいく能力。それが今世紀において仕事や人生を舵取りしていく上で最も重要な核となる能力となるだろう。

例▼私が知っている中で最も高いレベルに達している保持空間《ホールディングスペース》の例は、サークルオブセブンだ（詳しくは第10～11章参照）[7]。この女性のサークルは、長い年月にわたって、深い聞き方とプレゼンスを育み実践してきた。その結果、サークルの集まりのときだけでなく、それ以外の場でも集合的なプレゼンスの場が生まれるようになった。それは仕事の上でも個人としても、より深いプレゼンスと能力向上への入口になっている。

実践▼私の教える学生や企業の幹部グループの成功や失敗例を見てきた結果場所、人、目的、プロセス等についてわかったことを、次に挙げておこう。自分のグループでこの原則を探究する際に参考にしてみてほしい。

◆**場所**……人を温かく迎え入れる温かさがあり、同時に繭の中を思わせる安心できる空間、外部の喧騒から遠く遮断され、親密な空気を感じさせる場所で集まりをもつ。よい会議の空間を作る上での必須項目として挙げられる、ゆったりした広さ、自然の光、少なくとも二面に窓があること、簡素さと美しさ、などすべてがあてはまるところを選ぶ。

その他にも、その空間を生き生きと感じさせるもの、くつろげる場にするものは何であれ取り入れる。

◆**人**……五人から六人が理想的だが、二人の「グループ」でもうまくいくことがある。すでにしっかりした関係性ができている人（古くからの友人）に限る必要はない（むしろ限定しないほうがいい）。大事なのは、自分がある種の絆や（可能な未来の）つながりを個人的なレベルで感じられるような人々であることだ。グループを構成するのは、自分の人生や仕事上の旅の深い問題を掘り下げ、組織や社会の変革にどう関わっていくべきかを絶えず探索している人々であることが望ましい。単に知的な好奇心からではなく、この種の深い探索を行うことの**必要性を深く感じている**がゆえにその関心を共有する人々だ。進んで自分を戦列に加える人、観客席に座って他人を批評することに自分の役割を限定する人であってはならない。自分の未来の旅路につながるかもしれない人々が必要だ。いつまでも過去の業の中で身動きできない状態ではいられない（むろん、より深い共通の基盤を発見するために過去を振り返らなければならないことはある）。

◆**目的**……最初の集まりを開くときは、自分自身を超える共通の目的を明らかにする。自分たちのサークルの本質と、自分たちがその一部であると感じられるより大きいグローバルな場がつながるような目的を生み出す、もしくは発見する。サークルのプレゼンスを、より大きな全体性へ仕えることにつなげる。それをサークルオブセブンのメンバーは「サークルの在り方《ビーイング》」と呼んでいる。

◆**プロセス**……自分とグループに合ったプロセスを開発する。サークルが進化するにつれておそらくプロセスも変化する。しかし、基本的な手法は考えておく必要があるだろう。たとえば、意識的な静寂を取り入れる、一人ひとりが今自由に自分の中にあることを話す「チェックイン」から始める、自分が話している間はトーキングオブジェクトを持つ、自分の人生の旅路を貫く黄金の糸をめぐるストーリーを共有する、深い聞き方を育てる、ほんとうの信頼を求められる現在直面している問題を提起し、課題を議論する勇気を育てる、それを話すにはメンバー間のほんとうの信頼が必要とされる、そういうテーマだ。

共創造――未来を探究するために実践を通して「新しいもの」のマイクロコズム（小宇宙）をプロトタイプする。

共創造の活動は、自分が創造したい未来のマイクロコズム（小宇宙）をプロトタイプする、また、すべての重要な利害関係者《ステークホルダー》からのフィードバックに基づいて既存のプロトタイプを速いサイクルの学習で絶えず繰り返すことによって、アイデアを具体化することだ。

14◆意図の力――自分を必要としている未来につながる――ビジョンと意図を結晶化《クリスタライズ》する

哲学者マーティン・ブーバーは意志を二つの種類に分けている。小さな意志、つまり本能と、「偉大なる意志」だ。後者は、現実となるために我々を必要とする未来のことである。我々のより深い創造的な力を開花させることについては、奥深く不思議な何かがある。それは何か違う種類のエネルギーの経済学と関係している。学校で教えられる新古典主義経済学のような類のものではない。高度に創造的な人々や高度な遂行能力をもつチームが作動させ、成長することのできるエネルギー力学のダイナミクスを説明する、創造性あるいはスピリチュアルな経済学なのだ。それは1つのシンプルな原理の上に機能している。すなわち**もしあなたが自分の持っているもの、自分の全存在を、自分にとってきわめて重要な意味を持つプロジェクトに捧げるなら**

図 21-5　第 4 のプロセス――共創造

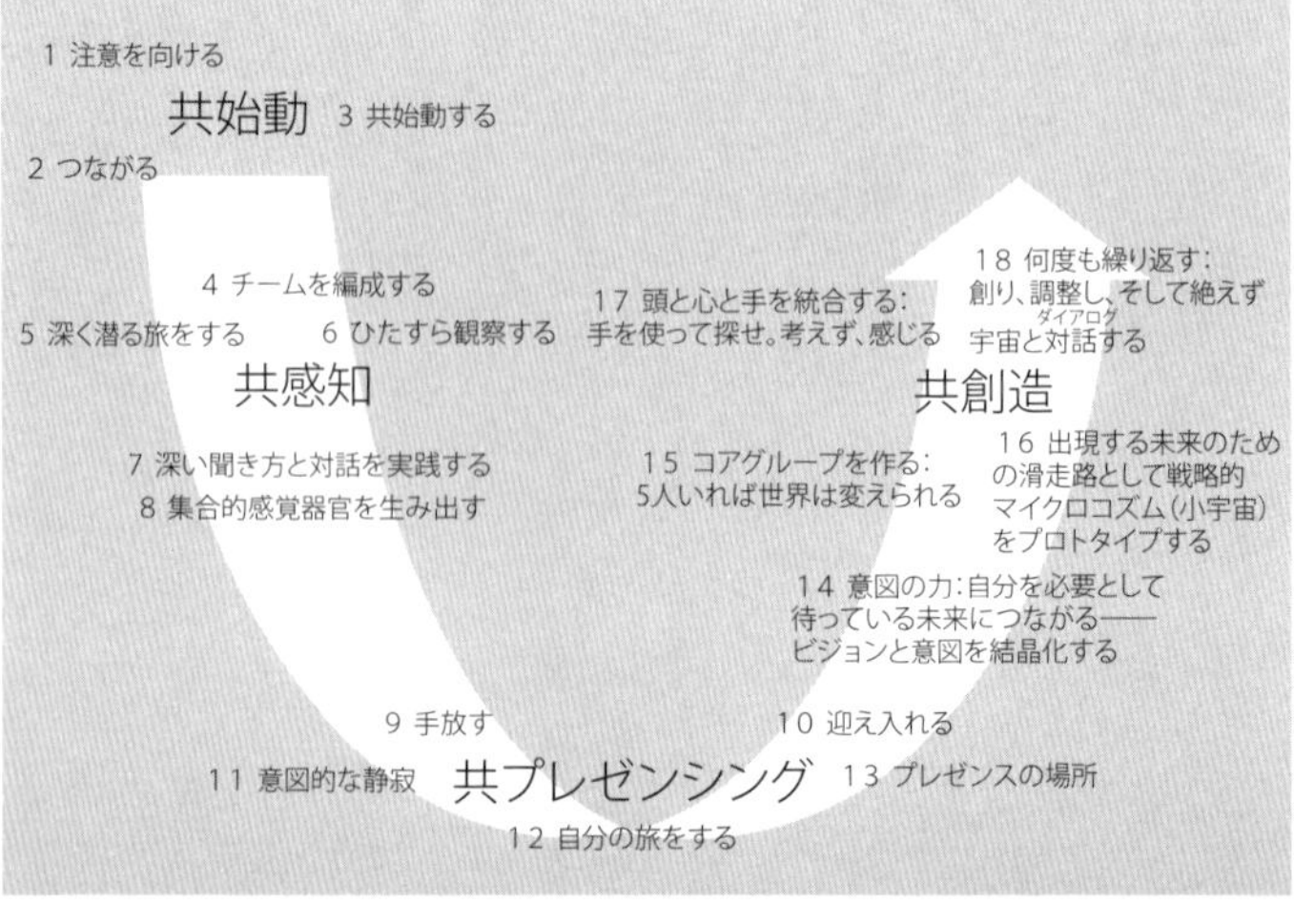

1 注意を向ける
共始動
3 共始動する
2 つながる
4 チームを編成する
5 深く潜る旅をする
6 ひたすら観察する
共感知
7 深い聞き方と対話を実践する
8 集合的感覚器官を生み出す
9 手放す
11 意図的な静寂
共プレゼンシング
12 自分の旅をする
10 迎え入れる
13 プレゼンスの場所
14 意図の力：自分を必要として待っている未来につながる――ビジョンと意図を結晶化する
15 コアグループを作る：5人いれば世界は変えられる
16 出現する未来のための滑走路として戦略的マイクロコズム（小宇宙）をプロトタイプする
共創造
17 頭と心と手を統合する：手を使って探せ。考えず、感じる
18 何度も繰り返す：創り、調整し、そして絶えず宇宙と対話《ダイアログ》する

ば、あらゆるものはあなたに与えられるという原理だ。だが、順序に注意してほしい。まずあなたがすべてを与えなければいけない。**そうして初めて**自分に必要なすべてのものが与えられるのだ——おそらく。これは違う種の経済学だ。交換価値などとはまったく無縁の、与えるもの(ギフト)の経済学だ。与えれば与えるほど、得られるものが増えるという経済学である。しかしそれがうまくいくのは、与えようとするものに対して何の見返りの保証なしに完全に手放したときだけである。科学やビジネス、そして社会における深いイノベーションの中心には、必ずこの種の創造的あるいはスピリチュアルな経済学が存在している。

このスピリチュアルなエネルギーの経済学は、E＝Dmという単純な等式で表すことができる。個人のエネルギー(E)は、「私」にとっての重要な何か(m＝me)と、その中から生み出せる変化の大きさ(D＝difference)の関数なのだ。

自分の行っていることが何の変化ももたらさないとしたら、あるいは自分にとって重要でないことを行っているとしたら、それは問題だ。その場合は、エネルギーを消耗させていることになる。その仕事自体が自分にエネルギーを充電してくれるということがないからだ。しかし、自分にとって真に重要なことをすることでほんとうの変化を生み出している場合は、限りなく増幅していくエネルギーの循環に乗ることになる。つまり与えれば与えるほど、多くのものを受け取るのである。

この等式を現実にあてはめてみよう。どのみち仕事に多くの時間とエネルギーを注ぐのなら、重要なことに集中した方がいい、ということになる。しかし今日の多くのシステムは、重要でもなければ変化も生まない仕事に対して報酬を支払うような構造になっている。たとえば官僚主義にがんじがらめになっている今の制度化された公共医療システムは、そこで働く人々を消耗させ、気分を落ち込ませ、心身の健康を損なわせる。そして、そういう人々の内面の虚しさを物質的なもので満たそうとしているのだ。それが医療コストの急激な上昇と環境の悪化としてはね返っている。

このエネルギー経済のこのダイナミクスを経験したことがある者として、私はそれがいかに簡単に失われるかも知っている。今日そのエネルギーがあるからといって、明日もあるとは限らない。では、それを持続させるにはどうすればよいか。その深い源《ソース》と流れにもう一度つながり直すを助けてくれるのはどんな行動なのか。私が見つけたこれに役に立つ二つのことは、創造的緊張《クリエイティブ・テンション》と優先順位づけである。

実践1▼クリエイティブ・テンションのエクササイズ……このエクササイズはピーター・センゲと、作曲家であり映画制作者であり、組織コンサルタントでもあるロバート・フリッツが考案したものだ。標準的なやり方では瞑想のように機能する次の三つのステップを踏む。まず（一）自分は何を生み出したいか、次に（二）それに対して今の現実はどのようにみえるか、と問いかける。それから（三）両方のイメージを同時に心に思い描き（たとえば二つに分割したスクリーンのように）、両者の間にある創造的緊張《クリエイティブ・テンション》に注目する、というものだ。

この手法は、Uの右側を上り始めるとき（結晶化《クリスタライズ》）に大いに役立つ。Uプロセスではこれを次のように少し修正して使うといいことに気がついた。最初のステップでは、自分の未来の状態に集中する。二番目のステップでは、望む未来と現実との違いに注目するだけでなく、今の現実のどこに**望む未来の種になる要素**があるかを見出す。三番目のステップでは、創造的緊張《クリエイティブ・テンション》を三次元の空間に思い描き、極の間を動く。そして、頭と心で未来の種となる要素の中に入り込み、それらとともに望む未来へ向かって進化する。そこから今の現実に戻る。これを繰り返す。多くの実践家がこの方法をうまく活用している。

実践2▼優先順位を決め、時間を管理する……自分が存在する目的となる大きなプロジェクトとは何か。それに集中して仕える状態はどうすれば作れるのか。重要ではない事柄にいちいち反応するのではなく、重要なプロジェクトとその成果のために時間を使うには、どのように優先順位をつければいいか。このことは、一日、一週間、一年の中の質の異なる時間をどう意識的に使い分けるかということにも関係している[8]。朝起きたらまず自分に問いかける。「今日やるべきことで最も重要な一、二のことは何か。一日で最も質の高い時間をどう使うか」。ここでの基本は、**エネルギーは意識《アテンション》について来る**ということだ。つまり何に注意を払い、状況にどのように臨むべきかが我々にとっては最も大きなてこになるということだ。

その裏側を考えると、何を無視し、対応の遅れをどこで受け容れるか。瞬時の返信が可能なテクノロジーの時代にいる我々にとって大事なのは、真に時間を管理するとはすべての人にすぐに返答することで**はない**ということだ。すべての人にすぐ返答することに貴重な時間のほとんどを費やしているとしたら、あなたの時間管理術（そして雑音の排除）はうまく機能していないかもしれない。反応の行為パターンに陥っている可能性がある。

エネルギーは意識《アテンション》について来る。大事なのは、最も重要な活動、言い換えれば自分の感じる目的が切実に必要としていることに直接つながる活動――特に緊急ではないが重要な活動――のために、質の高いスペースを作り出すということだ。

15◆コア・グループを作る――五人いれば世界は変えられる

成功した感動的なプロジェクトの舞台裏には、プロジェクトの規模にかかわらず、目的とその達成に深く完全にコミットをして献身的に働くキー・パーソンや小さな核となる人々のグループがある。そのコア・グループが色々なところに散らばってエネルギーの場を創り出すと、何かを生み出そうとする人々や機会や資源がそこに集まってくる。そうすると勢いが生まれる。こうしてコア・グループは全体性が形となって現れるための器として機能する。

例▼あるインタビューでニック・ハナウアーは、五指に余る会社を創立し、いずれも大きく成功させている経験を次のように要約している。

「私の好きな言葉の一つに人類学者のマーガレット・ミードが言ったとされる次のような言葉があります。『強いコミットメントのある人々から成る小さなグループが世界を変えることができるということを決して疑ってはいけない。実際に世の中を変えてきたのはそれだけである』、と。まったくその通りだと思います。五人いればほとんどどんなことでもできるのです。一人だけでは難しいことも、そこに四人か五人加われば、力が生まれます。内在する、もしくは手の届くところにあるほとんどのことを実現する力が、不意に現れるのです」

ハナウアーが言うように、五人か六人という人数で驚くようなことを、時にはやすやすと成し遂げるのを私も目にしてきた。そういうとき、人は大きな流れとエネルギーの一部になっている。「やすやすと」というのは、もちろん努力せずに、という意味ではない。しかし、その努力は流れになるのだ。大きなコミットメントをすることで（**犠牲**ではなく）初めて、ものごとは前へ進む。人はこういうことは、基本的に自分がもっているすべてを与えなければならないということだ。人はこういうことはあまり言いたがらない。なぜなら、それは周囲の人間より仕事を優先させることだからだ。この二つの側面――仕事と生活――の折り合いをどうつければいいかという問題は、絶えずつきまとう。

実践▼自問してみよう。今の生活と仕事のなかにいる四～五人と適切につながることで世界を変えられるとしたら、それは誰か。その人たちと真につながるためには何をする必要があるか。そのコアグループがより効果的に機能するためには、どんな障害や壁を取り除くべきか。こう考えていくと、ほとんどの瑣末なことが消えていくのがわかるだろう。

16◆出現する未来のための滑走路として戦略的マイクロコズム（小宇宙）をプロトタイプする

プロトタイプとは、自分が創造したい未来の体験的なマイクロコズム（小宇宙）を作ることである。プロトタイピングとは、自分のアイデア（あるいは進行中の仕事）を、十分に完成していない段階で提示することだ。プロトタイピングの目的は、すべての利害関係者《ステークホルダー》からのフィードバックを受けながらプロジェクトの仮説に修正や調整を加えることだ。利害関係者にとって計画はどう見えるか、どんな感じを受けるか、利害関係者の意図や解釈、アイデンティティとどうつながっているか、といったことを言ってもらうのだ。フォーカスすべきは分析ではなく、行動によって未来を探索するということだ。第13章でＩＤＥＯのメンバーがいっているように、プロトタイピングの原理は「早く成功するために何度も失敗する」、あるいは「速く学ぶために早い時期に失敗する」であるる。プロトタイピングは試行《パイロット》プロジェクトではない。パイロットプロジェクトは成功でなければならないが、プロトタイプの狙いは学習の最大化だ。

戦略的マイクロコズム（小宇宙）のプロトタイプする上でのの核心は、未来につながる滑走路を創ることにある。戦略的マイクロコズム（小宇宙）は創造したい未来の小型版であり、そこには自分のビジョンの核となる要素がすべて含まれている。それには、完全なプランができる前に行動に移れる自信が求められる。その場でものごとを即興的に作り上げる能力や、適切な場やコミュニティにつながり、それを通じて適切な個々の人々とつながる能力が自分にあることを信じられなければならない。戦略的マイクロコズム（小宇宙）をプロトタイプするプロセスは、小さなUをたどるプロセスそのものだ。つまり、まず意図を明確にし、タスクチームをつくる。ほかの実践者やパートナー、場とつながり、関わりあうために深く潜る活動を行う。戻って学んだことのすべてを共有する。内面のインスピレーションと叡智の源《ソース》に深く耳を傾け、内省する。次のステップを共に結晶化《クリスタライズ》する。そして出発点に立ち新たなプレーヤーも含めて次の実践段階に進む。

重要なのは、Uのプロセスを一度だけではなく何度も、場合によっては毎日でも、たどるということだ。朝一番にチーム全員が集まって（可能なら意識的な静寂の時間をとる）、前の晩に考えたことを出し合ったり、その日やるべきことを確認したり修正したりすることを習慣にするといい。それから外に出てやることをやり、夕方にはまた集まって学んだことを共有する。一晩かけて学んだことを消化し、翌朝新たなアイデアとともに目覚め、また同じプロセスを繰り返す。大事なのは、過剰なプランやスケジュールを立てないということだ。プロセスから立ち現れるものとともに進める必要がある。同時に、進行状況のチェックや利害関係者《ステークホルダー》のフィードバックのための厳しいマイルストーンを設定する必要もある。そうすることで、集中が持続し、有効なインプットも得られやすくなる。

社会的なイノベーションと製品のイノベーションの違いは通常三つある。前者でははじめに、すでに部分的に革新が起きているかもしれない状況《コンテクスト》に、より注意を払う必要がある。二番目に、社会的なイノベーションはつねに人間の生活を取り扱うということを忘れてはいけない。「速く学ぶために早い時期に失敗する」という原則は、間違いを犯す前にそれを修正できるくらい速いサイクルの学習プロセスに根付いていなければならない。三番目に、社会的複雑性および出現している複雑性の、より深い層に対処しなければならない。それには古いアイデンティティを手放し、新しいアイデンティティを迎え入れる（Uの底を通過することによって）ことも含まれる。とりわけ、数世紀にわたって特定のコミュニティが大規模な直接的、構造的、文化的な暴力を受けてきた状況では（今も世界の至るところにこのような地域が存在している）、Uの左側を降りていくプロセスには、その集団が受けてきた大きな傷を癒すことも含まれている（「南アフリカの真実と和解のための委員会」の仕事はそのいい例だ）。そのような社会的な集団の傷を回復させることは、このプロセスの中心的な活動の一つになるだろう。それは単にプロジェクトに付随するのではなく、本質的な事柄だ。他のことはすべてこの癒しが起こるための状況《コンテクスト》なのだ。

例（企業のコンテクストの中でのプロトタイピング）▼ネットワーク機器の世界のリーダーであるシスコシステムズ社は、プロトタイプ作りの第一のルールを「〇・八の原則」と呼んでいる。同社では、プロジェクトの期間の長さにかかわらず、技術者たちは三〜四カ月以内に最初のプロトタイプを出すことになっている。そうしなければそのプロジェクトはおしまいだ。最初のプロトタイプは「一・〇プロトタイプ」のように機能する必要はない。不完全な状態ですべての利害関係者《ステークホルダー》からのフィードバックを受けながら、一・〇バージョンへと向かうのだ。

実践▼戦略的マイクロコズム（小宇宙）を創造するためには、次の三つの分野に焦点を当てる必要がある。プレーヤー、プロジェクト、そしてインフラである。それぞれのチェック項目を次に記す。

プレーヤーを集める……戦略的マイクロコズム（小宇宙）は、未来においてシステムを最もいい形で機能させるために互いを必要とするさまざまな分野のキープレーヤーをつなぐ。マイクロコズム（小宇宙）が生産的であるためには、通常五つのタイプの実践者が必要だ。（一）結果に対して説明責任がある人々（病院の最高経営責任者のような、問題について責任のある当事者）。（二）問題に直接向き合っている第一線の現場の人々（例　医師）。（三）システムの底辺にいて、自分たちのお金がどう使われるかについて、通常、発言の場や影響力を持たない人々。これらの人々は異なる関心や見方を提供して、問題の全体の枠組みを変えることに貢献する（例　患者や市民）。（四）システムの外にいてプロジェクトの成功に不可欠な視点や能力を提供できる人々（創造的な外部の人々）。（五）プロジェクトがうまくいくよう完全にコミットメントしている一人または数人の活動家（正義感があり、全力でプロジェクトの成功に取り組む人々）。

別の視点から見れば、この五つのカテゴリーはメンバーに**含まない**ほうがいい人々を示しているとも言える。メンバーの多くを「専門家」（ダウンロードのワールド・チャンピオン的な人が多い）で占める必要はない。現状の体制維持にしか関心のない人々も必要ない。要するに、「変化」という言葉を使うときに、変わらなければならないのは**自分以外の人々**だと考えるような人はいらないということだ。必要なのはネットワークや知識やパワーを持つ人々、全体のために境界を超えて変化の共創造を志す人々だ。そういう人たちを集め、つなぐ。グループは仕事がやりやすいように小規模にしておく。規模の大きなグループの場合は、効率的に機能するようサブグループを作ったほうがいいだろう。経験則として、あらゆる利害関係者《ステークホルダー》の代表を含むほど、プロセスの進行は遅くなる。マイクロコズム（小宇宙）はメンバーを精選するほど、速いサイクルのプロトタイピングができる。イノベーションにおいては、誰も彼も集めてから行動に入ろうとするのは間違いだ。

現状の体制を完全に反映するように代表を集めようとすると、グループはたちまち革新に敵対するものになる可能性がある。革新の土台となるのは、精選したデータとプレーヤーを土台に行動する勇気だ。重要なのは、正しく選択するということである。社会的なイノベーションにおいてはより幅広く人を集めるのは当然のことだ。ただし、原則は同じである。必要なのは、これから生まれようとしているシステムの利害関係者《ステークホルダー》に焦点を当てるということである。特殊な利益の力学で動く集団をもう一つ作る必要はない。

プロジェクトを選ぶ……プロトタイピングのためのアイデアを選び、進化させていくときに自問すべき七つのことを次に挙げる。

1◆それは実際的な意味を持つか――関わっている利害関係者《ステークホルダー》にとって重要なことか。個人的（関係する個人にとって）、組織機構的（関係する組織にとって）、社会的（関係するコミュニティにとって）に意味のある問題や機会を選択すべきだ。

2◆それは革命的か――新しいことか。根本的な仕組みに変化をもたらすことができるか。

3◆それは迅速にできるか――素早くできるか。フィードバックを受けてアイデアを修正する（それによって分析麻痺に陥るのを避ける）時間を十分取るには、すぐに実験としてできるものでなければならない。

4◆それは粗い状態か――小さな規模で試してみることはできるか。意味のある実験がかろうじてできる程度のプランで試してみることはできるか。それは現地で行うことができるか。適切なやり方は現地の状況《コンテクスト》に委ねる。適切な呼びかけをすれば、格好の助っ人や協働者が現れるものだ。

5◆それは的を得ているか――自分が焦点をあてているマイクロコズム（小宇宙）の中に全体性が見えているか。問題の定義あるいはプロジェクトの輪郭を正しく認識する必要がある。プロトタイプではいくつかの具体的な要素を選んでスポットライトを当てるのがいい。たとえば「患者と医師の対話フォーラム」を行ったとき、我々は利害関係者《ステークホルダー》のすべてを対象にはしなかった。二種類の関係者、つまり患者と医師だけで始めたのだ。選択は勇気をもって行わなければならない。またシステムの核となる軸、あるいは問題の核心を明確に把握する上で判断は的確でなければならない。医療問題では患者、持続可能な食糧プロジェクトでは消費者、学校のプロジェクトでは生徒（最近経験した中から数例を挙げると）を無視すると核心をはずしてしまう。

6◆関係性の観点から効果的か——既存のネットワークやコミュニティの長所や能力、可能性を活かしているか。

7◆それは再現可能か——つまり状況に合わせて再現できるか。ビジネスであろうと社会的なイノベーションであろうと、成功を左右するのはそれが規模を大きくして再現可能かどうかにかかっている。プロトタイピングの状況《コンテクスト》においては、外部の人々がプロジェクトを保有して大々的に知識や資本を注入するよりも、現地の人々がプロジェクトの中心となって主体的に参加する状態が好ましい。

インフラをつくる……プロトタイピング・チームは異なる種類の支援を必要とする。（一）外部の雑音に惑わされずに、創造的な仕事に集中して取り組める場所（繭《コクーン》）。（二）厳密な中途目標を決めてチームが早い時期に仮のプロトタイプを作り、すべての利害関係者《ステークホルダー》から速いサイクルでフィードバックを受けられるようなスケジュール。（三）チームが毎日実験と適応（行動実践後の振り返り《アフター・アクション・レビュー》）のUプロセスを進めるように、重要な分岐点や過程における内容に関する支援や専門知識。（四）定期的なプロトタイピングのクリニック。この場でプロトタイプを発表し、前進するうえで重要な課題に焦点をあてたピアコーチング（同僚によるコーチ）を受ける。

17◆頭と心と手を統合する——手を使って探せ。考えず、感じろ

二〇〇〇年に映画にもなった小説『バガー・ヴァンスの伝説』（スティーヴン・プレスフィールド著、阿尾正子訳、早川書房、二〇〇一年）で、自分のスイングを見失ったゴルファーに名コーチが言う言葉が「手を使って探せ。考えず、感じろ。手にある知恵に頭は永遠にかなわない」というものだ。このアドバイスはＵの右側において行動する際の重要な原理を表している。Ｕの左側を降りるときに重要なのは、オープンになり、思考と感情と意志の抵抗に取り組むことであり、右側を昇るときに重要なのは、頭と心と手の知性を、実践的な状況《コンテクスト》の中で意識的に再統合することだ。

Ｕを降りるときの内側にある敵がＶＯＪ（評価・判断の声）、ＶＯＣ（皮肉・あきらめの声）、ＶＯＦ（恐れの声）だったように、Ｕを昇るときにも妨げになる三つの古い行動の仕方がある。（一）即興と意図なく実行する（盲目的行動主義）。（二）行動する意志がないまま延々とただ考える（分析麻痺《アナリシス・パラリシス》）。（三）源《ソース》にも行動にもつながらないことを延々と話し合う（単なるおしゃべり）。この三つの敵には共通の構造的な特徴がある。頭と心と手の知性がバランスよく機能するかわりに、三つのうちの一つが支配的になる（延々と考えているときの頭、延々と話し合っているときの心、考えずに行動しているときの意志）ということだ。

要するにＵの右側において求められるのは、頭と心と手を実践的に統合し、三つの機能のどれかが一方通行的行為（思考を伴わない行動、行動を伴わない思考、意味のないおしゃべり）を止めるということだ。

この段階で興味深いのは、人間の頭の中で新しいことが浮かぶ順序は、これまで考えられてきたこととは逆だということである。それは次のようなプロセスをたどる。（一）まず漠然とした感情、あるいは気持ちが起こる。（二）その感情は**何か（what）**という感覚、すなわち新しいひらめきやアイデアに形をかえる。（三）その何か（what）は、飛躍的なイノベーションを生み出すことのできる状況《コンテクスト》や問題、あるいは挑戦と結びつく（場（where）、つまりコンテクスト）。（四）そこで初めて何か（what）と場（where）に筋道だった構造と形が与えられる（論理的な理由（why））。飛躍的なイノベーションの例を見ると、どんな種類のものであれほとんどがこのようなプロセスをたどっていることがわかる。イノベーションにおける最大の間違いは、まず理性的な考えに焦点を当てるという、あたかも馬の前に荷車を置くようなやり方をすることだ。新しいひらめきが現れるには、それ以外の条件がすでに存在していなければならない。

つまり、未来の最高の可能性につながり、パワフルで画期的なアイデアを生み出すためには、頭の知性だけではなく、心と手の知性につながる必要があるということだ。理性的な思考が登場するのは、たいていの場合**最後**である。

例▼経済学者のブライアン・アーサーは、彼が最も重要な科学的洞察に達したときもそんな風だったと話してくれた[10]。彼はカリフォルニア大学バークレー校で、何人かの数学者が挑んで解けなかった難しい数学の問題に取り組んでいた。何カ月ものあいだ頑張ったがまったく出口は見えなかったので彼は結局諦め、より難度の低い問題を指導教官に勧められ、難なく解いた。こちらを論文として仕上げて、まもなく、これといった目的もなく学部の図書館で本を読んでいた。そのとき不意に、頭にあるイメージが浮かんだ。彼にはそれが見えた。しかし、最初はそれが完全には理解できなかった。それが何であるかはわかった。ある解法がある形となって表れたものだった。彼は、いいだろう、それは解だ。しかしいったい何の解だ。何の問題の解なんだろうか。それから彼は、それが諦めていた数学の問題の解だということに気がついた。そのとき初めて、そのアイデアを数学の方程式として具体的に表すことができたのだ。

この話はUがどういうものかを見事に示している。つまり、問題を解決する意図を持つ。その中に飛び込む。夢中になって取り組み、流れを止める（止まる）。頭の裏口から忍び込み始めたアイデアに注意を払う。そしてそのアイデアを発展させ、具体化するというプロセスだ。

実践▼ほんとうに重要なことに集中する。全力で取り組む。シャワーを浴びる。光るアイデアを得る。身体を拭いてそのアイデアを試してみる。

この流れは誰もが知っている。たいていの人に起こっていることだ。しかしここで大事なのは、この要素すべてが組み合わさって機能しているということだ。前の二つの段階を飛ばしてシャワーを浴びただけでは何の意味もない。まず、ほんとうに重要なことだけに意識を集中し、その仕事に没頭する。この二つのステップは欠かせないが、これだけでは十分ではない。シャワーを浴びるということの意味は、状況《コンテクスト》を切り替えることによって流れを遮るということだ。シャワーからの湯を感じることで身体をリラックスさせる。問題解決モードから離れることで頭をリラックスさせる。最後に頭の裏口から忍び込んでくることに注意を払う（集中を妨げるものを遮断して）。

シャワーがすばらしいアイデアを得るのに効果的な場所である理由の半分は、集中を妨げるものがないということに関係があるかもしれない。湯を浴びているあいだはテレビを見ることもできないし（今のところは）、新聞を読むことも、電話に出ることもできない。この知性のより深い源《ソース》に達するためのこの実践は、次の四つの活動を統合したものになる。（一）集中（意図を明確にする）。（二）精一杯仕事をする（仕事に没頭する）。（三）流れを遮り、状況《コンテクスト》を転換し、リラックスし、出現するものに注意を払う（意識の焦点をずらす）。（四）出現し始める火花を追いかけ、それを素早く試し、実践しながら学ぶ（何度も繰り返す）。これが次の原則18につながる。

18◆何度も繰り返す――創造し、適応し、絶えず宇宙と対話《ダイアログ》する

当初の自分のアイデアに固執してはいけない。もしかしたら最初の形は、ただ自分を始動させるためのものだったかもしれないのだ。つねに世界から学び、あらゆる相互作用からアイデアを磨き、

それを繰り返さなければならない。そのためのコツは、世界が手を差し伸べてくれる場所であるように行動することだ。そう考えて行動すれば世界は手を貸してくれるし、そう思わなければ世界はそうはならない。

例▼この原理については、『ファスト・カンパニー』誌の共同創立者であるアラン・ウェバーがわかりやすく説明している。「宇宙は実は面倒見のいい場所なんだ。自分のアイデアに対して心を開いていれば、宇宙は助けてくれる。宇宙はアイデアを改善する方法を教えたがっている。だがその提案の中にはひどいものもある。宇宙のアイデアや教えに耳を傾け、役に立つものと害になるものを見分けるのも冒険の一部だ。心を閉ざして、『このアイデアは十分に練り上げられている。思ったようにできないならこの仕事をそもそもやるつもりはない』とは言わないほうがいい。ただし他人の意見をいちいちすべて聞いていたら気が狂ってしまう」[10]

実践▼より広い視点につながるのを助けてくれる習慣を次に挙げよう。

ステップ1……一日の終わりの三分間を使って、その日、世界が提案してくれたことを、良し悪しの判断なしに書き留める。

ステップ2……その観察から生まれる、かつ仕事でいま直面しているチャレンジに関係する重要な問いを一つか二つ書き留める。

ステップ3……翌朝五分か一〇分とって、前の晩に書き留めた重要な問い（と観察）に関して浮かんだアイデアをメモする。アイデアが流れて来るのに従って書いていく。

ステップ4……可能な次のステップを考える。つまり可能性をさらに探索／テスト／プロトタイプするには何が必要かを考え、「日誌」を終える。

この習慣は、新たな、あるいは奇抜なアイデアを探究するのに安全な場となる。また、かすかな信号を読み取る能力や、構想を進化させる能力も育ててくれる。

共進化——出現する全体から見て行動することでイノベーションの生態系を育てる

図21-6は、Uのすべてのステップを統合したものである。プロトタイプを主要な関係者に検討、評価してもらったら、次にやるべきことは適切な組織的生態系とそれを支えるインフラの中で新しいものを試行し、進化させることだ。我々はこれまでもすばらしい変革や画期的な成功の逸話や物語を耳にしてきている。しかし、それらはあくまでも単なる**逸話**に留まる。より大きなシステムは、遅かれ早かれまた古いやり方に戻っていく。イノベーションのエピソードが残りのシステムに（良性の）「ウィルス」を飛び火させた話はほとんど聞かない。なぜ起こらないのだろうか。

主に二つの原因があると私は考えている。（一）個人的にも集団的にも、社会的出現の生成的な第四の領域から行動する能力がまだ十分に発達していない。（二）システムを変えるために互いを必要としているプレーヤーをつなげる組織機構的インフラが欠けている。Uの最後、五番目の活動は、こうしたインフラを創造することだ。今の段階は、真に何が必要なのかをわかり始めたというところである。原則19～21は、その領域の最前線の予告編だ。この未来の領域を探究してみてほしい。

19◆出現する全体から見て行動することをできるようにするイノベーションの生態系を共進化させる

我々の時代の現在のけた外れの組織機構的な難問に対処するためには、組織や大きなシステムは第四の統治メカニズムを取り入れ、活性化させる必要がある。それは、出現する全体のプレゼンシングから見て行動するということだ。

今日のほとんどのシステムで我々は同じ問題に直面している。システムが、既存の三つの調整メカニズム、つまり市場、ヒエラルキー、ネットワーキングが混じりあったものによって統治されている、ということだ。だが、これらのシステムが生み出している成果は不十分だ。問題に対処する上で、さらなる規制、市場、ネットワーキングを上塗りしても解決にはならないことはわかっている。必要なのは、四番目のタイプの統治メカニズム、つまり出現する全体のプレゼンシングから見て行動する深部からのイノベーションなのだ。

例1▼名指揮者ズービン・メータが、ソリスト、プラシド・ドミンゴから**いまにも現れ出ようとしている**ものに集中しているところを想像してみよう。彼はドミンゴと一体になっている。その特別な瞬間——今という瞬間——から現れようとしている音楽は、完全な静寂の中にある。その魔法のような静寂を破って突然音楽が出現し、ドミンゴ、メータを通して、そして二人を包みこむ場の全体に流れるエネルギーをはっきりと現す。それはまるで音楽が地面から絶え間なく湧き出し、この創造的なエネルギーの場に含まれるすべてのものを、ソリスト、オーケストラ、聴衆、コンサートホール、指揮者をつなぎ合わせているかのようだ。この瞬間、指揮者は文字通り、場の創造的なエネルギーを導く導管（condu-it）の役目を果たしているように見える。

図21-6　第5のプロセス——共進化

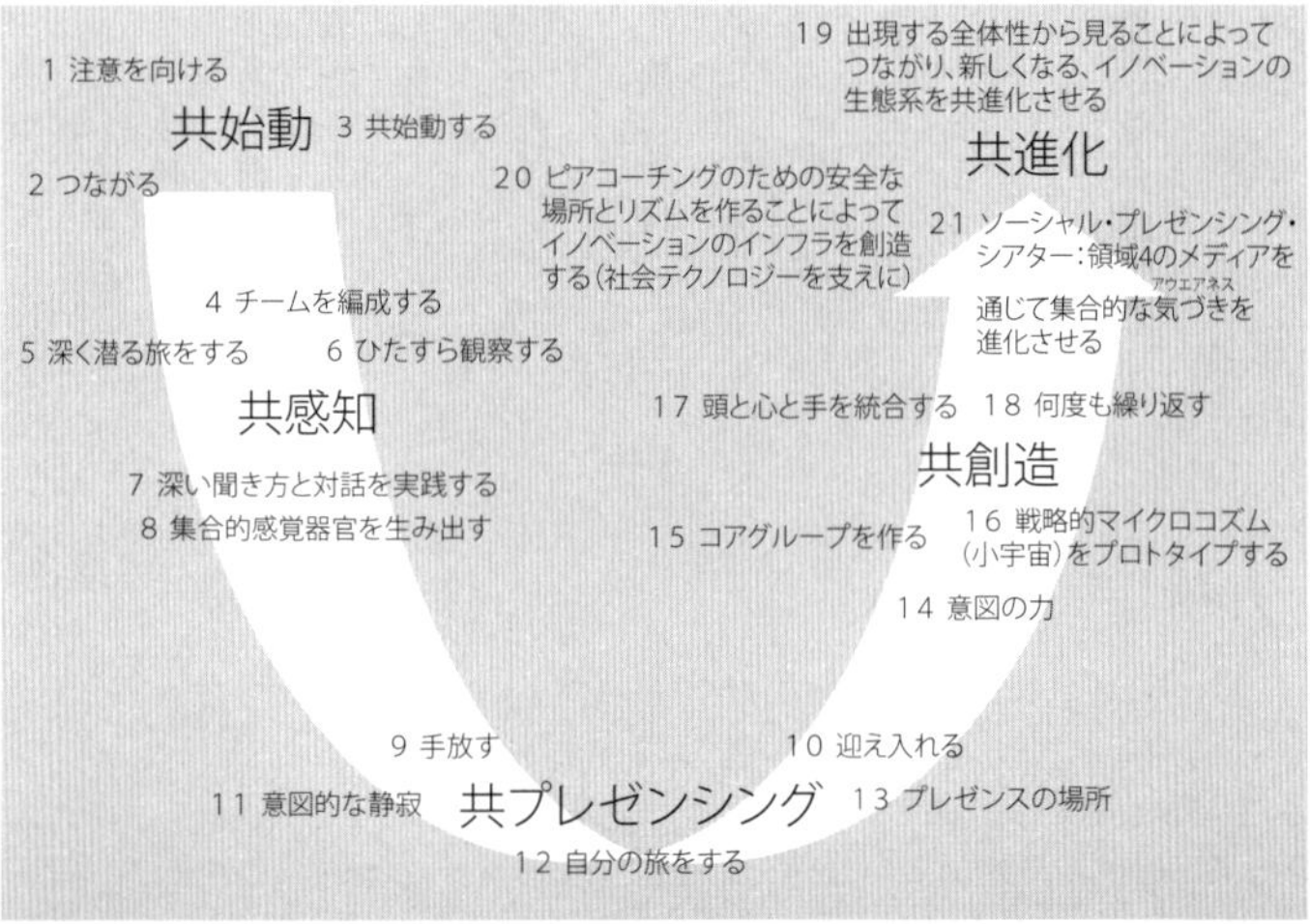

例2▼生徒を見る優れた教育者を想像してみよう。彼女はその生徒と、生徒の未来の最高の可能性のプレゼンスと一体になっている。そして、その生徒が自分の可能性を体現する旅を歩むことを支える形で素早く行動する。あるいは日曜日に自分の畑を歩く農民を想像してみよう。彼は歩くことによって畑の生命力に満ちたプレゼンスに直接つながろうとし、その生きた生態系が次に彼に対して何をすることを望んでいるかを感じ取ろうとする。また、一人の医師を想像してみよう。彼女は患者と医師の関係を、技術や科学の側面からだけでなく、より深い知的、社会的、精神的な関係性からも考慮する。それによって患者一人ひとりの自己の真正なプレゼンスにつながり、そこからその真正な自己のために貢献しようとする。マハトマ・ガンジーやネルソン・マンデラのような指導者のことを考えてみよう。彼らはきわめて大きな集合的な場につながり、その集合的な場のプレゼンスから行動するようになり、その場の未来の最高の可能性が実現するための媒介者として働いた。

いま挙げたのはすべて個人の例である。しかし今日の根本的な課題は、これらとまさに同じことをすることなのだ。進化する全体のプレゼンスから、単に個人としてではなく、**集合的に**行動することなのである。今日の主要な問題のほとんどすべてが、このような行動を我々に求めている。しかし、我々はまだそのやり方を身に付けてはいない。

困難な問題に直面する多くのリーダーたちは、新たな対処法、領域《フィールド》4の組織化アプローチが必要なことに気づく。それは出現する全体性（あるいは生態系）のプレゼンシングから見て行動するということだ。

例3▼オックスファム・インターナショナル（ＯＧＢ）は、は非常に大きな影響力を持つグローバルなＮＧＯである。一六の国別組織の連合体であるこのＮＧＯは、貧困と苦しみの克服を目指して組織外の人々と連携して仕事をしている。その一つ、オックスファム・グレートブリテン（OGB）のメンバー、ジュディス・フリックはOGBのアフリカ南部地域（アンゴラ、マラウイ、モザンビーク、南アフリカ、ザンビア、ジンバブエ）の責任者だ。彼女がこの任に就いたとき、この地域の組織は「機能不全」と見なされていた。スタッフのモラルが低い、組織の基準が守られていない、仕事がきちんと行われていない、という内部の評判だった。ジュディスは最初の一八カ月間を費やしてシステムの質を高め、組織面の建て直しをはかった。同時にスタッフのエネルギーを、そもそも彼らがこの活動に参加した動機——貧困と苦しみを解決するために働きたいという意欲——に再び向けることに努めた。

組織における彼女のもう一つの役割は、HIV／エイズ問題へのグローバルな取り組みを先導することだった。彼女はこれまでの取り組み方は効果がなく、不適切であることに気づいた。「エイズは世界に広がる感染症であり、現に世界規模で深刻な影響を与えています。世界的なシステムを通じて取り組まなければなりません。しかし、そうなってはいないのです」。コミュニティ全体が、あるいは社会全体が崩壊しかけているなかで、それまでのオックスファムのプログラムを続けることにはもはや意味がなかった。世界貿易センターの建物全体が崩れる寸前に階段の修理をしているようなものだった。目標は崇高でも、方法が置かれている状況に対して的外れだったのだ。ジュディスは言う。「エイズの世界的流行は単なる医療問題ではありません。経済的、社会的、政治的な問題なのです。多くの専門分野にまたがる多面的な取り組みが必要です。病気を治すためのテクノロジー、人々の行動を変えるための社会的な取り組み、感染しやすい環境を改め、医療を受けやすくするための国や世界レベルでの新しい経済システム、そして地域、国、グローバルなレベルの多様な市民グループに責任を持つ真のリーダーシップ。こういったものが不可欠です。この感染症は公共サービス、企業部門、市民社会の別なく影響を及ぼします。そして、それぞれのレベルでその影響は違います。各レベルそれぞれでの分析と対策が必要なのです」

事態はきわめて切迫している、と彼女は語る。「最新（二〇〇六年）の国連エイズ合同計画の報告によると、三八〇〇万以上の人々がＨＩＶに感染し、年に二八〇〇万人がエイズで死亡しています。アフリカ南部地域だけでも一日に二五五〇人が死んでいるのです。エイズ孤児は一五〇〇万人にのぼっています。コミュニティの救済措置は衰退しきっています。世界で最も深刻な影響を受けているこれらの国々は、生産力を破壊され、国庫が枯渇してしまうでしょう」

仕事でこのような大きな問題に直面したとき、いったいどうすべきなのか。これまでと同じやり方を続けるのか、それともいったん立ち止まり、現実を深く認識し、過去の繰り返しではない答えを見つけ出すのか。

後者を選んだジュディスは、すぐに取り組まなければならない利害関係者《ステークホルダー》の課題が三つあると考えた。まずスタッフに、エイズの現実を自分自身の問題として理解できるようにする必要があった。徐々に広がるエイズのような「ゆっくりしたスピードで迫ってくる緊急事態」の中で生きる人間の行為ついて、彼女は沸騰する湯の中のカエルをたとえに説明してくれた。「沸騰しているお湯にカエルを入れればカエルは飛び出すでしょう。しかし、カエルが入っている水をゆっくり熱していけば、カエルは温度が上がっていっているのが感じられず茹で上がって死んでしまいます。スタッフには、湯から飛び出してより大きな全体像を見てもらう必要がありました。彼らに、エイズが私たち一人ひとりの問題であることを理解してもらうことが必要だったのです」

次に、エイズが長期的に壊滅的な影響をもたらすものである以上、スタッフに、彼らが効果的だと思う対処方法を提案できるようにする必要があった。ただ何らかのモデルをダウンロードするのではなく、「枠からはみ出す」ことを恐れずに真に違いを生みだす方法を提案してもらう必要がある。彼女はスタッフの話に真剣に耳を傾け、彼らが現実を「読める」ことを信頼してこれを実行に移した。

三つ目は、自分の上司と、さらにイギリス本部にいる上司の上司（ＣＥＯ）も巻き込んで、オックスファムをエイズという難題にもっと組織的に幅広く、より適切に対応できるようにする必要があった。そのためには、資金集め、リソースの配分、広報、プログラムの開発における戦略の転換が求められる。それは、ＨＩＶ／エイズをオックスファムの中心的活動の一つとして位置づけることを意味していた。連合体を構成する各国の組織や、ほかの部門の重要な利害関係者《ステークホルダー》をこれに含める必要があった。

資金集め、資源《リソース》の配分、広報の戦略転換は、決して容易ではなかったものの実現は可能だった。今のところ最も困難なのは、四つ目のプログラム開発の戦略転換だ。これを達成するには、従来の標準プロセスやプログラムに沿った組織化（領域《フィールド》１と２）をやめなければならない。代わりにＯＧＢが提起し、生み出したいと思っている生態系もしくは「全体」を核にした組織化（領域《フィールド》３と４）に取り組む必要がある。

それに取り組むのは明らかにやりがいのある仕事だ。

だが、それが実現可能かどうかはまた別問題だ。しかしもし可能だとしたら、唯一の方法は多様な利害関係者《ステークホルダー》による生成的なプロセスを用いることだろう（第19章図19‐２の内側の円を参照。そこでは制度上の力《パワー》の源泉は組織の中心から生態系《エコシステム》の出現する全体へと移行する）。

オックスファムは貧困がシステムの問題であることは十分認識していた。だが、多様な利害関係者が関与するかたちで生態系を変えるという取り組みはしてこなかった。エイズ問題ではそれは必要不可欠になった。最近では組織でこの新たな手法の実験を始めている。

実践▼図19 - 2の枠組みを使って、自分の所属する今のシステムを評価してみる。まず四つの円を描く。次に円の外側にいる自分の生態系の主要な利害関係者《ステークホルダー》を特定する。各円の中には、その利害関係者とのコミュニケーションの質を箇条書きで記す。どのコミュニケーションの質（チャンネル）が使われ、どれが使われていないかに注意する。可能ならばこの評価をもとに、そのシステムのコミュニケーションと統治のあり方を外側の円から内側の円へと移行させるにはどうすればよいかを考えてみる。

20◆ピア・コーチングのための安全な場所とリズムを作ることによってイノベーションのインフラを創造する（社会テクノロジーを通して）

イノベーションは特定の場で起こる。イノベーションのネットワークについて多くの本が書かれている。しかしネットワークがもてはやされるなかで見失われがちなのは、その創造のプロセスはネットワーク化された共有とは対極のものにも依存するということだ。つまり、創造のプロセスはその集団を守ってくれる隔離された内側の場所、繭《コクーン》を必要とする。そこから新たな何かが出現できる空間だ。種が育ち大きくなるために場所と時間が必要なように、また子供が発達する場所と時間が必要なように、イノベーションにも自らのペースで進化し、形として現れるための場所と時間が必要なのである。

日本の経営学者、野中郁次郎氏は何年にもわたって、成功している知識創造型企業の環境とはどういうものかを解き明かそうとしてきた[11]。野中氏によれば、組織の場の力を構成するのは、物理的な場所、バーチャルな場所（インターネット）、社会的・心理的な場所（共有された状況《コンテクスト》や信頼）、そして共有された目的と意図だ。[12]

この四つの場の要素は、発達の過程にあるすべてのものにとって土台となる。種が育つためには、物理的な場所（土壌）、細胞組織をつなげるもの（水）、滋養となるもの（養分、太陽の光）、そして生命体を組織化する存在（畑）が要る。子供の発達にも同じ四つの条件が必要だ。すなわち、物理的な場所（家庭、学校）、彼らをつなげるもの（動きと接触）、社会的な滋養（愛にあふれた意識が向けられる、友だち、挑戦する機会）、そして真の自己《セルフ》が出現するための発展的な空間（形成的な場）だ。

同じ四つの条件が組織のイノベーションにもあてはまる。イノベーションは物理的な場所で起きる。しかし、組織のオフィスの多くは、何かを育むことを考えた設計にはなっていない。そこで働く人々を鼓舞し刺激するよりも、むしろ憂鬱にさせるような心理的影響をもたらしてしまう。

例1▼創造的な仕事場の好例が、国際的なデザイン会社ＩＤＥＯのオフィスだ。そこではデザインと技術と創造性の三つの要素が、工業的なスタイルの機能的で開放的なレイアウトと結合している。また各チームはそれぞれの繭《コクーン》をもっていて、それは取り組んでいるプロジェクトに応じて大きくなったり縮んだりする。

イノベーションはまた、バーチャルな場と結合性を必要とする。それはむろん、市場における新しい技術の登場とともに急速に進化していく。イノベーションにはさらに社会的空間《ソーシャルスペース》および状況《コンテクスト》の共有も必要だ。ＩＤＥＯでそれを生み出しているのは、一カ所もしくは限られたいくつかの場所に集まり、全力を挙げて仕事に集中するプロジェクトチームだ。最後に、深部からのイノベーションに必要なのは、精神的な場である。それは生まれ出ようとしているものの目的を感じ取ることであり、たいていはそれがコアチームのインスピレーションとモチベーションになっている。

ＩＤＥＯのような企業は、上に挙げた場のすべての次元に支えられてイノベーションの文化を創造しているが、革新志向が強くない組織にはそれは困難かもしれない。そのような組織にとっては、効率的に組織運営をしながら同時にイノベーションを進めるというのは難題だろう。これに取り組むためのポイントは、**リズム**と**場所**だ。質の高い時間と場所のパターンを作り出し、コアグループが効率性とイノベーションを撚《よ》り合わせられるようにすることが重要だ。

例2▼野中郁次郎氏は、日本の一流企業である花王が行っていることを紹介している。同社の経営幹部は毎朝8時から9時まで、お茶を飲みながら話す場をもっている。ここでくだけた会話をかわしながら、自社のビジネスの成功に欠かせない状況《コンテクスト》に関する情報をインフォーマルに共有するのだ。ここでの「リズム」は、毎日それを行うということであり、「場」はリラックスした議論ができるインフォーマルな集まりだ。その結果、多くの社員が会議に時間を取られることなく、重要な情報が組織全体に素早く行き渡る。

実践1▼目を閉じて、自分の責任の範囲、つまり自分のチームが、一つの生命をもつ生き物だと想像してみる。この生き物は自分に何を求めているだろう。キープレーヤーの集団にとって適切な呼吸はどんなリズムだろう。花王のような日々のリズムか。それとも週ごと、月ごと、あるいは四半期ごと、またはそれらを組み合わせたリズムがいいのか。適切なリズムを決めたら次に場所を考える。さらに、チームを超えた同僚同士のピア・コーチングや相談を最大限に活かすにはどんなプロセスや仕組みを作ればいいのかを考える。

自分のコアグループに関してこれらのことが決まったなら、自分のプロジェクトや組織の未来にとって最も重要となる範囲を拡大した利害関係者《ステークホルダー》やプレーヤーのネットワークについて、同じ問いかけをしてみる。この人々の集合的な場のプレゼンスを育てるには、どんな形でプレーヤーに集まってもらうのがいいのか。この生態系《エコシステム》を発展させるには、どんなリズムと状況《コンテクスト》と場所が最善なのか。

実践2▼ピア・コーチングによる事例クリニック……事例クリニックとピアコーチングは、チームがうまく機能し合うために枠組みが必要だ。以下にその例を挙げよう。

仮に時間が一つのセッションあたり七〇分、一チームあたりメンバーが四人いるとしよう。クリニックを実施するための特定の構成要素を挙げる。

1◆事例提案者とタイムキーパーを決める。

2◆**一〇分**　事例提案者が意図を簡潔に述べる。状況、問題、機会、プロジェクトなど、取り上げたいことを挙げる。

●現在の状況……直面している挑戦や問題の症状。

●この状況下での自分の個人的な壁

●意図……何を見たいのか。何を創り出したいのか。

●必要な支援……助言や支援が欲しいのはどこか。

●コーチは、必要であれば問題を明確にするための質問をする。

3◆**五分**　コーチはすぐに助言をしたい衝動を抑える。かわりに短い沈黙の時を取り、各人が事例提供者の言葉を反芻する。

●その事例からどんなイメージが浮かぶか。

●どんな感覚や感情が起こるか。

●それに関連してどんな問いが出てきたか。

4◆**四〇分**　事例提供者の反応＋全員の生成的対話《ダイアログ》。
●理解を深めるためにコーチが問いを投げる。
●会話をしながら考えうる解決法をブレーンストームする。
5◆**一〇分**　コーチの提案
●鍵となる問題点は何か（診断）。
●解決方法、行動の提案。
6◆**三分**　事例提供者からの結論のコメント
●今回提示された解決法からどんな新しい洞察や答えが得られたか。
●前に進むにあたって今回得られたアイデアをこれからどう利用し、あるいはどう組み合わせることができるか。
●自分の次のステップは何か。
●感謝の言葉。

7◆**二分**　学んだことを記録する（全員）。

21◆ソーシャル・プレゼンシング・シアター――領域4のメディア制作を通じて集合的な気づき《アウエアネス》を進化させる

システムの一部に深い転換を経験させることで他の部分が急速に活性化し、進化する、といった機能は社会のインフラにはまだない。こういう機能を果たしていると称する手法は多いが、そのほとんどは過去のパターンを再生するダウンロードの域を出ていない。現在のメディアとその制作物の九〇％以上は、強いダウンロードの慣習の中にある。グローバルな場の一部で起きた深い転換の経験を、ほかの部分でのインスピレーションや癒し《ヒーリング》に利用する領域4の文化的な制作。これが今日の文化には欠落している。

例▼世界最大のグローバルサービス企業、プライスウォーターハウスクーパースのラルフ・シュナイダーと彼のチームは、社会が危機的状況下にある地域で深いアクション・ラーニングを行うリーダーシップ・プログラムを開発した。毎年二〇〜二五人の若く有能な社員がこのプログラムに参加する。集中的な準備段階（バーチャルな形のものもあれば、合宿で行うものもある）のあと、シュナイダーはメンバーを三人ずつのチームに分け、発展途上国での開発プロジェクトに二カ月間参加する深く潜る旅に送り出す。その期間、参加社員はＨＩＶ／エイズのような開発問題の取り組みに参画し、フルタイムで働く。目的は、彼らを受け入れてくれているコミュニティに可能な限りの貢献をすること、また個人およびチームの能力開発のために合意した二、三の目標を探究することだ。

この二カ月間の活動を終えるとメンバーは再び集まり、一週間の合宿で深い内省と意味の探究を行い、自分たちが学んだことを結晶化《クリスタライズ》する。参加者のほとんどは現場でとても深い体験をするが、体験を通した金脈を発掘し、それを自分の人生や仕事に統合できるのはこの期間だ。私はこれまで四年間、彼らが現場の体験に出る前の二カ月間と戻った後の合宿をともに過ごしている。現実の世界に身をさらすという一見シンプルな活動が、正しいサポートが伴えばいかに深い変化をもたらすかということに、私はいつも驚嘆させられる。毎年一年後に再会すると、かなりの数の参加者が自らの人生を変えるようなこの体験を経て新たなプロジェクトや冒険、行動へと移っていることがわかる。その中には、社会的なイノベーションと地域活動のための財団を設立した例や、インドに自分のすべてを使って学校を作った例もある。

このような人生を変えるほどの経験からエッセンスを抽出し、ほかの人がそれから学ぶことができるようにするには何が必要なのか、今の時点ではわからない。本書を執筆している現時点で「ソーシャル・プレゼンシング・シアター」を創り出そうとしているが[13]、その背景にあるのがこの観点だ。

我々の構想では、プレゼンシング・シアターは創造的な芸術、演劇、社会変革の技法、エネルギーを意識する方法、瞑想、そして対話《ダイアログ》をすべて統合したものになるはずだ。ミニマルアートの何も描かれていない「真っ白なキャンバス」と舞台芸術を通して観客は共創造者へと変わる。

このアプローチの元にある仮定はいたって単純だ。グローバルな場は一体《ワンネス》なので、世界の一部で起き、そこを回復させるものは、世界のほかの部分をも回復させる可能性があるはず、というものである。事実こういったコミュニティは、グローバルな社会的な場《ソーシャルフィールド》を通じてすでにつながっている。ソーシャル・プレゼンシングのパフォーマンスは、これらのコミュニティがその深いつながりをもっと認識できるような仕組みを提供するだけなのだ。ソーシャル・プレゼンシング・シアターの上演は、上に挙げたさまざまに組み合わさった要素を使うことによって、出演者と観客が二時間ほどでUのプロセスを体験できるものになるだろう。

根幹の原則——社会的な場《ソーシャルフィールド》の三つの基盤

Uプロセスには実際の状況に対して三つの応用の仕方がある。すなわち、プロセスとして、一連の場の原理のセットとして、そして源《ソース》の存在《プレゼンス》から機能すること、の三つだ。

1◆プロセスとして……始動、感じ取る、プレゼンシング、プロトタイピング、組織化するという順序をたどるプロセスである。しかしこのプロセスが機能するためには、諸原則と源《ソース》の、二つのより深いレベルにつながる必要がある。それがなければ、このプロセスは一部の人々がほかの人々に強制する（そしてそれによって収入を得る）機械的なプロセスのツールに過ぎない。

2◆本章を通して扱った**原則**と**実践**のセットとして……設計図に従って機械的なプロセスをたどるようなことはせず、二四の原則の全体性を自分のいまの状況に適用する。状況《コンテクスト》の中にそれらを位置づけ、必要に応じてプロセスをかえる。

3◆自分の最も深い**源**《ソース》の存在《プレゼンス》につながり、そこから、すなわちUの底から、行動する方法として……このレベルでは諸原則の足場さえ崩れさる。この源《ソース》のレベルへのつながりは、このあとの項で詳しく説明する以下の三つの根幹となる原則によって表される。意図の基盤《インテンショナル・グランディング》、関係性の基盤《リレーショナル・グラウンディング》、真正の基盤《オーセンティック・グラウンディング》である。私がこれらを根幹となる原則と呼ぶわけは、これらがほかの二一の原則すべてに関係し、それらを支えているからだ。樹木の根の組織が樹木の目に見える部分を支えているのと同じだ。この三つは社会的な場《ソーシャルフィールド》のプレゼンスを呼び起こす土台を成している。すなわち意図の基盤は全体性に奉仕し、関係性の基盤は社会的な場《ソーシャルフィールド》の集合体とつながり、真正の基盤は自分自身を本質的な自己《セルフ》につなげ、出現する未来の媒体にする。

22◆意図の基盤《インテンショナル・グラウンディング》

たとえばミーティングなど状況の質を決定する重要な変数のいくつかは、最も見えにくいもの、つまり我々の意識の向け方と意図の質である。それらが状況の展開に深く影響しているのだ。すなわち「**（このような意識で）臨んだために、（そうした結果が）生じる**」のである。

例▼前にも書いたが、ジョセフ・ジャウォースキーにインタビューで深い聞き方をする最もいい方法は何かとたずねたとき、彼はこう答えた。「インタビューで一番大事な時間は、インタビューを始める前の時間なんだ」

実践1▼ワークショップや集まりの場をファシリテートするときは、前の晩に少し時間をとって、自分の意図をそのグループやコミュニティの未来の最高の可能性に一致させる。このつながりを作っておけば、その場の状況にとっさに対応しなければならないときに、頭の裏口から入る直観の質が高まる。

実践2▼大きなグループでのイベントを行うときは、始まる前の晩に全員で意図の設定《インテンション・セッティング》を行うと役に立つ。たいがい五分か一〇分ですむ。部屋の設営が終わり、準備がほとんど終わった段階でコアグループを集め、円陣を作る。全員がそのイベントの目的や目標について、一つか二つそれぞれ個人的なの考えを言う。たとえばこのイベントで達成されるべきことは何か、どんな未来の可能性をファシリテートしたいか、仕えたいか、といったことだ。前の晩にこのような意図の設定を行ったグループは、行わなかったグループに比べるとより良い場と保持空間《ホールディングスペース》を作れることが多いようだ。

意図の基盤《インテンショナル・グラウンディング》の別の側面は**言行一致**ということに関係する。つまり、毎日の生活の中で発言したことが行動することに裏付けられていなければならないということだ。ことわざにあるように、「変化について一つ発言したら、一つ行動を起こせ。倫理や精神性について一つ発言するたびに、二つか三つ行動せよ」だ。信用されるために必要なのは、何を**言う**かではなく、何を**する**かなのだ。

最初の成功は、ときに全体性のために働くうえで障害になることがある。これまで述べた原則を実践すればするほど、成功しているように思えるだろう。しかし次に挙げるようなワナにはまる危険も大きくなる。すなわち、(一)知名度(それをやったのは私だ)。(二)お金(私はそれに値する)。(三)帝国を築く(これは私のモノだ)。この三つの落とし穴は我々の弱点を攻撃してくる。一度これらにつかまると、我々の認識は狂い、すぐに本来の意図のかわりに恐るべきこの落とし穴に支配されるようになる。

実践3▼自分のこれまでの人生を逆にたどり(現在から始め、思い出せる限りの過去までさかのぼる)、その過程で自分に影響を与えた人々のことを考えてみる。そして、その人とつながることで自分がどんな贈り物を受け取ったかを自分に問いかける。それを人生の一番始めの方まで、つまり両親と幼い頃の家族との経験まで行う。それから頭の中でこれまでに受け取った贈り物をすべて足し上げ、それを現在の自分から差し引いてみる。残るものがほとんどないことに気がつくだろう。自分自身の中にあるものほぼすべてが誰かのおかげによるものであることがわかる。

23◆関係性の基盤《リレーショナル・グラウンディング》

二人以上の人が出会い、真につながると何か特別なことが起きる。社会的な場《ソーシャルフィールド》の出現《プレゼンシング》に参加するのだ。その社会的な場《ソーシャルフィールド》は我々を互いに結びつけるだけでなく、自分自身につなげる。それは、自分はほんとうに何者なのかという真の自分に目覚めさせる媒体である。この場の性質は、特定の状況の下で一緒にいる人々の個々人の性質によって決められているように最初は感じられる。しかし社会的な場《ソーシャルフィールド》のより細やかな面に注意を払えるようになると、社会的な場《ソーシャルフィールド》はその場に根ざしているとともに、その場以外にもつながっていることがわかるようになる。それは地球上のすべての人間を直接的につなげる媒体なのだ。我々が呼吸する空気が物理的に全人類に共有されている媒体であるように、社会的な場《ソーシャルフィールド》も人間同士をつなぐ暗黙の媒体なのだ。それは共鳴する集合体であり、そこに我々は波長を合わせ、育てていくことができるのだ。

例▼現在の人類としての集合体は、本書の最初の部分で述べたように死にかけている古い社会的《ソーシャル》身体《ボディ》だ。それは直接的暴力（他人の行動によって人が殺される）、構造的暴力（社会的・経済的な格差のような構造によって人が殺される）、文化的暴力（劣った存在とみなすことによる構造的な、あるいは直接的暴力を行使してもいいと正当化する文化によって人が殺される）によってさんざん痛めつけられてきた。我々は、あらゆるシステムの中のあらゆるレベルで、死にかけているその組織体、つまり古い社会的な場《ソーシャルフィールド》に支配されている。その古い体が死にゆくことと新しい社会的な場《ソーシャルフィールド》の誕生が、我々の時代に起きる中心的な出来事だ。Uの本質はこの一連の中心的な出来事の意味を解読することにある。死と誕生のそのプロセスは、地球上のいたるところで毎日起きている。二人以上の人間が出会い、お互いの間にある微妙なつながりから何が出現するのか注意を向けるとき、それはより深いプロセスと神秘への門を開いてくれるだろう。

実践▼地球全体に思考と心を巡らし、それぞれのコミュニティや地域の人々の心を感じてみる。知り合いにも知り合いでない人にも、感情移入してみる。人々の苦しみを「吸い込み」、その苦しみを癒すエネルギーを「吐き出す」ことによって、親密な関係を作り出す。我々すべてをつなぐ人類のグローバルな場の感覚を育て、そこで一人でも苦しんでいる人がいれば幸福はあり得ないという意識を育てる。

24◆真正の基盤《オーセンティック・グラウンディング》

Uのプロセスは社会的な呼吸のプロセスと考えることもできる。Uの左側はサイクルの中で息を吸い込む部分である。現在の場にどっぷりと浸りきり、あらゆるものを取り込む。Uの右側は息を吐き出す部分である。未来の場を、それが望むように現実化する。この二つの動き、つまり吸い込み、吐き出す動きの間に「無」の小さな隙間がある。このしんとした一瞬の沈黙がUの底の神秘、つまり源《ソース》だ。そこは、（古いものを）手放すことが（新しいものを）迎え入れることに結びつく所である。その隙間は、針の穴、すなわち大いなる自己（Self）と考えることもできる。それは、今の中の私（I-in-now）を自分の未来の最高の可能性――我々を必要とし、我々だけが現実化できる未来――につなぐ能力だ。まさにその瞬間に我々はその場所から活動を始め、異なる社会的な場《ソーシャルフィールド》――そこに参加する人々を生成的な出現の深い源《ソース》と流れにつなげる社会的な場《ソーシャルフィールド》――を呼び起こすのだ。

死にゆく過去の集合体から出現する社会的な場《ソーシャルフィールド》の誕生への移行は、個人と集団の自己（self）と大いなる自己（Self）が活動する場の深部の転換から起こる。古い集合体の自己は過去のパターンに閉じ込められているが、生成的な社会的な場《ソーシャルフィールド》の中の自己は未来の可能性が出現するのを保持《ホールド》する場として機能する。前者（システムの囚人）から後者（内側から出現する新しい世界を誕生させる）への移行は、自己（self/Self）の反転《インバージョン》のようでもある。

例▼この反転《インバージョン》のプロセスの一つの例が、ドイツの前衛芸術家ヨーゼフ・ボイスの作品である『七〇〇〇本のオークの木』である。真正の基盤《オーセンティック・グラウンディング》のプロセスと同じように、『七〇〇〇本のオークの木』は時間の彫刻だ。それは根本的に異なる二つの時間の流れを表現している。一つは過去から立ち現れる時間であり、もう一つは未来から出現する時間だ。したがってこの彫刻は、古い体が分解し、死んでいく一方で、別の生命体が誕生する転換のプロセスをたどっている。

ここに載せた写真は、この彫刻の当初の形である。七〇〇〇個の玄武岩が巨大な矢の形に積み上げられている。矢の先端には石が一個あり、そのそばにオークの木が一本植えられている。この木はドイツ北部の都市、カッセルでの除幕式でボイスが自ら植えたものだ。ボイスの構想は、矢の形から七〇〇〇個の石を一個ずつ取り出し、一本のオークの木とペアにして、郊外を含む全市域に植えるというものだ。これにより、最初はただの石の堆積（彫刻1）だったものが、最終的な姿として都市の街路樹（彫刻2）へと変身した。この変身には五年かかり、多くのボランティアが関わった。最後の一本は一九八七年の「ドクメンタ」（五年ごとに開かれる美術展）の開会式の際に植えられたが、そのときヨーゼフ・ボイスはすでにこの世にいなかった。彫刻1から彫刻2への転換は反転《インバージョン》のプロセスの完璧な再現だ。すなわち、新しい生命の領域《フィールド》を生み出すために一つの体が存在を終えるプロセスである。

実践▼いまの自分の生活や仕事の中にある問題と、これまでの人生がどう共鳴しあっているかを振り返ってみる。これを、あたかも上から見下ろしているかのようにして行う。もし誰かが、これからの人生につながる重要な教訓を自分に教えるためにいまの問題をデザインしたのだとしたら、その教訓とは何か。もし誰かが、未来の仕事と人生にあなたを備えさせようとして過去の旅と現在の問題を意図的にデザインしたのだとしたら、未来の旅の中心的なテーマは何なのか考えてみる。

原則1〜24をまとめた図21-7で、「Uの旅」は完了する。これをもって終点に達するわけだが、それはとりも直さず、始めに戻るということだ。我々はこの旅を次のような問いから始めた。出現しようとしている未来から学ぶために必要なものは何か。我々が理解したのは、深部での転換、つまり行動の源である内面的な場所の転換が必要だということだった。Uの旅はその変

ヨーゼフ・ボイス画「7000本のオークの木」

容を実行する旅だ。個人が、グループが、組織が、地球上に広がっているあるシステムが、より意図的かつ意識的にそれを実行する旅である。どんな社会システムの中であれ、我々はその旅をしながら、ヨーゼフ・ボイスの彫刻が七〇〇〇個の石の柱（彫刻1）を七〇〇〇本のオークの木（彫刻2）に転換させたのとまさしく同じ方法で社会的身体《ソーシャルボディ》を転換させる。この転換こそがいま現実に世界中で始まりつつある出発点だ。これこそが粗石の中から生まれているものなのだ。

ここまでの旅で、我々は時折立ち止まっては、グローバルな彫刻の領域《フィールド》における転換の諸相を詳細に見てきた。表20-1には一〇のカテゴリーに分けて転換の様相をまとめたが、そこに挙げた多様な視点は我々の旅の記録帳の役割を果たしてくれるだろう。この記録を読むと、我々自身の進化の文法、言い換えれば我々をここに導いた個人的、集合的な旅の文法を学ぶこ

図21-7　Uの実践と24の原則

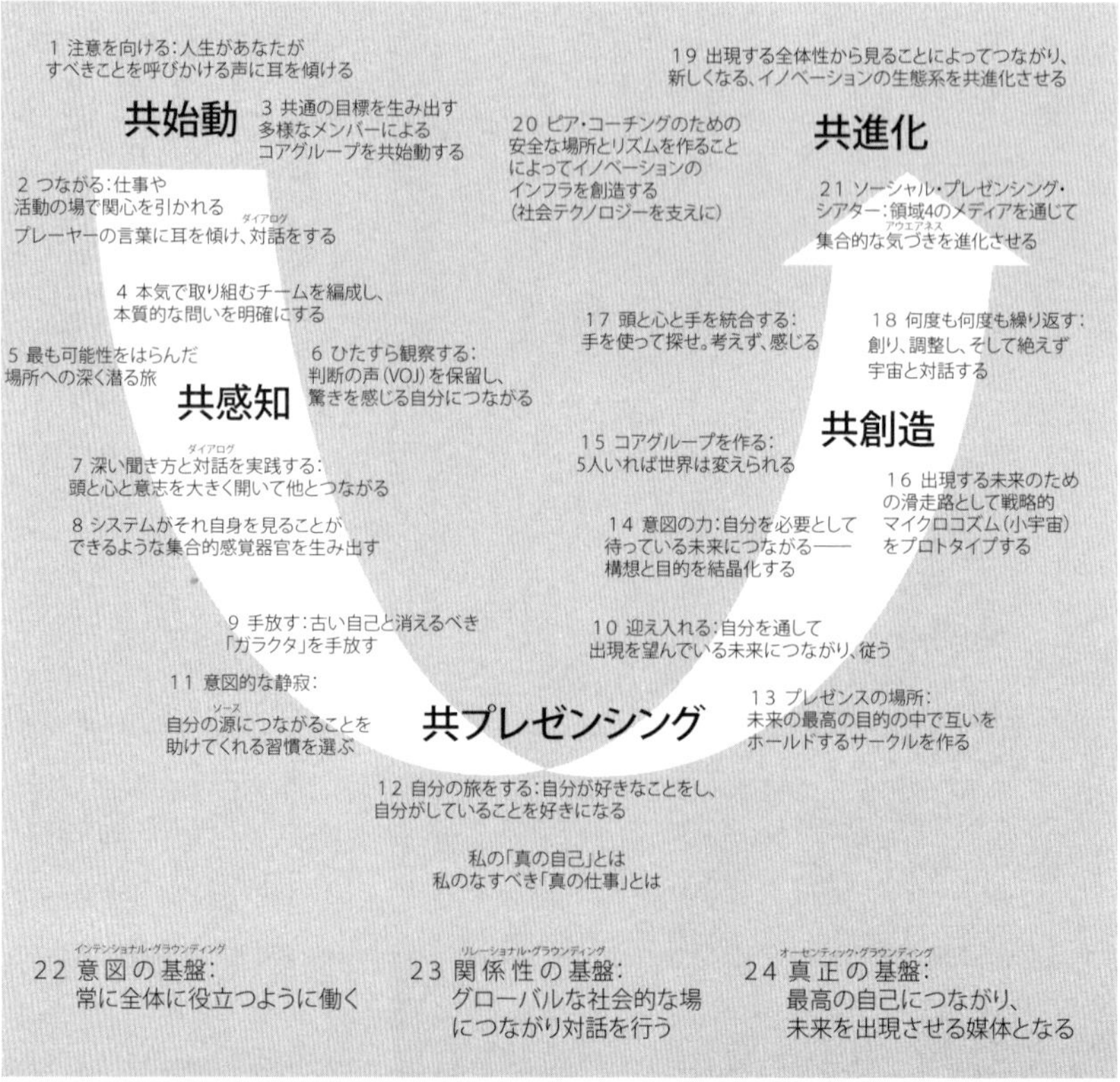

1 注意を向ける：人生があなたがすべきことを呼びかける声に耳を傾ける
共始動
3 共通の目標を生み出す多様なメンバーによるコアグループを共始動する
2 つながる：仕事や活動の場で関心を引かれるプレーヤーの言葉に耳を傾け、対話《ダイアログ》をする
4 本気で取り組むチームを編成し、本質的な問いを明確にする
5 最も可能性をはらんだ場所への深く潜る旅
6 ひたすら観察する：判断の声（VOJ）を保留し、驚きを感じる自分につながる
共感知
7 深い聞き方と対話《ダイアログ》を実践する：頭と心と意志を大きく開いて他とつながる
8 システムがそれ自身を見ることができるような集合的感覚器官を生み出す
9 手放す：古い自己と消えるべき「ガラクタ」を手放す
11 意図的な静寂：自分の源《ソース》につながることを助けてくれる習慣を選ぶ
共プレゼンシング
12 自分の旅をする：自分が好きなことをし、自分がしていることを好きになる
私の「真の自己」とは
私のなすべき「真の仕事」とは
19 出現する全体性から見ることによってつながり、新しくなる、イノベーションの生態系を共進化させる
20 ピア・コーチングのための安全な場所とリズムを作ることによってイノベーションのインフラを創造する（社会テクノロジーを支えに）
共進化
21 ソーシャル・プレゼンシング・シアター：領域4のメディアを通じて集合的な気づき《アウエアネス》を進化させる
17 頭と心と手を統合する：手を使って探せ。考えず、感じる
18 何度も何度も繰り返す：創り、調整し、そして絶えず宇宙と対話する
共創造
15 コアグループを作る：5人いれば世界は変えられる
16 出現する未来のための滑走路として戦略的マイクロコズム（小宇宙）をプロトタイプする
14 意図の力：自分を必要として待っている未来につながる――構想と目的を結晶化する
10 迎え入れる：自分を通して出現を望んでいる未来につながり、従う
13 プレゼンスの場所：未来の最高の目的の中で互いをホールドするサークルを作る
22 意図の基盤《インテンショナル・グラウンディング》：常に全体に役立つように働く
23 関係性の基盤《リレーショナル・グラウンディング》：グローバルな社会的な場につながり対話を行う
24 真正の基盤《オーセンティック・グラウンディング》：最高の自己につながり、未来を出現させる媒体となる

となのだ。一方、二四の原則を読むときは、**いま現実に起こっている**進化のプロセスのマニュアルを深く掘り下げることだ。これは表20‐1と同じ基本的なプロセスだが、理論ではなく、行動という視点から見ている。したがって我々は進化の足跡を、理論的視点（進化の文法）と実践の視点（24の原則）の両方から見ることができる。しかし、創造者の視点はどこにあるのだろうか。

芸術家の視点に通じるカギは、『七〇〇〇本のオークの木』にある。それは反転《インバージョン》の現象、すなわち古い体（彫刻1　七〇〇〇個の石）が新しい体（彫刻2　七〇〇〇組の石とオークの木）に変容するという現象の中にある。それはまさに社会的な場《ソーシャルフィールド》の四つのメタ・プロセスに沿って観察したことだ。第16～19章で我々は、思考、言語、構造、グローバルな全体としての構成の深部からの転換をみてきた。それぞれのケースで崩壊し、衰退していくものがある一方で、粗石の中から別の何かが生まれつつある。

だから何なのか？　と訊きたくなるかもしれない。前進するうえでの示唆は何か。この旅を通して出会ったものすべてが我々をエピローグへと導いてくれる。

エピローグ

プレゼンシング実践の学校

我々の時代の戦い

今千年紀の始まりとともに、我々は対立する二つの勢力に挟まれ、緊張の高まる局面を迎えている。一方では、原理主義、支配、そして破壊の勢力が急激に加速しているのを、我々は眼にしている。毎日手にする朝刊の一面にあるのは、この状況を示している現象だ。我々は加速度的に古い社会体制（彫刻1）が崩壊していく臨終のプロセスを目撃しているのだ。他方では、世界中で根源的に開いてきているプロセスが深まるのを我々は目の当たりにしている。多くの集団が人生の旅の深い意味に目覚め、それにつながり始めている。新たな社会ネットワークやプレゼンスを生きる領域が生まれているのだ（彫刻2）。日ごとに、月ごとに、この二つの勢力は力を増しているようだ。両者の相違はどこにあるのだろう。最初の原理主義、支配、破壊の勢力は、その影響を受ける人々の自由の幅を**狭める**ことによって力を及ぼしている。より良い未来と言いながら、実は過去のパロディーのような未来を実現するために爆弾を落として自由を制限するのは、まさにこの例だ。

それとは対照的に、作動しているもう一方の勢力は、行動を引き起こす内面の場所を転換させ、目の前の状況に向き合い対処するもう一つの方法を人々に示し、自由度を**拡げて**いる。この相違を単純に言うなら、前者は人間を環境によって規定され、過去によって条件付けられている対象物として見ていることだ。その結果、人間は外部のメカニズムによって影響され、操られ、コントロールされ得るものになる。後者の視点は、人間を創造性や知のより深い源《ソース》とつながる潜在的な能力を持った主体者としてとらえている。この能力を通して、人は未来とつながり、その未来を実現することが可能になる。そしてその未来が生まれるかどうかは我々一人ひとりにかかっている。結果として、人間の本質は最も高次な未来の可能性、真正な自己《オーセンティック・セルフ》（Self）とつながることを通して何かを創造することにあると考える。

　この戦いにかかっているものはとてつもなく大きい。この先、我々の進化の道筋がどちらの方向へ向かうか、がかかっている。種としての我々人類は、映画『マトリックス』で描かれたように、反出現の闇の中に進化が阻まれ、集合的なグローバルの場の機械化に向かって進んでいるのだろうか。そのようなシナリオでは、我々は真善美の源《ソース》から自分自身を切り離してしまう。それとも、我々は自分の源《ソース》とのつながりを深め、その源から世界を共創することへと向かうのだろうか。

　権力の絶頂期にあったときのヒトラーのような究極の破壊的暴力に直面したとき、状況を転換するにはガンジー流の非暴力の戦略に集中するだけでは十分ではない、とよく言われてきた。だが、一九四三年二月のある一週間、ユダヤ人と結婚していた何百人ものドイツ人女性が武器を持たずに取った行動は、その非暴力の手段そのものだった。ベルリンのローゼンシュトラッセで、女性たちは機関銃を構えたゲシュタポと向かい合い、投獄された夫の釈放を求めていた。

　ローゼンシュトラッセ二－四にあるユダヤ人コミュニティセンターの外は凍えるような寒さだった。何とかして夫の消息を知りたいと集まった女性たちに混じり、シャルロッテ・イスラエルもそここにいた。最後に連行された工場で働いていた他の数百のユダヤ人とともに、夫のユリウス・イスラエルが警察に拘束されて以来、彼女は毎日そこへ来ていた。彼女はその日のことを、こう語った。「警告も無しに、警備隊は機関銃を配置し始めました。みなに機関銃の先を向けると、大きな声でこう言いました。『直ちに退去しなければ、撃つぞ』私たちは後ろに大きく引き下がりました。でも、次の瞬間、私たちは初めて心から叫びました。もう、私たちはどうなってもかまわなかったのです。いずれにせよ、彼らは撃つつもりなのですから。だから、私たちも大声を上げて叫ぼうと思ったのです。私たちは叫びました『人殺し、人殺し、人殺し』」。

シャルロッテ・イスラエルような女性たちには中心となる組織こそなかったが、生命を懸ける深い動機があった。だからこそローゼンシュトラッセの女性たちの抗議は功を奏したのだと、歴史学者のネイサン・シュトルツフスは、この事件についての最近の著書で述べている[1]。「私たちは心から行動していました。だからあんなことが起こったのです」。もう一人の女性、エリザ・ホルツァーは、夫ルディの拘束に抗議してからほぼ半世紀後にシュトルツフスにそう語った。

最終的に女性たちの勇気と熱意が圧倒した。ベルリンの数千ものユダヤ人が家畜運搬車に詰め込まれアウシュビッツに運ばれていったが、ローゼンシュトラッセに拘束されていた一七〇〇人のユダヤ人は釈放されたのだ。

グローバルな転換を引き起こす

ローゼンシュトラッセの女性たちのように、もっと多くのドイツ人が「心から行動して」いたらどうなっていただろうか。この話はドイツ人にとっては居心地の悪い話だ。なぜならヒトラーに対する抵抗が可能だったことを証明しているからだ。たとえ、ヒトラーが権力の絶頂にいるときでも、しかも、ベルリンのど真ん中であっても、それは可能だった。

この歴史の片隅で起こった小さな話から、今日の課題に取り組む方法について我々は何を学べるだろうか。心から行動し始めるには、どうすればよいのだろうか。

システムが分岐点に達すると、わずかな違いがシステムのその後の道を決定づけることがあることを、我々はシステム理論で知っている。もし我々のこの時代がそのようなグローバル・システムの未来を決定する重要な分岐点であるなら、何らかの方法で深いグローバルな転換をともに引き起こすには、心から行動し、全力を投じる人々が、何人いればよいのだろうか。ルネサンスは約二〇〇人のコアグループによって生み出されたのだとよく言われる。バウハウス（一九一九年、ドイツのワイマールに設立された美術と建築の学校で、その流れを汲む合理主義的、機能主義的な芸術も含む）のコアグループはそれよりはるかに少なく、たぶん、活動の中心となって取り組んだ人々は一二人程度で、そのまた中核となった人々は六人程度だっただろう。今世紀の初めに、もう一度、深いグローバルな転換をともに引き起こすのに、どの位の人数が必要なのかはわからない。しかし、その人たちのコミットメントが本物であり、適切なインフラの支援があれば、おそらく、五〇人か一〇〇人程度で十分だろう。

本書の各章で概説した社会テクノロジーがテコになるとしたら、そのテコを最も効果的に作用させる支点となるのは何だろう。私の見解では、現行システムを古いパターンに閉じ込めている二つの制約要因を解消することだ。一つは、**インフラのイノベーション**の欠如であり、もう一つは、意識の進化と変化を求める世界的な動き文脈の中で、インフラのイノベーションを引き起こし、支えるグローバルな**コアグループ**の欠如である。

インフラのイノベーション

グローバルなシステムや社会システムがある発達段階から次の発達段階へ移行するときは、インフラにも必ず明らかなイノベーションが起こるものである（第19章参照）。現在の状況下で、我々が次のレベルに移行するために必要なインフラのイノベーションは何だろうか。

私は少なくとも三つあると思う。それらは、**出現する全体を見てそこから行動する**ために、組織の境界を越えて第一線の人々やリーダーをつなげ、力づける。次の三つがそれだ。

1◆**経済的インフラのイノベーション**……我々はプレーヤーが境界を越えてより効果的につながり、感じ、適応し、革新するための枠組みを共に創造できる。そこには、消費者やユーザーコミュニティを含むサプライチェーン横断でプレーヤーを集めるのだ。通常、企業とユーザーコミュニティ間のコミュニケーションは、莫大なマーケティング予算が投じられる偏ったものであるが、このようにした場合、システムを全体として熟視し、それに従って現在の活動を再編できるような、より対等な立場から開かれた対話《ダイアログ》形式での会話が起こることが期待できる。

第19章で述べたように、経済インフラのもう一つのイノベーションはベーシック・インカム（基本所得）を保証する制度だろう。最低限の経済的保障があれば、起業もしやすくなり、急速に変化するグローバル経済の荒波の影響も受けにくくなる。そうなれば人々は自分がほんとうにしたい仕事、人生をもっと追求できるようになるだろう。

2◆**政治的インフラのイノベーション**……参加型の意思決定という高度な方法を通して**民主主義を深める**場所を作り出す。より大きな同一のシステムの中で活動している、実質的にすでにつながっている多様な利害関係者《ステークホルダー》が一同に集まる場である。目標は、現在のダウンローディングのコミュニケーションと相互作用から、観察し、意味を見出し、集合的なプレゼンス、そしてイノベーションの素早いプロトタイプ作りといった、より開かれた、透明性の高い、皆で分かち合えるプロセスに切り替えていくことだ。これが実現すれば、特殊な利益団体の一員としてのアイデンティティから脱却し、大きなシステムの文脈の中で、自分自身に対してより広くより深い見方をするようになるだろう。

3◆**文化的インフラのイノベーション**……教育機関を改革する。下記の表22-1は、二一世紀の学校（及び大学）のプロトタイプが学生と教授陣に提供する必要がある九つの知と学習の状況《コンテクスト》を整理したものである。

表22-1では二つの特質を組合せ、現在の能力開発へのアプローチを展望した。その二つとは、これまでの章で詳しく説明してきた、三つのリーダーシップ能力（開かれた思考《マインド》、開かれた心《ハート》、開かれた意志《ウィル》）と三種類の知（K1　内省のない知識、K2　行動した後の内省、K3　行動しながらの内省）だ。

現行の教育システムの危機がどういうものなのかははっきりしている。我々が子供を送り込んでいる世界では、子供が個人として、集団として、そして社会の中で直面する課題に立ち向かい、成長していくために、思考、心、意志を開くことが必要なのだ。それなのに、我々は子供たちが発達初期の成長に最も重要な段階で、こうした能力を身に付けるのに役立つことを何もしていない。これはまるでコンクリートの床に種子をまいて、「強く早く成長して欲しいけれど、水も、栄養も、光も、土も与えるつもりはない」といっているようなものだ。

　子供を「教育する」この方法は、我々の時代の最大の不合理、皮肉なことにまさに合理性と良識の名のもとに犯されている不合理である。おそらく、教育資源の九〇％以上は講義形式の教育に費やされている。内省もなく古い知識をダウンロードさせることしかしていない（ＯＭ、Ｋ１）。そして残りの一〇％の大半は練習問題を解くタイプの訓練に当てている（ＯＭ、Ｋ２）。表の残りの七つの欄については、現行教育システムの主流はほとんど取り組んでいない。

　世界的規模で、現行の教育システムにおける七つの盲点《ブラインドスポット》を照らす小さな文化革命が必要だ。また、カリキュラム作りの発想を逆転し、学習課題を実際の外部世界に結びつけると同時に、創造と知の真正な源《ソース》を発見する、より深い内面への旅と結びつける必要がある。学校や高等教育機関を、表に挙げた知と学習の一つや二つだけの環境ではなく、九つすべての知と学習環境が相互に機能し合うものに生まれ変わらせる必要がある。

表 22-1　9 つの学習環境

知／知性	K1 非内省的な知：**内省のない知識**	K2 内省的な知：**行動した後の省察**	K3 自己超越知：**行動しながらの省察**
開かれた思考　**IQ** 形式知 動的複雑性	**講義**：形式知の学習は樽を満たすことである	**訓練**：練習＋フィードバック 練習についての省察	**創造的実践**：即興劇、劇場 行動しながら想像
開かれた心　**EQ** 具体化された社会的複雑性	実験的行動、プロジェクト、イマージョン（状況に浸りきる）、共感ウォーク、暗黙の具体化された知	ケースクリニック、行動‐省察用紙、対話ウォーク、具体化された知識についての省察	具体化されたプレゼンス実践 真正なスピーチ、合気道、行動しながらインスピレーションを得る
開かれた意思　**SQ** まだ具体化されていない知 出現する複雑性	深く状況に浸るための実践：実存的な物語を語る、完全に浸る旅	深い転換の実践：ジャーナリング（導き出された解答の記録）、生成的な対話	深いプレゼンスの実践：沈黙の部屋、瞑想の実践

プレゼンシング・インスティチュート――グローバルな変革の生きた実験室

この小さな文化革命または動きはどんなものになるだろうか。我々が科学、意識、深い社会変化を統合できるとしたら、どんなことが起きるだろうか。

変化を起こす人たちの世界的規模の動きをともに触発し合い、その活動を支える場所やコミュニティのグローバルネットワークを想像してみよう。それぞれの場所で、定期的に、年に三回か四回ほど数日間に渡るリーダーや草の根活動家が集う場を持つ。そうした場で、集まった人々は、他の人々が出現する自己や人生の目的とつながる場をともに呼び起こし、保持《ホールド》するための個人的な、そして集合的な能力の源《ソース》を深める。これらの場は世界中に散らばっているコミュニティのハブとして機能する。その数日間、もしくは週末が終わればみな自分の本拠地に戻り、さまざまな状コミュニティの現場や状況の中で「サーバントリーダー」としての役割を続ける。

主体となるイメージはこの動きを保持《ホールド》する場である。世界のあちこちから集まり（息を吸い込む）ローカルにもグローバルにも源《ソース》とつながり、そしてまた自分の仕事をするために、それぞれ自分の本拠地である組織や置かれている状況に戻っていく（息を吐き出す）。

このイメージを実行可能で実現性のあるものにする三つの要素がある。

第一の要素は、このような地球全体に広がるコミュニティは、文化、セクター、世代横断的な対話《ダイアログ》や行動を可能にするということだ。ＥＬＩＡＳ（セクター横断のイノベーションのための出現するリーダー）フェローグループ（ＥＬＩＡＳについては、第21章参照）は１つの重要なコアグループを形成するだろう。今日、ＥＬＩＡＳフェローたちは、すでに重要な役職にいるが、五年から七年以内には役員の地位を担うようになるだろう。ほとんどのＥＬＩＡＳフェローは現在三〇代後半か四〇代前半だ。このグループのメンバーは今後も引き続き境界を越えて互いにつながり、重要な課題と突破口になり得るイノベーションを発見するだろう。彼らがシステムを革新する可能性を特定し、現実の機会を探るプロトタイプ作りを推進するには、意欲的で現実的、且つ既成概念にとらわれずこれらの実験を手がけることができる若者の直接的なサポートが必要となるだろう。

ここで、このビジョンの二番目の要素であるグローバルＥＬＩＡＳクラスルームが入ってくる。これは、私が最近ＭＩＴの学生と一緒にプロトタイプを作った、もう一つのグローバルな行動の枠組みである。我々はこのプロトタイプを世界銀行研究所と協力して共同開発し、その初期のバージョンを中国、日本、南アフリカ、インドネシア、ロシア、ヨーロッパ、メキシコの学生グループと共にテストした。主な焦点は、さまざまな文化を背景とする組織と人々で世界の縮図《マイクロコズム》を構成し、参加者の学生に深い傾聴、対話《ダイアログ》、速いサイクルのプロトタイピングのスキルを訓練した上で、ＥＬＩＡＳが進めている各種のプロトタイピング・プロジェクトの実際の実践段階に彼らを放り込むことにある。ＥＬＩＡＳのリーダーコミュニティが世界中に分散しているさまざまなセクター、文化の人たちで構成されているように、このバーチャルな教室の学生も、置かれている状況、文化、社会経済的な環境を横断して結びついている。このようなグローバルなＥＬＩＡＳの教室が（ＥＬＩＡＳフェローのプロトタイピングの枠組みやプログラムとともに）大規模に実施できるなら、これらのシステム的なイノベーションへの取り組みは拡大し、速く広がり、全世界で開花すると確信している。

私がこの組織横断的なプロジェクトや場について心に描いている三番目の要素は、あらゆるグローバル・センシング、グローバル・プレゼンシング、グローバル・プロトタイピングの活動を支えるインフラである。このインフラは三種類の異なる場から成る。すなわち、バーチャルな場（ウェブ上のインフラ）、組織を越えたセンシングとプロトタイピングのための都会にある場、そして自然を入り口としてプレゼンシングの集いを保持《ホールド》する地方にある場である。

少し後ろに引いてみると、いったい何がここで提案されているのかという疑問が沸いてくるかもしれない。システム的なイノベーションのためのプロトタイプの枠組みなのか。三つのセクターに渡る強力なグローバル組織内部のリーダーシップの実験室なのか。深いシステムのイノベーションのためのセクター横断的なシンク・タンクや行動のための実験室なのか。それとも、それらのすべてなのか。

初期のグローバル・クラスルームのプロトタイプで私が最も印象に残ったのは、こうした数回のセッションを通じて学生たちから驚くほどの力が解き放たれたことだ。ＭＩＴには世界中の国々から学生が集まっているのに、大学のキャンパスで友人と過ごすのではなく、グローバル・クラスルームに参加して、中国や南アフリカの学生とスカイプ（無料ＩＰ電話）でつながることに時間を使う。活動後の振り返りをしているとき、その理由をたずねると学生たちの答えはこうだった。「グローバル・クラスルームではまったく違う人たちに会えるから。キャンパスでは決して会えない人たちです」。その答えはほんとうに私の目を開かせてくれるものだった。バーチャルな教室の中でグローバルな社会的な場《ソーシャルフィールド》の多様性がつながり、学生たちが深い傾聴、対話《ダイアログ》と集合的な行動を通してその空間《スペース》を探究できるようになれば、そのときグローバル化は瞬時に真正なエンパワメントの真の源になり得るのだ。

ＥＬＩＡＳ、グローバル・クラスルーム、そして共センシング、共インスパイアリング、共創造するためのインフラという三つの要素は、より大きなプロジェクトである全世界に分散する「プレゼンシング・イン・アクション（プレゼンシングの実践）リーダーシップスクール」の種である。このような新しい学校の一部は上述したいくつかのプロジェクトですでに活動を開始しているが、再現と学びを最大化する二一世紀の教育環境（表22－1）のプロトタイプになるだろう。それは古い既存の学習環境（九つある「エンジン」を二つしか動かさないという特徴をもつ）を再構築し、プレゼンシングの社会テクノロジーを通して深いイノベーションと変化を牽引する能力を育てるだろう。このようなプロジェクトは通常の大学よりも国際的で（グローバル・クラスルームとグローバルフィールドプロジェクトを組み入れる）、より実践的で（すべての学生に企業や地域社会でのプロトタイプ作りのプロジェクトに携わることを求める）、より個人的（個人、集団としての成長のための実践）なものになる。そして、このバーチャルな学校の教授陣には、あらゆる文化、セクター、人種から抜本的な社会変化のリーダーや第一線のイノベーターを含むことになるだろう。

このようなプレゼンシング・イン・アクション・スクールの取り組みを成功させるには、言い換えると、地球規模のシフトを引き起こすには、七つの条件がきちんとそろう必要がある。その七つとは、次のものだ。

1◆ローカル、地域、グローバルシステムの中の社会的な場《ソーシャルフィールド》を転換することにより、深いイノベーションのプロトタイプとなった**一連の生きた実例**。

2◆起こった出来事とその理由を紐解くための言語を提供する**理論**。また、プロジェクトやその実践から学んだことを記録した研究成果。

3◆分散したコミュニティが自分の属するシステムで容易にかつ費用効率よく集合的に感じとり、実現し、イノベーションを拡大する支えとなる**社会テクノロジー**。

4◆文化やコミュニティを超えて人々に社会テクノロジーを普及させることを可能にする、さまざまなオープンソースに基づく**能力構築のメカニズム**。そのための研修や支援は、費用を負担する能力の有無に関係なく受けられるものでなければならない。

5◆**ソーシャルプレゼンシングシアター**と私が呼んでいる新しい社会的な芸術。アクションリサーチ、劇場、瞑想の実践、意図的な沈黙、生成的な対話《ダイアログ》、オープンスペースなどを融合して、さまざまなコミュニティとその変革の物語をつなげるメディアイベントや作品を上演する。

6◆出現する未来のプレゼンシングによって変革を起こす実践を軸にこの流れを前進させる媒体となって意図的に行動する研究者と**先鋭の実践者のグローバルなコアグループ**。

7◆グローバルなセンシング、プレゼンシング、プロトタイピングのためのインフラを備え、上記のすべてのために**力を与えてくれるさまざまな場所**。

これらの七つの要素は、科学と意識、そして現実の深い変化の統合を土台として、全体として、セクターを越えて変革のリーダーを結びつける生きた実験室として機能するだろう。

場所の力

本書の元となった研究で、私は一五〇人にインタビューを実施したが、その中で私の盲点を照らしだすという観点で二つが突出していた。一つは物理学者アーサー・ザイエンスとのインタビューだ。会話の最後で、彼は役割を逆転させてカトリンと私がなぜ今のような場所で仕事をするようになったのかという話を聞き始めた。その後に彼が言った言葉を私は決して忘れない。「過去に経験したことはすべて、あなたの未来の旅とやるべき事を作り上げる準備のための材料だったと考えるといい」。プールで後ろ向きになって飛び込むようなものだ。自分の立っている場所で足元を見るのだが、それはただ自分の背後で展開している領域を見つけ、探りながら進むためにそうするだけだ。これは自分の過去をみる方法として、とても有効だと思った。特に良かったことや悪かったことにこだわらず、未来を探究するという観点から過去の旅を見るのだ。過去のストーリーはこれからの旅について何を教えてくれるだろうか。

もう一つのインタビューはエレノア・ロッシュとのものだった。インタビューの終わりに、私は真の場とはどういう性質を持った場所だろうかと彼女にたずねた。彼女は、これまでの人生で数年にわたって暮らしたことのある場所について考えてみてはどうかと提案してくれた。この一言で、彼女は私自身の盲点にカメラを向けたのだった。びっくりして、私は彼女に深く感謝した。だが、その提案についてはほとんど何もせず過ごしてきた。しかし今は、これまで住んだ場所について考えてみることが、前進を促すのに役立つ場所にはどういう特徴があるのかを紐解く機会になることがわかる。

最初に思いつく場所は私が育った実家の農場だ。そこで育ちながら学んだのは、農場は単なる事業体ではないということだ。何よりもまず生きている有機体であり、地表の目に見える部分から地下の目に見えない部分にまで広がる共同体だ。この共同体には、無機物、植物、動物、農民、消費者、子供、そして、社会的、経済的な場として農場を保持《ホールド》している友人たちがいる。この共同体はみなで、つねに育まなければならないこの場所のスピリチュアルな存在を守り、参加している。私はこの農場に帰ってきてその間にこうして最後の数ページを書いている今、このような自然の中の特別な場所がもたらす何か神聖な存在を感じている。

この場所で生きることは社会的な場を垂直な基盤《グラウンディング》、つまり、自然と人間の社会と全体性のプレゼンスの三者間のつながりという感覚を私に与えた。これが農場の本質なのだ。自分が動物、植物、地球、そして自分自身や自分のサーバントリーダーシップに頼っている人々からなる大きなコミュニティの守護者であり奉仕者であることに気が付く。かつて私の兄は彼自身の目的意識を「地球この小さな一部分を愛すること」と表現したことがある。

次に思い浮かぶ場所は、私が社会的な場《ソーシャルフィールド》の**水平な基盤《グラウンディング》**に気づくのに役立った。私がこの礎を見つけたのはブロクドルフ、ベルリン、ブダペスト、ボンの街中だった。いずれも一九七〇年代後半から一九八〇年代前半の西欧と中欧で、大きな反核、反戦、平和、人権運動などが展開された街だ。それが私がもう一つのつながり、つまり、世代、階級、国、文化を越えて同じような考えと心を持つ人々のネットワークと深いきずなを結ぶ、水平なつながりを感じ始めたときだった。この地球規模のつながりをもつことが、グローバルな社会的な場《ソーシャルフィールド》を作るという新しいレベルの気づきをもたらし、参画することに私を目覚めさせた。それは**心からくる抵抗**が口火となり、それがなければ、階級、人種、世代、年齢、文化、システムなどによって分断して見える、出現する集合的な社会的身体と一時的に一体化することなのだ。

三番目に思いつくのは、ずっと小さな場所だ。ドイツのルール川の岸辺にあったビラと呼ばれていたところだ。ビラは、二〇世紀の初期にクルップ製鉄会社の重役たちのために建てられたビクトリア朝様式の美しい家だったが、大学院生仲間と私が偶然見つけたとき、解体されようとするところだった。所有者は我々と一年の賃貸契約をしてくれたが、その後はその建物を解体するつもりだった（実際には、最終的に解体するまで一四年間に渡り毎年契約を更新してくれた）。我々はほかの一〇人の学生とともに移り住み、想像もできなかったほどのお互いへの敬愛と触発に満ちた関係性だった。その場所で生活し、自分たちのコミュニティを育んでいたことは、若かった頃の職業人としての生活の中で最も幸せなときだったかもしれない。

私が通っていた大学はドイツの産業界から資金援助を受け、より優れた学習法を開発し、教えていた。そこには一九八〇年代に経営学部が創設されたときの学部長、エッケハルト・カプラーの考えに大きく影響されていた。行動学習、内省、学生中心の学習環境に基づく新しい学部をともに創造するというエッケハルト・カプラーのアイデアは力強く簡潔で、「勉強することは自由の実習なのだ」、と説いていた。私は偶然にもその経営学部の一期生で、ビラで一緒に生活していた同居人たちはほかのいくつかの学部の一期生だった。当時の我々のコアグループは、その若い大学の中心的な役割を果たすことが多かった。重要な訪問者がやってくると、学長かエッケハルトが彼らをビラに連れてきた。そこで我々はおいしい夕食と刺激的な会話でもてなす[2]。我々はプラトンを読んだりポストモダンのグループを招いたりして、さまざまなレベルで互いに刺激しあった。友人のカイとプラトンやアリストテレスを読んで勉強した後、長い散歩に出たことを思い出す。歩きながら、我々は知《ノーイング》と在り方《ビーイング》についての基本的な問いに対する即興の哲学的な対話に夢中になった。彼はプラトンとなって論じ、私はアリストテレスの役になってその見方から論じることに熱中した[3]。一学期に一回、我々はビラでパーティーを開き、オリジナルの寸劇を演じ、音楽を演奏し、夜明けまで踊った。ビラはつねに開かれた場所だった。平和研究の創始者で、もう一つのノーベル賞の受賞者であるヨハン・ガルトゥングのような客員教授も、キャンパスで教鞭をとるときは頻繁にビラに滞在した。ガルトゥングは後に自伝で、人生で最も刺激的な大学における経験としてこの訪問をあげていた（彼はあらゆる大陸の六〇を超える大学で教えていた）。ビラで彼をもてなした我々学生たちも、まさに同じように深く変容する経験をした。

ビラは他者に開かれていたが、新しいアイデアを育む安全な繭《まゆ》のように機能していた。アイデアの多くは朝食のテーブルで練られ、そこから始まった。その場所で際立っていたのは、我々のコアグループから周囲の人々へと広がる生きている場としての魅惑的なリズムとプレゼンスだった。我々のグループが達成できなかったものはなかった。何を始めても、我々はやすやすとどんどん高くなるエネルギーで成し遂げた。それは不思議なことだったが、楽しかった。このように、ここに挙げているような三番目の場所の特質は**生成的な繭**《ジェネラティブ》と関連がある。開かれた思考《マインド》、開かれた心《ハート》、開かれた意志《ウィル》という、三つの知性の経路すべてにつながっているコアグループに社会的な場《ソーシャルフィールド》の基盤を置くことなのだ。

四番目に思いつく場所はある一つの場所ではなく、**散在する複数の場所のネットワーク**だ。これには現在私が家族とともに住んでいるボストンの自宅のほかに、私が多かれ少なかれ定期的に行き来しているほかの国や文化のコミュニティも含まれる。今日、私は、世界各地で活動しているいくつもの取り組みやコアグループとの仕事で、多すぎるほど頻繁に旅をしている。

先年、MITにダライ・ラマ法王を迎えたとき、西洋の著名な認知科学者や仏教修養者が認知研究におけるいくつかの問題について議論する二日間の会議に出席した[4]。会議が終わったとき、私は、科学の世界（三人称の視点）と意識構造の変化（一人称の視点）とをつなぐ領域を探る研究に秘められた大きな可能性と力に興奮し、活力が湧き上がるのを感じていた。しかし、その二日間、私はそこで繰り広げられる会話は、何のために研究をするのかをともに定義し問いを立てるために必要な三つ目の側面、つまり、社会的な変革と変化の側面を無視していると感じていた。

私はMITの講堂を出たとたん、今の自分の生活の何が「間違っている」のかが一瞬にしてすべてわかった。私はさまざまな方向に進みすぎていた。あまりにも多くの場所であまりにも多くのプロジェクトを進めていた。それぞれ、個々に意味はあるのだが、全体として見ると**焦点**がなかった。「おまえには焦点が必要だ。生活を変えなければならない」というそのメッセージが自分の中に染み込んでいくと同時に、これから焦点を合わせるべきものがわかった。私はただ一つのプロジェクトにエネルギーを集中するべきだった。それは、科学と意識、それに深い社会変革を牽引するための共通の基盤を探り育てることに取り組むコミュニティと、そのための場所を創造することだ。

私はこのアイデアを具体化させる方法について、カトリン、ピーター、アーサー・ザイエンス（彼はダライ・ラマの講座のファシリテーターを務めた）と話し合う必要を感じ、MITのクレスギホールを出た。そして次にやるべきことを決めた。科学と意識と社会変革を統合する方法を探ることを、人生の旅と仕事の最大の目的としている人たちを集めるのだ。このグループには現在一二名の参加者があり、この二〜三年、年に三〜四日の会合を開いている。[5]

吹雪の中の誕生

二〇〇五年一二月、我々は次の一歩を踏み出すときが来たと感じていた。そして、科学、意識、社会変革を統合しグローバルなプレゼンシングを実践する基盤となる学校の共創造に着手するために、フィールド4の変革の実践者、研究者、活動家の小さなコアグループを招いた。現在、我々はこの取り組みを「プレゼンシング・インスティチュート」と呼んでいるが、我々の意図はグローバルなプレゼンシング・イン・アクション・ラボラトリー（プレゼンシング実践研究室）、または大学の種子を作り出すことである。

一二月九日と一〇日に、一二人ほどの人々がマサチューセッツ州ケンブリッジのホテルに集まった[6]。そこから、我々はMITからチャールズ川沿いのSoLの事務所までの短い距離を歩くことにした。ふつうに歩いて一〇分とかからない距離だった。ところが、その日は雪がどんどん積もり、視界は悪くなる一方だった。車は一台も通らない。まるでスローモーション映画でシベリアの雪の原野を歩む孤独な俳優のようだった。吹雪は歩きながらの瞑想する特別な場を与えてくれた。その日、吹雪はますます激しくなり、雷がとどろき、会場のすぐ近くで落雷があった。雷光と雷鳴と吹雪に同時に見舞われるという稀な天候は、我々の誰もが初めての経験だった。我々はそれを母なる自然の歓迎として受け取った。

私は開会の挨拶で、この会合に三つの文脈（科学、意識、社会変革）をもたらしているすべての流れ、つまり、科学、組織変革と社会の解放運動、さまざまな古来の叡智を認知し、それらのつながりを再確認した。未来の、そして未来のための種を発芽させるために集まった我々を取り巻く空間は、これらによって保持《ホールド》されていた。

この最初の会合に出席できなかった人々も数名いた。その一人が南アフリカのジュディス・フリックだった。そこで、彼女は電話でこの始まりの会合に参加し、我々の一人が彼女の仕事について、また我々が今創り出そうとしている取り組みに対する希望について話してくれるように彼女に求めた。

ジュディスは現在の役職であるオックスファムGB（オックスフォード飢餓救済委員会イギリス）におけるHIV／エイズ関係のグローバルリーダーとしての仕事を説明し、この環境に浸ることが、社会人として、また個人としての自分の人生やアイデンティティにどのような影響を与え、変化させているかを話してくれた。ウルズラが彼女に例を挙げるように求めると、彼女はエイズで死んだ親戚の葬儀に行ったスタッフの話をしてくれた。葬儀が終わって現実的な問題に対処するときが来た。故人の持ち物をどう分けるか、そして、最も重要なのは、孤児になってしまった二人の幼い子供をどうするかだった。部屋は沈黙に沈んだ。二人の子供を養子にする、あるいは面倒を見ると申し出る者はいなかった。その沈黙の中で、ジュディスの同僚は振り返って夫の方を見た。目が合った瞬間、ふたりは同じ考えだったことを悟った。黙ってそこから立ち去ることはできなかった。ふたりは子供たちを連れて帰り、二人だった子供は四人に増えた。数週間後、次の葬儀でまた同じことが繰り返された。また、つらい沈黙の後、さらに二人の子供を引き取って家に戻った。二カ月後、彼らはさらに三人の子供を引き取った。気が付くと、二人だった子供は一〇人になり複雑化する家庭状況に対処することはどんどん難しくなっていった。次の葬儀で、同じ状況がまた起こり、子供をどうしようか、という話になったとき、二人は他の人と同じように振る舞った。ただ黙り込み、何もしなかった。なぜなら自分たちが対処できる能力が限界に達したからだ。葬儀に集まっていた他の人々と同じように、そしてアフリカ南部のいくつかの国のコミュニティ全体のように、そしてたぶんこれからの国家のように。

ジュディスは我々にこう問いかけた。世界に対する配慮や責任を我々の生活の一部にするような方法で、私たちをつなぐ世界的なシステムがどうしてないのでしょう。私たちはどうして人間性を奪うようなグローバルな規則に従うのでしょう。個人として人間の苦悩に直面すれば私たちは互いにつながるのに、組織になると分断するのはなぜなのでしょう。

ジュディスの問いとその後に続いた沈黙は、我々のグループの心の琴線に深く触れた。それは我々に根本的な癒しと変化の必要性をより強く認識し、そのための媒体になることをより強く決心させた（このときの会話から、アフリカ南部の国々のＨＩＶ／エイズに関するプレゼンシング・インスティチュートの最初のプロジェクトが半年もたたずに発足した。インスティチュートの正式発足よりはるか前のことだった）。

この最初の会合に出席できなかったコアグループのもう一人のメンバーが、ニカノル・ペルラスだった。彼はフィリピンの市民団体活動家であり、フィリピンの政策決定と社会変革への「3セクター」アプローチで二〇〇二年のもう一つのノーベル賞を受賞している。ペルラスは手紙で、プレゼンシング・インスティチュートが、彼とフィリピンやそのほかの南アジアの国々の仲間の活動家に、「市民社会、企業、行政の先見性のある人々や組織の間の戦略的パートナーシップ」という新しい形を共創する研究、方法、ツールへのアクセスを与えてくれることを願っていると述べていた。彼は、「科学、芸術、精神性の最新の進化に基づく社会運動と能力・リーダーシップの開発という新しい形」を我々が開発できることを望んでいると言った。

また、彼は南アジアからプレゼンシング・インスティチュートの設計に含めてほしい要素として、オープンソースベースの能力構築メカニズム、手ごろな費用で参加できる五日間のプレゼンシング・プログラムや上級コース、生きた事例の研究結果の文書化や普及を挙げていた。「北半球へ飛行機で行くのは費用が高すぎる」からだ。また、世界各地でプレゼンシングに関する研究グループやワークグループを支援するためのインフラも作ってほしいとも希望していた。「直接対面する会合が必要なら、南からの参加者のための旅費の援助が鍵となるだろう」と彼は言う。

他者の翼の上で飛ぶ

一二月のボストンでの会議から二、三週間後に、私は仲間のベス・ジャンダーノアとともに南アフリカでワークショップを開いた。彼女は一年の半分を南アフリカで生活している。ベスと私はプレゼンシングと自分の内にある深い知の源《ソース》から活動するために何が必要なのかを話し始め、参加者に実例を求めた。一人の若い男性が立ち上がり、それまでの人生を語り始めた。

マーチン・カルングー・バンダはザンビアの小さな村に生まれ育った。まだ若いのに数多くの驚くような転換点を経て、重要なリーダーの地位に就いていた。グローバルなエネルギー会社の重職、ステートハウス（大統領執務室）で首席補佐官の選定を担当するザンビア共和国大統領特別顧問、オックスファムのグローバル学習センターのファシリテーター兼コンサルタント、ケンブリッジ大学を含むアフリカおよびイギリスの幾つかの大学の講師などを歴任している。また、彼はネルソン・マンデラのリーダーシップ手法に関するすばらしい書物も書いている。[7]

マーチンの話が終わると、人々は実に素晴らしい彼の旅に圧倒された。私は彼に質問した。

「マーチン、あなたが旅の一つの段階から次の段階へと進むのを舵取りしたのは、どういう知だったのですか」

彼は、最近ザンビアのラジオ局で受けたインタビューの話をして、これに答えてくれた。彼の新著を取り上げた番組で、放送中に何人かの視聴者が電話で参加した。その中に、地方に住む子供がいた。その子はこう言った。

「マーチン、初めは僕のようにザンビアの田舎から出てきた少年だったのに、有名な大学で講義をしたり、大統領に助言したり、大きな国際的な組織で仕事をするようになれたのは、何をしたからなのか教えてください。それはどうやったからできたのですか。どうしてそんなことができたのですか」

マーチンは長い間を置いてから答えた。

「あのね、これから話すことは、おそらく君をとてもがっかりさせるだろうと思うけど、ほんとうは自分が何をやっていたのか知らなかったんだ。計画はなかったんだよ。将来を計画するというより、いつの間にかそういうことになっていることが多かった。成り行きに任せて漂っていただけなんだ。けれど、成り行きで新しい状況に入っていこうとしているときでも、自分に正しい深い意図があれば、どこからかちゃんと助けが現れるだろうと、いつも信じていた。漂っているとき、ほかの人の翼の上で飛んでいることに気がついたんだよ……。いま考えると、これからはもっと意図的なやり方で漂うことができるといいなと思うけど」

私はマーチンの説明に心を打たれた。彼の「漂う」という言葉に私自身の旅の多くがあてはまるのに気が付いた。過去一〇年以上、私は決して理性的に計画したわけではない、まったく新しい一連のプロジェクト、プレーヤー、そして可能性の中にいつのまにか流れ込んでいたのだった。

今、過去一〇年を振り返ってみると、特に計画したわけでもないのに、私は仲間と一緒にプレゼンシング－イン－アクション・スクールのいくつかの核となる要素のプロトタイプを作ってきたことに気が付いた。その結果、ここに挙げた例だけではなく、HIV／エイズ撲滅に関するザンビアとワシントンDCのプロジェクトや、深刻な栄養失調の問題と取り組んでいるインドのバヴィシュヤ・アライアンスなど、新しい幾つかのプロジェクトを含む、いくつもの出現する**生きている事例**が生まれている。[8]

私は主に世界規模で活動しているさまざまな組織のためにUプロセスを応用した**能力構築**のプログラムを作ってきたが、そういうプロジェクトにかかわるようになったのも、成り行きに従って漂っていった結果だった[9]。そういう例の一つが、MITのグローバル・クラスルームとELIASプログラムを統合する場を立ち上げたことだ。そこでは、あらゆる部門のグローバル組織から集まった二五人から三〇人の主要なリーダーが、三つのセクターを横断して深いシステム・イノベーションを創造する方法について七つの異なるプロトタイプに取り組んでいるのだ。[10]
この出現する機会に流れ込んでいくことは、役に立つ場合もあるが役に立たない場合もあった。現在欠けている最も重要な要素は、次のものだ。

◆より大きな目標を追求するために積極的に自分の人生をかけることをいとわない、少数の人々からなる**統合されたグローバルなコアグループ**、つまり、全体に奉仕する集合的な媒体として意図的に機能するコアグループ。

◆センシング、プレゼンシング、プロトタイピングの地球規模での諸活動にインフラを提供し、上記すべての活動を主催し、支えることができる**一連のホットスポットとエネルギーのある場所**。それらの場はグローバル社会的な場《ソーシャルフィールド》の「鍼のツボ」として機能する。一〇〇人か一五〇人程度のワークショップを行える広さと、空の倉庫や禅寺のような簡素さと開放性を備えていることが望ましい。それぞれの場所は多くの場所と相互に結びつき、質の高いバーチャルな対話《ダイアログ》ができるようにし、同時に、芸術家が集う場の雰囲気を持たせ、世界的なトレンドや課題を視覚化するためのマルチメディアのスタジオや科学的な実験室も組み入れる。部屋の中央には可動式ステージを設け、ソーシャルプレゼンシングシアターの上演舞台にする。

こうした未来の可能性が出現するかどうかは、他者つまり我々全員にかかっている。本書全体を通して、私は折に触れてそのいくつかを言葉にしようと試みてきた。正直に言うと、この未来の感覚は、今キーボードで打ち出された文章を読んで**見える**よりも、もっとはっきりと、もっとリアルに**感じる**。おそらく、読者も、どのようにこれが機能するのか疑問に思っているだろう。しかし、私と同様、あなたの心もおそらくはすでに知っているのだ。直感的にわかっているはずだ。我々がともにUを通ってきたことから何かを学んだとすれば、我々はUこそ未来が一番初めに姿を見せる場所だということを知っている。

いたるところで古い構造が崩れ続けているとき、歴史上の今このときに自分がいること、同じことに関心を抱くほかの漂流する仲間とつながることに私は感謝の気持ちを抱く。我々は今、ローゼンシュトラッセの女性たちのように前に一歩踏み出し、もっと意図的で意識的で集合的な方法で心から行動を生み出し、出現する真正の自己《オーセンティック・セルフ》の力から行動することを学ぶよう求められている。マーチン・カルングー‐バンダが言うように、自分の周りの人たちの翼の上で飛ぶのだ。

6. この会合も、プレゼンシング・インスティチュートをともに立ち上げるためのほかの2つの関連会合も、フェッツァー財団が資金提供してくれた。
7. Martin Kalungu-Banda "Leading Like Madiba: Leadership Lessons from Nelson Mandela" Double Story Books, a Division of Juta & Co. Ltd. 本書の注文は、次に問い合わせること。 Bimpey@juta.co.za
8. 詳細については、www.ottoscharmer.comを参照すること。フードラボと子供の栄養のためのパートナーシップの詳細は、www.synergos.org/partnerships/を参照。
9. 私が最近リーダーの能力構築プログラムを実施した組織には、ダイムラー・クライスラー、富士通、プライスウォーターハウスクーパース、BASF、日産、ロイヤル・ダッチ・シェル、国連開発プログラムのリーダーのためのプログラムがある。
10. ELIASは「部門を越えるイノベーションのための出現するリーダー（Emerging Leaders for Innovations Across Sectors）」の略である。次のサイトで詳細を参照できる。 www.elias-global.com、www.presencing.com

房、2002 年）は、これまで私が読んだ中で最も有益な本の 1 つである。この本のおかげで私はプロセス・コンサルタントとしてかなり成長できたと思っている。

2. ただし、U プロセスの第 1 の原理は、外部のクライアントとの関係が築かれる以前に始まる。それは我々の真の仕事が何であるかを理解しようとした瞬間に始まるのだ。U プロセスとプロセス・コンサルテーションが依拠する哲学的前提は、多くの面で共通している。主な違いの 1 つは、U プロセスはいわば実存的な「クライアント・システム」の重要な 1 要素、つまり我々自身の未来の最高の自己との関係を築くことから始めるということだ。U プロセスがプロセス・コンサルテーションの手法を若干広げたほかの要素としては、深い沈潜の旅、素早いプロトタイプ作りのプロジェクト、真の自己にアクセスするための個人的、集団集団的な活動を使うことなどがある。
3. 4 つの質問は以下の通り。（1）あなたにとって最も重要な目標は何ですか。それを実現するために私が手助けできることは何ですか。（2）私の手助けが成功したかどうかを判断するのにあなたはどんな基準を使いますか。（3）私が自分の責任の範囲内で 6 カ月以内に 2 つのことを変えることができるとしたら、あなたにとって最も価値があり、最も利益になるのは何ですか。（4）過去に対立関係や互いに相容れない要求がもしあったとして、私の今の立場にいた人間が実現できなかったあなたの要求や期待はどのようなものですか。
4. www.sustainablefood.org
5. Brown et al., 2005
6. Scharmer and Jaworski, 2000
7. www.dialogonleadership.org/interviews/Co7.shtml 参照。
8. 例：最も重要なことは、その日の最初の 8 時間（たとえば午前 4 時～正午）のうちにやってしまう。
9. アーサーはサンタフェ研究所経済学プログラムの創設ディレクター。
10. Senge et al., 2004, p.158 から引用。
11. 野中、1994, 1995, 1998.
12. 野中、遠山、Scharmer, 2001.
13. www.presencing.org 参照。

エピローグ

1. Stolzfus, 2001.
2. 1980 年代と 1990 年代のビッテン／ヘルデッケ大学の学長はコンラート・シリーだった。Konrad Schilly, 1993 も参照。
3. カイ・ライマースは、今日、アーヘン工科大学（RWTH）の IT および経済学の教授であり、北京の精華大学、経済管理学院の客員教授でもある。彼はヨハネス・ビークの最近の論文であの対話の散歩について触れている。"Macht doch, was ihr wollt!" Soziale Innovation, Folge 6. in: brand eins, June 2006.
4. web.mit.edu/newsoffice/2003/dalailama.html
5. このグループの参加者を以下に示す。マインドフルネス（瞑想）によるストレス緩和を提唱する診療所の創設者、ジョン・カバト・ジン（Jon Kabat-Zinn）。「エンボディード・プレゼンス」というプログラムの指導者。ローズ・ファン・タータ（Rose van Thater）、ネイティブ・サイエンス・アカデミーの共同創設者、アラワナ・ハヤシ（Arawana Hayashi）。ウェルズリー大学の学長、ダイアナ・チャプマン・ウォルシュ（Diana Chapman Walsh）。ボストン・テン・ポイント連盟の共同創設者、ジェフ・ブラウン師（Reverend Jeff Brown）。ツインシティーズ・ラテンアメリカ人連盟の代表、セイラ・ピント（Sayra Pinto）。ELIAS プロジェクトの指導者、デイナ・カニンガム（Dayna Cunningham）。ウェルズリーのダイアナ・チャップマン・ウォルシュの組織コンサルタント、リチャード・ノエル（Richard Noel）。カトリン、ピーター、アーサー、そして私。

なアイデア、経験、フィードバックを提供することによって参加する革新である。
10. Scharmer and Jaworski, 2000を参照。
11. この点はJohan Galtungに依拠している。
12. 転換IとIIについての基本的な議論はJohan Galtungに拠っている。
13. Galtung, 1997.
14. Polanyi, 2001
15. www.unternimm-die-zukunft.de
16. Brunnhuber and Klimenta, 2003.
17. www.dannwisch.de.
18. たとえば、2006年6月にウォーレン・バフェットは、彼が経営するバークシャー・ハサウエイ社の資産から約15億ドルを世界で最も不公平な問題に取り組むためにと、ビル & メリンダ・ゲイツ財団に寄付をした。これによって、毎年ゲイツ財団がマラリア、エイズ、結核など世界の医療分野、およびアメリカの図書館、高校の改善に焦点をあてて寄付をする金額が倍増することになった。これまでのゲイツ夫妻の寄付は、本書執筆段階で総額300億ドルになる。『ニューズウィーク』2006年7月10日号は、86ページに「慈善オールスター・チーム」のリストを掲載し、その活動を紹介している。テレビ司会者オプラ・ウィンフリーの「エンジェル・ネットワーク」、アル・ゴアの環境保護活動、ランス・アームストロングの元がん患者支援のための基金、タイガー・ウッズの「スタート・サムシング」プログラム、テッド・ターナーの地球を救う活動、ロージー・オドンネルの子供のための基金、ジミー・カーターの貧しい人々のための住宅建設および病気予防プロジェクト、ベロニカ・アトキンズの肥満予防プログラム、ポール・ニューマンの子供のためのキャンプ、マイケル・J・フォックスのパーキンソン病研究支援など、数多くある。

第20章　飛びながら現実を創造する
1. 「自閉的システム」という言葉を使うことは実は気が進まない。自閉症の子供や大人を馬鹿にしていると いう誤解を与えかねないからだ。しかし実際のところ自閉症の子供たちは、活性化すれば生まれつきの限界を乗り越えることができる内在的な能力を秘めている（音楽療法はこの点ですばらしい成果をあげている。それは、自閉的世界を開錠するカギが、適切な言葉を見出すことにあることを意味しているのかもしれない）。自閉的システムについても同じように考えることができる。そこでは本当のコミュニケーションが不可能に見えるが、もし適切な言葉が見出されればコミュニケーションが可能になり、境界を越えることができるかもしれない。
2. Maturana, 1987を参照。
3. Luhmann, 1995.
4. Helen Wade, " Systemic Working: the Constellations Approach" *Industrial and Commercial Training*, August 2004, pp.194-199.
5. 但し、私自身はまだコンステレーション・ワークに参加したことはない。したがってここで述べていることは私自身の経験ではなく、他の人から聞いたものである。
6. Cooperrider et al., 2000; Brown et al., 2005; Issacs, 1999.
7. Weisbord et al., 1995.
8. Wilber, 2000. 第5章で述べた彼の仕事についての記述も参照。
9. Uの右側では4象限モデルの反転したものが見えるだろう。そこを通じて新たな世界が実現する。

第21章　プレゼンシングの原則と実践
1. シャインの『プロセス・コンサルテーション――援助関係を築くこと』（稲葉元吉、尾川丈一訳、白桃書

12. Kahane, 2002.
13. Stiglitz 2002, XIV.
14. 同書 XV.
15. これは、周辺の領域から生まれてくる意識の領域構造についての興味深い省察だ。Pokorny 1994, p.341 も参照。

第 18 章　組織の行動

1. Mintzberg, 1983, p.2
2. 組織構造についてのここでの議論も Mintzberg, 1983 に依拠している。
3. Adler and Borys（1996 年）を参照。
4. ここまで議論された基本の構造は、ミンツバーグの有名な"Structure in Fives"（「5 つの構造」）に関連している。それは以下の通りである。最初の 3 つの構造、つまり（1）シンプルな構造、（2）機械的官僚制、（3）専門的官僚制は領域 1 に反映されている。ミンツバーグの 4 つ目の構造、分権型は、ここでは 1 つではなく 3 つの型、すなわち 3 種類の集権型のそれぞれの分権バージョンとなっている。ミンツバーグの 5 つ目の構造、問題別随時組織（アドホクラシー）にも 3 つの異なる型がある（メーカー（作る人）、トレーダー（取引する人）、シンカー（考える人）のそれぞれのネットワーク）。組織構造の 4 番目（共同体あるいは生態系）はミンツバーグの 5 つの構造の概念の中には存在しない。
5. Schein et al., 2003, p.128 を参照。
6. 同書 p.220-221。
7. Mintzberg, 1983.
8. Schein et al., 2003, p.87.
9. Saxenian, 1994 を参照。
10. クラウス・オットー・シャーマーによるトマス・マローンへのインタビューの全内容を参照。May 31, 2000. *Dialog on Leadership*www.dialogonleadership.org/interviews/Malone2001.shtml
11. Hock, 1999 を参照。
12. Schein et al., 2003, p236.
13. エンロンの崩壊についての次の引用はすべてカート・アイケンウォールドと Diana B Henriques による"Enron's Many Strands", The New York Times, March 28, 2003。
14. Paul Krugman, " Delusions of Power," *The New York Times*, March 28, 2003.
15. de Geus, 1997 を参照。
16. 元 DEC 社員 Mike Horner。 Schein et al., 2003, p.256 での引用。
17. 同書 p.254。

第 19 章　グローバルなアクション

1. Alan Deutschman, " Change or Die", *Fast Company*, May 2005, p.53 での引用。
2. 同書。
3. 同署
4. Perlas, 2003.
5. Olson, 1965 を参照。
6. www.aap.org/healthtopics/mediause.cfm
7. 2004 年の大統領選挙についての詳細は Time, November, 15, 2004 を参照。
8. 2004 年の大統領選挙についての詳細は Time, November, 15, 2004 を参照。
9. ここには、たとえば先端的なユーザーが参加する開発も含まれる。これは、関心のあるユーザーが重要

Experiential Learning and Action Reseach," Encyclopedia of Informal Education (2001), www.infed.org/thinkers/et-lewin.htm; "Force Field Analysis," www.accel-team.com/techniques/force_field_analysis.html; Julie Greathouse, "Kurt Lewin" (1997), www.muskingum.edu/~psych/psycweb/history/lewin.htm; Edgar H. Schein, "Kurt Lewin's Change Theory in the Field and in the Classroom: Notes Toward a Model of Managed Learning," Reflections, 1995, www.solonline.org/res/wp/10006.html

4. Hall and Lindzey, 1978, p.386を参照。
5. Orlikowski, 1992 ; Weick, 1995.
6. 「アブセンシング」という用語はウォーレン・W・ティグナーに負っている。ティグナーはその優れた論文の中で、アブセンシングのサイクルはUの倒置であることを示唆している。Tignor, 2005を参照。
7. Scharmer, 2001, pp.137-150。
8. 野中郁次郎、竹内弘高『知識創造企業』(東洋経済新報社);Polanyi, 1966。
9. Scharmer, 2000; Fichte, 1982; オットー・シャーマーによるエレノア・ロッシュとの対話、Octber. 15, 1999, Dialog on Leadership, www.dialogonleadership.org/interviews/Rosch.shtmlも参照。
10. Schön, 1987; Rosch, 1999; Scharmer, 2000。
11. 「感覚的(aesthetic)」という用語は、次の3つの条件に合う経験の種類に用いる。本人は(a)何かを見る(見ること1)、(b)観察している自分を観察する(見ること2)、(c)「見ること1」と「見ること2」の間のフィードバック・ループを閉じる(見ること3)。したがって感覚的経験においては、本人は自身の内部にいる(何かを見ている)と同時に、外部にもいる(自分自身を見ている)。専門的には、行動と内省の間に共時性という性質を持つ(すなわちフィードバックの遅れがない)経験を感覚的経験と呼ぶ。
12. Beuys, 2004を参照。
13. Heidegger, 1993, p.325。
14. Lauenstein, 1974; Fichte,1982を参照。

第16章　個人の行動

1. このインタビューを収録したドキュメンタリー映画のDVDおよびビデオはwww.amazon.comで入手できる。"Blind Spot - Hitler's Secretary"(出演:Traudl Junge、監督:André Heller, Othmar Schmiderer、製作:Sony Pictures、ドイツ語、2002年)。

第17章　会話の行動

1. Elias, 1978.
2. Goffman, 1999.
3. Isaacs, 1999.
4. 相手を理解するための質問についてのさらなる情報はAppreciative Inquiry Commons (http://appreciativeinquiry.case.edu)を参照。
5. この図、その他はIsaacs, 1999にもある。
6. Argyris, 1994.
7. Glennifer Gillespie, The Footprints of Mont Fleur (2000) www.democraticdialoguenetwork.org/8. Kahane, 2004を参照。
9. Gillespie, 2000, p.155.
10. Gillespie, 2000.
11. Bohm, 1996; Isaacs, 1999を参照。

3. Jaworski, 1996.
4. Scharmer et al., 2002.
5. Buber, 2000.『我と汝』から引用したこの重要な部分を以下に示す。「自由な人間は、我意なくして意志する人である。彼は現実に信頼をおいている。すなわち、彼は（われ）と（なんじ）の持つ二重性の真の結合を信ずる。彼は運命を信じ、運命が彼を必要としていることを信じている。運命は彼を束縛するのではなく、運命が彼を待ち受けている。彼は運命のもとに行かねばならぬことをよく知っているが、しかし運命がどこで待ち受けているかを知らない。彼は全存在を上げて出て行かねばならぬということをよく知っている。彼が欲しているようにはならないかもしれぬことも知っている。しかし、みずから意志し得るものを自己が決断するとき、運命と出合うのである。彼は物質的で衝動的なものに支配されるがままになっている小さな意志、不自由な意志からはなれ、必然性や必然的存在から遠ざかり、運命の大いなる意志に自己を捧げなければならぬことを知っている。このような境地において、彼はもはやなにものにも干渉されることなく、しかも、ものごとがいたずらに生起することを黙認しない。彼は自己をとおして生成するものや、世界の存在の道にじっと聴きいる。それによって彼は支えられるためではなく、それが必要とするままに人間の精神、行為、生死をかけて、みずからの道を実現するのである。自由な人間は運命を信ずるとわたしがいったのは、いいかえれば、自由な人間は出合いに自己をささげるということである」（マルティン・ブーバー著『我と汝』〔植田重雄訳、岩波書店、1979 年〕）

第 13 章　プロトタイピング

1. Kelley, 2001, p. 232.
2. www.synergos.org/partnership/.
3. グローバル・リーダーシップ・イニシアチブの包括的なプレゼンテーションの詳細については、Senge et al., 2004 と www.globalleadershipinitiative.org を参照。
4. Kaeufer, Scharmer, and Versteegen, 2003.
5. また、医師とそのスタッフは患者の体験を改善する方法（たとえば、待ち時間の短縮によって）を検討した。緊急センターの医師は電話に応えた後、患者の問題を記録し、どう対処し、それから何を学んだかをメモし、学んだことを同僚と分かち合っている。ある農村部の女性たちは「地域の台所」を創出し、糖尿病患者とその介護者に健康に良い食生活やライフスタイルを教えている。
6. サステイナブル・フード・ラボラトリーについての詳細は www.sustainablefood.org で参照できる。
7. www.frappr.com/networkoflivinglabs

第 14 章　実践すること

1. 1999 年ニューヨークでのミハ・ポガチニックとの個人的な会話。
2. 私がエコシステムとエゴシステムの区別をするようになったのは、ELIAS（第 21 章参照）プログラムで持続可能な世界を目指す深いシステム・イノベーションのプロトタイプを作る旅の途中、2006 年 10 月 23 日に北京でモーリス・ストロングのスピーチを聞いたおかげである。
3. Kolb, 1984.
4. Senge, 1990 を参照。
5. Bushe and Shani, 1990; Schein, 1995 を参照。

第 15 章　社会的な場の文法

1. アクションリサーチの最新の手法については、Reason and Bradbury, 2001 を参照。
2. Lewin, 1997, p.240。
3. クルト・レビンについては次のウェブページも参照。Mark K Smith, "Kurt Lewin, Groups,

来とは、ここではまだ現実的とはなっていないが、やがていつかは存在するであろうといった今のことを指しているのではなく、現存在がおのれの最も固有な存在しうることにおいておのれへと到来するときの、その来ることのことを指しているのである。先駆は現存在を本来的に到来的たらしめるのだが、しかもそれは、この先駆自身が可能であるのは、現存在が存在しつつあるものとしてそもそもすでにつねにおのれへと到来している、言いかえれば、おのれの存在においてそもそも到来的である限りにおいてのみであるというふうにしてなのである」(『世界の名著 62　ハイデガー　時間と存在』〔原佑・渡辺二郎訳、中央公論社、1971 年〕から)。この節に気づかせてくれたのは、同僚の Walther Dreher 教授だった。

2. Peter Ross, "The Most Creative Man in Silicon Valley," Fast Company, June 2000, p. 274.
3. これは周囲領域から生じる意識の領域構造についての興味ある考察だ。Pokorny, 1994, p. 341 も参照すること。
4. 1999 年 10 月 15 日にクラウス・オットー・シャーマーが実施したエレノア・ロッシュのインタビュー。インタビュー全文は www.dialogonleadership.org/interviews/Rosch.shtml Dialog on Leadership で参照できる。ロッシュの言う次の定義はインタビューの 19 ページにも見られる。全体性:「個別の単位の概念的分析を超える全体性の力強い直観があります。分析から得られる詳細も含まれますが、それらは全体の視野の適切な位置に置いてみなければなりません」因果関係:「人間は感づいているのです。概念的な思考では因果関係(および／または偶然性)は、個別のもののあいだの 1 対 1 の関係だと考えがちですが、そうではなく、むしろ現象の基本的な相互依存ではないかと」時間:「時間は我々が当然だと思っている単なる直線的な流れではないかもしれないという感覚があります。それどころか、永続するものと思われている物や経験は、瞬間的なもので構成されているのかもしれません。そして瞬間は永遠の意味を持つこともありえます」行動:「人間は意図や努力、自己準拠的な動機、意識のコントロールなどなしに生じるような行動を経験します。『私』がその行動をしている、という感覚さえなしに行動することもあります」知:「自分のモデルではとらえられない種類の知識、見てもすぐにわからず、把握しにくい基本的な知があるという強い感覚があります。これは全体性、相関性など、もっと言えばすべての直観を感じる種類の知です。私たちの心理学や文化はこの種類の知を、多様な源(無意識など)に起因すると考えてきましたが、それは知の探究では実際には助けにならず、主題から逸れることになるかもしれません」
5. たとえば、金貨と銀貨が 2 つの金属の相対的な商品価値とは異なる法定価値でともに流通している場合、価値が低い方の硬貨(銀)は価値の高いほうの硬貨(金)を駆逐するという意味だ。
6. 第 17 章参照。
7. 注目に値する出来事は、前述したヒューストンでの会合の直後にゲアリー・ジュスラとジョセフ・ジャウォースキーと私がパロアルトのスタンフォード・パークホテルで会ったときのことだ。シリコンバレー中を数日かけて共同インタビューした最後の日のことだった。パロアルトのこの会合で我々 3 人は上に説明したのと非常によく似た経験をした。我々がその年に開発したリーダーシップ研究所の創造的アイデアとコンセプトの大部分は、この 2 つの会合での経験に負っている。
8. サークルオブセブンがこのより深いコーチングワークのために「ザ・シンボルズ・ウェイ(象徴法)」というプロセスを開発した。このプロセスは入り組んだ現実から個人的な可能性や集団の可能性を引き出すことを目的としている。「ザ・シンボルズ・ウェイ」のキットは個人、コンサルタント、リーダーシップチームに提供されている。立案者のバーバラ・コフマン - セシル(bcecil@mind.net)に連絡すれば入手できる。Ashland Institute(WWW.ashlandinstitute.org/)の製品である。
9. Pokorny, 1994, p. 341.

第 12 章　結晶化する

1. The Bible, Matthew(新約聖書、マタイによる福音書 19 章 24 節。日本聖書協会『新共同訳 新約聖書』による訳)
2. Owen, 1997 を参照。

利用されることもなかった。

3. Schein, 1989.
4. グローバルヘルスカンパニーの話は、ここまでが前述のケーススタディに基づくもので、ここから先は、私が資料を解釈したものである。

第 9 章　観る

2. これは Charles Flinn が The Golden Mean (New York: Doubleday) で引用しているが、Alexander の旺盛な全執筆活動を通じて観られる彼の思想をよく表している。近著には the Phenomenon of Life シリーズがある。
3. PARC に参加する前、ホエーレンは、メンロパークの学習調査研究所の上級研究員、オレゴン大学の社会学準教授および学部長を歴任している。
4. Kaeufer, Scharmer, and Versteegen 2003; 論文の無料ダウンロードについては www.dialogonleadership.org/docs/Breathing Life.pdf 参照；詳細については、www.humedica.org を参照。
5. www.humedica.org より。（著者の翻訳）
6. 私は、この論文に関して学生たちに助言した。論文は Jung et al., 2001 で発表されている。
7. 詳細は http://ocw.mit.edu/index.html を参照。
8. 学生の半日対話研修についての詳細は、MIT OpenCourseWare ウェブサイトを参照。ウェブサイト：http://ocw.mit.edu/OcwWeb/Sloan-School-of-Management/15-974 Leadership-LabSpring2003/StudyMaterials/index.htm.

第 10 章　感じ取る

1. シュテーレンはベルリン芸術大学のニック・レーリヒト名誉教授が開発した。 www.roericht.net を参照。
2. 意図を明確にするためのスペースの詳細については、本章後半の「サークルオブセブン」の説明を参照。
3. 「深く潜る」についてもっと知りたい場合は、www.ideo.com/media/nightline.asp. で、1999 年 2 月に ABC でテレビ放送したフィルムクリップが見られる。
4. 「それはクルト・レビンの領域概念とどんな関係にあり、どんな違いがあるのですか」社会心理学、学習、アクションリサーチの偉大な先駆者であり創始者でもあることに言及しつつ、私は彼女にそう尋ねた。ロッシュは次のように答えた。「レビンは私が言うような意味での領域を直感していました。でも、彼が領域を説明したとき、それは特定の個人に特定のときに知られている領域だとはっきりと言いました。彼の言う「個人」と「知る」は、私たちが当然のように考えているような、自分の皮膚の内側に閉じ込められ、目を通して外を見ている個人のようでした。そして、確かに他の人々は彼はそういう風に考えていたととらえていたし、教育や治療システムでもそういう解釈で扱われていました。これが 1 つの違いです」「では、あなたが説明した領域はモノではないのですね。「それ」ではないのですね。外部領域にあるようなものではないということですか」私がロッシュにそう聞くと彼女はうなずいた。「そう、その通りね」
5. このバージョンのパーシファルの物語は Wolfram von Eschenbach's (1980) Parzival を基にしている。物語の一部は Catford and Ray, 1991 の書き直しである。
6. インタビューの完全版は www.dialogonleadership.org で閲覧できる。
7. Bortoft, 1996.
8. 同書。
9. Senge, Scharmer, Jaworski, and Flowers, 2004.
10. Goethe, 1823, Crotell, 1998. での引用（イタリック体は著者が施した）。

第 11 章　プレゼンシング

1. ハイデッガー（1993）は『存在と時間』（初版 1927 年）の第 65 節で未来を次のように述べている。「到

evansmcdonough.com を参照。

32. Galtung, 1977.
33. Weber 1998, pp. 203-204
34. Habermas, 1981, p. 522.
35. Scharmer and Senge, 1996.
36. 社会的問題と生態学的問題に関する優れた研究を発行している組織の例は、国連開発計画とローマクラブである。東西の文化格差に関して、サミュエル・ハンチントン等は重要な研究を実施した。たとえば、Huntington, 1996 を参照。
37. Habermas, 1981.
38. 詳細については、William McDonough and Michael Braungart, Cradle to Cradle: Remaking the Way We Make Things (New York: North Point, 2002) を参照。また、The Natural Step (www.naturalstep.org) の活動も参照すること。持続可能性の分野ですばらしい仕事をしており、環境に対する組織の影響を測定する具体的な手段と枠組みを持っている。同様に、the Wuppertal Institute (www.wupperinst.org) の活動も参照すること。持続可能性の分野で優れた業績をあげており、フリードリッヒ・シュミット - ブリーク考案の MIPS（サービス単位当たりの物質集約度）と呼ぶ環境に対する影響を測定する方法を持っている。www.wupperinst.org/Publikationen/Wuppertal_Spezial/ws27e.pdf にこれを説明するドキュメントが掲載されている。さらに、Weizsacker, 1994 も参照すること。
39. Michael Shellenberger and Ted Nordhaus, 2004 "The Death of Environmentalism. Global Warming Politics in a Post.Environmentai World," www.thebreakthrough.org と www.evansmcdonough.com も参照。
40. Capra, 2002
41. Beck and Cowan, 2005.
42. 真の知的評価は反論を通して自らを表現するという精神から、2 つの疑問が許されるかもしれない。ウィルバーの研究が提起する 1 つの疑問は、全象限法はあらゆる側面を網羅しているかどうかということだ。マルティン・ブーバーが言う我 - 汝という最も重要な側面を欠いていると論じることができるかもしれない。もちろん、ウィルバーは彼のカテゴリー「我々」（間主観性）は我 - 汝を含むと主張するだろう。しかし、現実の我 - 汝の遭遇は sui generis（独自の）カテゴリーなので、ウィルバーの我 - 経験とは（あるいは、ついでに言えば、ハーバーマスの間主観性の概念とは）異なると反論できるかもしれない 。

第 6 章　哲学的見地

1. Capra, 2002.
2. Brown et al., 1989.
3. Nishida, 1990, pp. 174-175.（訳注　1945 年に死亡、『善の研究』の出版年は 1911 年）
4. Hawkins, 2002, p. 90.

第 7 章　敷居

1. Pokorny, 1994, p. 672.

第 8 章　ダウンローディング

1. Watzlawick, 1983, pp. 39-40.
2. グローバルヘルスカンパニーの話は、同社に雇われた、あるハーバードのケースライターが 1997 年に書いたケーススタディを基にしている。ケーススタディを依頼した管理職たちは、報告を読んでとても危険だと判断し、毒薬保管庫にしまい込み、誰にも読ませないことに決めた。そのため、発表されることもなく、

18. Collins, 2001, p. 66を参照。

第5章　社会の変容

1. 1994年7月4日、フィラデルフィアでのバーツラフ・ハベル大統領のスピーチ。このスピーチを知らせてくれたヨーラン・カールステッドに感謝している。
2. 3つの貧困の要点については同僚のウルズラ・フェアシュテーゲンから助言を受けた。彼女は2005年12月10日、マサチューセッツ州ケンブリッジで開催したプレゼンシングインスティチュートの第1回会議でこの所見を発表した。
3. Castells, 1998, p. 336.
4. 同書、p.340。
5. 同書、pp.92, 93。
6. 同書、p.343。
7. Capra., 2002, p. 140.
8. Castells, 1998, p. 475.
9. 1996年、デトロイトでのゲーリー・ハメルとの個人的対話。
10. たとえば、この2年間で、ノバルティスは、大ボストン地区で活況を呈している革新のネットワークエコシステムに加わるため、R&D活動の大半をヨーロッパから当地に移した。
11. Arthur, 1996.
12. Bill Joy, "Why the future doesn't need us," Wired Magazine, April 2000 (www.wired.com/wired/archive/8.04/joy.html).
13. Pinchbeck, 2006, p. 102.
14. Shiva, 2000, p. 2.
15. Perlas, 2003, p. 64.
16. Perkins, 2004.
17. Castells, 1996, p. 386.
18. Beck, 1986, 1996.
19. "Sins of the Secular Missionaries: Aid and Campaign Groups, or NGOs Matter More and More in World Affairs," The Economist, January 29, 2000, pp. 25-27.
20. エニ・F・H・ファレオマヴァエガ（Eni F. H. Faleomavaega）、カウンターパート・インターナショナルが主催したグローバル2000シンポジウムのアメリカ代表、ワシントンD.C.、2000年4月24日。
21. Florida, 2002, p.8.
22. 同書、pp. 10-11。
23. 同書、pp. 11-12。
24. Michelle Conlin, "Religion in the Workplace: The Growing Presence of Spirituality in Corporate America," Business Week, November 1, 1999, pp. 150-58.
25. 個人的会話。
26. Putman, 2000, p. 148; Wuthnow, 2000.
27. Csikszentmihalyi, 1990.
28. Scharmer, 1999, 2000; Isaacs, 1999.
29. Isaacs, 1999; およびウィリアム・アイザックスとの個人的会話。
30. Ray and Anderson, 2000, p. 4.
31. Michael Shellenberger and Ted Nordhaus, 2004. "The Death of Environmentalism. Global Warming Politics in a Post.Environmental World," www.thebreakthrough.org および www.

第 3 章　学習と変化の四つの層

1. Strebel, 1996.
2. 以下の文献等を参照。Argyris, 1993; Argyris and Schön, 1995; Senge, 1990; Senge et al., 1990; Schein, 1987; 1999 年 9 月 7 日にクラウス・オットー・シャーマーによって行われたワンダ・オーリィコフスキーのインタビュー、Dialog on Leadership, www.dialogonleadersbip.org/interviews/Orlikowski.shtml.
3. この大規模なプロジェクトでは、経営、ナレッジ、変革の分野において思想的なリーダーの役割を果たす人物に対話の形でのインタビューを行った。その数は総勢 130 人に上る。その内容は Reflections: The SoL Journal for Knowledge, Learning and Change (MIT Press) として出版されている。またインタビュー内容の多くが以下のウェブサイトにて閲覧できる。www.dialogonleadership.org
4. Gendlin and Wiltschko, 2004.
5. Schein, 1987c, 2001 を参照。
6. Kolb, 1983.
7. またこの問題に関するこれまでの研究として以下を参照。Senge, Scharmer, Jaworski, and Flowers, 2004; Kahane, 2004; Torbert et al, 2004.
8. Weick, 1996 を参照。

第 4 章　組織の複雑さ

1. Kahane, 2004.
2. 図 4.2 の輪の内容には 2 通りの見方が可能だろう。1 つは「上流」へ向かう動き、すなわち、輪の中心へ向かう動きとする見方であり、またもう 1 つは、これとは逆に、輪の周辺へ向かう動きとする見方だ。後者の見方の利点は、これまで内部に留保されていた多くの機能が解き放たれ、周辺へと広がっていく様子が視覚的に示されていることだろう。一方、前者の「外から内へ」の動きは、12 の異なる経営の機能が相互に依存し合うようになるという概念をよりよく表現しているといえる。これらの機能は輪の中心にある 1 つのフィールドに統合されているように見えるが、この点こそ、まさしく次章以降で説明する内容である。結局のところ、どちらの見方も、完全なものとは言いがたい。というのも、どちらも、はるかに大きくより複雑で、さらにダイナミックに変化し続けているものの一面をとらえているに過ぎないからだ。
3. Porter, 1998.
4. Prahalad and Hamel 2000.
5. Hamel and Prahalad, 1994.
6. Hamel and Valikangas, 2003, p. 52 を参照。
7. Wenger et al., 2002; Wenger, 1998.
8. Nonaka, 1994; Nonaka and Takeuchi, 1994; Nonaka, 1991 を参照。
9. Nonaka and Takeuchi 1995.
10. Scharmer, 2000.
11. Nonaka and Konno, 1998; Nonaka, Toyama, and Konno, 2000; Krogh, 1998, 2000 を参照。
12. Womak et al., 1991, 1996.
13. 1999 年 8 月 20 日にクラウス・オットー・シャーマーによって行われたトマス・ジョンソンのインタビューの全文は以下のサイトで閲覧できる。www.dialogonleadership.org. 参考文献としては Johnson, 2006 も読まれたい。
14. Normann and Ramirez, 1998.
15. マネジメントとリーダーシップの違いについては Krauthammer and Hinterhuber 2005 を参照。
16. Peters and Waterman, 1982.
17. Alan Webber, "Trust in the Future," Fast Company, September 2000, p. 210 での引用。

原注

はじめに

1. 1994年7月4日、フィラデルフィアにおけるバーツラフ・ハベル大統領の演説より。この演説についてはヨーラン・カールステッドから教えられた。
2. World Hunger Education Service, "World Hunger Fact Sheet" (http://www.worldhunger.org).
3. 深刻な荒廃地に関する世界各国の統計を統合することによって、回復不可能なほど劣化が進んでほとんどの実用目的に適さなくなった農地の総面積をできるだけ正確に推計することができる。文中の数字は1980年代後半に行われた調査による。最新の情報は、"land degradation assessments"（土地荒廃調査）をキーワードに各国の調査結果を検索することによって得られる。
4. "The State of the World's Children 'Childhood Under Threat"' (www.unicefusa.org)
5. この点については平和研究者のヨハン・ガルトゥングによる。Galtung 1995を参照。
6. たとえば以下を参照。Argyris, 1993; Argyris and Schön, 1995; Senge, 1990; Senge et al., 1990; Schein, 1987.
7. Scharmer, 2000a.
8. Scharmer, 2000b, 2000c; Senge, Scharmer, Jaworski, and Flowers, 2004.
9. ここで言及した尊敬すべき仲間とは、ベス・ジャンデルノア、ジョセフ・ジャウォースキー、マイケル・ユング、カトリン・コイファー、エッケハルト・カプラー、セイヤ・クルッキ、野中郁次郎、エド・シャイン、ピーター・センゲ、ウルズラ・フェアシュテーゲンである。
10. 1999年7月14日にクラウス・オットー・シャーマーによって行われたジョナサン・デイのインタビューの全文は、Dialog on Leadership（リーダーシップに関する対話）のサイトに掲載されている。www.dialogonleadership.org/interviews/Day.shtml
11. Reason et al, 2001.
12. Aristotle, Nicomachean Ethics, Book VI, Ch. 3.（『ニコマコス倫理学』アリストテレス著、第6巻、第3章）
13. 詳しくはwww.presencing.comを参照。
14. Und kennst du nicht dies stirb nod werde, so bist du nur ein trüber Gast aufErden.

第2章　Uへの旅

1. Artistotle, Nicomachean Ethics, Book VI, Chapter 3.（アリストテレス著『ニコマコス倫理学』第6巻、第3章）
2. 第4段階の「再生（regenerating）」という呼称はアダム・カヘンの提案による。
3. Kolb, 1983.
4. Argyris and Schön, 1995.
5. Scharmer, 1991, 1996.
6. Steiner, 1894(original), 1964.
7. Scharmer et al, 2002.
8. Senge, Scharmer, Jaworski, and Flowers, 2004.
9. Co-edited with Natalie Depraz and Pierre Vermersch, 2003.
10. Depraz, Varela and Vermersch, 2003, p. 25.

San Francisco: Berrett-Koehler.『リーダーシップとニューサイエンス』（東出顕子訳、英治出版、2009年）

____, and Myron Keilner-Rogers. 1996. *A Simpler Way*. San Francisco: Berrett-Koehler.

Wheelan, Susan A., Emmy A. Pepitone, and Vicki Abt, eds. 1990. *Advances in Field Theory*. Newbury Park, CA: Sage.

Wilber, Ken. 2000a. *A Brief History of Everything*. Boston: Shambhala. ケン・ウィルバー『万物の歴史』（大野純一訳、春秋社、1996年）

____. 2000b. *Grace and Grit: Spirituality and Healing in the Life and Death of Treya Killam Wilber*. 2nd ed. Boston: Shambhala.『グレース&グリッド 1・2』（伊東宏太郎訳、春秋社、1999年）

____. 2000c. *Integral Psychology: Consciousness, Spirit, Psychology, Therapy*. Boston and London: Shambhala.

____. 2000d. *Sex, Ecology, Spirituality: The Spirit of Evolution*. Boston and London: Shambhala, 2000.『進化の構造 1・2』（松永太郎訳、春秋社、1998年）

____. 2000e. *A Theory of Everything: An Integral Vision for Business, Politics, Science, and Spirituality*. Boston: Shambhala.『万物の理論』（岡野守也訳、トランスビュー、2002年）

____. 1999. *The Marriage of Sense and Soul: Integrating Science and Religion*. New York: Broadway Books.『科学と宗教の融合』（吉田豊訳、春秋社、2000年）

____. 1998. *The Essential Ken Wilber: An Introductory Reader*. Boston and London: Shambhala.

____. 1997. *The Eye of Spirit: An Integral Vision for a World Gone Slightly Mad*. Boston and London: Shambhala.『統合心理学への道——「知」の眼から「観想」の眼へ』（松永太郎訳、春秋社、2004年）

____, and Andrew Cohen. 2002. *Living Enlightenment: A Call for Evolution Beyond Ego*. Lenox, MA: What Is Enlightenment?

Womak, James P., and Daniel T Jones. 1996. *Lean Thinking: Banish Waste and Create Wealth in Your Corporation*. New York: Simon & Schuster. ジェームズ・P・ウォーターマック、ダニエル・T・ジョーンズ『リーン・シンキング』（稲垣公夫訳、日経BP社、2008年）

Womak, James P., Daniel I Jones, and Daniel Roos. 1991. *The Machine That Changed the World: The Story of Lean Production*. New York: Perennial. ジェームズ・P・ウォマック、ダニエル・T・ジョーンズ、ダニエル・ルース『リーン生産方式が、世界の自動車産業をこう変える』（沢田博訳、経済界、1990年）

Wuthnow, Robert. 2000. *After Heaven: Spirituality in America since the 1950s*. Berkeley: University of California Press.

Yamaguchi. Ichiro. *Ki als leibhaftige Vernunfi: Beitrag zur interkutturellen Phtinomenologie der Leiblichkeit*. Munich: Wilhelm Fink Verlag.

Zajonc, Arthur. r994. *Die gemeinsame Geschichte von Licht und Bewufttsein*. Translated into German by Hainer Kober. Reinbeck bel Hamburg: Rowohlt Verlag.

____. 1993. *Catching the Light*. New York: Bantam. アーサー・ザイエンス『光と視覚の科学——神話・哲学・芸術と現代科学の融合』（林大訳、白揚社、1997年）

____, ed. 2004. *The New Physics and Cosmology: Dialogues with the Dalai Lama*. Oxford: Oxford University Press.

Zohar, Danah, and Ian Marshall. 2004. *Spiritual Capital: Wealth We Can Live By*. San Francisco: Berrett-Koehler.

____, Evan Thompson, and Eleanor Rosch. 1991. *The Embodied Mind: Cognitive Science and Human Experience*. Cambridge, MA: MIT Press. フランシスコ・ヴァレラ、エレノア・ロッシュ、エヴァン・トンプソン『身体化された心——仏教思想からのエナクティブ・アプローチ』（田中靖夫訳、工作舎、2001 年）

Vattimo, Gianni. 1992. *The Transparent Society*. Translated by David Webb. Baltimore, MD: Johns Hopkins University Press.

Velmans, Max, ed. 2000. *Investigation Phenomenal Consciousness*. Amsterdam and Philadelphia: John Benjamins.

Wallace, B. Alan. 2003. *Buddhism & Science: Breaking New Ground*. New York: Columbia University Press.

____. 2000. *The Taboo of Subjectivity: Toward a New Science of Consciousness*. Oxford and New York: Oxford University Press.

Watts, Duncan J. 2003. *Six Degrees: The Science of a Connected Age*. New York and London: W. W. Norton. ダンカン・ワッツ『スモールワールド・ネットワーク——世界を知るための新科学的思考法』（辻竜平、友知政樹訳、阪急コミュニケーションズ、2004 年）

Watzlawick, Paul. 1983. *The Situation Is Hopeless but Not Serious: The Pursuit of Unhappiness*. New York and London: W. W. Norton. ポール・ワツラウィック『希望の心理学——そのパラドキシカルアプローチ』（長谷川啓三訳、法政大学出版局、1987 年）

Weber, Max. 1988. *Gesammelte Aufsaetze zur Religionssoziologle I* (Selected Essays on the Sociology of Religion). Thbingen: J. C. G. Mohr. マックス・ウェーバー『宗教社会学論選』（大塚久雄、生松敬三訳、みすず書房、1972 年）

Weick, Karl. 1996. "Drop Your Tools: An Allegory for Organizational Studies.' *Administrative Science Quartlerly* 41, no. 2:301-313.

____. 1995. *Sensemaking in Organizations*. Thousand Oaks, CA: Sage. カール・E・ワイク『センスメーキング・イン・オーガニゼーションズ』（遠田雄志、西本直人訳、文眞堂、2001 年）

____, and Kathleen M. Sutcliffe. 2001. *Managing the Unexpected: Assuring High Performance in an Age of Complexity*. San Francisco: Jossey-Bass. カール・E・ワイク、キャスリーン・M・サトクリフ『不確実性のマネジメント』（西村行功訳、ダイヤモンド社、2002 年）

Weisbord, Marvin R., and Sandra Janoff. 1995. *Future Search: An Action Guide to Finding Common Ground in Organizations and Communities*. San Francisco: Berrett-Koehler.

Weisbord, Marvin R., et al. 1995. *Discovering Common Ground: How Future Search Conferences Bring People Together to Achieve Breakthrough Innovation, Empowerment, Shared Vision, and Collaborative Action*. San Francisco: Berrett-Koehler.

Weizsacker, Ernst U. von 1994. *Earth Politics*. London: Zed Books.

Welton, Donn, ed. 1999. *The Essential Husserl: Basic Writings in Transcendental Phenomenology*. Bloomington: Indiana University Press.

Wenger, Etienne. 1998. *Communities of Practice: Learning, Meaning, and Identity*. Cambridge: Cambridge University Press.

____, Richard McDermott, and William Snyder. 2002. *Cultivating Communities of Practice*. Boston: Harvard Business School Press.

Wheatley, Margaret J. 2002. *Turning to One Another: Simple Conversations to Restore Hope to the Future*. San Francisco: Berrett-Koehler. マーガレット・ウィートリー『もしも、あなたの言葉が世界を動かすとしたら』（杉田七重訳、PHP 研究所、2003 年）

____. 1992. *Leadership and the New Science: Learning About Organization from an Orderly Universe*.

Stoltzfus, Nathan. 2001. *Resistance of the Heart: Intermarriage and the Rosenstrasse Protest in Nazi Germany.* Piscataway, NJ: Rutgers University Press.

Strebel, Paul. 1996. *Why Do Employees Resist Change?* Boston: Harvard Business School Press.

Taylor, Charles. 1989. *Sources of the Self: The Making of the Modern Identity.* Cambridge, MA: Harvard University Press.

Tichy, Noel M., and Stratford Sherman. 1994. *Control Your Destiny or Someone Else Will: Lessons in Mastering Change-the Principles that Jack Welch Is Using to Revolutionize General Electric.* New York: HarperBusiness. ノエル・M・ティシー、ストラトフォード・シャーマン『ジャック・ウェルチのGE革命――世界最強企業への選択』（小林規一、小林陽太郎訳、東洋経済新報社、1994年）

Tignor, Warren W 2005. 'Dynamic Unity-Theory U and System Dynamics." In *Proceedings of the 23rd International Conference of the System Dynamics Society*, Boston, July 17-21, 2005, ed. John D. Sterman, Nelson P. Repenning, Robin S. Langer, Jennifer I. Rowe, and Joan M. Yanni. 141.

Thomas, Robert J. 1994. *What Machines Can't Do: Politics and Technology in the Industrial Enterprise.* Berkeley: University of California Press.

Tolle, Eckhart. 2003. *Stillness Speaks.* Novato, CA: New World and Vancouver: Namaste. エックハルト・トール『世界で一番古くて大切なスピリチュアルの教え』（あさりみちこ訳、徳間書店、2006年）

____. 1999. The Power of Now. Novato, CA: New World Library.『さとりを開くと人生はシンプルで楽になる』（あさりみちこ、飯田史彦訳、徳間書店、2002年）

Torbert, Bill, et al. 2004. *Action Inquiry: The Secret of Timely and Transforming Leadership.* San Francisco: Berrett-Koehler.

Torbert, William R. 2001. "The Practice of Action Inquiry." In *Handbook of Action Research: Participative Inquiry and Practice*, eds. Peter Reason and Hilary Bradbury, 250-260. London: Sage.

____. 1991. *The Power of Balance: Transforming Self Society, and Scientific Inquiry.* Newbury Park, CA: Sage.

Thurow, Lester. 2003. *Fortune Favors the Bold: What We Must Do to Build a New and Lasting Global Prosperity.* New York: HarperCollins. レスター・C・サロー『知識資本主義』（三上義一訳、ダイヤモンド社、2004年）

____. *The Future of Capitalism: How Today's Economic Forces Shape Tomorrow's World.* New York: Penguin.『資本主義の未来』（山岡洋一、仁平和夫訳、阪急コミュニケーションズ、1996年）

____, 1999. *Building Wealth: The New Rules for Individuals, Companies, and Nations in a Knowledge-Based Economy.* San Francisco: HarperBusiness.『富のピラミッド』（山岡洋一訳、TBSブリタニカ、1999年）

Trompenaars, Fons. 1994. *Riding the Waves of Culture: Understanding Diversity in Global Business.* Chicago: Irwin. フォンス・トロンペナールス、チャールズ・ハムデン・ターナー『異文化の波――グローバル社会――多様性の理解』（須貝栄訳、白桃書房、2001年）

Tzu, Sun. 1988. *The Art of War.* Translated by Thomas Cleary. Boston and London: Shambhala.『孫子』

Ury, William. 1999. *Getting to Peace: Transforming Conflict at Home, at Work, and in the World.* New York: Viking.

Varela, Francisco J. 1999. *Ethical Know-How: Action, Wisdom, and Cognition.* Edited by Timothy Lenoir and Hans Ulrich Gumbrecht. Stanford, CA: Stanford University Press.

____, and Jonathan Shear, eds. 1999. *The View from Within: First-Person Approaches to the Study of Consciousness.* Thorverton, U.K.: Imprint Academic.

Albany: State University of New York Press.
Sen, Amartya. 1999. *Development as Freedom*. New York: Anchor Books. アマルティア・セン『自由と経済開発』(石塚雅彦訳、日本経済新聞社、2000年)
Senge, Peter. 1990. *The Fifth Discipline: The Art and Practice of the Learning Organization*. New York: Doubleday. ピーター・センゲ『最強組織の法則——新時代のチームワークとは何か』(守部信之訳、徳間書店、1995年)
____, Claus Otto Scharmer, Joseph Jaworski, and Betty Sue Flowers. 2004. *Presence: Human Purpose, and the Field of the Future*. Cambridge, MA: Society for Organizational Learning. ピーター・センゲ、C・オットー・シャーマー、ジョセフ・ジャウォースキー、ベティー・スー・フラワーズ『出現する未来』(野中郁次郎監訳、高遠裕子訳、講談社、2006年)
____, et al. 1999. *The Dance of Change: The Challenges to Sustaining Momentum in Learning Organizations*. New York: Doubleday. ピーター・センゲ他『フィールドブック　学習する組織「10の変革課題」——なぜ全社改革は失敗するのか』(柴田昌治、スコラ・コンサルト監訳、牧野元三訳、日本経済新聞社、2004年)
____. 1994. *The Fifth Discipline Fieldbook: Strategies and Tools for Building a Learning Organization*. New York: Doubleday. ピーター・センゲ他『フィールドブック　学習する組織「5つの能力」企業変革を進める最強ツール』(柴田昌治、スコラ·コンサルト監訳、牧野元三訳、日本経済新聞社、2003年)
Sheldrake, Rupert. 1995. *Seven Experiments That Could Change the World: A Do-It-Yourself Guide to Revolutionary Science*. New York: Riverhead Books. ルパート・シェルドレイク『世界を変える七つの実験——身近にひそむ大きな謎』(田中靖夫訳、工作社、1997年)
Shellenberger, Michael and Nordhaus, Ted, 2004. *The Death of Environmentalism: Global Warming Politics in a Post-Environmental World*. www.thebreakthrough.org and www.evansmcdonoughcom.
Shiva, Vandana. 2000. *Stolen Harvest: The H-acking of the Global Food Supply*. Boston: South End Press. ヴァンダナ・シヴァ『食料テロリズム』(浦本昌紀監訳、竹内誠也、金井塚務訳、明石書房、2006年)
____. 1997. *Biopiracy: The Plunder of Nature and Knowledge*. Boston: South End Press.『バイオパイラシー——グローバル化による生命と文化の略奪』(松本丈二訳、緑風出版、2002年)
____. 1993. *Monocultures of the Mind: Perspectives on Biodiversity and Biotechnology*. London and New York: Zed Books.『生物多様性の危機——精神のモノカルチャー』(高橋由紀、戸田清訳、三一書房、1997年)
Sorokin, Pitirim. 1957. *Social and Cultural Dynamics: A Study of Change in Major Systems of Art, Truth, Ethics, Law and Social Relationships*. Boston: Porter Sargent.
Soros, George. 2002. *On Globalization*. New York: Public Affairs. ジョージ·ソロス『グローバル・オープン・ソサエティ——市場原理主義を超えて』(榊原英資、藤井清美訳、ダイヤモンド社、2003年)
Spinosa, Charles, Fernando Flores, and Hubert L. Dreyfus. 1997. *Disclosing New Worlds: Entrepreneurship, Democratic Action, and the Cultivation of Solidarity*. Cambridge, MA: MIT Press.
Steiner, Rudolf. 1994. *How to Know Higher Worlds: A Modern Path of Initiation* (Classic in Anthroposophy). Translated by Christopher Bamford. Great Barrington, MA: Steiner. ルドルフ·シュタイナー『いかにして超感覚的世界の認識を獲得するか』(高橋巌訳、筑摩書房、2001年)
____. 1894, 1964. *The Philosophy of Freedom*. London: The Rudolf Steiner Press.『自由の哲学』(高橋巌訳、筑摩書房、2002年)
Stiglitz, Joseph F. 2002. *Globalization and Its Discontents*. New York: W. W. Norton. ジョセフ・E・スティグリッツ『世界を不幸にしたグローバリズムの正体』(鈴木主税訳、徳間書店、2002年)

____, Brian W. Arthur, Jonathan Day, Joseph Jaworski, Michael Jung, Ikujiro Nonaka, and Peter M. Senge. 2002. "Illuminating the Blind Spot: Leadership in the Context of Emerging Worlds." Dialog on Leadership. www.dialogonleadership.org.

____, Versteegen, Ursula, K. Käufer. 2001. "The Pentagon of Praxis." In *Reflections: The SoL Journal on Knowledge, Learning, and Change*, Volume 2, Number 3: 36-45.

____, and Joseph Jaworski. 2000. *Leadership in the Digital Economy: Sensing and Actualizing Emerging Futures*. Cambridge, MA: Society for Organizational Learning.

____, and Peter Senge. 1996. 'Infrastrukturen fuer lernende Organisationen." *Zeitschrift fuer Fuehrung und Organisation* 1: 32-36.

Schein, Edgar. 2002. "Clinical Inquiry/Research." In *Handbook of Action Research: Participative Inquiry and Practice*, eds. Peter Reason and Hilary Bradbury, 228.237. London: Sage.

____. 1999. *The Corporate Culture Survival Guide*. San Francisco: Jossey-Bass. E・H・シャイン『企業文化――生き残りの指針』（金井寿宏、尾川丈一、片山佳代子訳、白桃書房、2004 年）

____. 1998. *Process Consultation Revisited: Building the Helping Relationship*. Reading, MA: Addison-Wesley.『プロセス・コンサルテーション――援助関係を築くこと』（稲葉元吉、尾川丈一訳、白桃書房、2002 年）

____. 1996. *Strategic Pragmatism: The Culture of Singapore's Economic Development Board*. Cambridge, MA, and London: MIT Press.

____. 1995. "Kurt Lewin's Change Theory in the Field and in the Classroom: Notes Toward a Model of Managed Learning." *Reflections*. www.solonline.org/res/wp/ 10006.html.

____. 1989. *Organizational Culture and Leadership*. San Francisco: Jossey-Bass. 『組織文化とリーダーシップ――リーダーは文化をどう変革するか』（清水紀彦、浜田幸雄訳、ダイヤモンド社、1989 年）

____. 1988. *The Presence of the Past*. New York: Times Books.

____. 1987a. *Process Consultation* 2nd ed. Vol. I: Its Role in Organization Development. 2nd ed. Reading, MA: Addison-Wesley.

____. 1987b. *Process Consultation*. 2nd Edition. Volume a: Lessons for Managers and Consultants. Englewood Cliffs, NJ: Prentice Hall.

____. 1987c. "The Clinical Perspective in Field Work." Newbury Park, CA: Sage Publications.

____, Peter Delisi, Paul J. Kampas, and Michael Sonduck. 2003. *DEC Is Dead, Long Live DEC: The Lasting Legacy of Digital Equipment Corporation*. San Francisco: Berrett-Koehler.

Schiller, Friedrich. 1967. *On the Aesthetic Education of Man: In a Series of Letters*. Edited and translated by Elizabeth M. Wilkinson and L. A. Willoughby. Oxford: Oxford University Press. フリードリッヒ・シラー『美的教育』（浜田正秀訳、玉川大学出版部、1982 年）

Schily, Konrad. 1993. *Der staatlich bewirtschaftete Geist*. Dusseldorf: Econ Verlag.

Schmundt, Wilhelm. 1982. *Erkenntnistibungen zur Dreigliederung des Sozialen Qeganismus: Durch Revolution der Begriffe zur Evolution der Gesellschaft*. Achberg, Germany: Achberger Verlag.

Schön, Donald. 1987. *Educating the Reflective Practitioner*. San Francisco: Jossey-Bass.

Schurmann, Reiner. 1986. *Heidegger on Being and Acting: From Principles to Anarchy*. Bloomington: Indiana University Press.

Schutz, Alfred. 1967. *The Phenomenology of the Social World*. Translated by George Walsh and Frederick Lehnert. Evanston, IL: Northwestern University Press. アルフレッド・シュッツ『社会的世界の意味構成』（佐藤嘉一訳、木鐸社、1997 年）

Seamon, David, and Arthur Zajonc, eds. 1998. *Goethe's Way of Science: A Phenomenology of Nature*.

Simon & Schuster. ロバート・パットナム『孤独なボウリング――米国コミュニティの崩壊と再生』(柴内康文訳、柏書房、2006年)
____. 1995. "Bowling Alone: America's Declining Social Capital." *Journal of Democracy* 6: 65-78.「ひとりでボウリングをする」(坂本治也、山内富美訳、『ソーシャル・キャピタル』宮川公男、大守隆編、東洋経済新報社、2004年)
Radin, Dean. 1997. *The Conscious Universe: The Scientific Truth of Psychic Phenomena.* San Francisco: HarperEdge.
Ray, Michael. 2004. *The Highest Goal: The Secret That Sustains You in Every Moment.* San Francisco: Berrett- Koebler. マイケル・レイ『ハイエスト・ゴール――スタンフォード大学で教える創造性トレーニング』(鬼澤忍訳、日本経済新聞社、2006年)
____, and Rochelle Myers. 1986. *Creativity in Business.* New York: Doubleday. マイケル・レイ、ロッシェル・マイヤーズ『クリエイティビティ イン ビジネス　上・下』(柴田節子他訳、恩田彰監訳、日本能率協会マネジメントセンター、1992年)
Ray, Paul H., and Sherry Ruth Anderson. 2000. *The Cultural Creatives: How 50 Million People Are Changing the World.* New York: Three Rivers Press.
Reason, Peter, and Hilary Bradbury. 2006 "Preface." In *Handbook of Action Research: Participative Inquiry and Practice*, eds. Peter Reason and Hilary Bradbury, xxiii-xxxi. London: Sage.
____, eds. 2001. *Handbook of Action Research: Participative Inquiry and Practice*. London: Sage.
Ritzer, George. 1996. *Modern Sociological Theory.* 4th ed. New York: McGraw Hill.
Risenberg, Marshall B. 2000. *Nonviolent Communication: A Language of Compassion*. Encinatas, CA: PuddleDancer Press.
Roussel, Philip A., Kamal N. Saad, and Tamara J. Erickson. 1991. *Third Generation R & D: Managing the Link to Corporate Strategy.* Boston: Harvard Business School Press. フィリップ・A・ラッセル、カマル・N・サード、タマーラ・J・エリクソン『第三世代のR&D――研究開発と企業・事業戦略の統合』(田中靖夫訳、ダイヤモンド社、1992年)
Saxenian, Annalee. *Regional Advantage: Culture and Competition in Silicon Valley and Route 128.* Cambridge, MA, and London: Harvard University Press. アナリー・サクセニアン『現代の二都物語――なぜシリコンバレーは復活し、ボストン・ルート128は沈んだか』(大前研一訳、講談社、1995年)
Scharmer, Claus Otto. 2001. "Self-Transcending Knowledge: Sensing and Organizing Around Emerging Opportunities." *Journal of Knowledge Management*, 5, no. 2:137-150.
____. 2000a. "Organizing Around Not-Yet-Embodied Knowledge." In *Knowledge Creation: A New Source of Value.* Edited by G. V. Krogh, I. Nonaka, and T. Nishiguchi. New York: Macmillan.
____. 2000b. "Self-Transcendiflg Knowledge: Organizing Around Emerging Realities." *Organizational Science* 33, no. 3: 14-29.
____. 2000c. "Presencing Learning from the Future as It Emerges." Paper presented at the Conference on Knowledge and Innovation, Helsinki, Finland, May 25-26, 2000. www.ottoscharmer.com.
____. 1996. *Reflexive Modernisierung des Kapitalismus als Revolution von Innen.* Stuttgart: M and P.
____. 1995. "Strategische Führung im Kräftedreieck Wachstum-Beschäftigung-Ökologie." *Zeitschrift fuer Betriebswirtschaft* 65, Number 6, S. 633-661.
____. 1991. *Aesthetik als Kategorie strategischer Fuehrung*. Stuttgart: Urachhaus.
Scharmer, Claus Otto, K. Kaeufer, U. Versteegen. 2004. "Breathing Life into a Dying System: Recreating Healthcare from Within." In *Reflections. The SoL Journal on Knowledge, Learning, and Change*, Volume 5, Number 3, 1-12.

NGO——WTOに挑む国際NGOオックスファムの戦略』(渡辺龍也訳、新評論、2002年)
Parkes, Graham, ed. 1990. *Heidegger and Asian Thought.* Honolulu: University of Hawaii Press.
Pearce, Joseph Chilton. 2002. *The Biology of Transcendence: A Blueprint of the Human Spirit.* Rochester, VT: Park Street Press.
Perkins, John. 2004. *Confessions of an Economic Hit Man.* San Francisco, CA: Berrett Koebler. ジョン・パーキンス『エコノミック・ヒットマン——途上国を食い物にするアメリカ』(古草秀子訳、東洋経済新報社、2007年)
Perlas, Nicanor. 2003. *Shaping Globalizations: Civil Society, Cultural Power and Threefolding.* Gabriola, Canada: New Society.
Perls, Frederick S., Ralph F. Hefferline, and Paul Goodman. 2000. *Gestalttherapie Praxis. Translated by Wolfgang Krege and Monika Ross.* 5th ed. Munich: Klett-Cotta Deutscher Taschenbuch Verlag.
Peters, Thomas J., and Robert H. Waterman. 1982. *In Search of Excellence: Lessons from America's Best-Run Companies.* New York: HarperCollins. トム・ピーターズ、ロバート・ウォーターマン『エクセレント・カンパニー』(大前研一訳、英治出版、2003年)
Peterson, Peter G. 2004. *Running on Empty.* New York: Farrar, Straus and Giroux.
Pinchbeck, Daniel. 2006. *2012 The Return of Quetzalcoatl.* New York: Jeremy P Tarcher/Penguin.
Pine, B. Joseph, and James Gilmore. 1998. *Welcome to the Experience Economy.* Boston: Harvard Business School Press. B・ジョセフ・パイン、ジェイムズ・ギルモア「体験価値の創造をビジネスにする法」(飯岡美紀抄訳、『DIAMONDハーバード・ビジネスレビュー』24巻1号PP.10-20、ダイヤモンド社)
Pokorny, Julius. 1994. *Indogermanisches Etymologisches Woeterbuch.* 3rd ed. Tuebingen and Basel: Francke Verlag.
Polanyi, Michael, 1966. *The Tacit Dimension.* New York: Doubleday. マイケル・ポランニー(『暗黙知の次元』(高橋勇夫訳、筑摩書房、2003年)
Polanyi, Karl, 2001. *The Great Transformation.* 2nd ed. Boston: Beacon Press. カール・ポラニー『大転換——市場社会の形成と崩壊』(野口建彦、栖原学訳、東洋経済新報社、1975年)
Porter, Michael E. 1998. *Competitive Strategy: Techniques for Analyzing Industries and Competitors.* Tampa: Free Press. マイケル・E・ポーター『競争の戦略』(土岐坤、中辻萬治、服部照夫訳、ダイヤモンド社、1982年)
Portes, Alejandro. 1998. "Social Capital: Its Origins and Applications in Modern Sociology." *Annual Review of Sociology* 24:1-24.
Prahalad, Coimbatore Krisbnarao. 2005. *The Fortune at the Bottom of the Pyramid: Eradicating Poverty Through Profits.* Upper Saddle River. NJ: Wharton School Publishing. C・K・プラハラード『ネクスト・マーケット——「貧困層」を「顧客」に変える次世代ビジネス戦略』(スカイライト コンサルティング訳、英治出版、2005年)
____, and Gary Hamel. 1990. "The Core Competence of the Organization." *Harvard Business Review,* May-June, 1990: 79-91.
____, and Venkatram Ramaswamy. 2000. *Co-opting Customer Competence.* Boston: Harvard Business School Press.
Pressfield, Steven. 1995. *The Legend of Bagger Vance.* New York: William Morrow and Company. スティーヴン・プレスフィールド『バガー・ヴァンスの伝説』(阿尾正子訳、早川書房、2001年)
____. 2002. The War of Art: Break Through the Blocks and Win Your Inner Creative Battles. New York: Warner Books.『やりとげる力』(宇佐和通訳、筑摩書房、2008年)
Putnam, Robert. 2000. *Bowling Alone: The Collapse s- Revival of the American Community.* New York:

Nietzsche, Friedrich. 1999. *Thus Spoke Zarathustra*. Mineloa, New York: Dover Publications. フリードリッヒ・ニーチェ『ツァラトストラかく語りき』(竹山道雄訳、新潮社、1991 年)
____. 1964. *Der Wille zur Macht*. Stuttgart: Alfred Kroner Verlag.『ニーチェ全集 12　権力への意志 上下』(原佑訳、筑摩書房、1993 年)
Nishida, Kitaro. 1990. *An Inquiry into the Good*. New Haven: Yale University Press.
Nohria, Nitin, and Sumantra Gboshal. 1997. *The Diferentiated Network: Organizing Multinational Corporations for Value Creation*. San Francisco: Jossey-Bass.
Nonaka, Ikujiro. 1994. "A Dynamic Theory of Organizational Knowledge Creation." *Organization Science* 5, no. 1: 14-37.
____. 1991. "The Knowledge Creating Company." *Harvard Business Review* 69, no. 6: 96-105. 野中郁次郎『知識創造の経営』(日本経済新聞社、1990 年)
____, and Noboru Konno. 1998. "The Concept of Ba: Building a Foundation for Knowledge Creation." *California Management Review* 50, no.3: 40-54.
____, and Hirotaka Takeuchi. 1995. *The Knowledge-Creating Company: How Japanese Companies Create the Dynamics of Innovation*. Oxford: Oxford University Press. 野中郁次郎、竹内弘高『知識創造企業』(梅本勝博訳、東洋経済新報社、1996 年)
____, and David Teece, eds. 2001. *Managing Industrial Knowledge: Creation, Transfer, and Utilization*. London: Sage.
____, Ryoko Toyama, and Noboru Konno. 2000. "SECI, Ba and Leadership: A Unified Model of Dynamic Knowledge Creation." *Long Range Planning* 33, no. 1
____, Ryoko Toyama, and Claus Otto Scharmer. 2001. "Building Ba to Enhance Knowledge Creation and Innovation at Large Firms." Dialog on Leadership. www.dialogonleadership.org/Nonaka_et_al.html.
Normann, Richard. 2001. *Refraining Business: When the Map Changes the Landscape*. West Sussex, UK: John Wiley.
____, and Rafael Ramirez. 1998. *Designing Interactive Strategy: From Value Chain to Value Constellation*. Hoboken. NJ: John Wiley.
Northouse, Peter G. 2000. *Leadership: Theory and Practice*. 2nd ed. Thousand Oaks, CA: Sage.
Olkowski, Dorothea, and James Morley, eds. 5999. *Merleau-Ponty, Interiority and Exteriority, Psychic Life and the World*. Albany: State University of New York Press.
Olson, Mancur. 1965. *The Logic of Collective Action: Public Goods and the Theory of Groups*. Cambridge, MA.: Harvard University Press. マンサー・オルソン『集合行為——公共財と集団理論』(依田博、森脇敏雅訳、ミネルヴァ書房、1996 年)
Orlikowski, Wanda J., JoAnne Yates, and Kazuo Okamura. 2000. "Using Technology and Constituting Structures: A Practice Lens for Studying Technology in Organizations." *Organization Science*, 11, 4: 404-428.
Orlikowski, Wanda J. .1992. "The Duality of Technology: Rethinking the Concept of Technology in Organizations," *Organization Science*, 3,3:398-427.
Owen, Harrison. 1997. *Open Space Technology: A User's Guide*. San Francisco: Berrett-Koebler. ハリソン・オーエン『オープン・スペース・テクノロジー——5 人から 1000 人が輪になって考えるファシリテーション』(ヒューマンバリュー訳、ヒューマンバリュー、2007 年)
Oxfam International. 2002. *Rigged Rules and Double Standards: Trade, Globalization, and the Fight Against Poverty*. Oxford: Oxfam International. オックスファム・インターナショナル『貧富・公正貿易・

会システム理論　上下』（佐藤勉訳、恒星社厚生閣、1993年）
Lyotard, Jean-.Francois. 1984. *The Postmodern Condition: A Report on Knowledge.* Translated by Geoff Bennington and Brian Massumi. Minneapolis: University of Minnesota Press. ジャン=フランソワ・リオタール『ポスト・モダンの条件——知・社会・言語ゲーム』（小林康夫訳、水声社、1989年）
Maanen, John Van, ed. 1998. *Qualitative Studies of Organizations.* Thousand Oaks, CA: Sage.
____. 1995. *Representation in Ethnography.* Thousand Oaks, CA: Sage.
____. 1988. *Tales of the Field: On Writing EthnograPhY.* Chicago and London: University of Chicago Press. ジョン・バン = マーネン『フィールドワークの物語——エスノグラフィーの文章作法』（森川渉訳、現代書館、1999年）
Maslow, Abraham H. 1998. *Toward a Psychology of Being.* 3rd ed. New York: John Wiley. A·H·マスロー『完全なる人間　第2版』（上田吉一訳、誠信書房、1998年）
Maturana, Humberto R. 1999 The Organization of the Living: A Theory of the Living Organization. *International Journal of Human-ComPuter Studies* 51 :149-168 August 1999.
____, and Francisco J. Varela. 1987. *The Tree of Knowledge: The Biological Roots of Human Understanding.* Boston and London: Shambhala. ウンベルト・マトゥラーナ、フランシスコ・ヴァレラ『知恵の樹——生きている世界はどのようにして生まれるのか』（菅啓次郎訳、朝日出版社、1987年、筑摩書房、1997年）
McDonough, William, and Michael Braungart. 2002. *Cradle to Cradle: Remaking the Way We Make Things.* New York: North Point.
McTaggart, Lynne. 2003. *The Field: The Quest for the Secret Force of the Universe.* New York: Quill. リン・マクタガード『フィールド　響きあう生命・意識・宇宙』（野中浩一訳、河出書房新社、2004年）
Mead, George Herbert. 1934. *Mind, Self & Society from the Standpoint of a Social Behaviorist.* Edited by Charles W. Morris. Chicago and London: university of Chicago Press. ジョージ・ハーバート・ミード『現代社会学体系第10巻　精神、自我、社会』（稲葉三千男、滝沢正樹、中野収訳、青木書店、1973年）
Merleau.POnty, M. 1962. *PhenomenoloWi of Perception.* Translated by Cohn Smith. London and New York: Routledge. メルロー・ポンティ『知覚の現象学』（竹内芳郎、小木貞孝訳、1962年）
Minsky, Marvin. 1988. *The Society of Mind.* New York: Simon & Schuster. マービン・ミンスキー『心の社会』（安西祐一郎訳、産業図書、1986年）
Mintzberg, Henry. 1983. *Structures in Five: Designing Effective Organizations.* Englewood Cliffs, NJ: Prentice Hall.
Moran, Dermot, and Timothy Mooney, eds. 2002. *The Phenomenology Reader.* London: Routledge.
Morgan, Gareth. 1996. *Images of Organization.* 2nd ed. Thousand Oaks, CA: Sage.
Nagasawa, Kunihiko. 1987. *Das Ich im deutschen Idealism us und das Selbst im Zen-Buddhismus.* Munich: Alber.
Nan Huai-Chin, Master. 2004. *Diamond Sutra Explained.* Translated by Hue En (Pia Giammasi). Florham Park, NJ: Primordia.
____. 1984. *Tao Longevity: Mind-Body Transformation.* Translated by Wen Kuan Chu. York Beach, ME: Samuel Weiser.
Naydler, Jeremy, ed. 1996. *Goethe on Science: A Selection of Goethe's Writings.* Edinburgh: Floris Books.
Nelson, Jane. 2002. *Building Partnerships: Cooperation Between the United Nations System and the Private Sector.* New York: United Nations Department of Public Information.
Neuhaus, Richard John. 1997. *The End of Democracy? The Celebrated First Things Debate with Arguments Pro and Con and "The Anatomy of a Controversy."* Dallas: Spence.

Kelly, Marjorie. 2001. *The Divine Right of Capital: Dethroning the Corporate Aristocracy.* San Francisco: Berrett-Koehler

Kitaro, Nishida. 1987. *Last Writings: Nothingness and the Religious Worldview.* Honolulu: University of Hawaii Press. 西田幾多郎『場所的論理と宗教的世界観』(岩波書店、1945年)

Kolb, David. 1984. *Experiential Learning: Experience as the Source of Learning and Development.* Upper Saddle River, NJ: Financial Times/Prentice Hall.

Kotter, John P. 1996. *Leading Change.* Boston: Harvard Business School Press. ジョン・P・コッター『企業変革力』(梅津祐良訳、日経BP社、2002年)

____, and Dan S. Cohen. 2002. *The Heart of Change: Real-Lffe Stories of How People Change Their Organizations.* Boston: Harvard Business School Press. ジョン・P・コッター、ダン・S・コーエン『ジョン・コッターの企業変革ノート』(高遠裕子訳、日経BP社、2003年)

Krishnamurti, J., and David Bohm. 1985. *The Ending of Time.* San Francisco: HarperSanFrancisco

Krogh, Georg von. 2000. *Enabling Knowledge Creation: How to Unlock the Mystery of Tacit Knowledge and Release the Power of Innovation.* Oxford: Oxford University Press. ゲオルグ・フォン・クロー『ナレッジ・イネーブリング——知識創造企業への五つの実践』(野中郁次郎、一條和夫訳、東洋経済新報社、2001年)

____. 1998. 'Care in Knowledge Creation." *California Management Review* 40, no. 3: 133-153.

____, and Johan Roos.1995. *Organizational Epistemology*. New York: St. Martin's Press.

____, Ikujiro Nonaka, and Toshihiro Nishiguchi 2000. *Knowledge Creation: A Source of Value.* London: Macmillan.

Lauenstein, Diether. 1974. *Das Ich und die Cesellschaft: Philosophie Soziologie.* Stuttgart: Verlag Freies Geistesleben.

Lave, Jean, et al. 1991. *Situated Learning: Legitimate Peripheral Participation* (Learning in Doing: Social, Cognitive Computational Perspectives). Cambridge, U.K.: Cambridge University Press. ジーン・レイブ、エティエンヌ・ウェンガー『状況に埋め込まれた学習—正統的周辺参加』(佐伯胖訳、産業図書、1993年)

Lefort, Rosine, in collaboration with Robert Lefort. 1980. *Birth of the Other.* Translated by Marc Du Ry, Lindsay Watson, and Leonardo Rodriguez. Urbana and Chicago: University of Illinois Press.

Leonard, Dorothy. 1997. "Spark Innovation Through Empathic Design." *Harvard Business Review* 75, no. 6: 102-113.

Lewin, Kurt. 1997. *Resolving Social Conflicts Field Theory in Social Science.* Washington, DC: American Psychological Association. クルト・レビン『社会的葛藤の解決—グループ・ダイナミックス論文集』(末永俊郎訳、東京創元社、1976年)

Lievegoed, Bernard C. J. 1991. *Developing Communities.* Stroud, UK: Hawthorn Press.

Lindenberg, Marc, and Coralie Bryant. 2001. *Going Global: Transforming Relief and Development NGOs.* Bloomfield, CT: Kumarian Press.

Lippitt, Lawrence L. 1998. *Preferred Futuring.* San Francisco: Berrett-Koehler.

Richard M. Locke. 2003. "The Promise and Perils of Globalization: The Case of Nike," in *Management: Inventing and Delivering It's Future.* Richard Schmalensee and Thomas A. Kochan, eds. Cambridge, MA, and London: MIT Press: 39-70.

Lowndes, Florin. 1997. *Die Belebung des Herzchakra Fin Leitfaden zu den -ebenttbungen Rudolf Steiners.* Stuttgart: Verlag Freies Geistesleben.

Luhmann, Niklas. 1995. *Social Systems.* Stanford, CA: Stanford University Press. ニクラス・ルーマン『社

Town: Double Story Books, a Division of Juta & Co. Ltd.

Kanter Rosabeth Moss, John Kao, and Fred Wiersema eds. 1997. *Innovation: Breakthrough Thinking at 3M, DuPont, GE, Pfizer, and Rubbermaid.* New York: HarperBusiness カンター、ロザベス・モス、ジョン・カオ、フレッド・ビアスマ『イノベーション経営――3M、デュポン、GE、ファイザー、ラバーメイドに見る成功の条件』（堀出一郎訳、日経 BP 社、1998 年）

Kao, John. 1996. *Jamming: The Art and Discipline of Business Creativity.* New York: HarperBusiness

Kappler, Ekkehard 2006. Betriebswirtschaftslehre denken: Adorno fuer Betriebswirte-Eine kritische Einfuehrung zur Einfuehrung. In Unternehmensbewertung, Rechnungslegung und Pruefung. Edited by Gunther Meeh. Sonderdruck. Hamburg: Verlag Dr. Kovac.

_____. 2004. Bud und Realitaet: Controllingtheorie als kritische Bildtheorie. Em Ansatz zu einer umfassenden Controllingtheorie, die nicht umklammert. In Controlling. Theorien und Konzeptionen. Edited by Ewald Scherm and Gotthard Pietsch. Muenchen: Verlag Franz Vahlen.

_ _ _ _. 2003. Theorie aus der Praxis für die Praxis - Zur Wirksamkeit strategischer Unternehmensfuehrung. In Perspektiven der Strategischen Unternehmensf-uehrung. Theorien-Konzepte - Anwendungen. Edited by Max J. Ringistetter, Herbert A. Henzler and Michael Mirow. Wiesbaden: Gabler Verlag.

_____. 2002. "Controlling und Aesthetik." Zeitschrift fur Controlling und Management. 46 Jg., H. 6:377.

_____. 2000. Entgrenzung. Leitfragen als zentrales Element strategischen Controllings. In Jahrbuch für Controlling und Rechnungswesen. Edited by Gerhard Seicht. Sonderdruck. LexisNexis Verlag ARD Orac.

_____. 1998. Fit für Feränderung. In FIT durch Vertänderung. Edited Clemens Heidack. Festschrift für Dr. Eberhard Merz. Miinchen und Mering: Rainer Hampp Verlag.

Kappler, Ekkehard, and Thomas Knoblauch. 1997. *Innovationen-wie kommt das Nene in die Unternehmung?* Gütersloh: Verlag Bertelsmann.Stiftung.

Katzenbach, Jon R., and Douglas K. Smith. 1994. *The Wisdom of Teams: Creating the High-Performance Organization.* San Francisco: HarperBusiness. ジョン・R・カッツェンバック、ダグラス・K・スミス『高業績チームの知恵――企業を革新する自己実現型組織』（吉良直人、横山禎徳訳、ダイヤモンド社、1994 年）

Kaeufer Katrin, Claus Otto Scharmer, and Ursula Versteegen. 2003. "Breathing Life into a Dying System." *Reflections* 5, no. 3: 3-12.

Kaufmann, Walter, ed. 1954. *The Portable Nietzsche. Translated by Walter Kaufmann.* New York: Penguin.

Kegan, Robert. 1994. *In Over Our Heads: The Mental Demands of Modern Life.* Cambridge, MA and London: Harvard University Press.

_____. 1982. *The Evolving Self: Problem and Process in Human Development.* Cambridge, MA, and London: Harvard University Press.

_____, and Lisa Laskow Lahey. 2000. *How the Way We Talk Can Change the Way We Work.* San Francisco: Jossey-Bass.

Keller, Pierre. 1999. *Husserl and Heidegger on Human Experience.* Cambridge, U.K.: Cambridge University Press.

Kelley, Tom. 2001. *The Art of Innovation: Lessons in Creativity from IDEO, America's Leading Design Firm.* New York: Doubleday. トム・ケリー、ジョナサン・リットマン『発想する会社――世界最高のデザイン・ファーム IDEO に学ぶイノベーションの技法』（鈴木主税、秀岡尚子訳、早川書房、2002 年）

ク・フォン・ヒッペル『イノベーションの源泉』(榊原清則訳、ダイヤモンド社、1991年)
Hock, Dee W. 1999. *Birth of the Chaordic Age*. San Francisco: Berrett.Koehler. ディー・ホック『混沌と未来』(村上彩訳、たちばな出版、2000年)
Hosle, Vittorio. 1991. *Philosophie der dkologischen Krise*. Munich: Verlag C. H. Beck.
Huntington, Samuel P. 1996. *The Clash of Civilizations and the Remaking of World Order*. New York: Simon & Schuster. サミュエル・ハンチントン『文明の衝突』(鈴木主税訳、集英社、1998年)
Husserl, Edmund. 2000. *Vorlesungen zur Phaenomenologie des inneren Zeitbewusstseins*. Tiibingen: Max Niemeyer Verlag, 2000. エドムント・フッサール『内的時間意識の現象学』(立松弘孝訳、みすず書房、1967年)
____. 1995. *Cartesianische Meditationen*. 3rd Ed. Hamburg: Felix Meiner Verlag.『デカルト的省察』(浜渦辰二訳、岩波書店、2001年)
____. 1993. *Arbeit an den Phitnomenen: Ausgewiihlte Schriften*. Frankfurt am Main: Fischer Taschenbuch Verlag.
____. 1985. *Die Phanomenologisehe Methode: Ausgewahlte Text I*. Stuttgart: Philipp Reclam Jun.
____. 1970. *Crisis of European Sciences and Transcendental Phenomenology: An Introduction to Phenomenological Philosophy*. Evanston IL: Northwestern University Press.『ヨーロッパ諸学の危機と超越論的現象学』(細谷恒夫、木田元訳、中央公論社、1995年)
International Forum on Globalization. 2002. *Alternatives to Economic Globalization: A Better World Is Possible*. San Francisco: Berrett.Koehler
Isaacs, William. 1999. *Dialogue and the Art of Thinking Together*. New York: Doubleday.
Jaworski, Joseph. 1996. *Synchronicity: The Inner Path of Leadership*. Edited by Betty S. Flowers. San Francisco: Berrett.Koehler. ジョセフ・ジャウォースキー『シンクロニシティ――未来をつくるリーダーシップ』(野津智子訳、英治出版、2007年)
____, and Claus Otto Scharmer. 2000. *Leadership in the Digital Economy: Sensing and Actualizing Emerging Futures*. Cambridge, MA: Society for Organizational Learning, and Beverly MA.: Generon Consulting.
Joas, Hans. 5996. *The Creativity of Action. Translated by Jeremy Gaines and Paul Keast*. Chicago: University of Chicago Press.
Johnson, Thomas H., and Anders Broms. 2000. *Profit Beyond Measure: Extraordinary Results Through Attention to Work and People*. New York: The Free Press. H・トーマス・ジョンソン、アンデルス・ブルムズ『トヨタはなぜ強いのか』(河田信訳、日本経済新聞社、2002年)
Jung, Stefan, et al. 2001. *Im Dialog mit Patienten: Anatomie einer Transformation im Gesundheitswesen*. Heidelberg: Carl Auer.
Kabat.Zinn, Jon. 2005. *Coming to Our Senses: Healing Ourselves and the World Through Mindfulness*. New York: Hyperion.
____. 1994. *Wherever You Go There You Are: Mindfulness Meditation in Everyday Life*. New York: Hyperion.
Kahane, Adam. 2004. *Solving Tough Problems: An Open Way of Talking, Listening, and Creating New Realities*. San Francisco, Berrett.Koehler. アダム・カヘン『手ごわい問題は、対話で解決する』(ヒューマンバリュー訳、ヒューマンバリュー、2008年)
____. 2002. "Changing the World by Changing How We Talk and Listen." *Leader to Leader*, no. 26: 34-40.
Kalungu.Banda Martin. 2006. *Leading like Madiba: Leadership Lessons from Nelson Mandela*. Cape

____, Amory Lovins, and L. Hunter Lovins. 1999. *Natural Capitalism: Creating the Next Industrial Revolution.* Boston: Little, Brown. ポール・ホーケン、L·ハンター・ロビンス、エイモリ·B·ロビンス著、『自然資本の経済――「成長の限界」を突破する新産業革命』(佐和隆光、小幡すぎ子訳、日本経済新聞社、2001年)

Hawkins, David R. 2002. *Power vs. Force: The Hidden Determinants of Human Behavior.* Carlsbad, CA: Hay House. デビッド·R·ホーキンズ『パワーか、フォースか――人間のレベルを図る科学』(エハン·デラビ、愛知ソニア訳、三五館、2004年)

Heidegger. Martin. 2000. *Introduction to Metaphysics. Translated by Gregory Fried and Richard Polt.* New Haven and London: Yale University Press.

____. 1997. *Unterwegs zur Sprache.* Stuttgart: Verlag Gunther Neske. マルティン・ハイデッガー『言葉への道程』(三間千艸訳、美学会、1959年)

____. 1996. *Die Technik und die Kehre.* 9th ed. Stuttgart: Verlag Gunther Neske.

____. 1995. *Der Ursprung des Kunstwerkes.* Stuttgart: Philipp Reclam Jun.『芸術作品の始まり』(菊池栄一訳、理想社、1961年)

____. 1993. *Sein und Zeit.* 17th ed. Tubingen: Max Niemeyer Verlag.『存在と時間』(原佑、渡辺二郎訳、中央公論新社、2003年)

____. 1992a. *Basic Writings.* Edited by David Farrell Krell. San Francisco: HarperSanFrancisco.

____. 1992b. *Was ist Metaphysik?* 4th ed. Frankfurt am Main: Vittorio Klostermann.

____. *Über den Humanismus.* 9th ed. Frankfurt am Main: Vittorio Klostermann.『ヒューマニズムについて』(渡辺二郎訳、筑摩書房、1997年)

____. 1989. *Nietzsche.* 5th ed. Pfullingen: Verlag Gunther Neske.『ニーチェ』(細谷貞雄監訳、平凡社、1997年)

____. 1988. *Zur Sache des Denkens.* 3rd ed. Tubingen: Max Niemeer Verlag.

____. 1986. *Vom Wesen der Wahrheit.* 6th ed. Frankfurt am Main: Vittorio Klostermann.

____. 1984. *Was heist Denken?* 14th ed. Tubingen: Max Niemeyer Verlag.

Heifetz, Ronald A. 1994. *Leadership Without Easy Answers.* Cambridge and London: Belknap. ロナルド・A・ハイフェッツ『リーダーシップとは何か』(幸田シャーミン訳、産業大学出版部、1996年)

____, and Marty Linsky. 2002. *Leadership on the Line: Staying Alive Through the Dangers of Leading.* Boston: Harvard Business School Press. ロナルド·ハイフェッツ、マーティ·リンスキー『最前線のリーダーシップ――危機を乗り越える技術』(ハーバード・MIT卒業生翻訳チーム訳、竹中平蔵監訳、ファーストプレス、2007年)

Heijden, Kee van der. 1996. *Scenarios: The Art of Strategic Conversation.* Chichester, U.K.: John Wiley. キース・バン・デル・ハイデン『入門シナリオ・プランニング』(西村行功訳、グロービス監訳、ダイヤモンド社、1998年)

Henderson, Rebecca M., and Kim Clark. 1994. "Managing Innovation in the Information Age." *Harvard Business Review*, January-February: 100-106.

____, 1990. "Architectural Innovation: The Reconfiguration of Existing Product Technologies and The Failure of Established Firms." *Administrative Science Quarterly*, March Vol. 35: 9-30.

Hertz, Noreena. 2002. *The Silent Takeover: Global Capitalism and the Death of Democracy.* New York: The Free Press. ノリーナ·ハーツ『巨大企業が民主主義を滅ぼす』(鈴木淑美訳、早川書房、2003年)

Hinterhuber, Hans H., and Eric Krauthammer. 2005. *Leadership-mehr als Management.* 4th ed. Wiesbaden, Germany: Gabler Verlag.

Hippel, Eric von. 1988. *The Sources of Innovation.* New York and Oxford: Oxford University Press. エリッ

86、87 年）
Hagel, John III, and Arthur G. Armstrong. 1997. *net.gain: Expanding Markets through Virtual Communities*. Boston: Harvard Business School Press. ジョン・ヘーゲル 3 世、アーサー・G・アームストロング『ネットで儲けろ』（南場智子監修、マッキンゼー・ジャパンバーチャル・コミュニティー・チーム訳、日経 BP 社、1997 年）
Hagel, John 111, and Marc Singer. 1999. "Unbundling the Corporation." *Harvard Business Review* 77, no. 2: 133-141. ジョン・ヘーゲル 3 世、マーク・シンガー『アンバンドリング――大企業が解体されるとき』（中島由利訳、ダイヤモンド社、2000 年）
Hall, Calvin S., and Gardner Lindzey. 1978. *Theories of Personality*. 3rd ed. New York: John Wiley.
Hall, David, and Roger T. Ames. 1995. *Anticipating China: Thinking Through the Narratives of Chinese and Western Culture*. Albany: State University of New York Press.
____. 1987. *Thinking Through Confucius*. Albany: State University of New York Press
Halpern, Belle L., and Kathy Lubar. 2003. *Leadership Presence: Dramatic Techniques to Reach Out, Motivate, and Inspire*. New York: Gotham Books.
Hamel, Gary. 2000. *Leading the Revolution*. Boston: Harvard Business School Press. ゲイリー・ハメル『リーディング・ザ・レボリューション』（鈴木主税、福嶋俊造訳、日本経済新聞社、2001 年）
____. 1996. 'Strategy as Revolution." *Harvard Business Review* 74, no.4: 69-80. 「革新の戦略その 10 原則」（萩原貴子訳『ダイヤモンド・ハーバード・ビジネス』ダイヤモンド社、1997 年）
____, and Coimbatore Krishnarao Prahalad. 1994. *Competing for the Future*. Boston: Harvard Business School Press. ゲイリー・ハメル、C·K·プラハラード『コア・コンピタンス経営――未来への競争戦略』（一條和生訳、日本経済新聞社、2001 年）
____and Liisa Valikangas. 2003. "The Quest for Resilience." *Harvard Business Review* 81, no. 9:52.「再起力の時代」（『ダイヤモンド・ハーバード・ビジネス・レビュー』2004 年 9 月号）
Hampden-Turner, Charles, and Alfons Trompenaars. 1993. *The Seven Cultures of Capitalism*. New York: Doubleday. ハムデン・ターナー、チャールズ、アルフォンス・トロンペナールス『七つの資本主義――現代企業の比較経営論』（上原一男、若田部昌澄訳、日本経済新聞社、1997 年）
Handy, Charles. 2000. *21 Ideas for Managers: Practical Wisdom for Managing Your Company and Yourself*. San Francisco: Jossey-Bass.
____. 1998. *The Hungry Spirit*. New York: Broadway Books. チャールズ・ハンディ『もっといい会社、もっといい人生――新しい資本主義社会の形 』（植岡健一訳、河出書房新社、1998 年）
____. 1996. *Beyond Certainty: The Changing Worlds of Organizations*. Boston: Harvard Business School Press.
____. 1995a. *The Gods of Management: The Changing Work of Organizations*. New York and Oxford: Oxford University Press, 1995.『ディオニソス型経営――これからの組織タイプとリーダー像』（広瀬英彦訳、ダイヤモンド社、1982 年）
____. 1995b. *Waiting for the Mountain to Move*. London: Arrow Books.
____. 1994. *The Age of Paradox*. Boston: Harvard Business School Press.『パラドックスの時代』（小林薫訳、ジャパンタイムズ、1995 年）
____. 1989. *The Age of Unreason*. Boston: Harvard Business School Press.『ビジネスマン　価値逆転の時代――組織とライフスタイルを作り直せ』（TBS ブリタニカ、1994 年）
____1988. *Understanding Voluntary Organizations*. London: Penguin.
Hawken, Paul. 1993. *The Ecology of Commerce: A Declaration of Sustainability*. New York: HarperBusiness. ポール・ホーケン『サスティナビリティ革命』（鶴田栄訳、ジャパンタイムズ、1995 年）

_____. 1977b. "Social Structure and Science Structure.' In *Methodology and Ideology*. Copenhagen: Ejlers.
_____, and Sohail Inayatullah. 1997. *Macrohistory and Macrohistorians: Perspectives on Individual, Social, and Civilizational Change*. Westport, CT: Praeger.
Gardner, Howard. 1995. *Leading Minds: An Anatomy of Leadership*. New York: Basic Books. ハワード・ガードナー『リーダーの肖像』（山崎康臣、山田仁子訳、青春出版社、2000 年）
_____. 1993. *Multiple Intelligences: The Theory in Practice*. New York: Basic Books.
_____. 1985. *The Mind's New Science: A History of the Cognitive Revolution.* New York: Basic Books.『認知革命——知の科学の誕生と展開』（佐伯胖、海保博之監訳、産業図書、1987 年）
Gendlin, Eugene T. 1997. *A Process Model*. Chicago: University of Chicago.
_____. 1981. *Focusing*. 2nd ed. New York: Bantam. ユージン・ジェンドリン『フォーカシング』（村山正治、都留春夫、村瀬孝雄訳、福村出版、1981 年）
_____, and Johannes Wiltschko. 2004. *Focusing in der Praxis: Eine schulenueber-greifende Methode fur Psychotherapie und Alltag*. 12th ed. Stuttgart: Pfeiffer bei Klett-Cotta.
Gerzon, Mark. 2003. *Leaders Beyond Borders: How to Live-and Lead-in Times of Conflict.*
Ghyczy, Tiha von, Bolko von Oetinger, and Christopher Bassford, eds. 2001. *Clausewitz on Strategy: Inspiration and Insight from a Master Strategist*. New York: John Wiley.
Giddens, Anthony. 1984. *The Constitution of Society. Outline of the Theory of Structuration.*Cambridge: Polity Press.
Gladwell, Malcolm. 2005. *Blink: The Power of Thinking Without Thinking*. New York and Boston: Little, Brown.
_____. 2000. *The Tipping Point: How Little Things Can Make a Big Difference.* New York and Boston: Little, Brown.　マルコム・グラッドウェル『ティッピング・ポイント——いかにして「小さな変化」が「大きな変化」を生み出すか』（高橋啓訳、飛鳥新社、2000 年）
Glasl, Friedrich. 2002. *Konfliktmanagement: Ein Handbuch fur Fuehrungskrafte, Beraterinnen und Berater*. 7th ed. Bern: Verlag Paul Haupt and Stuttgart: Verlag Freies Geistesleben.
_____. 1999. *Confronting Conflict.* Stroud, U.K.: Hawthorn Press.
_____. 1997. *The Enterprise of the Future.* Stroud, U.K..: Hawthorn Press.
Goethe, Johann Wolfgang. 1986. *Faust: Der Tragaedie erster Teil*. Stuttgart: Philipp Reclam Jun. ヨハン・ボルフガング・ゲーテ『ファウスト』（手塚富雄訳、中央公論社、1971 年）
Goffman, Erving. 1999. *The Presentation of Self in Everyday Lift*. Magnolia, MA.: Peter Smith Pub., Inc. アービング・ゴフマン『行為と演技——日常生活における自己呈示』（石黒毅訳、誠信書房、1974 年）
Goleman, Daniel, Richard Boyatzis, and Annie McKee. 2002. *Primal Leadership: Realizing the Power of Emotional Intelligence.* Boston: Harvard Business School Press.
Greenleaf, Robert K. 1977. *Servant Leadership: A Journey into the Nature of Legitimate Power and Greatness*. New York and Mahwah, NJ: Paulist Press. ロバート・K・グリーンリーフ『サーバントリーダーシップ』（金井真弓訳、英治出版、2008 年）
Gupta, Bina, ed. 2000. *The Empirical and the Transcendental: A Fusion of Horizons*. Lanham, MD: Rowman and Littlefield.
Habermas, Jürgen. 1981a. *Kleine politische Schriften*. Frankfurt am Main, Germany: Suhrkamp.
_____. 1981b. *Theorie des kommunikativen Handelns erster Band*. Frankfurt am Main: Suhrkamp. ユルゲン・ハーバーマス『コミュニケーション的行為の理論　上・中・下』（河上倫逸訳、未来社、1985、

理論のための見取り図』（赤井慧爾、中村元保、吉田正勝訳、法政大学出版局、2004年）
Elkington, John. 1998. *Cannibals with Forks: The Triple Bottom Line of 21st Century Business.* Gabriola, Canada: New Society.
Enriquez, Juan. 2000. *As the Future Catches You: How Genomics & Other Forces Are Changing Your Lift, Work, Health & Wealth.* New York: Crown Business.
Eschenbach, Wolfram von. 1980. *Parzival.* Translated by A. T. Hatto. London: Penguin.
Fichte, Johann Gottlieb. 1994. *Introductions to the Wissenschaftslehre and Other Writings.* Translated and edited by Daniel Breazeale. Indianapolis and Cambridge, U.K.: Hackett.
____, et al. 1982. *The Science of Knowledge: With the First and Second Introductions* (Texts in German Philosophy) Edited and translated by Peter Heath and John Lachs. Cambridge, U.K.: Cambridge University Press.
Fisher, Dalmar, and William R. Torbert. 1995. *Personal and Organizational Tranformations: The True Challenge of Continual Quality Improvement.* London: McGraw- Hill.
Fiumara, Gemma Corradi. 1990. *The Other Side of Language: A philosophy of Listening.* Translated by Charles Lambert. London and New York: Routledge.
Fleck, Ludwig. 1994. *Einstehung und Entwicklung einer wissenschaftlichen Tatsache.* Frankfurt am Main: Suhrkamp.
Flores, Fernando. 1982. "Management and Communication in the Office of the Future." Ph.D. dissertation, University of California, Berkeley.
Florida, Richard. 2002. *The Rise of the Creative Class: And How It's Transforming Work, Leisure, Community and Everyday Life.* New York: Basic Books.
Foster, Richard, and Sarah Kaplan. 2001. *Creative Destruction: Why Companies That Are Built to Last Underpeform the Market-and How to Successfully Transform Them.* New York: Currency. リチャード・フォスター『創造的破壊』（柏木亮二訳、翔泳社、2002年）
Frick, Don M. 2004. *Robert K. Greenleaf :A Life of Servant Leadership.* San Francisco: Berrett-Koehler.
Friedman, Thomas L. 2000. *The Lexus and the Olive Tree.* New York Anchor Books. トーマス・フリードマン『レクサスとオリーブの木　上下』（東江一紀、服部清美訳、草思社、2000年）
Fritz, Robert. 2003. *Your Life as Art.* Newfane, VT. : Newfane Press.
____. 1989. *The Path of Least Resistance: Learning to Become the Creative Force in Your Own Life.* New York: Fawcett Columbine.
Fukuyama, Francis. 1992a. *The End of History and the Last Man.* New York: Free Press.　フランシス・フクヤマ『歴史の終わり――歴史の「終点」に立つ最後の人間　上下』（渡部昇一訳、三笠書房、2005年）
______. 1992b. *Trust: The Social Virtues and the Creation of Prosperity.* New York: The Free Press. フランシス・フクヤマ『「信」無くば立たず――「歴史の終わり」後、何が繁栄の鍵を握るのか』（加藤寛訳、三笠書房、1996年）
Galtung, Joban. 1996. *Peace by Peaceful Means: Peace and Conflict, Development and Civilization.* London: Sage.
____. 1995. *On the Social Costs of Modernization: Social Disintegration, Atomie/Anomie and Social Development.* Research Paper. UNRISD: Geneva.
____. 1988. *Methodology and Development: Essays in Methodology*, vol. 3. Copenhagen: Ejlers.
____. 1979. *Papers on Methodology: Theory and Methods of Social Research.* Copenhagen: Ejlers.
____. 1977a. *Methodology and Ideology: Theory and Methods of Social Research.* Copenhagen: Ejlers.

Csikszentmihalyi Mihaly. 1996. *Creativity: Flow and the Psychology of Discovery Invention.* New York: Harperperennial

____. 1993. *The Evolving Self.* New York: Harperperennial

____. 1990. *Flow the Psychology of Optimal Experience.* New York: HarperCollins Cusumano, Michael A., and Kentaro Nobeoka 1998. *Thinking Beyond Lean: How Multi-Project Management Is Transforming Product Development at Toyota and Other Companies.* New York: Free Press.

Dalai, Lama. 2003. *Estructive Emotions: How Can We Overcome Them?* Narrated by Daniel Goleman New York: Bantam. ダライ・ラマ、ダニエル・ゴールマン『なぜ人は破壊的な感情を持つのか』（加藤洋子訳、角川書店、2003 年）

Daly, Herman F. 1996. *Beyond Growth: The Economics of Sustainable Development.* Boston: Beacon Press. ハーマン·E·デイリー『持続可能な発展の経済学』（新田功、蔵本忍、大森正之訳、みすず書房、2005 年）

____, and Kenneth N. Townsend eds. 1993 *Valuing the Earth: Economics, Ecology, Ethics.* Cambridge, MA, and London: MIT Press.

Darsø, Lotte. 2004 *Artful Creation: Learning-Tales of Arts-in-Business.* Frederiksberg, Denmark: Samfundslitteratur

de Geus, Arie. 1997. *The Living Company.* Boston: Harvard Business School Press. アリー·デ·グース『企業生命力』（堀出一郎訳、日系 BP、2002 年）

Delantey, Gerard. 1997. *Social Science: Beyond Constructivism and Realism.* Minneapolis: University of Minnesota Press.

Depraz, Natalie, Francisco J. Varela, and Pierre Vermersch. 2000 "The Gesture of Awareness, an Account of Its Structural Dynamics" In *Investigating Phenomenological Consciousness: New Methodologies and Maps.* Edited by Max Velmans. Amsterdam: Benjamin Publishers.

____, eds. 2003. *On Becoming Aware: A Pragmatics of Experiencing* (Advances in Consciousness Research) Amsterdam: Benjamin.

Dossey, Larry. 2003. *Healing Beyond the Body: Medicine and the Infinite Reach of the Mind.* Boston: Shambhala

____. 1999. *Reinventing Medicine: Beyond Mind-Body to a New Era of Healing.* San Francisco: HarperSanFrancisco

Dreher Walther 1997. *Denkspuren. Bildung von Menschen mit geistiger Behinderung —Basis einer integralen Paedagogik.* Aachen, Germany: Verlag Mainz.

Eccles, Robert G., et al. 2001. *The ValueReporting Revolution: Moving Beyond the Earnings Game.* Hoboken NJ: John Wiley.

Eccles, Robert G., and Nitin Nohria. 1992. *Beyond the Hype: Rediscovering the Essence of Management.* Boston: Harvard Business School Press.

Edvinsson, Leif, and Michael S. Malone. 1997. *Intellectual Capital: Realizing Your Company's True Value by Finding Its Hidden Brainpower.* New York: HarperBusiness. リーフ・エドビンソン、マイケル・S·マローン『インテレクチュアル·キャピタル』（高橋透訳、日本能率協会マネジメントセンター、1999 年）

Eichenwald, Kurt. 2005. *Conspiracy of Fools: A True Story.* New York: Broadway Books.

Elias, Norbert. 1987, *The Civilizing Process. The History of Manners.* Translation from German by Edmund Jephcott of Ueber den Prozess der Zivilisation. soziogenetische und psychogefletische Untersuchungen, Vol. 1. Oxford, BlackNell/New York: Urizen Books. ノルベルト・エリアス『文明化の過程　上　ヨーロッパ上流階層の風俗の変遷』『文明化の過程　下　社会の変遷／文明化の

York: Anchor. ジョーゼフ・キャンベル、ビル・モヤーズ『神話の力』（飛田茂雄訳、早川書房、1992 年）
Capra, Fritjof. 2002. *The Hidden Connections: Integrating the Biological, Cognitive, and Social Dimensions of Life into a Science of Sustainability*. New York: Doubleday.
Carr, Nicholas G. 2003. "IT Doesn't Matter." *Harvard Business Review* 81, no. 5: 41.
Carter, Robert E. 1997. *The Nothingness Beyond God: An Introduction to the Philosophy*
of Nishida Kitaro. 2nd ed. St. Paul, MN: Paragon House.
Castells, Manuel. 1998. *End of Millennium*, vol. 3. Oxford: Blackwell.
____. 1997. Castells, Manuel. *The Power of Identity: The Information Age-Economy, Society and Culture*. Oxford: Blackwell.
____. 1996. *The Rise of the Network Society*. Oxford: Blackwell.
Catford, Lorna, and Michael Ray. 1991. *The Path of the Everyday Hero*. New York: Tarcher.
Chaiklin, Seth, and Jean Lave, eds. 1993. *Understanding Practice: Perspectives on Activity and Context*. New York: Cambridge University Press.
Chandler, Dawn, and William R. Torbert. 2003. "Transforming Inquiry and Action: Interweaving Flavors of Action Research." *Action Research* 1, no. 2: 133-152.
Chatterjee, Debashis. 1998. *Leading Consciously: A Pilgrimage Toward Self-Mastery*. Boston: Butterworth-Heinemann.
Childre, Doc, and Bruce Cryer. 1998. *Erom Chaos to Coherence: Advancing Emotional and Organizational Intelligence Through Inner Quality Management*. Boston: Butterworth Heinemann.
Chrislip, David D. 2002. *The Collaborative Leadership Fieldbook: A Guide for Citizens and Civic Leaders*. San Francisco: Jossey-Bass.
Christensen, Clayton M. 1997. *The Innovator's Dilemma: When New Technologies Cause Great Firms to Fail*. Boston: Harvard Business School Press.
Clegg, Stewart R., Cynthia Hardy, and Walter R. Nord, eds. 1996. *Handbook of Organization Studies*. London: Sage.
Coase, R. H. 1998. *The Firm, The Market, and the Law*. Chicago and London: University of Chicago Press.
Coleman, James 5. 1998. "Social Capital in the Creation of Human Capital." *American Journal of Sociology* 94: S95-S120.
Collin, Finn. *Social Reality*. 1997. London and New York: Routledge.
Collins, Jim. 200la. *Good-to-Great: Why Some Companies Make the Leap …and Others Don't*. New York: HarperBusiness. ジェームズ・コリンズ『ビジョナリー・カンパニー 2　飛躍の法則』（山岡洋一訳、日経 BP、2001 年）
____. 2001b. "Level 5 Leadership: The Triumph of Humility and Fierce Resolve," *Harvard Business Review* 75, no. 1: 66.
____, and Jerry I. Porras. 1994. *Built to Last: Successful Habits of Visionary Companies*. New York: HarperBusiness. ジェームズ・コリンズ、ジェリー・ポラス『ビジョナリーカンパニー』（山岡洋一訳、日経 BP、1995 年）
Confucius. 1971. *Confucian Analects, The Great Learning the Doctrine of the Mean*. Translated by James Legge. New York: Dover.
Cooperrider, David L., Peter F. Sorensen, Jr., Diana Whitney, and Therese F. Yaeger, eds. 2000. *Appreciative Inquiry: Rethinking Human Organization Toward a Positive Theory of Change*. Champaign IL: Stipes.

グレゴリー・ベイトソン『精神の生態学』（佐藤良明訳、新思索社、2000 年）
Batstone, David. 2003. *Saving the Corporate Soul*. San Francisco: Jossey-Bass.
Beck, Don E., and Christopher C. Cowan. 1996. *Spiral Dynamics: Mastering Values, Leadership, and Change.* Malden, MA: Blackwell Business.
Beck, U., A. Giddens, and S. Lash, 1996. *Reflexive Modernization: Politics, Tradition and Aesthetics in the Modern Social Order*. Cambridge: Polity Press.
____. 1986. *Risikogesellschaft. Auf dem Weg in eine andere Moderne.* Frankfurt aM: Suhrkamp. ウルリッヒ・ベック『危険社会——新しい近代への道』（東廉、伊藤美登利訳、法政大学出版局、1998 年）
Beckhard, Richard, and Reuben T. Harris. 1987. *Organizational Transitions: Managing Complex Change.* 2nd ed. Reading, MA: Addison-Wesley.
Benedikter, Roland, ed. 1997. *Wirtschaft und Kultur im Gespraech: Zukunftsperspektiven der Wirtschaftskultur*. Meran: Alpha & Beta Verlag.
Bennis, Warren. 1989. *On Becoming a Leader.* Reading, MA: Addison-Wesley. ウォーレン・ベニス『リーダーになる』（芝山幹郎訳、新潮社、1992 年）
Berger, Peter L., and Thomas Luckmann. 1967. *The Social Construction of Reality: A Treatise in the Sociology of Knowledge.* New York: Doubleday. ピーター・L・バーガー『日常世界の構成』（山口節郎訳、新曜社、1997 年）
Bernasconi, Robert. 1993. *Heidegger in Question: The Art of Existing. Atlantic Highlands,* NJ: Humanities Press.
Beuys, Joseph. 2004. *What is Art?* Edited by Volker Harlan. Translated by Matthew Barton and Shelly Sacks. Stuttgart: Verlag Freies Geistesleben & Urachhaus.
Block, Peter. 1993. *Stewardship: Choosing Service Over Self-Interest.* San Francisco: Berrett- Koehler.
Bohm, David. On Dialogue. 1996. Edited by Lee Nichol. London: Routledge.
____. 1994. *Thought as a System*. London and New York: Routledge.
____. 1983. *Wholeness and the Implicate Order*. London and New York: ARK Paperbacks.
Bond, Patrick. 2004. *Talk Left, Walk Right: South Africa's Frustrated Global Reforms.* Scottsville: University of KwaZulu-Natal Press.
Bortoft, Henri. 1996. *Wholeness of Nature: Goethe's Way of Science*. Edinburgh: Floris.
Brand, Stewart. 1988. *The Media Lab: Inventing the Future at M.I.T* New York: Penguin.
Brown, John Seely, Alan Collins, and Paul Duguid. 1989. "Situated Cognition and the Culture of Learning," *Educational Researcher* 18, no. 1 (January-February), pp. 32-42. ジョン・シーリー・ブラウン、アラン・コリン、ポール・デュギ『認知科学ハンドブック——状況に埋め込まれた認知と学習の文化』（杉本訳、安西祐一郎他編、共立出版、1992 年）
Brown, Juanita, David Isaacs, and the World Café Community. 2005. *The World Cafe: Shaping Our Futures Through Conversations that Matter.* San Francisco: Berrett-Koehler.
Brunnhuber, Stefan, and Harald Klimenta. 2003. *Wie wir Wirtschaften werden: Szenarien und Gestaltungsmoglichkeiten fuer zukunftsfuehige Finanzmaerkte*. Frankfurt: Redline Wirtschaft Ueberreuter
Buber, Martin. 2000. *I and Thou.* First Scribner Classics Edition. New York: Scribner. マルティン・ブーバー『我と汝・対話』（田口義弘訳、みすず書房、1978 年）
Bushe, Gervase R., and Abraham B. Shani. P*arallel Learning Structures: Increasing Innovation in Bureaucracies.* Reading, MA: Addison-Wesley.
Campbell, Joseph, with Bill Moyers. 1991. *The Power of Myth*. Edited by Betty Sue Flowers. New

参考文献

Adler, Paul S., and Bryan Borys. 1996. "Two Types of Bureaucracy: Enabling and Coercive." *Administrative Science Quarterly* 41: 61-89.

Aguayo, Rafael. 1991. *Dr. Deming: The American Who Taught the Japanese About Quality*. New York: Simon & Schuster.

Alexander, Christopher. 2004. *The Luminous Ground. Vol. 4 of The Nature of Order*. Berkeley, CA: The Center for Environmental Structure.

____. 1979. *The Timeless Way of Building*. New York: Oxford University Press.

____, Sara Ishikawa, and Murray Silverstein. 1977. *A Pattern Language: Towns, Buildings, Construction*. New York: Oxford University Press.

Alexander, Jeffrey C., and Steven Seidman, eds. 1990. *Culture and Society: Contemporaty Debates*. New York: Cambridge University Press.

Ancona, Deborah, Thomas Kochan, Maureen Scully, John Van Maanen, and Eleanor Westney. 2005. *Managing for the Future: Organizational Behavior and Processes*. 3rd ed. Mason: South-Western College Publishing.

____, Henrik Bresman, and Katrin Kaeufer. 2002. "The Comparative Advantage of X-Teams." *MIT Sloan Management Review*, 43: 33-39.

Anderson, Rob, and Kenneth N. Cissna. 1997. *The Martin Buber-Carl Rogers Dialogue: A New Transcript with Commentary*. Albany, NY: State University of New York.

Argyris, Chris. 1994. "Good Communication That Blocks Learning." *Harvard Business Review*, July 1.

____. 1993. *Knowledge for Action*. San Francisco: Jossey-Bass.

____. 1992. *On Organizational Learning*. Cambridge, MA: Blackwell.

____. and Donald Schoen. 1995. *Organizational Learning II: Theory, Method and Practice*. 2nd ed. Englewood Cliffs, NJ: Prentice Hall.

____. Robert Putnam, and Diana McLain Smith. 1985. *Action Science: Concepts, Methods, and Skills for Research and Intervention*. San Francisco: Jossey-Bass.

Aristotle. 1985. *Nicomachean Ethics*. Translated by Terence Irwin. Indianapolis and Cambridge, U.K.: Hackett.

Arthur, Brian. 1996. "Increasing Returns and the New World of Business." *Harvard Business Review* 74, no. 4: 100-109.

Atlee, Tom. 2003. *The Tao of Democracy: Using Co-intelligence to Create a World That Works for All*. Cranston, RI: Writers ' Collective.

Austin, Rob, and Lee Devin. 2003. *Artful Making: What Managers Need to Know About How Artists Work*. Upper Saddle River, NJ: Financial Times-Prentice Hall.

Bache, Christopher M. 2000. *Dark Night, Early Dawn: Steps to a Deep Ecology of Mind*. Albany: State University of New York.

Barnard, Chester 1. 1938. *The Functions of the Executive*. Cambridge, MA, and London: Harvard University Press. チェスター·I·バーナード『新訳　経営者の役割』（山本次郎、田杉競、飯野春樹訳、ダイヤモンド社、1956年）

Bateson, Gregory. 1999. *Steps to an Ecology of Mind*. Chicago and London: University of Chicago Press.

転換（Redirecting）◆意識を対象から源《ソース》へ向ける能力。それによって対象は具現化され、一瞬一瞬を生きている存在となる。

健康生成論（Salutogenesis）◆病気の原因を特定するのではなく、人間の健康で幸福な生活を促進する要因に注目した代替医療の概念。ギリシャ語のsalu「健康」とgenesis「発達させる」から成る

習慣的な自己（self）◆現在の自己、自我

高いレベルの自己（Self）◆未来の最も高次な可能性、高次な自己

自己を超越した知識（Self-transcending knowledge）◆インスピレーションや直感の働きなど、未だ具体化されていない知識

感じ取る（Sensing）◆（場《フィールド》からの観察と認識を通じて）自己の内面から「観る」こと。この「感じ取る」状態になると、観察するものと観察されるものの境界が消え去る

シングルループ・ラーニング（Single loop learning）◆自分の行動を振り返る学習（ただし行動を支配している前提に深く立ち入らない）

社会的複雑性（Social complexity）◆多様なステークホルダーが様々な利害、文化、メンタルモデル、経緯を持ち込む状況。

社会的な場（Social fields）◆あるシステムに属する人々が互いに関わり、対話し、思索し、行動するための接点を総称したもの

社会文法（Social grammar）◆ある種の進化や出現を促す、隠れたルール、構造、屈曲点。筆者とラインハルト・カールとの対話から生まれた言葉。

構造的カップリング（Structural coupling）◆環境において有機体が共適応、共進化すること。共依存と共進化という双方向のインターラクションが可能

主観性（Subjectivity）◆１人称の視点による「私の世界」の見方

保留（Suspending）◆評価・判断の声（VOJ）を保留し、目前の状況に開くこと

意識の構造（Structure of attention）◆観察する側の意識が、その属する組織の境界のどこから生じるかに左右される意識の性質（自己を見る、モノを見る、あなたを見る、現在を見る）

暗黙知（Tacit Knowledge）◆実体化された知識

U理論（Theory U）◆４タイプの出現と非出現を特徴づける原理、実践、プロセスの論理的分析的フレームワーク。これら４タイプはどこで行動が具現化され実行されるか、その源《ソース》の違いで区別される。U理論は具現化されたシステム（あるいは社会システム）の源《ソース》のレベルを明らかにする

超主観性（Trans-subjectivity）◆高い次元の自己、今この瞬間に生きること（フッサール）

VOC◆皮肉・あきらめの声

VOF◆恐れの声

VOJ◆評価・判断の声

世界経済（World economy）◆モノ、サービス、資本が世界中に流通している経済

※訳語について

◆コンテクスト（context）の意味は「ある状況下において共有される文脈」だが、本文においては「状況《コンテクスト》」「文脈《コンテクスト》」を訳語としてルビを振り、文章に合わせて使い分けている。

◆フィールド（field）の訳は文章に合わせて理解しやすいように「領域《フィールド》」と「場《フィールド》」を使い分けている。

場《フィールド》から生じた世界が明確な形を採って存在する、内面から世界を見る
間主観性（Intersubjectivity）◆互いに影響しあいながら集合として進化する関係性
リーダーシップ（Leadership）◆未来を感じ取り形づくる能力。リーダーシップのインド・ヨーロッパ言語の語源、leithは「前進する」「一線を越える」「死ぬ」という意味を持つ。この語源の意味は、持てるものを手放し、未知の世界に足を踏み入れる恐怖を克服して初めて姿を現す別世界に前進することを表しているが、リーダーシップの本質を言い当てたものといえる
学習（Learning）◆学習には2つのタイプ・源《ソース》がある。過去から学ぶ方法と出現する未来から学ぶ方法だ。過去から学ぶ方法は通常の学習サイクル（行動する、観察する、内省する、計画する、行動する）を踏襲するが、出現する未来から学習する方法はプレゼンシングを実践することだ（保留する、転換する、手放す、迎え入れる、予見する、具現化する、実体化する）
迎え入れる（Letting come）◆インスピレーションの源《ソース》とつながりながら、創造したい未来を結晶化し予見する能力
手放す（Letting go）◆真の自己が出現し明らかになるためのスペースを作り出すため、古い自己、古いアイデンティティーや意図を手放す能力
マクロ（Macro）◆組織レベル
メソ（Meso）◆対面コミュニケーションがとれる規模のグループ
ミクロ（Micro）◆個人レベル
形態場（Morphic field）◆形態単位の内部や周辺に形成される場《フィールド》のことで、その形態単位の特性や行動パターンを構成する。形態場はホロンや形態単位の形状や行動をあらゆる面で規定する（形態場の説は生物学者ルパート・シェルドレイクによって提唱されたが、現時点では学会の主流としては認められていない）
形態の共鳴（Morphic resonance）◆形態場において、以前行われた行動が、次に続く似通った行動に影響を与えること。形態の共鳴によって、形態形成的な影響は時空を超えて及ぶとされるが、その影響は過去からのものに限定される
ムンド（Mundo）◆全地球的システム
客観性（Objectivity）◆擬似客観的な事物からなるモノ世界（3人称の視点）
開かれた心（Open heart）◆意識を転換し、心を認識のための器官として使うこと。認識の生じる場を別の所、場《フィールド》や全体に移行させる。EQ（感情指数）の源《ソース》にアクセスする
開かれた思考（Open mind）◆判断を保留し探求すること。先入観のない目で観察し、IQ（知能指数）の源《ソース》にアクセスする。
開かれた意志（Open will）◆古いアイデンティティや意図を手放し私もしくは我々を通じて出現しようとする未来に同調すること。すなわち、古い自己を手放し出現しようとする真の自己を迎え入れること。スピリチュアル指数の源《ソース》にアクセスすること。
組織（Organization）◆共通の目的のための集団行動。組織構造とは「個別の仕事に振り分けられた労働者が、それら個別の仕事を通じてつながっていくこと」（H・ミンツバーグ）
経営（Management）◆ラテン語のmanu agereが語源で本来は「手でリードする」という意味。物事を成し遂げるように調整するプロセスのこと。
病因（Pathogenesis）◆特定の要因が病気を引き起こすメカニズム。pathosは「病気」、genesisは「発達させる」の意味。
プレゼンシング（Presencing）◆最高の未来の可能性から感じ、同調し、行動すること――未来が実現するかどうかは我々自身にかかっている。プレゼンシングは「プレゼンス（存在）」と「センシング（感じる）」を合成した言葉で、「自己の最も深い源《ソース》から感じる」という意味。
プロトタイピング（Prototyping）◆実行によって未来を拓くためにマイクロコズム（小宇宙）を創ること。プロトタイプは未来への滑走路となる。「早めの失敗から学ぶ」（IDEO）の原則に沿っている。

コミュニティ・オブ・プラクティス（Community of Practice）◆ある分野における課題や問題解決のために、継続して学習し、経験や考え方を共有して解決策を見出そうとする人々の集団。ジーン・レイヴとエティエンヌ・ウェンガーが1991年に使い始めた言葉。

結晶化（Crystallizing）◆源《ソース》との最も深い結びつきから出現しようとする未来を予見すること。

深く潜る（Deep dive）◆全く別の自分になって状況《コンテクスト》に深くつながること。完全に没頭すること。この言葉はIDEOで、目前の問題に完全に没頭するという意味で使われている

ダウンローディング（Downloading）◆習慣的な行動、対話、考え方を繰り返すこと。

ダブルループ・ラーニング（Double-loop learning）◆シングルループ・ラーニングを超えて、通常の行動学習プロセスに影響する支配的な条件や深い前提に思いをめぐらす学習方法。この言葉はクリス・アージリスとドン・ショーンによって考え出された。

ダイナミックな複雑性（Dynamic complexity）◆原因と結果に、空間的あるいは時間的なズレが生じている状況。

具体化（Embodying）◆新しく誕生したものを、源《ソース》とつながりを保ちながら、新たな実践、プロセス、インフラストラクチャーをはめ込むことによって、現実社会にそって構成すること。

出現する複雑性（Emerging complexity）◆深遠かつ非連続的な変化が出現している状況。何かが変わりつつあると感じつつ、その正体もどう対処すべきか分からないあいまいな感覚。解決方法も、何が問題かも、関係者が誰かも明らかになっていない。

具現化（Enacting）◆インスピレーションの源《ソース》とのつながりを保ちながら、新たに出現したものを即興でプロトタイピングし具体的な形にする能力。頭と心と手の知性を連携させること

形式知（Explicit Knowledge）◆例えば表計算ソフトの集計表やEメール上に表すことのできる知識

フェルデガング（Feldgang）◆散歩を表すドイツ語

フィールド（Field）◆互いに連携しあっているつながり全体のこと

意識の領域構造（Field structure of attention）◆観察するものと観察されるものとの関係性、参加方法の性質を表す。この性質は、観察するものと観察されるものとを分ける境界のどこから、あるいはどの立場から我々の意識が生じているかによって決まる（自己を見る、モノを見る、あなたを見る、現在を見る）

グローバル経済（Global economy）◆地球の法則にもとづき、1つのまとまりとしてリアルタイムに動く経済

ホロン（Holon）◆ギリシャ語のholos「全体」と、「portion - 部分」や「neutron—中性子」に使われている接尾語の「on - オン」が一緒になった言葉で、粒子や部分を表す。アーサー・ケストラーの造語で、現実世界が部分から構成されるハイブリッドなシステムであることを意味している。ホロンは、見方によって従属的とも非従属的ともなりえる部分部分が合成され、常に自己充足している全体を指している

IDEO◆国際的に活躍するデザイン会社。U理論（の最初の3つのプロセス）を製品イノベーションに活用することに成功している。www.ideo.com

それの中の私（I-in-it）◆社会認知システムおける意識の第2領域。意識の源泉が観察するものと観察されるものとの境界にある。世界を外側から、一連の外側の対象物として見る

私の中の私（I-in-me）◆社会認知システムにおける意識の第1領域。意識の源泉が自己の境界の中にある。自分自身のメンタルモデルや精神構造を再確認するものとして世界を見る

今の中の私（I-in-now）◆社会認知システムにおける意識の第4領域。意識の源泉は出現しようとする未来の源《ソース》から生まれている。観察するものと観察されるものとの境界はまったく逆になっているか（umgetulpt）、超越されている。世界を、それを取り囲む領域、つまり出現しようとする未来が現実のものとなるように空けられたスペースから見ている。「今の中の私」とはあらゆるレベル、領域《フィールド》で意識や意図の方向を転換した観察者のことであり、意識、意図、行動の源泉を転換したシステムのことである

あなたの中の私（I-in-you）◆社会認知システムにおける意識の第3領域。意識の源泉が自己の境界を越えて領域《フィールド》に入り、全体からの視座へと移行する。観察するものと観察されるものとの境界が消滅する。

用語解説

美学（Aesthetics）◆ギリシャ語の aistesis「感覚的に感知する」が語源。（美を感じる感覚も含めて）感覚を研ぎ澄ますこと。
アノミー（Anomie）◆社会的な規範や価値観が崩壊し失われること
アルキメデスの支点（Archemedian point）◆てこの支点。そこに力を入れれば全体のシステムを変えられるポイント。
アトミー（Atomie）◆社会構造が分断、崩壊し、失われた状態。平和学者のヨハン・ガルトゥングによって作られた言葉。
自己創造（Autopoietic）◆ギリシャ語の auto「自己」と poiesi「創造」から成る言葉。1973 年、チリの生物学者フランシスコ・ヴァレラとウンベルト・マツラナによって提唱された。自己創造の概念は自己組織化と結びつけて考えられることが多い。これはシステムの構成要素が自らを創造し、再生していく仕組みを指す。ニクラス・ルーマンがこの理論を社会科学に導入した
「場」（Ba）◆日本語で「場所」「フィールド」を表す言葉。物理的な意味だけではなく、社会的、精神的、意識的な場所を表す。日本の哲学者、西田幾多郎はこの言葉を彼の思想の礎石とした。日本の経営学者、野中郁次郎はこの言葉を創造的企業における知の理論と実践の中心的な概念として用いている。彼によれば「場」は変動するコンテクスト（文脈）だ。
真っ白なキャンパス（Blanc canvas）◆我々が創造性とインスピレーションの源《ソース》につながり、無から創造することのできる場所あるいは状態。
盲点（見えざる内面）（Blind spot）◆我々の意識、意図、行動が生まれる内面世界（源《ソース》）。この世界には、我々が観察者である自分自身へと視点を向けることによってのみ到達することができる。
作用因（Causa efficiens）◆運動や行動を起こしているもの（アリストテレスの四原因の 1 つ）
目的因（Causa finalis）◆現在の創造的活動を促す最終的な目標、目的（アリストテレスの四原因の 1 つ）
形相因（Causa formalis）◆そのものに特有のあり方、型、形式、形状を与えているもの（アリストテレスの四原因の 1 つ）
質料因（Causa materialis）◆そのものを形作る素材となっている、物質的、物理的、構造的なもの（アリストテレスの四原因の 1 つ）
共創造（Co-creating）◆我々が未来を拓けるようになるUの動き。頭と、心と、手の知性を連携させ、すべてのステークホルダーから素早いフィードバックをリアルタイムに繰り返し受けることによって、未来のプロトタイプを具現化する。
共進化（Co-evolving）◆より大きな生態系と交流し連携するのを助けるUの動き。共進化によって出現する全体を観察し、戦略を立て、行動するようになる。
共始動（Co-Initiating）◆最初に得た意図や方向性を結晶化するため、人生があなたがやるべきだと呼びかけることに耳を傾けるよう助けるUの動き。他者や自己、自らが結びつけた人々の集合体やサークルから出現するものに、熱心に耳を傾けることによって共始動する。
共プレゼンシング（Co-Presencing）◆我々のインスピレーションや静寂のもっとも深い源《ソース》や、未来の可能性が立ち上がる場所に結びつくのを助けるUの動き。この運動には未来、過去、そして真の自己という 3 つの異なるプレゼンスが融合している。共プレゼンシングによって、習慣的な自己は最も理想的な将来の自己、高いレベルの自己へと変容する。
共感知（Co-Sensing）◆重要なコンテクスト（文脈）に結びつき同調することを助けるUの運動。これによって観察するものと観察されるものの境界が消え去り、システムそのものを見る観察の状態に入る。

● 著者

C・オットー・シャーマー　C. Otto Scharmer

マサチューセッツ工科大学上級講師、プレゼンシング・インスティチュート創設者。持続可能な世界をめざす部門横断的な活動体ELIAS（Emerging Leaders for Innovation Across Sectors）創設者、ヘルシンキ大学経営学部イノベーション・知識研究センター客員教授でもある。北米、ヨーロッパ、アジア、アフリカのグローバル企業、国際機関、部門横断的な変革イニシアチブにコンサルティングを行ってきた。ダイムラー・クライスラー、プライスウォーターハウスクーパース、富士通などのクライアント組織のために共同開発し実施したリーダーシップ・プログラムは高い評価を受けている。本書や数多くの論文、またピーター・センゲ、ジョセフ・ジャウォースキー、ベティー・スー・フラワーズとの共著『出現する未来』（講談社）で、「プレゼンシング」の理論的枠組みと実践法を発表した。

www.ottoscharmer.com

● 訳者

中土井 僚　Ryo Nakadoi

オーセンティックワークス株式会社 代表取締役

社団法人プレゼンシングインスティチュートコミュニティジャパン 理事

株式会社野村総合研究所 IDELEA チーム パーソナルディレクター

「関係性から未来は生まれる」をテーマに、関係性危機を機会として集団内省を促し、組織の進化と事業転換を支援する事業を行っている。アンダーセンコンサルティング（現：アクセンチュア株式会社）他2社を通じてビジネスプロセスリエンジニアリング、組織変革、人材開発領域におけるコンサルティング事業に携わり、2005年に独立。約10年に渡り3000時間以上のパーソナル・ライフ・コーチ、ワークショップリーダーとしての活動を行うと共に、一部上場企業を中心にU理論をベースにしたエグゼクティブ・コーチング、組織変革実績を持つ。

www.authentic-a.com

Twitter：@roadryo

由佐 美加子　Mikako Yusa

米国大学卒業後、国際基督教大学修士課程を経て野村総合研究所入社。2000年にリクルートに転職。事業企画の仕事を経て人事部へ異動し、MIT上級講師ピーター・センゲによる「学習する組織」に出会う。以降、学習する組織の考え方に基づくさまざまな人材・組織開発施策を企業に導入。2005年に米国ケースウエスタンリザーブ経営大学院において、Positive Organizational Development 修士課程を修了、最先端のリーダーシップ、組織開発理論と手法を学ぶ。「学習する組織」の学習の場とネットワークを提供する SoL ジャパン組織開発コミュニティ共同代表。2010年より未来を共創するための社会《ソーシャル》テクノロジーの学びと実践を支援する社団法人プレゼンシングインスティチュートコミュニティジャパン代表理事。

プレゼンシングインスティチュートコミュニティジャパン　Presencing Institute Community Japan

プレゼンシングインスティチュート（PI）www.presencing.com は、オットー・シャーマー氏らによって設立されたグローバル規模の覚醒（アウェアネス）を伴う変化とイノベーションのためのコミュニティです。出現しようとしている世界と高次の自己につながる『プレゼンシング』のプロセスの実践を目的に現在5,000名規模のネットワークとして拡大しており、さまざまな社会分野における変革プロジェクトの実践やU理論で提唱されている社会《ソーシャル》テクノロジーの学習の場を提供しています。

プレゼンシングインスティチュートコミュニティジャパン（PICJ）は世界中の国々で形成されているPIコミュニティの一つとして、グローバルのPIの活動と日本をつなげ、U理論の出版を皮切りに日本における変革に必要な社会的能力の拡大を目的に、未来への変化を起こすための社会《ソーシャル》テクノロジーに関する情報・ツールの提供、学びの場の企画・運営、さまざまな変革プロセスの支援をしていきます。このコミュニティの活動に関する情報をご希望の方は登録したいメールアドレスから presencingjapan-subscribe@yahoogroups.jp までメールを送付ください。（自動登録／登録無料）

www.presencingcomjapan.org

● 英治出版からのお知らせ

本書に関するご意見・ご感想を E-mail（editor@eijipress.co.jp）で受け付けています。

また、英治出版ではメールマガジン、ブログ、ツイッターなどで新刊情報やイベント情報を配信しております。

ぜひ一度、アクセスしてみて下さい。

メールマガジン　：会員登録はホームページにて
ブログ　：www.eijipress.co.jp/blog/
ツイッター ID　：@eijipress
フェイスブック　：www.facebook.com/eijipress

U理論
過去や偏見にとらわれず、本当に必要な「変化」を生み出す技術

発行日　2010 年 11 月 25 日　第 1 版　第 1 刷
　　　　2012 年　2 月 29 日　第 1 版　第 5 刷
著者　C・オットー・シャーマー
訳者　中土井僚（なかどい・りょう）・由佐美加子（ゆさ・みかこ）
発行人　原田英治
発行　英治出版株式会社
　　　〒 150-0022 東京都渋谷区恵比寿南 1-9-12 ピトレスクビル 4F
　　　電話　03-5773-0193　　FAX　03-5773-0194
　　　http://www.eijipress.co.jp/
プロデューサー　高野達成
スタッフ　原田涼子　岩田大志　藤竹賢一郎　山下智也　杉崎真名　鈴木美穂　下田理
　　　　渡邊美紀　山本有子　牧島琳　千葉英樹　野口駿一　原口さとみ
印刷・製本　Eiji 21, Inc., Korea
装丁　英治出版デザイン室
翻訳協力　株式会社トランネット　www.trannet.co.jp

ISBN978-4-86276-043-2　C0034　Printed in Korea